S0-AWQ-547

BRUNNER - SUDDARTH

SOINS INFIRMIERS

MÉDECINE ET CHIRURGIE

FONCTIONS IMMUNITAIRE ET TÉGUMENTAIRE

BRUNNER/SUDDARTH

SOINS INFIRMIERS – MÉDECINE ET CHIRURGIE

(EN 6 VOLUMES)

BRUNNER - SUDDARTH

SOINS INFIRMIERS

MÉDECINE ET CHIRURGIE

FONCTIONS IMMUNITAIRE ET TÉGUMENTAIRE

Suzanne Smeltzer
Branda Bare

5

3ᵉ ÉDITION

ÉDITIONS DU RENOUVEAU PÉDAGOGIQUE INC.

5757, RUE CYPIHOT, SAINT-LAURENT (QUÉBEC) H4S 1X4
TÉLÉPHONE : (514) 334-2690 TÉLÉCOPIEUR : (514) 334-4720

J. B. LIPPINCOTT
A WOLTERS KLUWER COMPANY

VOLUME 5 DE 6

Ce volume est une version française des parties 12, 13 et 16 de la septième édition de *Brunner & Suddarth's Textbook of Medical-Surgical Nursing* de Suzanne Smeltzer et Brenda Bare, publiée et vendue à travers le monde avec l'autorisation de J.B. Lippincott Company

Copyright © 1992 by J. B. Lippincott Company, all rights reserved.

Traduction: Sylvie Beaupré, Marie-Annick Bernier, France Boudreault, Pierre-Yves Demers, Annie Desbiens, les traductions l'encrier, Jocelyne Marquis, Véra Pollak
Révision et supervision éditoriale: Jocelyne Marquis et Suzie Toutant
Correction d'épreuves: France Boudreault, Pauline Coulombe-Côté, Corinne Kraschewski, Diane Provost
Coordination de la réalisation graphique: Micheline Roy
Conception de la page couverture: Denis Duquet
Photocomposition et montage: Compo Alphatek Inc.

Les médicaments et leur posologie respectent les recommandations et la pratique en vigueur lors de la publication du présent ouvrage. Cependant, étant donné l'évolution constante des recherches, les modifications apportées aux règlements gouvernementaux et les informations nouvelles au sujet des médicaments, nous prions le lecteur de lire attentivement l'étiquette-fiche de chaque médicament afin de s'assurer de l'exactitude de la posologie et de vérifier les contre-indications ainsi que les précautions à prendre. Cela est particulièrement important dans le cas des nouveaux médicaments ou des médicaments peu utilisés.

Les méthodes et les plans de soins présentés dans le présent ouvrage doivent être appliqués sous la supervision d'une personne qualifiée, conformément aux normes de compétence en vigueur et en tenant compte des circonstances particulières de chaque situation clinique. Les auteurs, les adaptateurs et l'éditeur se sont efforcés de présenter des informations exactes et de rendre compte des pratiques les plus courantes. Cependant, ils ne peuvent être tenus responsables des erreurs ou des omissions qui auraient pu se glisser ni des conséquences que pourrait entraîner l'utilisation des informations contenues dans cet ouvrage.

© Éditions du Renouveau Pédagogique Inc., 1994
5757, rue Cypihot
Saint-Laurent, Québec (Canada) H4S 1X4
Tous droits réservés.

On ne peut reproduire aucun extrait de ce livre sous quelque forme ou par quelque procédé que ce soit — sur machine électronique, mécanique, à photocopier ou à enregistrer, ou autrement — sans avoir obtenu, au préalable, la permission écrite des Éditions du Renouveau Pédagogique Inc.

Dépôt légal: 2e trimestre 1994
Bibliothèque nationale du Québec
Bibliothèque nationale du Canada
Imprimé au Canada

ISBN 2-7613-0892-1 (Volume 5)
13005 ABCD
ISBN 2-7613-0696-1 (L'ensemble)
2245

1 2 3 4 5 6 7 8 9 0 II 9 8 7 6 5 4
COM9

CONSULTANTS

PARTIE 12

Version anglaise

Chapitre 48

Cindy Stern, RN, MSN, OCN

Spécialiste clinique en oncologie, Thomas Jefferson University Hospital, Philadelphia, Pennsylvania

Chapitre 49

Martha A. Mulvey, RN, MS, CS

Infirmière clinicienne spécialisée en chirurgie, University of Medicine and Dentistry of New Jersey, Newark, New Jersey

Chapitre 50

Janice Smith Pigg, BSN, RN, MSN

Infirmière consultante en rhumatologie, Musculoskeletal Service, Columbia Hospital, Milwaukee, Wisconsin

Debra A. Bancroft, RN, BSN

Coordinatrice spécialisée en rhumatologie, Midwest Arthritis Treatment Center, Columbia Hospital, Milwaukee, Wisconsin

Version française

Chapitres 48, 49 et 50

Lyne Cloutier, inf., M.Sc.

Infirmière clinicienne spécialisée en traumatologie, Hôpital du Sacré-Cœur, Montréal

PARTIE 13

Version anglaise

Chapitre 51

Gladys E. Deters, RN, MSN

Professeur adjoint, The University of Virginia School of Nursing, Charlottesville, Virginia

Chapitre 52

Connie Rae Jaarlsberg, BSN, MSN

Antérieurement coordinatrice des soins, Burn Center, Detroit Receiving Hospital, Detroit, Michigan

Version française

Chapitre 51

Lyne Cloutier, inf., M.Sc.

Infirmière clinicienne en traumatologie, Hôpital du Sacré-Cœur, Montréal

Chapitre 52

Johanne Salvail, inf., B.Sc.

Infirmière-chef, Hôtel-Dieu de Montréal

Marie-Josée Paquin, inf., M.Sc.

Chef d'unité de soins, Centre des grands brûlés, Hôtel-Dieu de Montréal (1987-1988), aujourd'hui syndic adjointe, Ordre des infirmières et infirmiers du Québec, Montréal

PARTIE 14

Version anglaise

Chapitre 53

Laurel J. Sutherland, RN, MSN

Coordinatrice de la formation, soins intensifs, The Alexandria Hospital, Alexandria, Virginia

Chapitre 54

Kathleen Miller, RN, MBA, MSN, CCRN, CNA

Vice-présidente adjointe, soins intensifs, The Alexandria Hospital, Alexandria, Virginia

Version française

Chapitres 53 et 54

Monique Forest, inf., B.Sc.

Infirmière, salle d'urgence, Hôpital Royal-Victoria

AVANT-PROPOS

Les six premières éditions anglaises de *Soins infirmiers — médecine et chirurgie* ont été le fruit d'une collaboration qui a trouvé son expression dans un partenariat *efficace*. Le soutien inébranlable des enseignantes, des praticiennes et des étudiantes nous a donné la plus grande des joies en nous amenant à nous pencher sur la quintessence des soins infirmiers, les réactions humaines aux problèmes de santé.

Nous sommes heureuses que Suzanne Smeltzer et Brenda Bare aient accepté d'être les auteures et les directrices de la septième édition de cet ouvrage. Elles nous ont déjà prêté main forte lors des éditions précédentes, et nous pouvons attester qu'elles ont l'intégrité, l'intelligence et la détermination nécessaires à la publication d'un ouvrage d'une telle envergure. Elles savent à quel point il est important de lire tout ce qui est publié sur le sujet, de voir comment les découvertes de la recherche en sciences infirmières peuvent être mises à profit dans la pratique, de choisir des collaborateurs *qualifiés* et d'analyser à fond les chapitres pour s'assurer que leur contenu est exact et d'actualité.

Nous tenons à remercier les infirmières qui ont utilisé notre ouvrage pour leur fidélité et leur encouragement. Nous passons maintenant le flambeau à Suzanne et à Brenda, avec la certitude qu'elles consacreront tout leur talent à la recherche de l'excellence qui constitue la marque de ce volume.

Lillian Sholtis Brunner, RN, MSN, ScD, *Litt*D, FAAN
Doris Smith Suddarth, RN, BSNE, MSN

PRÉFACE

Quand on passe d'une décennie à une autre, les prévisions et les prédictions abondent. Quand c'est dans un nouveau siècle que l'on s'engage, elles déferlent. À l'aube du XXIe siècle, la documentation spécialisée dans les soins de santé regorge donc de prédictions sur l'avenir de notre monde, et plus particulièrement sur l'avenir des systèmes de soins de santé. Les titres des ouvrages et des articles sur le sujet contiennent souvent des mots comme «perspectives démographiques au XXIe siècle», «prospectives en matière de soins de santé» ou «les systèmes de soins de santé en mutation».

Selon ceux et celles qui ont tenté de prédire ce que seront les soins infirmiers au XXIe siècle, les infirmières doivent se préparer à faire face à des changements et à relever de nouveaux défis. Il leur faudra donc anticiper les courants et les orientations de leur profession si elles ne veulent pas se laisser distancer. Les nouveaux enjeux leur ouvriront des perspectives inédites sur leur profession, tant dans la théorie que dans la pratique, et cela ne pourra se faire que dans un souci constant d'excellence.

Dans la septième édition de *Soins infirmiers en médecine et en chirurgie* de Brunner et Suddarth, nous nous sommes donné pour but de favoriser l'excellence dans la pratique des soins infirmiers. Nous avons continué de mettre l'accent sur ce qui a fait notre marque dans les éditions précédentes: notions de physiopathologie, explications scientifiques, résultats de la recherche et état des connaissances actuelles sur les principes et la pratique des soins infirmiers cliniques. Pour décrire le vaste champ d'application des soins infirmiers en médecine et en chirurgie, nous avons eu recours à des principes de physique, de biologie, de biotechnologie médicale et de sciences sociales, combinés à la théorie des sciences infirmières et à l'art de prodiguer les soins.

La démarche de soins infirmiers constitue le centre, la structure du présent ouvrage. À l'intérieur de cette structure, nous avons mis en évidence les aspects gérontologiques des soins, les traitements médicamenteux, l'enseignement au patient, les soins à domicile et la prévention. Le maintien et la promotion de la santé, de même que les autosoins, occupent aussi une place importante. Cet ouvrage est axé sur les soins aux adultes qui présentent un problème de santé aigu ou chronique et sur les rôles de l'infirmière qui leur prodigue des soins: soignante, enseignante, conseillère, porte-parole, coordonnatrice des soins, des services et des ressources.

Nous avons accordé plus d'espace que dans les éditions précédentes aux questions d'actualité en matière de soins de santé. Dans cet esprit, nous avons consacré un chapitre aux problèmes d'éthique qui se posent le plus dans la pratique des soins infirmiers. Nous avons aussi traité en détail des besoins en matière de santé des personnes âgées (dont le nombre augmente sans cesse), des sans-abri, des personnes atteintes du sida ou d'autres maladies immunitaires et des personnes atteintes d'une maladie chronique dont la vie est prolongée grâce aux progrès de la médecine.

Nous avons accordé une importance particulière à la recherche en sciences infirmières en consacrant une section aux progrès de la recherche à la fin de chaque partie de l'ouvrage. Dans cette section, nous présentons une analyse des résultats de différentes recherches, suivie de leur application possible en soins infirmiers. Dans les bibliographies, nous avons marqué d'un astérisque les articles de recherche en sciences infirmières. Nous avons choisi avec soin les références les plus représentatives de l'état actuel des connaissances et de la pratique.

De plus, nous avons voulu dans l'édition française faciliter la consultation d'un ouvrage aussi exhaustif en le séparant en volumes plus petits et plus faciles à transporter dans les cours ou sur les unités de soins. Pour ce faire, nous avons divisé la matière en six grandes fonctions, auxquelles nous avons ajouté divers éléments de théorie plus générale: le **volume 1** traite de la fonction respiratoire, du maintien de la santé et de la collecte de données; le **volume 2** couvre les fonctions cardiovasculaire et hématologique ainsi que les notions biopsychosociales reliées à la santé et à la maladie; le **volume 3** traite des fonctions digestive, métabolique et endocrinienne ainsi que des soins aux opérés; le **volume 4** explique la fonction génito-urinaire ainsi que les principes et les difficultés de la prise en charge du patient; le **volume 5** couvre les fonctions immunitaire et tégumentaire, les maladies infectieuses et les soins d'urgence; et enfin, le **volume 6** traite des fonctions sensorielle et locomotrice.

Afin de faciliter la lecture du texte, nous avons utilisé le terme «infirmière» et avons féminisé les titres de quelques professions. Il est entendu que cette désignation n'est nullement restrictive et englobe les infirmiers et les membres masculins des autres professions. De même, tous les termes masculins désignant des personnes englobent le féminin. Nous avons choisi de désigner par le terme «patient» la personne qui reçoit les soins parce que, dans le contexte du présent ouvrage, il correspond bien à la définition donnée par les dictionnaires: Personne qui subit ou va subir une opération chirurgicale; malade qui est l'objet d'un traitement, d'un examen médical (*Petit Robert*). Dans tous les autres contextes, les infirmières peuvent utiliser un autre terme de leur choix: client, bénéficiaire, etc.

Nous avons conservé notre perspective éclectique des soins au patient, parce qu'elle permet aux étudiantes et aux infirmières soignantes d'adapter ce qu'elles apprennent à leur propre conception des soins infirmiers. La matière du présent ouvrage peut être utilisée avec tous les modèles conceptuels de soins infirmiers.

Nous considérons la personne qui reçoit les soins comme un être qui aspire à l'autonomie, et nous croyons qu'il incombe à l'infirmière de respecter et d'entretenir cette volonté d'indépendance.

À l'aube du XXIe siècle, dans l'évolution rapide de la société et des soins de santé, une chose n'a pas changé: l'infirmière a toujours pour rôle d'humaniser les soins. La septième édition de *Soins infirmiers – médecine et chirurgie* de Brunner et Suddarth, avec sa perspective holistique des soins au patient, fait écho à ce souci d'humanisation.

TABLE DES MATIÈRES

VOLUME 2

partie 4

Fonctions cardiovasculaire et hématologique

partie 5

Notions biopsychosociales reliées à la santé et à la maladie

VOLUME 3

partie 6

Fonctions digestive et gastro-intestinale

partie 7

Fonctions métabolique et endocrinienne

partie 8

Soins aux opérés

VOLUME 4

partie 9

Fonctions rénale et urinaire

partie *10*

Fonctions de la reproduction

partie *11*

Prise en charge du patient: Principes et difficultés

VOLUME 5

partie *12*

Fonction immunitaire

partie *13*

Fonction tégumentaire

51

52

partie *14*

Maladies infectieuses et soins d'urgence

53

54

VOLUME 6

partie **15**

Fonction sensorielle

partie **16**

Fonction locomotrice

partie 12
Fonction immunitaire

48

SYSTÈME IMMUNITAIRE, IMMUNOPATHOLOGIES ET IMMUNODÉFICIENCES

OBJECTIFS D'APPRENTISSAGE

Après avoir étudié ce chapitre, vous devriez être en mesure de réaliser ce qui suit:

1. *Décrire la réaction immunitaire de l'organisme et ses phases.*

2. *Expliquer la différence entre l'immunité à médiation cellulaire et l'immunité humorale.*

3. *Décrire les diverses étapes des réactions d'hypersensibilité.*

4. *Décrire les effets des facteurs suivants sur la fonction du système immunitaire: âge, alimentation, maladies concomitantes, cancer, médicaments et radiations.*

5. *Énumérer les diagnostics infirmiers pouvant être formulés pour les patients atteints du sida.*

6. *Appliquer la démarche de soins infirmiers pour intervenir auprès des patients atteints du sida.*

Le terme *immunité* s'applique à la réaction de défense spécifique de l'organisme à l'invasion d'une substance ou d'un microorganisme étrangers. Les troubles du système immunitaire peuvent entraîner certaines manifestations pathologiques. On utilise le terme *immunopathologie* pour désigner l'étude des maladies provoquées par la *réaction immunitaire*, c'est-à-dire la réaction que l'organisme déclenche pour se protéger mais qui, paradoxalement, se retourne contre lui-même et provoque des altérations tissulaires et des maladies. Les *immunodéficiences*, quant à elles, sont des troubles qui se produisent quand une anomalie du système immunitaire entraîne la suppression de la réaction immunitaire. Pour bien comprendre l'immunopathologie et l'immunodéficience, il faut tout d'abord bien connaître le fonctionnement normal du système immunitaire.

FORMES D'IMMUNITÉ: NATURELLE ET ACQUISE

Il existe deux principales formes d'immunité: l'immunité naturelle et l'immunité acquise. L'immunité naturelle est non spécifique et déjà présente à la naissance, alors que l'immunité acquise est spécifique et apparaît par la suite. L'immunité naturelle et l'immunité acquise ont chacune leur propre rôle dans la protection contre les substances étrangères, mais il importe de ne pas oublier que leurs diverses composantes agissent souvent de façon interdépendante.

Immunité naturelle

L'immunité naturelle déclenche une réponse non spécifique en présence de n'importe quelle substance étrangère, indépendamment de sa composition. Les mécanismes de défense naturelle dépendent avant tout de la capacité de distinguer le «soi» du «non-soi». Ces mécanismes sont les barrières physiques et chimiques, l'action des globules blancs et la réaction inflammatoire.

Les *barrières physiques* comprennent la peau et les muqueuses, qui empêchent les germes pathogènes de pénétrer dans l'organisme, ainsi que les cils des voies respiratoires et les réactions de toux et d'éternuement, qui éliminent les germes pathogènes des voies respiratoires supérieures avant qu'ils n'envahissent le reste de l'organisme. Les *barrières chimiques*, comme les sucs gastriques acides, les enzymes lacrymales et salivaires ainsi que les diverses substances des sécrétions sébacées et sudorales, agissent de façon non spécifique pour détruire les bactéries et les champignons qui envahissent l'organisme. Pour se défendre des virus, l'organisme fait appel à d'autres agents, notamment l'interféron (un *modificateur de la réponse biologique* actuellement à l'étude). L'interféron est un virocide naturel non spécifique fabriqué par l'organisme et capable de stimuler l'activité des autres composantes du système immunitaire.

Les globules blancs (ou *leucocytes*) contribuent à la fois à la réaction immunitaire naturelle et à la réaction immunitaire acquise. Les *granulocytes* (appelés ainsi à cause de la présence de granules dans leur cytoplasme), se divisent en trois classes, les neutrophiles, les éosinophiles et les basophiles. Les *granulocytes neutrophiles* sont les premières cellules à se rendre au foyer d'une inflammation. Lors d'une réaction allergique ou d'une réaction de stress, le nombre des granulocytes *éosinophiles* et *basophiles* s'accroît. Les granulocytes contribuent à la lutte contre les substances étrangères ou les toxines en libérant des médiateurs cellulaires, notamment l'histamine, la bradykinine et les prostaglandines, et en phagocytant les substances étrangères ou les toxines. Les *leucocytes mononuclés* sont les *monocytes* (appelés *histiocytes* quand ils pénètrent dans les espaces tissulaires) et les lymphocytes. Les monocytes ont aussi une fonction phagocytaire et peuvent englober de plus grandes quantités de substances étrangères ou de toxines que les granulocytes. Les *lymphocytes*, c'est-à-dire les lymphocytes B et T, jouent un rôle important dans l'immunité humorale et l'hypersensibilité à médiation cellulaire, comme nous le verrons plus loin.

La *réaction inflammatoire* (ou inflammation) est une composante importante du système immunitaire naturel. Elle se produit quand des tissus sont lésés ou envahis par des microorganismes. Elle fait appel à des médiateurs chimiques qui réduisent les pertes de sang, bloquent la pénétration des microorganismes, activent les phagocytes et favorisent la formation de tissu cicatriciel fibreux ainsi que la régénération des tissus lésés. (La réaction inflammatoire est expliquée en détail au chapitre 18.)

Immunité acquise

L'immunité acquise comprend les réactions immunitaires que l'organisme ne possède pas à la naissance, mais qui se développent au fil des années. La majorité des réactions immunitaires acquises sont provoquées par une maladie ou par des mécanismes de protection. Quelques semaines ou quelques mois après l'exposition à une maladie ou après une immunisation, le système immunitaire réagit pour prévenir une récurrence en cas de réexposition à la même maladie. Cette forme d'immunité est appelée *immunité acquise active* parce que c'est l'organisme lui-même qui déclenche les mécanismes de défense immunitaire. L'immunité acquise active dure généralement plusieurs années, parfois même toute la vie (elle est expliquée plus en détail au chapitre 49).

L'immunité acquise passive est une forme d'immunité temporaire qui provient d'une source autre que l'organisme lui-même ; cette source est déjà immunisée par une exposition antérieure à la maladie ou par vaccination. Dans certaines situations d'urgence, quand le risque de contracter une maladie est élevé et que l'organisme ne dispose pas du temps nécessaire pour produire lui-même une réaction immunitaire active, on peut administrer des gammaglobulines ou un antisérum (provenant du plasma sanguin de personnes ayant une immunité acquise) pour procurer une immunité passive.

Les deux formes d'immunité acquise mettent en jeu des réactions humorales et à médiation cellulaire, qui sont expliquées ci-dessous.

SYSTÈME IMMUNITAIRE

IMMUNITÉ

Quand l'organisme est envahi ou attaqué par des bactéries ou des virus, il dispose de trois moyens de se défendre : la phagocytose, la réaction immunitaire humorale (ou formation d'anticorps), et la réaction immunitaire cellulaire.

La première ligne de défense, la *phagocytose*, fait appel aux globules blancs (granulocytes et macrophages), qui ont la propriété d'ingérer les substances étrangères. Les globules blancs peuvent se déplacer jusqu'au foyer d'une infection pour englober et détruire les envahisseurs.

Le deuxième mécanisme de défense, la *réaction humorale ou formation d'anticorps*, fait d'abord appel aux lymphocytes, qui se transforment en plasmocytes. Les plasmocytes interviennent dans la production des anticorps, des protéines très spécifiques, qui peuvent se déplacer dans la circulation sanguine et inactiver les substances étrangères.

Le troisième mécanisme de défense, la *réaction immunitaire cellulaire*, fait appel à une classe de lymphocytes, les lymphocytes T, qui ont notamment des propriétés cytotoxiques.

Antigènes et anticorps

La substance qui stimule la production d'anticorps est appelée *antigène* ou *immunogène**. Un antigène est une molécule de protéines qui se trouve par exemple à la surface d'un microorganisme. Une seule bactérie, voire une seule grosse molécule comme la toxine diphtérique ou tétanique, peut comporter plusieurs antigènes à sa surface et générer ainsi la production par l'organisme de plusieurs anticorps différents. Quand un anticorps est produit, il est libéré dans la circu-

---

* *Le terme* immunogène *est de plus en plus utilisé pour remplacer le terme antigène.*

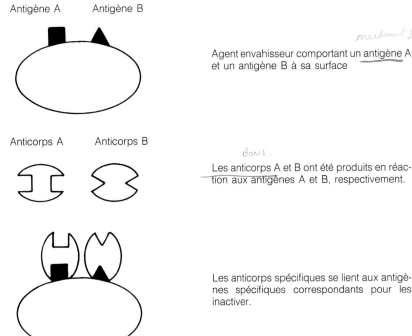

Antigène A   Antigène B

Agent envahisseur comportant un antigène A et un antigène B à sa surface

Anticorps A   Anticorps B

Les anticorps A et B ont été produits en réaction aux antigènes A et B, respectivement.

Les anticorps spécifiques se lient aux antigènes spécifiques correspondants pour les inactiver.

Figure 48-1. Spécificité des anticorps. Les anticorps produits par les lymphocytes B se lient à des antigènes qui leur sont spécifiques.

lation sanguine et transporté jusqu'à l'agent envahisseur, où il s'associe à l'antigène de surface et s'y fixe comme une pièce de casse-tête (figure 48-1).

PHASES DE LA RÉACTION IMMUNITAIRE

La réaction immunitaire comprend quatre phases bien définies: la reconnaissance, la prolifération, la réponse et la phase effectrice. Dans la section qui suit, on trouvera une description de ces différentes phases, de même que de l'immunité humorale, de l'immunité à médiation cellulaire et du système du complément.

Reconnaissance

La réaction immunitaire débute nécessairement par la phase de reconnaissance. C'est en effet la capacité du système immunitaire de reconnaître les antigènes étrangers (ou non-soi) qui déclenche le processus de défense.

Surveillance par les ganglions lymphatiques et les lymphocytes. L'organisme exerce sa surveillance de deux façons. Premièrement, le système immunitaire est largement réparti à proximité de toutes les surfaces corporelles, internes et externes, sous la forme de minuscules organes appelés ganglions lymphatiques. Deuxièmement, chaque ganglion lymphatique sécrète continuellement, dans la circulation, de petits lymphocytes qui surveillent les tissus et les vaisseaux situés à proximité. En fait, les ganglions lymphatiques et les lymphocytes constituent l'essentiel du système immunitaire.

Lymphocytes circulants. On retrouve des lymphocytes dans les ganglions lymphatiques eux-mêmes, et d'autres dans la circulation sanguine. Si on regroupait tous les lymphocytes de l'organisme, on obtiendrait une masse cellu-

laire considérable. Grâce au marquage radioactif des lymphocytes circulants, on a pu observer que ces cellules passent du sang aux ganglions lymphatiques puis des ganglions lymphatiques au sang, exerçant ainsi une surveillance constante. Certains lymphocytes circulants survivent plusieurs dizaines d'années, exerçant même parfois leur «patrouille» en solitaire pendant toute la vie.

On ne sait pas exactement de quelle façon les lymphocytes circulants reconnaissent les antigènes des microorganismes étrangers. Les connaissances actuelles laissent croire que cette reconnaissance dépendrait de récepteurs spécifiques situés à leur surface. On pense aussi que les *macrophages*, des leucocytes non granulocytaires localisés dans les tissus de l'organisme, joueraient un rôle important dans la reconnaissance des antigènes. Quand une substance étrangère pénètre dans l'organisme, un lymphocyte circulant entre en contact physique avec sa face externe. Ce lymphocyte, avec l'aide des macrophages, extrait l'antigène de surface ou recueille une empreinte de sa structure. Par exemple, quand un streptocoque atteint les muqueuses de la gorge, un lymphocyte qui circule dans les tissus du cou entre en contact avec lui. Le lymphocyte, qui connaît bien ses propres marqueurs de surface, reconnaît que les antigènes du microbe sont étrangers. Cette reconnaissance déclenche la deuxième phase de la réaction immunitaire, la prolifération.

Phase de prolifération

Le lymphocyte circulant qui porte le signal de l'antigène étranger retourne au ganglion lymphatique le plus proche. Après y avoir pénétré, ce lymphocyte «sensibilisé» stimule l'hypertrophie, la prolifération et la différenciation de lymphocytes inactifs. L'hypertrophie des ganglions lymphatiques que l'on constate dans les infections de la gorge est un résultat de la réaction immunitaire.

Encadré 48-1
Intervention de l'immunité à médiation cellulaire et de l'immunité humorale dans différentes situations

Immunité à médiation cellulaire

Rejet du greffon
Hypersensibilité retardée — réaction cutanée à la tuberculine
Dermite de contact
Réactions du greffon contre l'hôte
Surveillance ou destruction des tumeurs
Infections intracellulaires
Défense contre les infections virales, fongiques
    et parasitaires

Immunité humorale

Phagocytose et lyse bactérienne
Anaphylaxie
Asthme et rhume des foins allergique
Maladie des complexes immuns
Défense contre les bactéries et certaines infections virales

Phase de réponse

C'est au cours de cette phase que les lymphocytes transformés déclenchent une réponse humorale ou à médiation cellulaire.

Réponse humorale.   La production d'anticorps spécifiques contre un antigène est appelée réponse humorale. On utilise le qualificatif *humoral* parce que les anticorps sont libérés dans la circulation sanguine et se retrouvent donc dans le plasma (la fraction liquide du sang), l'une des quatre «humeurs» cardinales de l'organisme.

Réponse cellulaire   Pour déclencher une réponse cellulaire, les lymphocytes sensibilisés migrent vers des régions du ganglion lymphatique (autres que celles contenant les lymphocytes programmés pour devenir des plasmocytes), où ils stimulent la transformation des lymphocytes résidents en cellules qui s'attaqueront directement aux microorganismes plutôt que par l'intermédiaire d'anticorps. Ces lymphocytes transformés portent un nom évocateur: les *lymphocytes T cytotoxiques*. La lettre T (pour thymodépendant) rend compte du fait que ces lymphocytes, pendant le développement embryonnaire du système immunitaire, passent un certain temps dans le thymus où ils sont programmés génétiquement. Contrairement aux antigènes bactériens, les antigènes viraux déclenchent une réponse cellulaire, qui se manifeste par une augmentation du nombre des lymphocytes sur le frottis sanguin. On observera par exemple une lymphocytose sur le frottis sanguin d'une personne souffrant de mononucléose infectieuse.

La plupart des réactions immunitaires aux antigènes font appel à la fois à la réponse humorale et à la réponse cellulaire, même si l'une de ces formes est généralement prédominante. Lors du rejet d'un greffon, c'est la réponse cellulaire qui prédomine, tandis que c'est la réponse humorale qui est au front lors d'une pneumonie bactérienne ou d'une septicémie (encadré 48-1).

Phase effectrice

Lors de la phase effectrice, les anticorps ou les lymphocytes T cytotoxiques rejoignent les antigènes de surface du microorganisme et s'y fixent, ce qui met en branle une série de réactions entraînant dans la plupart des cas la destruction totale des microorganismes envahisseurs ou la neutralisation complète de la toxine. Ces réactions font intervenir les anticorps, le complément et l'action des lymphocytes T cytotoxiques.

La figure 48-2 illustre les diverses phases de la réaction immunitaire.

IMMUNITÉ HUMORALE

L'immunité humorale se caractérise par la production, par les lymphocytes B, d'anticorps qui réagissent à un antigène spécifique. La production d'anticorps dépend essentiellement des lymphocytes B, mais les macrophages et des lymphocytes T spéciaux participent à la reconnaissance des substances étrangères et à la production des anticorps.

Reconnaissance des antigènes

Il existe plusieurs théories sur les mécanismes selon lesquels les lymphocytes B reconnaissent les antigènes étrangers et produisent les anticorps appropriés. L'existence de plusieurs théories découle probablement du fait que les lymphocytes B utilisent plusieurs méthodes pour reconnaître les antigènes. Ce sont peut-être ces différentes méthodes qui expliquent également les divers modes de formation des anticorps. En effet, certains antigènes semblent déclencher directement la formation d'anticorps par les lymphocytes B, tandis que d'autres exigent l'intervention des lymphocytes T.

Les lymphocytes T font partie d'un système de surveillance qui patrouille dans l'ensemble de l'organisme. Ils traversent à plusieurs reprises la circulation générale, les tissus et le système lymphatique. Avec l'aide des macrophages, ils reconnaissent les antigènes de l'agent envahisseur. Ils captent le message antigénique ou prennent l'«empreinte» de l'antigène et retournent avec ce message au ganglion lymphatique le plus proche.

Production d'anticorps

Les lymphocytes B, stockés dans les ganglions lymphatiques, sont constitués de milliers de clones pouvant réagir chacun

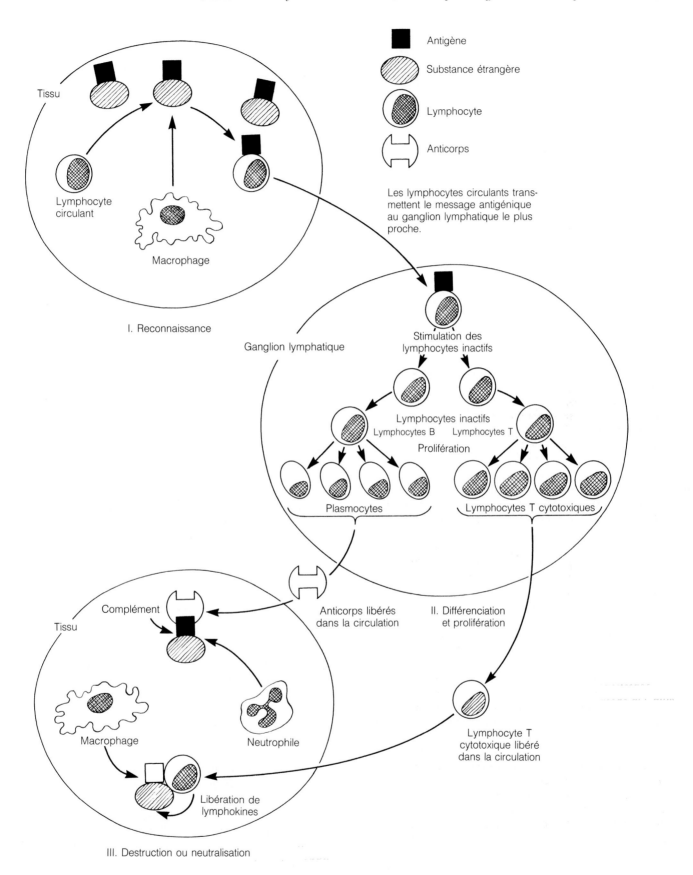

Figure 48-2 Phases de la réaction immunitaire. I. Reconnaissance de l'antigène par les lymphocytes circulants et les macrophages. II. Stimulation des lymphocytes inactifs et différenciation et prolifération des lymphocytes T et B, avec formation et libération d'anticorps. III. Destruction ou neutralisation des antigènes sous l'action des anticorps, du complément, des macrophages et des lymphocytes T «tueurs».

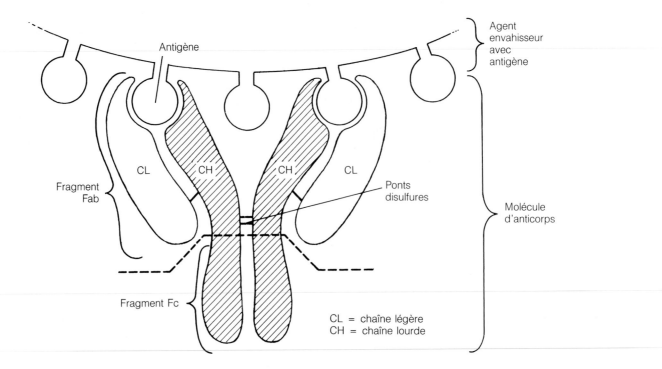

Figure 48-3 Molécule d'anticorps. Le fragment Fab sert de site de fixation à un antigène spécifique. Le fragment Fc permet à la molécule d'anticorps d'agir avec le système du complément.

avec un seul groupe d'antigènes ayant des caractéristiques presque identiques. Les lymphocytes T transmettent le message antigénique jusqu'aux ganglions lymphatiques et stimulent l'hypertrophie, la division et la prolifération de clones spécifiques et leur différenciation en plasmocytes capables de produire des anticorps spécifiques contre l'antigène. D'autres lymphocytes B se différencient en clones qui gardent en mémoire l'identité de l'antigène. Ces «cellules à mémoire» sont responsables de la réaction immunitaire rapide et plus prononcée qui apparaît chez une personne exposée à plusieurs reprises au même antigène.

Structure des anticorps

Les anticorps sont de grosses protéines qu'on appelle *immunoglobulines* parce qu'on les retrouve dans la fraction globuline des protéines plasmatiques. Chaque molécule d'anticorps se compose de deux sous-unités comportant chacune une chaîne peptidique légère et une chaîne peptidique lourde (figure 48-3). Ces sous-unités sont retenues ensemble par des ponts disulfures et possèdent chacune un site de fixation à un antigène spécifique. Ce site est appelé *Fab* (fragment fixant l'antigène). Un autre fragment, appelé *Fc* (fragment cristallisable), permet à la molécule d'anticorps d'agir avec le système du complément (que l'on verra plus loin).

L'organisme peut produire cinq classes d'anticorps ou d'immunoglobulines. On désigne les immunoglobulines de façon générale par le symbole *Ig*, auquel on ajoute une lettre pour préciser la classe spécifique à laquelle elles appartiennent (IgA, IgD, IgE, IgG et IgM). Elles sont classées selon leur structure chimique et leur rôle biologique. Voici un résumé des principales caractéristiques des immunoglobulines:

1. *IgG* (75 % du total)
   - Sont présentes dans le sérum et les tissus (liquide interstitiel).
   - Jouent un rôle majeur dans les infections tissulaires et à diffusion hématogène.
   - Activent le système du complément.
   - Favorisent la phagocytose.
   - Traversent la barrière placentaire.

2. *IgA* (15 % du total)
   - Sont présentes dans les liquides biologiques (sang, salive, larmes, lait maternel et sécrétions pulmonaires, gastro-intestinales, prostatiques et vaginales).
   - Protègent contre les infections respiratoires, gastro-intestinales et génito-urinaires.
   - Préviennent l'absorption des antigènes alimentaires.
   - Passent dans le lait maternel pour protéger le nouveau-né.

3. *IgM* (10 % du total)
   - Sont présentes presque exclusivement dans le liquide intravasculaire.
   - Sont les premières immunoglobulines produites en réaction à une infection bactérienne ou virale.
   - Activent le système du complément.

4. *IgD* (0,2 % du total)
   - Sont présentes en petites quantités dans le sérum.
   - Jouent un rôle encore mal connu (influent peut-être sur la différenciation des lymphocytes B).

5. *IgE* (0,004 % du total)
   - Sont présentes dans le sérum.
   - Interviennent dans les réactions allergiques et d'hypersensibilité.
   - Peuvent contribuer à la défense contre les parasites.

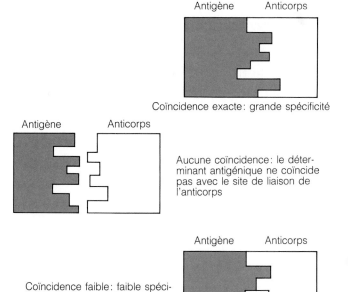

Figure 48-4 Liaison antigène-anticorps. (**En haut**) Complexe antigène-anticorps très spécifique. (**Au centre**) Aucune coïncidence et, par conséquent, aucune réaction immunitaire. (**En bas**) Faible coïncidence et faible spécificité. L'anticorps réagit avec un antigène ayant des caractéristiques *semblables* provoquant une réaction croisée. (Source: E. M. Kirkwood et C. J. Lewis, *Understanding Medical Immunology*, Chichester, Angleterre, John Wiley & Sons, 1983)

Fonction des anticorps

Les anticorps défendent l'organisme contre les substances étrangères de plusieurs façons. Le mécanisme de défense utilisé dépend de la structure et de la composition tant de l'antigène que de l'immunoglobuline. Comme nous l'avons vu plus haut, la molécule d'anticorps comporte au moins deux sites de fixation appelés fragments Fab. Un anticorps peut servir de lien croisé entre deux antigènes provoquant une *agglutination* (groupement en amas) qui facilite l'élimination de la substance étrangère de l'organisme par phagocytose. Certains autres anticorps favorisent l'élimination des agents envahisseurs par *opsonisation,* un mécanisme par lequel la molécule antigène-anticorps est enrobée d'une substance gluante qui facilite la phagocytose.

Les anticorps stimulent aussi la libération de substances vasoactives, dont l'histamine et la substance à réaction différée (SRS) qui sont des médiateurs chimiques de la réaction inflammatoire. En outre, les anticorps contribuent à l'activation du système du complément.

Liaison antigène-anticorps

La partie de l'antigène qui se fixe à l'anticorps est appelée *déterminant antigénique* (ou groupement déterminant). La fixation du fragment Fab au déterminant antigénique se fait un peu

à la façon d'une clé dans une serrure (figure 48-4). Les réactions immunitaires les plus efficaces sont celles où le site de fixation de l'anticorps correspond exactement au déterminant antigénique. On peut parfois observer une faible liaison d'un antigène avec un anticorps produit en réaction à un autre antigène (figure 48-4). Ce phénomène est appelé *réaction croisée*. Par exemple, lors d'un rhumatisme articulaire aigu, les anticorps produits contre *Streptococcus pyogenes* dans les voies respiratoires supérieures peuvent provoquer une réaction croisée avec les tissus cardiaques et entraîner ainsi des lésions aux valvules du cœur.

IMMUNITÉ À MÉDIATION CELLULAIRE

Si les lymphocytes B sont les soldats de l'immunité humorale, les lymphocytes T sont les principaux responsables de l'immunité cellulaire. La transformation des lymphocytes en cellules T est programmée dans le thymus. Il existe plusieurs sortes de lymphocytes T, jouant chacun un rôle particulier dans la défense contre les bactéries, les virus, les champignons, les parasites et les cellules malignes. Les lymphocytes T attaquent les substances étrangères directement plutôt que par la production d'anticorps.

Les réactions à médiation cellulaire sont déclenchées par la combinaison d'un antigène avec un récepteur antigénique situé à la surface d'un lymphocyte T. Cette combinaison peut se produire avec ou sans l'aide des macrophages. Les lymphocytes T transportent ensuite le message ou l'empreinte antigénique aux ganglions lymphatiques, où ils stimulent la production d'autres lymphocytes T. Certains lymphocytes T restent dans les ganglions lymphatiques et gardent en mémoire l'antigène rencontré. D'autres quittent les ganglions pour se rendre dans la circulation et les tissus, où ils demeurent jusqu'à ce qu'ils entrent en contact avec leurs antigènes respectifs ou qu'ils meurent.

On appelle lymphocytes T effecteurs les lymphocytes T qui participent à la destruction des microorganismes étrangers. Ils sont de deux types: les lymphocytes T cytotoxiques, ou cellules tueuses, qui attaquent directement les antigènes en altérant leur membrane cellulaire et en provoquant la lyse de la cellule, et les lymphocytes T à hypersensibilité retardée qui protègent l'organisme en produisant et en sécrétant des lymphokines. Les lymphokines, qui appartiennent à un groupe plus important de glycoprotéines appelées cytokines, peuvent mobiliser, activer et réguler d'autres lymphocytes et globules blancs. Elles participent donc à la destruction des agents envahisseurs (tableau 48-1).

Parmi les autres lymphocytes qui aident à combattre les substances étrangères se trouvent les cellules «nulles» et les cellules NK (Natural Killer). Les cellules nulles, une sous-population de lymphocytes qui ne présentent pas les caractéristiques des lymphocytes B et T, détruisent les antigènes déjà enrobés d'anticorps. Ces cellules possèdent des sites récepteurs Fc spéciaux sur leur surface, qui leur permettent de se combiner avec la partie Fc des anticorps (cytotoxicité cellulaire dépendant des anticorps). Les cellules NK, qui constituent une autre sous-population de lymphocytes ne présentant pas les caractéristiques habituelles des lymphocytes T et B, défendent l'organisme contre les microorganismes et certaines sortes de cellules malignes. Les cellules NK peuvent provoquer directement une cytotoxicité et produire des cytokines.

TABLEAU 48-1. *Les cytokines et leurs effets biologiques*

Cytokine*	Effets
Interleukine-1	Stimule la différenciation des lymphocytes B et T, et des cellules NK et nulles.
Interleukine-2	Stimule la croissance des lymphocytes T et des lymphocytes LAK (lymphocyte-activated killer cells)
Interleukine-3	Stimule la croissance des mastocytes et d'autres cellules sanguines.
Interleukine-4	Stimule la croissance des lymphocytes B et T, des mastocytes et des macrophages.
Interleukine-5	Stimule la réponse des anticorps.
Interleukine-6	Stimule la croissance et la fonction des lymphocytes B et des anticorps.
Facteur de perméabilité	Accroît la perméabilité vasculaire et la pénétration des globules blancs.
Interféron	Entrave la croissance des virus et prévient la propagation des infections virales.
Facteur inhibiteur de migration	Inhibe le déplacement des macrophages pour les inciter à rester à proximité des cellules étrangères.
Facteur de réaction cutanée	Déclenche la réaction inflammatoire.
Facteur cytotoxique (lymphotoxine)	Détruit certaines cellules antigéniques.
Facteur chimiotactique des macrophages	Attire les macrophages.
Facteur blastogénique des lymphocytes	Stimule la production de lymphocytes et les attire vers le site de la réaction.
Facteur d'agrégation des macrophages	Provoque l'agglutination des macrophages et des lymphocytes.
Facteur d'activation des macrophages	Favorise l'adhésion des macrophages aux surfaces.
Facteur inhibiteur de la prolifération	Inhibe la croissance de certaines cellules antigéniques.
Anticorps cytophiles	Facteur qui se lie aux récepteurs Fc des macrophages et leur permet de se fixer aux antigènes.

* Les cytokines sont des substances biologiquement actives qui sont libérées par les cellules afin de régulariser la croissance et la fonction d'autres cellules du système immunitaire. Les lymphocytes produisent des lymphokines, et les monocytes et les macrophages produisent des monokines.

La découverte de deux sortes de lymphocytes T, les lymphocytes T auxiliaires (helper) et les lymphocytes T suppresseurs, a permis d'établir que les réponses immunitaires humorales et cellulaires ne sont pas deux processus indépendants, mais plutôt deux composantes de l'immunité qui peuvent s'influencer l'une l'autre. Au contact d'un antigène, les lymphocytes T auxiliaires libèrent des cytokines appelées interleukines qui stimulent la croissance et l'activité des globules blancs et des lymphocytes T et B. En outre, les lymphocytes T auxiliaires contribuent à la différenciation des cellules nulles et des cellules NK. Les *lymphocytes T* suppresseurs ont la capacité de freiner la production des lymphocytes B afin de maintenir la réaction immunitaire à un seuil acceptable pour l'organisme (les lymphocytes doivent être juste assez nombreux pour lutter contre les infections sans toutefois altérer les tissus sains de l'organisme).

COMPLÉMENT

Le *complément* est une protéine complexe présente dans le plasma et synthétisée dans le foie. Elle peut être activée quand un anticorps se fixe à son antigène. L'activation du complément se fait en cascade, chacun de ses composés agissant sur le suivant. Il s'ensuit une altération des membranes cellulaires sur lesquelles les complexes antigène-anticorps se forment.

Cette altération permet la pénétration de liquide dans la cellule et provoque sa lyse. En outre, les molécules activées du complément attirent vers les sites de réactions antigène-anticorps les macrophages et les granulocytes qui contribuent à la réaction immunitaire en englobant et en digérant les substances enrobées d'anticorps.

Le complément joue un rôle très important dans la réaction immunitaire. La destruction d'un germe ou d'une toxine ne dépend pas uniquement de l'action des anticorps, mais exige l'activation du complément et l'intervention des lymphocytes T tueurs des macrophages.

Activation classique du complément. Le système du complément peut être activé de deux façons. La première, appelée voie classique parce qu'elle a été découverte en premier lieu, fait appel à la réaction du premier composé (C_1) avec le site récepteur du fragment Fc d'une molécule d'anticorps après la formation d'un complexe antigène-anticorps. L'activation de ce premier composé active ensuite en cascade les autres composés. L'activation se fait selon la séquence suivante : C_1, C_4, C_2, C_3, C_5, C_6, C_7, C_8 et C_9.

Autre voie d'activation du complément. La deuxième voie d'activation du complément n'exige pas la formation de complexes antigène-anticorps. Elle peut déclencher la libération par les bactéries de produits comme les endotoxines. Quand le complément est activé de cette façon, le processus ne fait pas appel aux trois premiers composés

(C_1, C_4 et C_2) et commence avec C_3. Toutefois, quelle que soit la méthode d'activation, le complément, une fois activé, détruit les cellules en altérant ou en lésant la membrane cellulaire des antigènes, en attirant les phagocytes vers l'antigène (*chimiotactisme*) et en rendant l'antigène plus vulnérable à la phagocytose (*opsonisation*). Le système du complément stimule la réaction inflammatoire en libérant des substances vasoactives.

Cette réaction a généralement un effet thérapeutique et peut sauver la vie du patient si la cellule attaquée par le système du complément est un véritable agent envahisseur, par exemple un streptocoque ou un staphylocoque. Par contre, si la cellule attaquée appartient à l'organisme (cellule cérébrale ou hépatique, tissu des parois vasculaires ou cellules d'un organe greffé ou d'une greffe cutanée), la réaction peut avoir des effets dévastateurs, voire mortels. La matière purulente (pus) composée de restes des microorganismes, de granulocytes, de macrophages, de lymphocytes T, de protéines plasmatiques, du complément et d'anticorps qui s'accumule dans les lésions infectées et les abcès est un résultat de la réaction immunitaire.

INTERFÉRONS

Des chercheurs étudient actuellement des composés appelés modificateurs de la réponse biologique en vue de préciser leur rôle dans le système immunitaire et leurs effets thérapeutiques possibles dans les troubles qui se caractérisent par une perturbation de la réaction immunitaire. Les *interférons* sont des *modificateurs de la réponse biologique*; ils possèdent des propriétés antivirales et antitumorales. Ils sont produits par les lymphocytes B, les lymphocytes T et les macrophages en réaction à un antigène. On pense qu'ils contribuent à modifier la réaction immunitaire en inhibant la production d'anticorps et l'immunité cellulaire. Ils stimulent également la cytolyse par les macrophages et les cellules NK. De nombreuses études sont en cours pour déterminer leur efficacité dans le traitement des tumeurs et du syndrome d'immunodéficience acquise (sida).

FACTEURS INFLUANT SUR LE FONCTIONNEMENT DU SYSTÈME IMMUNITAIRE

Âge. Les personnes âgées sont plus susceptibles d'être atteintes de troubles du système immunitaire que les personnes d'âge moyen. Les infections sont plus fréquentes et plus graves chez les personnes âgées, peut-être parce que leur système immunitaire est moins capable de réagir de façon appropriée à l'invasion de microorganismes. De plus, la production et le fonctionnement des lymphocytes T et B sont parfois déficients. L'incidence des maladies auto-immunitaires augmente également avec l'âge, peut-être parce que les anticorps ont plus de difficulté à distinguer le «soi» du «non-soi». L'augmentation des risques de cancer associée au vieillissement pourrait s'expliquer par une baisse de la capacité du système immunitaire de reconnaître les cellules mutantes ou anormales.

L'altération du fonctionnement des différents organes contribuerait aussi à la baisse de l'immunité. Par exemple, la diminution des sécrétions et de la motilité gastriques favorise une prolifération anormale de la flore intestinale et les infections, ce qui peut aboutir à des gastro-entérites et des diarrhées. De même, le ralentissement de la circulation, de la filtration, de l'absorption et de l'excrétion rénales contribue aux infections des voies urinaires. L'hypertrophie de la prostate et la vessie neurogène peuvent également nuire à l'excrétion urinaire et à l'élimination des bactéries par les voies urinaires. La stase urinaire, fréquente chez les personnes âgées, favorise de plus la croissance des microorganismes.

L'exposition au tabac et aux toxines environnementales entraîne la détérioration de la fonction pulmonaire. L'exposition prolongée à ces agents diminue l'élasticité des tissus pulmonaires, réduit l'efficacité des cellules ciliées et restreint l'efficacité de la toux. Ces altérations nuisent à l'élimination des toxines et des microorganismes infectieux, et rendent la personne âgée plus sujette aux infections respiratoires et aux tumeurs malignes du poumon.

Enfin, la peau s'amincit avec l'âge et perd de son élasticité. La neuropathie périphérique qui s'accompagne d'une réduction de la sensibilité et d'un ralentissement de la circulation, peut favoriser l'apparition d'ulcères variqueux, d'escarres de décubitus, d'écorchures et de brûlures. L'atteinte à l'intégrité de la peau prédispose la personne âgée à des infections causées par les microorganismes qui font partie de la flore normale de la peau.

Alimentation. Une saine alimentation est essentielle au bon fonctionnement du système immunitaire. Une déplétion des réserves de protéines entraîne une atrophie des tissus lymphoïdes, une baisse de la production des anticorps, une réduction du nombre des lymphocytes T circulants et une altération de la fonction phagocytaire. Toutes ces modifications augmentent la vulnérabilité aux infections. Lors d'une infection ou d'une maladie grave, les besoins nutritionnels peuvent augmenter considérablement et les réserves de protéines peuvent s'épuiser, ce qui éprouve encore davantage le système immunitaire.

Présence d'autres troubles organiques. Les brûlures et autres lésions, les infections et le cancer peuvent altérer le fonctionnement du système immunitaire. Les brûlures et les lésions cutanées importantes portent atteinte à l'intégrité de la peau qui est la première ligne de défense de l'organisme. Les brûlures qui entraînent des pertes importantes de sérum privent l'organisme de protéines essentielles, comme les immunoglobulines. Lors d'une intervention chirurgicale, le stress physiologique et psychologique causé par l'incision de la peau stimule la sécrétion de cortisol par la corticosurrénale; cette augmentation du taux de cortisol sérique contribue à affaiblir la réaction immunitaire.

Les maladies chroniques peuvent aussi altérer de diverses façons la fonction immunitaire. L'insuffisance rénale, par exemple, provoque une baisse du nombre des lymphocytes circulants. En outre, l'acidose et l'urémie peuvent perturber les mécanismes de défense de l'organisme. Le diabète est associé à une augmentation de la vulnérabilité aux infections, ce qui est dû à une insuffisance vasculaire, à des neuropathies et au mauvais équilibre de la glycémie. Enfin, la bronchopneumopathie chronique obstructive est associée à des infections respiratoires répétées à cause d'une insuffisance inspiratoire et expiratoire et d'une accumulation de sécrétions dans les voies respiratoires.

TABLEAU 48-2.   *Médicaments pouvant perturber la réaction immunitaire et la réaction inflammatoire*

Médicaments	Effets sur la réaction immunitaire et la réaction inflammatoire
ANESTHÉSIQUES	
Halothane, éther, oxyde nitreux et cyclopropane	Altération de la réaction des lymphocytes T et B, inhibition de la phagocytose et réactions allergiques
ANTIBIOTIQUES (EN DOSES MASSIVES)	
Dactinomycine (Cosmegen)	Réduction de la production d'anticorps
Chloramphénicol (Chloromycetin)	Hypoplasie de la moelle osseuse
Mitomycine (Mutamycin)	Destruction de la flore bactérienne normale du tube digestif et des voies respiratoires, ce qui favorise la prolifération de champignons ou de souches bactériennes résistantes
CORTICOSTÉROÏDES *(EN DOSES MASSIVES)*	Réduction de la production d'anticorps
	Réduction de la fibroplasie
	Altération de la fonction granulocytaire
	Réduction de la synthèse des prostaglandines
MÉDICAMENTS CYTOTOXIQUES	
Antagonistes des purines Mercaptopurine (6-MP) (Purinethol) Azathioprine (Imuran)	Réduction de la production d'anticorps
Antagonistes de l'acide folique Méthotrexate	Inhibition de la conversion de l'acide folique en acide tétrahydrofolique (nécessaire à la synthèse de l'ADN et de l'ARN, plus particulièrement dans les leucocytes)
Agents alkylants	Réduction de la production d'anticorps
Méchloréthamine (Mustargen)	Destruction des lymphocytes circulants
Cyclophosphamide (Cytoxan)	Suppression de la production des leucocytes par la moelle osseuse
Cyclosporine	Inhibition de la fonction des lymphocytes T
	Altération de l'immunité à médiation cellulaire et inhibition de la prolifération et de l'activation des lymphocytes T
ALCOOL *(EN GRANDES QUANTITÉS)*	Diminution de la production de leucocytes par la moelle osseuse
	Diminution de l'activité des cellules de Kupffer
HÉROÏNE	Mécanismes d'action inconnus
ASPIRINE *(À DOSES MASSIVES)*	Inhibition de la synthèse et de la libération de la prostaglandine
INDOMÉTHACINE (INDOCIN) *(À DOSES MASSIVES)*	Inhibition de la synthèse et de la libération de la prostaglandine

(Source: M. F. Jett et L. E. Lancaster, «The inflammatory immune response: The body's defense against invasion», *Crit Care Nurs*, sept.-oct. 1983, vol. 3, n° 5, p. 64-86)

Cancer. L'immunosuppression contribue à l'apparition des tumeurs malignes, mais le cancer lui-même est immunosuppresseur. Les grosses tumeurs peuvent libérer dans la circulation des antigènes qui se lient aux anticorps circulants et les empêchent de s'attaquer aux cellules tumorales. En outre, les cellules tumorales sont parfois enrobées de facteurs inhibiteurs spéciaux qui empêchent leur destruction par les lymphocytes T «tueurs». Au premier stade de la formation d'une tumeur, il arrive que l'organisme ne reconnaisse pas comme non-soi les antigènes tumoraux. Dans ce cas, les mécanismes de destruction des cellules malignes ne sont pas mis en branle.

Les cancers hématologiques comme la leucémie et les lymphomes sont associés à une altération de la production et du fonctionnement des leucocytes, en particulier des lymphocytes.

Médicaments. Certains médicaments peuvent modifier de façon favorable ou défavorable le système immunitaire. On peut regrouper en quatre grandes catégories les médicaments immunosuppresseurs: antibiotiques, corticostéroïdes, anti-inflammatoires non stéroïdiens (AINS) et médicaments cytotoxiques (tableau 48-2). Lorsqu'on administre ces médicaments dans un but thérapeutique, il faut trouver le juste milieu entre les effets bénéfiques et la suppression des mécanismes de défense de l'hôte.

Radiations. On utilise la radiothérapie pour traiter les cancers ou pour prévenir le rejet d'une allogreffe. Or, l'irradiation détruit les lymphocytes et inhibe leur production. L'ampleur de l'immunosuppression dépend de l'étendue de la région irradiée. L'irradiation du corps entier peut provoquer une immunosuppression totale.

Résumé: Le système immunitaire est un système complexe qui protège l'organisme contre les substances étrangères et la prolifération des cellules malignes. Normalement, la réaction immunitaire se déclenche lors d'une invasion bactérienne ou virale, lors de l'ingestion ou de l'injection de substances étrangères et lors d'autres contacts avec des antigènes. Dans certains cas, la réaction immunitaire s'attaque aux propres tissus de l'organisme (maladie auto-immunitaire). Elle peut aussi être excessive (anaphylaxie) ou insuffisante (cancer, irradiation ou syndrome d'immunodéficience acquise). Les troubles immunitaires peuvent être d'origine génétique ou apparaître à la suite d'une infection par des virus, des bactéries, des champignons ou des protozoaires. Certains médicaments (antibiotiques, corticostéroïdes, anti-inflammatoires non stéroïdiens) peuvent aussi perturber la réaction immunitaire. Enfin, le vieillissement peut s'accompagner d'une altération des mécanismes de défense de l'organisme. Il est parfois nécessaire de supprimer la réaction immunitaire, au moyen de médicaments par exemple, pour prévenir le rejet d'une greffe.

TROUBLES DU SYSTÈME IMMUNITAIRE

On peut diviser en deux grandes catégories les troubles du système immunitaire: les immunopathologies et les immunodéficiences. Les *immunopathologies* se caractérisent par une réaction immunitaire normale contre l'organisme, et les immunodéficiences, par une altération de cause inconnue (immunodéficience primaire) ou connue (immunodéficience secondaire) d'une ou de plusieurs composantes de la réaction immunitaire.

IMMUNOPATHOLOGIES

Les *immunopathologies* sont dues à l'incapacité de l'organisme de distinguer le «soi» du «non-soi», de sorte que des anticorps sont produits contre un constituant endogène entraînant des lésions tissulaires. Les troubles qui sont à l'origine des immunopathologies peuvent provenir de n'importe laquelle des composantes du système immunitaire et entraîner diverses interactions défavorables appelées *réactions d'hypersensibilité*.

Réaction immédiate (Hypersensibilité de type I)

Une *réaction allergique* est une réaction antigène-anticorps (impliquant surtout les IgE) qui détruit les mastocytes et les granulocytes basophiles. Les granulocytes basophiles se trouvent dans la circulation générale, et les mastocytes (granulocytes basophiles fixés) sont tout particulièrement abondants dans le tissu conjonctif des poumons, de la muqueuse intestinale, de la peau et des vaisseaux sanguins. Ces cellules servent à stocker des substances vasoactives puissantes, comme les bradykinines, les prostaglandines et la sérotonine. Quand un antigène se lie à un anticorps, les mastocytes et les granulocytes basophiles libèrent immédiatement des substances vasoactives, ce qui provoque des éternuements, une rhinite et des larmoiements. La réaction la plus extrême (anaphylaxie) entraîne des spasmes laryngobronchiques, un état de choc, une hypotension et, dans certains cas, la mort.

Réaction cytotoxique (Hypersensibilité de type II)

Une réaction cytotoxique se produit quand le système immunitaire réagit contre un constituant propre de l'organisme. Elle peut être due à une sensibilisation croisée et entraîner des lésions cellulaires et tissulaires. La myasthénie grave en est un exemple; l'organisme de la personne myasténique produit par erreur des anticorps contre les récepteurs normaux des terminaisons nerveuses. Le syndrome de Goodpasture est un autre exemple de ce phénomène, l'organisme produisant des anticorps contre ses propres tissus pulmonaires et rénaux, ce qui entraîne des lésions pulmonaires et une insuffisance rénale.

Dans certains cas, les antigènes peuvent se lier à la membrane de cellules normales et stimuler la production d'anticorps et l'activation du complément. On observe ce phénomène dans l'anémie hémolytique médicamenteuse. Le médicament administré peut se lier à la membrane des érythrocytes et y former un complexe antigénique. La production d'anticorps et l'activation du complément entraînent alors la destruction des érythrocytes et une anémie grave caractérisée par de la fièvre, de la faiblesse, de la fatigue et un ictère.

Réaction d'hypersensibilité par complexes immuns (Hypersensibilité de type III)

Normalement, des complexes immuns (molécules antigènes-anticorps) circulent dans le sang pendant l'évolution d'une maladie infectieuse. Ces complexes ne provoquent habituellement aucun symptôme et finissent par disparaître de la circulation. Chez certaines personnes, toutefois, ils se déposent dans la paroi des vaisseaux sanguins ou à la surface des tissus, ce qui entraîne l'activation du complément et provoque une angéite (inflammation des vaisseaux sanguins) ou d'autres lésions tissulaires. Les vaisseaux sanguins des articulations et des reins sont tout particulièrement sensibles à ces lésions. La glomérulonéphrite et le lupus érythémateux disséminé (LED) sont des exemples de ce phénomène. Des complexes antigènes-anticorps impliquant des streptocoques sont souvent à l'origine de la glomérulonéphrite. Dans le cas du LED, des lymphocytes T suppresseurs dont le fonctionnement est anormal feraient apparaître des anticorps dirigés contre l'ADN propre de l'organisme. Les complexes ADN / anti-ADN seraient à l'origine de l'arthrite et de la glomérulonéphrite associées au LED.

Hypersensibilité retardée (Hypersensibilité de type IV)

Les réactions d'hypersensibilité retardée est le résultat d'une exposition à un antigène. Cette forme d'hypersensibilité est tributaire des lymphokines libérées par les lymphocytes T. La libération de lymphokines peut entraîner une réaction inflammatoire qui se manifeste notamment par une dermite contact, le rejet d'allogreffe et la formation de granulomes.

Pour parvenir à isoler, contenir et bloquer un agent envahisseur, l'organisme peut faire appel à une masse volumineuse de cellules. Cette masse de cellules encercle et «isole» le microorganisme du reste du corps afin d'empêcher sa dissémination. C'est ainsi que se forme un granulome. La réaction de l'organisme au bacille tuberculeux est un exemple de cette

TABLEAU 48-3.   *Immunodéficiences primaires*

Composante du système immunitaire	Anomalie sous-jacente	Exemple
Immunité non spécifique	Troubles de la phagocytose: chimiotactisme, opsonisation, ingestion et digestion	Granulomatose chronique familiale
Immunité humorale	Production d'immunoglobulines: diminution ou absence d'une immunoglobuline ou de toutes les immunoglobulines	Agammaglobulinémie
Immunité à médiation cellulaire	Production anormale ou nulle de lymphocytes T	Syndrome de Di George
Déficiences mixtes	Anomalies de plus d'une composante du système immunitaire	Syndrome de Wiskott-Aldrich

sorte de réaction. Malheureusement, de gros abcès caséeux peuvent se former et entraver le fonctionnement des poumons.

Traitement

On peut traiter les immunopathologies de deux façons: (1) en éliminant les antigènes nuisibles et (2) en supprimant la réaction immunitaire. Malheureusement, la grande majorité des antigènes qui provoquent des troubles immunitaires ne sont pas connus ou, s'ils le sont, ne peuvent être éliminés de l'organisme parce qu'il s'agit d'éléments cellulaires essentiels. L'immunosuppression est donc la méthode la plus utilisée pour traiter les réactions d'hypersensibilité.

On peut classer les médicaments immunosuppresseurs selon leur structure chimique et leur mécanisme d'action. Le mécanisme d'action de la plupart des immunosuppresseurs est l'inhibition de la croissance et du métabolisme normal des cellules. Ils ont donc un effet destructeur sur les cellules cancéreuses et ils ont tout d'abord été utilisés pour le traitement du cancer. Ils entravent également la croissance et le métabolisme des lymphocytes B et T. C'est pourquoi on les utilise pour le traitement des immunopathologies.

Les immunosuppresseurs peuvent cependant entraîner des effets indésirables. Ceux qui appartiennent à la classe des antimétabolites, par exemple, peuvent accroître les risques d'infection et de cancers comme la leucémie et le lymphome malin non hodgkinien. Pour leur part, les stéroïdes peuvent augmenter les risques d'infection ou masquer les signes et symptômes d'infection. En outre, ils contribuent à l'apparition de divers troubles: hypertension, diabète, hémorragies gastro-intestinales, cataractes, modification de l'aspect physique et psychose.

Compte tenu des effets défavorables des immunosuppresseurs, l'infirmière joue un rôle essentiel dans l'enseignement au patient et le dépistage des complications, surtout si elle s'occupe de personnes âgées, car le vieillissement contribue à l'altération du système immunitaire.

IMMUNODÉFICIENCES

Les immunodéficiences sont la deuxième catégorie de troubles du système immunitaire. Quelle que soit leur cause, elles se manifestent par des infections récurrentes graves dues souvent à des microorganismes inhabituels. Elles peuvent être primaires ou secondaires. On peut également les classer en fonction des composantes du système immunitaire qui sont touchées.

Immunodéficiences primaires

Les déficits immunitaires dont on ne connaît pas la cause ou le problème médical sous-jacent sont appelés immunodéficiences primaires. Ils sont associés à une anomalie d'une ou de plusieurs composantes du système immunitaire (tableau 48-3).

Leurs manifestations dépendent du rôle de la composante déficiente affectée. Les anomalies des lymphocytes T sont associées à des infections virales, fongiques ou à protozoaires, alors que les anomalies des lymphocytes B favorisent les infections bactériennes. Le pronostic est le plus souvent défavorable car les infections sont généralement irrépressibles et fatales. Les méthodes de traitement actuellement à l'étude sont la greffe de moelle osseuse, le traitement substitutif par administration intraveineuse d'immunoglobulines et la greffe de thymus.

TABLEAU 48-4.   *Facteurs contribuant à l'immunodéficience secondaire*

Immunodéficience	Exemple
Atteinte à l'intégrité de la peau	Ponctions veineuses, brûlures, traumatismes
Carences nutritionnelles	Anorexie, malabsorption et troubles de l'ingestion, de la digestion et de l'assimilation; protéinurie grave
Altération de l'élimination urinaire	Stase urinaire, cathétérisme vésical
Traitements d'immunosuppression	Chimiothérapie, antibiotiques
Affections malignes	Leucémie, lymphomes
Infections	Septicémie, VIH (sida)

Immunodéficiences secondaires

Les immunodéficiences secondaires sont plus fréquentes que les immunodéficiences primaires. Elles apparaissent souvent au cours de l'évolution d'une maladie et peuvent être dues à la maladie elle-même ou à son traitement. Les patients atteints d'une immunodéficience présentent une immunosuppression; on les appelle souvent *hôtes immunodéprivés*. Divers facteurs peuvent contribuer à l'apparition d'une immunodéficience secondaire (tableau 48-4). Le traitement consiste à éliminer ces facteurs et à utiliser des méthodes de prévention efficaces contre les infections. Le sida est un exemple d'immunodéfi-cience secondaire dévastatrice dont on trouvera la descrip-tion ci-dessous.

SYNDROME D'IMMUNODÉFICIENCE ACQUISE (SIDA)

Le sida est la forme la plus grave d'un ensemble d'affections associées au *virus d'immunodéficience humaine* (VIH). Le VIH était auparavant appelé virus T lymphotrope humain de type III (HTLV III: Human T-cell Lymphotropic Virus type III) et virus lymphadéno-associé (LAV: Lymphadenopathy Associated Virus). Les manifestations de l'infection par VIH vont de légères anomalies asymptomatiques de la réaction immunitaire, jusqu'à l'immunosuppression grave associée à des infections mortelles et à des formes rares de cancer.

Pathologie

Le VIH appartient à un groupe de virus appelés *rétrovirus*. Ce terme désigne les virus dont le matériel génétique se situe dans l'ARN plutôt que dans l'ADN. Le VIH infecte de façon sélective les lymphocytes T auxiliaires. Grâce à une enzyme appelée *transcriptase inverse*, le VIH peut reprogrammer le matériel génétique des lymphocytes T$_4$ infectés, qui dupli-quent alors les gènes viraux avec les gènes cellulaires normaux, de sorte que toutes les cellules issues du lymphocyte T$_4$ infecté contiennent les gènes viraux.

Les chercheurs pensent que le rythme de reproduction du VIH est associé à l'état de santé de la personne infectée. Si, au moment de l'infection par le VIH, l'organisme n'a pas à lutter contre une autre infection (cytomégalovirus ou hépatite par exemple), la reproduction des rétrovirus peut être lente. Par contre, si l'organisme doit lutter contre une autre infec-tion, la reproduction du VIH sera plus rapide. C'est ce qui expliquerait les différences de durée de la période de latence après l'infection par le VIH. On estime qu'entre 20 et 30 % des personnes porteuses du VIH seront atteintes du sida dans les cinq ans suivant l'infection.

Comme nous l'avons mentionné plus haut, les lympho-cytes T$_4$ exercent plusieurs fonctions importantes dans la réaction immunitaire : notamment la reconnaissance des anti-gènes étrangers, l'activation des lymphocytes B producteurs d'anticorps, la stimulation des lymphocytes T cytotoxiques, la production de lymphokines et la défense contre les infec-tions parasitaires. Quand la fonction des lymphocytes T$_4$ est altérée, des microorganismes et des agents habituellement inoffensifs peuvent envahir l'organisme et provoquer une infec-tion ou une maladie graves. C'est pourquoi les infections et les maladies qui accompagnent les déficits immunitaires sont appelées *infections ou maladies opportunistes*.

Le VIH peut également pénétrer dans d'autres cellules, par exemple les monocytes et les macrophages. Le marqueur situé à la surface de ces cellules, une protéine appelée CD4, ressemble beaucoup à celui situé sur les lymphocyte T$_4$. Les monocytes et les macrophages servent de réservoirs au VIH et lui permettent d'échapper au système immunitaire et de se disséminer dans tout l'organisme pour infecter divers tis-sus. La plupart de ces tissus contiennent la molécule CD4 ou peuvent la produire (figure 48-5).

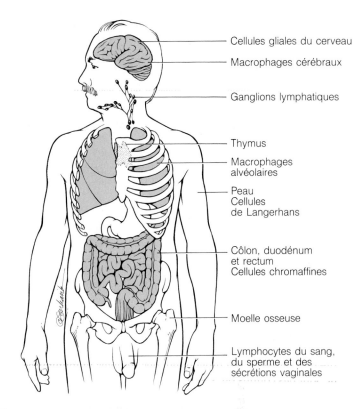

Figure 48-5. Régions susceptibles d'abriter le VIH

Incidence

En Amérique du Nord, la majorité des sidéens sont des hommes ayant eu des relations homosexuelles. On observe une augmentation de l'incidence du sida chez les utilisateurs de drogue par voie intraveineuse. Il existe d'autres modes de transmission : les rapports hétérosexuels avec des partenaires porteurs du VIH ou faisant partie d'un groupe à risque et les transfusions de sang ou de dérivés sanguins infectés par le VIH (plus particulièrement avant l'utilisation d'épreuves de dépistage). La plupart des enfants sidéens sont nés de mères porteuses du VIH ou faisant partie d'un groupe à risque. Le nombre des sidéens est élevé chez les Noirs et les hispani-ques, ce qui serait relié en grande partie à de mauvaises conditions d'hygiène, à un manque d'information et à un taux élevé d'utilisation de drogues intraveineuses. Le taux d'infec-tion par le VIH est plus élevé dans les grandes régions urbaines que dans les régions rurales, parce que les utilisateurs de drogues intraveineuses ainsi que les homosexuels sont plus nombreux dans les grandes villes. Le VIH frappe surtout les jeunes, la majorité des personnes infectées ayant entre 17 et 55 ans. Le nombre de femmes porteuses du VIH augmente par ailleurs à un rythme alarmant. Dans certaines régions du monde, le sida atteint des proportions épidémiques.

Transmission

Les modes de transmission du VIH sont très semblables à ceux de l'hépatite B. Chez les hommes homosexuels, les rapports sexuels avec pénétration ou toucher anal favorisent les lésions de la muqueuse rectale et accroissent par conséquent les ris-ques de pénétration du virus par des sécrétions corporelles.

Cette pratique sexuelle et la multiplicité des partenaires sexuels ont contribué à la propagation de la maladie. Les rapports hétérosexuels avec un partenaire ayant été directement exposé au VIH sont également un mode de transmission de plus en plus courant.

Chez les utilisateurs de drogues intraveineuses, le virus se transmet directement par une aiguille contaminée. Même si la quantité de sang qui reste sur l'aiguille est relativement faible, des expositions répétées augmentent le risque de transmission du virus.

Les dérivés sanguins, notamment ceux administrés aux hémophiles, ont provoqué par le passé beaucoup d'infections par le VIH. Le risque de transmission par transfusion sanguine est aujourd'hui beaucoup plus faible cependant, grâce à la décision volontaire des personnes à risque de ne pas donner du sang, aux analyses de dépistage du VIH, au traitement par la chaleur des concentrés de facteurs de coagulation et à d'autres méthodes d'inactivation du virus. Le risque d'infection par piqûre d'aiguille des travailleurs de la santé est inférieur à 1 %, mais on n'a pas encore de données sur les risques de transmission par exposition cutanéomuqueuse. Les centres épidémiologiques ainsi que d'autres organismes mènent actuellement des études d'envergure chez les travailleurs de la santé. Le virus peut également se transmettre de la mère à l'enfant *in utero* et par l'allaitement.

Quand une personne est infectée par le VIH, son système immunitaire réagit en produisant des anticorps contre le virus. Ces anticorps apparaissent généralement dans les quatre premiers mois qui suivent l'infection, mais le délai peut parfois atteindre quatorze mois. Malheureusement, les anticorps contre le VIH sont inefficaces et incapables d'interrompre l'évolution de l'infection. Maintenant qu'il est possible de démontrer la présence d'anticorps contre le VIH dans le sang, on peut dépister les produits sanguins contaminés et établir plus facilement le diagnostic chez les personnes atteintes. En 1985, la Food and Drug Administration (FDA) des États-Unis a autorisé la commercialisation d'une épreuve de dépistage des anticorps contre le VIH dans tous les dons de plasma et de sang.

La méthode ELISA permet de dépister la présence d'anticorps contre le VIH. Elle ne permet pas de poser un diagnostic de sida, mais indique plutôt que la personne a été exposée au VIH ou infectée par ce virus. Les personnes dont le sang contient des anticorps contre le VIH sont dites *séropositives*. La *réaction de Western-Blot* est une autre méthode qui permet de déceler la présence d'anticorps contre le VIH; on l'utilise pour confirmer les résultats de la méthode ELISA.

Il est important de bien expliquer au patient les résultats des épreuves de dépistage des anticorps contre le VIH. Voir l'encadré 48-2 pour un résumé de l'interprétation des résultats des épreuves. Il est également essentiel d'informer le patient sur les modes de transmission du virus.

Examens diagnostiques

Les manifestations des infections par le VIH varient. Le diagnostic est fondé sur les antécédents cliniques, l'évaluation des facteurs de risque, l'examen physique, les altérations de la fonction immunitaire décelées en laboratoire, le dépistage

---

Encadré 48-2
Interprétation des épreuves de dépistage des anticorps contre le VIH

Les anticorps contre le VIH sont produits par l'organisme en réaction à une infection par ce virus. La séropositivité n'est pas un diagnostic de sida. Les résultats des épreuves de dépistage doivent être interprétés avec une certaine prudence.

Un résultat positif SIGNIFIE:
- que votre sang contient des anticorps contre le virus du sida;
- que vous avez été infecté par le virus du sida et que votre organisme a produit des anticorps;
- que le virus est probablement actif dans votre organisme et que vous pouvez le transmettre à d'autres personnes.

Un résultat positif NE SIGNIFIE PAS:
- que vous avez nécessairement le sida;
- que vous aurez nécessairement le sida un jour;
- que vous êtes immunisé contre le sida.

Un résultat négatif SIGNIFIE:
- que votre sang, au moment du test, ne contient pas d'anticorps contre le virus du sida.
Deux raisons peuvent expliquer ce résultat:
- vous n'avez pas été infecté par le virus; OU
- vous avez été infecté par le virus mais vous n'avez pas encore produit d'anticorps (ce qui peut prendre de deux à six semaines, parfois davantage).

Un résultat négatif NE SIGNIFIE PAS:
- que vous n'avez plus à vous en faire (vous pouvez contracter le virus et l'infection plus tard);
- que vous êtes immunisé contre le virus;
- que vous n'avez pas été infecté par le virus (vous avez peut-être été infecté mais vous n'avez pas encore produit d'anticorps).

(Source: G. S. Carr et G. Gee, «AIDS and AIDS-related conditions: Screening for populations at risk», *Nurse Pract*, oct. 1986, 11[10]:44)

TABLEAU 48-5. *Infections et cancers caractéristiques du sida*

INFECTIONS VIRALES
Cytomégalovirus (CMV)
Herpès simplex: infections disséminées ou cutanéomuqueuses chroniques
Papovavirus: leuco-encéphalopathie multifocale progressive

INFECTIONS PARASITAIRES
Cryptosporidiose
Isosporose
Pneumonie interstitielle à *Pneumocystis carinii* (ou pneumocystose)
Strongyloïdose
Toxoplasmose

INFECTIONS FONGIQUES
Candidose: œsophagienne ou pulmonaire
Cryptococcose
Histoplasmose

INFECTIONS BACTÉRIENNES
Mycobacterium avium-intracellulare (MAI)
Mycobacterium kansasii

CANCERS
Sarcome de Kaposi
Lymphomes cérébraux isolés
Lymphomes non hodgkiniens

AUTRES
Pneumonie interstitielle lymphoïde (chez les enfants seulement)

(Source: D. Cummings, «Caring for the HIV-infected adult», *Nurse Pract*, nov. 1988, 13[11]:34)

des anticorps contre le VIH, les signes et les symptômes, ainsi que sur la présence d'infections ou de cancers caractéristiques des infections par le VIH selon la classification du CDC (tableau 48-5). Il s'agit d'une classification par groupes qui représente le spectre des infections par le VIH (tableau 48-6).

Le groupe I comprend les personnes atteintes d'une infection aiguë par le VIH, caractérisée par des symptômes ressemblant à ceux de la mononucléose: fièvre, frissons, douleurs musculaires et articulaires, éruption maculopapuleuse, crampes abdominales, diarrhées et hypertrophie des ganglions lymphatiques. Ce stade est souvent associé à la séroconversion. Le groupe II représente les personnes infectées qui ne présentent aucun symptôme. Un examen ou une épreuve de laboratoire peut révéler une hypertrophie des ganglions lymphatiques et des signes d'altération de la fonction immunitaire (encadré 48-3). Dans le groupe III on compte les personnes qui présentent des signes et symptômes: fatigue, fièvre, sueurs nocturnes, altération de la fonction immunitaire (démontrée par épreuves de laboratoire) et adénopathie généralisée persistante (AGP). L'adénopathie généralisée persistante désigne la tuméfaction d'au moins deux ganglions lymphatiques non inguinaux à un volume supérieur à 1 cm qui persiste depuis au moins trois mois. Le groupe IV comprend les personnes qui présentent des symptômes plus graves d'infection par le VIH, notamment ceux du sida. Il comprend cinq catégories: (1) symptômes généraux débilitants (fièvre, perte pondérale supérieure à 10 % de la masse corporelle, fatigue, diarrhées et AGP), auparavant désignés par le terme «syndrome associé au sida» ou «para-sida»; (2) déficiences neurologiques;

(3) infections opportunistes; (4) cancers; et (5) autres troubles, dont l'insuffisance surrénalienne, les troubles neurologiques et la pneumonie interstitielle. Souvent les personnes atteintes d'une infection grave par le VIH présentent des symptômes appartenant à plus d'une catégorie. Le diagnostic de sida est réservé aux patients atteints d'infections et de cancers opportunistes pouvant entraîner la mort.

Manifestations cliniques

Les manifestations cliniques du sida sont très étendues; elles peuvent toucher presque tous les appareils et systèmes de l'organisme. Les troubles associés à la séropositivité et au sida sont causés par des infections, par des cancers ou par les effets directs du VIH sur les tissus de l'organisme. Nous n'aborderons ci-après que les manifestations cliniques les plus courantes.

Manifestations pulmonaires. La dyspnée, la toux, les douleurs thoraciques et la fièvre sont les signes des diverses infections opportunistes associées au sida, notamment celles provoquées par *Mycobacterium avium-intracellulare* (MAI), le cytomégalovirus et *Legionella*. L'infection la plus courante chez les sidéens est la pneumonie à *Pneumocystis carinii* (PPC) ou pneumocystose, dont le taux de mortalité est d'environ 60 %. *Pneumocystis carinii,* un protozoaire, n'est pathogène que chez des hôtes immunoprives. Il envahit les alvéoles pulmonaires, y prolifère et entraîne la condensation du parenchyme pulmonaire.

Chez les sidéens, les symptômes de la PPC sont généralement moins aigus que chez les personnes dont l'immunosuppression provient d'une autre cause. Il s'écoule généralement quelques semaines ou quelques mois entre l'apparition des symptômes et le diagnostic de la maladie. Au début, le sidéen présente des signes et symptômes non spécifiques comme la fièvre, les frissons, une toux inefficace, de la dyspnée et, dans certains cas, une douleur thoracique. Parfois, on ne perçoit ni râles, ni ronchus. La concentration artérielle d'oxygène est parfois légèrement abaissée, ce qui indique une légère hypoxémie. Si elle n'est pas traitée, la pneumonie à *Pneumocystis carinii* aboutit à une atteinte pulmonaire importante, puis à une insuffisance respiratoire. Chez un petit nombre de patients, la maladie évolue de façon fulminante et entraîne une hypoxémie grave, une cyanose, une tachypnée et une détérioration

TABLEAU 48-6. *Classification du CDC des infections par le VIH*

Groupe I. Infection aiguë
Groupe II. Infection asymptomatique
Groupe III. Adénopathie généralisée persistante
Groupe IV. Autres maladies
  Sous-groupe A. Troubles généraux
  Sous-groupe B. Troubles neurologiques
  Sous-groupe C. Troubles infectieux secondaires
      Catégorie C-1. Infections secondaires mentionnées dans les directives du CDC pour la surveillance du sida
      Catégorie C-2. Autres infections secondaires
  Sous-groupe D. Cancers secondaires
  Sous-groupe E. Autres troubles

(Source: Centers for Disease Control, U. S. Department of Health and Human Services, «Classification system for human T-lymphotropic virus III / lymphadenopathy-associated virus infections», *Ann Intern Med*, août 1986, 105[2]:235)

Encadré 48-3
Signes, symptômes et résultats de laboratoire indiquant une altération de la fonction immunitaire

Signes et symptômes cliniques

Troubles chroniques inexpliqués persistant pendant au moins trois mois
Adénopathie ≥ 2 régions non inguinales
Fièvre ≥ 38 °C, intermittente ou persistante
Diarrhées inexpliquées
Fatigue et malaises inexpliqués
Sueurs nocturnes inexpliquées

Résultats de laboratoire

Diminution du nombre des lymphocytes T auxiliaires
Diminution du rapport entre les lymphocytes T auxiliaires et T suppresseurs
Anémie *ou* leucopénie *ou* thrombopénie *ou* lymphopénie
Augmentation du taux des globulines sériques
Diminution de la réponse blastogénique des lymphocytes aux mitogènes
Absence de réaction aux antigènes des épreuves d'allergie cutanées
Augmentation du taux des complexes immuns circulants

(Source: M. S. Gottlieb et J. E. Groopman [éd.], *AIDS*. New York, Alan R. Liss, 1984)

des facultés mentales. Dans ce cas, l'insuffisance respiratoire peut apparaître deux ou trois jours après l'apparition des premiers symptômes.

La pneumonie à *Pneumocystis carinii* peut être diagnostiquée de façon formelle par l'identification du microorganisme dans les tissus pulmonaires ou les sécrétions bronchiques. On peut recueillir les expectorations par induction ou par lavage bronchoalvéolaire et les tissus par biopsie transbronchique à l'aide d'un fibroscope.

Les infections par les microorganismes du groupe *Mycobacterium-avium* sont en voie de devenir les infections bactériennes les plus fréquentes chez les sidéens. Le groupe Mycobacterium-avium comprend notamment *M. avium*, *M. intracellulare* et *M. scrofulaceum*. Il s'agit de bacilles acidorésistants qui provoquent généralement des infections respiratoires; on peut les retrouver aussi dans le tube digestif, les ganglions lymphatiques et la moelle osseuse. La plupart des sidéens présentent une atteinte généralisée au moment du diagnostic et sont affaiblis. Le taux de mortalité est de plus en plus élevé. Le traitement, encore mal établi, fait appel à des associations médicamenteuses et est de longue durée.

Manifestations gastro-intestinales. Les principales manifestations gastro-intestinales du sida sont la perte d'appétit, les nausées, les vomissements, les candidiases buccales et œsophagiennes ainsi que la diarrhée chronique. De 50 à 90 % des sidéens présentent de la *diarrhée*. Dans certains cas, les symptômes gastro-intestinaux sont associés aux effets directs du VIH sur les cellules qui tapissent l'intestin. Les microorganismes les plus souvent en cause sont *Cryptosporidium muris*, *Salmonella,* le cytomégalovirus (CMV), *Clostridium difficile* et *Mycobacterium avium-intracellulare*. On peut les identifier par une culture des selles ou une biopsie intestinale. Pour le patient sidéen, la diarrhée peut être très débilitante car elle entraîne une importante perte pondérale (plus de 10 % de la masse corporelle), des déséquilibres

hydroélectrolytiques, des excoriations cutanées périanales, une asthénie et une incapacité d'assumer les tâches de la vie quotidienne. Plusieurs formes de diarrhées infectieuses répondent au traitement, mais les récidives sont fréquentes.

Presque tous les patients atteints du sida ou de troubles reliés au sida souffrent de *Candidiase buccale*. Il s'agit d'une infection fongique qui précède souvent l'apparition d'autres infections qui mettent en danger la vie du patient. Elle se caractérise par la présence de plaques blanches crémeuses dans la cavité buccale. Si elle n'est pas traitée, elle atteint l'œsophage. Les signes et symptômes qui y sont associés sont notamment une déglutition difficile et douloureuse ainsi que des douleurs rétrosternales. Certains patients présentent également des lésions buccales ulcéreuses qui peuvent disséminer la candidiase ailleurs dans l'organisme.

Manifestations neurologiques. On estime que 50 à 60 % de tous les sidéens présentent au cours de l'évolution de l'infection par VIH une forme quelconque d'atteinte neurologique. On observe aussi, dans 20 à 30 % des cas, des troubles neurologiques asymptomatiques. Les troubles neurologiques peuvent toucher les systèmes nerveux central, périphérique et autonome. Ils sont causés par les effets directs du VIH sur les tissus ou par la réaction immunitaire à l'infection par le VIH. Ils se caractérisent notamment par une inflammation, une atrophie, une démyélinisation, une dégénérescence et une nécrose. Les autres manifestations d'ordre neurologique sont dues à des infections ou des cancers atteignant le système nerveux.

Les infections fongiques à *Cryptococcus neoformans* viennent au quatrième rang parmi les infections opportunistes observées chez les sidéens. La méningite cryptococcique se caractérise par divers symptômes: fièvre, céphalées, malaises, raideur de la nuque, nausées, vomissements, altération de l'état de conscience et convulsions. Le diagnostic peut être confirmé par un examen du liquide céphalorachidien.

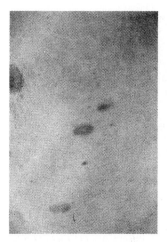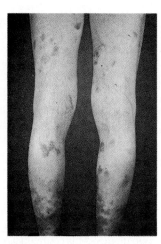

Figure 48-6. Forme épidémique du sarcome de Kaposi. (A) Les premières lésions sont des plaques et des macules allongées de couleur rose-brun qui apparaissent sur le thorax. Certaines lésions sont légèrement hyperpigmentées. (B) Au cours de l'évolution de la maladie, le nombre des lésions augmente; il s'agit plus souvent de plaques que de nodules. Chez ce patient, les lésions se sont multipliées rapidement et sont très étendues, leurs marges se rejoignant dans certaines régions. La symétrie de l'éruption est caractéristique de la forme épidémique du sarcome de Kaposi.

(Source: V. T. DeVita Jr, S. Hellman et S. A. Rosenberg (dir.), *AIDS: Etiology, Diagnosis, Treatment and Prevention*, 2ᵉ éd., Philadelphia, J. B. Lippincott, 1988)

Au moins 40 à 65 % des sidéens présentent une encéphalopathie qui se caractérise par une détérioration progressive des fonctions cognitives, comportementales et motrices. Les signes et symptômes peuvent être difficiles à déceler et à distinguer de la fatigue, de la dépression, ou des effets défavorables des traitements contre les infections et les cancers. Les premières manifestations sont des troubles de mémoire, des céphalées, des troubles de concentration, une confusion progressive, un ralentissement psychomoteur, une apathie et une ataxie. Aux stades ultérieurs de la maladie, on observe des déficiences cognitives globales, un retard des réactions verbales, un regard vague et fixe, une paraparésie spastique, une hyperréflexie, une psychose, des hallucinations, des tremblements, une incontinence, des convulsions et un mutisme. La confirmation de l'encéphalopathie due au VIH peut être difficile. On doit procéder à une évaluation neurologique complète faisant appel à la tomodensitométrie, qui peut révéler une atrophie cérébrale diffuse et une hypertrophie ventriculaire. Les autres examens qui peuvent révéler la présence d'anomalies sont l'imagerie par résonance magnétique nucléaire (RMN), l'examen du liquide céphalorachidien et la biopsie cérébrale.

La *leucoencéphalopathie multifocale progressive* (LMP) est un trouble de démyélinisation du système nerveux central associé au sida. Elle est provoquée par un virus et peut se manifester d'abord par une confusion mentale et entraîner rapidement la cécité, une aphasie, une parésie et la mort. Les autres infections courantes du système nerveux sont dues à *Toxoplasma gondii* et à *Cryptococcus neoformans*.

Les autres manifestations neurologiques proviennent d'une atteinte du système nerveux central ou périphérique. La myélopathie vasculaire est un trouble dégénératif des cornes latérale et postérieure de la moelle épinière qui entraîne une paraparésie spastique progressive, une ataxie et une incontinence. La neuropathie périphérique associée au VIH serait due à une démyélinisation qui entraîne un engourdissement douloureux des membres, de la faiblesse, une diminution des réflexes ostéotendineux, une hypotension orthostatique et l'impuissance.

Cancers. L'incidence du cancer est plus élevée que la moyenne chez les sidéens, ce qui pourrait être attribuable à une stimulation par le VIH des cellules cancéreuses en voie de développement ou à l'immunodéficience qui permettrait à des substances cancérigènes (comme les virus) de transformer des cellules sensibles en cellules malignes. Le sarcome de Kaposi et certains types de lymphomes à cellules B font partie des cancers qui figurent dans la classification du CDC. Les sidéens sont également plus vulnérables aux cancers de la peau, de l'estomac, du pancréas, du rectum et de la vessie.

Le sarcome de Kaposi, est l'affection maligne la plus fréquente chez les sidéens. Il se développe aux dépens de l'endothélium des vaisseaux sanguins et lymphatiques. On l'a observé pour la première fois en 1872, chez des hommes âgés originaires d'Europe orientale. Il se caractérisait par des lésions cutanées sur les membres inférieurs. Chez ces sujets, la maladie évoluait lentement et était facile à traiter. La forme épidémique du sarcome de Kaposi que l'on observe chez les sidéens se retrouve principalement chez les hommes homosexuels et bisexuels. Ses manifestations vont des lésions cutanées localisées aux lésions disséminées dans plusieurs appareils et systèmes. Les lésions cutanées peuvent apparaître n'importe où sur le corps et sont généralement de couleur rose-brun ou violet foncé. Elles peuvent être plates ou surélevées et sont entourées d'ecchymoses et d'œdème (figure 48-6). La dissémination rapide des lésions sur une grande partie du corps entraîne une atteinte esthétique importante.

Selon leur siège et leur taille, les lésions peuvent provoquer une stase veineuse, un lymphœdème ou des douleurs. Les lésions ulcéreuses ou infectées par des champignons peuvent porter atteinte à l'intégrité de la peau, provoquer des malaises et augmenter la sensibilité aux infections. Les organes internes le plus souvent touchés sont les ganglions lymphatiques, le tube digestif et les poumons. L'atteinte des organes internes peut provoquer une insuffisance organique, des hémorragies, des infections et la mort. On confirme le diagnostic du sarcome de Kaposi par une biopsie des lésions suspectes.

Le lymphome à cellules B vient au deuxième rang parmi les cancers associés au sida. Les lymphomes associés au sida diffèrent souvent de ceux qui touchent la population en général et apparaissent à un âge beaucoup plus bas que les autres lymphomes non hodgkiniens. En outre, ils ont tendance à se développer ailleurs que dans les ganglions lymphatiques, le plus souvent dans le cerveau, la moelle osseuse et le tube digestif. Ils sont généralement à un stade avancé, ce qui indique une évolution rapide. Ils se propagent à plusieurs organes et sont associés à des infections opportunistes.

Manifestations cutanées. Des affections cutanées sont associées à l'infection par le VIH et aux infections et cancers opportunistes qui l'accompagnent. Parmi ces affections cutanées figure le sarcome de Kaposi, que nous venons de décrire. Des infections opportunistes comme le zona et l'herpès simplex se manifestent par des vésicules douloureuses qui altèrent l'intégrité de la peau. Le molluscum contagiosum est une infection virale qui se caractérise par des plaques entraînant des déformations. Quant à la parakératose séborrhéique, elle se manifeste par une éruption indurée diffuse et squameuse dans le visage et le cuir chevelu. On peut aussi observer une folliculite généralisée entraînant l'assèchement et la desquamation de la peau ou une dermatite atopique (eczéma ou psoriasis par exemple). Jusqu'à 60 % des patients à qui on administre de la triméthoprime-sulfaméthoxazole (TMP / SMZ) pour traiter la pneumonie à *Pneumocystic carinii* présentent un érythème médicamenteux prurigineux caractérisé par des papules et des macules rougeâtres. Quelle que soit leur origine, les affections cutanées sont incommodantes pour le sidéen et le prédisposent à d'autres infections puisqu'elles altèrent l'intégrité de sa peau.

Manifestations cliniques de l'infection par le VIH chez la femme.

Chez les femmes, le premier signe de l'infection par le VIH est souvent une candidiase vaginale récurrente ou persistante, avec parfois des lésions étendues, profondes et douloureuses exigeant un traitement continu. Les maladies ulcéreuses transmises sexuellement sont aussi plus graves que chez les autres femmes. On sait aujourd'hui que les infections par le papillomavirus humain et le cancer du col utérin sont plus fréquents et plus graves chez les femmes infectées par le VIH.

Maladie chronique.

Presque tous les patients sidéens contractent au moins une infection opportuniste au cours de l'évolution de leur maladie. On peut généralement traiter ces infections avec succès, mais elles laissent parfois des séquelles qui rendent le patient plus vulnérable aux autres infections et aux affections malignes. Le traitement est souvent difficile en raison des effets débilitants de l'infection par VIH : fatigue, céphalées, sueurs nocturnes abondantes, pertes pondérales, toux sèche, essoufflement, faiblesse extrême, diarrhées et adénopathie persistante. La maladie devient chronique quand les infections et les maladies opportunistes ne peuvent plus être éliminées.

Les effets de la maladie chronique peuvent être dévastateurs. En phase terminale, le système immunitaire est généralement très déprimé et on observe des infections localisées et disséminées multiples qui touchent plusieurs appareils et systèmes. Beaucoup de sidéens souffrent également de malnutrition grave à cause d'un déficit nutritionnel, d'une malabsorption gastro-intestinale et des effets des maladies opportunistes. Une insuffisance pulmonaire, rénale ou hépatique peut accompagner les infections ou les affections malignes. Les lésions cutanées sont fréquentes également à cause de l'immobilité, des diarrhées abondantes et de l'évolution du sarcome de Kaposi. Enfin, des troubles neurologiques peuvent entraîner le coma et la mort.

Au stade avancé de la maladie les sidéens sont généralement incapables de travailler, d'assumer leurs rôles ou leurs rapports sociaux et d'effectuer eux-mêmes leurs soins. La survie varie de quelques mois à quelques années, mais environ la moitié des sidéens diagnostiqués depuis 1981 sont décédés. La mort est généralement due à une maladie opportuniste incurable.

Traitement

Il existe différentes méthodes de traitement : le traitement des infections et des cancers associés au VIH, l'interruption de la croissance et de la reproduction du VIH au moyen d'agents antiviraux et le renforcement du système immunitaire au moyen d'immunomodulateurs. Il est également essentiel de prodiguer des soins de soutien pour atténuer les effets de la maladie chronique (malnutrition, lésions cutanées, faiblesse,

immobilité et détérioration des facultés mentales). Il faut espérer que la mise au point d'un vaccin permettra un jour de prévenir les infections par le VIH.

Infections associées au VIH.

Au cours des dernières années, on a réalisé d'importants progrès dans le traitement de la pneumonie à *Pneumocystis carinii*.

La triméthoprime-sulfaméthoxazole (TMP / SMZ) est un antibiotique utilisé pour le traitement de diverses infections. On l'a longtemps considérée comme le médicament de choix pour la pneumonie à *P. carinii* chez les patients non sidéens. Malheureusement, elle provoque chez les sidéens davantage d'effets secondaires, comme des éruptions, une leucopénie et de la fièvre. Ces effets secondaires ont été observés chez près de 65 % des sidéens ayant reçu de la TMP / SMZ. On a également recours à la pentamidine, un antiprotozoaire. Beaucoup de médecins commencent par administrer de la TMP / SMZ et passent à la pentamidine si des effets secondaires apparaissent ou si le patient ne présente aucun signe d'amélioration. Les principaux effets secondaires de la pentamidine sont la formation d'abcès stériles au point d'injection (intramusculaire), une altération du métabolisme du glucose, une altération de la fonction rénale et une inhibition de la fonction médullaire.

L'administration de pentamidine en aérosol s'est récemment révélée efficace pour la prévention et le traitement de la pneumonie à *P. carinii*. Les particules inhalées atteignent directement les alvéoles, qui sont le foyer de l'infection. Comme une très petite quantité de médicament seulement pénètre dans la circulation générale, les effets secondaires sont moins importants. On doit enseigner au patient comment utiliser le nébuliseur. Les chercheurs étudient actuellement l'efficacité d'autres médicaments dans le traitement de la pneumonie à *P. carinii* : diaphénylsulfone, diaphénylsulfone-triméthoprime, trimétrexate et clindamycine avec primaquine.

On traite généralement la méningite cryptococcique par l'administration intraveineuse d'amphotéricine B pendant au moins quatre à six semaines. Il faut être à l'affût des effets secondaires graves de ce traitement : troubles rénaux et hépatiques, déséquilibres électrolytiques, anémie, fièvre et rigidité. Comme les récidives sont fréquentes et que le taux de mortalité est élevé, on prolonge souvent le traitement intraveineux après le retour du patient à la maison. On doit alors évaluer la capacité du patient de poursuivre ses traitements à la maison. Un dispositif d'accès veineux doit être mis en place, et il faut enseigner au patient comment effectuer l'administration intraveineuse et traiter les effets défavorables. Récemment, la Food and Drug Administration (FDA) des États-Unis a autorisé l'administration de fluconazole (agent anti-fongique) pour le traitement d'entretien de la méningite cryptococcique. Ce médicament se prend par voie orale et n'entraîne pas d'effets secondaires graves. L'utilisation du fluconazole et d'autres antifongiques dans le traitement des infections cryptococciques fait encore l'objet d'études.

Les rétinites provoquées par le cytomégalovirus (CMV) sont la principale cause de cécité chez les sidéens. Récemment, la FDA des États-Unis a autorisé l'emploi du ganciclovir dans le traitement de ces rétinites. Comme le ganciclovir ne tue pas le virus mais en inhibe la croissance, il doit être pris pendant toute la vie. Quand on arrête le traitement, la rétinite réapparaît en moins d'un mois. On administre d'abord le ganciclovir par voie intraveineuse toutes les huit à douze heures pendant deux semaines et on poursuit avec un traitement d'entretien, à raison d'une fois par jour, cinq à sept fois par semaine. Dans certains cas, la maladie continue de progresser malgré le traitement. Les effets secondaires (l'inhibition de la fonction médullaire qui entraîne une réduction du nombre des leucocytes et des plaquettes, candidiase buccale, et troubles rénaux et hépatiques) exigent une consultation externe et de l'enseignement. Un dispositif d'accès veineux doit être mis en place, et il faut enseigner au patient comment s'administrer le ganciclovir par voie intraveineuse. D'autres médicaments pour le traitement de la rétinite à CMV sont actuellement à l'étude: foscarnet, acyclovir, stimulant les colonies de granulocytes et interféron-bêta.

On étudie aussi l'efficacité de différents agents antimicrobiens dans le traitement d'infections comme l'oesophagite à *Candida*, la toxoplasmose (*Toxoplasma gondii*), la méningite cryptococcique, le zona, l'herpès simplex et les infections disséminées, dues au CMV.

Affections malignes. On traitait auparavant le sarcome de Kaposi au moyen d'antinéoplasiques (adriamycine, vinblastine, vincristine et méthotrexate), seuls ou en association, avec des résultats mitigés. La FDA américaine a récemment autorisé l'utilisation d'interféron-alpha pour le traitement du sarcome de Kaposi. L'interféron (voir le chapitre 47) a des effets antiviraux et antitumoraux bien établis. On a démontré également qu'il stimule le système immunitaire. Le taux de rémission varie entre 30 et 50 %, et les résultats sont plus favorables quand la maladie est peu étendue et ne s'accompagne pas d'infections opportunistes. L'interféron est administré par voie intraveineuse, intramusculaire ou sous-cutanée. Ses effets secondaires sont la fièvre, les frissons, une fatigue chronique, des malaises, des douleurs musculaires, des céphalées et une leucopénie. En cas d'effets secondaires graves, on peut réduire les doses. Dans bien des cas, le patient s'administre lui-même l'interféron à la maison ou le reçoit en consultation externe. L'infirmière doit enseigner au patient l'administration du médicament et le traitement des effets défavorables. Si les lésions cutanées sont inesthétiques ou incommodantes, on peut utiliser la radiothérapie.

Le traitement des lymphomes associés au sida ne réussit pas toujours car ces lymphomes évoluent rapidement. On utilise une combinaison de chimiothérapie et de radiothérapie. On observe une rémission dans environ 50 % des cas, mais elle est généralement de bien courte durée. Comme les traitements habituels des lymphomes sont inefficaces contre les lymphomes associés au sida, plusieurs cliniciens suggèrent que ces lymphomes soient étudiés séparément dans les essais cliniques.

Agents antiviraux. La découverte de l'azidothymidine (AZT) est l'un des progrès les plus importants dans la lutte contre le sida. Ce médicament empêche la reproduction du VIH en imitant une des substances moléculaires dont se sert le VIH pour élaborer l'ADN nécessaire à sa réplication. Il modifie ainsi la composition chimique de la chaîne d'ADN, ce qui inhibe la réplication du virus. En 1987, la FDA des États-Unis a autorisé l'administration de l'AZT aux sidéens gravement atteints. Plus récemment, elle a autorisé le recours à l'AZT aux stades plus précoces de l'infection, avant l'apparition d'une immunosuppression grave. La numération des lymphocytes CD4 permet de déterminer l'ampleur de l'immunosuppression car elle reflète le nombre des lymphocytes T auxiliaires circulants. Le nombre des CD4 varie normalement entre 700 et 1200. Les patients dont la numération des CD4 est inférieure à 500 reçoivent de l'AZT par voie orale, à raison de 500 mg / jour en doses fractionnées. L'AZT ralentit la réplication virale, améliore la fonction immunitaire et prolonge la survie. Après seulement quelques semaines de traitement, on observe une amélioration du bien-être, un gain de poids, une baisse de la sensibilité aux infections opportunistes et une amélioration de la fonction neurologique. On doit enseigner au patient qu'il importe de prendre chacune des doses prescrites. Particulièrement toxique pour la moelle osseuse, l'AZT peut provoquer une anémie et une neutropénie qui obligent à réduire la posologie. Dans certains cas, on doit mettre fin au traitement. Pour contrer les effets de l'anémie et de la neutropénie, on étudie le recours à des facteurs stimulant les colonies, notamment l'érythropoïétine et le facteur stimulant les colonies de granulocytes (G-CSF). Les facteurs stimulant les colonies sont des substances que produit naturellement l'organisme pour stimuler la production des leucocytes et des érythrocytes.

Les autres effets défavorables de l'AZT sont les nausées, les douleurs abdominales, la fièvre, les frissons, les myalgies, les céphalées et (moins fréquemment) la confusion, la somnolence et les convulsions. Il faut faire comprendre au patient l'importance des examens périodiques et lui enseigner comment reconnaître et traiter les effets secondaires. Étant donné que le traitement à l'AZT peut coûter plusieurs centaines de dollars par mois, il est souvent nécessaire d'adresser le patient à un organisme pouvant lui fournir une aide financière.

Plusieurs autres agents antiviraux sont actuellement à l'étude. La didéoxyinosine (ddI) a donné des résultats prometteurs chez plusieurs patients comme substitut de l'AZT. Chaque médicament a ses propres mécanismes d'action. Certains agissent en réduisant l'affinité du VIH pour les lymphocytes T_4. D'autres s'attaquent à la membrane du virus et empêchent le VIH de pénétrer dans les cellules. L'inhibition de la réplication du virus est un autre mécanisme d'action. Ces agents font l'objet d'études cliniques qui en sont à différentes phases: toxicité et doses maximales tolérées (phase I), activité contre le VIH (phase II) et efficacité par rapport à d'autres médicaments (phase III).

Immunomodulateurs. La lutte contre le sida exige l'emploi d'agents qui inhibent la reproduction du virus, mais également d'agents capables de renforcer le système immunitaire en plus de stimuler la production des macrophages et des lymphocytes T. On étudie également des substances qui jouent un rôle dans la production des macrophages et des lymphocytes: l'interleukine 2, l'isoprinosine, le diéthyldithiocarbamate (DTC), le lentinan et les facteurs stimulant les colonies de macrophages et de granulocytes. Plusieurs de ces substances provoquent une réaction pseudo-grippale se manifestant par de la fièvre, des frissons, une arthralgie, une myalgie et une céphalée. Certaines d'entre elles provoquent des nausées, des vomissements, une augmentation du taux des enzymes hépatiques, une neutropénie, de la confusion et des modifications du comportement. L'infirmière a alors pour rôle de collaborer à l'évaluation et au traitement des effets indésirables, de prodiguer au patient le soutien et l'enseignement dont il a besoin et de recueillir des données nécessaires aux études cliniques.

Vaccination. Un vaccin est une substance qui déclenche dans l'organisme la production d'anticorps capables d'éliminer un agent pathogène. Depuis la découverte du VIH, des chercheurs travaillent à la mise au point d'un vaccin contre ce virus. À l'heure actuelle, au moins sept vaccins sont à la phase I ou II des essais cliniques. Le VIH étant un virus dont la nature et le comportement sont complexes, les chercheurs estiment qu'il faudra attendre la fin des années 1990 avant qu'un vaccin ne puisse être obtenu. En outre, pour mettre au point un vaccin, il faut l'étudier dans une population appropriée. Il serait difficile par exemple de déterminer si la diminution du nombre de porteurs chez les hommes homosexuels est attribuable au vaccin ou à une modification des pratiques sexuelles due aux nombreuses campagnes de sensibilisation. Il serait difficile aussi d'assurer un suivi de plusieurs années chez les utilisateurs de drogues intraveineuses, car ceux-ci sont souvent instables et ont des activités illégales. Enfin, plusieurs problèmes d'ordre juridique et éthique se posent, notamment la responsabilité des fabricants et le risque que les sujets des études soient infectés par le VIH ou éprouvent des effets indésirables graves.

Soins

Le patient atteint du sida qui est très affaibli a besoin de différentes formes de soins. Sur le plan nutritionnel, certains ont tout simplement besoin d'aide pour se procurer leur nourriture ou préparer leurs repas. D'autres toutefois présentent des troubles nutritionnels en raison d'un faible apport alimentaire ou d'une malabsorption gastro-intestinale associée à la diarrhée et ont besoin d'une alimentation parentérale totale ou partielle. Ceux qui présentent des déséquilibres hydroélectrolytiques à cause de nausées, de vomissements et de diarrhée ont besoin d'une rééquilibration par voie intraveineuse. Les lésions cutanées associées au sarcome de Kaposi, l'excoriation de la peau périanale et l'immobilité exigent des soins complets et minutieux : changements de position, nettoyage de la peau et application d'onguents et de pansements selon l'ordonnance. Les infections, le sarcome de Kaposi ou la fatigue peuvent provoquer des troubles respiratoires comme la dyspnée. On doit alors avoir recours à l'oxygénothérapie, à des techniques de relaxation et à diverses mesures permettant au patient de ménager ses forces. Dans les cas de troubles respiratoires graves, une ventilation assistée est souvent nécessaire. Pour soulager la douleur due aux lésions cutanées, aux crampes abdominales ou au sarcome de Kaposi, on administre des analgésiques régulièrement. Les techniques de relaxation et d'imagerie mentale peuvent aussi contribuer à soulager la douleur et l'anxiété.

▶ DÉMARCHE DE SOINS INFIRMIERS : PATIENTS ATTEINTS DU SIDA

Les soins aux sidéens sont difficiles à cause de la vulnérabilité aux infections et aux affections malignes. En outre, le sida soulève plusieurs questions d'ordre éthique et émotionnel. Le plan de soins infirmiers doit être établi de façon à répondre aux besoins particuliers du patient.

▷ Collecte des données

La collecte des données porte sur les facteurs de risque, notamment les pratiques sexuelles et l'utilisation de drogues intraveineuses. L'infirmière doit évaluer l'état physique et psychologique du patient et noter toutes les données qui traduisent le fonctionnement du système immunitaire.

L'infirmière doit évaluer *l'état nutritionnel* du patient en s'enquérant de son régime alimentaire et des facteurs qui peuvent réduire l'apport nutritionnel : anorexie, nausées, vomissements, douleurs dans la bouche et troubles de la déglutition. En outre, elle doit déterminer si le patient est capable de se procurer des aliments et de préparer ses repas. Les données objectives qui reflètent l'état nutritionnel sont le poids, l'épaisseur du pli cutané tricipital, le taux de l'azote uréique du sang, le taux des protéines sériques totales et de l'albumine et le taux de transferrine.

Tous les jours, l'infirmière doit inspecter les *muqueuses et la peau* du patient afin d'y déceler les signes de rupture, d'ulcération et d'infection. Elle doit également examiner la cavité buccale pour déceler la présence de rougeurs, d'ulcérations ou de plaques blanches crémeuses indiquant une candidiase. Si le patient présente une diarrhée abondante, il est particulièrement important d'examiner la région périanale à la recherche de signes d'excoriation et d'infection. La culture de l'exsudat des lésions permet d'identifier les organismes infectieux.

L'infirmière évalue *la fonction respiratoire* : toux, expectorations, dyspnée, orthopnée, tachypnée et douleur thoracique. Elle doit également ausculter les bruits respiratoires. Les autres paramètres objectifs de la fonction respiratoire sont les radiographies pulmonaires, les gaz artériels et les épreuves fonctionnelles respiratoires.

Pour évaluer *la fonction neurologique,* l'infirmière note le niveau de conscience du patient et son orientation dans les trois sphères : personnes, espace et temps. Elle demande au patient s'il a des pertes de mémoire. Elle doit aussi rechercher les signes de troubles sensoriels comme les troubles de la vue, les céphalées, la torpeur et les picotements dans les membres. Des troubles moteurs peuvent également modifier la démarche ou provoquer une parésie. Enfin, elle doit être à l'affût des signes de convulsions.

Pour évaluer *l'équilibre hydroélectrolytique,* l'infirmière examine la peau et les muqueuses et en note l'élasticité et l'hydratation. La déshydratation peut se manifester par une soif accrue, une réduction du débit urinaire, une baisse de la pression artérielle ou une baisse de 15 mm Hg de la pression systolique avec accélération du pouls quand le patient passe de la position couchée à la position assise, un pouls rapide et irrégulier et une densité urinaire supérieure à 1,025. Une diarrhée abondante entraîne souvent des déséquilibres électrolytiques comme une baisse du taux sérique de sodium, de potassium, de calcium, de magnésium ou de chlore, qui peuvent se manifester par une détérioration des facultés mentales, des fasciculations et des crampes musculaires, un pouls irrégulier, des nausées, des vomissements et une respiration superficielle.

L'infirmière évalue *les connaissances* du patient, des membres de sa famille et de ses amis sur la maladie et ses modes de transmission. Il importe également d'observer la réaction psychologique du patient à l'annonce du diagnostic. Cette réaction varie d'un patient à l'autre et peut s'exprimer par le déni, la crainte, la peur, la honte, l'isolement social et la dépression. Il est souvent utile de chercher à savoir comment le patient a réagi dans le passé à maladie et aux situations de stress. Enfin, l'infirmière doit évaluer le réseau de soutien sur lesquelles le patient peut compter.

▷ Analyse et interprétation des données

Compte tenu de la nature complexe de cette maladie, la liste des diagnostics infirmiers possibles est vaste. Selon les données recueillies, voici les principaux diagnostics possibles :

- Atteinte à l'intégrité de la peau reliée aux manifestations cutanées de l'infection par le VIH
- Atteinte à l'intégrité de la peau périanale reliée aux excoriations et à la diarrhée
- Diarrhée reliée à des microorganismes entériques ou à l'infection par le VIH
- Risque élevé d'infection relié au déficit immunitaire
- Intolérance à l'activité reliée à la faiblesse, à la fatigue, à la malnutrition, à des déséquilibres hydroélectrolytiques et à l'hypoxie associée à une infection pulmonaire
- Altération des opérations de la pensée reliée à la réduction du champ d'attention, aux troubles de la mémoire, à la confusion et à la désorientation associés à l'encéphalopathie
- Déficit de volume liquidien relié à la diarrhée persistante
- Dégagement inefficace des voies respiratoires relié à la pneumonie à *Pneumocystis carinii*, à l'accumulation des sécrétions bronchiques et à une toux inefficace due à la faiblesse et à la fatigue
- Douleur reliée à la diarrhée et aux lésions cutanées périanales
- Déficit nutritionnel relié à une alimentation insuffisante
- Manque de connaissances sur les mesures de prévention de la transmission du VIH
- Isolement social relié aux préjugés concernant la maladie, au retrait des sources de soutien, aux mesures d'isolement et à la peur de transmettre l'infection
- Chagrin relié à la perturbation de l'exercice du rôle et du mode de vie ainsi qu'au pronostic défavorable.

◇ *Planification et exécution*

◇ *Objectifs de soins:* Rétablissement et maintien de l'intégrité de la peau ; rétablissement des habitudes d'évacuation intestinale ; prévention des infections ; amélioration de la tolérance à l'activité ; amélioration des opérations de la pensée ; maintien de l'équilibre hydroélectrolytique ; dégagement des voies respiratoires ; amélioration du bien-être ; amélioration de l'état nutritionnel ; acquisition de connaissances sur la prévention de la transmission de la maladie ; atténuation du sentiment d'isolement social ; verbalisation du chagrin

◇ *Interventions infirmières*

◇ *Maintien de l'intégrité de la peau.* L'infirmière doit examiner périodiquement la peau et la muqueuse buccale du patient pour déceler les changements dans l'aspect, le siège et la dimension des lésions, de même que les signes d'infection et de rupture de l'épiderme. Elle recommande au patient de garder un bon équilibre entre les périodes d'activité et les périodes de repos. Si le patient est alité, elle l'aide à changer de position toutes les deux heures. Elle peut utiliser certains dispositifs (matelas alvéolés ou à gonflement alternatif et lits à faible ou à forte perte d'air) pour aider à prévenir les ruptures de l'épiderme. Elle recommande au patient de ne pas se gratter, de se laver avec un savon doux, d'hydrater sa peau à l'aide de crèmes non parfumées et de ne pas négliger ses soins d'hygiène buccodentaire. Elle doit également appliquer sur les surfaces cutanées lésées les lotions médicamenteuses, onguents et pansements prescrits par le médecin. Elle doit utiliser le ruban adhésif avec parcimonie et protéger la peau du patient contre la friction en gardant les draps bien lisses et en conseillant à celui-ci de ne pas porter de vêtements serrés. Si le patient présente des lésions aux pieds, elle doit lui conseiller de porter des chaussettes en coton blanc et des chaussures qui ne favorisent pas la transpiration. Enfin, elle administre les médicaments antiprurigineux, antibiotiques et analgésiques selon l'ordonnance du médecin.

◇ *Maintien de l'intégrité de la peau périanale.* L'infirmière doit examiner régulièrement la région périanale du patient afin de déceler les signes de lésions cutanées et d'infection. Elle doit également recommander au patient de garder cette région aussi propre que possible en la lavant après chaque selle avec de l'eau et un savon doux, pour prévenir les infections, les excoriations et les ruptures de l'épiderme. Si cette région est très douloureuse, un linge doux ou une compresse peuvent être moins irritants qu'une débarbouillette. Les bains de siège ou une irrigation douce peuvent faciliter le nettoyage et favoriser le bien-être du patient. Il faut assécher soigneusement la région périanale. L'infirmière doit consulter le médecin au sujet des onguents ou lotions qui favorisent la cicatrisation. Si la région périanale semble infectée, il faut obtenir une culture de la plaie.

◇ *Rétablissement des habitudes d'évacuation intestinale.* L'infirmière doit évaluer les habitudes d'évacuation intestinale du patient et noter les signes et symptômes de diarrhée, notamment la fréquence et la consistance des selles ainsi que la présence de douleurs abdominales ou de crampes. Elle note également les facteurs qui augmentent la fréquence des diarrhées et mesure la quantité et le volume des selles liquides afin de déterminer les pertes hydriques. Les cultures de selles permettent d'identifier les microorganismes pathogènes en cause quand il y a infection.

L'infirmière doit enseigner au patient comment diminuer la fréquence des diarrhées. Le médecin peut recommander une réduction de l'apport nutritionnel pour permettre aux intestins de se reposer pendant les périodes d'inflammation intestinale aiguë due à une infection entérique grave. Quand le patient recommence à manger, l'infirmière lui conseille d'éviter les aliments qui irritent les intestins, comme les fruits et légumes crus, le maïs soufflé, les boissons gazeuses, les aliments épicés et les aliments très chauds ou très froids. Pour prévenir le ballonnement, le patient peut aussi manger moins mais plus souvent. Le médecin peut prescrire des spasmolytiques (anticholinergiques ou opiacés, par exemple) qui soulagent la diarrhée en réduisant les spasmes et la motilité intestinale. Il peut également prescrire des antibiotiques ou des antifongiques pour détruire les agents pathogènes identifiés dans les cultures.

◇ *Prévention des infections.* Le patient et les personnes qui lui prodiguent des soins doivent être à l'affût des signes et des symptômes d'infection : fièvre, frissons, sueurs nocturnes, toux productive ou non productive, dyspnée, douleur dans la bouche ou difficulté à avaler, présence de plaques blanches crémeuses dans la cavité buccale, pertes pondérales inexpliquées, tuméfaction des ganglions lymphatiques, nausées, vomissements, diarrhée persistante, mictions fréquentes, impérieuses ou douloureuses, céphalées, troubles de la vue ou pertes de mémoire, rougeur, œdème ou suintement des lésions cutanées, et présence de vésicules sur le visage, les lèvres ou la région périanale. L'infirmière doit également vérifier les résultats de la numération et de la formule leucocytaires. Le médecin peut aussi demander des cultures des écoulements, des lésions cutanées, des urines, des selles, des expectorations, de la cavité buccale et du sang).

L'infirmière enseigne au patient comment prévenir les infections. Elle doit d'abord insister sur l'importance de l'hygiène personnelle. Elle recommande aussi au patient de nettoyer régulièrement les surfaces de la cuisine et de la salle de bain à l'aide d'un produit désinfectant afin de prévenir la croissance de champignons et de bactéries. S'il a un animal domestique, il doit porter des gants pour nettoyer les objets souillés par l'animal (cage ou litière par exemple). Il doit également éviter les contacts avec une personne malade ou récemment vaccinée. Il ne doit pas exposer son partenaire aux liquides biologiques pendant leurs activités sexuelles et il doit porter un condom quelles que soient les pratiques utilisées. L'infirmière doit aussi *déconseiller vivement* l'utilisation de drogues intraveineuses pour éviter que le patient contracte d'autres infections ou transmette le VIH à d'autres utilisateurs. Il faut en outre recommander au patient de ne pas fumer et d'adopter de saines habitudes de vie (alimentation équilibrée, repos et exercice). Tous les professionnels de la santé doivent respecter scrupuleusement les règles de l'asepsie quand ils effectuent des interventions effractives comme une ponction veineuse ou un cathétérisme vésical. Ils doivent se conformer aux précautions universelles dans tous les soins au patient (encadré 48-4).

▷ *Augmentation de la tolérance à l'activité.* L'infirmière évalue le seuil de tolérance du patient à l'activité en vérifiant dans quelle mesure il est capable de se déplacer et d'effectuer les activités de la vie quotidienne. Plusieurs facteurs peuvent réduire la capacité du patient d'accomplir ses tâches habituelles: faiblesse, fatigue, dyspnée, étourdissements et troubles neurologiques. Il peut alors avoir besoin d'aide pour planifier ses activités quotidiennes de façon à maintenir un bon équilibre entre les périodes d'activité et les périodes de repos. En outre, l'infirmière peut lui enseigner comment conserver son énergie, par exemple en lui recommandant de s'asseoir pour se laver ou préparer ses repas. Les articles personnels dont le patient se sert souvent doivent être placés à sa portée afin de lui éviter des déplacements inutiles. La relaxation et l'imagerie mentale peuvent réduire l'anxiété qui contribue à la faiblesse et à la fatigue.

▷ *Amélioration des opérations de la pensée.* L'infirmière vérifie si le patient présente une détérioration des facultés mentales. Cette détérioration peut provenir d'une atteinte neurologique, d'anomalies métaboliques, d'une infection ou des effets secondaires du traitement. Il est important d'évaluer dès que possible l'état mental du patient de façon à pouvoir déceler plus tard les changements de comportement (tableau 48-8). Les signes d'atteinte neurologique sont parfois difficiles à distinguer des réactions psychologiques à la maladie, comme la colère et la dépression.

L'infirmière doit aider le patient et sa famille à comprendre et à surmonter la perturbation des opérations et activités cognitives. Au besoin, l'infirmière aide le patient à se réorienter dans les trois sphères: temps, espace et personnes. Il est souvent utile de laisser à la vue du patient une horloge et un calendrier. L'infirmière peut aussi encourager la famille et les amis à apporter des objets que le patient aime afin de rendre la chambre moins impersonnelle. Lors des séances d'enseignement au patient, l'infirmière doit parler lentement, et utiliser des termes simples. Pour protéger le patient des blessures, elle peut placer la sonnette d'appel à la portée de celui-ci, monter les ridelles, garder le lit en position basse, surveiller le patient quand il fume ou se rase et lui recommander de porter des chaussures ou des pantoufles à semelles antidérapantes.

TABLEAU 48-8. *Évaluation de l'état mental*

Catégorie	Définition	Exemples d'observations
Apparence	Tenue vestimentaire, hygiène, caractéristiques physiques	Propre, sale, hirsute, porte des vêtements hors-saison, obèse, cachectique
Comportement	Comportement général pendant l'entrevue	Agité, somnolent, coopératif, non coopératif, méfiant, hostile, vague dans ses réponses
Activité motrice	Comportement en comparaison avec ses pairs	Manque de précision, lent, tremblant, hyperactif, raide, tombe de sa chaise, fait des mouvements répétitifs ou inutiles
Élocution	Cadence, articulation, vocabulaire, ton de la voix, perception du réel	Orienté vers l'objectif, élocution rapide, empâtée, parle fort ou à voix basse, parle sans arrêt, ne parle pas
Affect	Émotions conformes aux circonstances	Indifférent, changeant, pleure facilement, amorphe, terne, approprié, non approprié, craintif
Humeur	Impression générale et prédominante lors de l'entrevue	Euphorique, abattu, pensif, désespéré
Perception	Perception de l'environnement: illusions, interprétation erronée des stimuli Hallucinations, absence de stimuli réels	Hallucinations auditives, visuelles ou olfactives
Facultés cognitives	Mémoire des événements récents et éloignés, orientation, fonction intellectuelle, jugement, connaissance de soi	Délirant, tendance à la fabulation, orienté vers l'objectif, incapable de faire des associations, illogique, concret, orienté, désorienté, capable ou incapable de résoudre une opération mathématique (selon sa scolarité), capable ou incapable de résoudre un problème, est au courant ou non de l'actualité, capable ou incapable de reconnaître les faits ou les personnes.

(Source: J. M. Hall, S. L. Koehler et A. Lewis, «HIV-related mental health nursing issues», *Semin Oncol Nurs,* nov. 1989, 5[4]:277)

TABLEAU 48-9. *Interventions infirmières auprès du patient atteint d'encéphalopathie due au VIH*

Orientation	Utiliser des objets pour favoriser l'orientation: horloges, calendriers, horaires, affiches écrites en grosses lettres («Chambre de Jean» par exemple).
	Laisser des lumières allumées pour prévenir la confusion pendant la nuit.
Environnement	Laisser les objets toujours au même endroit.
	Encourager les amis et les parents du patient à lui apporter des objets familiers, par exemple des photos ou son peignoir préféré.
	S'assurer que le milieu est sans danger.
Communication	Assurer la continuité des soins.
	Donner les directives en termes simples et concrets; donner une seule directive à la fois.
	Si le patient peut lire, écrire l'information qui peut l'aider à s'orienter.
	Tenir compte du fait que le patient atteint de démence a souvent de la difficulté à prendre des décisions; lui éviter les tâches trop complexes tout en préservant son autonomie et son intégrité.
Stimulation	Équilibrer les stimuli de façon à favoriser la connaissance sans provoquer de confusion.
	Si la mobilité du patient est réduite, envisager une physiothérapie.
	Fournir au patient des stimuli visuels, tactiles et auditifs variés (faire varier les stimuli en offrant alternativement des périodes réservées à l'exercice, à la radio et à la télévision).
	Organiser la visite régulière d'animaux domestiques.
Personnes clés	Demander au patient qui sont les personnes clés dans sa vie et les faire participer aux activités.
	Adresser ces personnes clés à des groupes d'entraide. S'il n'existe pas d'organisme d'aide pour les sidéens, les adresser à un groupe destiné aux patients en phase terminale et à leurs proches.
	Ne pas oublier que les personnes clés dans la vie du patient peuvent aussi avoir des préoccupations au sujet de l'infection par le VIH.

(Source: J. M. Hall, S. L. Koehler et A. Lewis, «HIV-related mental health nursing issues», *Semin Oncol Nurs*, nov. 1989, 5[4]:279)

Si le patient présente une encéphalopathie due au VIH, on doit viser à améliorer ou à maintenir ses capacités fonctionnelles et à assurer sa sécurité (tableau 48-9).

▷ *Maintien de l'équilibre hydroélectrolytique.* L'infirmière doit être à l'affût des signes de déséquilibres hydroélectrolytiques. Elle doit pour ce faire examiner la peau du patient pour en évaluer l'hydratation et l'élasticité et tenir un bilan quotidien des ingesta et des excreta. Elle doit obtenir des mesures de la densité urinaire. Elle doit surveiller les baisses de la pression artérielle systolique et les accélérations du pouls en position assise et debout. Il importe également de noter les signes et symptômes de déséquilibres électrolytiques: crampes musculaires, faiblesse, irrégularité du pouls, détérioration de l'état mental, nausées et vomissements et d'en faire part au médecin. L'infirmière doit en outre vérifier les valeurs des électrolytes sériques et prévenir le médecin en cas d'anomalies. Elle aide le patient à choisir des aliments qui favoriseront la rééquilibration électrolytique, comme les oranges et les bananes (potassium), le fromage et les soupes (sodium). Sauf contre-indication, le patient doit avoir un apport liquidien d'au moins 2500 mL par jour pour remplacer les liquides perdus à cause de la diarrhée. L'infirmière doit aussi prendre les mesures nécessaires pour soulager la diarrhée. Si le déséquilibre hydroélectrolytique persiste, elle administre des perfusions intraveineuses de solutions d'électrolytes selon l'ordonnance du médecin. Il importe alors de surveiller les effets du traitement.

▷ *Amélioration de l'état nutritionnel.* Pour évaluer l'état nutritionnel du patient, l'infirmière surveille certains paramètres: poids, apport alimentaire, mensurations, taux sériques de protéines totales et d'albumine, taux de l'azote uréique du sang, taux de transferrine. Elle doit également évaluer les facteurs qui nuisent à l'alimentation par voie orale, par exemple l'anorexie, les nausées, la douleur, la faiblesse et la fatigue. Selon les résultats de cette évaluation, elle peut ensuite mettre en œuvre des mesures qui faciliteront l'apport alimentaire par voie orale.

Si c'est la fatigue et la faiblesse qui empêchent le patient de bien s'alimenter, on doit l'inciter à se reposer avant les repas. Il faut aussi éviter de servir les repas immédiatement après une intervention douloureuse ou désagréable. Si le patient souffre de diarrhée et de crampes abdominales, l'infirmière doit lui recommander d'éviter les aliments qui favorisent le ballonnement et la motilité intestinale, comme les aliments à forte teneur en fibres et les aliments très chauds ou très froids. On peut consulter une diététicienne pour déterminer les besoins nutritionnels du patient. L'infirmière enseigne au patient comment accroître la teneur en énergie et en protéines de ses repas: ajouter des œufs, du beurre, de la margarine et du lait enrichi aux sauces, soupes ou laits battus. Elle peut aussi lui recommander d'utiliser des suppléments du commerce. Quand le patient est incapable de maintenir son état nutritionnel par l'alimentation orale, il faut avoir recours à l'alimentation entérale ou parentérale. Quand le patient est prêt à retourner chez lui, l'infirmière doit lui enseigner, de même qu'à sa famille, comment administrer les préparations entérales ou parentérales. Une infirmière en santé communautaire peut également fournir de l'aide et de l'information au patient après sa sortie du centre hospitalier. Au besoin, l'infirmière doit consulter des travailleurs sociaux pour connaître les sources d'aide financière auxquelles le patient peut avoir recours. Certains organismes communautaires offrent les services de bénévoles qui peuvent aider le patient après son retour à la maison.

▷ *Enseignement au patient.*   L'infirmière informe le patient, sa famille et ses amis sur les modes de transmission du sida et parle avec eux de leurs craintes à ce sujet. Elle explique aussi comment prévenir la transmission du VIH: porter un condom pour la pénétration vaginale ou anale, éviter les contacts oraux avec le pénis, le vagin ou l'anus, éviter les pratiques sexuelles qui peuvent léser le rectum, le vagin ou le pénis, réduire le nombre des partenaires sexuels, éviter les relations sexuelles avec les personnes séropositives et utilisateurs de drogues intraveineuses, de même qu'avec leurs partenaires (tableau 48-10). Il faut exhorter les patients séropositifs ou utilisateurs des drogues intraveineuses à ne pas faire de dons de sang.

▷ *Dégagement des voies respiratoires.*   Au moins une fois par jour, on doit évaluer l'état mental du patient; la coloration de sa peau; et sa fonction respiratoire (fréquence et rythme respiratoires, utilisation des muscles accessoires, et bruits respiratoires). L'infirmière doit également évaluer la toux ainsi que le volume et les caractéristiques des expectorations. Il faut obtenir au besoin une analyse des expectorations pour déceler les infections. Pour prévenir l'accumulation de sécrétions et favoriser le dégagement des voies respiratoires, on a recours à la physiothérapie respiratoire (toux, respiration profonde, drainage postural, percussion et vibration), toutes les deux heures s'il le faut. À cause de la faiblesse et de la fatigue, il arrive souvent que le patient ait besoin d'aide pour s'installer dans une position (position élevée ou semi-Fowler par exemple) qui favorise la respiration et le dégagement des voies respiratoires. Il est essentiel que le patient se repose suffisamment s'il veut conserver son énergie. L'infirmière doit tenir le bilan des ingesta et des excreta afin de maintenir une bonne hydratation. Le patient doit boire entre 3 et 4 L de liquide par jour, sauf s'il souffre de troubles rénaux ou cardiaques. L'administration d'oxygène humide est nécessaire dans certains cas; l'aspiration nasopharyngienne ou trachéale peut

également être indiquée pour assurer une ventilation suffisante. Enfin, le patient peut avoir besoin d'une ventilation assistée s'il présente une infection pulmonaire, un déséquilibre hydroélectrolytique ou une faiblesse des muscles respiratoires.

▷ *Amélioration du bien-être.*   L'infirmière doit évaluer l'intensité et les caractéristiques de la douleur associée à la diarrhée et aux lésions cutanées périanales. Elle note les effets de la douleur sur l'alimentation, le sommeil, l'affect et la capacité de communiquer du patient, ainsi que les facteurs qui exacerbent ou soulagent la douleur. Le nettoyage de la région périanale selon la technique décrite plus haut peut améliorer le bien-être du patient. Des onguents ou anesthésiques topiques peuvent être prescrits. Le patient peut également utiliser un coussin quand il est en position assise. L'infirmière recommande au patient d'éviter les aliments qui irritent ses intestins. Le médecin peut prescrire des spasmolytiques et des antidiarrhéiques pour améliorer le bien-être du patient et réduire la fréquence des selles. Au besoin, il peut aussi prescrire des analgésiques.

▷ *Atténuation du sentiment d'isolement social.*   Les sidéens sont rejetés par la société, d'abord parce que l'on considère le sida comme une maladie «honteuse» et ensuite parce que leur conduite (homosexualité ou toxicomanie) est jugée inacceptable. Les sidéens sont pour la plupart un âge où tous les espoirs sont normalement permis sur les plans personnel et professionnel. Or, la maladie et la perspective de la mort les oblige à tout remettre en question. Dans certains cas, ils sont forcés de révéler à leur famille, à leurs amis et à leurs collègues de travail une conduite qu'ils gardaient secrète. Ils risquent d'être rejetés par leur famille et leurs amis, de perdre leur sécurité financière, de même que leurs fonctions et leur rôle. Leur estime de soi, leur intimité et leur autonomie sont menacées, de même que leur vie sexuelle. Certains se sentent coupables à cause de leur conduite

---

TABLEAU 48-10.   *Pratiques sexuelles sans risque*

- Réduire le nombre de partenaires sexuels, de préférence à un seul.
- Éviter si possible les rapports sexuels, plus particulièrement les pratiques pouvant léser les tissus (pénétration anale par exemple). Éviter les contacts oraux-génitaux. Les baisers «profonds» (avec échange de salive) pourraient présenter un danger, selon certains, en raison de la présence de virus dans la salive. Aucun cas de transmission par le baiser n'a cependant été signalé.
- Lors de rapports sexuels ou oraux, toujours porter un condom pour protéger le partenaire des liquides biologiques. Utiliser des condoms en latex, car ils ne laissent pas passer le VIH, contrairement aux condoms en tissu animal. L'ajout d'un spermicide contenant du nonoxynol-9 à l'intérieur et à l'extérieur du condom semble offrir une protection accrue en cas de rupture du condom. Éviter les lubrifiants à base d'huile car ils peuvent endommager le condom. Les diaphragmes n'assurent aucune protection.
- Éviter de partager son rasoir, sa brosse à dents, ses accessoires sexuels ou autres objets susceptibles d'être contaminés par le sang.
- Informer ses partenaires sexuels que l'on est infecté par le VIH.
- Informer ses partenaires sexuels actuels ou antérieurs (ainsi que les personnes avec qui on a partagé des aiguilles) du fait qu'ils ont pu être exposés. Si une femme enceinte a été exposée, elle doit consulter sans délai son médecin pour subir un examen et une épreuve de dépistage des anticorps (si elle est d'accord).
- Pour les femmes, éviter la grossesse.
- Ne pas faire de dons de sang, de plasma, d'organes ou de sperme.
- Informer son médecin et son dentiste du fait qu'on est séropositif.
- Ces recommandations contribuent à protéger autant les personnes séropositives que séronégatives, car il semble que des expositions répétées au virus pourraient aggraver la maladie.

(Source: D. Cummings, «Caring for the HIV-infected adult», *Nurse Pract*, nov. 1988, 13[11]:31)

et de la possibilité d'avoir infecté leurs partenaire sexuels. D'autres éprouvent de la colère à l'égard des partenaires sexuels qui leur ont peut-être transmis le virus. De plus, les mesures prises au centre hospitalier ou à la maison pour prévenir la transmission de l'infection exacerbent encore leur sentiment d'isolement. Toutes ces raisons peuvent les inciter à éviter les contacts, tant physiques qu'affectifs, avec les autres.

L'infirmière est une des personnes les mieux placées pour favoriser l'acceptation des sidéens. Elle doit évaluer dès que possible le niveau d'interaction sociale habituel du patient afin de pouvoir déceler les changements de comportement qui révèlent l'isolement (réduction des interactions avec le personnel ou la famille, hostilité, non-observance du traitement, par exemple). Elle doit encourager celui-ci à exprimer son sentiment d'isolement et lui faire comprendre qu'il s'agit d'un sentiment normal.

En renseignant le patient sur la façon de se protéger et de protéger les autres, l'infirmière l'aide également à maintenir ses contacts sociaux. Il est important que le patient, sa famille et ses amis comprennent que le sida ne se transmet pas par de simples contacts physiques. L'éducation du personnel auxiliaire, du personnel infirmier et des médecins à ce sujet, favorise également la modification des comportements et attitudes qui contribuent au sentiment d'isolement des sidéens. Pour se sensibiliser aux besoins des patients sidéens, les infirmières peuvent assister à des conférences sur cette question.

L'infirmière peut adresser le patient à des organismes de soutien et lui enseigner des mécanismes d'adaptation. Elle peut lui recommander de téléphoner aux membres de sa famille et à ses amis, de même qu'à des groupes d'entraide ou à des services d'écoute téléphonique. Dans la mesure du possible, on doit éliminer les obstacles qui entravent les contacts sociaux. Il faut aussi favoriser les interactions sociales avec la famille, les amis et les collègues de travail, de même que les loisirs, si le patient est en mesure d'en profiter.

▷ *Soins à domicile.* Beaucoup de sidéens peuvent rester dans leur milieu de vie et poursuivre leurs activités quotidiennes. D'autres toutefois doivent abandonner leurs activités professionnelles et perdent de leur autonomie. La famille ou les soignants ont besoin d'aide pour leur assurer les soins de soutien nécessaires, et ils doivent absolument connaître les mesures de prévention de la maladie, notamment le lavage des mains et la façon de manipuler les articles souillés par des liquides biologiques. Les soignants à domicile doivent aussi apprendre à administrer les médicaments prescrits, dont les préparations intraveineuses. Il faut également leur donner des renseignements de base à propos de l'infection, des soins de suivi, de l'alimentation, du repos et des activités. Le patient et ses soignants ont besoin d'aide et de soutien pour faire face à cette maladie débilitante, dont l'issue est généralement fatale.

Les infirmières en santé communautaire et en soins palliatifs peuvent fournir au patient l'aide et le soutien dont il a besoin à domicile. L'augmentation constante des coûts des soins hospitaliers a entraîné l'expansion des soins à domicile. Ainsi, les infirmières en santé communautaire doivent souvent par exemple administrer à domicile des antibiotiques par voie parentérale, des traitements de chimiothérapie et une alimentation parentérale. En outre, elles sont souvent appelées à soigner des plaies complexes ou à administrer des soins respiratoires. Au cours de la phase terminale, on fait de plus en

plus souvent appel à des infirmières en soins palliatifs pour offrir au patient et à sa famille un soutien affectif. Cette aide est tout particulièrement précieuse pour le patient qui ne peut plus compter sur ses amis et sa famille, soit parce que ceux-ci ont peur de la maladie, soit parce qu'ils désapprouvent sa conduite.

L'infirmière peut aussi adresser le patient à des programmes communautaires régionaux ou nationaux. Ces programmes offrent une vaste gamme de services : aide pour les tâches domestiques, les soins personnels, la préparation des repas et les emplettes, service de transport, thérapies individuelles et de groupe, appui aux soignants naturels, réseau téléphonique pour les patients confinés à la maison et aide juridique et financière. Ces services bénévoles sont souvent assurés tant par des professionnels que des non-professionnels.

▷ *Prévention de la transmission du VIH.* Comme nous l'avons vu plus tôt dans ce chapitre, il a été démontré que le sida ne se transmet pas par de simples contacts physiques. Des recherches épidémiologiques ont en effet confirmé que le VIH ne se transmet que par des rapports sexuels intimes avec exposition parentérale à du sang ou des dérivés sanguins infectés, ou par voie périnatale (de la mère au nouveau-né).

Les CDC et le Surgeon General des États-Unis ont formulé des directives sur la prévention de la transmission du VIH (encadré 48-4). Ces directives sont destinées aux professionnels de la santé de tous les milieux de soins ainsi qu'aux familles et amis qui dispensent des soins à la maison. Intitulées «Universal Blood and Body Fluid Precautions», elles visent à prévenir l'exposition des muqueuses et de la peau lésée aux organismes à diffusion hématogène. Elles s'appliquent pour tous les patients, qu'ils soient infectés ou non par le VIH. Même si le VIH a été isolé dans tous les types de matériel biologique, les risques de transmission aux travailleurs de la santé sont beaucoup moins probables lors de contacts avec les selles, les sécrétions nasales, les expectorations, la sueur, le lait maternel, les larmes, les urines et les vomissements, sauf s'ils contiennent des traces visibles de sang. Les CDC recommandent d'appliquer les précautions universelles quand il y a risque de contact avec le sang et les liquides céphalorachidien, synovial, pleural, péritonéal, péricardique, amniotique et vaginal, de même qu'avec le sperme. Dans les situations d'urgence, tous les liquides biologiques doivent être considérés comme potentiellement dangereux.

Certains établissements utilisent les précautions concernant le matériel biologique humain, sans faire de distinction entre les différents types de matériel (voir le tableau 48-11).

Évaluation

Résultats escomptés

1. Le patient rétablit ses habitudes d'évacuation intestinale.
2. Il ne présente pas d'infections.
3. Ses facultés mentales ne sont pas altérées.
4. Il maintient son équilibre hydroélectrolytique.
5. Ses voies respiratoires restent dégagées.
6. Il se sent mieux.
7. Il maintient l'intégrité de sa peau.
8. Il maintient un bon état nutritionnel.
9. Il comprend l'importance des mesures destinées à prévenir la transmission de la maladie.

Encadré 48-4
Précautions universelles pour la prévention de la transmission du VIH

- Les objets tranchants (aiguilles, lames de bistouri, par exemple) doivent être considérés comme potentiellement infectés, et manipulés avec énormément de précautions afin d'éviter les blessures par pénétration de la peau.

- Les seringues, les aiguilles, les lames de bistouri et autres objets tranchants jetables doivent être jetés dans des contenants à l'épreuve des perforations, le plus près possible de l'endroit où ils sont utilisés. Il faut éviter de remettre le capuchon sur les aiguilles, de plier ou de casser les aiguilles, de les retirer des seringues jetables, et de les manipuler avec les mains.

- Il faut se protéger (par le port de gants, d'une blouse, d'un masque et de lunettes) quand il y a risque d'exposition au sang, aux liquides biologiques sanguinolents et aux autres liquides auxquels les précautions universelles s'appliquent. Il faut adapter sa protection au degré d'exposition prévu.

- Il faut sans délai se laver à fond les mains et les autres régions de la peau contaminées par du sang, des liquides biologiques sanguinolents ou d'autres liquides biologiques auxquels les précautions universelles s'appliquent.

- Pour réduire les risques de contamination lors de la réanimation cardiorespiratoire, on peut utiliser un embout spécial jetable qui doit être gardé à portée de la main.

- La grossesse n'augmente par les risques d'infection par le VIH. Toutefois, l'infection pendant la grossesse peut être transmise au fœtus par une mère infectée. En raison de ce risque, les travailleuses de la santé qui sont enceintes doivent être tout particulièrement prudentes et respecter à la lettre les précautions.

- Lors des soins à domicile, le sang et les liquides corporels peuvent être jetés dans les toilettes.

- Les articles contaminés qui ne peuvent être jetés dans les toilettes doivent être placés avec soin dans un sac en plastique que l'on mettra dans un deuxième sac en plastique. La mise au rebut doit se faire conformément aux règlements locaux relatifs à l'élimination des déchets solides.

- Les éclaboussures de sang ou d'autres liquides biologiques doivent être nettoyés à l'eau et au savon, ou avec un détergent domestique. Une solution nouvellement préparée d'hypochlorite de sodium (javellisant domestique) à une concentration de 1:10 est un désinfectant efficace. Les personnes chargées du nettoyage doivent porter des gants.

(Source: U.S. Department of Health and Human Services, *Update: Universal precautions for prevention of transmission of human immunodeficiency virus, hepatitis B virus and other bloodborne pathogens in health care settings*, MMWR juin 1988, 37[24]:377-382)

10. Il se sent moins isolé sur le plan social.
11. Il maintient une bonne tolérance à l'activité.
12. Il évolue dans le processus de deuil.

Les résultats escomptés sont expliqués plus en détail dans le plan de soins infirmiers 48-1, pages 1478 à 1484.

Questions d'ordre éthique et émotionnel

Quel que soit le milieu de soins dans lequel elle travaille, l'infirmière peut être appelée à soigner des patients séropositifs. En plus de traiter les problèmes physiques causés par cette infection, l'infirmière devra faire face à des problèmes d'ordre éthique et émotionnel: la peur de contracter l'infection, les responsabilités professionnelles, les valeurs en cause, la confidentialité, le stade de développement des patients et des soignants naturels, et le pronostic généralement défavorable.

Dans la majorité des cas, le patient séropositif a un comportement réprouvé par la société, comme l'homosexualité ou l'utilisation de drogues intraveineuses. Si ces comportements vont à l'encontre de ses principes, l'infirmière aura peut-être des réticences à l'endroit du patient séropositif. En outre, les professionnels de la santé ont souvent peur de contracter l'infection même s'ils ont reçu de l'information au sujet de la prévention et malgré le faible risque de transmission au personnel soignant. Pour avoir une attitude plus rationnelle, l'infirmière doit réévaluer ses convictions et ses valeurs. Elle peut également consulter le code de déontologie de son association

professionnelle pour résoudre les questions qui peuvent influer sur la qualité des soins administrés aux patients infectés par le VIH.

L'infirmière doit préserver la vie privée du patient en respectant la confidentialité. En dévoilant par mégarde des renseignements confidentiels, elle peut causer au patient des problèmes d'ordre personnel, financier et émotionnel. Toutefois, les circonstances exigent parfois que l'on divulgue des renseignements confidentiels. Par exemple, pour recueillir des données, planifier les soins, les exécuter et les évaluer, l'équipe de soins a besoin de savoir qu'un patient est séropositif et on nuirait à la qualité des soins en lui cachant ce fait. Par ailleurs, les partenaires sexuels des patients séropositifs ont le droit d'être informés des risques auxquels ils s'exposent, de la nécessité d'adopter des pratiques sexuelles sans danger et de subir un examen médical. Les infirmières doivent donc discuter de la question de la confidentialité avec les infirmières cadres et les médecins pour savoir quelle ligne de conduite adopter.

Le sida est une maladie mortelle. La plupart des infirmières n'ont jamais eu à faire face à une maladie épidémique qui entraîne presque toujours des troubles graves et la mort en un temps relativement court. Certaines d'entre elles en viennent à remettre en question l'importance et le sens de leur rôle professionnel après avoir assisté, jour après jour, à la détérioration de l'état de leurs patients. Il peut être très éprouvant pour l'infirmière de voir mourir des personnes qui sont du

TABLEAU 48-11. *Précautions concernant le matériel biologique humain*

Catégorie	Action
Lavage des mains	Se laver les mains à l'eau et au savon en les frottant pendant 10 secondes, avant de toucher un patient et chaque fois que les mains sont souillées.
Gants	Enfiler des gants stériles juste avant de toucher des muqueuses ou la peau non intacte.
	Porter des gants appropriés quand il y a risque de contact avec du matériel biologique humide.
	Retirer les gants immédiatement après l'intervention.
Blouses ou tabliers en plastique	Porter une blouse ou un tablier en plastique quand il y a risque de contamination de la peau ou des vêtements.
Masques	Porter un masque quand on travaille directement au-dessus de grandes surfaces cutanées ouvertes.
	Porter un masque quand il y a risque d'éclaboussure des muqueuses buccales et nasales par du matériel biologique humide.
Aiguilles et objets tranchants ou pointus	Jeter les aiguilles et les objets tranchants dans des contenants rigides à l'épreuve des perforations.
	Ne pas recapuchonner les aiguilles.
	Manipuler avec grande prudence les petits dispositifs comme les «heparin lock».
Choix des compagnons de chambre	Éviter d'exposer les patients au matériel biologique humide d'un autre patient.
	Placer les patients qui présentent une maladie contagieuse à transmission aérienne dans une chambre à un lit.
Déchets et literie	Bien fermer les sacs contenant les déchets et la literie souillée.
	En disposer conformément aux directives en vigueur dans l'établissement.
	Le personnel chargé de la manipulation des déchets et de la literie souillée doit porter des gants et des vêtements protecteurs au besoin.
Entretien général	Toutes les chambres doivent être nettoyées régulièrement.
	La literie et les objets souillés par du matériel biologique humide doivent être nettoyés sans délai, et le personnel chargé de le faire doit porter des gants.
Échantillons de laboratoire	Tous les échantillons de laboratoire doivent être manipulés avec beaucoup de prudence.
	Ne poser aucune étiquette spéciale.
Affiches et étiquettes	Les étiquettes indiquant un risque de contamination ne sont pas nécessaires; les précautions doivent toujours s'appliquer, que le matériel biologique soit contaminé ou non.
	Poser une affiche sur la porte de la chambre des patients atteints d'une maladie contagieuse à transmission aérienne pour que le personnel soignant prenne les mesures de protection nécessaires.
Respect des précautions par le personnel soignant	Il est essentiel de mettre sur pied un programme pour s'assurer que le personnel soignant se conforme aux précautions contre les infections.

(Source: M. Jackson et P. Lynch, «Infection prevention and control in the era of the AIDS/HIV epidemic», *Semin Oncol Nurs*, nov. 1989, 5[4]:240)

même âge qu'elle. Les questions d'ordre éthique mentionnées plus haut contribuent aussi au stress. Contrairement au cancer et à d'autres maladies, le sida a provoqué de nombreuses controverses sur les plans légal, politique, religieux et personnel.

L'infirmière qui est tendue et surchargée de travail peut présenter des troubles physiques et psychologiques: fatigue, céphalées, perte d'appétit, insomnie, sentiment d'impuissance, irritabilité, apathie et colère. Plusieurs mesures peuvent aider celle-ci à surmonter le stress causé par la prestation de soins aux patients sidéens. Par exemple, l'infirmière qui est bien informée sera moins anxieuse et mieux préparée à dispenser des soins sûrs et de qualité. De plus, des réunions interdisciplinaires permettent d'échanger des renseignements et de partager les problèmes. La participation aux réunions de groupes de soutien peuvent aussi donner à l'infirmière l'occasion de résoudre des problèmes et d'analyser ses valeurs et ses sentiments en ce qui concerne les soins aux sidéens et à leur famille. Ces réunions permettent de plus à l'infirmière d'exprimer son chagrin. Pour obtenir de l'aide, l'infirmière peut

également se tourner vers le personnel cadre, ses collègues de travail ou un conseiller spirituel.

Résumé: Le syndrome d'immunodéficience acquise (sida), syndrome clinique de l'infection par le virus de l'immunodéficience humaine (VIH), est une maladie qui se caractérise par une grave altération du système immunitaire. Le VIH est un virus du groupe des rétrovirus qui se transmet lors des rapports sexuels, par un contact avec du sang contaminé ou de la mère au fœtus (avant, pendant ou après la naissance). Le virus pénètre dans les lymphocytes T auxiliaires (classe de lymphocytes T_4), s'y reproduit, et les détruit. La destruction de ces cellules atténue les réactions immunitaires contre les agents pathogènes courants ou généralement inoffensifs, ou contre les cellules anormales, ce qui favorise l'apparition d'infections opportunistes et de cancers.

À cause de la gravité de ses symptômes physiques, de son pronostic défavorable et de ses répercussions d'ordre affectif, psychologique et social, le sida est une maladie très pénible pour le patient, sa famille, et souvent aussi pour le personnel

(suite à la page 1484)

Plan de soins 48-1

Patients atteints du syndrome d'immunodéficience acquise (sida)

Interventions infirmières	Justification	Résultats escomptés

Diagnostic infirmier: Diarrhée reliée à des agents pathogènes entériques ou à l'infection par VIH

Objectif: Rétablissement des habitudes d'évacuation intestinale

1. Évaluer les habitudes d'évacuation intestinale normales du patient.	1. Cette évaluation permet d'établir par la suite l'efficacité du traitement.	• Le patient retrouve ses habitudes d'évacuation intestinale normales.
2. Noter les signes et symptômes de diarrhée: selles fréquentes et molles, douleurs ou crampes abdominales.	2. Ces signes et symptômes témoignent d'une modification de l'état du patient.	• Il dit souffrir moins souvent de diarrhée et de crampes abdominales.
a) Mesurer le volume des selles liquides.	a) On peut ainsi évaluer quantitativement les pertes liquidiennes.	• Il connaît et évite les aliments qui irritent le tube digestif.
b) Déterminer les facteurs qui exacerbent ou soulagent la diarrhée.	b) On peut déterminer ainsi les mesures à prendre.	• On entreprend le traitement approprié conformément à l'ordonnance.
3. Obtenir des cultures de selles selon l'ordonnance du médecin. Administrer le traitement antimicrobien prescrit.	3. Les cultures permettent d'identifier les agents pathogènes.	• Les cultures de selles sont normales. • Le patient maintient un apport liquidien approprié.
4. Instaurer les mesures nécessaires pour <u>réduire l'hyperactivité intestinale</u>:	4. Le repos intestinal peut réduire la gravité des épisodes de diarrhée.	• Il maintient son poids. • Le patient comprend les raisons pour lesquelles il ne doit pas fumer.
a) Respecter les restrictions liquidiennes et alimentaires prescrites par le médecin.	a) Ces restrictions diminuent la stimulation intestinale.	• Il s'inscrit à un programme d'abandon du tabac.
b) Dissuader le patient de fumer.	b) La nicotine stimule l'intestin.	• Il prend ses médicaments selon l'ordonnance.
c) Éviter les aliments qui irritent l'intestin (aliments très gras, fritures, légumes et fruits crus, noix, oignons, maïs soufflé, boissons gazeuses, aliments épicés et aliments très chauds ou très froids).	c) Ce régime aide à prévenir la stimulation intestinale et le ballonnement.	• Il est bien hydraté. • Sa peau a une élasticité normale, ses muqueuses sont humides, son débit urinaire est approprié; il ne souffre pas d'une soif excessive.
d) Offrir régulièrement de petits repas.		
5. Administrer les spasmolytiques anticholinergiques selon l'ordonnance (bromure de propanthéline, chlorhydrate de dicyclomine).	5. Ces médicaments réduisent les spasmes et la motilité intestinale.	
6. Administrer les opiacés ou les opicoïdes selon l'ordonnance du médecin (teinture d'opium, lopéramide ou chlorhydrate de diphénoxylate).	6. Ces agents réduisent la motilité intestinale.	
7. Maintenir un apport liquidien quotidien d'au moins 2500 mL, sauf contre-indication.	7. Cette mesure prévient l'hypovolémie.	

Diagnostic infirmier: Risque élevé d'infection relié à l'immunodéficience

Objectif: Absence d'infection

1. Évaluer les signes et symptômes d'infection: <u>fièvre, frissons et diaphorèse</u>; <u>toux</u>; <u>essoufflement</u>; <u>douleurs buccales ou troubles de déglutition</u>; <u>présence de plaques blanches crémeuses dans la cavité buccale</u>; <u>mictions fréquentes ou impérieuses, ou dysurie</u>; <u>rougeur, œdème ou suintement des lésions cutanées</u>; <u>lésions vésiculaires sur le visage, les lèvres ou la région périanale</u>.	1. Il est essentiel de dépister les infections dès leur apparition. Les infections répétées et prolongées contribuent à affaiblir le patient.	• Le patient connaît les signes et symptômes d'infection qu'il doit signaler. • Il consulte immédiatement son médecin s'il présente une infection. • Il ne présente pas de fièvre, de frissons ou de diaphorèse. • Ses bruits respiratoires sont normaux, sans bruits adventices. • Il maintient son poids. • Il dit avoir suffisamment d'énergie et ne pas souffrir de fatigue excessive.

Plan de soins infirmiers 48-1 (suite)

Patients atteints du syndrome d'immunodéficience acquise (sida)

Interventions infirmières	Justification	Résultats escomptés
2. Expliquer au patient ou à la personne qui le soigne l'importance de signaler les signes et les symptômes d'infection.	2. On peut ainsi traiter les infections à leur début.	• Il n'est pas essoufflé et ne tousse pas de façon excessive.
3. Obtenir régulièrement une numération et une formule leucocytaires.	3. L'augmentation du nombre de globules blancs est associée à l'infection.	• Sa muqueuse buccale est rose, humide, et ne présente pas de lésions.
4. Obtenir des cultures des écoulements, des lésions cutanées, des urines, des selles, des expectorations, de la muqueuse buccale et du sang selon l'ordonnance du médecin. Administrer le traitement antimicrobien conformément à l'ordonnance.	4. Pour établir le traitement qui convient, il faut identifier le microorganisme en cause.	• Il se conforme au traitement. • Il prend des mesures nécessaires pour prévenir les infections. • Il comprend pourquoi il doit éviter les infections. • Il modifie ses activités pour réduire son exposition aux germes ou aux personnes souffrant d'une infection.
5. Enseigner au patient comment prévenir les infections: a) Nettoyer à l'aide d'un désinfectant les surfaces exposées de la cuisine et de la salle de bain. b) Bien se laver les mains après une exposition à du matériel biologique. c) Éviter de s'exposer à du matériel biologique ou de partager ses ustensiles. d) Changer de position, et faire des exercices de toux et de respiration profonde, de façon régulière, surtout en période d'activité réduite. e) Assurer la propreté de la région périanale.	5. Ces mesures réduisent l'exposition du patient aux germes et diminuent le risque de transmission du VIH à d'autres personnes.	• Il adopte des pratiques sexuelles sans danger. • Il évite de partager ses ustensiles ou sa brosse à dents. • Sa température corporelle est normale. • Il applique les techniques recommandées pour nettoyer la peau, les lésions cutanées et la région périanale.
6. Utiliser une technique aseptique pour effectuer des interventions effractives comme les ponctions veineuses, le cathétérisme vésical et les injections.	6. Ces mesures préviennent les infections.	

Diagnostic infirmier: Altération des opérations de la pensée reliée à la diminution du champ d'attention, à l'altération de la mémoire, ou à la confusion, à l'agitation et à la désorientation associée à l'encéphalopathie due au VIH.

Objectif: Amélioration des opérations de la pensée

1. Évaluer les signes d'altération des opérations de la pensée: diminution du champ d'attention, altération de la mémoire, confusion, désorientation, agitation et altération du niveau de conscience.	1. Le VIH peut s'attaquer au système nerveux central et provoquer une encéphalite subaiguë. On attribue à ce trouble 25 % des complications neurologiques qui apparaissent chez les patients atteints du sida.	• Le patient a une bonne orientation spatiotemporelle. • Il réagit de façon appropriée lors des interactions et des conversations. • Il s'intéresse au monde qui l'entoure. • Il évite les chutes et les blessures. • Il explique dans ses propres termes les traitements et les directives qu'il doit suivre.
2. Réorienter au besoin le patient dans les trois sphères: personnes, espace et temps; placer un calendrier et une horloge à portée de sa vue; la nuit, laisser un peu de lumière.	2. Ces mesures favorisent l'orientation.	

Plan de soins infirmiers 48-1 (suite)

Patients atteints du syndrome d'immunodéficience acquise (sida)

Interventions infirmières	Justification	Résultats escomptés
3. Inciter la famille et les amis du patient à apporter au centre hospitalier des objets que le patient aime.	3. Ces objets rendent le milieu hospitalier moins impersonnel.	• Il suit les recommandations destinées à réduire les dangers et à se protéger et à protéger les autres des blessures.
4. Au besoin, répéter lentement les explications données, de façon simple et claire.	4. On évite ainsi d'embrouiller ou d'irriter le patient.	• Il demande de l'aide au besoin.
5. Appliquer les mesures nécessaires pour protéger le patient contre les accidents.	5. On prévient ainsi les blessures (coupures, brûlures et autres).	

Diagnostic infirmier :   Dégagement inefficace des voies respiratoires relié à une pneumocystose, à une augmentation des sécrétions bronchiques et à une difficulté à tousser causée par la faiblesse et la fatigue

Objectif :   Dégagement efficace des voies respiratoires

Interventions infirmières	Justification	Résultats escomptés
1. Évaluer et signaler les signes et symptômes d'altération de la fonction respiratoire : tachypnée, utilisation des muscles accessoires, toux, expectorations de couleur ou de volume anormaux, bruits adventices, peau sombre ou cyanosée, agitation, confusion ou somnolence.	1. Ces signes indiquent une anomalie de la fonction respiratoire.	• Le patient maintient la liberté de ses voies respiratoires : — Son rythme respiratoire est <20/minute. — Sa respiration est normale sans recours aux muscles accessoires ni ouverture des narines. — Sa peau est de couleur normale. — Il est alerte et conscient de son environnement.
2. Prélever les échantillons d'expectorations nécessaires pour les cultures demandées par le médecin. Administrer le traitement antimicrobien selon l'ordonnance.	2. Les cultures permettent l'identification des microorganismes pathogènes.	— Ses gaz artériels sont dans les limites de la normale. — Ses bruits respiratoires sont normaux sans bruits adventices.
3. Administrer les soins respiratoires nécessaires (exercices de respiration profonde et de toux, drainage postural et vibration) toutes les deux à quatre heures.	3. Ces soins préviennent l'accumulation des sécrétions et favorisent le dégagement des voies respiratoires.	• Le traitement approprié est commencé. • Le patient prend ses médicaments selon l'ordonnance. • Il dit qu'il respire mieux. • Ses voies respiratoires restent dégagées.
4. Aider le patient à s'installer en position semi-Fowler ou en position Fowler surélevée.	4. Ces positions facilitent la respiration et le dégagement des voies respiratoires.	• Il fait des exercices de respiration profonde et de toux toutes les deux à quatre heures.
5. Inciter le patient à se reposer suffisamment.	5. Le repos conserve l'énergie et prévient la fatigue excessive.	• Il fait la démonstration des positions appropriées pour le drainage postural.
6. Prendre les mesures nécessaires pour réduire la viscosité des sécrétions : a) Maintenir un apport liquidien d'au moins 2500 mL par jour, sauf contre-indication. b) Humidifier l'air inspiré, selon l'ordonnance du médecin. c) Consulter le médecin concernant l'administration de mucolytiques par nébuliseur ou la ventilation en pression positive intermittente.	6. Ces mesures favorisent l'expectoration et préviennent l'accumulation des sécrétions.	• Il pratique le drainage postural toutes les deux à quatre heures. • Il dit qu'il respire mieux en position semi-Fowler ou Fowler surélevée. • Il conserve son énergie. • Il organise ses journées de façon à faire alterner les périodes de repos et d'activité. • Ses sécrétions pulmonaires sont moins épaisses (moins visqueuses).

Plan de soins infirmiers 48-1 (suite)

Patients atteints du syndrome d'immunodéficience acquise (sida)

Interventions infirmières	*Justification*	*Résultats escomptés*
7. Recourir à l'aspiration trachéale au besoin.	7. Cette intervention permet d'évacuer les sécrétions si le patient est incapable d'expectorer.	• Il dit qu'il expectore plus facilement ses sécrétions.
8. Administrer l'oxygénothérapie selon l'ordonnance.	8. L'oxygénothérapie augmente l'apport d'oxygène.	• Il respire de l'oxygène ou de l'air humidifié, au besoin et selon l'ordonnance.
9. Collaborer à l'intubation endotrachéale; surveiller le réglage du respirateur selon l'ordonnance.	9. Ces mesures assurent la ventilation.	• Il demande de l'aide pour éliminer ses sécrétions pulmonaires.
		• Il comprend les raisons qui justifient l'intubation endotrachéale ou la ventilation assistée.
		• Il collabore à l'intubation et à la ventilation assistée.
		• Il exprime verbalement ses craintes et ses inquiétudes concernant l'aggravation de ses difficultés respiratoires et le recours à l'intubation et à la ventilation assistée.

Diagnostic infirmier: Déficit nutritionnel relié à la capacité réduite de manger

Objectif: Amélioration de l'état nutritionnel

1. Évaluer les signes de malnutrition à l'aide des éléments suivants: taille, poids, âge, taux d'azote uréique du sang, de protéines totales et d'albumine, de transferrine, taux d'hémoglobine, et hématocrite, anergie cutanée et mesures anthropométriques.	1. Ces signes permettent d'évaluer de façon objective l'état nutritionnel du patient.	• Les valeurs anormales reviennent à la normale.
		• Le patient connaît les facteurs qui l'empêchent de bien manger.
		• Il trouve des façons d'augmenter son apport nutritionnel.
		• Il dit avoir plus d'appétit.
		• Il connaît ses besoins nutritionnels.
2. Recueillir des données sur l'alimentation du patient, en essayant de connaître ses préférences et les aliments qu'il ne tolère pas.	2. Cette évaluation permet de voir si le patient a besoin d'information sur l'alimentation et aide à planifier des interventions qui répondent à ses besoins.	• Il sait comment atténuer les facteurs qui l'empêchent de bien manger.
3. Évaluer les facteurs qui empêchent le patient de bien manger.	3. On peut ainsi planifier les interventions en conséquence.	• Il se repose avant les repas.
		• Il mange dans une ambiance agréable et exempte d'odeurs désagréables.
		• Il fait coïncider ses repas avec les heures de visite si cela l'aide.
4. Consulter une diététicienne afin de déterminer les besoins nutritionnels du patient.	4. L'information ainsi obtenue facilite la planification des repas.	• Il accroît sa consommation d'aliments.
5. Atténuer les facteurs qui empêchent le patient de bien manger:		• Il pratique des soins d'hygiène buccodentaire appropriées avant les repas.
a) Inciter le patient à se reposer avant les repas.	a) La fatigue peut diminuer l'appétit.	• Il prend ses analgésiques avant les repas.
b) Planifier les repas de façon qu'ils ne soient pas servis après une intervention douloureuse ou désagréable.	b) On évite ainsi que le patient se sente mal à l'heure des repas.	• Il explique comment accroître son apport de protéines et d'énergie.
		• Il connaît les aliments à forte teneur en protéines et en énergie.
		• Il mange des aliments à forte teneur en protéines et en énergie.

Plan de soins infirmiers 48-1 (suite)

Patients atteints du syndrome d'immunodéficience acquise (sida)

Interventions infirmières	Justification	Résultats escomptés
c) Inciter le patient à manger en compagnie d'autres personnes si possible.	c) Le fait de manger en compagnie d'autres personnes stimule l'appétit.	• Il perd moins de poids. • Il maintient un apport alimentaire approprié. • Il sait comment préparer son alimentation entérale ou parentérale.
d) Inciter le patient à se préparer des repas simples ou à se faire aider pour la préparation des repas.	d) Le patient peut ainsi ménager ses forces.	
e) Servir souvent de petits repas: six par jour.	e) Les portions trop grosses peuvent décourager le patient.	
f) Limiter l'ingestion de liquides une heure avant les repas et pendant les repas. — Pratiquer des soins d'hygiène buccodentaire avant les repas.	f) L'ingestion d'une trop grande quantité de liquide peut diminuer son appétit.	
6. Expliquer au patient comment accroître la valeur nutritive de ses repas: manger des aliments à forte teneur en protéines (viandes, volaille, poissons, légumineuses, produits laitiers) et en glucides (pâtes alimentaires, fruits, pain).	6. Ces aliments sont une source additionnelle de protéines et d'énergie.	
7. Consulter le médecin au sujet des autres méthodes d'alimentation (alimentation entérale ou parentérale).	7. Ces méthodes permettent de maintenir l'état nutritionnel du patient si celui-ci est incapable de manger suffisamment par voie orale.	
8. Consulter une travailleuse sociale ou un groupe d'entraide pour sidéens pour trouver l'aide financière nécessaire si le patient n'a pas les moyens de se procurer de la nourriture.	8. On peut ainsi améliorer l'alimentation du patient.	

Diagnostic infirmier: Manque de connaissances sur les façons de prévenir la transmission du VIH

Objectif: Acquisition de connaissances sur les façons de prévenir la transmission de la maladie

1. Expliquer au patient, à sa famille et à ses amis les modes de transmission du VIH.	1. L'information sur les modes de transmission du VIH peut aider à prévenir la propagation de ce virus; l'information peut aussi apaiser la peur.	• Le patient, sa famille et ses amis connaissent les modes de transmission du VIH. • Il met en pratique les méthodes permettant de réduire l'exposition des autres au VIH. • Il ne s'administre pas de drogues par voie intraveineuse. • Il prend les précautions nécessaires lors de ses activités sexuelles. • Il connaît les façons de prévenir la transmission du VIH. • Il affirme que ses partenaires sexuels savent qu'il est séropositif.
2. Enseigner au patient, à sa famille et à ses amis comment prévenir la transmission du VIH. a) Éviter les rapports sexuels avec des partenaires multiples. b) Prendre les précautions nécessaires même si on pense que son partenaire sexuel n'a pas été exposé au VIH par utilisation de drogues intraveineuses, lors de contacts sexuels ou par exposition à des dérivés sanguins.	a) Les risques d'infection augmentent proportionnellement au nombre de partenaires sexuels (hommes ou femmes) et au nombre de contacts sexuels avec des personnes à risque.	

Plan de soins infirmiers 48-1 (suite)

Patients atteints du syndrome d'immunodéficience acquise (sida)

Interventions infirmières	Justification	Résultats escomptés
c) Porter un condom lors des rapports sexuels (vaginaux, anaux, buccogénitaux)	c) On peut ainsi réduire les risques de transmission du VIH.	
d) Éviter les contacts buccaux avec le pénis, le vagin ou le rectum.		
e) Éviter les pratiques sexuelles pouvant provoquer des lésions des tissus du rectum, du vagin ou du pénis.		
f) Éviter les rapports sexuels avec des prostitués et d'autres personnes à risque.	f) Un grand nombre de prostitués sont infectés par le VIH parce qu'ils ont des contacts sexuels avec plusieurs partenaires ou utilisent des drogues intraveineuses.	
g) Ne pas utiliser de drogues intraveineuses (si le patient est toxicomane et qu'il ne peut ou ne veut pas modifier son comportement, il doit utiliser des aiguilles et des seringues stériles).	g) L'utilisation de seringues et d'aiguilles stériles est la seule façon de prévenir la transmission du VIH chez les toxicomanes.	
h) Les femmes susceptibles d'avoir été exposées au sida lors de rapports sexuels ou par utilisation de drogues intraveineuses doivent consulter un médecin avant de devenir enceintes.	h) Le sida peut être transmis *in utero* de la mère à l'enfant.	

Diagnostic infirmier: Isolement social relié aux préjugés sur la maladie, au retrait du réseau de soutien, aux mesures d'isolement et à la peur de propager l'infection

Objectif: Réduction du sentiment d'isolement social

1. Évaluer les interactions sociales habituelles du patient.	1. Ces données permettent d'intervenir en fonction des besoins du patient.	• Le patient exprime son désir de garder une vie sociale.
2. Noter les comportements qui indiquent que le patient s'isole: réduction des interactions avec le personnel, les amis et la famille; hostilité; non-observance du traitement; tristesse; sentiment de rejet ou de solitude.	2. L'isolement social peut se manifester de bien des façons.	• Il s'intéresse à ce qui se passe autour de lui et communique avec son entourage.
		• Il exprime ses sentiments et ses réactions face à sa maladie et à ses répercussions sur sa vie.
		• Il connaît les modes de transmission du VIH.
3. Enseigner au patient les modes de transmission du VIH.	3. En informant bien le patient, on peut corriger ses idées fausses et soulager son anxiété.	• Il peut expliquer comment prévenir la transmission du virus et garde des rapports avec les amis et les parents auxquels il tient.
		• Quand les circonstances l'exigent, il révèle qu'il est sidéen.
		• Il connaît les ressources qui peuvent lui procurer de l'aide (famille, amis, groupes d'entraide).
4. Aider le patient à trouver des sources de soutien et des stratégies d'adaptation efficaces (contacts avec la famille, les amis, les groupes d'entraide).		• Il fait appel aux ressources nécessaires quand il en a besoin.

Plan de soins infirmiers 48-1 (suite)

Patients atteints du syndrome d'immunodéficience acquise (sida)

Interventions infirmières	Justification	Résultats escomptés
5. Se réserver du temps pour être avec le patient (en dehors du temps accordé aux soins proprement dits).	5. On favorise ainsi l'estime de soi du patient et on contribue à combler son besoin d'interaction sociale.	• Il accepte l'aide et le soutien des autres.
6. Inciter le patient à lire, à regarder la télévision, à faire des travaux manuels, etc.	6. Les loisirs permettent au patient de se distraire de sa maladie.	• Il dit se sentir moins isolé.
		• Il garde des contacts avec les personnes qui sont importantes pour lui.
		• Il s'adonne à des activités qui lui permettent vraiment de se divertir ou de se distraire.

soignant. L'infirmière qui soigne des sidéens doit avoir des aptitudes en matière d'évaluation, de communication et de relations interpersonnelles. Elle doit aussi être capable de faire face à un vaste éventail de troubles physiques et de réactions psychologiques. Enfin, elle doit respecter en tout temps la dignité des patients qui ont contracté le sida, souvent à un jeune âge, peu importe leur condition sociale.

Bibliographie

Ouvrages

Alyson S (ed). You Can Do Something About AIDS. Boston, The Stop AIDS Project, 1988.

Barrett JT. Textbook of Immunology: An Introduction to Immunochemistry and Immunobiology, 5th ed. St Louis, CV Mosby, 1988.

Bayer R. Private Acts, Social Consequences: AIDS and the Politics of Public Health. New York, The Free Press, Macmillan, 1989.

Coleman RM, Lombard MF, Sicard RE, Rencricca NJ. Fundamental Immunology. Dubuque, WMC Brown, 1989.

Colman W. Understanding and Preventing AIDS. Chicago, Childrens' Press, 1988.

Croenenberger JH and Jennette JC. Immunology: Basic Concepts, Diseases and Laboratory Methods. Norwalk, CT, Appleton and Lange, 1988.

DeVita VT, Hellman S, Rosenberg SA. AIDS: Etiology, Diagnosis, Treatment, and Prevention, 2nd ed. Philadelphia, JB Lippincott, 1988.

Dupuy Jean-Marie. Ce qu'il faut savoir sur le sida. Montréal, Éditions Paul Dottine, 1986.

Fan H, Conner RF, Villareal LP. The Biology of AIDS. Boston, Jones and Bartlett Publishers, 1989.

Friedman–Kien AE. Color Atlas of AIDS. Philadelphia, WB Saunders, 1989.

Goidl EA (ed). Aging and the Immune Response. New York, Marcel Dekker, 1987.

Gottlieb MS and Groopman JE (eds). AIDS. New York, Alan R Liss, 1984.

Gottlieb MS et al. Current Topics in AIDS, Vol 2. Chichester, England, John Wiley & Sons, 1989.

Griffin JP. Hematology and Immunology: Concepts for Nursing. Norwalk, CT, Appleton–Century–Crofts, 1986.

Gualde N. Immunologie. Paris, Maloine, 1989.

Hamblin AS. Lymphokines. Oxford, IRL Press, 1988.

Henrion R. Les femmes et le sida. Paris, Flammarion, 1988.

Kaslow RA and Francis DP (eds). The Epidemiology of AIDS. New York, Oxford University Press, 1989.

Kubler-Ross. Le sida, un défi à la société. Paris, Interéditions, 1988.

La Montagne Estelle. Sida-vers une connaissance réelle du syndrome et tout ce qui s'y rapporte. Montréal, Lémeac, 1986.

Langman RE. The Immune System. San Diego, Academic Press, 1989.

Leoung G and Mills J (eds). Opportunistic Infections in Patients With AIDS. New York, Marcel Dekker, 1989.

Lewis A. Nursing Care of the Person with AIDS/ARC. Rockville, MD, Aspen Systems, 1988.

Male D, Champion B et Cooke A. Immunologie : le système immunitaire et sa régulation. Montréal, MEDSI, 1988.

Ma P and Armstrong D. AIDS and Infections of Homosexual Men. Boston, Butterworths, 1989.

National Research Council. AIDS: The Second Decade. Washington, DC, National Academy Press, 1990.

Paupe C. Immunologie fondamentale et immunopathologie. Paris, Ellipses, 1985.

Pratt RJ. Sida et soins infirmiers. Paris, Éditions Lamarre-Poinat, 1989.

Regnault JP. Immunologie générale. Montréal, Décarie, 1988.

Reynolds CW and Wiltgout RH (eds). Functions of the Natural Immune System. New York, Plenum Press, 1989.

Rosen FS, Steines LA, and Unanoe ER. Dictionary of Immunology. London, Macmillan Press Ltd, 1989.

Santé et bien-être social Canada. Les femmes et le sida. 1990.

Sell S. Immunology, Immunopathology and Immunity, 4th ed. New York, Elsevier, 1987.

Specter S, Bendinelli M, and Friedman H (eds). Virus-Induced Immuno-suppression. New York, Plenum Press, 1989.

Virella G, Goust JM, and Fudenberg HH (eds). Introduction to Medical Immunology, 2nd ed. New York, Marcel Dekker, 1990.

Watstein SB and Laurich RN. Source Book: AIDS and Women. Phoenix, Oryx Press, 1991.

Weismann K et al. Skin Signs in AIDS. Munksgaard, Copenhagen, Year Book Medical Publishers, 1988.

Williams I, Mindel A, and Weller IVD. Pocket Picture Guides: AIDS. Philadelphia, JB Lippincott/Gower Medical Publishing, 1989.

World Health Organization. Guidelines for Nursing Management of People Infected with Human Immunodeficiency Virus (HIV). Geneva, World Health Organization, 1988.

Revues

Les articles de recherche en sciences infirmières sont marqués d'un astérisque.

Immunologie (Généralités)

Buckley RH. Immunodeficiency diseases. JAMA 1987 Nov; 258(20):2841-2850.

Coffman RL. T-Helper heterogeneity and immune response patterns. Hosp Pract 1989 Aug; 24(8):101-133.

DiJulio J. Hematopoiesis: An overview. Oncol Nurs Forum 1991 Mar; 18(2):3-6.

Heinzel FP. Infections in patients with humoral immunodeficiency. Hosp Pract 1989 Sep; 24(9):99-130.

Kreis H. Immunologie de greffe. Revue de l'infirmière 1989; 39(7):25-28.

Meunier L. Le plan de soins type. Nursing Quebec 1988; 8(3):62-64.

Meunier L. Les précautions universelles. Nursing Quebec 1988; 8(3):42-45.

Murasko DM et al. Immunologic response in an elderly population with a mean age of 85. Am J Med 1986 Oct; 81(4):612-618.

Nossal GJV. Current concepts: Immunology—The basic components of the immune system. N Engl J Med 1987 May 21; 316(21):1320-1325.

Weigle WO. The effects of aging on the immune system. Hosp Pract 1989 Dec; 24(12):112-116, 118, 119.

Young LS. Infections in patients with cellular immunodeficiency. Hosp Pract 1989 Aug; 24(8):191-212.

Sida

Abernathy E. How the immune system works. Am J Nurs 1987 Apr; 87(4):456-459.

Alexander MC. Interferon therapy. NITA 1987 Jan/Feb; 10(1):40-42.

Anderson H and MacElveen-Hoehn, P. Gay clients with AIDS: New challenges for hospice programs. The Hospice Journal 1988 Winter; 4(2):37-54.

Armstrong TBB. The pathophysiology of human immunodeficiency virus infections. J Adv Med Surg Nurs 1988 Dec; 1(1):9-20.

Baird SB and Jassak PF (eds). The biotherapy of cancer. Oncol Nurs Forum 1987 Nov/Dec; 14(6):2-40.

* Barrick B. The willingness of nursing personnel to care for patients with AIDS: A survey study and recommendations. J Prof Nurs 1988 Sep/Oct; 4(5):366-372.

Baver SA, Crocker KS, and Frame P. Home intravenous therapy for cytomegalovirus retinitis: A case report. NITA 1987 Sep/Oct; 6(7):358-365.

* Beaman ML and Strader MK. STD patients' knowledge about AIDS and attitudes toward condom use. J Community Health Nurs 1989; 6(3):155-164.

Bédard, L. et Remis, R. S. Le sida au Québec. Nursing Québec 1988; 8(3):16-19.

Bennett JA. Nurses talk about the challenge of AIDS. Am J Nurs 1987 Sep; 87(9):1148-1155.

Bennett J. Helping people with AIDS live well at home. Nurs Clin North Am 1988 Dec; 23(4):731-747.

Besner, G. Soigner des sidéens. Nursing Quebec 1988; 8(3):30-33.

Birdsall C and Uretsky S. How do you give pentamidine aerosol for PCP? Am J Nurs 1988 Aug; 88(8):1126, 1128.

Bloom JN and Palestine AG. The diagnosis of cytomegalovirus retinitis. Ann Intern Med 1988 Dec; 109(12):963-969.

Bolle JL. Supporting the deliverers of care: Strategies to support nurses and prevent burnout. Nurs Clin North Am 1988 Dec; 23(4):843-849.

Brown ML. AIDS and ethics: Concerns and considerations. Oncol Nurs Forum 1987 Jan/Feb; 1(14):69-73.

Bryant-Armstrong TB. The pathophysiology of human immunodeficiency virus infections. J Adv Med Surg Nurs 1988 Dec; 1(1):9-20.

Carr GS and Gee G. AIDS and AIDS-related conditions: Screening for populations at risk. Nurse Pract 1986 Oct; 11(10):41-48.

Centers for Disease Control, U.S. Department of Health and Human Services. Classification system for human T-lymphotropic virus type III/lymphadenopathy-associated virus infections. Ann Intern Med 1986 Aug; 105(2):234-237.

Chin J. Epidemiology: Current and future dimensions of the HIV/AIDS pandemic in women and children. Lancet 1990 Jul; 336(8709):221-224.

Clark C et al. Hospice care: A model for caring for the person with AIDS. Nurs Clin North Am 1988 Dec; 23(4):851-862.

Cline RJW. Communication and death and dying: Implications for coping with AIDS. AIDS and Public Policy Journal 1989 Summer; 4(1):40-50.

Cloutier R. Éducation plutôt que coercition. L'infirmière canadienne 1989; 85(8):45-47.

Corkey KJ, Luce JM, and Montgomery AB. Aerosolized pentamidine for treatment and prophylaxis of Pneumocystis carinii pneumonia: An update. Respir Care 1988 Aug; 33(8):676-685.

Cournoyer R. Traiter le sida et ses principales complications. Nursing Quebec 1988; 8(3):26-28.

Cox PH et al: Outcomes of treatment with AZT of patients with AIDS and symptomatic HIV infection. Nurse Pract 1990 May; 15(5):36-44.

Cummings D. Caring for the HIV-infected adult. Nurse Pract 1988 Nov; 13(11):28-47.

Davis WM. Self care for PWA's: How to teach your patients. AIDS Patient Care 1988 Apr; 2(2):13-16.

De Montigny J. Devenir un témoin amoureux. Nursing Quebec 1988; 8(3):35-36.

Doll DC and Rungenberg QS. Lymphomas associated with infection. Semin Oncol Nurs 1989 Nov; 5(4):255-262.

Donehowes MC. Malignant complications of AIDS. Oncol Nurs Forum 1987 Jan/Feb; 14(1):57-64.

Farrell B. AIDS patients: Values in conflict. Crit Care Nurs Q 1987 Sep; 10(2):74-85.

Fauci A. The human immunodeficiency virus: Infectivity and mechanisms of pathogenesis. Science 1988 Feb; 239(5):617-622.

Figlin RA. Biotherapy with interferon. Semin Oncol 1988 Dec; 15(6-S):3-9.

Friedland GH and Klein RS. Transmission of the human immunodeficiency virus: An updated review. Int Nurs Rev 1988 Mar/Apr; 35(2):44-54.

Gee G. AIDS: Context of care. Semin Oncol Nurs 1989 Nov; 5(4):244-248.

Gee G, Wong R, and Moran T. Current treatment strategies for HIV infection. Semin Oncol Nurs 1989 Nov; 5(4):249-254.

Glatt AE, Chirgwin K, and Landesman SH. Treatment of infections associated with human immunodeficiency virus. N Engl J Med 1988 Jun 2; 318(22):1439-1448.

Govoni LA. Psychosocial issues of AIDS in the nursing care of homosexual men and their significant others. Nurs Clin North Am 1988 Dec; 23(4):749-765.

Grady C. HIV: Epidemiology, immunopathogenesis and clinical consequences. Nurs Clin North Am 1988 Dec; 23(4):683-695.

Haeuber D. Future strategies in the control of myelosuppression: The use of colony-stimulating factors. Oncol Nurse Forum 1991 Mar; 18(2):16-21.

Hall JM, Koehler SL, and Lewis A. HIV-related mental health nursing issues. Semin Oncol Nurs 1989 Nov; 5(4):276-283.

Halloran J, Hughes A, and Mayer DK. AIDS task force: ONS position paper on HIV-related issues. Oncol Nurs Forum 1988 Mar/Apr; 15(2):206-216.

Hannon S. Adaptable nursing care plan for AIDS patients at home. AIDS Patient Care 1990 Apr; 4(2):23-30.

Hardy WD. Comparing options for prophylaxis of Pneumocystis carinii pneumonia. AIDS Medical Report 1988 Jun; 2(6):57-63.

Hendricksen C. The AIDS clinical trials unit experience: Clinical research and antiviral treatment. Nurs Clin North Am 1988 Dec; 23(4):697-705.

Heyward WL and Curran JW. The epidemiology of AIDS. Sci Am 1988 Oct; 259(4):72-81.

Hilton G. AIDS dementia. Neurosci Nurs 1989 Feb; 21(1):24-29.

Hood LE. Interferon. Am J Nurs 1987 Apr; 87(4):459-465.

Hoth DF and Myers MW. Current status of HIV therapy: Antiviral agents. Hosp Pract 1991 Jan; 26(1):174–197.

Jackson MM and Lynch P. Infection prevention and control in the era of the AIDS/HIV epidemic. Semin Oncol Nurs 1989 Nov; 5(4):236–243.

Jacob JL et al. AIDS-related Kaposi's sarcoma: Concepts of care. Semin Oncol Nurs 1989 Nov; 5(4):263–275.

Jassak PF and Spiewak PL. Interleukin-2. Am J Nurs 1987 Apr; 87(4):464–467.

Jordan KS. Assessment of the person with AIDS in the Emergency Department. Int Nurs Rev 1989 Mar/Apr; 36(2):57–59.

Keithly JK and Kohn CL. Managing nutritional problems in people with AIDS. Oncol Nurs Forum 1990; 17(1):23–27.

Kendig NE and Adler WH. The implications of the acquired immunodeficiency syndrome for gerontology research and geriatric medicine. J Gerontol 1990 May; 45(3):77–81.

Kovacs AJ and Masur H. Pneumocystis carinii pneumonia: Therapy and prophylaxis. J Infect Dis 1988 Jul; 158(1):254–259.

Krigel RL and Friedman-Kien AE. Epidemic Kaposi's sarcoma. Semin Oncol 1990 Jun; 17(3):350–360.

Krown SE. Alpha interferon in AIDS-related Kaposi's sarcoma. Biotherapy and Cancer 1988 Dec; 1(4):1, 4, 5.

LaCharite CL and Meinsenbelder JB. Fear of contagion: A stress response to acquired immunodeficiency syndrome. Adv Nurs Sci 1989 Jan; 11(2):29–38.

Larson E. Nursing research and AIDS. Nurs Res 1988 Jan/Feb; 37(1):60–62.

Laskin MEA. Pain management in the patient with AIDS. J Adv Med Surg Nurs 1988 Dec; 1(1):37–43.

Laskin OL et al. Use of ganciclovir to treat serious cytomegalovirus infections in patients with AIDS. J Infect Dis 1987 Feb; 155(2):323–327.

* Lawrence SA and Lawrence RA. Knowledge and attitudes about acquired immunodeficiency syndrome in nursing and non-nursing groups. J Prof Nurs 1989 Mar/Apr; 5(2):92–101.

Levine AM. Non-Hodgkin's lymphoma and other malignancies in the acquired immune deficiency syndrome. Semin Oncol 1987 Jun; 14(2 Suppl):34–39.

Levine AM, Gill PS, and Muggia F. Malignancies in the acquired immunodeficiency syndrome. Curr Probl Cancer 1987 Jul/Aug; 11(4):213–255.

Lunk DL. Antibiotic therapy in the cancer patient: Focus on third generation cephalosporins. Oncol Nurs Forum 1987 Sep/Oct; 14(5):35–41.

Lone P. A place to call home. Am J Nurs 1989 Apr; 89(4):490–492.

Lovejoy NC. The pathophysiology of AIDS. Oncol Nurs Forum 1988 Sep/Oct; 15(2):563–571.

* Lovejoy NC and Moran TA. Selected AIDS beliefs, behaviors and informational needs of homosexual/bisexual men with AIDS or ARC. Int J Nurs Stud 1988 May; 25(3):207–216.

Lynch M, Yanes L, and Todd K. Nursing care of AIDS patients participating in a phase I/II trial of recombinant human granulocyte-macrophage colony stimulating factor. Oncol Nurs Forum 1988 Jul/Aug; 15(4):463–469.

Lyon JC. AIDS: What are the costs? Who will pay? Nurs Econ 1988 Oct; 6(5):241–244.

Marin G. AIDS prevention among Hispanics: Needs, risk behaviors and cultural values. Public Health Rep 1989 Sept/Oct; 104(5):411–415.

Masur H et al. Public Health Service Task Force recommendations for anti-pneumocystis prophylaxis for patients infected with HIV. AIDS Patient Care 1990 Apr; 4(2):5–14.

McArthur JH, Polenicek JG, and Bowersox LL. Human immunodeficiency virus and the nervous system. Nurs Clin North Am 1988 Oct; 23(4):823–841.

McGough KN. Assessing social support of people with AIDS. Oncol Nurs Forum 1990 Jan/Feb; 17(1):31–35.

McMahon KM. The integration of HIV testing and counseling into nursing practice. Nurs Clin North Am 1988 Dec; 23(4):803–821.

McMahon KM and Coyne N. Symptom management in patients with AIDS. Semin Oncol Nurs 1989 Nov; 5(4):289–301.

Melamed AJ. The use of inhaled pentamidine for the prevention and treatment of Pneumocystis carinii pneumonia in AIDS patients. Hosp Pharm 1988 Jan; 23(1):65, 66, 72.

Ménard C. Face au sida, le respect des droits. Nursing Quebec 1988; 8(3):54-61.

Merz B. Aerosolized pentamidine promising in Pneumocystis therapy, prophylaxis. JAMA 1988 Jun 10; 259(22):3223–3224.

Mills J and Masur H. AIDS-related infections. Sci Am 1990 Aug; 263(2):50–57.

Mitsuyasu RT. The role of alpha interferon in the biotherapy of hematologic malignancies and AIDS-related Kaposi's sarcoma. Oncol Nurs Forum 1988 Nov/Dec; 15(6 Suppl):7–11.

Mitsuyasu RT. The enhanced potential use of recombinant alpha-interferon in the treatment of AIDS-related Kaposi's sarcoma. Oncol Nurs Forum 1989 Nov/Dec; 16(6 Suppl):5–7.

Mitsuyasu RT. Clinical oncology quiz no. 5: Interferon therapy for Kaposi's sarcoma in AIDS patients. Roche Laboratories 1989 Feb; 2(1):1–8.

Mitsuyasu RT. Hematopoietic growth factors may be answer for neutropenia, anemia. AIDS Med Rep 1990 Nov; 3(11):137–141.

* Moran TA et al. Informational needs of homosexual men diagnosed with AIDS or AIDS-related complex. Oncol Nurs Forum 1988 May/June; 15(3):311–314.

The National Institute of Allergy and Infectious Diseases. AZT therapy recommendations for early HIV infection: State-of-the-art conference executive summary. AIDS Patient Care 1990 Jun; 4(3):6–8.

Nily G. AIDS: Opportunistic diseases and their physical assessment. J Adv Med Surg Nurs 1988 Dec; 1(1):27–36.

O'Brien AM, Derlemens-Bunn M, and Blanchfield JC. Nursing the AIDS patient at home. AIDS Patient Care 1987 Jun; 1(1):21–24.

Oerlemans-Bunn M. On being gay, single and bereaved. Am J Nurs 1988 Apr; 88(4):472–476.

Orellana J et al. Combined short and long-term therapy for the treatment of CMV retinitis using ganciclovir (BWB759U). Ophthalmology 1987 Jul; 94(7):831–838.

Otte DM and Allen KS. Ethical principles in the nursing care of the terminally ill adult. Oncol Nurs Forum 1987 Sep/Oct; 14(5):87–91.

Parkinson DR. Interleukin-2 in cancer therapy. Semin Oncol 1988 Dec; 15(6-S):10–26.

Pasacreta JV and Jacobsen PB. Addressing the need for staff support among nurses caring for the AIDS population. Oncol Nurs Forum 1989 Sep/Oct; 16(5):659–663.

Pfeiffer N. Zidovudine resistance. AIDS Patient Care 1991 Feb; 5(1):13–14.

Pfeiffer N. Highlights from the national conference on women and HIV infection. Part I: Early care and policy issues. AIDS Patient Care 1991 Apr; 5(2):67–69.

Pizzi M. Occupational therapy: Creating possibilities for adults with HIV infection, ARC and AIDS. AIDS Patient Care 1989 Feb; 3(1):18–23.

Pizzo PA. Combating infections in neutropenic patients. Hosp Pract 1989 Jul; 24(7):81–96.

Price RW et al. The brain in AIDS: Central nervous system HIV-1 infection and AIDS dementia complex. Science 1988 Feb; 239(5):586–591.

Prichard JG. Human immunodeficiency virus: The best use of serologic tests. Consultant 1988 Nov; 28(11):41–45, 49, 52.

Quinn TC. The Epidemiology of the human immunodeficiency virus. Ann Emerg Med 1990 Mar; 19(3):225–232.

Raphael BG and Knowles DM. AIDS associated non-Hodgkin's lymphoma. Semin Oncol 1990 Jun; 17(3):361–366.

Reisman EC. Ethical issues confronting nurses. Nurs Clin North Am 1988 Dec; 23(4):789–801.

Ripper M. Universal blood and body fluid precautions. J Adv Med Surg Nurs 1988 Dec; 1(1):21–25.

Rogers PL et al. Admissions of AIDS patients to a medical intensive care unit: Causes and outcome. Crit Care Med 1989; 17(2):113–115.

Rosenthal Y and Haneiwich S. Nursing management of adults in the hospital. Nurs Clin North Am 1988 Dec; 23(4):707–717.

Saunders JM. Psychosocial and cultural issues in HIV infection. Semin Oncol Nurs 1989 Nov; 5(4):284–288.

Scherer P. How HIV attacks the peripheral nervous system. Am J Nurs 1990 May; 90(5):66-70.

Scheser YK, Haughey BP, and Wu YWB. AIDS: What are nurses' concerns? Clin Nurse Spec 1989 Spring; 3(1):48-54.

Schofferman J. Hospice care of the patient with AIDS: The Hospice Journal 1988 Winter; 4(2):57-75.

* Scura KW and Whipple B. Older adults as an HIV positive risk group. J Gerontol Nurs 1990 Feb; 15(2):6-10.

Sinclair BP. AIDS in women. NAACOG's Clinical Issues in Perinatal and Women's Health Nursing 1990; 1(1):1-127.

Stern C. AIDS: What office nurses need to know. The Office Nurse 1988 Aug/Sep; 1(3):8-10, 12, 34.

Sticklin LA. Interleukin-2 and killer T cells. Am J Nurs 1987 Apr; 87(11): 468-469.

Streckfuss BL and Bergers RM. Infection control for caregivers of AIDS patients (domiciliary). NITA 1987 Jul/Aug; 10(4):282-284.

Task Force on Nutrition Support in AIDS. Guidelines for nutrition support in AIDS. AIDS Patient Care 1989 Aug; 3(4):32-38.

Trimetrexate for PCP. Am J Nurs 1988 Feb; 88(1):158.

U.S. Department of Health and Human Services. AIDS and human immunodeficiency virus infection in the United States. MMWR 1989 May; 38(S-4):1-14.

U.S. Department of Health and Human Services. Coordinated community programs for HIV prevention among intravenous drug users—California, Massachusetts. MMWR 1989 Jun; 38(21):369-374.

U.S. Department of Health and Human Services. HIV epidemic and AIDS: Trends in knowledge—United States, 1987 and 1988. MMWR 1989 May; 38(24):353-358, 363.

U.S. Department of Health and Human Services. Guidelines for prophylaxis against Pneumocystis carinii pneumonia for persons infected with human immunodeficiency virus. MMWR 1989 Jun; 38(S-5):1-9.

U.S. Department of Health and Human Services. Transmission of HIV through bone transplantation: Case report and public health recommendations. MMWR 1988 Oct; 37(39):597-599.

U.S. Department of Health and Human Services. Revision of the CDC surveillance case definition for AIDS. MMWR 1987 Aug; 36(15):3-15.

U.S. Department of Health and Human Services. Guidelines for prevention of transmission of HIV and hepatitis B virus to health-care and public safety workers. MMWR 1989 Jun; 38(S-6):3-37.

U.S. Department of Health and Human Services. Mortality attributable to HIV infections/AIDS: U.S. 1981-1990. MMWR 1991 Jan; 40(3):41-44.

U.S. Department of Health and Human Services. HIV prevalence estimates and AIDS case projections for the U.S.: Report based upon a workshop. MMWR 1990 Nov; 39(RR-16):1-31.

U.S. Department of Health and Human Services. HIV/AIDS: Surveillance 1991 Jan; 1-22.

Valentine FT. Pathogenesis of the immunological deficiencies caused by infection with the human immunodeficiency virus. Semin Oncol 1990 Jun; 17(3):321-334.

Vlahov D. AIDS: Overview, immunology, virology and informational needs. Semin Oncol Nurs 1989 Nov; 5(4):227-235.

Weber JN and Weiss RA. HIV infection: The cellular picture. Sci Am 1988 Oct; 259(4):101-109.

Whipple B and Scura KW. HIV and the older adult: Taking the necessary precautions. J Gerontol Nurs 1989 Sep; 15(9):15-19.

White K. Highlights from the national conference on women and HIV infection. Part II: Care definition and clinical trend changes. AIDS Patient Care 1991 Apr; 5(2):70-72.

Willoughby A. AIDS in women: Epidemiology. Clin Obstet Gynecol 1989 Sep; 32(3):429-436.

Winich M et al. Guidelines for nutrition support in AIDS. Nutrition 1989 Jan/Feb; 5(1):39-45.

Yarbro CH, Collins JL, and Thaney KM (eds). Biotherapy: A nursing challenge. Semin Oncol Nurs 1988 May; 4(2):81-153.

Young LS and Inderlied CB. *Mycobacterium-avium* complex infections. AIDS Patient Care 1990 Dec; 4(1):13-16.

Ressources familiales

Bartel NR and Orlando JE. AIDS: A Guide for Parents. Philadelphia, Jonet Publishers, 1988.

Colman W. Understanding and Preventing AIDS: A Guide for Young People. Chicago, Childrens' Press, 1988.

Dietz SD and Hicks MJP. Take These Broken Wings and Learn to Fly. Tucson, Harbinger House, 1989.

Eidson T (ed). The AIDS Care Givers Handbook. New York, St Martin's Press, 1988.

Langone J. AIDS: The Facts. Boston, Little, Brown, 1988.

Lingle VA and Wood MS. How to Find Information About AIDS. New York, Harrington Park Press, 1988.

Malinowsky RH and Perry GJ (eds). AIDS Information Sourcebook, 2nd ed, 1989-90. Phoenix, Oryx Press, 1989.

Information/ressources

Organismes

AIDS Action Council
    729 Eighth St. SE, Suite 200, Washington, DC 20003, (202) 547-3101

AIDS Clinical Trials Unit (ACTU)
    2300 Eye St., Suite 202, Washington, DC 20037, (202) 994-2417

AIDS Program
    Centers for Infectious Diseases, CDC 1600 Clifton Rd., Atlanta, GA 30333, (800) 342-AIDS

American Red Cross
    AIDS Education Office, 431 18th St NW, Washington, DC 20006, (202) 737-8300 (or local Red Cross)

Association des ressources montréalaises (ARMS), 1444, St-Mathieu, app. 9, Montréal (Québec) H3H 2H9 (514) 937-7596

Comité sida aide Montréal (C-SAM), 1212, rue St-Hubert, C.P. 98, Montréal (Québec) H2X 3M2 (514) 282-9888

Gay Men's Health Crisis Network
    P.O. Box 274, 132 West 24th St., New York, NY 10011, (212) 807-6655

Hispanic AIDS Committee for Education and Resources
    1139 W Hildebrant, Suite B, San Antonio, TX 78201, (512) 732-3108

Hispanic AIDS Forum
    c/o APRED, 853 Broadway Suite 2007, New York, NY 10003, (212) 870-1902 or 870-1864

INFO SIDA (service d'écoute téléphonique-région de Québec) (418) 687-3032

Minority Task Force on AIDS
    c/o New York City Council of Churches, 475 Riverside Dr., Room 456, New York, NY 10115, (212) 749-1214

Mouvement d'intervention et d'endraite dans la lutte contre le sida (MIELS-QUÉBEC), 910, av. Brown, Québec (Québec) G1S 2Z5 (418) 687-4310

Mothers of AIDS Patients (MAP)
    c/o Barbara Peabody, 3403 E St., San Diego, CA 92102, (619) 234-3432

National AIDS Information Clearinghouse (NAIC)
    P.O. Box 6003, Rockville, MD 20850, (301) 762-5111

National AIDS Network (NAN)
    2033 M St. NW, Suite 800, Washington DC, 20036, (202) 293-2437

National Association of People with AIDS
    P.O. Box 65472, Washington, DC 20035, (202) 483-7979

National Coalition of Gay Sexually Transmitted Disease Services
    c/o Mark Behar, P.O. Box 239, Milwaukee, WI 53201-0239, (414) 277-7671

National Council of Churches/AIDS Task Force
    475 Riverside Dr., Room 572, New York, NY 10115, (212) 870-2421

National Lawyers Guild AIDS Network
    211 Gough St., 3rd Floor, San Francisco, CA 94102

New York City Department of Health Division of AIDS Program Services
    125 Worth St., Box A/1, New York, NY 10013, (212) 566-7103, Hotline: (718) 485-8111

Philadelphia Community Health Alternatives/The Philadelphia AIDS Task
    Force 1216 Walnut St., Philadelphia, PA 19107, (215) 545-8686
U.S. Public Health Service
    Public Affairs Office, Hubert H. Humphrey Bldg., Room 725-H, 200
    Independence Ave. SW, Washington, DC 20201, (202) 245-6867

Lignes téléphoniques (sans frais)

National Gay Task Force AIDS Information Hotline: (800) 221-7044; (212)
    807-6016 (NY State)
National Sexually Transmitted Disease Hotline/American Social Health As-
    sociation: (800) 227-8922
PHS AIDS Hotline: (800) 342-AIDS; (800) 342-2437

49
ÉVALUATION ET TRAITEMENT DES PATIENTS ATTEINTS DE TROUBLES ALLERGIQUES

OBJECTIFS D'APPRENTISSAGE

Après avoir étudié ce chapitre, vous devriez être en mesure de réaliser ce qui suit:

1. *Expliquer les mécanismes physiologiques qui sous-tendent les réactions allergiques.*
2. *Décrire les traitements et les soins infirmiers destinés aux patients atteints de troubles allergiques.*
3. *Appliquer la démarche de soins infirmiers pour intervenir auprès des patients souffrant de rhinite allergique.*
4. *Décrire les modes de prévention et de traitement de l'anaphylaxie.*

Le corps humain est exposé à une foule d'agents pathogènes (le plus souvent microbiens) qui menacent constamment son système de défense superficiel. Quand ils réussissent à franchir cette barrière de protection, ces agents disputent à l'organisme les éléments nutritifs afin de se multiplier. S'ils ne rencontrent pas d'obstacle à ce stade, ils perturbent les systèmes enzymatiques de l'organisme et détruisent les tissus vitaux. Pour se protéger contre ces envahisseurs, l'organisme est doté d'un système complexe de défense. La première ligne de défense se compose des cellules épithéliales de la peau, de même que des voies respiratoires, gastro-intestinales et génito-urinaires.

L'un des mécanismes de défense les plus efficaces de l'organisme est la fabrication rapide d'*anticorps* qui s'attaquent spécifiquement aux substances étrangères que l'on nomme *antigènes*. Les anticorps réagissent avec les antigènes de diverses façons: (1) en recouvrant leur surface, s'il s'agit de particules, (2) en les neutralisant s'il s'agit de substances toxiques, ou (3) en les précipitant s'ils sont en solution. Dans tous les cas, les anticorps attaquent les antigènes pour faciliter leur destruction par les phagocytes du sang et des tissus.

RÉACTION ALLERGIQUE: PHYSIOLOGIE

IMMUNITÉ

Certaines personnes naissent avec la capacité de résister à l'invasion de certains types d'agents étrangers. Dans la plupart des cas, cependant, l'organisme acquiert sa résistance en combattant les envahisseurs. La résistance peut être acquise de deux autres façons: (1) par *immunisation active*, c'est-à-dire par l'injection dans l'organisme d'un antigène inactivé mais encore capable de déclencher la formation d'anticorps (les vaccins) et (2) par *immunisation passive*, c'est-à-dire par l'administration de sérum contenant des anticorps provenant d'un donneur sensibilisé (la gammaglobuline humaine, par exemple).

ALLERGIE

Une *allergie* est une réaction exagérée et souvent nocive du système immunitaire à des substances normalement inoffensives. La *réaction allergique* témoigne d'une lésion tissulaire causée par l'interaction entre un antigène et un anticorps. Quand l'organisme est envahi par un antigène, généralement une protéine reconnue comme étrangère, il tente d'inactiver cet antigène, de le détruire et de l'éliminer. Une réaction allergique se produit quand le système immunitaire déjà sensibilisé réagit agressivement à une substance normalement inoffensive (poussière ou pollen, par exemple). Lors de cette réaction, la production de médiateurs chimiques peut entraîner des symptômes plus ou moins graves, parfois légers et incommodants seulement, parfois assez graves pour menacer la vie.

Le système immunitaire se compose d'un grand nombre de cellules et d'organes et des substances sécrétées par ces cellules et organes. Ces éléments du système immunitaire doivent agir de façon coordonnée pour combattre efficacement les substances étrangères (virus, bactéries ou autres substances) sans toutefois détruire les propres tissus de l'organisme par une réaction excessive.

Lymphocytes B et immunoglobulines

Certains lymphocytes, les *lymphocytes B,* sont programmés pour produire des anticorps spécifiques. Quand un lymphocyte B entre en contact avec un antigène, il stimule la production de plasmocytes, des cellules qui interviennent dans la synthèse des anticorps.

Les anticorps produits par les lymphocytes et les plasmocytes en réaction à un stimulus immunogénique constituent un groupe de protéines sériques appelées les *immunoglobulines.* Les immunoglobulines se trouvent dans les ganglions lymphatiques, les amygdales, l'appendice et les plaques de Peyer des voies intestinales, ou dans la circulation sanguine et lymphatique. Elles se lient aux antigènes de façon très spécifique, un peu à la façon d'une clé dans une serrure. Les antigènes (clés) ne peuvent s'adapter qu'à certains anticorps (serrures). C'est pourquoi on utilise le terme *spécificité* pour désigner le caractère sélectif de la réaction d'un anticorps avec un antigène. Il s'agit toutefois d'un phénomène très complexe qui peut présenter un grand nombre de variations.

Les molécules d'anticorps sont dites *bivalentes,* ce qui signifie qu'elles comprennent deux sites de fixation. Grâce à cette bivalence, les anticorps peuvent facilement provoquer une agglutination entre deux molécules d'antigènes par liaison croisée. Ce mécanisme permet d'éliminer les substances étrangères de la circulation sanguine. Les réactions d'agglutination servent à déterminer les groupes sanguins en laboratoire.

Il existe cinq classes d'immunoglobulines: IgE, IgD, IgG, IgM et IgA. Les IgM, IgG et IgA ont des fonctions de protection précises et bien établies. Elles assurent la neutralisation des toxines et des virus, ainsi que la précipitation, l'agglutination ou la lyse des bactéries et autres substances étrangères.

IgE: La concentration des IgE s'élève dans les allergies et certaines infections parasitaires. Les cellules qui produisent les IgE sont situées dans les muqueuses respiratoire et intestinale. Au moins deux molécules d'IgE se lient à un allergène et déclenchent la libération, par les mastocytes ou les granulocytes basophiles de médiateurs: histamine, sérotonine, kinines, leucotriènes et facteurs chimiotactiques des neutrophiles. Ce sont ces médiateurs qui provoquent les éruptions cutanées, l'asthme et le rhume des foins.

IgD: Les IgD servent de récepteurs sur les lymphocytes B. On les trouve en très petite quantité dans le sérum.

IgG: Les IgG sont les premières à réagir après une nouvelle exposition à un antigène, et les deuxièmes à réagir à un antigène lors d'une réaction immunitaire. On les trouve dans les liquides qui occupent les espaces extracellulaires comme la lymphe, le liquide céphalorachidien, le liquide synovial et le liquide péritonéal.

IgM: Les IgM sont les principaux anticorps de la réaction immunitaire et les premiers à réagir à un antigène. L'une des principales fonctions des IgM est de se lier aux antigènes viraux et bactériens dans la circulation. Les IgM et les IgG agissent de concert comme des antitoxines au tétanos, au venin de serpent et au botulisme.

IgA: Il existe deux sortes d'IgA: les IgA sériques et les IgA sécrétoires. Les IgA sériques représentent de 10 à 15 % de l'ensemble des immunoglobulines sériques. Les IgA sécrétoires constituent la majeure partie des IgA et sont concentrées dans les sécrétions exocrines comme la salive, la sueur, les larmes et le colostrum, ainsi que dans les sécrétions des voies génito-urinaires, gastro-intestinales et respiratoires.

Lymphocytes T

Les *lymphocytes T* sont une deuxième classe de lymphocytes qui jouent un rôle important dans le système immunitaire. Ils aident les lymphocytes B à produire des anticorps et sécrètent des substances appelées *lymphokines.* Les lymphokines favorisent la croissance des cellules, stimulent leur activation, orientent le cours de leur activité. Ils détruisent aussi les cellules cibles et stimulent les macrophages. Les macrophages digèrent les antigènes et les présentent aux lymphocytes T. Ils déclenchent la réponse immunitaire et contribuent à l'élimination des cellules et autres débris.

Un *antigène* est une substance qui stimule l'activation de la réaction immunitaire et réagit avec un *anticorps* ou un lymphocyte T sensibilisé. Les antigènes qui jouent un rôle important dans l'hypersensibilité immédiate se divisent en deux groupes: les antigènes complets et les substances de faible poids moléculaire. Les antigènes complets, par exemple les desquamations animales, le pollen et le sérum de cheval, déclenchent une réponse humorale complète. *(L'immunité humorale* relève de substances, notamment les anticorps, qui circulent principalement dans le sérum et la lymphe.)

Les substances de faible poids moléculaire (dont plusieurs médicaments) jouent le rôle d'haptènes (antigènes incomplets) en se liant à des tissus ou à des protéines sériques afin de produire un complexe porteur qui provoque la réaction des anticorps. La production d'anticorps IgE spécifiques d'un antigène nécessite une communication active entre les macrophages, les lymphocytes T et les lymphocytes B. La sensibilisation à un allergène commence quand cet allergène est absorbé à travers le voies respiratoires, le tube digestif ou la peau. Les macrophages traitent l'antigène et le présentent à un lymphocyte T approprié. Les lymphocytes B sous l'action du lymphocyte T se différencient en plasmocytes qui produisent des immunoglobulines IgE spécifiques de l'allergène (figure 49-1).

La stimulation commence quand un antigène provoque une liaison croisée entre au moins deux molécules d'IgE fixées

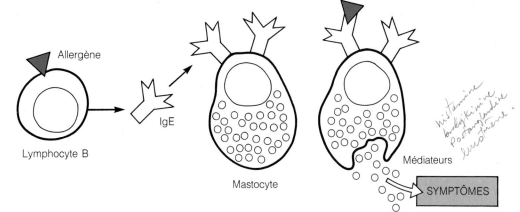

Figure 49-1. L'allergène déclenche la production d'IgE par les lymphocytes B. Quand l'allergène réapparaît, il se lie aux IgE et déclenche la libération de médiateurs chimiques par les mastocytes.

(Source: U. S. Dept. of Health and Human Services, *Understanding the Immune System*, NIH Publication, n° 88-529, juil. 1988, p. 19)

à des cellules. Il se produit alors une dégranulation des mastocytes qui libèrent ensuite des médiateurs. Les principaux médiateurs sont l'histamine, les leukotriènes, les facteurs chimiotactiques des éosinophiles, le facteur d'activation des plaquettes (FAP), la bradykinine, la sérotonine et les prostaglandines qui stimulent l'activation du système du complément. C'est la libération de ces médiateurs qui provoque les symptômes associés aux réactions allergiques. Le tableau 49-1 décrit les modes d'action des médiateurs chimiques.

HYPERSENSIBILITÉ

Une réaction d'hypersensibilité ne se produit généralement pas après le premier contact avec un allergène. Elle apparaît plutôt lors d'un contact subséquent, c'est-à-dire une fois que l'organisme a été sensibilisé par l'antigène. Cette sensibilisation déclenche la réponse humorale (formation d'anticorps). Les réactions d'hypersensibilité ont été classées par Gell et Coombs (figure 49-2) en quatre catégories. Cette classification permet de mieux comprendre les mécanismes de l'hypersensibilité. La plupart des allergies sont associées à des réactions de type I ou de type IV.

Réaction de type I
(Hypersensibilité immédiate)

La réaction de type I est une réaction d'hypersensibilité immédiate qui se produit dans les quelques minutes suivant le contact avec l'antigène. Si la libération de médiateurs chimiques se poursuit, on observe une réaction retardée qui peut durer jusqu'à 24 heures. La réaction de type I est due à la présence d'IgE. Pour qu'elle se produise, il faut que l'organisme ait été exposé une première fois à l'antigène spécifique pour entraîner la production d'IgE par les plasmocytes. La formation des IgE se produit dans les ganglions lymphatiques et exige l'intervention des lymphocytes T auxiliaires. Les IgE se lient aux récepteurs membranaires des mastocytes du tissu conjonctif et aux récepteurs membranaires des granulocytes basophiles. Quand l'organisme est exposé une deuxième fois à l'antigène, celui-ci se lie aux IgE adjacents, activant une réaction cellulaire qui déclenche la dégranulation et la libération de médiateurs chimiques (histamine, leukotriènes et facteur chimiotactique des éosinophiles).

Il existe deux sortes de médiateurs chimiques (figure 49-1): les médiateurs primaires, qui se trouvent dans les mastocytes et les granulocytes basophiles, et les médiateurs secondaires, qui sont formés sous l'influence des médiateurs primaires. Ce sont les médiateurs primaires qui provoquent les symptômes des réactions de type I, à cause de leurs effets sur la peau, les poumons et le tube digestif. La gravité des symptômes dépend de la quantité d'allergène, de la quantité de médiateurs libérés, de la sensibilité de l'organe cible et de la voie de pénétration de l'allergène. Une réaction de type I peut être localisée ou généralisée. L'asthme bronchique extrinsèque, le rhume des foins et la conjonctivite allergique sont autant d'exemples de réaction localisée. La réaction généralisée est plus grave. Elle est due notamment à certains médicaments, à certains aliments ou à des piqûres d'insectes. Elle peut entraîner les symptômes suivants: urticaire, œdème de Quincke, prurit, érythème, hypotension, état de choc, arythmies cardiaques, œdème laryngé, nausées, vomissements, diarrhée et incontinence.

Réaction de type II
(Réaction cytotoxique)

La réaction de type II se produit quand un anticorps IgG ou IgM se lie à un antigène fixé sur une cellule. Cette liaison provoque l'activation du complément et la destruction de la cellule sur laquelle l'antigène est fixé. Ce phénomène est à l'origine de la myasthénie grave, de l'anémie pernicieuse, du syndrome de Goodpasture, de l'anémie hémolytique auto-immune et de la maladie hémolytique du nouveau-né.

Réaction de type III
(Réaction d'hypersensibilité par complexes immuns)

Les complexes immuns se forment quand des antigènes se lient à des anticorps. Normalement, ils sont éliminés de la circulation par phagocytose. Il arrive toutefois qu'ils se déposent dans des tissus ou dans l'endothélium vasculaire. Quand cela se produit, deux facteurs contribuent à l'apparition de lésions: l'augmentation du nombre des complexes circulants et la présence d'amines vasoactives. Ces facteurs accroissent la perméabilité des vaisseaux. La réaction de type III est associée au lupus érythémateux disséminé, à la polyarthrite rhumatoïde, à la maladie du sérum, à certaines formes de néphrite et à certains éléments de l'endocardite bactérienne.

TABLEAU 49-1.   *Médiateurs chimiques de l'hypersensibilité*

Médiateurs	Action
MÉDIATEURS PRIMAIRES	
(«Préformés» et présents dans les mastocytes ou les granulocytes basophiles)	
Histamine (préformée dans les mastocytes)	Vasodilatation
	Contraction des muscles lisses
	Augmentation de la perméabilité vasculaire
	Sécrétion accrue de mucus
	Attraction des éosinophiles
Facteur chimiotactique des éosinophiles (préformé dans les mastocytes)	
Facteur d'activation des plaquettes (FAP) (doit être synthétisé par les mastocytes, les granulocytes neutrophiles et les macrophages)	Contraction des muscles lisses
	Agrégation plaquettaire et libération de sérotonine et d'histamine
Prostaglandines (doivent être synthétisées par les cellules)	Séries D et F $\longrightarrow$ bronchoconstriction
	Série E $\longrightarrow$ bronchodilatation
	Séries D, E et F $\longrightarrow$ vasodilatation
Kallicréine basophile (préformée dans les mastocytes)	Libération des bradykinines, ce qui entraîne :
	a) une bronchoconstriction
	b) une vasodilatation
	c) une stimulation nerveuse
MÉDIATEURS SECONDAIRES	
(Précurseurs inactifs formés ou libérés sous l'influence des médiateurs primaires)	
Bradykinine (dérivée d'un précurseur : le kininogène)	Contraction des muscles lisses
	Augmentation de la perméabilité vasculaire
	Stimulation des récepteurs de la douleur
	Augmentation de la production de mucus
Sérotonine (préformée dans les plaquettes)	Contraction des muscles lisses
	Augmentation de la perméabilité vasculaire
Héparine (préformée dans les mastocytes)	Anticoagulant
Leukotriènes (dérivées de l'acide arachidonique et activées par la dégranulation des mastocytes) C, D et E, ou substance à réaction différée de l'anaphylaxie (SRD-A)	Contraction des muscles lisses
	Augmentation de la perméabilité vasculaire

Réaction de type IV (Hypersensibilité retardée)

La réaction de type IV, également appelée hypersensibilité à médiation cellulaire, se manifeste entre 24 et 72 heures après l'exposition à un allergène. Elle se produit sous l'action des lymphocytes T sensibilisés et des macrophages. La réaction causée par une injection intradermique de tuberculine purifiée constitue un exemple de réaction de type IV. Après l'injection de tuberculine, les lymphocytes T sensibilisés réagissent avec l'antigène au point d'injection ou à proximité de ce point. La libération de lymphokines attire, active et retient les macrophages à cet endroit. Ceux-ci libèrent des lysozymes qui lèsent les tissus. La présence d'oedème et d'un agrégat de fibrine indique une réaction à la tuberculine positive. La dermite de contact est une réaction de type IV provoquée par un contact avec des allergènes comme les produits cosmétiques, le ruban gommé, les médicaments topiques, et les toxines végétales. Le tout premier contact avec l'antigène entraîne une sensibilisation ; les contacts subséquents provoquent une réaction d'hypersensibilité dans laquelle des molécules de faible poids moléculaire (ou haptènes) se lient à des protéines (ou porteurs) et sont ensuite «traités» par les cellules de Langerhans de la peau. Les symptômes de la dermite de contact sont les démangeaisons, l'érythème et des lésions surélevées.

MÉDIATEURS DE L'HYPERSENSIBILITÉ IMMÉDIATE

Quand les mastocytes sont stimulés par des antigènes, ils libèrent de puissants médiateurs chimiques. La libération de ces médiateurs provoque une série de réactions physiologiques qui entraînent l'apparition des symptômes d'hypersensibilité immédiate. Voici les principaux médiateurs connus :

1. *Histamine.* L'histamine joue un rôle important dans la régulation de la réponse immunitaire. Les effets physiologiques de l'histamine sur les principaux organes sont les suivants : (1) contraction des muscles lisses bronchiques, ce qui entraîne une respiration sifflante et un bronchospasme ; (2) dilatation des veinules et constriction des vaisseaux plus gros, provoquant un érythème, de l'oedème et de l'urticaire ; et (3) augmentation de la sécrétion des cellules gastriques et muqueuses, ce qui cause de la diarrhée. L'histamine exerce son action sur plusieurs organes cibles grâce à deux sortes de récepteurs : les récepteurs H_1 et les récepteurs H_2. Les récepteurs à l'histamine se trouvent sur différentes sortes de leucocytes, plus particulièrement les lymphocytes T suppresseurs et les granulocytes basophiles. Les récepteurs H_1 se trouvent principalement sur les cellules des muscles lisses des bronchioles et des vaisseaux ; on les utilise dans le traitement des troubles allergiques. Les récepteurs H_2 sont présents sur les

cellules pariétales gastriques ; on les utilise dans le traitement médicamenteux de l'ulcère gastroduodénal car ils inhibent les sécrétions gastriques. On classe les antihistaminiques en différentes catégories selon les récepteurs sur lesquels ils agissent. Par exemple, la diphénhydramine agit sur les récepteurs H_1, tandis que la cimétidine agit sur les récepteurs H_2.

2. *Leukotriènes.* Les leukotriènes sont les médiateurs chimiques qui déclenchent la réaction inflammatoire. On sait depuis longtemps que l'une de ces substances, la substance à réaction différée de l'anaphylaxie (SRD-A), est un puissant bronchoconstricteur. Comparativement à l'histamine, les leukotriènes ont un effet bronchospasmatique de 100 à 1000 fois plus puissant. Un grand nombre des manifestations de l'inflammation sont en partie attribuables aux leukotriènes.

3. *Facteur chimiotactique des éosinophiles.* Ce facteur est préformé dans les mastocytes. Il est libéré par dégranulation, pour inhiber l'action des leukotriènes et de l'histamine.

4. *Facteur d'activation des plaquettes (FAP).* Le rôle de ce facteur est de déclencher l'agrégation des plaquettes dans les sites des réactions d'hypersensibilité immédiate. Le FAP provoque également une bronchoconstriction et une augmentation de la perméabilité vasculaire. Enfin, il active le facteur XII ou facteur de Hageman, qui déclenche la formation de bradykinine.

5. *Bradykinine.* La bradykinine entraîne la contraction des muscles lisses des bronches et des vaisseaux sanguins. En augmentant la perméabilité des capillaires, elle provoque également un œdème. La bradykinine stimule les fibres des cellules nerveuses et provoque de la douleur.

6. *Sérotonine.* La sérotonine est libérée lors de l'agrégation des plaquettes, ce qui entraîne la contraction des muscles lisses bronchiques.

7. *Prostaglandines.* Les prostaglandines entraînent la contraction des muscles lisses, la vasodilatation et l'augmentation de la perméabilité des capillaires. La fièvre et la douleur qui accompagnent l'inflammation sont en partie dues aux prostaglandines.

(Voir le tableau 49-1 pour un résumé de l'action des médiateurs primaires et secondaires.)

ALLERGIES ATOPIQUES

GÉNÉRALITÉS

Les allergies atopiques sont des réactions d'hypersensibilité immédiate sous l'action des IgE. En Amérique du Nord, de 10 à 20 % de la population souffre d'allergies. Il existe une prédisposition génétique aux allergies. Les allergies dites atopiques sont (1) l'anaphylaxie, (2) la rhinite allergique, (3) l'urticaire et l'œdème de Quincke, (4) l'asthme, (5) les allergies digestives et (6) la dermite atopique.

Anaphylaxie. L'anaphylaxie est la forme la plus grave d'allergie atopique. Habituellement, l'antigène s'introduit dans l'organisme par voie parentérale (injection d'un médicament ou piqûre d'insecte par exemple) ou par les voies digestives. La réaction anaphylactique se produit sous l'action des IgE. Elle se déroule en trois étapes : (1) l'antigène se fixe à l'anticorps IgE, qui est fixé à la membrane de surface des mastocytes et des granulocytes basophiles, ce qui provoque une activation des mastocytes et des granulocytes cibles ; (2) les granulocytes et les mastocytes activés libèrent de grandes

quantités de médiateurs ; (3) la libération des médiateurs fait apparaître les symptômes cliniques de l'anaphylaxie : bronchospasme, urticaire et état de choc.

Rhinite allergique. La rhinite allergique est l'allergie atopique la plus courante. Elle touche 15 % de la population. Elle est due à la présence d'IgE produites sous les muqueuses de surface des yeux et du nez. Lorsqu'un antigène entre en contact avec des mastocytes sensibilisés par des IgE, il se produit une dégranulation qui provoque une réaction locale dans les muqueuses nasales et les conjonctives. Les symptômes de cette réaction sont la congestion nasale, des écoulements séreux clairs, des éternuements paroxystiques, des démangeaisons nasales, un œdème conjonctival, un larmoiement et des démangeaisons.

Urticaire et œdème de Quincke. L'urticaire et l'œdème de Quincke durent environ six semaines et guérissent souvent de façon spontanée. Ils sont dans la majorité des cas d'origine médicamenteuse ou alimentaire.

Asthme. L'asthme témoigne d'une réaction d'hypersensibilité immédiate dans les poumons. Il se manifeste par un bronchospasme qui apparaît après une exposition naturelle à des antigènes ou un test de provocation bronchique par inhalation. (L'asthme est expliqué plus en détail au chapitre 4.)

Allergies digestives. Les nausées, les crampes, les vomissements et la diarrhée sont des symptômes fréquents après l'ingestion d'un aliment allergène.

Dermite atopique. La dermite atopique est une affection qui touche près de 10 % de la population. Il s'agit d'une éruption cutanée eczémateuse souvent associée à d'autres allergies atopiques, comme l'asthme et la rhinite allergique.

ÉVALUATION

Les antécédents d'allergies sont utiles pour le diagnostic et le traitement des troubles allergiques. L'utilisation d'une feuille d'évaluation uniformisée (encadré 49-1) facilite la collecte et la présentation de ces antécédents.

On doit noter l'intensité des malaises causés par les symptômes d'allergie ainsi que les effets des traitements sur les symptômes. On doit également noter le siège des symptômes et le temps écoulé entre l'apparition des symptômes et l'exposition aux allergènes.

EXAMENS DIAGNOSTIQUES

L'évaluation du patient souffrant d'allergies comprend généralement des analyses sanguines, des frottis de sécrétions corporelles, des tests cutanés et le test RAST (Radioallergosorbent Test).

Les résultats des analyses sanguines corroborent les autres données, mais ils ne constituent pas le critère principal de diagnostic. Voici les épreuves que l'on peut effectuer dans le cadre de l'évaluation diagnostique :

Numération globulaire et formule leucocytaire

Chez le patient atteint de troubles allergiques, le nombre de globules blancs est généralement normal, sauf en période de crise. Les granulocytes éosinophiles (l'une des trois variétés de granulocytes) représentent normalement de 1 à 3 % du

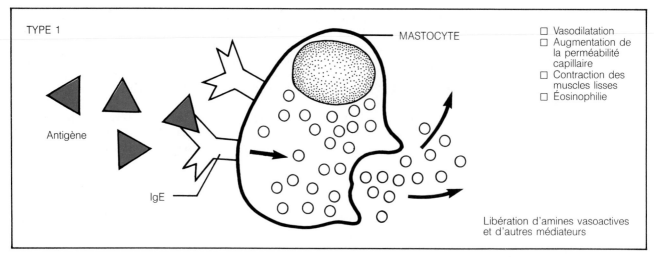

Réaction
Immédiate

Physiopathologie
Les anticorps IgE se fixent sur certaines cellules et se lient aux antigènes pour provoquer la libération d'amines vaso-actives et d'autres médiateurs, ce qui cause une vasodilatation, une augmentation de la perméabilité capillaire, une contraction des muscles lisses et une éosinophilie.

Manifestations
Générales : œdème de Quincke, hypo-tension, spasmes bronchiques, gastro-intestinaux ou utérins, stridor
Locales : urticaire

Exemples cliniques
Asthme extrinsèque, rhinite allergique saisonnière, anaphylaxie, réactions aux piqûres d'insectes, réactions alimentai-res et médicamenteuses, urticaire, eczéma infantile

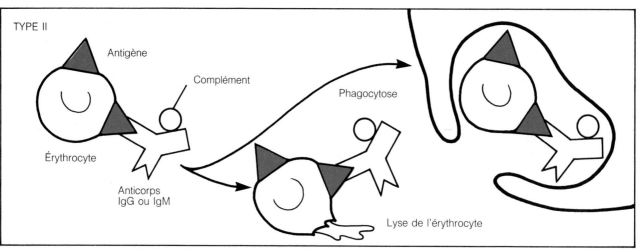

Réaction
Cytotoxique

Physiopathologie
Les anticorps IgG ou IgM se lient aux antigènes cellulaires ou exogènes. Cette liaison peut entraîner l'activation du complément jusqu'à la composante C3 ainsi que la phagocytose ou l'opso-nisation de la cellule ; elle peut aussi provoquer l'activation de toutes les composantes du complément de même qu'une cytolyse ou des lésions tissulaires.

Manifestations
Elles varient selon la maladie et peu-vent comprendre la dyspnée, l'hémoptysie et la fièvre.

Exemples cliniques
Syndrome de Goodpasture, anémie hémolytique auto-immune, thrombo-pénie, pemphigus, pemphigoïdes, anémie pernicieuse, rejet de greffon (greffe rénale), réactions transfusion-nelles, maladie hémolytique du nouveau-né, certaines réactions médi-camenteuses

Figure 49-2. Les quatre types de réactions d'hypersensibilité
(Source : Nurse's Clinical Library, *Immune Disorders*, Copyright 1985, Springhouse Corp.)

nombre total de globules blancs. Un pourcentage de 5 à 15 % peut témoigner d'une réaction allergique.

Éosinophilie modérée : Chez les patients atteints de troubles aller-giques, de même que chez ceux qui présentent une tumeur maligne, une immunodéficience, une infection parasitaire, une dialyse péritonéale ou une cardiopathie congénitale, le pourcentage des éosinophiles peut se situer entre 15 et 40 %.

Éosinophilie grave : Chez les patients atteints d'hyperéosinophilie idiopathique, les granulocytes éosinophiles représentent entre 50 et 90 % des leucocytes.

Numération des éosinophiles

Pour obtenir la numération exacte des éosinophiles, on utilise des liquides de dilution spéciaux qui provoquent l'hémolyse des érythrocytes et colorent les éosinophiles.

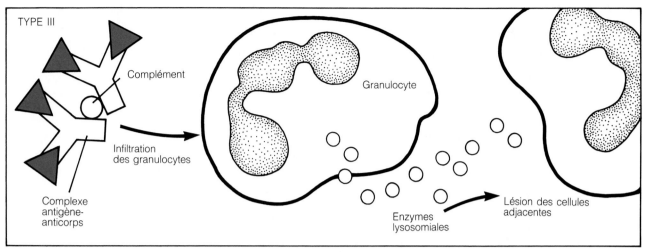

Réaction
Par complexes immuns

Physiopathologie
Des complexes antigène-IgG ou antigène-IgM se déposent dans les tissus où ils activent le complément. Cette réaction se caractérise par une infiltration de granulocytes et par la libération dans les tissus d'enzymes protéolytiques lysosomiales et de facteurs de perméabilité. Il en résulte une réaction inflammatoire aiguë.

Manifestations
Urticaire, éruption multiforme, scarlatiniforme ou morbilliforme, adénopathie, douleurs articulaires, fièvre

Exemples cliniques
Généraux: maladie du sérum causée par l'administration de sérum ou de médicaments, ou par l'antigène de l'hépatite virale, glomérulonéphrite aiguë, lupus érythémateux disséminé, polyarthrite rhumatoïde, polyartérite, cryoglobulinémie
Locaux: phénomène d'Arthus

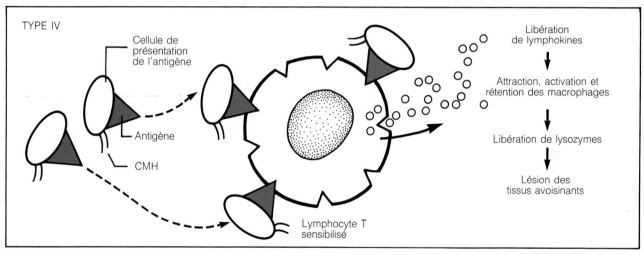

Réaction
Retardée

Physiopathologie
Une cellule de présentation de l'antigène amène l'antigène aux lymphocytes T en présence du CMH. Les lymphocytes T sensibilisés libèrent alors des lymphokines qui stimulent les macrophages. Des lysozymes sont libérés et les tissus avoisinants sont lésés.

Manifestations
Elles varient selon la maladie et peuvent comprendre de la fièvre, un érythème et des démangeaisons.

Exemples cliniques
Dermite de contact, réaction du greffon contre l'hôte, rejet d'allogreffe, granulomes causés par la présence de microorganismes intracellulaires, certaines allergies médicamenteuses, maladie d'Hashimoto, tuberculose, sarcoïdose

Figure 49-2. (suite)

Recherche d'éosinophiles

Lors des crises symptomatiques, les sécrétions nasales, les sécrétions conjonctivales et les expectorations des patients atopiques contiennent généralement des éosinophiles.

Concentration sérique totale des IgE

L'augmentation de la concentration sérique totale des IgE confirme le diagnostic d'allergie atopique. Une concentration normale d'IgE n'exclut toutefois pas le diagnostic. D'autres examens diagnostiques sont plus sensibles: le test PRIST (Paper Radioimmunosorbent Test), et la technique ELISA (titrage avec un immunoabsorbant lié à une enzyme). Il existe sur le marché des trousses de dosage des IgE. Voici les cas où il est indiqué de doser les IgE:

- immunodéficience
- réaction médicamenteuse

Encadré 49-1
Feuille d'évaluation de l'allergie

Nom _____ Âge _____ Sexe _____ Date _____

I.   Plainte principale: _____

II.   Pathologie: _____

III. Symptômes d'allergie: _____

    Yeux: Prurit _____   Brûlement _____   Larmoiements _____

                       Œdème_____   Injectés de sang _____   Écoulements _____

    Oreilles: Prurit _____   Plénitude_____   Claquements _____

                       Infections fréquentes _____

    Nez: Éternuements _____   Rhinorrhée _____   Obstruction _____

                       Prurit _____   Respiration par la bouche _____

                       Écoulement purulent _____

    Gorge: Sensibilité _____   Écoulements dans l'arrière-gorge _____

                       Prurit _____ Accumulation de mucus au lever _____

    Thorax: Toux _____   Douleur _____   Wheezing _____

                       Expectorations _____   Dyspnée _____

                       Coloration _____   Au repos _____

                       Quantité _____   À l'effort _____

    Peau: Dermite _____   Eczéma _____   Urticaire _____

IV.   Antécédents familiaux _____

V.   Tests d'allergie et traitements subis antérieurement: _____

    Tests cutanés antérieurs: _____

    Médicaments: Antihistaminiques   Amélioration _____   Aucune amélioration _____

                Bronchodilatateurs   Amélioration _____   Aucune amélioration _____

                Gouttes nasales   Amélioration _____   Aucune amélioration _____

                Hyposensibilisation   Amélioration _____   Aucune amélioration _____

                  Durée _____

                  Antigènes _____

                  Réactions _____

                Antibiotiques   Amélioration _____   Aucune amélioration _____

                Stéroïdes   Amélioration _____   Aucune amélioration _____

VI.   Agents physiques et habitudes: _____

                                           Agents incommodants:

Tabac pendant _____ ans   Alcool _____   Climatisation _____

Cigarettes _____ paquets/jour   Chaleur _____   Temps lourd _____

Cigares _____ par jour   Froid _____   Changements climatiques _____

Pipes _____ par jour   Parfums _____   Produits chimiques _____

N'a jamais fumé _____   Peintures _____   Laque pour cheveux _____

Incommodé par la fumée _____   Insecticides _____   Journaux _____

                                        Cosmétiques _____

VII. Circonstances de l'apparition des symptômes: _____

    Moment et circonstances de la 1ère crise: _____

    État de santé antérieur: _____

    Évolution de la maladie au cours des dernières décennies: aggravation _____ régression _____

    Période de l'année: _____ Dates exactes: _____

        Symptômes constants _____

        Symptômes saisonniers _____

        Exacerbation saisonnière _____

    Variations mensuelles (menstruations, activités): _____

    Moment de la semaine (semaine ou fin de semaine): _____

    Heure du jour ou de la nuit: _____

    Après piqûre d'insecte: _____

VIII. Lieu de résidence:

    Lieu de résidence au moment de la première crise: _____

    Résidence depuis la première apparition: _____

    Effets des vacances ou des changements géographiques importants: _____

Encadré 49-1 (suite)

Symptômes moins prononcés à l'intérieur ou à l'extérieur: _____

Effets de l'école ou du travail: _____

Effets d'un séjour non loin du lieu de résidence: _____

Effets d'une hospitalisation: _____

Effets de milieux précis: _____

Les symptômes se manifestent-ils à proximité: _____

de feuilles mortes _____ de foin _____ de la rive d'un lac _____

d'une grange _____ de la résidence d'été _____ d'un sous-sol humide _____

d'un grenier sec _____ d'une pelouse fraîchement coupée _____ d'animaux _____ autres _____

Les symptômes se produisent-ils après ingestion:

de fromage _____ de champignons _____ de bière _____ de melon _____

de bananes _____ de poisson _____ de noix _____ d'agrumes _____

d'autres aliments (préciser) _____

Lieu de résidence: à la ville _____ en milieu rural _____

maison _____ âge de la maison _____

appartement _____ sous-sol _____ taux d'humidité _____

air sec _____ système de chauffage

animaux domestiques (depuis combien de temps) _____ chien _____ chat _____ autres _____

Chambre à coucher:	Type	Âge	*Salle de séjour:*	Type	Âge
Oreiller	_____	_____	Moquette	_____	_____
Matelas	_____	_____	Tapis	_____	_____
Couvertures	_____	_____	Ameublement	_____	_____
Édredon	_____	_____			
Ameublement	_____	_____			

Endroits de la maison où les symptômes sont plus prononcés: _____

IX. Qu'est-ce qui aggrave les symptômes (selon le patient)? _____

X. Dans quelles circonstances les symptômes disparaissent-ils? _____

XI. Résumé et autres observations: _____

(Source: R. Patterson, *Allergic Diseases*, Philadelphia, J. B. Lippincott)

- dépistage de l'aspergillose bronchopulmonaire allergique
- allergie chez un enfant atteint de bronchiolite
- différenciation de l'eczéma atopique de l'eczéma non atopique
- différenciation de l'asthme et de la rhinite atopiques de l'asthme et la rhinite non atopiques.

Tests cutanés

Les tests cutanés consistent à inoculer simultanément différents extraits d'allergènes par voie intradermique (voie cutanée superficielle). On utilise des allergènes susceptibles de contribuer aux troubles allergiques du patient. La signification clinique des réactions positives (papule œdémateuse et érythème) dépend de la corrélation avec les antécédents du patient, les données de l'examen physique et les épreuves de laboratoire.

Les tests cutanés ajoutent aux antécédents du patient; ils peuvent indiquer les antigènes les plus susceptibles de provoquer des symptômes et permettre d'évaluer la gravité de la sensibilisation.

Dans le cas où l'allergène en cause est le pollen, la dose a de l'importance. La plupart des patients sont sensibles à plusieurs sortes de pollen et une réaction négative ne signifie pas nécessairement une absence d'allergie. La réaction est toutefois positive dans la majorité des cas. Le pollen d'ambrosie (herbe à poux) semble être l'allergène le plus puissant.

Si l'on doute de la validité des tests cutanés, on peut faire un test RAST ou un test de provocation. Le test de provocation consiste à mettre l'antigène suspect en contact avec le tissu sensible (par exemple la conjonctive, la muqueuse nasale ou bronchique, ou les voies digestives). On observe ensuite la réaction.

Les tests cutanés sont indiqués quand on pense que les manifestations allergiques proviennent d'un allergène précis. On doit toutefois prendre certaines précautions:

- Il ne faut pas faire les tests pendant une période de bronchospasme.
- On fait d'abord les tests épicutanés (par scarification ou par piqûre) de façon à déterminer la sensibilité du patient sans provoquer une réaction généralisée.
- On doit avoir à sa disposition du matériel d'urgence pour traiter le cas échéant une réaction anaphylactique (voir page 1505).
- Les tests cutanés peuvent se faire de trois façons: par piqûre (prick-test), par scarification et par injection intradermique, (intradermoréaction) (figure 49-3). On fait le test par injection intradermique, après les tests par piqûre ou par scarification, avec les allergènes qui n'ont pas provoqué de réaction positive. Comme ce dernier test provoque une réaction plus forte, les allergènes qui ont provoqué une réaction lors des premiers tests pourraient entraîner une réaction généralisée. Le dos est la partie du corps qui convient le mieux aux tests cutanés, à cause de sa grande surface.

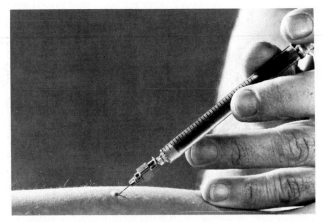

Figure 49-3. Test cutané par injection intradermique (intradermoréaction). Il faut d'abord nettoyer la peau à l'alcool ou à l'éther. On fait les injections sur la face antérieure de l'avant-bras et la face externe du haut du bras, sans toucher la fosse antécubitale. On doit limiter le nombre des injections à dix ou vingt tout au plus.

(Source : Hollister-Stier Laboratories)

Interprétation des résultats des tests cutanés.

Pour interpréter correctement les résultats des tests cutanés, il importe de bien connaître le système de notation choisi et de l'appliquer de façon constante. On doit mentionner le système utilisé sur les feuilles de résultats. Une réaction positive (apparition d'une papule œdémateuse (figure 49-4) ou d'un érythème localisé) dans la région de l'inoculation ou du contact, indique une sensibilité à l'allergène correspondant.

On peut obtenir des résultats faussement négatifs si on utilise une technique incorrecte, si on administre des extraits d'allergènes périmés ou si le patient a pris avant les tests des médicaments qui inhibent la réaction cutanée (corticostéroïdes ou antihistaminiques); le patient doit donc éviter de prendre ces médicaments au cours des 48 à 96 heures précédant les tests, selon la durée d'action du médicament. On peut obtenir des résultats faussement positifs si les extraits sont préparés ou administrés de façon incorrecte.

L'interprétation des résultats doit se faire en fonction des antécédents du patient, de l'examen physique et des résultats de laboratoire. Voici quelques règles de base :

1. Les tests cutanés sont plus fiables chez les patients atteints d'une rhinite allergique que chez les asthmatiques.
2. Les allergènes alimentaires donnent très souvent une réaction positive.
3. Les tests cutanés sont peu utiles pour diagnostiquer une hypersensibilité immédiate aux médicaments, car ce sont généralement les métabolites des médicaments, et non pas les médicaments eux-mêmes qui causent la réaction.

Tests de provocation

Les tests de provocation consistent à appliquer un allergène directement sur la muqueuse respiratoire et à observer la réaction qu'il provoque. Ces tests sont utiles pour déterminer les allergènes qui ont de l'importance sur le plan clinique chez les patients qui présentent un grand nombre de réactions positives. Les tests de provocation comportent toutefois deux inconvénients majeurs : on ne peut utiliser qu'un seul allergène à la fois et ils peuvent provoquer des symptômes graves, surtout un bronchospasme, chez les patients asthmatiques.

Test RAST (recherche des IgE sériques spécifiques)

Le test RAST est une méthode radio-immunologique qui permet de dépister les IgE spécifiques d'un allergène donné. Il consiste à mettre un échantillon de sérum du patient en présence de divers allergènes radiomarqués. Si des IgE sont présents, ils se combineront avec les allergènes. Après centrifugation, on décèle par essai radio-immunologique les IgE combinés. On compare ensuite les résultats obtenus avec les valeurs témoins. En plus de permettre le dépistage des allergènes, le test RAST indique la quantité d'allergène nécessaire pour provoquer une réaction allergique. On note les résultats sur une échelle de 0 à 5 +. Un résultat égal ou supérieur à 2 + est considéré comme significatif. Les principaux avantages du

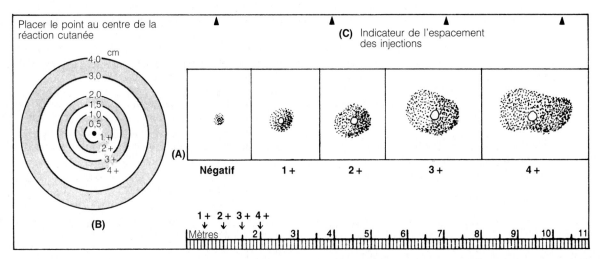

Figure 49-4. Évaluation des papules. (**A**) Dimension des papules et notation correspondante (1 +, 2 +, etc.). La case de gauche illustre une réaction négative. (**B**) On peut calquer le disque de mesure sur du papier transparent (acétate ou film de radiographie) et le placer sur la papule afin de la mesurer en centimètres ou selon la méthode des plus. Pour convertir en centimètres les valeurs en plus, on se sert de l'échelle métrique au bas de la figure. (**C**) On utilise l'indicateur d'espacement pour espacer régulièrement les injections.

(Source : *Patient Care*, 15 sept. 1973. Copyright © 1973, Patient Care Corp, Darien, Ct. Tous droits réservés)

test RAST sont les suivants: (1) absence de risque de réaction généralisée; (2) stabilité des antigènes et (3) absence d'interaction médicamenteuse. Il comporte toutefois d'importants inconvénients: (1) le choix des allergènes est limité; (2) sa sensibilité est moins grande que celle des tests cutanés intradermiques; (3) les résultats ne sont pas connus immédiatement et (4) la technique est coûteuse.

RHUME DES FOINS (RHINITE ALLERGIQUE SAISONNIÈRE)

Le rhume des foins est la forme d'allergie respiratoire la plus fréquente. On croit qu'il est dû à une réaction immunitaire. En Amérique du Nord, il touche entre 8 et 10 % de la population (20 à 30 % des adolescents). S'il n'est pas traité, il peut entraîner de nombreuses complications, dont l'asthme allergique, l'obstruction nasale chronique, l'otite moyenne chronique avec perte de l'audition, l'anosmie (perte du sens de l'odorat) et, chez les enfants, des déformations buccofaciales. Il est donc très important de le diagnostiquer dès ses premiers stades et d'administrer le traitement qui convient.

Le rhume des foins est induit par des pollens transportés par le vent et se manifeste à différentes saisons selon le pollen en cause:

Début du printemps: pollen d'arbres (chêne, orme, peuplier)
Début de l'été: pollen des herbages cultivés (fléole des prés, cynodon)
Début de l'automne: pollen de mauvaises herbes (ambrosie ou herbe à poux)

Les crises commencent et se terminent à peu près à la même période tous les ans. Parfois, le rhume des foins est dû aux spores fongiques transportées par le vent. Ces spores ont besoin de chaleur et d'humidité. Elles apparaissent généralement au début du printemps, sont très abondantes durant l'été, et disparaissent progressivement aux premiers gels.

Physiopathologie

L'organisme est d'abord sensibilisé par l'inhalation d'un antigène. Quand il est ensuite exposé de nouveau à cet antigène, on observe un ralentissement de l'action des cils dans la muqueuse nasale, un œdème et une infiltration de leucocytes, plus particulièrement de granulocytes éosinophiles. L'histamine est le médiateur principal des réactions allergiques de la muqueuse nasale. L'oedème tissulaire provient de la vasodilatation et de l'augmentation de la perméabilité des capillaires.

Manifestations cliniques

Les symptômes caractéristiques de la rhinite allergique sont une congestion nasale accompagnée d'écoulements séreux clairs, d'éternuements intermittents et de démangeaisons. Les démangeaisons dans la gorge et le palais mou sont également fréquentes. À cause de l'écoulement des sécrétions nasales dans le pharynx, on observera une toux sèche ou un enrouement. Le rhume des foins peut aussi s'accompagner de céphalées, d'une douleur sinusale et d'une épistaxis.

Examens diagnostiques

Dans la plupart des cas, il importe de diagnostiquer le rhume des foins dès ses débuts en se fondant sur les antécédents du patient et un examen physique. Le diagnostic peut exiger les épreuves suivantes: frottis nasal, hémogramme, taux sérique total d'IgE, examen des phanères, tests cutanés, tests de provocation, test RAST. Pour exclure les allergies alimentaires, on effectuera des tests de provocation par des allergènes alimentaires.

Traitement

Le traitement vise à soulager les symptômes incommodants et peut comprendre une ou plusieurs des interventions suivantes: élimination des allergènes, pharmacothérapie ou immunothérapie. On doit renforcer les recommandations données verbalement par des renseignements écrits. L'infirmière doit posséder des notions de base sur l'évaluation et le traitement des allergies, car elle est appelée à jouer un rôle actif dans le traitement des allergies et l'enseignement aux personnes qui en souffrent.

Élimination des allergènes

Ce traitement consiste à éviter l'exposition à l'allergène en cause. On peut souvent atténuer efficacement les symptômes par des mesures simples et une modification de l'environnement. On peut par exemple utiliser un climatiseur, un purificateur d'air ainsi qu'un humidificateur ou un déshumidificateur et éviter l'exposition à la fumée de cigarette.

Pharmacothérapie

Antihistaminiques. Les antihistaminiques utilisés contre les allergies sont des inhibiteurs des récepteurs H_1 de l'histamine. Voir le tableau 49-2 pour la classification des antihistaminiques, leurs effets secondaires ainsi que les soins infirmiers s'y rapportant. Les antihistaminiques administrés par voie orale sont absorbés rapidement. Ils sont plus efficaces quand on les prend dès l'apparition des symptômes, car ils préviennent alors l'apparition de nouveaux symptômes en inhibant la libération de l'histamine. Actuellement, ils ne sont efficaces que pour le rhume des foins, la rhinite vasomotrice, l'urticaire et l'asthme léger. Ils sont rarement efficaces dans les cas graves. Ils sont les médicaments les plus souvent prescrits pour soulager les symptômes du rhume des foins. Leur principal effet secondaire est la somnolence. Ils peuvent aussi entraîner de la nervosité, une sécheresse de la bouche, des palpitations, de l'anorexie, des nausées et des vomissements. Il existe de nouveaux médicaments antihistaminiques qui ne traversent pas la barrière hémato-encéphalique (terfénadine) et provoquent donc une plus faible sédation.

Adrénergiques. Les décongestionnants adrénergiques, qui provoquent une vasoconstriction des muqueuses, sont administrés de façon topique ou par voie orale. L'application topique entraîne moins d'effets secondaires que l'administration orale. Les adrénergiques topiques sous forme de gouttes et en vaporisateur nasaux ne sont cependant recommandés que pour une utilisation de quelques jours afin d'éviter une congestion réactionnelle. Les décongestionnants adrénergiques activent les récepteurs alpha-adrénergiques des fibres lisses des vaisseaux de la muqueuse nasale et réduisent ainsi l'irrigation sanguine locale, l'exsudation liquide et l'oedème. Leurs principaux effets secondaires sont l'hypertension, les arythmies,

TABLEAU 49-2. *Classification chimique des antihistaminiques anti-H₁*

Classification et exemples	Principaux effets secondaires	Soins infirmiers
1. Éthanolamines P. ex.: diphénhydramine (Benadryl)	A) Somnolence, confusion	A) Recommander au patient d'éviter de prendre de l'alcool et de conduire un véhicule ou de faire fonctionner une machine jusqu'à ce que la réaction de son système nerveux central au traitement soit établie.
	B) Sécheresse de la bouche, nausée, vomissements	B) Pour soulager la sécheresse de la bouche, lui conseiller de sucer des friandises ou des morceaux de glace.
	C) Photosensibilité	C) Lui recommander d'utiliser un filtre solaire et de porter un chapeau à l'extérieur.
	D) Rétention urinaire	D) Rechercher les signes de rétention urinaire et mesurer régulièrement le débit urinaire.
2. Pipérazines P. ex.: hydroxyzine (Atarax)	A) Réduction de la vigilance, somnolence	A) Recommander au patient d'éviter de prendre de l'alcool et de conduire un véhicule ou de faire fonctionner une machine jusqu'à ce que la réaction de son système nerveux central au traitement soit établie.
	B) Sécheresse de la bouche	B) Pour soulager la sécheresse de la bouche, lui proposer de sucer des friandises ou des morceaux de glace.
3. Alkylamines P. ex.: chlorphéniramine (Chlor-trimeton)	A) Dépression du système nerveux central moins importante que pour les autres groupes; meilleur choix pour usage diurne	A) Recommander au patient d'éviter de prendre de l'alcool et de conduire un véhicule ou de faire fonctionner une machine jusqu'à ce que la réaction de son système nerveux central au traitement soit établie.
4. Éthylènédiamines P. ex.: tripélennamine (PBZ)	A) Irritation des voies gastro-intestinales	A) Recommander au patient de prendre le médicament avec de la nourriture ou du lait de façon à réduire les troubles gastro-intestinaux. Recommander au patient de boire beaucoup de liquide.
	B) Somnolence	B) Recommander au patient d'éviter de prendre de l'alcool et de conduire un véhicule ou de faire fonctionner une machine jusqu'à ce que la réaction de son système nerveux central au traitement soit établie.
	C) Palpitations	C) Recommander au patient de s'asseoir et de se détendre quelques instants avant d'entreprendre une activité.
5. Phénothiazines P. ex.: prométhazine (Phenergan)	A) Sédation et somnolence marquées	A) Recommander au patient d'éviter de prendre de l'alcool et de conduire un véhicule ou de faire fonctionner une machine jusqu'à ce que la réaction de son système nerveux central au traitement soit établie.
	B) Congestion nasale	B) Recommander l'utilisation d'un humidificateur à la maison.
	C) Hypotension	C) Conseiller au patient de passer lentement de la position assise à la position debout.

les palpitations, la stimulation du système nerveux central, l'irritabilité, les tremblements et la tachyphylaxie (épuisement de l'effet thérapeutique).

Voici quelques exemples de décongestionnants adrénergiques ainsi que leur voie d'administration:

- chlorhydrate de pseudoéphédrine (Sudafed): voie orale
- chlorhydrate de phényléphrine (Neo-Synephrine): administration locale
- chlorhydrate de phénylpropanolamine (Propagest): voie orale
- chlorhydrate de naphazoline (Privine): administration locale

Cromoglycate disodique. Le cromoglycate disodique (Nasalcrom) est un médicament à vaporiser qui stabilise la membrane des mastocytes, inhibant ainsi la libération des médiateurs. On l'utilise à titre prophylactique avant une exposition à des allergènes ou à titre thérapeutique pour traiter la rhinite allergique chronique. Ses effets secondaires sont généralement légers (éternuements et sensation localisée de picotement et de brûlure).

Corticostéroïdes. Les corticostéroïdes topiques sont indiqués dans les cas plus graves de rhinite allergique. Les plus récents de ces médicaments (comme Vancenase et Nasalide), sont des agents très puissants qui sont métabolisés rapidement. Il est important d'expliquer au patient que les corticostéroïdes mettent parfois jusqu'à deux semaines pour agir pleinement. On utilise les corticostéroïdes par voie parentérale quand le traitement habituel échoue et que les symptômes sont graves et de courte durée.

Le patient qui reçoit des corticostéroïdes doit savoir qu'il ne doit pas arrêter brusquement son traitement. On doit également l'informer sur les effets secondaires des corticostéroïdes:

rétention liquidienne, gain pondéral, hypertension, irritation gastrique, intolérance au glucose et suppression de l'activité surrénalienne.

Immunothérapie (désensibilisation)

L'immunothérapie n'est indiquée que si l'hypersensibilité est due à des allergènes spécifiques que le patient ne peut éviter (poussière de maison, pollen). Elle vise à réduire le taux des IgE circulantes, à augmenter la concentration des IgG bloquantes et à réduire la sensibilité des cellules qui libèrent les médiateurs. Elle est surtout efficace contre le pollen de l'herbe à poux, mais elle donne également de bons résultats contre l'herbe, le pollen d'arbres, le poil de chat et la poussière.

Si on obtient un résultat positif au test cutané pour un allergène donné, que ce résultat concorde avec les antécédents du patient et que l'allergène ne peut être évité, l'immunothérapie est indiquée. L'efficacité de l'immunothérapie est assez bien établie dans les cas de rhume des foins et d'asthme bronchique dus à une sensibilité à l'un des pollens ou des spores courants ou à la poussière de maison. Même si on dit qu'il s'agit d'une «désensibilisation», ses effets seraient plutôt attribuables à une immunisation, car l'immunothérapie semble plutôt stimuler la production d'un nouvel anticorps capable de neutraliser l'allergène en cause.

Même si elle est efficace dans la plupart des cas, l'immunothérapie ne guérit pas l'atopie. Avant de commencer le traitement, le médecin doit donc expliquer au patient les résultats qu'il peut en attendre et les raisons pour lesquelles il faut le poursuivre pendant plusieurs années. Si on procède à des tests cutanés, on doit mettre les résultats en corrélation avec les manifestations cliniques; le traitement est fondé sur les besoins du patient plutôt que sur les résultats des tests cutanés.

L'immunothérapie consiste le plus souvent à injecter de façon répétée un ou plusieurs antigènes choisis en fonction des tests cutanés. Le traitement spécifique consiste à injecter des extraits du pollen ou de la spore fongique qui est à l'origine des symptômes. Les doses injectées sont d'abord très faibles; on les augmente progressivement, généralement à intervalles d'une semaine, jusqu'à la dose maximale tolérée. On procède ensuite à des injections de rappel toutes les deux à quatre semaines, souvent pendant plusieurs années.

Les injections peuvent être faites pendant la saison, avant la saison ou de façon continue tout au cours de l'année. On a de moins en moins recours à la méthode «pendant la saison» car elle est peu efficace et comporte des risques de réaction généralisée. Le *traitement avant la saison* consiste à commencer les injections deux ou trois mois avant l'apparition des symptômes, ce qui laisse à l'organisme le temps de se désensibiliser. On l'interrompt au début de la saison où les symptômes apparaissent normalement. Selon la méthode continue, on procède généralement à des injections mensuelles tout au cours de l'année. Il s'agit de la méthode le plus souvent utilisée car elle est la plus efficace et ses résultats sont plus durables.

Précautions: Comme l'injection d'un allergène peut entraîner une réaction généralisée, elle doit se faire dans le cabinet du médecin, où de l'épinéphrine est en tout temps disponible. Le patient doit rester dans le cabinet du médecin pendant au moins 30 minutes après l'injection. Si un œdème important apparaît au point d'injection, on ne doit pas augmenter la dose suivante car l'œdème peut présager une réaction généralisée.

On peut conclure à l'échec du traitement si celui-ci n'entraîne *pas* (1) une régression des symptômes dans les 12 à 24 mois, (2) une meilleure tolérance aux antigènes connus et (3) une diminution de la prise des médicaments destinés à soulager les symptômes. Les causes possibles de l'échec du traitement sont: un diagnostic erroné, un dosage inadéquat de l'allergène, l'apparition d'une nouvelle allergie et l'absence de modification des facteurs environnementaux.

▶ DÉMARCHE DE SOINS INFIRMIERS: PATIENTS ATTEINTS DU RHUME DES FOINS

▷ Collecte des données

L'examen physique et les antécédents du patient révèlent des éternuements, souvent paroxystiques, un écoulement nasal séreux, des démangeaisons des yeux et du nez, un larmoiement et parfois des céphalées. Il faut aussi noter les antécédents personnels ou familiaux d'allergie. La collecte des données permet de préciser la nature des antigènes, le caractère saisonnier des symptômes et les médicaments pris pour soulager les symptômes. L'infirmière doit aussi demander au patient comment il se sent juste avant l'apparition des symptômes, par exemple s'il a des démangeaisons, des troubles respiratoires ou des sensations de picotement. Elle doit également noter les symptômes suivants: enrouement, wheezing, urticaire, éruption transitoire, érythème, œdème. Elle doit enfin chercher à savoir si le déclenchement des symptômes est relié à un stress émotionnel ou à des problèmes affectifs.

▷ Analyse et interprétation des données

Selon les données recueillies, voici les principaux diagnostics infirmiers possibles:

- Mode de respiration inefficace relié à la réaction allergique
- Manque de connaissances sur l'allergie et les modifications à apporter au mode de vie et aux soins personnels
- Incapacité de s'adapter à un changement de l'état de santé reliée à la nature chronique de l'affection et à la nécessité de modifier les facteurs environnementaux

▷ Planification et exécution

▷ *Objectifs de soins:* Rétablissement du mode de respiration normal; acquisition de connaissances sur les causes et les méthodes de soulagement des symptômes allergiques; adaptation au changement dans l'état de santé

▷ Interventions infirmières

▷ *Rétablissement du mode de respiration normal.* L'infirmière enseigne au patient comment modifier son milieu de façon à réduire la gravité des symptômes ou à en prévenir l'apparition. Elle lui recommande aussi d'éviter les contacts avec des personnes souffrant d'une infection des voies respiratoires supérieures afin de maintenir un mode de respiration normal. Si le patient contracte une infection des voies respiratoires, il faut lui recommander de faire souvent des exercices de respiration profonde et de toux pour favoriser les échanges gazeux et prévenir l'atélectasie. Il faut aussi lui conseiller de consulter son médecin, car une infection des voies respiratoires qui se rajoute à des symptômes d'allergie peut altérer la fonction pulmonaire. Enfin, l'infirmière lui rappelle régulièrement l'importance de se conformer à son programme thérapeutique.

▷ *Acquisition de connaissances sur l'allergie et les méthodes de soulagement des symptômes.*   L'enseignement au patient doit porter sur les mesures pouvant réduire l'exposition aux allergènes, sur les techniques de désensibilisation et sur l'utilisation des médicaments.

On peut enseigner au besoin d'autres méthodes de soulagement des symptômes en se basant sur les résultats des tests, la gravité des symptômes et la motivation du patient et de sa famille. Voici quelques suggestions générales pour les personnes allergiques :

Les personnes sensibles à la poussière doivent prendre les mesures suivantes pour réduire la poussière :

1. Dans la chambre à coucher :
   a) Retirer les tentures, les rideaux et les stores vénitiens et les remplacer par des stores qui s'enroulent.
   b) Retirer les tapis ; laver le plancher et les boiseries, puis passer l'aspirateur tous les jours. Les planchers en bois ou en linoléum sont préférables aux moquettes.
   c) Remplacer les meubles rembourrés par des meubles en bois qu'on peut épousseter facilement.
   d) Éviter les couvre-lits rembourrés, les jouets en peluche et les oreillers de plume. Utiliser de la literie en coton facile à laver.
   e) Recouvrir le matelas d'une enveloppe hypoallergène bien ajustée et maintenue en place par une fermeture éclair.
   f) Éviter les tissus qui provoquent des démangeaisons.
2. Dans l'ensemble de la maison :
   a) Installer un chauffage à la vapeur ou à l'eau chaude plutôt qu'à air chaud.
   b) Installer un purificateur d'air ou un climatiseur.
   c) Porter un masque pendant les travaux de nettoyage.
   Le patient sensible au pollen ou aux spores fongiques doit :
   a) Déterminer les périodes de l'année où le pollen est le plus abondant et éviter de s'y exposer durant ces périodes.
   b) Se tenir loin des granges, des mauvaises herbes, des feuilles mortes et de l'herbe fraîchement coupée.
   c) Porter un masque quand le pollen est abondant (les jours de grand vent par exemple).
   d) Au plus fort de la saison, se tenir le plus possible dans des endroits climatisés.
   e) Prendre les antihistaminiques selon l'ordonnance.
   f) Éviter les produits en aérosol et les parfums ; utiliser des produits de beauté hypoallergènes.

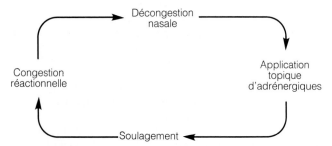

Figure 49-5. Rhinite médicamenteuse. Schéma du cercle vicieux créé par une surconsommation d'adrénergiques en vaporisateur ou en gouttes nasales.

Le patient allergique aux aliments doit déterminer les aliments qui semblent associés à ses allergies et les éviter pendant un certain temps. Par expérience, le patient en vient à connaître les aliments à éviter (par exemple le poisson, les noix, les œufs et le chocolat).

Si le patient doit suivre un traitement de désensibilisation, l'infirmière revoit avec lui les explications du médecin sur les objectifs du traitement et la méthode utilisée. Celui-ci doit se présenter au cabinet du médecin pour recevoir ses injections, généralement toutes les deux ou quatre semaines. Il doit rester dans le cabinet du médecin pendant au moins 30 minutes après l'injection, éviter de frotter ou de gratter le point d'injection, et poursuivre les injections pendant la période requise.

Le patient doit non seulement éviter les situations qui déclenchent les symptômes d'allergie, mais aussi comprendre l'action et les effets secondaires de tous les médicaments qui lui sont prescrits pour soulager ses symptômes. Il doit également savoir pourquoi et comment les prendre.

Comme les antihistaminiques entraînent souvent de la somnolence, l'infirmière doit mettre le patient en garde contre cet effet et lui recommander de ne pas faire fonctionner des machines, conduire un véhicule ou effectuer d'autres activités qui exigent une grande vigilance. Elle doit aussi lui recommander d'éviter de prendre de l'alcool, car les antihistaminiques en potentialisent les effets.

Le patient doit savoir qu'une *utilisation excessive* d'adrénergiques en vaporisateur ou en gouttes nasales peut provoquer une affection appelée *rhinite médicamenteuse* (figure 49-5). Il s'agit d'une congestion réactionnelle plus grave que la congestion initiale. Cette congestion incite le patient à utiliser davantage de médicament, ce qui crée un cercle vicieux. Pour corriger ce problème, le patient doit cesser immédiatement de prendre des adrénergiques topiques.

▷ *Adaptation à une maladie chronique.*   Même si les réactions allergiques sont rarement mortelles, elles sont incommodantes et exigent une modification des habitudes de vie ou de l'environnement. Même s'il n'est pas très malade, le patient se sent souvent mal. Il craint toujours l'exposition à des allergènes, ce qui peut l'empêcher de mener une vie normale. Le stress généré par les allergies peut à son tour accroître la fréquence ou la gravité des symptômes.

Pour aider le patient à s'adapter à son état, l'infirmière doit comprendre les difficultés auxquelles il fait face. Elle doit établir un climat de confiance et inciter le patient à exprimer ses sentiments et ses préoccupations, et à élaborer des stratégies d'adaptation efficaces.

▷ *Évaluation*

Résultats escomptés
1. Le patient respire normalement.
   a) Ses poumons sont dégagés à l'auscultation.
   b) Il ne présente pas de bruits adventices (râles fins, ronchus, sibilances).
   c) Sa fréquence respiratoire est normale.
   d) Il ne présente aucun signe de détresse respiratoire (essoufflement, inspiration ou expiration difficile).
2. Le patient a acquis des connaissances sur l'allergie et les méthodes de soulagement.
   a) Il connaît les allergènes qui provoquent ses symptômes, s'ils ont été identifiés.

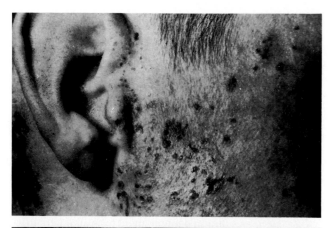

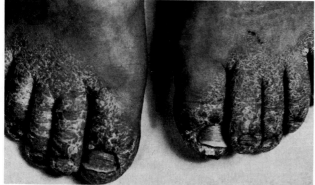

Figure 49-6. Eczéma atopique (l'une des formes de la dermatose allergique)

b) Il est capable d'expliquer comment éviter ces allergènes et comment atténuer les facteurs qui déclenchent les symptômes à la maison et à l'extérieur.

c) Il connaît le nom, le but, les effets secondaires et le mode d'administration des médicaments prescrits.

d) Il sait qu'il doit consulter un médecin s'il fait une réaction allergique grave.

e) Il connaît les activités qu'il peut pratiquer et la façon de s'y adonner sans déclencher une crise d'allergie.

3. Le patient est soulagé et il s'adapte aux inconvénients de son allergie.

a) Il connaît les aspects psychologiques des allergies.

b) Il réduit les sources de poussière dans sa chambre à coucher.

c) Il porte un masque humide quand il est exposé à la poussière ou aux moisissures.

d) Il évite les endroits enfumés et poussiéreux, ainsi que les endroits dans lesquels on vient d'utiliser un aérosol.

e) Il reste dans des endroits climatisés pendant une bonne partie de la journée.

f) Il prend les antihistaminiques selon l'ordonnance et se soumet le cas échéant, à un traitement de désensibilisation.

DERMATOSES ALLERGIQUES

Dermite de contact (eczéma de contact)

La dermite de contact est une affection inflammatoire, souvent eczémateuse, causée par une réaction de la peau à divers produits irritants ou allergènes. Il existe quatre formes principales de dermite de contact : allergique, irritante, phototoxique et photoallergique. Presque toutes les substances peuvent provoquer une dermite de contact et le sumac vénéneux est probablement la mieux connue de ces substances. Les produits cosmétiques, les savons, les détergents et les produits chimiques industriels sont souvent à l'origine d'une dermite. La sensibilité cutanée peut se développer après un contact bref ou prolongé, et les symptômes apparaître quelques heures ou plusieurs semaines après exposition de la peau sensibilisée.

Les symptômes de la dermite de contact sont un prurit, une sensation de brûlure, un érythème, des lésions cutanées (vésicules) et un œdème ; les vésicules peuvent se dessécher ou se rompre, suinter et se couvrir d'une croûte. Dans les cas très graves, des bulles hémorragiques peuvent se constituer. Les réactions répétées peuvent s'accompagner d'un épaississement de la peau et d'une modification de sa pigmentation. Le fait de frotter ou de gratter les lésions peut entraîner une infection bactérienne. De façon générale, le patient ne présente aucun symptôme d'ordre général, sauf si l'éruption est très étendue.

La topographie de l'éruption ainsi que les antécédents d'exposition du patient facilitent parfois le diagnostic. Si l'agent irritant est inconnu ou si le patient n'est pas très observateur, le diagnostic peut être plus difficile. Il faut alors procéder par tâtonnements, parfois pendant longtemps, avant de trouver la cause exacte de la dermite. Les tests cutanés avec les agents susceptibles d'être en cause sont parfois utiles.

Dermite atopique (eczéma constitutionnel)

La dermite atopique (figure 49-6) fait partie des réactions d'hypersensibilité immédiate, comme l'asthme et la rhinite. Le patient a souvent des antécédents familiaux. L'incidence de la dermite atopique est plus élevée chez les nourrissons et les enfants. Dans la plupart des cas, on observe une élévation significative du taux sérique des IgE ainsi qu'une éosinophilie périphérique. Le prurit et l'hyperirritabilité de la peau sont les manifestations les plus caractéristiques de la dermite atopique et sont dues à une importante concentration d'histamine dans la peau. La sécheresse excessive de la peau et le prurit qui en résulte sont reliées à une modification de la teneur en lipides de la peau, à une modification de l'activité des glandes sébacées et à la transpiration. La peau rougit immédiatement quand on la frotte, pâlit 15 à 30 secondes plus tard et reste pâle pendant une à trois minutes. Le grattage exacerbe les lésions, surtout dans les régions très vascularisées et où la transpiration est abondante. La dermite atopique est une affection chronique qui se manifeste par des crises suivies de rémissions. Il faut adapter le traitement aux besoins du patient. Voici quelques mesures générales : (1) pour réduire les démangeaisons et le grattage, porter des vêtements en coton, laver les vêtements avec un détergent doux, humidifier la maison en hiver, maintenir la température ambiante entre 20 et 22 °C, prendre des antihistaminiques comme la diphénhydramine (Benadryl) ou la terfénadine (Seldane) et éviter les contacts avec les animaux, la poussière, les pulvérisations et les parfums ; (2) garder la peau humide par un bain quotidien et l'application d'hydratants ; (3) prévenir l'inflammation par l'application de corticostéroïdes sur la peau ; et (4) traiter les infections par des antibiotiques.

Réactions médicamenteuses (eczéma médicamenteux)

Le terme *eczéma médicamenteux* désigne les éruptions cutanées causées par certains médicaments. En règle générale, différents médicaments peuvent provoquer des éruptions semblables, mais les réactions à un médicament donné peuvent différer d'une personne à une autre.

Dans la plupart des cas, les lésions de l'eczéma médicamenteux apparaissent soudainement, sont de couleur très vive, ont des caractéristiques beaucoup plus marquées que les éruptions analogues d'origine infectieuse et, à l'exception des éruptions provoquées par les bromures et l'iode, disparaissent rapidement après l'arrêt de la prise du médicament. Certains eczémas médicamenteux s'accompagnent de symptômes généralisés. Quand on diagnostique une allergie médicamenteuse, il faut informer le patient qu'il est hypersensible au médicament qui a causé l'allergie et lui recommander de ne plus le prendre.

L'infirmière a un rôle important à jouer à cet égard étant donné que les éruptions causées par un médicament suggèrent une grave hypersensibilité. Elle doit donc dépister rapidement l'éruption pour qu'un traitement soit entrepris sans délai.

Urticaire et œdème de Quincke

L'urticaire est une réaction allergique de la peau qui se caractérise par l'apparition soudaine de papules œdémateuses rosâtres, de forme et de grosseur variées, qui provoquent des démangeaisons et un malaise localisé. L'urticaire peut apparaître sur n'importe quelle partie du corps, y compris les muqueuses (surtout celles de la bouche), le larynx (avec parfois des complications respiratoires graves) et les voies gastro-intestinales. Une crise d'urticaire peut persister de quelques minutes à plusieurs heures. Pendant des heures ou des jours, des lésions groupées peuvent apparaître et disparaître de façon intermittente. Si les éruptions reviennent indéfiniment, on parle d'*urticaire chronique*.

Les infiltrations œdémateuses qui accompagnent *l'œdème de Quincke* touchent les couches profondes de la peau ; elles sont plus diffuses que les lésions de l'urticaire. Dans certains cas, l'œdème peut même s'étendre sur tout le dos. La peau peut avoir un aspect normal, mais elle est généralement rougeâtre. Il ne se forme pas de godet comme dans les cas d'œdème ordinaire. Les régions le plus souvent touchées sont les lèvres, les paupières, les joues, les mains, les pieds, les organes génitaux et la langue. Les muqueuses du larynx, des bronches et des voies gastro-intestinales peuvent également être touchées, surtout dans la forme héréditaire de l'affection. Parfois, l'œdème entraîne la fermeture complète d'un œil. Dans d'autres cas, on observe un œdème de la lèvre si important que le patient ne peut manger, ou un œdème de la main qui empêche de plier les doigts. L'œdème peut apparaître soudainement, en quelques secondes ou en quelques minutes, ou se constituer lentement, sur une période d'une ou deux heures. Dans ce dernier cas, la formation de l'œdème est précédée de démangeaisons ou d'une sensation de brûlure. Le patient présente rarement plus d'une infiltration œdémateuse à la fois, mais il arrive qu'une infiltration se forme au moment où une autre disparaît. De même, les infiltrations se forment rarement plus d'une fois et durent en général de 24 à 36 heures. Dans de rares cas, elles reviennent avec une régularité remarquable toutes les trois ou quatre semaines.

Œdème de Quincke héréditaire

Même s'il ne s'agit pas d'un trouble immunitaire selon l'acception courante, l'œdème de Quincke héréditaire est inclus dans la présente section en raison de sa gravité et de sa ressemblance avec l'œdème de Quincke allergique. Les symptômes sont dus à l'œdème de la peau, des voies respiratoires ou du tube digestif. L'œdème de Quincke héréditaire peut apparaître à la suite d'un traumatisme ou se produire spontanément.

Quand l'organe touché est la peau, l'œdème est généralement diffus. Il y a absence de démangeaisons et d'urticaire. L'œdème du tube digestif peut provoquer des douleurs abdominales suffisamment intenses pour suggérer la nécessité d'une intervention chirurgicale. Quant à l'œdème des voies respiratoires supérieures, il peut être marqué dans la luette et le larynx, et provoquer une suffocation. Enfin, l'œdème laryngé aigu est la manifestation la plus grave de l'œdème de Quincke héréditaire ; il entraîne la mort par asphyxie dans près de 20 % des cas. Les crises durent généralement trois ou quatre jours, pendant lesquels il faut garder le patient en observation pour déceler les signes d'obstruction du larynx pouvant exiger une trachéotomie d'urgence. Le traitement comprend habituellement l'administration d'épinéphrine, d'antihistaminiques et de corticostéroïdes, mais ces médicaments ne donnent que des résultats limités.

ALLERGIES ALIMENTAIRES

On estime que les allergies alimentaires touchent entre 0,1 et 7,0 % de la population. Les symptômes des allergies alimentaires sont les symptômes d'allergie habituels (urticaire, dermite atopique, wheezing, toux, œdème laryngé et œdème de Quincke). On peut aussi observer des manifestations gastro-intestinales (œdème des lèvres, de la langue et du palais ; douleurs abdominales ; nausées ; crampes ; vomissements ; et diarrhée). Presque tous les aliments peuvent provoquer des allergies, mais ceux qui sont le plus souvent en cause sont les noix, les arachides, les œufs, le lait, le soja, le blé et le chocolat. Quand on croit qu'une personne présente une allergie alimentaire, on doit toujours faire un bilan diagnostique détaillé : antécédents d'allergies complets, examen physique et examens diagnostiques. On procède aussi à des tests cutanés et à des tests *in vitro*.

Le traitement des allergies alimentaires consiste à éliminer ou à réduire les aliments en cause. Un traitement médicamenteux est nécessaire quand l'exposition aux aliments allergènes ne peut être évitée ou quand le patient est allergique à plusieurs aliments. On utilise généralement des antihistaminiques anti-H$_1$ et anti-H$_2$, des adrénergiques, des corticostéroïdes et du cromoglycate disodique (non autorisé pour usage oral).

Dans beaucoup de cas, surtout chez les enfants, les allergies alimentaires disparaissent avec le temps. Environ un tiers des allergies confirmées disparaissent après un ou deux ans si le patient évite pendant cette période l'aliment en cause.

MALADIE DU SÉRUM

La maladie du sérum est une réaction d'hypersensibilité par complexes immuns (ou réaction de type III). Auparavant, elle était due à l'administration thérapeutique d'un immunsérum d'origine animale pour le traitement ou la prévention de maladies infectieuses (tétanos, pneumonie, rage, diphtérie et botulisme) ou pour le traitement des morsures de serpents venimeux ou de veuves noires. Toutefois, avec la mise au point des antibiotiques et du sérum antitétanique humain, la vraie maladie du sérum est maintenant peu fréquente. Aujourd'hui, ce sont surtout certains médicaments (principalement la pénicilline) qui provoquent un syndrome identique à celui de la maladie du sérum.

Manifestations cliniques

Les symptômes de la maladie du sérum sont dus à la réaction déclenchée par le sérum ou le médicament en cause. Les anticorps produits sont principalement des IgE et des IgM. Les premières manifestations apparaissent six à dix jours après l'administration du médicament. Il s'agit d'une inflammation au point d'injection, suivie d'une adénopathie régionale puis généralisée. On observe presque toujours une éruption cutanée (urticaire ou purpura) de même qu'une douleur et une tuméfaction des articulations. Une vascularite peut également apparaître dans n'importe quel organe mais surtout dans les reins, ce qui entraîne une protéinurie et la formation de cylindres. On observe dans certains cas une atteinte cardiaque légère ou grave. Enfin, le patient peut présenter une neuropathie périphérique qui entraîne une paralysie temporaire des membres supérieurs. Le syndrome de Guillain-Barré est aussi associé dans de rares cas à la maladie du sérum.

Si la maladie n'est pas traitée, elle se résorbe habituellement en quelques jours ou quelques semaines. De façon générale, les antihistaminiques et les corticostéroïdes entraînent une guérison rapide et complète. Un traitement plus énergique comprenant une ventilation assistée peut être nécessaire si la maladie se complique d'une neuropathie périphérique ou du syndrome de Guillain-Barré.

ANAPHYLAXIE

L'anaphylaxie est un état d'hypersensibilité dû à une réaction immédiate (type I) entre un antigène spécifique et un anticorps IgE. La réaction se déroule de la façon suivante: (1) l'antigène se lie à un anticorps IgE fixé à la membrane de surface de mastocytes et de granulocytes basophiles, ce qui provoque l'activation de ces cellules; (2) les mastocytes

et les granulocytes basophiles libèrent alors des médiateurs qui provoquent des changements vasculaires, l'activation des plaquettes, des granulocytes éosinophiles et des granulocytes neutrophiles, ainsi que le déclenchement des réactions de coagulation. Il existe des réactions dites anaphylactoïdes (semblables à l'anaphylaxie), c'est-à-dire qui ressemblent à l'anaphylaxie sur le plan clinique. Elles ne sont pas dues à une réaction antigène-anticorps, mais plutôt à certaines substances qui agissent directement sur les mastocytes ou les tissus et provoquent la libération des médiateurs. Cette réaction peut être due à des médicaments, à un aliment, à l'exercice ou à une transfusion d'anticorps cytotoxiques.

Gravité des réactions

Les réactions anaphylactiques locales s'accompagnent généralement d'un urticaire et d'un œdème de Quincke au point de contact avec l'antigène. Elles sont parfois graves mais rarement fatales. Les réactions généralisées, elles, peuvent toucher l'appareil cardiovasculaire, l'appareil respiratoire, l'appareil gastro-intestinal et les téguments; elles surviennent dans les 30 minutes qui suivent l'exposition.

Les signes et symptômes des réactions anaphylactiques peuvent être légers, modérés ou graves.

> *Réactions légères:* Les réactions généralisées légères entraînent un picotement dans les membres et une sensation de chaleur et s'accompagnent parfois d'une sensation de plénitude dans la bouche et la gorge. On peut aussi observer une congestion nasale, un œdème péri-orbitaire, un prurit, des éternuements et un larmoiement. Ces symptômes apparaissent dans les deux heures qui suivent l'exposition.
>
> *Réactions modérées:* Les réactions généralisées modérées peuvent se manifester par les symptômes mentionnés au paragraphe précédent, accompagnés d'un bronchospasme et d'un œdème des voies respiratoires ou du larynx avec dyspnée, toux et wheezing. Le patient se plaint souvent de bouffées de chaleur, d'anxiété et de démangeaisons. Les symptômes apparaissent aussi dans les deux heures qui suivent l'exposition.

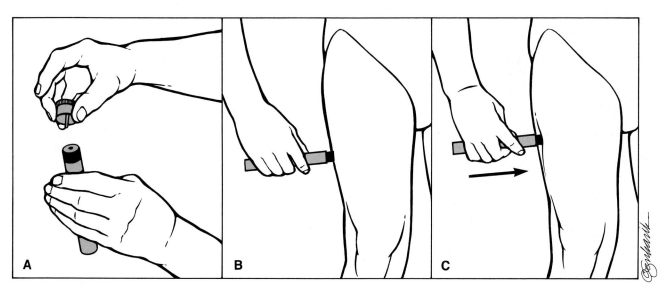

Figure 49-7. Auto-injecteur d'épinéphrine
(Source: Center Laboratories, Port Washington, NY)

Réactions graves : Les réactions généralisées graves apparaissent soudainement et se manifestent par les mêmes signes et symptômes que les réactions légères et modérées. Elles évoluent rapidement vers un bronchospasme, un œdème laryngé, une dyspnée grave et une cyanose. On peut aussi observer une dysphagie (déglutition difficile), des crampes abdominales, des vomissements, une diarrhée et des convulsions. Dans de rares cas, elles entraînent un arrêt cardiaque et un coma.

Traitement

Le traitement dépend de la gravité de la réaction. Au début, on doit évaluer la fonction respiratoire et cardiovasculaire. Dans les cas d'arrêt cardiaque, il faut procéder à une réanimation cardiorespiratoire. On administre de l'oxygène à forte concentration pendant la réanimation cardiorespiratoire. On doit aussi administrer de l'oxygène si le patient présente une cyanose, une dyspnée ou un wheezing. On administre de l'épinéphrine 1:1000 par voie sous-cutanée dans l'un des membres supérieurs ou dans la cuisse ; il faut parfois poursuivre l'administration d'épinéphrine par perfusion continue. On peut également administrer des antihistaminiques et des stéroïdes pour prévenir une récidive et réduire l'urticaire et l'œdème de Quincke. Pour maintenir la pression artérielle et rétablir l'équilibre hémodynamique, on utilise des solutions de remplissage vasculaire ainsi que des agents vasopresseurs. Si le patient présente une réaction légère, on doit l'informer des risques de récidive. S'il présente une réaction grave, il faut le garder en observation pendant 12 à 14 heures.

Prévention

La prévention est l'élément le plus important du traitement de l'anaphylaxie. Les personnes sensibles aux piqûres et morsures d'insectes, ainsi que celles qui ont déjà présenté des réactions alimentaires ou médicamenteuses ou encore des réactions anaphylactiques idiopathiques ou à l'effort, doivent toujours garder sur elles une trousse d'urgence contenant de l'épinéphrine. La trousse Epipen (Center Laboratories) est une trousse d'urgence vendue dans le commerce et qui permet l'administration de doses prémesurées de 0,3 mg (Epipen) et de 0,15 mg (Epipen Jr.) d'épinéphrine. Elle est simple à utiliser (figure 49-7). L'infirmière doit enseigner la technique d'injection de l'épinéphrine à tous les patients qui présentent des risques de réaction anaphylactique potentiellement mortelle, et demander au patient de lui en faire la démonstration. On peut pour cela se servir d'un dispositif Epipen de simulation. Enfin, l'infirmière doit donner au patient de l'information orale et écrite au sujet de la trousse d'urgence et lui enseigner des mesures qui l'aideront à éviter les allergènes dangereux.

Il est par ailleurs essentiel de noter minutieusement les antécédents d'allergies avant d'administrer un médicament, surtout si on doit l'administrer par voie parentérale étant donné que cette voie d'administration est associée aux réactions anaphylactiques les plus graves.

Enfin, il faut inciter le patient prédisposé à l'anaphylaxie à porter un bracelet ou un médaillon Medic Alert* indiquant ses allergies médicamenteuses.

---

* Medic-Alert Foundation, P. O. Box 1009, Turlock, CA 95380

RÉSUMÉ

La principale tâche de l'infirmière dans les cas de troubles allergiques est l'enseignement. Si elle comprend bien la nature des réactions allergiques et des allergènes qui les déclenchent, l'infirmière peut évaluer correctement le patient, déceler les signes et symptômes d'hypersensibilité et prendre les mesures nécessaires pour prévenir ou atténuer les réactions. On estime qu'environ 40 millions d'enfants et d'adultes souffrent de troubles allergiques qui entravent leurs habitudes de vie. Les personnes allergiques confondent souvent leurs symptômes avec ceux d'un rhume ou d'une autre maladie et ne connaissent donc pas les causes de leur problème ainsi que les façons de les éliminer. L'un des principaux objectifs des soins infirmiers est d'informer davantage le public sur les troubles allergiques pour faire en sorte que ces troubles soient diagnostiqués et traités plus promptement.

Bibliographie

Ouvrages

Bierman CW and Pearlman DS. Allergic Diseases From Infancy to Adulthood. Philadelphia, WB Saunders, 1988.

Lockey RF. Fundamentals of Immunology and Allergy. Philadelphia, WB Saunders, 1987.

Middleton E. Allergy: Principles and Practice. St Louis, CV Mosby, 1988.

Paupe, J. L'allergie. Paris, Presses Universitaires de France, 1984.

U.S. Department of Health and Human Services. Understanding the Immune System. Washington, DC, National Institutes of Health, 1988 (NIH Publication No. 88-529).

Revues

Bahana SL et al. What food allergy is—and isn't. Patient Care 1989 Aug 15; 23(13):94-106.

Blamoutier J et coll. Allergie sévère au sésame. Revue de l'infirmière 1992; 42(9):33-36.

Bregetzer J. Allergies, allergies et co.... Revue de l'infirmière 1989; 39(8):21-27.

Cason D. Anaphylactic shock. J Emerg Nurs 1989 Feb; 14(2):42-46, 51-52.

Ebeid MR. An atypical hypersensitivity reaction. Hosp Pract 1989 Nov 15; 24(11):57-60, 62.

Foods as occupational allergens: Part II. National Institute of Allergy and Infectious Diseases Symposium, September 8-9, 1988. Allergy Proc 1990 Mar/Apr; 11(2):59-70.

Roth R. Allergic response. Emergency 1990 June; 22(6):28-32.

Smith TE. Allergy and pseudoallergy. An overview of basic mechanisms. Prim Care 1987 Sep; 14(3):421-434.

Taurand S. Les antihistaminiques. Soins mars 1990; n° 534.

Tipton RW. Immunotherapy for allergic diseases. Prim Care 1987 Sep; 14(3):623-629.

VanArsdel PP Jr. et al. Diagnostic tests for patients with suspected allergic disease. Ann Intern Med 1989 Feb 15; 110(4):304-312.

Zaegel R, Saxe N et Blamoutier J. Allergie aux moisissures. Revue de l'infirmière 1992; 42(9):33-35.

Information/Ressources

Organismes

American Academy of Allergy and Immunology
> 611 E. Wells St., Milwaukee, WI 53202
> (For a series of patient-oriented pamphlets, Tips to Remember)

Association de l'information sur l'allergie et l'asthme
> 172, Andover, Beaconsfield (Québec) H9W 2Z8 (514) 694-3965

The Asthma and Allergy Foundation of America
> 1717 Massachusetts Ave. NW, Suite 305, Washington, DC 20036

Center Laboratories
> Division of EM Pharmaceuticals, Inc., 35 Channel Dr., Port Washington, NY 11050

Fondation du Canada des allergies
> P.B. 1904 Saskatoon (Saskatchewan) S7K 3S5 (306) 373-7591

National Institute of Allergy and Infectious Diseases
> National Institute of Health, Bethesda, MD 20892

50

TRAITEMENT DES PATIENTS ATTEINTS D'AFFECTIONS RHUMATISMALES

OBJECTIFS D'APPRENTISSAGE

Après avoir étudié ce chapitre, vous devriez être en mesure de réaliser ce qui suit:

1. Décrire l'évaluation et les examens diagnostiques à effectuer chez les patients susceptibles de présenter une affection rhumatismale.

2. Énumérer les diagnostics infirmiers les plus courants dans les cas d'affections rhumatismales ainsi que les interventions infirmières qui s'y rapportent.

3. Comparer les manifestations cliniques et les données diagnostiques de l'arthrose avec celles de la polyarthrite rhumatoïde.

4. Appliquer la démarche de soins infirmiers pour intervenir auprès des patients atteints de polyarthrite rhumatoïde.

5. Décrire les effets généraux du lupus érythémateux disséminé.

6. Appliquer la démarche de soins infirmiers pour intervenir auprès des patients atteints de lupus érythémateux disséminé.

7. Établir un plan d'enseignement destiné aux patients atteints d'arthrose.

8. Comparer les manifestations cliniques, les diagnostics infirmiers et les intervenions infirmières qui se rapportent à la sclérodermie généralisée avec ceux qui se rapportent à la goutte.

GLOSSAIRE

Affections rhumatismales: *Groupe d'affections qui touchent les muscles, les ligaments, les tendons, les articulations et parfois aussi d'autres parties de l'organisme*

Arthrite: *Inflammation d'une articulation*

Arthrocentèse: *Ponction pratiquée dans une articulation afin de permettre l'aspiration de liquide*

Arthrodèse: *Fusion chirurgicale d'une articulation*

Arthrographie: *Radiographie d'une articulation*

Arthroplastie: *Réfection chirurgicale d'une articulation*

Bourse séreuse: *Petite membrane remplie de liquide située à proximité du point de jonction entre les muscles, les os, les ligaments et les tendons, qui permet d'absorber les chocs et de réduire la friction*

Bursite: *Inflammation d'une bourse séreuse*

GLOSSAIRE (suite)

Cartilage: *Tissu caoutchouteux qui coussine l'extrémité des os pour absorber les chocs*

Fibrosite: *Affection caractérisée par une douleur généralisée dans les muscles, les ligaments et les tendons*

Hémarthrose: *Hémorragie dans une articulation*

Inflammation: *Réaction de l'organisme à une blessure ou à une maladie; s'accompagne d'une douleur, d'un œdème, d'une rougeur, d'une chaleur localisée et parfois d'une perte de mobilité dans la région touchée*

Myosite: *Inflammation d'un muscle*

Polyarthrite rhumatoïde: *Rhumatisme chronique inflammatoire touchant plusieurs articulations. Aussi appelée polyarthrite chronique évolutive ou rhumatismale*

Poussée: *Période de réapparition ou d'aggravation des symptômes*

Rémission: *Période de régression ou de disparition des symptômes*

Rhumatologue: *Médecin spécialisé dans le diagnostic et le traitement de l'arthrite et autres affections rhumatismales*

Synovectomie: *Exérèse de la synoviale*

Tophus: *Accumulation de cristaux d'urate dans les tissus situés près d'une articulation que l'on observe dans la goutte*

On englobe souvent sous le nom de rhumatisme toute les affections rhumatismales. Or, il existe plus de cent maladies rhumatismales distinctes, touchant principalement les muscles squelettiques, les os et les articulations. Des personnes de tout âge peuvent en être atteintes, depuis les nouveau-nés jusqu'aux personnes âgées. Certaines de ces affections sont plus susceptibles d'apparaître à une période particulière de la vie; certaines touchent surtout les hommes, d'autres surtout les femmes. Leurs symptômes peuvent être très bénins ou suffisamment graves pour mettre la vie en danger. Elles ont des conséquences directes sur les muscles, les os et les articulations (mobilité réduite par exemple) et certaines d'entre elles entraînent des effets généraux comme la douleur, la fatigue, une altération de l'image de soi et des troubles du sommeil.

Les affections rhumatismales peuvent apparaître de façon brutale ou insidieuse, et peuvent évoluer par poussées et rémissions. Dans certains cas, le traitement est très simple et vise un soulagement local; dans d'autres cas, il est très complexe et orienté vers l'atténuation des effets généraux.

Les affections rhumatismales se classent en 10 catégories. L'encadré 50-1 donne des exemples dans chacune de ces catégories. L'insertion dans la classification d'affections susceptibles d'atteindre la structure de l'appareil locomoteur montre à quel point les affections rhumatismales sont diverses.

organiques. Le *tissu hématopoïétique* comprend la moelle osseuse, les cellules sanguines et le tissu lymphoïde. Enfin, le *tissu chondroïde* est la principale composante du cartilage, des os, des tendons, des ligaments et des membranes séreuses. Le tissu conjonctif offre un support mécanique, et intervient dans la thermorégulation et le mouvement.

Les atteintes diffuses du tissu conjonctif se caractérisent par des réactions inflammatoires étendues. Dans les articulations, ces réactions inflammatoires se manifestent par un pannus (prolifération de la synoviale sur le cartilage articulaire) qui peut, s'il persiste, entraîner une érosion du cartilage causant une dégénérescence de l'articulation.

Le processus dégénératif relié à d'autres affections rhumatismales peut aussi entraîner une inflammation secondaire des tentatives de remodelage du cartilage. Dans ce cas, les lésions sont généralement plus localisées.

L'inflammation qui accompagne les affections rhumatismales causées par des dépôts de cristaux ou des agents infectieux s'apparente à la réaction de l'organisme à des substances étrangères ou toxiques (réaction immunitaire).

Les maladies rhumatismales dégénératives et réactionnelles ne relèvent pas principalement d'un processus immunitaire; nous les avons néanmoins incluses dans le présent chapitre étant donné qu'elles entrent dans la classification des affections rhumatismales.

PHYSIOLOGIE

On regroupe dans la catégorie des atteintes diffuses du tissu conjonctif les maladies rhumatismales qui se caractérisent par une dégradation du collagène et des autres protéines du tissu conjonctif. Le tissu conjonctif est réparti dans tout l'organisme sous trois formes: le tissu conjonctif lâche, le tissu hématopoïétique et le tissu chondroïde. Le *tissu conjonctif lâche* a trois principales composantes: le *collagène* (variété la plus abondante), composé de protéines groupées en faisceaux pour augmenter la résistance; l'*élastine,* faite de fibres dont les propriétés élastiques permettent l'étirement des tissus; et la *réticuline,* composée de fins réseaux de fibres qui supportent les capillaires, les fibres nerveuses et les petites unités

GÉRONTOLOGIE

On associe souvent les maladies rhumatismales au vieillissement, mais elles peuvent toucher des personnes de tous les groupes d'âge. Il est vrai cependant qu'elles ont des répercussions particulières sur la vie des personnes âgées.

La fréquence, le mode d'apparition, le tableau clinique, la gravité et les conséquences d'ordre fonctionnel des affections rhumatismales peuvent en effet être différents chez la personne âgée. La prévalence de certaines de ces affections augmente avec l'âge (l'arthrose par exemple); il y en a même une (la pseudopolyarthrite rhizomélique) qui touche exclusivement les personnes âgées. Par contre, certaines affections

Encadré 50-1
Classification des affections rhumatismales

I. Atteintes diffuses du tissu conjonctif
   Polyarthrite rhumatoïde (PR)
   Polyarthrite juvénile (PJ)
   Lupus érythémateux disséminé (LED)
   Sclérodermie généralisée (SG)
   Polymyosite et dermatomyosite (PM et DM)
   Angéite nécrosante et autres vasculopathies
   Syndrome de Gougerot-Sjögren
   Formes mixtes
   Autres (pseudopolyarthrite rhizomélique, érythème noueux, etc.)

II. Arthrites associées à une spondylite
   Spondylarthrite ankylosante (SA)
   Arthrite réactionnelle (syndrome de Fiessinger-Leroy-Reiter)
   Rhumatisme psoriasique (RP)
   Arthrite associée à une affection intestinale inflammatoire
      chronique

III. Arthroses
   Arthrose primaire (arthrose érosive)
   Arthrose secondaire

IV. Arthrites, ténosynovites et bursites d'origine infectieuse (bacté-
      rienne, virale, fongique, parasitaire)
   Directes
   Indirectes (réactionnelles)

V. Affections rhumatismales associées à des maladies métaboli-
      ques et endocriniennes
   Arthrite par dépôts de cristaux (goutte, chondrocalcinose, etc.)
   Anomalies biochimiques (amyloïdose, scorbut, etc.)
   Troubles endocriniens (diabète sucré, acromégalie, etc.)
   Immunodéficiences (primaires et acquises)
   Autres maladies héréditaires (syndromes d'hypermobilité, etc.)

VI. Cancers
   Primaires (synoviomes, synoviosarcomes)
   Métastatiques
   Myélome multiple
   Leucémie et lymphomes

Synovite villonodulaire
Ostéochromatose

VII. Affections neurogènes
   Arthropathies nerveuses
   Neuropathies par compression (syndrome du canal carpien,
      atteintes radiculaires, étroitesse du canal rachidien)
   Algodystrophie sympathique réflexe

VIII. Affections des os, du périoste et du cartilage associées à des
      manifestations articulaires
   Ostéoporose
   Ostéomalacie
   Ostéoarthropathie hypertrophiante de Pierre Marie
   Mélorhéostose vertébrale
   Ostéite
   Ostéonécrose
   Ostéochondrite
   Dysplasie osseuse et articulaire
   Épiphysiolyse de la tête fémorale
   Syndrome de Tietze
   Ostéolyse et chondrolyse
   Ostéomyélite

IX. Rhumatismes abarticulaires
   Syndromes de Costen (fibrosite)
   Lombalgies et discarthroses
   Tendinites et bursites
   Kystes synoviaux
   Fasciite
   Distensions ligamentaires et musculaires chroniques
   Troubles vasomoteurs (maladie de Raynaud, érythromélalgie)

X. Affections diverses
   Associées à l'arthrite (traumatismes, dérèglements articulai-
      res internes, sarcoïdose, rhumatisme palindromique,
      érythème noueux, hémophilie)
   Autres affections (panniculite nodulaire, fièvre méditerranéenne
      familiale, syndrome de Goodpasture, hépatite chronique
      active, syndromes rhumatismaux médicamenteux, etc.)

(Source: H. R. Schumacher [éd.], *Primer on the Rheumatic Diseases,* 9e éd., Atlanta, Arthritis Foundation, 1988)

rhumatismales sont moins graves chez la personne âgée. C'est le cas de la polyarthrite rhumatoïde qui a des effets cumulatifs chez les personnes plus jeunes, mais reste généralement stable chez les personnes âgées. D'autres affections, comme la bursite, ne sont pas invalidantes en soi, mais peuvent avoir des conséquences plus graves quand elles s'ajoutent au processus normal de vieillissement. Dans la plupart des cas, on considère que les affections rhumatismales ne sont pas prioritaires chez les personnes âgées et on néglige de les traiter à cause de la nature des autres problèmes de santé, d'un manque de connaissances sur les traitements possibles et de la croyance erronée selon laquelle elles font partie du processus normal du vieillissement.

Les affections rhumatismales peuvent entraîner des changements considérables dans les habitudes de vie et compromettre l'autonomie. La baisse de l'acuité visuelle et

les problèmes d'équilibre chez les personnes âgées peuvent entraîner des risques dont l'infirmière doit tenir compte. Dans certains cas, elle devra faire appel à des techniques particulières qui permettront d'accroître l'autonomie (aide-mémoire pour la prise de médicaments) et la concentration du patient. La surdité, les troubles visuels, les pertes de mémoire et la dépression contribuent à la non-observance du traitement.

Souvent, la personne âgée ne consulte pas parce qu'elle croit que les affections rhumatismales sont une conséquence naturelle du vieillissement. Malheureusement, ce préjugé est aussi très répandu au sein du personnel soignant. Pourtant, il existe plusieurs façons d'améliorer la qualité de vie des personnes âgées atteintes d'une affection rhumatismale.

Le traitement pharmacologique des affections rhumatismales est plus difficile à établir chez la personne âgée que chez la personne plus jeune pour diverses raisons. Ainsi, les effets des médicaments sur les perceptions sensorielles (ouïe, cognition) sont amplifiés chez la personne âgée. De même, en raison des transformations physiologiques qui accompagnent le vieillissement, les effets cumulatifs des médicaments sont plus importants. Par exemple, l'altération de la fonction rénale peut ralentir le métabolisme des médicaments. En outre, plusieurs personnes âgées consomment beaucoup de médicaments en vente libre, prennent plusieurs médicaments différents et se fient à des méthodes de traitement discutables.

Beaucoup de personnes âgées supportent inutilement la douleur, la perte de mobilité et la perte d'autonomie et refusent d'utiliser des aides techniques parce qu'elles perturbent leur image corporelle et leur estime de soi.

ÉVALUATION

La prise en charge d'un patient souffrant d'une affection rhumatismale commence par une évaluation détaillée et précise de ses antécédents médicaux et de ses symptômes actuels, ainsi que par un examen physique complet. Le bilan de santé est l'outil de diagnostic le plus important après l'examen physique.

En plus des antécédents médicaux généraux, on doit recueillir des données sur l'apparition des symptômes, l'évolution de la maladie, les traitements médicamenteux, les antécédents familiaux et tous les facteurs favorisants. Dans la plupart des cas, le patient consulte parce qu'il ressent de la douleur. Les autres symptômes courants sont l'oedème d'une articulation, la diminution de la mobilité, la raideur, la faiblesse et la fatigue.

On doit inclure dans le bilan de santé la façon dont le patient perçoit son problème, les traitements qu'il a subis antérieurement et leur efficacité, ses réseaux de soutien et, enfin, ses connaissances et ses sources d'information.

Lors de l'entrevue initiale, on doit observer l'aspect général du patient : démarche, posture, stature et structure. On doit également noter les déformations et les anomalies du mouvement. Enfin, il faut évaluer l'état de la peau et du tissu adipeux.

L'examen et l'entrevue permettent d'évaluer les signes et les symptômes actuels du patient, ainsi que les autres problèmes courants : douleur, raideur, fatigue, perturbation des habitudes de repos et de sommeil, et difficulté à effectuer les activités de la vie quotidienne.

Comme le tissu conjonctif se trouve dans presque tous les systèmes et appareils de l'organisme, on doit procéder à un examen physique complet en apportant un soin particulier aux articulations et aux structures qui y sont adjacentes.

Voir l'encadré 50-2 pour les régions du corps qu'il importe d'examiner.

Examens diagnostiques

On pose un diagnostic provisoire sur la foi du bilan de santé et de l'examen physique, et on procède à certains examens diagnostiques pour confirmer ou étayer ce diagnostic provisoire. Le médecin détermine les examens nécessaires selon les symptômes du patient et l'évolution de la maladie.

L'*arthrocentèse* est une ponction de liquide synovial, généralement dans le genou ou l'épaule. Après une anesthésie locale de l'articulation, on prélève un échantillon de liquide à l'aide d'une aiguille de gros calibre introduite dans l'interligne articulaire. Comme cette intervention comporte un risque de contamination bactérienne de l'articulation, on doit utiliser une technique aseptique. Aucune précaution particulière n'est nécessaire après l'intervention, mais on doit être à l'affût des signes d'infection et d'hémarthrose (hémorragie dans l'articulation).

On fait parvenir l'échantillon de liquide au laboratoire où on en note le volume et la viscosité. On procède aussi à un dosage du glucose et à une numération leucocytaire. On peut aussi évaluer la qualité du caillot formé par addition d'acide acétique (caillot constitué d'acide hyalonurique et de protéines). On procède également à un examen microscopique du liquide pour la numération et l'identification des cellules, de même qu'à une coloration de Gram et à une culture. Le liquide synovial normal est clair, visqueux et de couleur paille ; il est de faible volume et ne contient que quelques cellules. Dans les inflammations articulaires, il est souvent trouble, laiteux ou jaune foncé et contient un grand nombre de leucocytes. La détermination du taux du complément, (une protéine plasmatique associée à la réaction immunitaire) peut aussi donner des renseignements utiles. Dans les maladies inflammatoires, le liquide est moins visqueux et parfois très abondant. (L'évacuation du liquide articulaire peut d'ailleurs soulager temporairement la douleur.) La présence de sang peut indiquer un traumatisme ou une tendance aux hémorragies. L'arthrocentèse est l'épreuve diagnostique la plus utile quand il est possible de prélever du liquide.

Les radiographies sont indispensables dans l'évaluation des affections de l'appareil locomoteur. Il faut toutefois bien choisir le moment : par exemple, si l'inflammation articulaire dure depuis deux mois seulement, il est peu probable que les radiographies montrent des transformations ; par contre, si on observe des crépitations dans le genou, les radiographies révéleront probablement une dégénérescence articulaire grave. On peut aussi faire des radiographies sur plusieurs années pour évaluer l'évolution de la maladie. Les radiographies osseuses permettent de déterminer la densité osseuse brute, la texture, l'érosion et les changements relatifs. Les radiographies du cortex osseux permettent de déceler les élargissements, les rétrécissements et les irrégularités. Les radiographies des articulations peuvent révéler la présence d'un excès de liquide, des irrégularités, des excroissances, des rétrécissements et des altérations structurelles.

La *scintigraphie osseuse* permet d'observer l'affinité du réseau cristallin des os pour un isotope radioactif. Les zones de fixation accrue témoignent d'une anomalie.

La *scintigraphie articulaire*, une technique semblable à la précédente, permet de déceler les lésions articulaires dans tout le corps. Il s'agit de l'examen le plus sensible pour déceler les premières manifestations d'une maladie rhumatismale.

L'*électromyographie (EMG)* peut être utilisée dans les atteintes diffuses du tissu conjonctif touchant les muscles squelettiques ou les nerfs. Elle consiste à introduire une électrode dans un muscle à l'aide d'une aiguille très fine afin de mesurer l'activité électrique du muscle.

La *biopsie musculaire* permet l'examen microscopique du tissu musculaire. On effectue cette intervention à la salle d'opération, sous anesthésie locale ou générale. Après l'intervention, on applique un bandage compressif sur la région touchée et on immobilise le membre pendant 12 à 24 heures. La biopsie musculaire aide au diagnostic de la myosite.

Encadré 50-2
Examen physique

Chez les patients atteints d'affections rhumatismales, il faut prêter une attention particulière aux éléments suivants lors de l'examen physique.

Manifestations	*Signification possible*

Peau (inspecter et poser des questions)

1. Éruptions et lésions
2. Tendance aux ecchymoses
3. Érythème
4. Amincissement
5. Chaleur localisée
6. Sensibilité à la lumière

1. Associées au lupus érythémateux disséminé (LED), à l'angéite et à certaines complications médicamenteuses
2. Associée à plusieurs formes d'affections rhumatismales et à certaines complications médicamenteuses
3. Signe d'inflammation
4. Complications médicamenteuses
5. Signe d'inflammation
6. Associée au LED, à la dermatomyosite et à certaines complications médicamenteuses

Cheveux (inspecter et poser des questions)

1. Alopécie
2. Éclaircissement

1. et 2. Associés à certaines affections rhumatismales et à certaines complications médicamenteuses

Yeux (inspecter et poser des questions)

1. Sécheresse, sensation de corps étranger
2. Cécité totale ou partielle
3. Cataractes
4. Baisse de la vision périphérique
5. Conjonctivite et uvéite

1. Associées au syndrome de Gougerot-Sjögren (courantes également dans la polyarthrite rhumatoïde (PR) et le LED)
2. Associée à l'artérite temporale et à certaines complications médicamenteuses
3. et 4. Complications médicamenteuses
5. Associées à la spondylarthrite ankylosante (SA) et au syndrome de Fiessinger-Leroy-Reiter

Oreilles (inspecter)

1. Acouphènes
2. Baisse de l'acuité auditive

1. et 2. Complications médicamenteuses

Bouche (inspecter et poser des questions)

1. Lésions buccales et sublinguales
2. Altération du goût
3. Sécheresse
4. Dysphagie
5. Mastication difficile

1. Associées à l'angéite, à la dermatomyosite et à certaines complications médicamenteuses
2. Complications médicamenteuses
3. Associée à la myosite
4. Associée à la myosite
5. Associée à la diminution de l'amplitude des mouvements de la mâchoire

Poitrine (inspecter et poser des questions)

1. Douleur pleurétique
2. Réduction de l'amplitude thoracique
3. Intolérance à l'effort (dyspnée)

1. Associée à la PR et au LED
2. Associée à la SA
3. Associée à l'hypertension pulmonaire reliée à la sclérodermie généralisée (SG)

Appareil cardiovasculaire (inspecter, poser des questions et palper)

1. Blêmissement des doigts après exposition au froid
2. Faiblesse des pouls périphériques

1. Associé à la maladie de Raynaud
2. Peut indiquer une atteinte vasculaire ou un œdème associé à des complications médicamenteuses ou à une affection rhumatismale, plus particulièrement le LED ou la SG

Abdomen (inspecter et palper)

1. Altération des habitudes d'évacuation intestinale
2. Nausées, vomissements, ballonnement et douleur
3. Perte ou gain de poids

1. Associée à la SG, à la spondylose, à la rectocolite hémorragique, à une diminution de la mobilité physique ou à des complications médicamenteuses
2. Complications médicamenteuses
3. Associés à la PR (perte) et à certaines complications médicamenteuses (perte ou gain)

Encadré 50-2 (suite)

Manifestations	Signification possible

Organes génitaux (inspecter et poser des questions)

1. Sécheresse, démangeaisons
2. Troubles menstruels
3. Altération des capacités sexuelles
4. Manque d'hygiène
5. Urétrite, dysurie
6. Lésions

1. Associées au syndrome de Gougerot-Sjögren
2. Complications médicamenteuses
3. Mobilité réduite, douleur
4. Parfois associée à la difficulté d'effectuer les activités de la vie quotidienne
5. Associées à la SA
6. Associées à l'angéite

Système nerveux (inspecter et poser des questions)

1. Paresthésies
2. Anomalies des réflexes
3. Céphalées

1. et 2. Compression d'un nerf associée au syndrome du tunnel carpien, à une sténose spinale, etc.
3. Associées à l'artérite temporale ou à des complications médicamenteuses

Appareil locomoteur (inspecter et palper)

1. Rougeur, chaleur locale, œdème, sensibilité et déformation des articulations (noter la première articulation atteinte, l'évolution, la symétrie, la nature aiguë ou chronique)
2. Diminution de l'amplitude des mouvements articulaires
3. Tissus environnants
   Atrophie musculaire
   Nodules sous-cutanés
   Kyste poplité
4. Diminution de la force musculaire (force de préhension)

1. Signes d'inflammation
2. Parfois associée à une affection grave ou à l'évolution de la maladie
3. Manifestations extra-articulaires
4. La force musculaire diminue en fonction des progrès de la maladie.

Épreuves de laboratoire

1. Vitesse de sédimentation (VS)
2. Hémogramme
3. Numération plaquettaire
4. Taux de salicylates

1. L'accélération de la VS indique un processus inflammatoire.
2. L'anémie est souvent associée aux affections généralisées.
3. Complications médicamenteuses (diminution du nombre des plaquettes) ou LED
4. Indique la concentration thérapeutique permettant de réduire l'inflammation.

LED: lupus érythémateux disséminé; AR: affections rhumatismales; PR: polyarthrite rhumatoïde; SA: spondylarthrite ankylosante; SG: sclérodermie généralisée

L'imagerie par résonance magnétique nucléaire (RMN) est une technique plus complexe qui permet de diagnostiquer les affections des tissus mous. Elle fait appel à des champs magnétiques et à des ondes radio qui traversent le tissu osseux pour permettre l'examen des tissus mous sous-jacents. Les images obtenues sont affichées sur écran. La RMN est utilisée pour diagnostiquer les atteintes diffuses du tissu conjonctif touchant la colonne vertébrale, le cœur, les reins, le cerveau, etc. Avant un examen par RMN, on doit s'assurer qu'il n'y a pas dans le corps du patient d'objets métalliques (clip d'anévrisme, stimulateur cardiaque, éclats d'obus, etc.), qui pourraient être déplacés par la force du champ magnétique.

La *biopsie artérielle* sert à prélever un échantillon de paroi artérielle pour examen. Dans la plupart des cas, on choisit l'artère temporale. La technique de la biopsie artérielle ressemble à celle de la biopsie musculaire; elle s'effectue généralement sous anesthésie locale à la salle d'opération.

La biopsie artérielle confirme souvent une inflammation de la paroi artérielle ou *artérite* (forme d'angéite).

On peut aussi procéder à une *biopsie cutanée* pour confirmer un diagnostic d'atteinte diffuse du tissu conjonctif (lupus érythémateux disséminé ou sclérodermie diffuse, par exemple). On prélève l'échantillon cutané par simple grattage de la peau, ce qui provoque peu de douleur. Si le grattage est insuffisant, on peut pratiquer une biopsie plus profonde.

La *myélographie* peut confirmer la compression d'une racine nerveuse ou le déplacement de vertèbres, dans les cas d'arthrose de la colonne vertébrale ou de discarthrose. Elle se fait après injection d'un opacifiant, d'air ou de métrizamide (Amipaque, un produit hydrosoluble) dans l'espace sous-arachnoïdien de la colonne cervicale ou lombaire.

L'arthrographie est un autre examen diagnostique qui permet de déceler les atteintes diffuses du tissu conjonctif.

Elle consiste à injecter un opacifiant ou de l'air dans la cavité articulaire afin d'en étudier les contours. On prend une série de clichés pendant que l'on mobilise passivement le membre affecté. Après l'intervention, on doit rassurer le patient en lui expliquant que l'opacifiant sera absorbé par l'organisme et que l'œdème de l'articulation examinée disparaîtra. Aucune précaution spéciale n'est nécessaire après l'épreuve, mais le patient doit savoir reconnaître les signes d'infection et d'hémarthrose.

On utilise en rhumatologie des analyses de laboratoire qui corroborent l'hypothèse selon laquelle la majorité des affections rhumatismales seraient dues à une auto-immunisation. La majorité de ces analyses sont très complexes et aucune d'entre elles ne permet de poser un diagnostic d'affection rhumatismale. Étant donné leur complexité, certaines de ces épreuves ne sont faites que dans des laboratoires spécialisés.

TRAITEMENT

Pour traiter une affection rhumatismale, on doit établir un programme thérapeutique auquel l'équipe multidisciplinaire et le patient participent. L'infirmière joue un rôle de premier plan dans ce programme étant donné qu'elle est souvent la première à prendre contact avec le patient et qu'elle l'aide à répondre à ses besoins les plus fondamentaux. Elle doit déterminer les problèmes sur lesquels les interventions de soins infirmiers peuvent avoir un effet et collabore avec les autres membres de l'équipe en vue d'obtenir chez le patient les résultats escomptés. Le traitement du patient souffrant d'une affection rhumatismale commence toujours par l'enseignement au patient des principes d'autosoins. Le programme thérapeutique peut comprendre une pharmacothérapie, des séances d'exercices, des techniques de protection des articulations, ainsi que les applications froides ou chaudes. Voir l'encadré 50-3 pour les objectifs et les mesures de traitement des affections rhumatismales. On trouvera au tableau 50-1 les divers médicaments utilisés pour le traitement des affections rhumatismales, et au tableau 50-2 les exercices recommandés pour ce type d'affections.

 ### DÉMARCHE DE SOINS INFIRMIERS: PATIENTS ATTEINTS D'UNE AFFECTION RHUMATISMALE

▷ Collecte des données

Le bilan de santé et l'examen physique portent sur les symptômes actuels et passés du patient et leurs effets sur son mode de vie. Comme les affections rhumatismales touchent plusieurs appareils et systèmes de l'organisme, il faut procéder à l'examen de tous les appareils et systèmes, en accordant une attention particulière à ceux qui sont le plus souvent affectés. L'encadré 50-2 peut servir de guide pour l'examen physique du patient souffrant d'une affection rhumatismale. L'infirmière doit également évaluer l'état psychologique et mental du patient, ainsi que sa capacité d'effectuer ses activités de la vie quotidienne et ses autosoins.

▷ Analyse et interprétation des données

Selon les données recueillies, voici les principaux diagnostics infirmiers possibles:

- Douleur reliée à l'inflammation, aux lésions tissulaires, à la dépression, à l'anxiété, au stress, à la fatigue, à l'immobilité, à l'activité physique et à l'évolution de la maladie
- Fatigue reliée à l'évolution de la maladie, à l'anémie, à l'atrophie musculaire, à la douleur, au manque de repos, au stress émotionnel ou à la dépression
- Altération de la mobilité physique reliée à la diminution de l'amplitude des mouvements articulaires, à l'inflammation, à la douleur, aux contractures, à la raideur, à la faiblesse, à la diminution de l'endurance et à l'utilisation incorrecte des aides à la motricité
- Déficit d'autosoins relié aux contractures, à la fatigue, à la diminution de la mobilité, à la réduction des mouvements, au manque d'endurance, à la faiblesse, à la raideur, à la dépression, au manque de connaissances, au manque de motivation, et aux avantages retirés de la dépendance envers les autres

---

Encadré 50-3
Traitement des atteintes diffuses du tissu conjonctif

Principaux objectifs

1. Suppression de l'inflammation et de la réponse auto-immunitaire
2. Soulagement de la douleur

3. Maintien ou amélioration de la mobilité articulaire

4. Maintien ou amélioration de l'état fonctionnel
5. Connaissance de la maladie et des techniques d'autosoins
6. Observance du programme thérapeutique
7. Traitements expérimentaux (plasmaphérèse par exemple)

Mesures de traitement

1. Enseignement au patient
2. Programme d'exercices destiné à renforcer les muscles et à favoriser la mobilité articulaire
3. Protection des articulations, utilisation d'attelles et d'aides spécialisées
4. Médicaments anti-inflammatoires
5. Agents antirhumatismaux
6. Applications froides ou chaudes

TABLEAU 50-1.   *Médicaments utilisés pour le traitement des affections rhumatismales*

Médicament	Action, utilisation et indications	Soins infirmiers et évaluation de la tolérance au médicament
SALICYLATES		
Aspirine (tamponnée ou en comprimés entérosolubles)	*Action:* Anti-inflammatoire, analgésique et antipyrétique Les salicylates acétylés sont des inhibiteurs de l'agrégation plaquettaire. On les utilise aux premiers stades de la maladie. Aux doses anti-inflammatoires, la concentration sanguine de salicylate se situe entre 1,45 et 2,15 mmol/L.	Conseiller au patient de la prendre au repas pour prévenir le principal effet secondaire, soit l'irritation gastrique. Examiner le patient s'il se plaint d'acouphènes, d'intolérance gastrique ou d'hémorragie gastro-intestinale et de tendances purpuriques.
ANTI-INFLAMMATOIRES NON STÉROÏDIENS (AINS)		
Dérivés de l'acide propionique Fénoprofène (Nalfon) Ibuprofène (Motrin) Flurbiprofène (Ansaid) Kétoprofène (Orudis) Naproxène (Naprosyn) *Fénamates (anthraniliques)* Méclofénamate (Meclomen) *Dérivés pyrazolés* Phénylbutazone (Butazolidine) Oxyphenbutazone (Tandearil) *Oxicams* Piroxicam (Feldène) *Dérivés de l'acide acétique* Diclofénac (Voltarène) *Dérivés de l'indène* Indométhacin (Indocid) Sulindac (Clinoril) Tolmétine sodique (Tolectin)	*Action:* Anti-inflammatoire, analgésique, antipyrétique; inhibition de l'agrégation plaquettaire Les effets anti-inflammatoires peuvent apparaître après environ quatre semaines. Tous les AINS sont utiles pour le traitement à court terme des crises de goutte. Les AINS peuvent remplacer les salicylates dans le traitement de certaines affections rhumatismales.	Si on administre des anti-inflammatoires de façon prolongée, il faut évaluer régulièrement leurs effets secondaires sur l'appareil digestif, le système nerveux, l'appareil cardiovasculaire, l'appareil urinaire, le système hématopoïétique et la peau. Le patient doit éviter les médicaments contenant de l'acide salicylique. L'acétaminophène est administré contre les céphalées et la fièvre.
MÉDICAMENTS À ACTION LENTE		
Sels d'or Aurothioglucose (Solganal) Autothiomalate de sodium (Myochrysine) Auranofine (Ridaura)	*Action:* Anti-inflammatoire, mécanisme inconnu; suppriment la synovite pendant la phase active des affections rhumatismales. Les préparations intramusculaires sont d'abord administrées toutes les semaines, puis toutes les deux à quatre semaines. Les préparations orales se présentent sous forme de capsules administrées tous les jours; les doses restent constantes. Les effets bénéfiques peuvent se manifester après trois à six mois.	Administrer en association avec des anti-inflammatoires jusqu'à ce que les effets bénéfiques se manifestent. Rechercher les signes et symptômes d'effets toxiques: stomatite, dermatite, diarrhée, protéinurie, hématurie, aplasie médullaire. L'aurothiomalate de sodium peut provoquer une réaction nitroïde dans les 36 heures suivant l'injection. Obtenir des analyses de sang et d'urines toutes les deux injections.
Pénicillamine	*Action:* Mécanisme inconnu, peut améliorer la fonction lymphocytaire. Les effets bénéfiques peuvent n'apparaître qu'après deux à trois mois. Doit être prise à jeun. Est utile dans les cas de PR et de SG.	Administrer en association avec des anti-inflammatoires. Rechercher les signes et symptômes d'effets toxiques: irritation gastrique, réduction du goût, démangeaisons et éruption cutanées, aplasie médullaire, protéinurie. Obtenir des analyses de sang et d'urines toutes les deux semaines jusqu'à ce que les résultats soient stables, puis tous les mois.

TABLEAU 50-1.   (suite)

Médicament	Action, utilisation et indications	Soins infirmiers et évaluation de la tolérance au médicament
Hydroxychloroquine (Plaquenil) *Chloroquine (Aralen)*	*Action:* Anti-inflammatoire, mécanisme inconnu Est utile dans les cas de PR et de LED; 200 mg une ou deux fois par jour. Les effets bénéfiques peuvent apparaître après deux à quatre semaines.	Administrer en association avec des anti-inflammatoires. Rechercher les signes ou symptômes d'effets toxiques: troubles visuels, troubles gastro-intestinaux, éruptions cutanées, sensibilité au soleil, décoloration des cheveux, céphalées. Des examens ophtalmologiques sont nécessaires tous les six mois.
IMMUNOSUPPRESSEURS Methotrexate Azathioprine (Imuran) Cyclophosphamide (Cytoxan)	*Action:* Utilisés dans les cas de polyarthrite rhumatoïde avancée ou de LED qui ne répond pas au traitement classique. Peuvent avoir des effets tératogènes. L'action anti-inflammatoire des immunosuppresseurs semble être attribuable à leur action cytolytique sur les lymphocytes ou les macrophages.	Importants effets toxiques: Aplasie médullaire, ulcérations gastro-intestinales, éruptions cutanées, alopécie Toxicité pour la vessie Diminution de la résistance du patient aux infections Obtenir des analyses de sang et d'urines toutes les semaines. Recommander au patient d'utiliser une méthode contraceptive.
CORTICOSTÉROÏDES Prednisone (Deltasone) Prednisolone (Delta-Cortef) Hydrocortisone (Cortef)	Sont utilisés pour le traitement d'affections actives et invalidantes: PR, LED, SG évolutive et artérite nécrosante. L'administration prolongée entraîne une vaste gamme d'effets indésirables. Doivent être administrés avec prudence à la plus faible dose possible. Leurs effets apparaissent rapidement, en moins de sept jours.	Le traitement prolongé ou l'administration de fortes doses entraînent des effets toxiques: Ostéoporose, fractures, nécroses avasculaires Ulcères gastriques, troubles psychiatriques, sensibilité aux infections Hirsutisme, acné, faciès lunaire, dépôts adipeux anormaux, œdème, troubles émotionnels, troubles menstruels Hyperglycémie, hypokaliémie Hypertension Cataractes et glaucome
CORTICOSTÉROÏDES *Injections intra-articulaires*	Sont utilisés quand la réaction arthritique a été supprimée, mais qu'une ou deux articulations ne répondent pas au traitement. Sont utilisés quand une ou deux articulations seulement sont touchées. Sont administrés pour soulager les douleurs articulaires aiguës afin de permettre au patient de suivre un programme de physiothérapie. Soulagent la douleur. Les effets bénéfiques peuvent durer de quelques semaines à plusieurs mois. On ne doit pas faire plus de trois injections dans une même articulation.	L'injection intra-articulaire de corticostéroïdes peut soulager l'inflammation quand les mesures générales ont échoué. Les articulations les plus susceptibles de répondre aux injections de corticostéroïdes sont celles des chevilles, des genoux, des hanches, des épaules et des mains. Des injections répétées peuvent léser les articulations.

TABLEAU 50-1. (suite)

Médicament	Action, utilisation et indications	Soins infirmiers et évaluation de la tolérance au médicament
CORTICOSTÉROÏDES (suite)		
Allopurinol (Zyloprim) Colchicine	Interrompent la dégradation des purines avant la synthèse de l'acide urique. Inhibent la xanthine oxydase en bloquant la synthèse de l'acide urique. Mécanisme d'action inconnu. N'altèrent pas les concentrations sériques ou urinaires d'acide urique. Diminuent les dépôts d'acide urique et inhibent la production des leucocytes et des kinines, ce qui réduit l'inflammation.	Effets secondaires: aplasie médullaire, vomissements et douleur abdominale Une utilisation prolongée peut réduire l'absorption intestinale de la vitamine B$_{12}$. Provoquent des troubles gastro-intestinaux chez la majorité des patients. Doivent être administrée au moment de la première crise. On augmente la dose jusqu'à ce que la douleur soit soulagée ou qu'une diarrhée apparaisse.
Probénécide (Benemid) (Agent uricosurique)	Inhibe la réabsorption rénale des urates et accroît l'excrétion urinaire d'acide urique. Prévient la formation de tophus.	Être à l'affût des effets secondaires: nausées, éruptions et constipation.

PR: polyarthrite rhumatoïde; SG: sclérodermie généralisée; LED: lupus érythémateux disséminé

Voici d'autres diagnostics infirmiers souvent établis:

- Manque de connaissances relié à l'anxiété, aux expériences antérieures et au soulagement inadéquat de la douleur
- Perturbation des habitudes de sommeil reliée à la douleur, à la fatigue, à la raideur, à l'activité physique, à la dépression, à l'anxiété, aux facteurs environnementaux, à la médication et à la surexcitation
- Perturbation de l'image corporelle reliée aux changements physiques causés par la maladie ou le traitement, à la perturbation de l'exercice du rôle, à des attentes irréalistes ou aux changements apportés au mode de vie
- Stratégies d'adaptation inefficaces, stratégies d'adaptation défensives ou déni reliés au changement perçu ou réel du mode de vie, à la perturbation perçue ou réelle de l'exercice du rôle, à la maladie ou à l'invalidité chronique, au manque de connaissances ou à l'isolement (physique ou affectif)
- Déficit ou excès nutritionnel relié à la perte de mobilité, à la douleur, à la fatigue ou au manque de connaissances
- Atteinte à l'intégrité de la peau reliée aux contractures, à la perte de mobilité, au processus morbide ou au traitement.

▷ *Planification et exécution*

▷ *Objectifs de soins:* Soulagement de la douleur et des malaises; réduction de la fatigue; amélioration de la mobilité; capacité d'effectuer les autosoins

▷ *Interventions infirmières*

L'infirmière doit fonder ses interventions sur une bonne compréhension du processus morbide (dégénérescence, inflammation, ainsi que dégénérescence causée par l'inflammation ou inflammation causée par la dégénérescence). Elle doit aussi savoir si l'affection est localisée ou disséminée, car l'étendue de la maladie influencera les soins infirmiers.

Dans certaines affections rhumatismales (arthrose par exemple) qui se manifestent par une altération assez localisée du tissu conjonctif, il est possible d'atténuer les symptômes tels que la douleur ou la raideur. D'autres affections ont une cause précise et leur traitement est bien établi. La goutte en est un exemple. Les affections rhumatismales qui présentent les plus grandes difficultés pour l'infirmière sont celles qui provoquent des manifestations générales.

Voir le plan de soins infirmiers 50-1, pour les interventions infirmières qui se rapportent à chacun des diagnostics infirmiers. Les interventions qui s'appliquent plus précisément à une affection rhumatismale donnée sont expliquées dans la section qui traite de l'affection en question.

Voici les interventions auxquelles l'infirmière a souvent recours:

▷ *Soulagement de la douleur*

Applications chaudes et froides. L'application de chaleur permet souvent de soulager la douleur, la raideur et les spasmes musculaires. Les douches et les bains chauds, ou les compresses chaudes humides, peuvent procurer une chaleur superficielle. Les bains de paraffine offrent une chaleur plus concentrée; ils sont utiles chez les patients qui présentent une douleur au poignet ou à une autre articulation. Le patient fera les exercices thérapeutiques plus facilement et plus efficacement après une application de chaleur. Dans certains cas, par contre, la chaleur peut aggraver la douleur, les spasmes musculaires et le volume de liquide synovial. Dans les cas d'inflammation aiguë, l'infirmière peut essayer d'appliquer du froid, au moyen d'une compresse froide ou d'un sac de glace. La chaleur et le froid contribuent tous les deux à l'analgésie des récepteurs nerveux de la douleur et au soulagement des spasmes musculaires.

Mesures de soulagement de la douleur. L'infirmière enseigne au patient d'autres mesures qui lui permettront de soulager la douleur et d'améliorer son bien-être: techniques de relaxation, imagerie mentale et auto-hypnose. Les techniques de relaxation réduisent la tension musculaire et l'anxiété. Il s'agit de séries de contractions et de relâchements musculaires associés à des exercices de respiration contrôlée. L'imagerie mentale incite le patient à se concentrer sur une expérience ou une situation agréable de façon à détourner

TABLEAU 50-2. *Exercices recommandés selon la tolérance à l'effort dans les cas d'inflammation articulaire*

Gravité de la douleur ou de l'inflammation	Exercices recommandés	Capacité d'exécution du patient
Exacerbation aiguë; douleur intense	Exercices passifs d'amplitude de mouvement	Le patient est incapable de faire les exercices seul.
Subaiguë; douleur modérée ou faible	Exercices actifs, assistés ou non, d'amplitude de mouvement selon la tolérance à la douleur	Le patient peut faire les exercices avec l'aide d'une autre personne ou au moyen d'une aide technique.
Inactive; en rémission; douleur faible ou absente	Exercices actifs d'amplitude de mouvement; exercices isométriques	Le patient peut faire les exercices seul.

son attention de la douleur. L'auto-hypnose est une technique qui consiste à altérer l'état de conscience pour permettre la relaxation et l'évocation d'images agréables.

▷ *Réduction de la fatigue.* Le repos permet également de réduire la fatigue et de soulager la douleur. Dans le cas d'une affection rhumatismale généralisée, le traitement doit viser les systèmes et appareils touchés, et non seulement les articulations. Le repos nécessaire dépend de l'étendue de l'inflammation et du degré de bien-être du patient.

De fréquentes périodes de repos au lit pendant la journée permettent de supprimer le poids porté par les articulations et de réduire la fatigue. Si l'inflammation est grave, le repos complet au lit pendant une brève période peut être indiqué. Le patient doit néanmoins continuer à faire les exercices d'amplitude de mouvement.

▷ *Amélioration de la mobilité*

Positions et posture. Pour réduire la tension imposée aux articulations et prévenir les déformations, il est essentiel d'installer correctement le patient. Toutes les articulations devraient être soutenues et placées en position fonctionnelle. Au lit, le patient doit reposer à plat sur un matelas ferme, les pieds contre un appui-pieds; il ne doit utiliser qu'un oreiller pour prévenir la cyphose. Il *ne faut pas* mettre un oreiller sous les genoux, car cela favorise la contracture en flexion de l'articulation. Le patient doit s'étendre sur le ventre plusieurs fois par jour afin de prévenir la contracture en flexion des hanches. L'infirmière l'incite aussi à faire des exercices actifs d'amplitude de mouvement pour prévenir la raideur articulaire. Si le patient est incapable de faire des exercices actifs, l'infirmière doit lui faire faire des exercices passifs.

Le patient doit également maintenir une bonne posture. Pour cela, il doit entre autres marcher en gardant le dos droit et s'asseoir sur une chaise à dossier droit, les pieds à plat sur le sol et les épaules et les hanches appuyées contre le dossier.

Aides techniques et aides à la motricité. On peut utiliser des attelles et des orthèses pour soutenir ou immobiliser une articulation. Le collet cervical peut par exemple soutenir le poids de la tête et limiter les mouvements du cou. Si les pieds sont douloureux ou déformés, on peut placer une barre métatarsienne ou des coussinets spéciaux dans les chaussures.

Pour soulager une articulation très enflammée, on peut en limiter les mouvements à l'aide d'une attelle. Les attelles soulagent également les spasmes en soutenant l'articulation et peuvent contribuer à prévenir les déformations. Le genou soutenu par une attelle doit être en extension complète et le poignet, en dorsiflexion légère. Il ne faut pas «bloquer» les articulations en flexion en raison de la force prédominante des muscles fléchisseurs. On doit retirer périodiquement l'attelle et faire faire des exercices d'amplitude de mouvement. Dans les cas où la structure de l'articulation subit une transformation, on doit modifier l'attelle.

L'utilisation de cannes et de béquilles peut soulager les articulations enflammées et douloureuses tout en permettant au patient de se déplacer sans danger. On doit choisir une canne dont la longueur permet une légère flexion du coude. Le patient doit la tenir avec la main opposée au côté affecté. Si les articulations du poignet et de la hanche sont touchées, le patient devra peut-être utiliser des béquilles d'avant-bras, surtout s'il vient de subir une reconstruction des articulations des membres inférieurs.

▷ *Autosoins.* Les aides techniques peuvent souvent faire toute la différence entre la dépendance et l'autonomie. Elles peuvent cependant perturber l'image corporelle du patient et l'inciter à ne pas respecter les modalités du traitement. Quand elle présente ces aides au patient, l'infirmière doit se montrer sensible à ses sentiments et à son attitude, et adopter elle-même une attitude positive.

▷ *Évaluation*

Résultats escomptés

1. Le patient éprouve un soulagement de la douleur.
   a) Il connaît les facteurs qui provoquent la douleur et ou l'intensifient.
   b) Il fait appel à des mesures efficaces pour soulager la douleur.
   c) Il se fixe des objectifs réalistes pour le soulagement de sa douleur.
   d) Il dit avoir moins mal et se sentir mieux.
2. Le patient est moins fatigué.
   a) Il connaît les facteurs qui accroissent sa fatigue.
   b) Il se réserve des périodes de repos régulières.
   c) Il se dit moins fatigué.
3. Le patient est davantage mobile.
   a) Il connaît les facteurs qui nuisent à sa mobilité.
   b) Il fait des activités et des exercices qui favorisent sa mobilité.
   c) Il utilise des aides techniques de façon appropriée.
   d) Il maintient une bonne posture et un bon alignement corporel.
4. Le patient assume ses autosoins.
   a) Il participe dans la mesure de ses capacités à ses autosoins.
   b) Il utilise des aides techniques pour participer davantage à ses autosoins.
   c) Il conserve toute la mobilité et toute l'autonomie dont il est capable.

Voir le plan de soins infirmiers 50-1 pour d'autres résultats escomptés.

Plan de soins infirmiers 50-1
Patients atteints d'une affection rhumatismale

Interventions infirmières	Justification	Résultats escomptés

Diagnostic infirmier: Douleur reliée à l'inflammation, à l'évolution du processus morbide, aux lésions tissulaires ou à l'immobilité

Objectif: Amélioration du bien-être, application de mesures de soulagement de la douleur dans la vie quotidienne

Interventions infirmières	Justification	Résultats escomptés
1. Appliquer diverses mesures de bien-être: a) Application de chaleur ou de froid b) Massages c) Matelas de mousse d) Oreiller orthopédique e) Techniques de relaxation f) Changements de position g) Attelles h) Activités de loisirs i) Repos des articulations touchées	1. Diverses mesures non médicamenteuses peuvent soulager la douleur: protection des articulations, exercice, relaxation et applications chaudes ou froides.	• Le patient connaît les facteurs qui provoquent ou intensifient la douleur. • Il connaît et utilise les mesures de soulagement de la douleur.
2. Administrer les médicaments selon l'ordonnance: a) anti-inflammatoires b) analgésiques c) médicaments à action lente	2. La douleur causée par une affection rhumatismale répond à différents traitements médicamenteux composés d'un ou de plusieurs médicaments.	• Le patient dit avoir moins mal. • Il présente peu de réactions indésirables aux médicaments.
3. Enseigner au patient à s'administrer lui-même les médicaments.		• Le patient démontre qu'il est capable de prendre correctement les médicaments prescrits.
4. Vérifier si le patient présente des effets secondaires: troubles gastro-intestinaux, réduction de la fonction rénale, aplasie médullaire, etc. (voir le tableau 50-1).		
5. Établir un schéma posologique personnalisé qui tient compte des besoins du patient en matière de soulagement de la douleur.		
6. Inciter le patient à exprimer ses pensées et ses sentiments à propos de la douleur et de la nature chronique de sa maladie.	6. L'effet de la douleur sur la vie du patient amène souvent celui-ci à se faire des idées fausses sur la douleur et les méthodes de soulagement.	• Le patient explique que la douleur est caractéristique de son affection rhumatismale. • Il se donne des objectifs réalistes pour le soulagement de sa douleur.
7. Créer un climat rassurant.		
8. Donner au patient de l'enseignement sur la physiopathologie de la douleur et des affections rhumatismales.		
9. Expliquer au patient que la douleur conduit souvent à l'utilisation de méthodes de traitement discutables.		• Le patient explique que la douleur conduit souvent à utiliser des méthodes de traitement non éprouvées.
10. Obtenir des données subjectives sur l'évolution de la douleur.	10. Dans les cas d'affection rhumatismale, la description que fait le patient de sa douleur est un indicateur plus fiable que les mesures objectives telles que les changements des signes vitaux, les mouvements du corps et l'expression du visage.	• Le patient indique les changements qui surviennent dans les caractéristiques ou l'intensité de sa douleur.

Plan de soins infirmiers 50-1 (suite)
Patients atteints d'une affection rhumatismale

Interventions infirmières	Justification	Résultats escomptés

Diagnostic infirmier: Perturbation des habitudes de sommeil reliée à la douleur, à la fatigue, à l'inactivité physique, à la dépression, aux médicaments ou à la surexcitation

Objectif: Amélioration de la qualité du sommeil

1. Enseigner au patient des moyens d'améliorer son sommeil. a) Utiliser des applications chaudes et des massages, s'installer dans une bonne position, utiliser des techniques de relaxation, prendre des analgésiques ou des anti-inflammatoires avant le coucher. b) Utiliser des objets spéciaux pour le lit. c) Respecter un rituel avant d'aller au lit.	1. S'il est plus à l'aise, le patient dormira mieux. Pour être plus à l'aise, il peut avoir recours à des objets spéciaux (matelas alvéolé, oreiller orthopédique, etc.)	• Le patient connaît et utilise des méthodes qui l'aident à s'endormir ou à mieux dormir.
2. Donner au patient de l'enseignement sur l'utilisation des antidépresseurs.	2. À faibles doses, les antidépresseurs peuvent améliorer le sommeil, et réduire la douleur chronique pouvant provoquer de l'insomnie.	• Le patient explique pourquoi il peut prendre des antidépresseurs pour favoriser son sommeil.
3. Discuter des facteurs pouvant nuire au sommeil. a) Ingestion de nourriture ou de caféine b) Ingestion d'alcool c) Faible activité pendant la journée d) Stimulations au moment d'aller au lit e) Sieste en fin d'après-midi	3. Les troubles du sommeil sont souvent reliés à des facteurs indépendants du processus morbide lui-même.	• Le patient connaît les facteurs pouvant nuire à son sommeil.
4. Administrer des hypnotiques ou des sédatifs quand toutes les autres mesures ont échoué.	4. Les hypnotiques altèrent le sommeil paradoxal (phase de mouvements oculaires rapides) et la phase IV du sommeil, ce qui peut rendre le sommeil plus agité.	• Le patient connaît des hypnotiques et les utilise au besoin.

Diagnostic infirmier: Fatigue reliée à l'évolution du processus morbide, à la douleur, au manque de sommeil ou de repos, à la mauvaise alimentation, au stress émotionnel et à l'anémie

Objectif: Intégration aux activités quotidiennes de mesures pour réduire la fatigue

1. Donner au patient de l'enseignement sur les points suivants: a) Lien entre l'évolution de la maladie et la fatigue b) Lien entre l'anémie et le processus morbide c) Fluctuation des capacités physiques en fonction des diverses phases de la maladie d) Effets bénéfiques d'une alimentation riche en fer e) Facteurs physiques et émotionnels pouvant entraîner de la fatigue	1. La fatigue peut augmenter ou diminuer selon l'évolution de la maladie.	• Le patient explique le lien qui existe entre la fatigue et l'évolution de sa maladie. • Il fait la différence entre les facteurs psychologiques et les facteurs physiques qui peuvent causer de la fatigue.

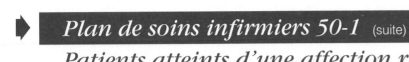

Plan de soins infirmiers 50-1 (suite)
Patients atteints d'une affection rhumatismale

Interventions infirmières	Justification	Résultats escomptés
2. S'assurer que le patient suit son traitement médicamenteux.		
3. Améliorer le bien-être du patient pour réduire la fatigue. a) Incorporer des périodes de repos dans les activités quotidiennes du patient. b) Inciter le patient à ralentir le rythme de ses activités. c) L'aider à établir ses priorités. d) Lui enseigner des techniques de relaxation. e) Lui enseigner des méthodes de soulagement de la douleur. f) L'aider à bien doser ses périodes d'activité et de repos.	3. On peut réduire sa fatigue en conservant son énergie, en adoptant des stratégies d'adaptation efficaces, et en utilisant des mesures appropriées de soulagement de la douleur.	• Le patient connaît et utilise les mesures lui permettant de réduire ou de prévenir la fatigue.

Diagnostic infirmier: Altération de la mobilité physique reliée à l'activité pathologique, à la réduction de l'amplitude des mouvements articulaires, à la baisse de l'endurance et à l'utilisation incorrecte des aides à la motricité

Objectif: Rétablissement ou maintien d'une mobilité fonctionnelle

Interventions infirmières	Justification	Résultats escomptés
1. Inciter le patient à s'exprimer au sujet de l'altération de sa mobilité.	1. La diminution de la mobilité n'est pas nécessairement reliée à des déformations. La douleur, la raideur et la fatigue peuvent limiter temporairement la mobilité. Le degré d'autonomie n'est pas fonction du degré de mobilité. La réduction de la mobilité peut influer sur l'image de soi et entraîner l'isolement.	• Le patient connaît les facteurs qui nuisent à sa mobilité.
2. Évaluer la nécessité d'une consultation en ergothérapie ou physiothérapie pour: a) favoriser l'amplitude de mouvement dans les articulations touchées b) favoriser l'utilisation efficace des aides à la motricité c) inciter le patient à porter des chaussures adéquates d) favoriser une bonne posture et le respect des règles de la mécanique corporelle	2. Les exercices thérapeutiques, le port de chaussures appropriées et l'utilisation d'aides techniques peuvent améliorer la mobilité. Pour maintenir une mobilité optimale, une bonne posture et le respect des règles de la mécanique corporelle sont essentiels.	• Le patient connaît et utilise des mesures qui peuvent prévenir la perte de mobilité.
3. Aider le patient à reconnaître les obstacles dans son environnement.	3. Le patient peut améliorer sa mobilité en utilisant un mobilier adapté et en modifiant son domicile.	• Le patient connaît les obstacles physiques qui nuisent à sa mobilité (à la maison, à l'école, au travail, dans son milieu).
4. Inciter le patient à utiliser différents moyens pour conserver sa mobilité. a) Lui laisser suffisamment de temps pour ses activités. b) L'inciter à se reposer après ses activités. c) Lui faire voir l'importance de la protection des articulations et de la simplification des tâches courantes.	4. Une altération de la mobilité peut exposer le patient à certains dangers.	• Le patient utilise les techniques et les aides appropriées pour conserver sa mobilité.

Plan de soins infirmiers 50-1 (suite)
Patients atteints d'une affection rhumatismale

Interventions infirmières	Justification	Résultats escomptés
5. Diriger le patient vers un organisme de santé communautaire.	5. L'amélioration de la mobilité peut prendre un certain temps; elle est parfois impossible malgré les interventions.	• Le patient indique les ressources communautaires auxquelles il peut avoir recours.

Diagnostic infirmier: Déficit d'autosoins relié à l'activité de la maladie, à la mobilité réduite, aux contractures, à la dépression, au manque de connaissances, au manque de motivation ou à un sentiment acquis d'impuissance

Objectif: Capacité d'effectuer les autosoins seul ou avec l'aide de diverses ressources

1. Aider le patient à déterminer ses déficits d'autosoins ainsi que les facteurs qui l'empêchent d'assumer ses autosoins.	1. La capacité d'assumer les autosoins est influencée par la gravité de la maladie et ses effets: douleur, raideur, fatigue, faiblesse musculaire, perte de mobilité et dépression.	• Le patient indique les facteurs qui l'empêchent d'assumer ses autosoins.
2. Établir avec le patient un plan qui lui permettra de se fixer des objectifs en matière d'autosoins et de déterminer des moyens pour les atteindre (protection des articulations, conservation d'énergie et simplification des tâches courantes). a) Fournir au patient les aides techniques appropriées. b) Insister sur l'utilisation appropriée des aides techniques. c) Permettre au patient de choisir lui-même le moment propice pour effectuer ses autosoins.	2. Les aides techniques peuvent améliorer l'autonomie du patient. La capacité du patient d'effectuer ses autosoins n'est pas nécessairement fonction de l'ampleur des déformations.	• Le patient indique les méthodes qu'il peut utiliser pour effectuer ses autosoins. • Il utilise ces méthodes.
3. Consulter des organismes de santé communautaires quand le patient a atteint son degré maximal d'autonomie en matière d'autosoins mais qu'il présente encore certaines déficiences surtout si ces déficiences menacent sa sécurité.	3. La capacité d'effectuer les autosoins ainsi que la disposition à les assumer varient d'un patient à l'autre. Le patient qui devient moins capable d'assumer ses autosoins peut s'exposer à certains dangers.	• Le patient connaît et utilise les services communautaires qui peuvent l'aider à répondre à ses besoins en matière d'autosoins.

Diagnostic infirmier: Manque de connaissances (pour prendre des décisions relatives aux autosoins) relié à l'absence d'expériences antérieures du même type, à l'anxiété ou à un soulagement insuffisant de la douleur

Objectif: Acquisition des connaissances nécessaires sur le processus morbide et le traitement

1. Enseigner au patient les éléments de base sur la maladie (cause, traitement, pronostic). a) Évaluer les capacités d'apprentissage du patient. b) Évaluer les obstacles qui nuisent aux capacités d'apprentissage du patient. c) Utiliser diverses méthodes d'enseignement.	1. Le patient peut avoir des idées fausses sur la cause, le traitement et le pronostic de sa maladie. Certains facteurs (douleur, fatigue et dépression) peuvent entraver la capacité d'apprentissage du patient, de même que divers obstacles physiques, psychologiques, intellectuels ou sociaux. La façon dont l'information est présentée peut aussi influer sur le comportement du patient.	• Le patient démontre qu'il possède des connaissances générales sur la maladie et son traitement. • Il possède suffisamment de connaissances pour prendre soin de lui-même en fonction de son système de valeurs.

Plan de soins infirmiers 50-1 (suite)

Patients atteints d'une affection rhumatismale

Interventions infirmières	Justification	Résultats escomptés
2. Informer le patient sur son traitement médicamenteux et sur la façon d'administrer ses médicaments.	2. Le patient peut avoir besoin d'une certaine supervision pour apprendre à incorporer ses autosoins dans ses activités quotidiennes. Il doit être bien informé pour être en mesure de distinguer les traitements bien établis des traitements non éprouvés.	• Le patient démontre qu'il possède des connaissances générales sur ses médicaments et qu'il sait comment les prendre.
3. Enseigner au patient comment adapter au besoin son mode de vie. Favoriser la participation des personnes clés.	3. La participation des personnes clés peut aider le patient à effectuer les changements nécessaires dans son mode de vie.	• Le patient explique diverses façons d'intégrer ses autosoins à ses habitudes de vie.

Diagnostic infirmier :   Perturbation de l'image corporelle reliée aux changements dans l'apparence physique, au déficit d'autosoins et à la perception que la famille a du patient.

Objectif :   Rétablissement de l'image de soi en fonction des changements physiques et psychologiques causés par l'affection rhumatismale

1. Aider le patient à voir dans quelle mesure il peut maîtriser les symptômes et le traitement de sa maladie.	1. La perturbation de l'image de soi du patient peut provenir de la maladie ou de son traitement.	• Le patient explique que la perturbation de l'image de soi est une réaction normale à son affection rhumatismale.
2. Inciter le patient à verbaliser ses émotions, ses perceptions et ses craintes. a) L'aider à évaluer sa situation actuelle et à reconnaître ses problèmes. b) L'aider à déterminer les mécanismes d'adaptation auxquels il a déjà eu recours. c) L'aider à trouver des mécanismes d'adaptation efficaces.		

ATTEINTE DIFFUSES DU TISSU CONJONCTIF

POLYARTHRITE RHUMATOÏDE

La polyarthrite rhumatoïde (PR) est une affection chronique, générale et évolutive du tissu conjonctif. Il s'agit d'une affection inflammatoire qui s'attaque principalement à la synoviale des articulations et qui se caractérise généralement par une douleur et une raideur articulaires, une perte de mobilité et de la fatigue. La synovite apparaît de façon symétrique dans les articulations périphériques. La maladie se manifeste différemment d'un patient à l'autre ; son évolution est donc variable.

La polyarthrite rhumatoïde peut survenir à n'importe quelle période de la vie, mais son incidence s'accroît avec l'âge. Chez les personnes âgées, elle touche autant d'hommes que de femmes. Les recherches indiquent que des symptômes peuvent apparaître dans la vingtaine et la trentaine, mais que la maladie touche surtout les personnes de 40 à 70 ans.

On ne connaît toujours pas la cause de la polyarthrite rhumatoïde, mais on suppose l'intervention d'une réaction immunitaire à des antigènes exogènes ou endogènes inconnus, d'origine virale ou bactérienne, ou associée à une altération de la production et de la fonction du collagène.

La polyarthrite rhumatoïde aurait peut-être une composante génétique, car des études indiquent que les personnes qui possèdent l'antigène d'histocompatibilité HLA-DR4 seraient prédisposées à la maladie. Toutefois, seuls quelques porteurs de l'antigène HLA-DR4 sont atteints de la maladie. Les Américains de race noire souffrant de polyarthrite rhumatoïde ne sont pas porteurs de l'antigène HLA-DR4, ce qui démontre qu'il est possible de contracter la maladie en l'absence de cet antigène.

Physiopathologie

Pour comprendre la physiopathologie de la polyarthrite rhumatoïde, il importe de bien connaître l'anatomie et la physiologie normales des articulations (voir le chapitre 60). Les articulations *mobiles*, ou *diarthroses*, sont le plus souvent touchées par l'inflammation et la dégénérescence qui accompagnent la polyarthrite rhumatoïde.

La fonction des diarthroses est d'assurer le mouvement. Chaque diarthrose possède une amplitude de mouvement qui varie d'une personne à l'autre.

Le *cartilage articulaire* recouvre l'extrémité osseuse des articulations et offre une surface lisse et résiliente. Comme ce cartilage n'est pas vascularisé, il ne peut se régénérer.

La *synoviale* est une membrane qui tapisse la face profonde de la capsule articulaire et sécrète du liquide. Le *liquide synovial* sert d'amortisseur et de lubrifiant pour permettre aux articulations de bouger aisément dans la direction appropriée.

Les changements pathologiques causés par la polyarthrite rhumatoïde apparaissent tout d'abord dans le tissu synovial, où la réponse immunitaire tend à se localiser. L'inflammation se constitue en une série d'étapes interreliées.

La première étape est déclenchée par un antigène qui active des monocytes et des lymphocytes T pour produire des immunoglobulines qui forment des complexes immuns avec les antigènes. Les complexes immuns sont ensuite phagocytés, ce qui génère une réaction inflammatoire (tuméfaction, douleur et œdème dans l'articulation) (figure 50-1).

À l'étape suivante, la réaction immunitaire dévie de la normale. La phagocytose produit des substances chimiques comme les leucotriènes et les prostaglandines. Les leucotriènes contribuent au processus inflammatoire en attirant d'autres globules blancs dans la région. Les prostaglandines, elles, sont des modificateurs de l'inflammation; elles peuvent soit l'exacerber, soit l'atténuer. Les leucotriènes et les prostaglandines produisent des enzymes, dont la collagénase, qui dégradent le collagène (tissu vital des articulations normales). La libération de ces enzymes dans l'articulation entraîne un œdème, la formation d'un pannus par prolifération de la synoviale, la destruction du cartilage et l'érosion des os (voir la figure 50-1B), ce qui entraîne la détérioration des surfaces articulaires et une perte de mobilité articulaire. Les fibres musculaires dégénèrent aussi et perdent de leur élasticité et de leur contractilité.

Manifestations cliniques

Le tableau clinique de la polyarthrite rhumatoïde peut varier, mais il est généralement déterminé par le stade et la gravité du processus morbide. Les manifestations cliniques classiques de la polyarthrite rhumatoïde sont une douleur articulaire,

un œdème, une chaleur localisée, un érythème et une altération fonctionnelle. À la palpation de l'articulation, les tissus sont œdémateux et spongieux. On peut généralement aspirer du liquide de l'articulation enflammée.

Généralement l'atteinte touche d'abord les petites articulations des mains, des poignets et des pieds, puis se propage peu à peu aux genoux, aux épaules, aux hanches, aux coudes, aux chevilles, à la colonne cervicale et aux articulations temporomaxillaires. Les premiers symptômes (douleur et tuméfaction articulaires, ainsi qu'une raideur articulaire au lever qui persiste pendant plus de 30 minutes) apparaissent habituellement de façon brutale; ils sont bilatéraux et symétriques.

Le patient peut présenter des incapacités fonctionnelles dès les premiers stades de la maladie, avant l'apparition de changements osseux, au moment de l'inflammation active des articulations. Les articulations chaudes, tuméfiées et douloureuses sont difficiles à bouger, et le patient a tendance à les protéger en les gardant immobiles. Une immobilisation prolongée peut aboutir à des contractures et entraîner la déformation des tissus mous.

La polyarthrite rhumatoïde entraîne souvent une déformation des mains (figure 50-2A) et des pieds (figure 50-2B). Ces déformations peuvent être causées par un mauvais alignement de l'articulation dû à la tuméfaction, à la destruction progressive, ou au chevauchement des surfaces osseuses de l'articulation. Le *coup de vent cubital* (déviation de doigts du côté cubital) est une déviation des doigts vers le cubitus (os interne de l'avant-bras, du côté opposé au pouce). La *déformation en col de cygne* est une hyperextension des articulations interphalangiennes proximales. Quant à la *déformation en boutonnière*, il s'agit d'une déformation en flexion de ces articulations.

La polyarthrite rhumatoïde est une affection générale qui comporte plusieurs manifestations extra-articulaires, dont les plus courantes sont la fièvre, une perte de poids, de la fatigue, une anémie et une tuméfaction des ganglions lymphatiques. Le phénomène de Raynaud est également fréquent. Des nodules rhumatoïdes s'observent dans 20 à 25 % des cas. Quand ils se forment dans le tissu sous-cutané voisin de l'articulation, ils sont «spongieux» et mobiles. Ils apparaissent habituellement sur les éminences osseuses, sont de grosseur variable et peuvent disparaître spontanément. Ils ne touchent que les patients possédant le facteur rhumatoïde, et témoignent souvent d'une progression rapide de la maladie. Parmi les autres manifestations extra-articulaires, on note des artérites,

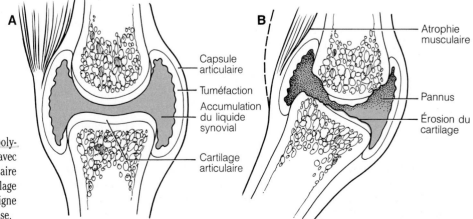

A — Capsule articulaire — Tuméfaction — Accumulation du liquide synovial — Cartilage articulaire

B — Atrophie musculaire — Pannus — Érosion du cartilage

Figure 50-1. Physiopathologie de la polyarthrite rhumatoïde. (**A**) Structure articulaire avec tuméfaction et accumulation intra-articulaire de liquide. (**B**) Pannus, érosion du cartilage articulaire avec rétrécissement de l'interligne articulaire, atrophie musculaire et ankylose.

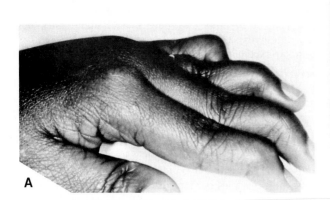
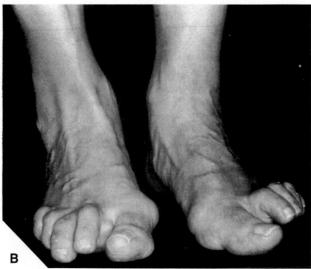

Figure 50-2. Déformations de la main et du pied causées par la polyarthrite rhumatoïde. (**A**) Déformation en col de cygne, caractérisée par l'hyper-extension des articulations interphalangiennes proximales (situées entre les premières et deuxièmes phalanges) et la flexion des articulations interphalangiennes distales. (**B**) Fallux valgus et déformation en marteau de l'orteil. Ces déformations sont associées à une subluxation des articulations métatarsophalangiennes.
(Source : Teaching Slide Collection, 2ᵉ éd., copyright 1988, avec la permission de l'Arthritis Foundation)

des neuropathies, des sclérites, la péricardite, la splénoméga-lie et le syndrome de Gougerot-Sjögren (sécheresse des yeux et des muqueuses).

Examens diagnostiques

Le diagnostic repose sur un bilan de santé, un examen phy-sique et des examens diagnostiques. L'examen physique permet d'évaluer la dimension et le mouvement des articu-lations touchées, de même que la symétrie des atteintes. Il permet aussi de déceler la présence de nodules rhumatoïdes. L'inflammation des articulations est perceptible à la palpation.

Certaines épreuves sérologiques sont révélatrices. Le fac-teur rhumatoïde, par exemple, est présent chez plus de 80 % des patients atteints de polyarthrite rhumatoïde. Cependant, la mise en évidence de ce facteur ne permet pas à elle seule de poser le diagnostic. La vitesse de sédimentation augmente de façon significative chez le patient souffrant de polyarthrite rhumatoïde. La numération des érythrocytes et le taux de la composante C_4 du complément sont abaissés. Les recherches de la protéine C-réactive et des anticorps antinucléaires (AAN) sont positives. L'arthrocentèse révèle la présence de liquide synovial trouble, laiteux ou jaune foncé contenant de nom-breuses cellules inflammatoires, notamment des leucocytes, et des composantes du complément.

Les examens radiologiques servent à poser le diagnostic, de même qu'à déterminer le stade de la maladie et à en suivre l'évolution. Les radiographies révèlent une érosion osseuse et un pincement des interlignes articulaires aux stades plus avancés de la maladie.

Traitement

Le traitement de la polyarthrite rhumatoïde exige une colla-boration multidisciplinaire. Il vise à atténuer ou à supprimer la réaction inflammatoire, à soulager la douleur, à réduire au minimum les effets indésirables des médicaments, à préserver la fonction articulaire et musculaire, et à améliorer la qualité de vie du patient.

Aux premiers stades de la maladie, il faut informer le patient, lui montrer comment doser le repos et l'exercice, et l'adresser à des organismes communautaires qui peuvent lui venir en aide. Pour le traitement médicamenteux, on a d'abord recours à de fortes doses de salicylates ou d'anti-inflammatoires non stéroïdiens (AINS). Administrés à doses thérapeutiques maximales, ces médicaments ont une action analgésique et anti-inflammatoire. Pour obtenir une action anti-inflammatoire plus efficace, il faut maintenir une concentration sanguine uniforme de médicament.

On peut prescrire d'autres analgésiques dans les périodes de forte douleur. Il importe cependant d'éviter les analgésiques narcotiques, car ils peuvent entraîner une dépendance.

Les salicylates et les anti-inflammatoires non stéroïdiens constituent la base du traitement médicamenteux, mais la plu-part des patients ont besoin de médicaments additionnels. Quand elle est indiquée, l'administration d'antipaludiques et de sels d'or doit être entreprise au début de la maladie, avant la destruction des articulations. Voir le tableau 50-1 pour les médicaments utilisés dans le traitement de la polyarthrite rhu-matoïde. Les patients qui prennent ces médicaments doivent recevoir un enseignement complet sur le type des médica-ments, leurs buts, la posologie, les effets secondaires et les mesures de surveillance des effets secondaires. On doit éga-lement déterminer les facteurs susceptibles d'entraver l'observance du programme thérapeutique et prendre les mesures nécessaires pour aider le patient à se conformer à ce programme.

Dans les cas de *polyarthrite rhumatoïde* érosive modé-rée, on établit un programme structuré d'ergothérapie et de physiothérapie dans le but d'enseigner au patient des mesures de protection des articulations et de conservation de l'énergie, des méthodes de simplification du travail, des exercices d'amplitude de mouvement et des exercices de renforcement musculaire. L'accent est mis sur la participation active du patient. On lui enseigne diverses méthodes de soulagement de la douleur, notamment les applications chaudes et froides, les exercices de relaxation et les techniques de biofeedback. Il faut parfois réévaluer le traitement médicamenteux et y apporter des changements.

La pénicillamine (Cuprimine) est un chélateur administré par voie orale qui peut remplacer les sels d'or. Comme pour les sels d'or, le mécanisme d'action anti-inflammatoire de la pénicillamine est inconnu. Ce médicament permet dans certains cas d'interrompre l'évolution de la polyarthrite rhumatoïde. Si les sels d'or ne donnent pas les résultats escomptés, on peut aussi avoir recours au méthotrexate. Si la maladie est à un stade plus avancé et plus actif, on doit augmenter les doses.

Dans les cas de polyarthrite rhumatoïde érosive évolutive, on doit souvent utiliser la chirurgie reconstructive et les corticostéroïdes. La chirurgie reconstructive est indiquée quand le traitement médicamenteux ne parvient pas à soulager la douleur. Les interventions pratiquées sont la *synovectomie* (exérèse de la synoviale), la *ténorraphie* (suture d'un tendon), l'*arthrodèse* (fusion chirurgicale d'une articulation) ou l'*arthroplastie* (réfection chirurgicale d'une articulation) (voir le chapitre 61).

On utilise des corticostéroïdes par voie générale quand l'inflammation et la douleur sont constantes, ou quand on a besoin d'un médicament «de transition» en attendant que les effets des agents à action lente (les sels d'or) se fassent sentir. Les corticostéroïdes sont administrés à faibles doses et tout juste le temps qu'il faut. On peut procéder à des injections intra-articulaires de corticostéroïdes dans une ou deux articulations qui ne répondent pas au traitement médicamenteux par voie générale.

Dans la *polyarthrite rhumatoïde* grave au stade avancé, on a recours aux immunosuppresseurs (méthotrexate, cyclophosphamide et azathioprine) car ces médicaments peuvent réduire la production des anticorps au niveau cellulaire. Ces médicaments ont toutefois d'importants effets secondaires: aplasie médullaire, anémie, troubles gastro-intestinaux et éruptions cutanées. La *plasmaphérèse*, la *lymphophérèse* et l'irradiation *lymphoïde totale* sont des techniques nouvelles et controversées qu'on réserve aux cas extrêmes qui ne répondent pas aux autres traitements.

À tous les stades de la maladie, la dépression et le manque de sommeil peuvent exiger l'administration de faibles doses d'antidépresseurs.

Le patient atteint de polyarthrite rhumatoïde présente souvent une anorexie, une perte de poids et une anémie. Le bilan nutritionnel permet de déterminer ses habitudes et ses préférences alimentaires. On enseigne au patient à choisir des aliments fournissant les apports quotidiens recommandés et provenant des quatre groupes alimentaires de base, et à favoriser les aliments riches en vitamines, en protéines et en fer qui contribuent à la régénération des tissus. Si le patient souffre d'anorexie grave, on peut lui recommander de manger peu à la fois mais souvent, et de prendre des suppléments de protéines.

Certains médicaments (les corticostéroïdes par voie orale) stimulent l'appétit et peuvent entraîner un gain pondéral si le patient réduit ses activités.

 # DÉMARCHE DE SOINS INFIRMIERS: ## PATIENTS ATTEINTS DE POLYARTHRITE RHUMATOÏDE

▷ Collecte des données

La collecte des données commence par une entrevue et un examen physique. Au cours de l'entrevue, l'infirmière évalue l'image de soi du patient en rapport avec les changements musculosquelettiques entraînés par la maladie et détermine s'il présente une fatigue inhabituelle, une faiblesse généralisée, des douleurs, une raideur matinale, de la fièvre ou de l'anorexie.

L'examen physique comprend une évaluation cardiovasculaire, pulmonaire et urinaire. Un examen de l'appareil locomoteur s'impose (voir l'encadré 50-2).

L'infirmière s'emploie surtout à cerner les problèmes du patient et les facteurs qui détermineront le choix des interventions. Lors de l'examen de l'appareil locomoteur, elle inspecte et palpe les articulations touchées et évalue la douleur, la tuméfaction et la rougeur. Elle évalue également la mobilité des articulations et l'amplitude de mouvement, ainsi que la force musculaire. Toute altération exige une évaluation plus poussée des capacités fonctionnelles. Elle demande au patient d'effectuer certains mouvements afin de déterminer les pertes fonctionnelles compensées.

L'infirmière vérifie également si le patient observe son traitement médicamenteux. Elle évalue ses connaissances sur le traitement et s'assure ainsi qu'il utilise correctement les médicaments. Elle doit aussi recueillir des données sur les connaissances du patient, sa motivation, ses capacités d'adaptation, ses expériences antérieures, ses idées préconçues et ses craintes. Enfin, elle évalue les effets de la maladie sur l'image de soi et les capacités d'adaptation du patient.

▷ Analyse et interprétation des données

Selon les données recueillies, voici les principaux diagnostics possibles:

- Douleur reliée à l'inflammation, aux lésions tissulaires et à l'immobilité articulaire
- Fatigue reliée à l'aggravation du processus morbide
- Altération de la mobilité physique reliée à la restriction des mouvements articulaires
- Déficit d'autosoins relié à la fatigue et à la raideur articulaire
- Perturbation des habitudes de sommeil reliée à la douleur et à la fatigue
- Manque de connaissances sur les autosoins
- Perturbation de l'image de soi reliée à la dépendance physique et psychologique causée par la maladie

▷ Planification et exécution

▷ *Objectifs de soins:* Soulagement de la douleur et des malaises; réduction de la fatigue; augmentation de la mobilité; amélioration de l'autonomie dans les activités quotidiennes (selon les capacités du patient); amélioration de la qualité du sommeil; acquisition de connaissances sur les autosoins; amélioration de l'image de soi

▷ *Interventions infirmières*

Voir le plan de soins infirmiers 50-1 pour les principaux soins aux patients souffrant d'affections rhumatismales.

▷ *Soulagement de la douleur et des malaises.* La douleur causée par la polyarthrite rhumatoïde peut être constante ou imprévisible; elle peut donc avoir un effet considérable sur la capacité du patient de se prendre en charge. Elle peut être aiguë ou chronique. Quand elle est aiguë, il faut l'évaluer fréquemment. Quand elle est chronique, toutefois, on doit l'évaluer en comparaison de l'intensité habituelle. Comme le patient peut avoir de la difficulté à distinguer la douleur de la raideur, il faut lui poser des questions précises. L'infirmière peut planifier ses interventions sur la base des mesures utilisées antérieurement par le patient pour soulager la douleur.

L'infirmière utilise et enseigne des méthodes de soulagement immédiat ou de courte durée (applications chaudes et froides, protection des articulations, repos et administration d'analgésiques). Il est également essentiel d'avoir recours à des méthodes de soulagement de longue durée, comme l'administration d'anti-inflammatoires et l'établissement d'un programme d'exercices visant à maintenir la mobilité des articulations. Pour un soulagement à la fois immédiat et de longue durée, l'infirmière enseigne au patient diverses techniques de relaxation. Elle peut également utiliser des mesures de bien-être pendant qu'elle prodigue les soins au patient, afin que celui-ci apprenne à les intégrer à son programme d'autosoins. La participation de la famille ou d'une personne clé peut être utile. Le patient doit apprendre à exprimer son besoin de soulagement. Il faut cependant établir des attentes réalistes pour que le patient et sa famille comprennent qu'on peut soulager la douleur mais que le degré de soulagement dépend de la gravité de la maladie.

▷ *Réduction de la fatigue.* La fatigue causée par la polyarthrite rhumatoïde peut entraîner un fort sentiment d'impuissance. Les soignants naturels comprennent souvent mal les effets négatifs d'une fatigue accablante qui n'est pas reliée à l'activité physique.

L'enseignement au patient est axé sur les facteurs physiques et psychologiques qui causent la fatigue ou y contribuent. L'infirmière aide celui-ci à évaluer sa fatigue et à doser en conséquence ses activités physiques.

▷ *Amélioration de la mobilité et de l'autonomie dans les autosoins.* La polyarthrite rhumatoïde peut entraîner une déformation des articulations. Il est toutefois essentiel que l'infirmière n'assimile pas la déformation à l'invalidité. Dans certains cas, la tuméfaction est plus invalidante que les déformations. Seule l'évaluation de la mobilité articulaire et des capacités fonctionnelles permet de déterminer les limites du patient.

Le soulagement de la douleur persistante ou de la raideur matinale permet d'améliorer grandement la mobilité et la capacité d'effectuer les autosoins. Le patient atteint de polyarthrite rhumatoïde peut refuser de se servir d'objets adaptés (siège de toilette surélevé par exemple) par crainte de devenir dépendant.

▷ *Amélioration du sommeil.* Les troubles du sommeil peuvent dépendre de plusieurs facteurs (fatigue, inactivité physique et dépression). La douleur et la raideur peuvent aussi perturber les habitudes de sommeil, et les médicaments peuvent en réduire la qualité. Les interventions infirmières doivent viser la cause des troubles du sommeil. Les hypnotiques sont rarement recommandés; cependant, on peut administrer les anti-inflammatoires et les analgésiques de façon à obtenir un bien-être optimal à l'heure du coucher et pendant toute la nuit. Les techniques de relaxation peuvent également aider à soulager la tension musculaire, la fatigue et le stress. Un sommeil de bonne qualité est essentiel au soulagement de la douleur et de la fatigue.

▷ *Acquisition de connaissances sur le traitement de la maladie.* En général, le patient ne sait pas grand-chose sur la maladie dont il souffre et son traitement. Il a donc besoin d'exprimer ses préoccupations et de poser des questions. Comme la douleur, la fatigue et la dépression peuvent réduire ses capacités d'apprentissage, l'infirmière doit essayer d'atténuer ces problèmes avant d'entreprendre le programme d'enseignement. Elle doit ensuite choisir des techniques d'enseignement en fonction des connaissances du patient, de son intérêt, de son degré de bien-être et de son bagage socio-culturel. L'enseignement doit porter sur le traitement de base, le traitement médicamenteux et les changements à apporter au mode de vie. Si le patient est hospitalisé, l'infirmière l'encourage à pratiquer les techniques de soins qui sont nouvelles pour lui, avec l'aide de ses soignants naturels. Chaque fois qu'elle se trouve avec le patient, l'infirmière revoit avec lui les techniques apprises.

▷ *Amélioration de l'image de soi.* Le caractère imprévisible et incertain de l'évolution de la maladie peut perturber tous les aspects de la vie du patient, y compris sa vie professionnelle, sa vie sociale, sa vie sexuelle et sa situation financière. La perturbation de l'image corporelle peut aboutir à l'isolement social et à la dépression. L'infirmière et la famille du patient doivent chercher à comprendre les réactions émotionnelles de celui-ci à l'égard de sa maladie. L'infirmière doit favoriser la communication avec le patient et sa famille afin de les aider à verbaliser leurs émotions, leurs perceptions et leurs craintes. Elle doit aussi les aider à voir dans quelle mesure ils peuvent agir sur les symptômes de la maladie et le traitement. L'observance du régime thérapeutique est essentielle à l'obtention de bons résultats.

▷ *Soins à domicile.* Après le départ du patient du centre hospitalier, une infirmière en santé communautaire peut lui rendre visite pour évaluer son degré d'autonomie et s'assurer qu'il se conforme à son programme thérapeutique. On doit renseigner le patient et sa famille sur les organismes qui peuvent leur venir en aide comme la Société d'arthrite.

▷ *Évaluation*

Résultats escomptés

1. Le patient dit se sentir mieux.
   a) Il indique les facteurs qui provoquent ou aggravent la douleur.
   b) Il utilise des méthodes de soulagement de la douleur.
2. Le patient intègre dans ses activités quotidiennes des mesures de conservation de l'énergie.
   a) Il explique le lien entre la fatigue et la gravité de la maladie.
   b) Il utilise diverses façons de prévenir ou d'atténuer la fatigue.
3. Le patient recouvre ou maintient une mobilité fonctionnelle optimale et peut assumer ses autosoins de façon autonome ou avec une aide minimale.

a) Il utilise les mesures nécessaires pour prévenir les pertes de mobilité.

b) Il utilise les techniques ou aides techniques appropriées pour améliorer sa mobilité.

c) Il utilise des méthodes qui lui permettent d'assumer ses autosoins.

4. Le patient dort mieux.

a) Il utilise des techniques qui favorisent le sommeil.

b) Il indique les mesures pharmacologiques qui favorisent le sommeil, et il les utilise de façon appropriée.

5. Le patient acquiert les connaissances sur sa maladie et son traitement dont il a besoin pour être en mesure de prendre les décisions relatives à ses soins.

6. Le patient améliore son image de soi en acceptant les changements physiques causés par la maladie.

a) Il reconnaît sa valeur.

b) Il se fixe des objectifs réalistes.

c) Il utilise des techniques de communication et de soins appropriées.

Résumé: La polyarthrite rhumatoïde est une affection inflammatoire évolutive qui touche le tissu conjonctif. Les symptômes les plus fréquents de cette maladie sont la douleur, la chaleur, la tuméfaction, la rougeur et la raideur des articulations. La déformation des mains est également courante. La polyarthrite rhumatoïde peut apparaître à tout âge, mais son incidence s'accroît avec l'âge. Les traitements médicaux et les soins infirmiers visent le soulagement de la douleur, la réduction de l'inflammation et le maintien ou l'amélioration de la mobilité et des capacités fonctionnelles.

LUPUS ÉRYTHÉMATEUX DISSÉMINÉ

Le lupus érythémateux disséminé (LED) est une affection auto-immunitaire inflammatoire du tissu conjonctif qui touche plusieurs systèmes et appareils de l'organisme. Le lupus érythémateux discoïde, une forme de lupus érythémateux qui ne touche que le tissu cutané, peut apparaître seul ou être un signe avant-coureur de la forme disséminée. En Amérique du Nord, environ 500 000 personnes souffrent de cette maladie. Le lupus érythémateux touche neuf femmes pour un homme; il débute habituellement vers l'âge de 30 ans et est plus fréquent chez les personnes de couleur.

On ne connaît pas la cause de cette maladie. Même si aucun lien génétique n'a pu être établi, on observe une prédisposition génétique associée à des facteurs environnementaux ou à une sensibilité à certains virus. Certains médicaments, notamment le chlorhydrate d'hydralazine (Apresoline), le chlorhydrate de procaïnamide (Pronestyl) et certains anticonvulsivants pourraient déclencher l'apparition des symptômes ou aggraver la maladie existante. Des troubles hormonaux pourraient être un facteur de risque, car on a constaté une plus forte incidence du lupus érythémateux chez les femmes en âge de procréer. Les rayons ultraviolets sont également considérés comme un facteur de risque.

Physiopathologie

On croit que le lupus érythémateux disséminé serait dû à un dérèglement du système immunitaire entraînant une production excessive d'autoanticorps. Cette perturbation de l'immunorégulation serait reliée à un ensemble de facteurs génétiques, hormonaux et environnementaux (exposition au soleil, brûlures thermiques). Certains médicaments, par exemple l'hydralazine, la procaïnamide, l'isoniazide, la chlorpromazine, ainsi que certains anticonvulsivants, ont été mis en cause, tout comme certains aliments tels que les germes de luzerne.

Il semble qu'une ou plusieurs immunodéficiences provoqueraient une inflammation et des lésions tissulaires locales à la suite de la formation de complexes antigène-anticorps (complexes immuns). Une réduction du nombre de lymphocytes T déclencherait la synthèse d'immunoglobulines et d'autoanticorps formant des complexes immuns. L'inflammation stimulerait les antigènes, ce qui provoquerait la formation d'anticorps additionnels.

Manifestations cliniques

Le lupus érythémateux disséminé peut apparaître de façon insidieuse ou brutale. Il n'est parfois diagnostiqué que plusieurs années après son apparition. Son évolution clinique est marquée par des périodes d'exacerbation et de rémission.

Le tableau clinique du lupus érythémateux disséminé témoigne de l'atteinte de plusieurs systèmes et appareils de l'organisme. Des arthralgies et de l'arthrite (synovite) sont souvent les premiers signes de la maladie. On observe couramment une tuméfaction des articulations, une douleur à la palpation et une douleur à la mobilisation accompagnées d'une raideur matinale.

Plusieurs formes de manifestations cutanées sont possibles. La manifestation cutanée la plus connue (même si elle apparaît chez moins de 50 % des patients) est une lésion aiguë sous la forme d'un érythème en papillon de part et d'autre des ailes du nez et des joues. Dans certains cas, le lupus érythémateux n'entraîne que des manifestations cutanées. Dans d'autres cas, l'atteinte cutanée peut être le signe avant-coureur d'une atteinte plus disséminée. Les lésions s'aggravent souvent pendant les poussées et peuvent être provoquées par une exposition au soleil ou à des rayons ultraviolets artificiels.

Le patient peut aussi présenter des ulcères sur la muqueuse buccale ou la voûte palatine. Ces ulcères apparaissent en groupes, souvent au cours des poussées, et peuvent accompagner les lésions cutanées.

La péricardite est la manifestation cardiaque la plus courante; elle apparaît dans près de 30 % des cas. Elle peut être asymptomatique, mais elle s'accompagne souvent d'un épanchement pleural. Le LED se complique d'une myocardite dans 25 % des cas environ.

De 40 à 50 % des personnes atteintes de LED présentent une pleurésie récidivante avec ou sans épanchement.

L'atteinte du système vasculaire se manifeste par une inflammation des artérioles qui provoque des lésions papuleuses, érythémateuses et purpuriques. Ces lésions peuvent apparaître sur le bout des doigts, les coudes, les orteils et la face d'extension des avant-bras ou les côtés de la main, et évoluer vers une nécrose.

On observe une adénopathie chez 50 % des personnes atteintes de lupus érythémateux disséminé à un moment ou à un autre de l'évolution clinique de la maladie, et une atteinte rénale dans environ 50 % des cas. La réversibilité de l'atteinte rénale dépend de l'ampleur des lésions.

Les manifestations neuropsychologiques du lupus érythémateux disséminé sont aujourd'hui largement reconnues.

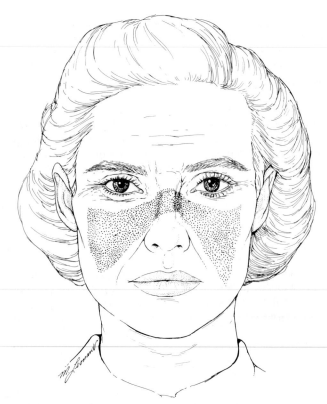

Figure 50-3. Érythème en papillon du lupus érythémateux aigu disséminé

Elles entraînent généralement des changements de comportement subtils. L'atteinte du système nerveux central peut se manifester par diverses formes de troubles neurologiques. La dépression et la psychose sont fréquentes.

Examens diagnostiques

Le diagnostic est fondé sur un bilan de santé complet et diverses analyses sanguines. Le médecin recherche les symptômes classiques (fièvre, fatigue et perte de poids) ainsi que les signes d'arthrite, de pleurésie et de péricardite. Aucune épreuve de laboratoire ne permet d'établir le diagnostic du lupus érythémateux disséminé. Les analyses de sang révèlent une anémie modérée ou grave, une thrombopénie, une leucocytose ou une leucopénie. Des épreuves immunologiques permettent souvent d'appuyer le diagnostic, mais non de le confirmer.

Traitement

Le traitement de la forme aiguë de la maladie vise à atténuer la gravité du processus morbide ou des poussées. La gravité du processus morbide se traduit par certains signes cliniques et biochimiques qui indiquent la présence d'une inflammation. Les signes cliniques sont la néphrite, les troubles cardio-respiratoires, les éruptions cutanées ainsi que les manifestations plus indirectes d'inflammation généralisée (fièvre, fatigue et perte de poids). Les signes biochimiques, qui révèlent un dérèglement du système immunitaire, sont la présence d'anticorps antinucléaires, l'augmentation du taux des anticorps anti-ADN et la diminution du taux du complément. Si la maladie est chronique, on doit évaluer régulièrement le patient pour dépister les changements cliniques qui exigent

une modification du traitement. L'enseignement au patient a une très grande importance.

Le traitement vise à prévenir la perte progressive des fonctions organiques, à diminuer les risques de poussées, à réduire les incapacités causées par la maladie et à prévenir les complications associées au traitement. Le traitement du lupus érythémateux disséminé exige un suivi étroit.

Le traitement médicamenteux du lupus érythémateux disséminé se fonde sur l'hypothèse selon laquelle l'inflammation tissulaire locale est due à un dérèglement du système immunitaire de gravité variable. Le traitement doit donc varier en conséquence. On utilise des anti-inflammatoires non stéroïdiens pour le traitement des manifestations cliniques mineures, souvent en association avec des corticostéroïdes.

Les corticostéroïdes sont les médicaments les plus utilisés pour le traitement du lupus érythémateux disséminé. Ils sont administrés de façon locale pour le traitement des manifestations cutanées, à faibles doses si l'atteinte est mineure, et à fortes doses si l'atteinte est grave. L'administration par bolus intraveineux peut remplacer l'administration de doses élevées par voie orale. Les antipaludiques sont également efficaces pour le traitement des manifestations cutanées et musculo-squelettiques, de même que des atteintes organiques bénignes. On utilise aussi des immunosuppresseurs (alcoylants et anti-purines) pour leurs effets sur la fonction immunitaire. Toutefois, comme ces médicaments sont encore au stade expérimental, on les réserve habituellement aux patients qui présentent une atteinte grave, chez qui les traitements classiques ont échoué.

▶ *DÉMARCHE DE SOINS INFIRMIERS:* *PATIENTS ATTEINTS DE LUPUS ÉRYTHÉMATEUX DISSÉMINÉ*

▷ *Collecte des données*

L'infirmière effectue un examen physique complet et systématique (voir l'encadré 50-2). Elle doit porter une attention particulière à tous les téguments, à l'appareil gastro-intestinal, à l'appareil cardiovasculaire, à l'appareil respiratoire, à l'appareil urinaire, à l'appareil locomoteur et au système nerveux.

L'infirmière inspecte la peau à la recherche d'érythèmes. Le patient présente parfois un érythème en papillon sur les ailes du nez et les joues (figure 50-3). Il peut également présenter des placards érythémateux recouverts de squames adhérentes sur le cuir chevelu, le visage ou le cou. On observe parfois une hyperpigmentation ou une hypopigmentation, selon le stade et la forme de la maladie. L'infirmière doit questionner le patient sur les changements cutanés qu'il a notés (car ceux-ci sont parfois transitoires) et surtout sur sa sensibilité aux rayons du soleil ou aux rayons ultraviolets artificiels. Elle note la présence d'alopécie, et examine la bouche et la gorge pour déceler des ulcérations révélatrices d'une atteinte gastro-intestinale.

L'évaluation cardiovasculaire comprend la recherche d'un frottement péricardique, qui peut témoigner d'une myocardite ou d'un épanchement pleural. L'épanchement pleural et les infiltrations révèlent une insuffisance respiratoire et se manifestent par des bruits respiratoires anormaux. Des lésions papuleuses, érythémateuses et purpuriques parfois nécrosées peuvent indiquer une atteinte vasculaire. Ces lésions peuvent apparaître sur le bout des doigts, sur les coudes, sur les orteils, sur la face d'extension des avant-bras ou sur le côté des mains.

La tuméfaction des articulations et la présence de points douloureux et chauds, une douleur à la mobilisation et une raideur sont autant de signes d'une atteinte de l'appareil locomoteur. L'atteinte articulaire est souvent symétrique et semblable à celle de la polyarthrite rhumatoïde.

Un œdème et une hématurie indiquent une atteinte de l'appareil urinaire. Les épreuves de laboratoire peuvent confirmer la dissémination du lupus.

L'entrevue avec le patient et sa famille peut également fournir à l'infirmière certains indices d'atteinte généralisée. L'évaluation neurologique vise à dépister une atteinte du système nerveux central. L'infirmière peut demander aux membres de la famille si le patient a présenté des changements de comportement ou des épisodes de névrose ou de psychose, des signes de dépression, de même que des convulsions, une chorée ou d'autres signes d'atteinte du système nerveux central.

L'infirmière évalue ensuite les connaissances du patient sur la maladie et sa capacité de se prendre en charge. Elle évalue également la façon dont il perçoit sa fatigue, les modifications de son image corporelle et les autres problèmes causés par sa maladie, de même que ses capacités d'adaptation.

▷ Analyse et interprétation des données

Selon les données recueillies, voici les principaux diagnostics infirmiers possibles:

- Atteinte à l'intégrité de la peau reliée à une photosensibilité ou à une angéite ou à la maladie elle-même
- Fatigue reliée à l'aggravation de la maladie, à la douleur, au manque de sommeil ou de repos et au stress émotionnel
- Perturbation de l'image corporelle reliée aux changements physiques
- Manque de connaissances (pour prendre les décisions relatives aux autosoins) relié au manque d'expérience ou à l'anxiété

D'autres diagnostics infirmiers sont possibles, surtout si le patient est très malade et présente une atteinte organique majeure.

▷ Planification et exécution

▷ *Objectif de soins:* Maintien de l'intégrité de la peau; réduction de la fatigue; amélioration de l'image de soi; acquisition des connaissances qui permettront de prendre les décisions relatives aux autosoins

▷ Interventions infirmières

Voir le plan de soins infirmiers 50-1 pour les principaux soins aux patients atteints d'affections rhumatismales

▷ *Maintien de l'intégrité de la peau.* Les éruptions cutanées causées par le lupus érythémateux disséminé sont souvent squameuses et prurigineuses. Les bains d'eau fraîche peuvent soulager les démangeaisons et réduire la desquamation. La peau doit rester propre, et il faut éviter les poudres et autres produits irritants.

L'infirmière doit répéter les recommandations données par le médecin concernant la protection contre les rayons du soleil et les rayons ultraviolets artificiels (lampe fluorescente par exemple), qui peuvent déclencher une crise ou provoquer des éruptions cutanées. Il faut conseiller au patient de porter des vêtements à manches longues, un chapeau à large bord et un pantalon pour protéger sa peau. Le patient doit aussi appliquer un filtre solaire ayant un facteur de protection élevé sur les régions exposées et porter des verres fumés.

L'infirmière examine la peau à la recherche de lésions superficielles. Pour aider à prévenir les ruptures de l'épiderme, il faut utiliser de bonnes mesures d'hygiène cutanée (garder la peau propre et sèche, mais bien hydratée). Les fortes doses de corticostéroïdes qu'on doit parfois administrer augmentent les risques d'infection.

Pour prévenir et traiter les lésions buccales, il est essentiel de procéder à des soins buccodentaires méticuleux. Le patient doit se brosser les dents en prenant soin de ne pas irriter et faire saigner les gencives. Pour traiter les infections fongiques de la bouche, on peut prescrire un rince-bouche ou des pastilles antifongiques.

▷ *Réduction de la fatigue.* Les personnes atteintes de lupus érythémateux éprouvent souvent une grande fatigue. L'infirmière doit leur apprendre à faire la relation entre la fatigue et l'activité de la maladie. Voir le plan de soins infirmiers 50-1 pour les mesures destinées à réduire la fatigue.

▷ *Amélioration de l'image de soi.* La présence d'un érythème sur le visage et d'autres parties du corps modifie l'image corporelle du patient. Même en période de rémission, l'érythème peut persister. On peut conseiller au patient de consulter une esthéticienne spécialisée dans les affections cutanées qui l'aidera à choisir des produits cosmétiques pouvant masquer l'érythème. Si le patient a perdu beaucoup de cheveux, on peut lui conseiller de se procurer une perruque.

Le caractère imprévisible de la maladie contribue également à l'altération de l'image de soi. L'infirmière et la famille du patient doivent essayer de comprendre les réactions du patient et faire preuve d'un optimiste mesuré. Voir le plan de soins 50-1 pour les mesures destinées à l'amélioration de l'image de soi.

Acquisition de connaissances. Comme le lupus érythémateux disséminé est une affection chronique et imprévisible, le patient doit acquérir les connaissances nécessaires sur sa maladie pour être en mesure d'en suivre l'évolution et de prendre les décisions relatives à ses soins. Ici, la tâche de l'infirmière est délicate car il faut que le patient reçoive la bonne information au bon moment. Par exemple, le patient qui vient d'apprendre le diagnostic n'a généralement pas besoin de renseignements détaillés sur le traitement des manifestations cliniques qui témoignent d'une atteinte organique. Informer le patient à ce sujet ne serait pas pertinent puisque sa maladie peut ne jamais se disséminer. Si toutefois le patient pose des questions à ce sujet, l'infirmière doit lui répondre franchement. On ne peut prévoir l'évolution de la maladie. Le plan de soins infirmiers 50-1 peut être adapté aux besoins du patient atteint de lupus érythémateux disséminé.

Même dans les cas où le lupus érythémateux disséminé ne perturbe pas beaucoup le mode de vie, la menace d'une aggravation est toujours présente. Les résultats escomptés doivent donc tenir compte du caractère variable de la maladie.

▷ *Évaluation*

Résultats escomptés

1. Le patient préserve l'intégrité de sa peau.
   a) Il applique des crèmes ou onguents topiques selon l'ordonnance.
   b) Il indique les mesures à prendre pour se protéger contre les facteurs externes susceptibles de provoquer une altération de la peau.
2. Le patient est moins fatigué.
   a) Il prend les mesures nécessaires pour agir sur l'activité de sa maladie.
   b) Il connaît les facteurs qui contribuent à accroître sa fatigue.
   c) Il utilise des mesures de conservation de l'énergie.
3. Le patient garde une image positive de lui-même.
   a) Il exprime librement ses sentiments à sa famille et aux personnes qui le soignent.
   b) Il accepte son apparence physique.
   c) Il maintient des rapports sociaux avec les membres de sa famille et ses amis.
4. Le patient participe correctement aux soins qui permettent d'agir sur l'activité de la maladie.
   a) Il se conforme au traitement médicamenteux prescrit.
   b) Il a une bonne hygiène de vie, il se repose et a une bonne alimentation.
   c) Il connaît les facteurs qui peuvent accroître l'activité de la maladie.

Résumé: Le lupus érythémateux disséminé est une affection rhumatismale qui touche le tissu conjonctif de tout l'organisme de sorte que ses manifestations, qui vont des lésions de la peau et des muqueuses aux troubles cardiaques, en passant par l'insuffisance rénale, traduisent l'atteinte de plusieurs appareils et systèmes. Il touche souvent des personnes jeunes, en âge de procréer. Le traitement peut comprendre l'administration de corticostéroïdes et d'immunosuppresseurs. Si la maladie entraîne une insuffisance rénale, la dialyse peut devenir nécessaire. La maladie et le traitement peuvent provoquer d'importantes modifications de l'apparence, ainsi qu'un stress considérable. Étant donné le caractère imprévisible de la maladie et les changements importants qu'elle provoque, l'infirmière doit faire preuve d'une grande compétence et se montrer sensible aux réactions psychologiques du patient.

SCLÉRODERMIE

La sclérodermie est une affection évolutive qui se caractérise par une inflammation, une fibrose et une dégénérescence du tissu conjonctif, associées à des anomalies d'origine immunitaire.

Habituellement, la peau, les vaisseaux sanguins, la synoviale et les muscles squelettiques sont touchés, de même que les viscères, dont l'œsophage, les intestins, les poumons, le cœur et les reins. La sclérodermie généralisée existe sous trois formes: la *sclérodermie diffuse (généralisée),* qui se manifeste par une atteinte étendue de la peau et des viscères; le *syndrome CREST,* dans lequel les manifestations ne sont pas toutes présentes (les lettres CREST désignent les manifestations présentes: calcinose, phénomène de Raynaud, atteinte de l'œsophage, sclérodactylie et télangiectasie) et les syndromes de chevauchement dans lesquels la sclérodermie diffuse est associée à d'autres atteintes du tissu conjonctif, comme la polyarthrite rhumatoïde ou la myosite.

Il importe de bien distinguer la forme diffuse de la sclérodermie, qui provoque des atteintes viscérales graves, des formes limitées à une atteinte cutanée. On croit que la forme diffuse serait d'origine auto-immunitaire, mais on n'en connaît pas la cause exacte. Un grand nombre de facteurs lui sont associés.

Physiopathologie

Tout comme le lupus érythémateux disséminé, la sclérodermie diffuse évolue par poussées, de façon variable. Son pronostic est cependant moins bon que celui du lupus.

La maladie débute souvent par une atteinte cutanée provoquée par des amas de mononucléaires qui provoquent une stimulation du procollagène par les lymphokines. Du collagène insoluble se forme alors et s'accumule dans les tissus. Au début, la réaction inflammatoire entraîne un œdème, ce qui donne à la peau un aspect tiré, lisse et brillant. On observe ensuite une fibrose qui fait perdre à la peau son élasticité, suivie d'une dégénérescence. Cette suite de phénomènes se produit également dans les vaisseaux sanguins et les principaux organes, ce qui peut avoir des conséquences fatales.

Manifestations cliniques

La maladie débute de façon insidieuse par le phénomène de Raynaud et un œdème des mains. La peau et les tissus sous-cutanés deviennent de plus en plus indurés. Les plis cutanés et les rides disparaissent, et la peau s'assèche, car la sécrétion de la sueur est inhibée dans la région touchée. Les doigts se raidissent et perdent leur mobilité.

La maladie évolue lentement. Pendant des années, les changements cutanés peuvent se limiter aux mains et aux pieds. À un stade plus avancé, le visage perd son expression et devient figé comme un masque.

Les changements internes sont moins apparents mais beaucoup plus importants que les manifestations visibles. L'atteinte du ventricule gauche du cœur provoque une insuffisance cardiaque, le durcissement de l'œsophage nuit à la déglutition, la cicatrisation des poumons entrave la respiration, le durcissement de l'intestin entraîne des troubles digestifs. On observe parfois une hyperplasie de l'intima des artères interlobulaires qui aboutit à une insuffisance rénale.

Examens diagnostiques

Aucune épreuve ne permet à elle seule de diagnostiquer la forme progressive de la sclérodermie. On doit dresser un bilan de santé détaillé et procéder à un examen physique complet pour déceler la fibrose de la peau, des poumons, du cœur ou de l'œsophage. Une biopsie cutanée permet de mettre en évidence les transformations cellulaires caractéristiques de la sclérodermie. Les épreuves fonctionnelles respiratoires peuvent révéler une atteinte pulmonaire et l'échocardiogramme permet de déceler l'épanchement péricardique qui accompagne souvent l'atteinte cardiaque. Chez 75 % des patients, l'examen de l'œsophage révèle une perte de mobilité. La présence d'anticorps antinucléaires (AAN) indique une atteinte du tissu conjonctif.

Traitement

Le traitement de la sclérodermie dépend de la forme sous laquelle la maladie se présente. Tous les patients ont besoin d'un counseling pour se fixer des objectifs réalistes. Actuellement, il n'existe aucun traitement médicamenteux contre la sclérodermie diffuse. On peut cependant utiliser divers médicaments pour atténuer les symptômes. La D-pénicillamine est l'agent le plus prometteur pour la réduction de l'épaississement cutané et le ralentissement de l'atteinte viscérale. Le captopril et d'autres antihypertenseurs puissants permettent de juguler efficacement les crises d'hypertension. On peut aussi utiliser des anti-inflammatoires pour soulager l'arthralgie, la raideur et les douleurs musculosquelettiques. Les vasodilatateurs sont inefficaces pour le traitement des atteintes vasculaires. Les mesures de soutien visent la réduction de la douleur et de l'invalidité. Un programme d'exercice modéré est recommandé afin de prévenir les contractures. On doit conseiller au patient d'éviter les températures extrêmes et d'appliquer des lotions hydratantes pour prévenir la sécheresse excessive de la peau.

 ## DÉMARCHE DE SOINS INFIRMIERS PATIENTS ATTEINTS DE SCLÉRODERMIE DIFFUSE

▷ Collecte des données

La collecte des données commence par l'évaluation de la sclérose cutanée. Les changements des mains et du visage sont faciles à reconnaître. On observe parfois une contracture des doigts, de même que des lésions ou un changement de la pigmentation du bout des doigts. Pour évaluer l'atteinte générale, l'infirmière passe en revue les systèmes et appareils de l'organisme en évaluant soigneusement les symptômes gastro-intestinaux, pulmonaires, rénaux et cardiaques. Elle évalue également les limites fonctionnelles et la capacité d'assumer les autosoins, de même que les effets de la maladie sur l'image corporelle du patient. Voir l'encadré 50-2 pour l'examen physique des personnes présentant une affection rhumatismale.

▷ Analyse et interprétation des données

Selon les données recueillies, voici les principaux diagnostics infirmiers possibles:

- Atteinte à l'intégrité de la peau reliée à la rupture de la surface cutanée et des tissus sous-jacents
- Déficit d'autosoins relié à l'atteinte de l'appareil locomoteur
- Déficit nutritionnel relié à l'incapacité de préparer les repas ou de manger, à la mobilité réduite de l'œsophage, à la malabsorption intestinale et aux troubles de l'excrétion
- Perturbation de l'estime de soi reliée à l'altération de l'image corporelle

▷ Planification et exécution

▷ *Objectifs de soins:* Rétablissement ou maintien de l'intégrité de la peau; amélioration de l'autonomie; rétablissement ou maintien d'un apport nutritionnel adéquat; amélioration de l'image de soi

▷ Interventions infirmières

Voir le plan de soins infirmiers 50-1 pour les principaux soins aux patients atteints d'une affection rhumatismale.

▷ *Maintien de l'intégrité de la peau.* Les soins infirmiers destinés au patient souffrant de sclérodermie comprennent le maintien de l'intégrité et de la souplesse de la peau. Même si on ne peut pas redonner à la peau son élasticité, on peut l'empêcher de se desquamer et de se fendiller en l'hydratant suffisamment. Si le patient présente un phénomène de Raynaud, il est essentiel de garder ses mains et ses pieds au chaud. La perte d'élasticité de la peau peut restreindre les mouvements articulaires et provoquer des douleurs. Pour maintenir la mobilité et soulager la douleur, le patient doit faire des exercices d'amplitude de mouvement.

▷ *Autonomie et autosoins.* La diminution de la mobilité articulaire peut également nuire à la capacité du patient d'assumer ses autosoins. L'utilisation d'aides techniques peut l'aider à préserver son autonomie.

▷ *Amélioration de l'état nutritionnel.* Si le patient présente une atteinte gastro-intestinale, l'infirmière lui administre les médicaments prescrits (anti-acides, antibiotiques) et l'aide à surmonter les malaises reliés à la constipation ou à la diarrhée. Le patient dysphagique doit manger souvent de petites portions et bien mastiquer ses aliments. Si l'appareil respiratoire est atteint, il faut inciter le patient à faire périodiquement des exercices de respiration profonde, et à se reposer régulièrement pendant la journée. L'infirmière doit aussi surveiller les signes vitaux, les bruits respiratoires et l'apport liquidien. Elle doit aussi administrer une oxygénothérapie à faible débit et des bronchodilatateurs, des stéroïdes et des antimicrobiens, selon l'ordonnance. Si le patient présente une insuffisance rénale, l'infirmière le pèse tous les jours, note toutes les heures le débit urinaire, mesure régulièrement la densité urinaire et vérifie le taux de sodium sérique; elle inspecte la peau pour déceler les signes de surcharge liquidienne.

▷ *Amélioration de l'image de soi.* L'infirmière doit également inciter le patient à verbaliser ses sentiments concernant l'altération de son image corporelle et les effets de la maladie sur sa vie.

▷ Évaluation

Résultats escomptés

1. Le patient maintient l'intégrité et la souplesse de sa peau.
   a) Il applique correctement les produits hydratants.
   b) Il conserve toute l'amplitude des mouvements articulaires dont il est capable.
   c) Il fait les exercices d'amplitude de mouvement.
   d) Il utilise des méthodes sûres pour garder les mains et les pieds au chaud.
2. Le patient participe à ses autosoins.
   a) Il suit son traitement et son programme d'exercices.
   b) Il a de bonnes habitudes d'hygiène.
   c) Il utilise des aides techniques de façon sûre.
3. Le patient a un apport nutritionnel suffisant.
   a) Il maintient son poids.
   b) Il a une bonne alimentation.
   c) Il boit suffisamment de liquide.

4. Le patient a une image positive de lui-même.
   a) Il exprime ses sentiments à sa famille et aux membres de l'équipe de soins.
   b) Il participe aux activités et à ce qui se passe autour de lui.
   c) Il accepte les changements qui se sont produits dans son apparence et ses capacités fonctionnelles.

POLYMYOSITE ET DERMATOMYOSITE

La polymyosite (PM) et la dermatomyosite (DM) sont des atteintes du tissu conjonctif peu fréquentes. Ces deux affections se caractérisent par une faiblesse des muscles proximaux qui s'accompagne parfois de douleurs musculaires. Elles touchent fréquemment le cœur, le tube digestif et les poumons. Le traitement débute habituellement par une corticothérapie à fortes doses. Les doses sont ensuite modifiées en fonction de la baisse des taux des enzymes musculaires. La baisse des taux d'enzymes peut prendre plusieurs mois. On passe à un traitement d'entretien quand les taux sont au niveau désiré. Quand l'inflammation a régressé, le patient doit faire des exercices pour rétablir sa force musculaire et son amplitude de mouvement.

Les interventions infirmières sont axées sur les problèmes particuliers du patient. Il importe tout particulièrement de vérifier si le patient se conforme à son traitement médicamenteux. Enfin, le soutien affectif apporté par l'infirmière ainsi que la qualité de ses soins sont très importants.

PSEUDOPOLYARTHRITE RHIZOMÉLIQUE

La pseudopolyarthrite rhizomélique (PSR) est un syndrome clinique relativement courant qui se caractérise par des douleurs intenses et une raideur marquée des muscles du cou, de la ceinture scapulaire ou de la ceinture pelvienne. La raideur est plus importante le matin ou après une période d'inactivité. Comme la pseudopolyarthrite rhizomélique apparaît généralement chez les personnes de 50 ans ou plus, on peut croire, à tort, qu'il s'agit d'une manifestation du vieillissement.

Le diagnostic est difficile à établir car les examens diagnostiques ne sont pas spécifiques. On procède généralement par élimination. Selon certains médecins, une réponse rapide aux corticostéroïdes confirme le diagnostic. On utilise des anti-inflammatoires non stéroïdiens pour le traitement des cas légers.

La pseudopolyarthrite rhizomélique est souvent accompagnée d'une artérite à cellules géantes, pour des raisons encore mal connues. Les céphalées, les troubles de la vue et la claudication intermittente de la mâchoire font partie des signes avant-coureurs de l'artérite à cellules géantes. Il faut intervenir rapidement en raison de risques de cécité soudaine et permanente. Une corticothérapie bien dosée peut prévenir la cécité et les autres complications vasculaires. En général, la pseudopolyarthrite rhizomélique et l'artérite à cellules géantes évoluent vers la guérison spontanée en quelques mois ou plusieurs années.

Les soins infirmiers visent à dépister la maladie dès ses débuts et à en prévenir les complications. L'infirmière doit prodiguer de l'enseignement au patient, car l'observance du traitement médicamenteux est importante. La réponse initiale aux corticostéroïdes entraîne une occultation des symptômes qui peut porter le patient à interrompre prématurément son traitement.

SPONDYLARTHROPATHIES

Les spondylarthropathies sont des affections inflammatoires du squelette qui comprennent la spondylarthrite ankylosante, l'arthrite réactionnelle et le rhumatisme psoriasique. Elles sont associées à des entéropathies inflammatoires comme la rectocolite hémorragique et la maladie de Crohn.

Spondylarthrite ankylosante. La spondylarthrite ankylosante est une affection inflammatoire générale de cause inconnue qui touche le squelette axial (rachis et ceinture) et les tissus environnants. Dans certains cas, de grosses diarthroses comme l'articulation de la hanche, des genoux ou des épaules peuvent être atteintes. La manifestation clinique la plus fréquente de la maladie est une douleur lombaire. Le diagnostic est fondé sur un bilan de santé détaillé, un examen physique et des examens radiologiques. Des anomalies des articulations sacro-iliaques sont un signe précoce. L'élévation de la vitesse de sédimentation et l'absence de facteur rhumatoïde sont également des indices importants. Généralement diagnostiquée entre 20 et 40 ans, la spondylarthrite ankylosante est associée à l'antigène d'histocompatibilité HLA-B27, ce qui évoque une transmission héréditaire.

Les effets de la maladie vont d'une sacro-iléite asymptomatique à une atteinte évolutive de plusieurs systèmes et appareils de l'organisme. À un stade plus avancé, toute la colonne vertébrale peut s'ankyloser, ce qui peut entraîner des troubles respiratoires. D'autres manifestations peuvent survenir, notamment une iritis (inflammation de l'iris) et des troubles de la conduction cardiaque. L'atteinte générale grave s'observe surtout chez les hommes.

Le traitement médical vise principalement à supprimer l'inflammation pour soulager la douleur et préserver la mobilité. Les salicylates et les anti-inflammatoires non stéroïdiens sont les médicaments de choix. On doit dans certains cas procéder à un remplacement de la hanche par une prothèse totale.

Les interventions infirmières visent à soulager la douleur et à améliorer la capacité d'effectuer les autosoins. Il importe également de surveiller la posture et l'alignement corporel du patient. Il est tout particulièrement important d'enseigner au patient des exercices d'amplitude de mouvement et de renforcement musculaire.

Arthrite réactionnelle. Autrefois appelée syndrome de Fiessinger-Leroy-Reiter, l'arthrite réactionnelle touche principalement les jeunes adultes de sexe masculin. Elle apparaît après un contact sexuel et se manifeste par une urétrite, une atteinte articulaire et une conjonctivite. On observe parfois une dermatite et une ulcération de la bouche et du pénis. Les douleurs lombaires basses sont fréquentes.

Il existe une deuxième forme d'arthrite réactionnelle, la forme dysentérique, qui apparaît après une diarrhée causée par *Shigella*, *Salmonella*, *Campylobacter* ou *Yersinia*. Le patient présente aussi une urétrite, une conjonctivite et une atteinte articulaire. La fréquence élevée de l'antigène HLA-B27 chez les personnes atteintes plaide en faveur d'une prédisposition génétique.

Le traitement de l'arthrite réactionnelle vise principalement à soulager les symptômes. On utilise surtout des salicylates et des anti-inflammatoires non stéroïdiens pour soulager les symptômes de l'atteinte articulaire. Si le patient présente la forme vénérienne de la maladie, l'infirmière doit prodiguer de l'enseignement au patient sur les pratiques sexuelles sans danger.

Récemment, on a signalé des cas d'arthrite réactionnelle chez des personnes atteintes du syndrome d'immunodéficience acquise (sida).

Rhumatisme psoriasique.

Le rhumatisme psoriasique touche 5 à 10 % des personnes atteintes de psoriasis. Il se manifeste par une synovite, une polyarthrite et une spondylite. Il évolue généralement de façon lente. Quand les orteils et les doigts sont atteints, on constate une tuméfaction diffuse qui les fait ressembler à des saucisses. Les articulations touchées restent étonnamment fonctionnelles.

Les salicylates, les anti-inflammatoires non stéroïdiens et les corticostéroïdes entraînent généralement une amélioration marquée des symptômes lombaires, cutanés et articulaires. On utilise également le méthotrexate.

ARTHROSE

L'arthrose, ou arthropathie chronique dégénérative, est l'affection rhumatismale la plus fréquente en Amérique du Nord. Son incidence augmente avec l'âge; la majorité des personnes de 65 ans et plus en sont atteintes. Elle se caractérise par la destruction progressive des cartilages articulaires et des altérations des espaces articulaires et de l'os sous-chondral.

On ne connaît pas la cause de l'arthrose, mais plusieurs facteurs y sont associés, dont le vieillissement, des efforts mécaniques répétés, l'obésité, des traumatismes antérieurs et un travail exigeant un important effort physique.

Physiopathologie

La destruction du cartilage et la prolifération osseuse en périphérie de l'articulation sont les caractéristiques de l'arthrose. Elles sont associées à des changements biomécaniques et biochimiques en réaction aux agressions subies par l'articulation. Les efforts mécaniques répétés réduisent l'élasticité de la capsule articulaire, du cartilage articulaire et des ligaments. La plaque articulaire s'amincit et perd progressivement sa capacité d'amortissement. Il se produit aussi un rétrécissement de l'interligne articulaire et une perte de stabilité. Quand la plaque articulaire disparaît, des excroissances osseuses (ostéophytes) se forment sur les bords des surfaces articulaires. La capsule et la synoviale s'épaississent. Le cartilage articulaire dégénère et s'atrophie, le tissu osseux durcit et s'hypertrophie, et les ligaments se calcifient. Il en résulte des épanchements articulaires stériles qui peuvent s'accompagner d'une synovite (figure 50-4).

Manifestations cliniques

Les principales manifestations cliniques de l'arthrose sont une douleur et une raideur de l'articulation et une incapacité fonctionnelle. La raideur se fait habituellement sentir le matin au réveil et dure généralement moins de 30 minutes. L'incapacité fonctionnelle est causée par une douleur à la mobilisation et par la réduction de la mobilité articulaire.

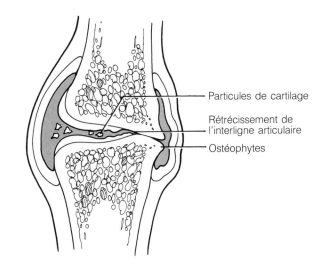

Figure 50-4. Altérations des articulations dues à l'arthrose.

L'arthrose touche le plus souvent les articulations portantes (hanches, genoux, colonne cervicale et lombaire), mais les articulations interphalangiennes distales et proximales peuvent également être atteintes.

On observe aussi des nodosités osseuses caractéristiques. Ces nodosités sont généralement indolores à l'examen et à la palpation, sauf en cas d'inflammation. Quand elles apparaissent sur les articulations interphalangiennes distales, on les appelle *nodosités d'Heberden*. Quand elles se forment sur les articulations interphalangiennes proximales, on les nomme *nodosités de Bouchard*. Ces dernières apparaissent surtout chez les femmes d'âge moyen ou sont dues à des agressions répétées.

Examens diagnostiques

L'examen physique de l'appareil locomoteur révèle une sensibilité et une tuméfaction des articulations. Les radiographies des articulations touchées révèlent une hypertrophie osseuse, la présence d'ostéophytes, une destruction du cartilage avec pincement de l'interligne articulaire, et d'importantes irrégularités dans la structure de l'articulation.

Traitement

Le traitement médical est principalement symptomatique étant donné qu'on ne peut arrêter la dégénérescence. On peut avoir recours à des médicaments, à des mesures de soutien et, si le patient présente une douleur irréductible et une perte fonctionnelle, à une intervention chirurgicale.

Le traitement médicamenteux comprend l'administration d'analgésiques et d'anti-inflammatoires. On utilise l'acétaminophène pour son action analgésique. S'il y a inflammation, les anti-inflammatoires non stéroïdiens sont indiqués. Quand une articulation est très enflammée, on peut procéder à une injection intra-articulaire de corticostéroïdes. Cette injection procure un soulagement immédiat mais de courte durée.

Les principales mesures de soutien sont l'application de chaleur, la perte de poids, le repos des articulations ou leur protection au moyen d'appareils comme les attelles et les orthèses et les exercices isométriques et posturaux. On peut faire appel à un ergothérapeute ou un physiothérapeute pour l'enseignement des techniques d'autosoins.

▶ DÉMARCHE DE SOINS INFIRMIERS
PATIENTS ATTEINTS D'ARTHROSE

▷ Collecte des données

Quand elle dresse le profil initial du patient, l'infirmière doit recueillir des données sur la mobilité et sur la capacité d'effectuer les activités de la vie quotidienne. Comme l'arthrose touche surtout les articulations portantes de l'appareil locomoteur, l'infirmière fait appel à des techniques d'inspection, de palpation et de mobilisation articulaire pour évaluer la fonction articulaire ou l'incapacité fonctionnelle. Elle observe la démarche et la mobilité du patient, et note la présence de spasmes musculaires et de crépitations. Elle palpe les articulations pour déceler les tuméfactions, les épanchements et l'hypertrophie ou les nodosités. La palpation peut provoquer de la douleur. Une douleur exacerbée par l'activité et soulagée par le repos est le symptôme le plus courant de l'arthrose. L'infirmière doit évaluer minutieusement cette douleur afin de déterminer ses effets sur le mode de vie du patient.

Après avoir inspecté et palpé les articulations, l'infirmière évalue l'amplitude des mouvements. Une diminution de l'amplitude des mouvements exige une évaluation plus approfondie des capacités fonctionnelles, dont la capacité d'effectuer les activités quotidiennes. Voir l'encadré 50-2 pour les principaux éléments de l'examen physique.

▷ Analyse et interprétation des données

Selon les données recueillies, voici les principaux diagnostics infirmiers possibles:

- Douleur reliée à la dégénérescence articulaire
- Altération de la mobilité physique reliée à la restriction des mouvements articulaires
- Déficit d'autosoins relié à la restriction des mouvements articulaires
- Stratégies d'adaptation inefficaces reliées à l'altération réelle ou perçue du mode de vie ou de l'exercice du rôle

▷ Planification et exécution

▷ *Objectifs de soins:*   Soulagement de la douleur et du malaise; amélioration de la mobilité physique et de l'endurance; amélioration de la capacité d'effectuer les autosoins; utilisation de stratégies d'adaptation efficaces

▷ Interventions infirmières

Voir le plan de soins infirmiers 50-1 pour les soins aux patients atteints d'affections rhumatismales.

▷ *Soulagement de la douleur et des malaises.*   Certaines mesures peuvent soulager la douleur et la raideur, notamment le repos de l'articulation touchée et sa protection au moyen d'une canne ou d'une attelle. L'application de chaleur ainsi que les exercices d'amplitude de mouvement peuvent atténuer la raideur. Un régime amaigrissant peut également être nécessaire pour réduire l'effort imposé aux articulations portantes.

L'infirmière doit enseigner au patient comment prendre ses médicaments et comment intégrer les méthodes de soulagement de la douleur.

▷ *Augmentation de la mobilité physique et de l'endurance.*   L'infirmière explique au patient qu'il doit doser adéquatement les périodes de repos et d'activité et faire de l'exercice s'il veut maintenir sa mobilité et sa force.

▷ *Amélioration de la capacité d'effectuer les autosoins.*   Même si l'arthrose n'entraîne généralement pas de déformations importantes, la douleur articulaire restreint la mobilité des articulations et diminue par conséquent la capacité du patient de prendre soin de lui-même. Le patient qui présente une restriction des mouvements articulaires peut augmenter son autonomie en utilisant des aides techniques (comme une pince à long manche) et des aides à l'habillage (comme les lacets élastiques ou les attaches Velcro).

▷ *Acquisition de stratégies d'adaptation efficaces.*   L'infirmière aide le patient à évaluer les effets de l'arthrose sur sa vie. Elle lui explique que la dégénérescence causée par l'arthrose n'est pas nécessairement évolutive et que la douleur ne doit pas être considérée comme une conséquence normale du vieillissement. Enfin, elle détermine les mécanismes d'adaptation du patient et incite sa famille à l'épauler.

▷ Évaluation

Résultats escomptés

1. Le patient éprouve moins de douleur.
   a) Il connaît les facteurs qui provoquent ou exacerbent la douleur.
   b) Il utilise des mesures de soulagement de la douleur.
2. Le patient recouvre ou maintient une mobilité fonctionnelle et assume ses autosoins seul ou avec de l'aide.
   a) Il utilise les mesures pouvant prévenir la perte de mobilité.
   b) Il utilise les techniques ou aides appropriées pour améliorer sa mobilité.
   c) Il utilise des méthodes qui facilitent les autosoins.
3. Le patient améliore sa capacité d'effectuer ses autosoins.
   a) Il peut s'alimenter, s'habiller, utiliser les toilettes et effectuer ses soins d'hygiène, seul ou avec un peu d'aide.
   b) Il utilise correctement les aides techniques dont il a besoin.
4. Le patient utilise des stratégies d'adaptation efficaces.
   a) Il connaît les effets de la maladie sur sa vie et a des attentes réalistes à cet égard.
   b) Il utilise des mécanismes et techniques d'adaptation.

Résumé: L'arthrose est une maladie qui touche environ 12 % de la population en Amérique du Nord. Son incidence augmente avec l'âge. L'arthrose atteint plus fréquemment les personnes obèses ou celles qui ont imposé des efforts répétés à leurs articulations. La douleur, la raideur et la restriction des mouvements articulaires en sont les principaux symptômes. Les interventions infirmières qui visent à réduire la sollicitation des articulations touchées et à favoriser l'autonomie dans les autosoins permettent souvent d'améliorer les capacités fonctionnelles et l'estime de soi du patient.

ARTHROPATHIES PAR DÉPÔTS DE CRISTAUX

GOUTTE

La goutte est une affection métabolique caractérisée par une arthrite récidivante due au dépôt dans les articulations ou autour d'elles de cristaux d'urate monosodique. Les manifestations de la goutte sont une *arthrite aiguë* récidivante, un *tophus* (dépôts de cristaux dans les tissus articulaires et osseux, les tissus mous et le cartilage), une *néphropathie* (atteinte rénale), et des *calculs urinaires d'acide urique*. La goutte touche plus souvent les hommes et apparaît généralement entre l'âge de 40 et de 70 ans.

Elle semble causée par une anomalie génétique du métabolisme des purines qui provoque une sécrétion excessive d'acide urique ou un défaut d'excrétion urinaire de l'acide urique, ou encore une combinaison de ces deux phénomènes. Dans les cas d'*hyperuricémie* primaire, on croit que l'augmentation du taux sérique d'acide urique (ou les dépôts de cristaux d'urates) découle d'un défaut du métabolisme de l'acide urique. L'hyperuricémie primaire peut être provoquée par un régime amaigrissant rigoureux, la malnutrition, un apport excessif d'aliments riches en purines (fruits de mer, abats) ou des facteurs héréditaires. L'hyperuricémie secondaire est associée à un certain nombre de maladies génétiques ou acquises, dont les affections qui entraînent une accélération du renouvellement cellulaire (leucémie, myélome multiple, certaines formes d'anémie, psoriasis) ou une accélération de la dégradation cellulaire. L'altération du fonctionnement des tubules rénaux, qu'elle soit primaire ou consécutive à l'administration de certains médicaments (comme les thiazides et le furosémide, les salicylates à faibles doses et l'éthanol), peut contribuer à l'excrétion insuffisante de l'acide urique.

Physiopathologie

L'hyperuricémie (taux sérique d'acide urique supérieur à $0,4 \mu mol / L$) peut entraîner la formation de dépôts de cristaux d'urate monosodique. Les accès goutteux semblent reliés à une augmentation ou à une diminution soudaine du taux sérique d'acide urique. La précipitation de cristaux d'urate dans une articulation provoque une réaction inflammatoire qui déclenche la crise de goutte.

Si les accès se répètent, des concrétions d'urate monosodique (appelées *tophus*) se déposent dans les régions périphériques, notamment dans les gros orteils, les mains et les oreilles. On observe parfois une lithiase rénale accompagnée d'une néphropathie chronique.

La présence de cristaux d'urate dans le liquide synovial provenant d'articulations asymptomatiques laisse croire que des facteurs autres que les dépôts de cristaux pourraient être reliés à la réaction inflammatoire. Les cristaux d'urate sont englobés d'immunoglobulines, principalement des IgG. Les IgG accélèrent la phagocytose des cristaux, ce qui suggère une certaine activité immunitaire.

Manifestations cliniques

La goutte comporte trois stades: le stade asymptomatique, le stade aigu, et le stade chronique.

Stade asymptomatique. Moins d'une personne hyperuricémique sur cinq en vient à présenter des dépôts d'urates avec manifestations cliniques. Les risques de goutte sont directement proportionnels à l'ancienneté et à l'importance de l'hyperuricémie.

Stade aigu. Au stade aigu, on observe des crises d'arthrite, appelées accès goutteux. L'articulation métatarsophalangienne du gros orteil est l'articulation le plus souvent touchée (75 % des cas), mais la région tarsienne, la cheville ou le genou peuvent également être atteints.

L'accès goutteux peut être déclenché par un traumatisme, un excès d'alcool, certains médicaments, un stress chirurgical ou une maladie. Dans beaucoup de cas, il survient la nuit de façon soudaine. L'articulation est très douloureuse, rouge, tuméfiée et chaude. Les premières crises disparaissent souvent de façon spontanée en trois à dix jours, même sans traitement. Elles sont suivies d'une période asymptomatique, qui peut durer de plusieurs mois à plusieurs années. Avec le temps, cependant, les crises sont plus fréquentes et plus longues et touchent un plus grand nombre d'articulations.

Stade chronique. Des tophus apparaissent généralement une dizaine d'années après le premier accès goutteux. Environ la moitié des patients qui ne reçoivent pas de traitement approprié finissent par présenter des tophus. La présence de tophus est habituellement associée à une augmentation de la fréquence et de la gravité des accès. Les tophus se forment le plus souvent dans la synovie, la bourse séreuse de l'olécrâne, l'os sous-chondral, le tendon rotulien et le tendon d'Achille, le tissu sous-cutané de la face d'extension des avant-bras et les articulations sus-jacentes. Dans certains cas, les parois aortiques, les valvules cardiaques, le cartilage nasal et auriculaire, les paupières, la cornée et la sclérotique sont également touchés. La tuméfaction des articulations peut entraîner une perte de mobilité.

Néphropathie

La goutte peut entraîner une atteinte du parenchyme et une lithiase rénale. L'incidence de la lithiase rénale est deux fois plus élevée chez les personnes atteintes de goutte secondaire que chez celles atteintes de goutte primaire. La formation de calculs est reliée à une augmentation du taux sérique d'acide urique, de même que de l'acidité et de la concentration des urines.

Traitement

Quand l'inflammation s'est résorbée, on peut traiter l'hyperuricémie, les tophus, la destruction articulaire et les troubles rénaux. Les uricosuriques (probénécide et sulfinpyrazone) permettent de corriger l'hyperuricémie et de dissoudre les dépôts d'urate. L'allopurinol est également efficace, mais son administration est limitée en raison de risques d'effets toxiques. Quand il faut réduire le taux sérique d'acide urique, les uricosuriques sont les médicaments de choix. Quand le patient présente une insuffisance rénale ou des calculs rénaux (ou est sujet aux calculs rénaux), l'allopurinol est le médicament recommandé.

Les soins infirmiers aux patients atteints de la goutte dépendent du stade de la maladie. Dans la plupart des cas, l'infirmière joue un rôle de premier plan. Lors de la collecte des données, elle doit s'enquérir des habitudes de consommation d'alcool du patient, des régimes amaigrissants qu'il a suivis récemment et de l'observance des traitements qui lui ont déjà été prescrits pour la goutte. Elle doit bien protéger de la douleur les régions touchées en évitant par exemple de heurter le lit ou en réduisant le poids de la literie sur l'articulation. Elle doit prodiguer au patient l'enseignement dont il a besoin sur la maladie et les autosoins qui s'y rapportent. La non-observance du traitement médicamenteux prophylactique peut entraîner des problèmes à tous les stades de la maladie. Au stade chronique, l'altération des structures articulaires due à la présence de tophus peut provoquer des lésions cutanées. Les mesures de prévention comprennent une hygiène méticuleuse de la peau et la protection contre les blessures dans les régions touchées.

Les interventions infirmières doivent permettre au patient d'obtenir les résultats escomptés suivants: soulagement de la douleur dans l'articulation touchée, maintien de l'intégrité de la peau et observance du traitement prophylactique.

CHONDROCALCINOSE (DÉPÔTS DE CRISTAUX DE PYROPHOSPHATE DE CALCIUM DIHYDRATÉ)

La *chondrocalcinose*, ou pseudogoutte, est une autre affection causée par des dépôts de cristaux. La *chondrocalcinose* est le terme utilisé pour décrire l'aspect radiologique de la calcification des cartilages articulaires. Contrairement à la goutte, on ne peut éliminer les cristaux des articulations. Quand une crise de chondrocalcinose survient dans les grosses articulations, le traitement comprend la ponction du liquide synovial et l'administration intra-articulaire de corticostéroïdes. Les anti-inflammatoires non stéroïdiens sont souvent utiles.

RHUMATISMES ABARTICULAIRES

FIBROMYALGIE

Parfois appelée fibromyosite (à tort puisqu'il n'y a pas d'inflammation), cette affection chronique encore mal comprise se caractérise par des douleurs musculosquelettiques diffuses, de la fatigue, une raideur matinale et des troubles du sommeil. Même si beaucoup de personnes atteintes de la maladie se plaignent de douleurs articulaires et d'une certaine sensibilité dans les articulations, on n'observe aucun signe de tuméfaction articulaire, d'inflammation ou de dégénérescence. Par contre, il existe des zones sensibles spécifiques appelées points douloureux. Différents facteurs pourraient expliquer la maladie, notamment une perturbation du sommeil à ondes lentes, des contraintes physiques ou mentales et un dérèglement des encéphalines et des endorphines du système nerveux central. La fibromyalgie n'est pas évolutive.

Comme il est difficile d'établir le diagnostic de cette maladie, et compte tenu du caractère chronique de la douleur, les soins infirmiers revêtent une très grande importance. L'infirmière doit rassurer le patient et lui expliquer que la fibromyalgie n'entraîne pas de déformation ni d'invalidité, et qu'il est possible de soulager la douleur. Pour favoriser le sommeil à ondes lentes, on administre des antidépresseurs imipraminiques au coucher.

L'infirmière doit aider le patient à rester actif et lui apprendre à surmonter la douleur. Un programme régulier de conditionnement physique, comportant des exercices comme la marche, aide à maintenir le tonus musculaire. Il est important aussi d'enseigner au patient des techniques de relaxation et de lutte contre le stress.

AFFECTIONS DES TISSUS MOUS

On place parfois parmi les affections rhumatismales les affections des tissus mous: bursite et tendinite, douleur lombaire, rhumatisme psychogène, étirements chroniques des ligaments et des muscles, etc. Le traitement vise à soulager les symptômes locaux.

RÉSUMÉ

Les affections rhumatismales générales sont des troubles auto-immunitaires. L'inflammation en est la principale manifestation. Les affections rhumatismales plus localisées sont dues à une dégénérescence d'une région précise de l'appareil locomoteur. Sauf dans le cas des arthropathies par dépôts de cristaux (comme la goutte) et de l'arthrite infectieuse, on ne connaît pas la cause exacte des affections rhumatismales. On croit qu'elles relèvent d'un ensemble de facteurs génétiques et environnementaux. Des virus pourraient aussi être en cause. Les manifestations des affections rhumatismales sont variables, ce qui ne facilite pas la tâche de l'infirmière qui doit déterminer les problèmes du patient, formuler les diagnostics infirmiers, exécuter les interventions infirmières appropriées et fixer des objectifs de soins réalistes.

Bibliographie

Les articles de recherche en sciences infirmières sont marqués d'un astérisque.

Ouvrages

American Nurses Association, Arthritis Health Professions Association. Outcome Standards for Rheumatology Nursing Practice. Kansas City, MO, American Nurses Association, 1983.

Banwell BF and Gall V (eds). Physical Therapy Management of Arthritis. New York, Churchill Livingstone, 1988.

Barnard C. Mieux vivre l'arthrite et les rhumatismes. Montréal, Stanké, 1984.

Blau SP (ed). Emergencies in Rheumatoid Arthritis. New York, Futura Publishing Company, 1986.

Ehrlich GE (ed). Rehabilitation Management of Rheumatic Conditions, 2nd ed. Baltimore, Williams & Wilkins, 1986.

Fernandes L. L'arthrite et les rhumatismes. France, Les éditions héritage, 1981.

* Halfmann T and Pigg JS. Nurses' perceptions of rheumatic disease patient problems as evidenced in nursing diagnoses defining characteristics, etiologies, interventions and expected outcomes. In Kim MJ et al (eds). Classification of Nursing Diagnoses. Proceedings of the Fifth National Conference. St Louis, CV Mosby, 1984.

Kelley WN et al (eds). Textbook of Rheumatology, 3rd ed. Philadelphia, WB Saunders, 1989.

Moskowitz RW and Haug MR. Arthritis and the Elderly. New York, Springer Publishing, 1986.

McCarty D (ed). Arthritis and Allied Conditions, 11th ed. Philadelphia, Lea & Febiger, 1989.

Pigg JS, Driscoll PW, and Caniff R. Rheumatology Nursing: A Problem-Oriented Approach. Albany, Delmar, 1985.

Porth CM. Pathophysiology: Concepts of Altered States, 3rd ed. Philadelphia, J B Lippincott, 1990.

Radi, Y. Les rhumatismes. Ottawa, Les éditions La Presse, 1980.

Riggs GK and Gall EP (eds). Rheumatic Diseases: Rehabilitation and Management. Boston, Butterworth, 1984.

Schumacher HR (ed). Primer of Rheumatic Diseases, 9th ed. Atlanta, Arthritis Foundation, 1988.

Simon L et Loyau G. L'arthrose: perspectives et réalités. Paris, Masson, 1987.

Utsinger PD, Zvaifler NJ, and Ehrlich GE. Rheumatoid Arthritis: Etiology, Diagnosis, Management. Philadelphia, JB Lippincott, 1985.

Vaillancourt DG. Arthrite et rhumatisme. Montréal, Les presses de l'Université de Montréal, 1990.

Voith AM, Frank AM, and Pigg JS. Validation of fatigue as a nursing diagnosis. In Kim MJ et al (eds). Classification of Nursing Diagnoses. Proceedings of the Seventh National Conference. St Louis, CV Mosby, 1987.

Revues

Chevalier J. Les douloureux en service de rhumatologie: prise en charge infirmière. Soins avril 1990; 535:31-33.

Ribard P. L'arthrose des doigts. Soins avril 1990; 535:13-15.

Sénécal J. Le lupus érythémateux et le personnel infirmier. Nursing Quebec 1989; 9(3).

Taurand S. et coll. Les sels d'or. Soins mars 1991; 546.

Verreault-Turcotte H. L'arthrite. Nursing Quebec 1989; 9(2):22-27.

Généralités

* Bradbury VL and Catanzaro ML. The quality of life in a male population suffering from arthritis. Rehabil Nurs 1989 Jul/Aug; 14(4):187-190.

Bradley LA. Psychological approaches to the management of arthritis pain. Soc Sci Med 1984; 19(12):1353-1360.

Brown GM. The nursing care of rheumatology patients. Nurs RSA 1989 Feb; 4(2):56.

* Burckhardt CS. The impact of arthritis on quality of life. Nurs Res 1985 Jan/Feb; 34(1):11-16.

* Burckhardt CS, Clark SR, and Nelson DL. Assessing physical fitness of women with rheumatic disease. Arthritis Care Res 1988 Mar; 1(1): 38-44.

Carsons S. Newer laboratory parameters for the diagnosis of rheumatic disease. Am J Med 1988 Oct 14; 85(Suppl 4A):34-38.

Cassady JR et al. Rheumatology training enhances students' long-term care skills. Nurs Health Care 1987 Jan; 8(1):39-41.

Chamberlain A. Arthritis: Social problems and practical solutions. Nurs Times 1989 Feb 1-7; 85(5):36-39.

* Collier IC. Assessing functional status of the elderly. Arthritis Care Res 1988 Mar; 1(1):45-52.

* Cornwall CJ and Schmitt MH. Perceived health status, self-esteem and body image in women with rheumatoid arthritis or systemic lupus erythematosus. Res Nurs Health 1990 Apr; 13(2):99-107.

* Goeppinger J et al. A reexamination of the effectiveness of self-care education for people with arthritis. Arthritis Rheum 1989 Jun; 32(6): 706-716.

Goeppinger J et al. A nursing perspective on the assessment of function in persons with arthritis. Res Nurs Health 1988 Oct; 11(5):321-331.

Gran JT. An epidemiological survey of the signs and symptoms of ankylosing spondylitis. Clin Rheumatol 1985 Jun; 4:161-169.

Lawrence RC et al. Estimates of the prevalence of selected arthritis and musculoskeletal diseases in the United States. J Rheumatol 1989 Apr; 16(4):427-441.

* Lorig K et al. Comparison of lay-taught and professional-taught arthritis self-management courses. J Rheumatol 1986 Apr; 13(4):763-767.

* Oermann MG et al. Effectiveness of self-instruction for arthritis patient education. Patient Educ Coun 1986 Sep; 8(3):245-254.

Orr PM. An educational program for total hip and knee replacement patients as part of a total arthritis center program. Ortho Nurs 1990 Sep/Oct; 9(15):61-69, 86.

Pigg JS and Schroeder PM. Frequently occurring problems of patients with rheumatic disease: The ANA outcome standards for rheumatology nursing practice. Nurs Clin North Am 1984 Dec; 19(4):697-708.

Pigg JS. Rheumatology nursing: Evolution of the role and functions of a subspecialty. Arthritis Care Res 1990 Sep; 3(3):109-115.

Soric R, Tepperman PS, and Devlin HTM. Arthritis rehabilitation: A multifaceted process. Postgrad Med 1986 Dec; 80(8):175-182.

Stevens MB. Connective tissue disease in the elderly. Clin Rheum Dis 1986 Apr; 12(1):11-32.

Sudbury F. Rheumatology nursing assessment. Can Orthop Nurs Assoc J 1987 Sep; 9(3):4-8.

Vaidyanathan S, Velayadhan R, and Chandrasekaran TI. Arthritis education. Nurs J India 1988 Aug; 79(8):207-214.

Arthrose

Doyle DV and Lanham JG. Routine drug treatment of osteoarthritis. Clin Rheum Dis 1984 Aug; 10(2):277-291.

* Laborde JM and Powers MH. Life satisfaction, health control orientation, and illness-related factors in persons with osteoarthritis. Res Nurs Health 1985 June; 8(2):183-190.

Mankin JH and Treadwell BV. Osteoarthritis: A 1987 update. Bull Rheum Dis 1986; 36(5):1-10.

Miller B. Osteoarthritis in the primary health care setting. Orthop Nurs 1987 Sep/Oct; 6(5):42-46.

Olivio JL. Developing an exercise program for the elderly with osteoarthritis. Orthop Nurs 1987 May/Jun; 6(3):23-26.

Polyarthrite rhumatoïde

Arnett FC. Revised criteria for the classification of rheumatoid arthritis. Orthop Nurs 1990 Mar/Apr; 9(2):58-64.

Badley EM and Papageorgiou AC. Visual analogue scales as a measure of pain in arthritis: A study of overall pain and pain in individual joints at rest and on movement. J Rheumatol 1989 Jan; 16(1):102-105.

Bell MJ, Bombardier C, and Tugwell P. Measurement of functional status, quality of life, and utility in rheumatoid arthritis. Arthritis Rheum 1990 Apr; 33(4):591-601.

* Crosby LJ. EEG sleep variables of rheumatoid arthritis patients. Arthritis Care Res 1988 Dec; 1(4):198-204.

Crosby LJ. Stress factors, emotional stress and rheumatoid arthritis disease activity. J Adv Nurs 1988 Jul; 13(4):452-461.

Fuller E. Aggressive drug therapy for RA. Patient Care 1987 Mar 15; 21(5): 22-24, 26, 28+.

Fuller E. Diagnosing RA as soon as possible. Patient Care 1987 Apr 15; 21(7):18-21, 24, 26+.

Guccione AA, Felson DT, and Anderson JJ. Defining arthritis and measuring functional status in elders; methodological issues in the study of disease and physical disability. Am J Public Health 1990 Aug; 80(8): 945-949.

Harris ED Jr. Rheumatoid arthritis: Pathophysiology and implications for therapy. N Engl J Med 1990 May 3; 322(18):1277-1289.

Lambert VA. Coping with rheumatoid arthritis. Nurs Clin North Am 1987 Sep; 22(3):551-558.

Lindroth Y et al. A controlled evaluation of arthritis education. Br J Rheumatol 1989 Feb; 28(1):7-12.

Mackenzie AH. Differential diagnosis of rheumatoid arthritis. Am J Med 1988 Oct 14; 85(Suppl 4A):2-11.

Minor MA et al. Efficacy of physical conditioning exercise in patients with rheumatoid arthritis and osteoarthritis. Arthritis Rheum 1989 Nov; 32(11):1396-1405.

Papageorgiou AC and Badley EM. The quality of pain in arthritis: The words patients use to describe overall pain and pain in individual joints at rest and on movement. J Rheumatol 1989 Jan; 16(1):106-112.

Parker JC et al. Pain management in rheumatoid arthritis patients. Arthritis Rheum 1988 May; 31(5):593-601.

Pincus T et al. Self-report questionnaire scores in rheumatoid arthritis compared with traditional physical, radiographic, and laboratory measures. Ann Intern Med 1989 Feb 15; 110(4):259-266.

Salmond SW. Stress and stressors in rheumatoid arthritis. J Adv Med Surg Nurs 1989 Sep; 1(4):35–43.

Touger-Decker R. Nutritional considerations in rheumatoid arthritis. J Am Diet Assoc 1988 Mar; 88(3):327–331.

Willkens RF. Rheumatoid arthritis: Clinical considerations in diagnosis and management. Am J Med 1987 Oct 30; 83(Suppl 4B):31–35.

Lupus érythémateux disséminé et sclérodermie généralisée

Bauman A et al. The unmet needs of patients with systemic lupus erythematosus: Planning for patient education. Patient Educ Couns 1989 Dec; 14(3):235–242.

Blau SP. Systemic lupus erythematosus. In management, less is often more. Consultant 1986 Oct; 26(10):95–108.

Bresnihan B. Outcome and survival in systemic lupus erythematosus. Ann Rheum Dis 1989 Jun; 48(6):443–445.

Callen JP and Klein J. Subacute cutaneous lupus erythematosus. Arthritis Rheum 1988 Aug; 31:1007–1013.

Engle EW et al. Learned helplessness in systemic lupus erythematosus: Analysis using the rheumatology attitudes index. Arthritis Rheum 1990 Feb; 33(2):281–286.

Gatenby PA. Systemic lupus erythematosus and pregnancy. Aust NZ J Med 1989 Jun; 19(3):261–278.

Hess E. Drug-related lupus. N Engl J Med 1988 Jun 2; 318(22):1460–1462.

Hochberg MC and Sutton JD. Physical disability and psychosocial dysfunction in SLE. J Rheumatol 1988 Jun; 15(6):959–964.

Joyce K et al. Health status and disease activity in systemic lupus erythematosus. Arthritis Care Res 1989 Jun; 2(2):65–69.

Klippel JH. Systemic lupus erythematosus: Treatment-related complications superimposed on chronic disease. JAMA 1990 Apr 4; 263(13):1812–1815.

Spondylarthrite

Arnett FC. Seronegative spondyloarthritides. Bull Rheum Dis 1987; 37(1):1–12.

Felts W. Ankylosing spondylitis: The challenge of early diagnosis. Postgrad Med 1988 Sep; 72(3):184–195.

Winchester RJ, Benstein DH, and Fischer HD. The co-occurrence of Reiter's syndrome and acquired immunodeficiency. Ann Intern Med 1987 Jan; 106(1):19.

Diagnostic et traitement médicamenteux

Benson MD. Arthritis: Effective use of highly regarded and often disregarded tests. Consultant 1985 Sep 15; 25(12):25–39.

Brassell M. Pharmacologic management of rheumatic diseases. Orthop Nurs 1988 Mar/Apr; 7(2):43–51.

Christman C. Protocol for administration and management of chryotherapy. Nurs Pract 1987 Oct; 12(10):30+.

Clegg DO. Slow-acting anti-rheumatic drug therapy for rheumatoid arthritis. Nurse Pract 1987 Mar; 12(3):44–52.

Ignatavicius DD. Meeting the psychosocial needs of patients with rheumatoid arthritis. Orthop Nurs 1987 May/Jun; 6(3):16–21.

Divers

Cathey MA et al. Functional ability and work status in patients with fibromyalgia. Arthritis Care Res 1988 Jun; 1(2):85–98.

Smeltzer KJ. Fibromyalgia: The frustration of diagnosis and management. Orthop Nurs 1987 May/Jun; 6(3):28–31.

Information/Ressources

Organismes

American Lupus Society
    23751 Madison St., Torrance, CA 90505, (213) 542-8891

Ankylosing Spondylitis Association
    511 N. La Cienge, Suite 216, Los Angeles, CA 90048, (800) 777-8189

The Arthritis Foundation
    1314 Spring St., Atlanta, GA 30309, (404) 872-7100

Lupus Foundation of America, Inc.
    1717 Massachusettes Ave. NW, Suite 203, Washington, DC 20036, (703) 660-6523

Lyme Borreliosis Foundation
    P.O. Box 462, Tolland, CT 06084, (203) 871-2900

National Institute of Arthritis and Musculoskeletal and Skin Diseases
    National Institutes of Health, Information Clearinghouse, P.O. Box AMS, 9000 Rockville Pike, Bethesda, MD 20892

Scleroderma International Foundation
    1725 York Ave. #29F, New York, NY 10128, (212) 427-7040

Sjögren's Syndrome Foundation, Inc.
    382 Main St., Port Washington, NY 11050, (516) 767-2866

Société canadienne de rhumatologie
    230, 6091 Gilbert Rd, Richmond (B.C.)   V7C 5L9 (604) 273-8085

Société d'arthrite
    401, 250 Bloor St-East, Toronto (Ontario)   M4W 1E6 (416) 967-1414

Société du lupus de Québec
    C.P. 489, succ. H, Montréal (Québec)   H3G 2L5 (514) 731-1273

United Scleroderma Foundation, Inc.
    P.O. Box 399, Watsonville, CA 95077, (408) 728-2202

PROGRÈS DE LA RECHERCHE EN SCIENCES INFIRMIÈRES

LES INFECTIONS PAR LE VIH ET LE SIDA

Généralités

De plus en plus de travaux de recherche en sciences infirmières portent sur l'infection par le virus de l'immunodéficience acquise (VIH) et sur le syndrome d'immunodéficience acquise (sida). Bon nombre de ces travaux sont axés sur les connaissances, les attitudes et les croyances se rapportant au sida, et sur les pratiques à risques élevés au sein de certains groupes de la population. Les travaux résumés ici ont été effectués auprès des groupes suivants : personnel infirmier, autres travailleurs de la santé, étudiants dans des domaines autres que les soins infirmiers, et personnes présentant des risques élevés d'infection par le VIH (hommes homosexuels et personnes atteintes de maladies transmises sexuellement).

▷ **B. Barrick, « The willingness of nursing personnel to care for patients with AIDS: A survey study and recommendations », J Prof Nurs, sept.-oct. 1988, 4(5):366-372**

Cette étude visait à déterminer le lien qui existe entre les attitudes à l'égard des homosexuels des deux sexes et la disposition à travailler auprès des sidéens. L'hypothèse émise était la suivante : le personnel infirmier ayant une attitude négative à l'égard des homosexuels des deux sexes est moins disposé à prodiguer des soins aux sidéens que le personnel infirmier ayant une attitude positive.

Les participants à l'étude œuvraient dans un centre hospitalier communautaire de la Caroline du Nord. On a envoyé le matériel de sondage à des infirmières, à des infirmières auxiliaires, à des techniciennes en psychiatrie et à des préposés aux bénéficiaires. En plus d'une lettre de présentation, le matériel de sondage comprenait un questionnaire d'une page sur la «non-disposition à administrer des soins aux sidéens» (échelle de Likert de 9 points allant de «fortement en désaccord» à «fortement en accord»), une version abrégée du questionnaire «Herek's Attitudes Toward Lesbians and Gay Men», une feuille vierge pour les commentaires du participant sur le sida et les homosexuels, et un questionnaire démographique. On a établi la validité conceptuelle et de critères des instruments.

Sur les 504 envois, 208 (44 %) ont été retournés et ont pu être utilisés. Les répondants étaient des hommes dans 16 % des cas et des femmes dans 86 % des cas, et leur âge variait entre 23 et 62 ans (âge moyen de 36 ans). Quatre-vingt-huit pour cent des répondants étaient des infirmières, 11 % des infirmières auxiliaires et des techniciennes en psychiatrie,

et 1 % des préposés aux bénéficiaires. L'expérience moyenne des répondants était de 12 ans.

L'analyse des questionnaires a révélé une corrélation positive entre une attitude négative à l'égard des homosexuels de sexe masculin et féminin et la non-disposition à travailler auprès de sidéens. L'hypothèse de départ a donc été confirmée. L'analyse de variance n'a révélé aucune différence significative entre les attitudes des différentes catégories de travailleurs. Au moins 9 % des participants ont déclaré qu'ils refuseraient d'être affectés auprès d'un sidéen. L'auteur souligne cependant que des facteurs autres qu'une attitude négative à l'égard des homosexuels ont pu avoir une influence sur cette réponse.

Soins infirmiers. Un grand nombre de sidéens sont des hommes homosexuels ou bisexuels. Le personnel cadre et enseignant en soins infirmiers doit être conscient du fait que l'attitude des travailleurs de la santé à l'égard de l'homosexualité peut influencer leur disposition à travailler auprès des sidéens. Il est donc important de trouver des mesures pour empêcher que ces attitudes négatives nuisent à la qualité des soins donnés à ces patients.

▷ **M. L. Beaman et M. K. Strader, «STD patients' knowledge about AIDS and attitudes toward condom use», J Community Health Nurs, 1989, 6(3):155-164**

La majorité des programmes d'éducation visant à promouvoir l'utilisation du condom pour prévenir la transmission du VIH reposent sur la diffusion d'information. Or, les auteurs de cette étude croient que les programmes d'éducation qui visent à favoriser les changements de comportement devraient plutôt porter sur les attitudes et d'autres facteurs. Leur étude avait pour but d'évaluer les connaissances et les croyances à propos de l'utilisation du condom et de la transmission du VIH chez des personnes atteintes d'une maladie transmise sexuellement (MTS), selon un schéma théorique sociopsychologique.

Le cadre conceptuel de cette étude était fondé sur la «théorie de l'action raisonnée», un modèle d'évaluation du comportement et des attitudes qui permet de décrire les attitudes en fonction des croyances comportementales ou normatives. Une personne a une attitude favorable à l'égard d'un comportement si elle estime que l'adoption de ce comportement entraînera des résultats positifs. À l'opposé, elle aura une attitude défavorable si elle croit que l'adoption du comportement donné entraînera des résultats négatifs. Les croyances qui sous-tendent l'attitude à l'égard du comportement sont appelées croyances comportementales. Les croyances normatives relèvent de la perception que l'on croit que les autres ont de nos comportements. Les croyances sont considérées comme l'élément qui détermine les attitudes.

L'échantillon de commodité se composait de 71 sujets d'origines raciales différentes, recrutés dans deux cliniques de MTS. Des questions ouvertes ont été formulées de façon à faire ressortir les croyances comportementales et normatives qui sous-tendaient les attitudes à l'égard de l'utilisation du condom au cours des rapports vaginaux et anaux, de même que des contacts oropéniens. On a aussi utilisé un questionnaire de connaissances générales de 28 questions (vrai ou faux). Toutes les questions étaient lues aux participants par l'un des chercheurs étant donné que certains sujets avaient de la difficulté à comprendre les instructions. Le caractère délicat des questions a pu avoir une influence sur les réponses. Les données démographiques incluaient les pratiques et les préférences sexuelles, le motif de la consultation à la clinique et les antécédents d'utilisation du condom.

Cinquante-cinq pour cent des 71 sujets étaient des hommes et 45 % des femmes. L'âge variait de 12 à 40 ans; l'âge moyen était de 19 ans. La majorité des participants étaient de race noire (79 %), les autres étaient de race blanche. Dans l'ensemble, les connaissances sur le sida étaient bonnes, la moyenne des réponses correctes étant de 22 sur 28. Les sujets de race blanche étaient mieux informés et ont obtenu de meilleures notes que les sujets de race noire. Aucune différence n'a été constatée entre les hommes et les femmes. La plupart des répondants (89 %) savaient que l'utilisation du condom peut réduire les risques de transmission du VIH. Trente pour cent des sujets ont dit utiliser un condom lors des relations vaginales, mais une fois sur quatre seulement. Aucun des participants n'utilisait un condom lors des contacts oropéniens ou anopéniens. Les connaissances des participants sur l'utilisation du condom n'étaient pas en corrélation avec leur comportement touchant l'utilisation du condom.

Les croyances concernant l'utilisation du condom étaient les suivantes, par ordre de fréquence: prévention des MTS, contraception, sensations émoussées, risque que le condom glisse ou se déchire, plaisir réduit, sentiment de sécurité, prévention du sida, caractère peu pratique et absence de romantisme. Les personnes qui ont influé sur la décision des participants d'utiliser un condom étaient la mère (34 %), le père (17 %) et les partenaires sexuels (22 %). Parmi les participants ayant indiqué que leurs partenaires sexuels avaient considérablement influé sur leur décision d'utiliser un condom, 69 % ont déclaré que ces partenaires avaient une attitude défavorable à l'égard du condom.

Soins infirmiers. Selon les résultats de cette étude, l'information factuelle n'a pas eu d'influence sur les pratiques comportementales. Les croyances négatives (tels que plaisir moindre ou caractère peu pratique) sous-tendaient une attitude négative à l'égard du condom. Les parents et les partenaires sexuels ont exercé une certaine influence. Les infirmières devraient donc axer leur enseignement sur les attitudes et les croyances des populations cibles. Il est essentiel également de bien évaluer les interventions.

▷ *S. A. Lawrence et R. M. Lawrence, «Knowledge and attitudes about AIDS in nursing and nonnursing groups»,* J Prof Nurs, *mars-avril 1989, 5(2):92-101*
Cette étude visait à comparer les connaissances et attitudes relatives au sida qui prévalent dans les milieux de soins infirmiers avec celles qui prévalent dans d'autres milieux, et à évaluer l'effet de l'acquisition de connaissances sur les attitudes à l'égard du sida. L'étude se déroulait en deux phases.

Les hypothèses pour la phase 1 étaient les suivantes: (1) les infirmières, les étudiantes de premier cycle en sciences infirmières, les étudiants de niveau collégial en arts et les adultes membres d'autres professions ont des connaissances et des attitudes très différentes à l'égard du sida; (2) les infirmières possédant un diplôme de deuxième et de troisième cycles sont mieux informées sur le sida et ont des attitudes plus positives à l'égard de cette maladie que les infirmières n'ayant fait que des études de premier cycle; et (3) les personnes les mieux informées sur le sida ont des attitudes plus positives à l'égard de cette maladie. L'hypothèse pour la phase 2 de l'étude était la suivante: l'information factuelle présentée lors de conférences et de discussions en petits groupes permettrait d'accroître efficacement les connaissances sur le sida et de changer les attitudes à l'égard de cette maladie.

L'échantillon se composait de 182 sujets dont 60 étaient des infirmières, 50 des étudiantes de premier cycle en sciences infirmières, 42 des étudiants de niveau collégial dans des domaines autres que les soins infirmiers, et 30 des adultes travaillant dans des domaines autres que les soins infirmiers. Les auteurs n'ont pas précisé l'origine des sujets. L'âge moyen était de 30,2 ans; 94,5 % des sujets étaient des femmes et 5,5 %, des hommes.

Les sujets ont répondu à un questionnaire, établi par les auteurs, qui visait à évaluer les connaissances sur le sida et les attitudes à l'égard de cette maladie. Les questions portaient sur l'incidence du sida, ses symptômes, les techniques de prévention de l'infection et les comportements à l'égard des personnes atteintes du sida, de même que sur les attitudes à l'égard des épreuves de dépistage du sida et des droits de la personne. La validité de contenu et la cohérence des questions ont été établies. La validité de critère et la validité conceptuelle n'ont cependant pas été déterminées.

L'analyse des données a révélé que les infirmières étaient mieux informées sur le sida et avaient une attitude plus favorable à l'égard de cette maladie que les étudiantes de premier cycle en sciences infirmières. Les étudiantes en sciences infirmières étaient mieux informées que les étudiants en arts, mais les attitudes de ces deux groupes d'étudiants à l'égard du sida ne présentaient pas de différences significatives. Les étudiants en arts étaient mieux informés sur le sida et avaient des attitudes plus positives à l'égard de cette maladie que les adultes membres d'autres professions. Quant aux infirmières ayant un diplôme de deuxième et de troisième cycles, elles connaissaient mieux la maladie et avaient des attitudes plus positives à son égard que les infirmières ayant un diplôme de premier cycle. L'analyse des données a également permis de confirmer l'hypothèse selon laquelle les personnes mieux informées sur le sida ont des attitudes plus positives. Les sujets qui comprenaient bien les modes de transmission de la maladie, l'objectif des épreuves de dépistage et la nature des coûts des soins de santé étaient moins susceptibles d'appuyer les mesures d'isolement social et le dépistage obligatoire pour tous, et plus susceptibles d'appuyer les mesures d'aide financière du gouvernement.

Dans le cadre de la phase 2 de l'étude, 50 étudiantes de premier cycle en sciences infirmières, 42 étudiants en arts et 8 infirmières ont participé à des conférences et à des discussions de groupe sur le sida. On leur a demandé de répondre à un questionnaire d'évaluation des connaissances et des attitudes avant et après les conférences et discussions. L'analyse des données confirme l'hypothèse selon laquelle l'information factuelle permet d'améliorer les connaissances sur le sida et de modifier les attitudes à l'égard de cette maladie.

Soins infirmiers. Cette étude fait ressortir le lien qui existe entre les connaissances sur le sida et les attitudes adoptées à l'égard de cette maladie. D'autres études ont suggéré que l'acquisition de connaissances ne permet pas à elle seule d'améliorer les attitudes. Il faut donc procéder à d'autres études pour déterminer les mécanismes qui permettraient à la fois d'améliorer les connaissances et de modifier les attitudes chez les infirmières aussi bien que chez les personnes d'autres milieux.

▷ *T. A. Moran et coll., «Informational needs of homosexual men diagnosed with AIDS or AIDS-related complex»,* Oncol Nurs Forum, *mai-juin 1988, 15(3):311-314*

À l'heure actuelle, l'arme la plus efficace contre le sida est l'information sur les façons de prévenir la transmission du VIH. Cette étude avait pour but d'évaluer comment les patients perçoivent l'information sur les comportements sexuels sans risques donnée par le personnel de soins de première ligne lors de consultations externes courantes dans une clinique pour sidéens située dans la région de San Francisco. L'échantillon de commodité se composait de sidéens et de parasidéens. Il comptait 76 sujets homosexuels ou bisexuels. Tous les sujets assumaient leurs soins sans aide, savaient écrire et lire l'anglais et ne présentaient aucun trouble neurologique. L'étude a été menée en 1985.

Le questionnaire se composait de six questions ouvertes provenant d'un instrument de sondage établi par un autre chercheur en vue d'évaluer les pratiques sexuelles des homosexuels de sexe masculin de la région de San Francisco. Les questions portaient sur les points que les sujets auraient aimé discuter avec le personnel soignant; la discussion des pratiques sexuelles sans danger; les façons pour le personne soignant de jouer un rôle plus utile; le type de matériel d'information le plus utile; la provenance du matériel d'information; et la personne qui a joué le rôle le plus utile dans la modification des comportements sexuels du sujet. Les sujets ont répondu au questionnaire une première fois à la clinique et de nouveau, deux semaines plus tard, à leur domicile, pour établir la fiabilité test-retest. Les données ont été codées par trois infirmières en oncologie ayant une formation de deuxième ou de troisième cycle. Le consensus entre les infirmières a été de 94,7 %.

Environ 52 % des sujets désiraient être plus informés sur les pratiques sexuelles sans danger. La majorité des sujets ont indiqué que le personnel infirmier semblait mal à l'aise lors des discussion sur les pratiques sexuelles. Certains ont indiqué toutefois que le personnel soignant respectait leur identité en les aidant à soigner leur apparence et en les incitant à adopter des comportements sexuels sans danger. La majorité des sujets n'ont pu préciser de quelle façon le personnel pouvait se rendre plus utile; quelques sujets ont cependant mentionné qu'il faudrait améliorer l'information. Les sujets ont indiqué que la source d'information la plus utile sur les pratiques sexuelles sans danger était le matériel publié par les organismes communautaires locaux. Ceux qui ont déclaré avoir modifié leurs pratiques sexuelles ont été principalement influencés par des sources autres que les travailleurs de la santé, notamment leurs amis, leurs partenaires sexuels et les médias.

Soins infirmiers. Les résultats de cette étude indiquent que les patients désirent vraiment être informés de façon détaillée et précise. Les infirmières qui prodiguent de l'enseignement ne doivent pas oublier que les patients atteints d'une maladie mortelle ont souvent de la difficulté à assimiler l'information. Il peut donc être utile de répéter l'information et de la renforcer par du matériel visuel. Les auteurs croient que certains patients peuvent avoir besoin d'un counseling auprès d'un spécialiste clinique ou d'un sexologue. Les infirmières doivent également travailler avec les organismes communautaires pour s'assurer que le contenu des brochures et dépliants publiés est exact et à jour.

▷ *G. M. Van Servellen, C. D. Lewis et B. Leake, «Nurses' responses to AIDS crisis: Implications of continuing education programs»,* J Contin Educ Nurs, *janv.-fév. 1988, 19(1):4-8*

Les auteurs de cette étude soulignent que la hausse prévue du nombre des cas de sida entraînera une augmentation importante des responsabilités des infirmières qui dispensent des soins aux sidéens. Cette étude visait à déterminer les craintes et les attitudes, les connaissances et les expériences des infirmières relativement au sida, et à faire un premier tour d'horizon des besoins prévus en matière d'enseignement aux patients. Un questionnaire a été posté à 3000 infirmières choisies au hasard dans l'État de Californie, où le taux du sida est élevé. Pour pouvoir participer à l'étude, les infirmières devaient travailler dans un milieu où elles avaient à dispenser des soins directs à des sidéens. Au total, 1019 réponses ont été analysées.

Le questionnaire visait à évaluer les connaissances des infirmières par des questions sur les symptômes du sida, les données épidémiologiques sur cette maladie, les facteurs de risque, les modes de transmission et les précautions recommandées par le CDC. Des questions axées sur la pratique professionnelle visaient à déterminer si les infirmières relevaient l'orientation sexuelle des patients ou les conseillaient au sujet des moyens de prévenir la transmission de la maladie. Pour évaluer les attitudes et les craintes, on a demandé aux infirmières si elles avaient des réticences à soigner des sidéens et si elles étaient disposées à le faire. Des questions portaient également sur la perception de la gêne des autres infirmières, sur le droit de refuser de soigner un sidéen et sur le risque de contracter le sida en prodiguant des soins. Les questions étaient à la fois structurées et ouvertes. On a également tenu compte de la formation des infirmières ainsi que de leurs connaissances sur le sida. La majorité des participantes étaient des femmes de race blanche ayant en moyenne de 10 à 15 ans d'expérience en soins infirmiers. Au plan de la formation scolaire, les participantes avaient, dans des proportions à peu près égales, soit un diplôme général, soit un diplôme spécialisé, soit une formation de premier cycle.

Les résultats de l'étude ont indiqué que, de façon générale, les infirmières n'étaient pas assez bien informées sur les signes et symptômes du sida. La majorité d'entre elles (68,7 %) connaissaient bien les pratiques à risques, mais connaissaient mal les pratiques sans danger. Environ 81 % des participantes ont répondu correctement aux questions portant sur l'isolement, mais au moins 10 % d'entre elles prenaient à cet égard des précautions excessives. La majorité des participantes (91,3 %) ont dit ne pas relever l'orientation sexuelle de leurs patients et ne pas les conseiller sur les moyens de prévenir la transmission du VIH.

Environ 25 % des participantes estimaient courir un risque modéré ou élevé de contracter le sida dans le cadre de leur travail. Près de la moitié d'entre elles croyaient que les autres infirmières étaient mal à l'aise quand elles donnaient de l'information d'ordre sexuel à des homosexuels de sexe masculin, et 38,4 % ont indiqué être elles-mêmes mal à l'aise avec ces patients. Environ 23 % ont indiqué qu'elles refuseraient d'être affectées auprès de sidéens, et 50 % estimaient que les infirmières devraient avoir le choix à cet égard.

Soins infirmiers. Les auteurs de cette étude concluent que les programmes de formation continue doivent être axés sur les notions fondamentales se rapportant au sida, car si les infirmières ne disposent pas de données épidémiologiques et scientifiques précises, elles ne peuvent dispenser les soins appropriés. Cette étude met également en évidence la nécessité d'enseigner aux infirmières à conseiller les patients. On devra mener d'autres études pour déterminer la meilleure façon d'atteindre les objectifs de formation.

Affections rhumatismales

Dans le domaine des affections rhumatismales, la recherche en sciences infirmières a porté principalement sur l'évaluation des conséquences de l'arthrite et des autres affections rhumatismales sur la qualité de vie, la condition physique, les capacités fonctionnelles, l'estime de soi et les habitudes de sommeil. Quelques études portent sur les effets des interventions infirmières sur la modification de ces variables.

▷ *V. L. Bradbury, et M. L. Catanzaro, «The quality of life in a male population suffering from arthritis»,* Rehabil Nurs, *juil.-août 1989, 14(4):187-190*
Cette étude avait pour but de décrire le rapport entre certaines variables physiques, psychologiques et sociales et la perception de la qualité de vie au sein d'un échantillon de commodité composé de 38 hommes souffrant d'arthrite. On a analysé certaines variables: les sentiments à l'égard de la maladie, la perception de l'aide reçue, le locus de contrôle interne, la gravité des incapacités fonctionnelles, la satisfaction à l'égard de la vie, la satisfaction à l'égard de certains aspects précis de la vie et la qualité de vie en général. Les activités les plus difficiles pour les sujets étaient celles qui sollicitaient les articulations et exigeaient une force musculaire. Les activités d'autosoins n'avaient que peu d'influence sur la vie des sujets de l'étude.

Soins infirmiers. L'infirmière qui est consciente de l'importance des perceptions et des sentiments des patients atteints d'arthrite est davantage portée à évaluer et à explorer de près avec ceux-ci des sujets qui seraient autrement négligés. Cette étude conclut qu'une attitude négative à l'égard d'une maladie a des effets négatifs sur la perception de la qualité de vie associée à cette maladie. Cette conclusion a de l'importance étant donné qu'elle permet d'orienter les interventions infirmières vers la détermination des facteurs qui suscitent de la déception, des frustrations ou du découragement. En expliquant au patient le processus morbide et le plan de traitement, l'infirmière peut aider celui-ci à réduire son sentiment d'impuissance.

▷ *C. S. Burckhardt, S. R. Clark et D. L. Nelson, «Assessing physical fitness of women with rheumatic disease»,* Arthritis Care Res, *mars 1988, 1(1):38-44*
Les personnes atteintes d'arthrite se préoccupent de plus en plus de leur condition physique, comme le reste de la société. Pour être en mesure d'établir de façon compétente les programmes d'exercice, les infirmières et les autres travailleurs de la santé doivent pouvoir compter sur des mesures d'évaluation de la condition physique qui soient fiables. La souplesse lombaire, la force musculaire des bras et des jambes ainsi que l'endurance cardiovasculaire ont été mesurées chez 70 femmes (âgées de 20 à 59 ans) atteintes de polyarthrite rhumatoïde, de lupus érythémateux disséminé (LED) ou de fibrosite. Chez la majorité des sujets, l'endurance cardiovasculaire et la souplesse étaient de faibles à moyennes en comparaison avec un groupe témoin composé de 40 femmes et selon des normes reconnues. Cette étude démontre que les femmes souffrant de polyarthrite rhumatoïde, de lupus érythémateux disséminé ou de fibrosite peuvent sans danger subir des tests simples mais sensibles d'évaluation de la condition physique.

Soins infirmiers. Les résultats de cette étude suggèrent que les tests d'évaluation de la condition physique utilisés sont sans danger pour les personnes atteintes de polyarthrite rhumatoïde, de lupus érythémateux disséminé ou de fibrosite. Ce fait revêt un certain intérêt pour les infirmières étant donné que l'on pensait auparavant que l'augmentation de l'activité physique pouvait accélérer l'évolution de ces affections.

▷ *M. A. Cathey, F. Wolfe et S. M. Kleinheksel, «Functional ability and work status in patients with fibromyalgia»,* Arthritis Care Res, *juin 1988, 1(2):85-98*
Cette étude avait pour but d'évaluer les capacités fonctionnelles de 176 patients atteints de fibromyalgie. Le rendement des sujets dans cinq tâches uniformisées a été comparé à celui de patients souffrant de polyarthrite rhumatoïde (N = 26) et de sujets témoins en bonne santé (N = 11). Comparativement au groupe témoin, les patients atteints de fibromyalgie ont effectué 58,6 % du travail et les patients atteints de polyarthrite rhumatoïde 62,1 %. On a noté le statut professionnel des 176 sujets atteints de fibromyalgie: 60 % avaient un emploi et 9,6 % se considéraient comme invalides (6,2 % seulement recevaient des prestations d'invalidité, mais non précisément pour leur fibromyalgie). La fibromyalgie a forcé 30 % des sujets à changer d'emploi. Les résultats indiquent que la fibromyalgie entraîne une incapacité fonctionnelle. On a aussi observé que l'état psychologique et la douleur ont une influence considérable sur la capacité de travailler. La douleur, l'état psychologique et le degré d'incapacité fonctionnelle influencent, à peu près dans la même mesure, le rendement au travail des patients atteints de fibromyalgie et celui des patients atteints de polyarthrite rhumatoïde.

Soins infirmiers. Les résultats de cette étude démontrent que des affections moins visibles comme la fibromyalgie peuvent provoquer de la douleur, des troubles psychologiques et une invalidité de la même façon que des affections plus apparentes comme la polyarthrite rhumatoïde. Il est plus utile et plus juste d'évaluer les effets de la maladie sur chaque patient que de faire des suppositions générales à ce sujet. On risque de sous-estimer l'ampleur des effets de la maladie sur le bien-être du patient si on présume qu'elle est proportionnelle à l'ampleur de son invalidité apparente.

▷ *C. J. Cornwall et M. J. Schmitt, «Perceived health status, self-esteem and body image in women with rheumatoid arthritis or systemic lupus erythematosus»,* **Res Nurs Health,** *avril 1990, 13(2):99-107*
Cette étude avait pour but d'établir le rapport entre la maladie et la perception de l'état de santé, de l'estime de soi et de l'image corporelle. L'échantillon utilisé se composait de 26 femmes atteintes de polyarthrite rhumatoïde, de 23 femmes atteintes de lupus érythémateux disséminé et de 28 femmes en bonne santé. On a observé des différences de perception de l'état de santé entre les sujets atteints de polyarthrite rhumatoïde ou de lupus et les sujets en bonne santé, mais aucune différence pour ce qui est de l'estime de soi. Les notes accordées à l'image corporelle étaient semblables chez les femmes en bonne santé et celles souffrant de polyarthrite rhumatoïde, mais plus faibles chez les patientes atteintes de lupus. Ces données permettent de penser que les personnes atteintes d'une affection rhumatismale peuvent conserver une image corporelle positive. Les personnes atteintes de polyarthrite rhumatoïde qui présentent une perte de mobilité disposent d'aides à la motricité et d'aides techniques leur permettant de conserver une autonomie fonctionnelle. Ces aides peuvent également leur permettre de garder une image corporelle positive. Toutefois, il existe moins d'aides compensatoires pour les personnes atteintes de lupus et qui présentent des complications comme une insuffisance rénale. On a observé une corrélation positive entre la perception de l'état de santé et l'estime de soi, mais non entre la perception de l'état de santé et l'image corporelle. On a également observé une faible corrélation positive entre, d'une part, la perception de l'état de santé et, d'autre part, l'âge et la durée de la maladie. En outre, on a relevé les difficultés, les besoins et les craintes associés à la polyarthrite rhumatoïde et au lupus érythémateux disséminé. La difficulté la plus importante mentionnée par les sujets atteints de polyarthrite était la restriction de la mobilité. Chez les sujets atteints de lupus, les principaux problèmes étaient la douleur et la fatigue, suivies de l'obligation d'éviter le soleil. Dans les deux groupes, l'évolution de la maladie était la crainte la plus fréquente. Environ 20 % des sujets atteints de lupus ont mentionné avoir peur de la mort, contre aucun des sujets atteints de polyarthrite. Les chercheurs ont constaté que la méthodologie transversale de leur étude limitait l'analyse des mécanismes d'adaptation étant donné que l'évolution de la polyarthrite rhumatoïde et du lupus érythémateux disséminé est variable.

Soins infirmiers. À la lumière des conclusions de cette étude, l'infirmière peut établir des interventions destinées à maintenir et à améliorer l'image corporelle et l'estime de soi des patients atteints d'affections rhumatismales, de même que des interventions pouvant aider ces patients à faire face aux principaux problèmes, aux craintes et aux besoins associés à l'affection rhumatismale chronique dont ils souffrent.

▷ *L. J. Crosby, «EEG sleep variables of rheumatoid arthritis patients»,* **Arthritis Care Res,** *déc. 1988, 1(4):198-204*
Les patients atteints de polyarthrite rhumatoïde se plaignent souvent de dormir peu et mal. On a donc voulu étudier les variables électro-encéphalographiques (EEG) du sommeil chez des patients atteints de polyarthrite à divers stades de la maladie. L'échantillon se composait de 12 sujets (9 femmes et 3 hommes) atteints de polyarthrite et d'un groupe témoin apparié en fonction de l'âge et du sexe. L'étude s'est déroulée pendant toute une nuit dans un laboratoire de sommeil. La polyarthrite était en phase de poussée chez cinq sujets. Chez les sujets en phase de poussée, la qualité du sommeil s'est révélée significativement plus faible que chez les sujets du groupe témoin. Il en a été de même pour la durée du sommeil. Dans les deux groupes de sujets atteints de polyarthrite, le rythme de sommeil était fragmenté par de fréquents éveils et de fréquents passages d'une phase de sommeil à une autre. On en conclut que la polyarthrite rhumatoïde peut s'accompagner de troubles du sommeil.

Soins infirmiers. On a longtemps négligé la portée des troubles du sommeil. Or, les résultats de cette étude démontrent qu'il est important de recourir à des interventions infirmières pour favoriser le sommeil chez les patients atteints de polyarthrite rhumatoïde.

▷ *J. Goeppinger et coll., «A nursing perspective on the assessment of function in persons with arthritis»,* **Res Nurs Health,** *oct. 1988, 11(5):321-331*
Cette étude avait pour but d'examiner les propriétés psychométriques de deux autoquestionnaires servant à mesurer les capacités fonctionnelles: le Disability Score of the Health Assessment Questionnaire (HAQ) et le Total Health Score of the Arthritis Impact Measurement Scales (AIMS). Les sujets de l'étude (N = 140) étaient atteints d'arthrose, de polyarthrite rhumatoïde ou de diabète. Ils vivaient en région rurale ou urbaine. Il s'agissait en majorité de femmes âgées de race blanche ayant une formation de niveau secondaire ou de niveau moindre. Les résultats des analyses de contenu suggèrent que le questionnaire HAQ est préférable au AIMS parce qu'il reflète de façon plus complète les diagnostics infirmiers reliés aux capacités fonctionnelles. Une analyse exploratoire des composantes principales a confirmé que le HAQ est applicable à la pratique infirmière. Toutefois, on a observé qu'il est un peu moins précis dans les cas d'arthrite. Les auteurs de l'étude affirment que les données psychométriques ne peuvent à elles seules orienter le choix d'un instrument ou d'un autre, surtout dans les domaines des soins infirmiers et de la recherche. Le HAQ reflète les diagnostics infirmiers tels que définis dans le *Pocket Guide to Nursing Diagnoses* (M. J. Kim, G. K. McFarland et A. M. McLane [éd.], *Pocket Guide to Nursing Diagnoses,* St.Louis, CV Mosby, 1984). Selon les auteurs, la validité de contenu des diagnostics infirmiers eux-mêmes est contestable, car ceux-ci n'englobent pas l'incapacité de prendre ses médicaments, l'incapacité d'utiliser les transports en commun et l'incapacité de gérer son argent, bien que ces incapacités soient la conséquence d'un déficit d'auto-soins, d'une altération de la mobilité physique et d'une incapacité d'organiser et d'entretenir le domicile, respectivement.

Soins infirmiers. Le choix d'un outil d'évaluation peut orienter les soins infirmiers. Il existe maintenant plusieurs instruments d'évaluation qu'on peut utiliser auprès des patients atteints d'arthrite. Les deux instruments le plus souvent utilisés sont le HAQ et le AIMS. L'infirmière qui a besoin d'aide pour poser ses diagnostics infirmiers devrait peut-être utiliser le HAQ, en tenant compte du fait qu'il est moins précis dans les cas d'arthrite. Le questionnaire AIMS peut éclairer davantage l'infirmière sur la mobilité et les autosoins, bien qu'il ne corresponde pas aux critères actuels d'analyse et d'interprétation des données.

▷ *J. Goeppinger et coll., «A reexamination of the effectiveness of self-care education for persons with arthritis»,* Arthritis Rheum, *juin 1989, 32(6):706-716*

Cette étude avait pour but d'analyser l'efficacité de deux modèles d'intervention destinés à améliorer la capacité d'effectuer les autosoins chez les patients atteints d'arthrite (modèle d'étude à domicile et modèle des petits groupes). Pour l'étude expérimentale initiale, on a utilisé des prétests et des post-tests avec un groupe témoin. Pour les analyses longitudinales, on a utilisé un modèle comparatif. L'échantillon se composait de 374 sujets et les observations ont été faites sur une période de 12 mois. Les modèles d'intervention ont eu des effets positifs significatifs du point de vue statistique, sur les connaissances au sujet de l'arthrite, la capacité d'effectuer les autosoins, le sentiment d'impuissance et la douleur. Les résultats n'ont pas été influencés par le niveau d'éducation, le diagnostic et la durée de la maladie, les réseaux de soutien informels ou le traitement. Le modèle des petits groupes a été plus efficace pour soulager la douleur et la dépression. Le modèle d'étude à domicile a été plus efficace pour maintenir la baisse du sentiment d'impuissance. La baisse du sentiment d'impuissance et l'amélioration de la capacité d'effectuer les autosoins semblent expliquer en partie le soulagement de la douleur observé.

Soins infirmiers.   Les résultats de cette étude permettent de croire que le soutien social obtenu grâce au modèle des petits groupes peut contribuer à accélérer les changements et à soulager la dépression. Le modèle des petits groupes semple plus susceptible d'apporter des améliorations et de les maintenir. Or, étant donné qu'il est essentiel de maintenir les améliorations apportées à l'état des personnes atteintes d'arthrite, le modèle des petits groupes pourrait être utilisé pour enseigner aux patients atteints d'arthrite comment améliorer leur qualité de vie.

▷ *K. Joyce et coll., «Health status and disease activity in systemic lupus erythematosus»,* Arthritis Care Res, *juin 1989, 2(2):65-69*

Cette étude avait pour but d'analyser les rapports entre certaines manifestations physiques du lupus érythémateux disséminé et certaines composantes essentielles de la santé. On a mesuré les manifestations physiques de l'activité de la maladie à l'aide de l'échelle Clinical Activity Index (CAI), et l'état de santé à l'aide de l'échelle Arthritis Impact Measurement Scales (AIMS) chez 49 sujets. Les résultats ont révélé qu'il existe un rapport entre l'état de santé et l'activité de la maladie. On a observé une corrélation significative entre le score total sur l'échelle CAI et le score des sous-échelles de l'état de santé: activité physique, douleur et dépression. On a aussi observé une corrélation significative entre le score total sur l'échelle AIMS et les manifestations cutanéomuqueuses, musculosquelettiques et générales de l'état de santé. De façon plus précise, les manifestations cutanéomuqueuses du lupus érythémateux disséminé étaient en corrélation avec l'activité physique et la douleur. Les manifestations générales de la maladie, notamment la fatigue, étaient en corrélation avec l'activité physique. Les résultats de cette étude indiquent qu'il existe un rapport entre certaines manifestations physiques du lupus érythémateux disséminé et certaines composantes de l'état de santé. Ce rapport peut cependant être interprété de plusieurs façons. Premièrement, l'état de santé peut se détériorer avec l'évolution de la maladie et s'améliorer à la suite du traitement. Deuxièmement, d'autres facteurs (dont la durée de la maladie et le stress, qui n'ont pas été mesurés lors de cette étude) peuvent influer sur l'état de santé et l'activité de la maladie. Troisièmement, les corrélations observées entre l'état de santé et l'activité de la maladie indiquent que certaines composantes de l'état de santé étaient affectées (mobilité, dextérité, capacité d'effectuer les activités quotidiennes), ce qui pourrait traduire une adaptation fonctionnelle de la part des sujets.

Soins infirmiers.   Les rapports entre certaines manifestations physiques du lupus et certaines composantes clés de l'état de santé sont importants pour l'infirmière. On reconnaît notamment que l'état de santé s'améliore quand la maladie régresse (fait dont on doit faire part au patient). La réduction du stress peut également influer sur l'activité de la maladie et l'état de santé. Selon les résultats de cette étude, la dépression est en corrélation avec le score total sur l'échelle CAI, mais elle n'est en corrélation qu'avec les manifestations cutanéomuqueuses dans les sous-échelles. Les patients qui présentent des éruptions cutanées et une alopécie pourraient donc bénéficier d'interventions infirmières visant à les informer et à les soutenir. Cette étude illustre à quel point il est complexe de déterminer et de mesurer le rapport entre l'activité de la maladie et l'état de santé chez les patients atteints de lupus érythémateux disséminé.

partie **13**

*Fonction
tégumentaire*

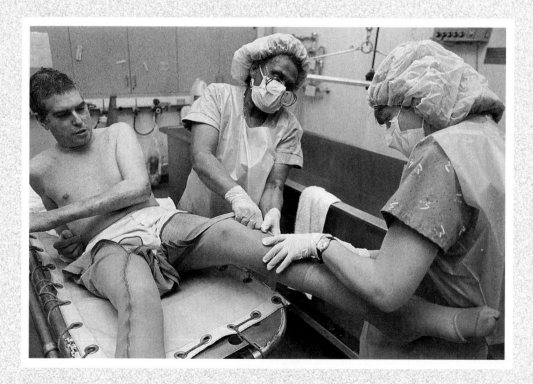

51

SOINS AUX PATIENTS ATTEINTS D'AFFECTIONS CUTANÉES

OBJECTIFS D'APPRENTISSAGE

Après avoir étudié ce chapitre, vous devriez être en mesure de réaliser ce qui suit:

1. *Décrire les fonctions de la peau.*

2. *Appliquer la démarche de soins infirmiers pour intervenir auprès des patients atteints d'affections cutanées.*

3. *Appliquer la démarche de soins infirmiers pour intervenir auprès des patients atteints d'acné.*

4. *Décrire l'enseignement destiné aux patients atteints d'infections et d'infestations de la peau.*

5. *Appliquer la démarche de soins infirmiers pour intervenir auprès des patients atteints d'affections cutanées inflammatoires non infectieuses.*

6. *Décrire le traitement et les soins infirmiers destinés aux patients atteints d'un cancer de la peau.*

7. *Appliquer la démarche de soins infirmiers pour intervenir auprès des patients atteints de mélanome malin.*

8. *Appliquer la démarche de soins infirmiers pour intervenir auprès des patients atteints du sarcome de Kaposi.*

9. *Comparer les différents types de chirurgie plastique ou reconstructive de la peau.*

10. *Comparer la dermabrasion au ponçage et les soins infirmiers qui se rapportent à ces interventions.*

11. *Appliquer la démarche de soins infirmiers pour intervenir auprès des patients subissant une chirurgie plastique au visage.*

Les affections cutanées se rencontrent fréquemment dans la pratique infirmière. En Amérique du Nord, 5 à 10 % de toutes les consultations dans les cliniques externes et les cabinets de médecin ont pour cause une affection cutanée. La peau étant un reflet de l'état général, beaucoup de maladies qui intéressent l'organisme tout entier s'accompagnent de manifestations cutanées.

Le stress engendré par la maladie ou par des difficultés personnelles ou familiales se manifeste souvent par des affections cutanées. De plus, les médicaments peuvent provoquer des démangeaisons subites ou une éruption transitoire chez un patient hospitalisé. Enfin, les affections cutanées sont souvent le premier signe de maladies comme l'hépatite ou le cancer.

PHYSIOLOGIE

La peau est une structure indispensable à la vie humaine. Elle protège les organes internes des agressions de l'environnement et participe à bon nombre de fonctions vitales. Elle prolonge les muqueuses au niveau des orifices naturels des voies digestives, respiratoires et urogénitales. Les atteintes à son intégrité étant très apparentes, elles font souvent l'objet de consultations auprès des médecins.

Anatomie

La peau est formée de trois couches: l'*épiderme,* le *derme* et le *tissu sous-cutané* (figure 51-1). L'*épiderme* se compose d'une couche externe, la couche malpighienne, qui est contiguë aux muqueuses et au revêtement des conduits auditifs. Elle est constituée de cellules vivantes et est recouverte à sa surface de cellules mortes provenant du derme. Elle se renouvelle

presque entièrement toutes les trois à quatre semaines. Les cellules mortes contiennent une grande quantité de *kératine,* une protéine insoluble et dure qui se forme dans la couche cornée de la peau, des ongles et des poils.

Les *mélanocytes* sont des cellules de l'épiderme qui ont comme rôle essentiel de produire le pigment qu'on appelle *mélanine,* qui détermine la couleur de la peau et des cheveux. Plus la peau est riche en mélanine, plus elle est foncée. La peau des personnes de race noire et certaines parties du corps chez les individus de race blanche (comme les mamelons) renferment beaucoup de mélanine. C'est la race qui détermine la couleur de la peau, qui peut aller du rose pâle au brun. Certaines maladies modifient la couleur de la peau. Par exemple, l'hypoxie se manifeste par une coloration bleue, l'ictère par une coloration jaune verdâtre et la fièvre par une coloration rouge. La production de la mélanine est régie par une hormone sécrétée par l'hypothalamus, la mélanostimuline (MSH). On pense que la mélanine est capable d'absorber les rayons ultraviolets et de nous protéger ainsi contre leurs effets néfastes.

L'épiderme n'est pas identique dans toutes les parties du corps. Il est plus épais aux paumes des mains et aux plantes des pieds et contient davantage de kératine. Le frottement peut provoquer un épaississement de l'épiderme se manifestant par des callosités, ce que l'on observe le plus souvent aux mains et aux pieds.

À la jonction dermoépidermique, on observe un réseau d'ondulations et de sillons. C'est à ce niveau que se font les échanges d'éléments nutritifs essentiels. Le contact entre le derme et l'épiderme produit de fines rainures à la surface de la peau. Aux extrémités des doigts, ces rainures se nomment *empreintes digitales*. Elles diffèrent d'une personne à l'autre et sont un trait caractéristique. Elles sont virtuellement immuables.

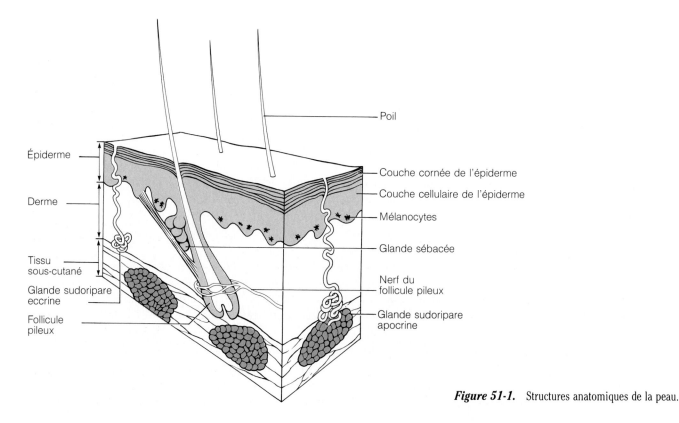

Figure 51-1. Structures anatomiques de la peau.

Le derme est une couche épaisse de tissu conjonctif composé de collagène et de fibres élastiques. Il contient des vaisseaux sanguins et lymphatiques, des nerfs, des glandes sudoripares et sébacées ainsi que les racines des poils. Le mot derme vient du grec «derma» qui signifie «peau».

Le *tissu sous-cutané* se compose essentiellement de tissu adipeux. C'est à ce niveau que la peau se rattache aux muscles et aux os. La quantité de tissu adipeux et sa répartition varient selon le sexe, ce qui explique en partie les différences dans la silhouette de l'homme et celle de la femme. Une suralimentation entraîne une accumulation croissante de graisse sous la peau. Le tissu sous-cutané et le tissu adipeux jouent un rôle important dans la régulation de la température corporelle.

Poils. Les poils sont disséminés sur toute la surface cutanée, sauf sur la paume des mains et la plante des pieds. Ils sont formés d'une racine implantée dans le derme et d'une tige qui sort de la surface de la peau. Ils poussent dans une cavité que l'on nomme *follicule pileux* et se forment dans un renflement appelé *bulbe* qui se situe à leur pôle inférieur (voir la figure 51-1).

La croissance des poils est cyclique et sa vitesse varie selon la nature du poil. C'est la barbe qui pousse le plus rapidement, suivie des cheveux, des poils des aisselles et des cuisses et, enfin, des sourcils. Les cheveux subissent successivement une phase de croissance *(phase anagène)* qui dure de trois à six ans, et une phase de repos *(phase télogène)* qui aboutit à la chute du cheveu. Le follicule pileux revient spontanément à la phase anagène après la chute du poil ou l'épilation. Normalement, environ 80 % des poils sont en phase anagène.

Les poils ont différentes fonctions selon la partie du corps où on les retrouve. Les cils et les sourcils, de même que les poils des narines et des oreilles protègent de la poussière, des insectes et des débris atmosphériques. Chez les animaux, les poils servent d'isolant thermique. Sous l'effet du froid ou de la chaleur, on observe une horripilation (érection des poils) due à la contraction de minuscules muscles érecteurs rattachés aux follicules pileux. On observe chez les humains une réaction semblable qui est probablement un vestige de ce phénomène. Le poil doit sa coloration à la quantité de mélanine que renferme sa tige, les cheveux gris ou blancs étant le résultat d'une perte de pigmentation. Les hormones sexuelles sont responsables de la croissance des poils dans certaines parties du corps. Par exemple, la croissance des poils du visage (barbe et moustache) et de ceux de la poitrine est régie par les hormones mâles (androgènes).

Certains troubles endocriniens peuvent provoquer un développement anormal des poils, comme le syndrome de Cushing qui provoque un *hirsutisme* (développement exagéré du système pileux, surtout chez la femme) et l'hypothyroïdie qui entraîne des modifications de la texture des poils. Certains traitements anticancéreux (chimiothérapie et radiothérapie) provoquent une chute partielle ou complète des cheveux (alopécie) et des poils.

Ongles. Sur la face dorsale des doigts et des orteils, la peau est recouverte d'une lame rigide et translucide faite de kératine et qu'on appelle *ongle*. La racine de l'ongle se situe dans un repli cutané appelé *cuticule*. L'ongle a pour fonction de préserver l'extrême sensibilité des doigts et des orteils et d'aider les doigts à accomplir certaines actions exigeant beaucoup de dextérité, comme de saisir de petits objets.

La croissance des ongles est relativement lente et ralentit avec l'âge. Le renouvellement complet des ongles de la main prend environ 170 jours et celui des orteils, de 12 à 18 mois.

Glandes. Les *glandes sébacées* sont reliées aux follicules pileux, et déversent dans l'espace situé entre le follicule et la tige du poil un mélange huileux appelé sébum, qui a pour fonction de lubrifier les poils, et d'assouplir et adoucir la peau (voir la figure 51-1).

Les *glandes sudoripares* se retrouvent sur presque toute la surface du corps, mais sont particulièrement abondantes aux paumes et aux plantes. Seuls le gland du pénis, les lèvres, l'oreille externe et le lit de l'ongle en sont dépourvus. On divise ces glandes en deux catégories : les glandes *eccrines* et les glandes *apocrines*. Les premières se retrouvent sur tout le corps et leurs canaux débouchent directement à la surface de la peau. Les secondes sont plus volumineuses et, contrairement aux premières, leurs sécrétions renferment des débris de cellules sécrétrices. Elles se situent aux aisselles, dans la région anale, au scrotum et aux grandes lèvres. Leurs canaux s'ouvrent généralement dans les follicules pileux. Les glandes apocrines deviennent actives à la puberté. Chez la femme, elles augmentent de volume au cours du cycle menstruel.

Les glandes apocrines sécrètent une sueur laiteuse dont la dégradation est assurée par des bactéries, ce qui produit une odeur caractéristique sous les aisselles. L'oreille externe renferme des glandes apocrines ayant une fonction particulière, les *glandes à cérumen*, qui sécrètent une cire appelée *cérumen*.

La *sueur*, sécrétion aqueuse claire, se forme dans la partie basale enroulée des glandes eccrines et est libérée dans leur étroite lumière. La sueur se compose principalement d'eau et renferme environ deux fois moins de sel que le plasma sanguin. Les glandes eccrines libèrent la sueur en réaction à une élévation de la température ambiante, à un débit régi par le système nerveux sympathique. La douleur et le stress peuvent provoquer une transpiration excessive aux paumes des mains, aux plantes des pieds, aux aisselles et au front.

GÉRONTOLOGIE

Le vieillissement entraîne des modifications de la peau, dont une sécheresse, des rides, des taches et différentes lésions prolifératives. Histologiquement, ces modifications s'expliquent par un amincissement de la jonction dermoépidermique, la perte de derme et de tissu sous-cutané, un amenuisement du lit vasculaire (surtout des boucles capillaires) et du réseau vasculaire entourant les bulbes pileux et les glandes eccrines, apocrines et sébacées ainsi qu'une diminution du nombre des mélanocytes et des mastocytes.

Chez la personne âgée, le derme perd presque 20 % de son épaisseur, ce qui explique l'aspect parfois presque transparent de la peau. En vieillissant, la peau subit une perte de ses capacités fonctionnelles, comme tous les autres systèmes et appareils de l'organisme. Les fonctions touchées par le vieillissement comprennent le remplacement des cellules, la fonction protectrice, la perception sensorielle, la régulation thermique et la sécrétion de la sueur et du sébum.

La croissance des poils diminue avec l'âge, en particulier sur les jambes et le coup-de-pied. Les cheveux deviennent plus clairsemés et on note une raréfaction des poils des aisselles et du pubis.

Le *photovieillissement* est l'altération de la peau causée par une exposition excessive au soleil. Il accélère le vieillissement de la peau. Les personnes qui par obligation ou par goût (ouvriers du bâtiment, sauveteurs, adeptes du bronzage) ont passé au cours de leur vie de nombreuses heures au soleil, sans protection, présentent souvent des rides profondes, une atrophie prématurée des couches sous-cutanées et une forte perte d'élasticité, de même que des taches et lésions bénignes ou malignes. Voir les figures 51-2 à 51-4 pour l'illustration des effets sur la peau d'une exposition excessive au soleil.

Résumé: Le vieillissement provoque des altérations physiologiques normales de la peau. Ces altérations peuvent se manifester prématurément chez les personnes qui se sont exposées exagérément au soleil, de même que chez les personnes malades. Elles accroissent également la vulnérabilité aux accidents et à certaines maladies. Les affections de la peau sont courantes chez les personnes âgées.

Fonctions de la peau

Protection.   La peau protège le corps contre l'invasion par les bactéries et les substances étrangères. Dans les régions où elle est plus épaisse (paume des mains et plante des pieds), elle protège des effets du frottement.

L'épiderme est relativement imperméable aux substances chimiques. C'est cette propriété qui fait de la peau une barrière protectrice. Certaines substances traversent plus facilement la peau que d'autres, dont une variété de lipides (gras), les vitamines liposolubles (vitamines A et D) et les hormones stéroïdes. Ces substances peuvent s'infiltrer par l'épiderme (voie transépidermique) ou par les orifices des follicules.

Sensibilité.   La stimulation des terminaisons nerveuses de la peau nous permet de percevoir constamment les conditions de notre environnement immédiat, et de sentir la chaleur, la douleur et les pressions légères ou fortes. Des terminaisons nerveuses différentes répondent à chacun de ces stimuli. Les terminaisons nerveuses sont réparties dans tout le corps mais sont plus abondantes à certains endroits comme au bout des doigts.

Hydratation.   La peau forme une barrière qui empêche la perte de l'eau et des électrolytes et l'assèchement des tissus sous-cutanés. Quand la peau subit d'importantes lésions, comme dans les cas de brûlures graves, on observe une perte rapide d'importantes quantités de liquides et d'électrolytes

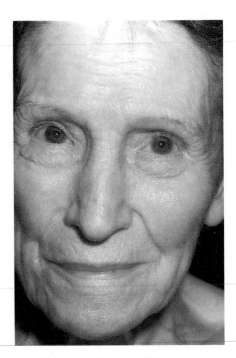

Figure 51-3.   Visage d'une femme de 90 ans qui s'est toujours protégée du soleil. Remarquer l'absence de taches, le relâchement et les rides d'expression qui se creusent.

(Source: J. A. Patterson. *Aging and Clinical Practice Skin Disorders: Diagnosis and Treatment*, New York, Igaku-Shoin Medical Publishers, 1989)

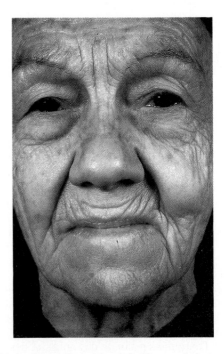

Figure 51-4.   Visage d'une femme de 70 ans qui s'est exposée toute sa vie au soleil. Noter l'hyperpigmentation et les taches, l'abondance de fines rides et les sillons profonds.

(Source: J. A. Patterson. *Aging and Clinical Practice Skin Disorders: Diagnosis and Treatment*, New York, Igaku-Shoin Medical Publishers, 1989)

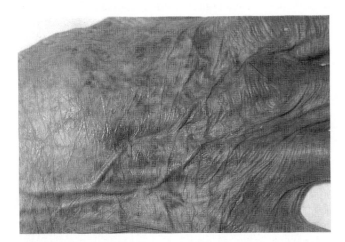

Figure 51-2.   Gros plan du dos de la main d'une femme de 90 ans.

(Source: J. A. Patterson. *Aging fond Clinical Practice Skin Disorders: Diagnosis and Treatment*, New York, Igaku-Shoin Medical Publishers, 1989)

pouvant entraîner un collapsus cardiovasculaire (état de choc) et la mort. La peau laisse normalement s'échapper par évaporation continue de petites quantités d'eau, soit environ 500 mL par jour chez un adulte en bonne santé. C'est ce que l'on appelle la *perspiration insensible*. Elle augmente en fonction de la température corporelle. À la suite d'une immersion dans l'eau, la peau peut retenir jusqu'à trois ou quatre fois son poids en eau, ce qui se traduit par une tuméfaction.

Thermorégulation. L'énergie engendrée par le métabolisme des aliments donne lieu à une production continue de chaleur dans l'organisme. Cette chaleur se dissipe principalement par la peau selon trois mécanismes : la *radiation*, qui permet de transmettre la chaleur à un objet moins chaud se trouvant à distance, la *conduction*, qui permet de transmettre la chaleur à un objet contigu moins chaud, et la *convection*, qui est un mouvement des molécules d'air chaud qui permet à la chaleur transmise par conduction de se dissiper dans l'air ambiant. L'évaporation favorise la conduction. La chaleur est amenée à la surface de la peau dans des molécules d'eau qui sont soumises à l'évaporation. L'eau qui atteint la surface peut provenir de la perspiration insensible, de la transpiration ou du milieu ambiant. Normalement, les trois mécanismes contribuent à la perte de chaleur, mais lorsque la température ambiante est très élevée, la radiation et la convection perdent leur efficacité et la chaleur est dissipée uniquement par évaporation.

Dans des conditions normales, la chaleur produite par le métabolisme est entièrement compensée par les pertes de chaleur, et la température interne de l'organisme se maintient constamment aux environs de 37 °C. La vitesse avec laquelle la chaleur se dissipe dépend essentiellement de la température superficielle de la peau, qui est elle-même fonction de l'irrigation par le sang. La peau est alimentée par un grand nombre de vaisseaux sanguins qui assurent le transport de la chaleur depuis le centre de l'organisme. Le débit du sang qui circule dans ces vaisseaux est régi essentiellement par le système nerveux sympathique. Un accroissement de l'apport sanguin cutané provoque une augmentation de la température de la peau et une accélération de la vitesse à laquelle la chaleur se dissipe. À l'opposé, une diminution de l'apport sanguin cutané abaisse la température de la peau, ce qui favorise la conservation de la chaleur. Dès que la température corporelle commence à s'abaisser, comme cela se produit par temps froid, on observe une constriction des vaisseaux sanguins dans le but de réduire les pertes de chaleur.

La *transpiration* est un autre mécanisme de thermorégulation. Lorsque la température corporelle s'élève, la transpiration augmente. Une chaleur ambiante excessive peut entraîner des pertes d'eau de l'ordre de 1 L / h. Dans certaines circonstances, sous l'effet d'un stress par exemple, la transpiration est due à un réflexe totalement étranger à la thermorégulation.

Papule œdémateuse et érythème. Lorsqu'on frotte la peau avec suffisamment de pression pour provoquer une blessure, on observe à cet endroit une rougeur, suivie après quelques minutes d'un œdème et d'une rougeur diffuse. L'association de l'œdème (appelée *papule* œdémateuse) et de la rougeur diffuse (appelée *érythème*) est une réaction normale de la peau à une agression.

Cette réaction est due à l'augmentation de la température dans la région affectée (sous l'action du stimulus) et à la dilatation des artérioles et des veinules, de même qu'à l'action

de mécanismes nerveux. La papule est causée par l'augmentation de la perméabilité des capillaires, qui laissent échapper une exsudation.

On a également attribué ces réactions à la libération de substances diffusibles (histamine, bradykinine) par les cellules lésées.

DÉMARCHE DE SOINS INFIRMIERS
PATIENTS ATTEINTS D'AFFECTIONS CUTANÉES (DERMATOSES)

Lorsqu'elle soigne un patient souffrant d'une affection cutanée, l'infirmière peut obtenir d'importants renseignements en établissant son profil, ainsi qu'en l'observant directement. Souvent, le patient et sa famille préfèrent parler à l'infirmière, car ils se sentent plus à l'aise avec elle. Ils lui donnent parfois des renseignements qu'ils ont cachés au médecin ou oublié de lui divulguer. L'aptitude à effectuer l'examen physique ainsi qu'une connaissance de l'anatomie et des fonctions de la peau permettront à l'infirmière de reconnaître les affections cutanées, de les décrire au dossier et d'en informer le médecin.

▷ Collecte des données

La collecte des données fournira des renseignements sur l'apparition de l'affection, sur ses signes et symptômes, sur le siège de la douleur, ainsi que sur le malaise ressenti par le patient. Voir le tableau 51-1 pour une liste de questions qui faciliteront l'obtention des renseignements appropriés.

▷ Examen physique

L'examen doit porter sur toute la surface de la peau, y compris les muqueuses, le cuir chevelu et les ongles. La peau étant le reflet de l'état général du patient, son altération traduit souvent une maladie organique.

On procède généralement à un examen visuel et à la palpation de la peau, ce qui doit se faire dans une pièce bien éclairée et bien chauffée. Le patient doit être complètement nu, mais recouvert d'un drap.

On établit d'abord l'état général de la peau : coloration, température, moiteur, sécheresse, texture (rude ou douce), de même que celui des cheveux et des ongles. On détermine ensuite par palpation la turgescence et l'élasticité de la peau.

Un examen complet de la peau comprend une vérification de la coloration, de la vascularité, de la température, de la texture et de la mobilité. On recherche également la présence d'œdème ou de lésions. La coloration de la peau varie d'une personne à l'autre. Elle peut aller de l'ivoire au brun foncé. La pigmentation est plus foncée sur les parties du corps non recouvertes par les vêtements, surtout dans les pays ensoleillés et chauds. La vasodilatation provoquée par la fièvre, les coups de soleil et l'inflammation donne à la peau une couleur rosée ou rougeâtre. À l'inverse, la pâleur provient d'une baisse de l'apport sanguin et s'observe surtout dans les conjonctives. La cyanose (coloration bleue) indique une hypoxie. Elle s'observe dans le lit de l'ongle, les lèvres et les muqueuses. Une teinte jaune est due à un ictère et est directement reliée à une hausse du taux de bilirubine. On l'observe sur la sclérotique et les muqueuses.

TABLEAU 51-1.   *Profil du patient : Affections cutanées*

Les questions suivantes permettront de recueillir des données pour établir le profil du patient :

- Quand avez-vous noté l'affection cutanée (début, durée, intensité)?
- Est-ce la première fois?
- Avez-vous remarqué d'autres symptômes?
- Où cette affection s'est-elle d'abord manifestée?
- À quoi ressemblait l'éruption ou la lésion quand vous l'avez remarquée?
- Comment s'est-elle propagée et en combien de temps?
- Avez-vous ressenti des démangeaisons, des brûlures, des picotements ou des fourmillements, ou une perte de sensibilité?
- L'affection s'aggrave-t-elle à certains moments de la journée ou de l'année?
- Avez-vous une idée de ce qui l'a provoquée?
- Avez-vous déjà souffert de fièvre des foins, d'asthme, d'urticaire, d'eczéma, ou d'autres allergies?
- Un membre de votre famille souffre-t-il d'affections cutanées ou d'éruptions?
- L'éruption est-elle apparue après que vous ayez mangé certains aliments?
- Aviez-vous récemment consommé de l'alcool?
- D'après vous, l'apparition de l'éruption ou de la lésion a-t-elle fait suite à un événement particulier?
- Quels médicaments prenez-vous?
- Quel type de produits médicamenteux (pommade, crème, baume) avez-vous appliqué sur la lésion (y compris les médicaments en vente libre)?
- Quels produits pour la peau ou quels produits cosmétiques utilisez-vous?
- En quoi consiste votre travail?
- Qu'est-ce qui dans votre environnement immédiat (plantes, animaux, produits chimiques, infections) aurait pu provoquer cette éruption? S'est-il produit des changements dans votre environnement?
- Le contact de certaines substances avec la peau provoque-t-il une éruption?
- Y a-t-il autre chose en rapport avec votre affection cutanée dont vous aimeriez parler?

▷ *Examen des patients à la peau foncée ou noire*

La couleur de la peau (claire, moyenne ou foncée) est en grande partie déterminée par l'hérédité. Plus la peau est foncée, plus la production de mélanine est rapide et abondante. Une peau foncée saine a un fond rougeâtre. La muqueuse buccale, la langue, les lèvres et les ongles sont rosées.

Lorsqu'on examine un patient à la peau foncée ou noire, il est très important d'avoir un bon éclairage et d'observer la peau, le lit des ongles et la bouche. On doit aussi palper toutes les régions suspectes.

Chez un patient à la peau noire, la pigmentation peut modifier l'apparence des lésions, qui seront noires, violettes ou grises, plutôt que brun clair ou rouge.

▷ *Érythème.*   Chez les personnes à la peau noire, l'*érythème* (rougeur de la peau causée par la congestion des capillaires) donne parfois à la peau une couleur rouge grisâtre et est, pour cette raison, difficile à dépister. Pour déterminer la présence d'une inflammation, on doit donc palper la peau à la recherche d'une augmentation de la chaleur, d'œdème ou d'induration. On palpera également les ganglions lymphatiques voisins.

▷ *Éruption.*   En cas de démangeaisons, on demande au patient de préciser leur siège, puis on tend légèrement la peau pour diminuer la rougeur et mettre l'éruption en évidence. On détermine les différences de textures en palpant légèrement la peau avec le bout des doigts. On parvient généralement à définir les contours de l'éruption. On examine aussi la bouche et les oreilles. (La rubéole fait parfois apparaître des plaques rouges sur le bord du pavillon de l'oreille.) Pour terminer, on prend la température du patient et on palpe les ganglions lymphatiques.

▷ *Cyanose.*   Lorsqu'une personne à la peau noire est en état de choc, sa peau prend généralement un aspect grisâtre. Pour déceler la cyanose, on examine le pourtour de la bouche, les lèvres, la partie saillante des joues et le lobe des oreilles. On note également si la peau est froide et moite, si le pouls est rapide et filant et, enfin, si la respiration est rapide et peu profonde. Quand on examine la conjonctive palpébrale à la recherche de *pétéchies* (petites taches hémorragiques), il est important de se rappeler qu'il peut se former à cet endroit des dépôts de mélanine qu'il ne faut pas confondre avec des pétéchies.

▷ *Modifications de la pigmentation.*   Chez les personnes de race noire, les modifications de la pigmentation sont plus visibles. C'est le cas, par exemple, de l'*hypopigmentation* (perte ou diminution de la pigmentation), qui peut être causée par le *vitiligo* (une affection qui se caractérise par une diminution des mélanocytes dans des régions plus ou moins grandes du corps). Elle afflige davantage les personnes de race noire chez qui elle est plus apparente. L'*hyperpigmentation* (augmentation de la pigmentation) peut se manifester à la suite d'une maladie ou d'une blessure cutanées. Une hyperpigmentation du sillon nasal, sous l'œil, est parfois signe d'allergie. Cependant, on considère comme normales les stries pigmentées des ongles.

En général, les personnes de race noire souffrent des mêmes affections cutanées que les personnes de race blanche. Elles sont toutefois moins sujettes au cancer de la peau et à la gale, et plus susceptibles de présenter des chéloïdes et des troubles dus à une occlusion des follicules pileux.

▷ *Lésions cutanées.*   Les lésions cutanées sont l'affection dermatologique la plus courante. Leur taille, leur forme et leurs causes varient. On les classe selon leur apparence et leur origine.

On qualifie les lésions cutanées d'élémentaires et de secondaires. Les lésions *élémentaires* sont des lésions initiales caractéristiques d'une maladie précise. Les lésions *secondaires* ont des causes externes comme le grattage, une blessure, une infection ou un changement causé par la cicatrisation (figure 51-5). On les classe selon leur stade d'évolution, puis selon leur type et leur aspect (tableau 51-2).

Un examen préliminaire de l'éruption ou des lésions permet d'établir le type de la dermatose. On doit aussi déterminer si les lésions sont élémentaires ou secondaires, et noter leur disposition et leur topographie, car certaines lésions se disposent de façon particulière, en des endroits bien précis du corps (figures 51-6 et 51-7). Pour déterminer l'étendue de l'éruption, on doit comparer les côtés droit et gauche du corps

LÉSIONS ÉLÉMENTAIRES

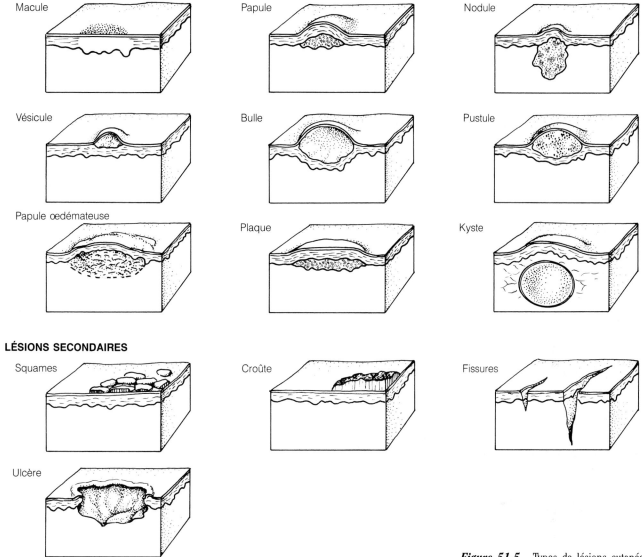

Macule

Papule

Nodule

Vésicule

Bulle

Pustule

Papule œdémateuse

Plaque

Kyste

LÉSIONS SECONDAIRES

Squames

Croûte

Fissures

Ulcère

Figure 51-5. Types de lésions cutanées.

et noter la couleur et l'aspect des lésions. On les palpe pour en déterminer la texture, la forme et les contours et on note si elles sont molles et remplies de liquide, ou dures et adhérentes.

On se sert d'une règle pour mesurer la taille des lésions, ce qui permettra de déterminer par la suite si elles s'étendent. On note ensuite ses observations dans le dossier du patient avec précision et clarté.

Après avoir déterminé la disposition des lésions, on doit noter clairement et avec précision les renseignements suivants:

- Couleur
- Rougeur, chaleur, douleur ou œdème
- Étendue de la région touchée
- Type des lésions: macules, papules, squames
- Caractéristiques: effacée, linéaire, circulaire
- Disposition: symétrique, linéaire, circulaire

Après avoir déterminé la couleur de la peau et la nature des lésions, on évalue les atteintes vasculaires s'il y a lieu:

topographie, disposition, couleur, taille, présence de pulsations. Les principales lésions vasculaires sont les pétéchies, les ecchymoses, les télangiectasies, les angiomes et les étoiles veineuses.

On évalue l'hydratation, la température et la texture de la peau, essentiellement par la palpation. L'élasticité (*turgescence*) de la peau, qui diminue avec l'âge, est une indication de l'hydratation.

On examine rapidement les ongles pour vérifier leur forme, leur couleur et leur consistance. Les altérations des ongles ou du lit des ongles peuvent traduire différents troubles localisés ou généralisés évolutifs ou antérieurs (figure 51-8). Des sillons transversaux dans les ongles (*sillons unguéaux*) peuvent indiquer un retard de croissance de la matrice de l'ongle à la suite d'une maladie grave ou, plus fréquemment, d'un trauma localisé, qui peut également faire apparaître des stries, une hypertrophie de l'ongle ainsi que d'autres manifestations. Le *panaris superficiel* est une inflammation du pourtour de l'ongle accompagnée généralement d'une sensibilité et d'un érythème. L'ongle est normalement très légèrement

TABLEAU 51-2.   *Principaux types de lésions cutanées*

LÉSIONS ÉLÉMENTAIRES

Macule: Tache de couleur différente de la peau normale, bien circonscrite et sans relief, apparaissant sur les surfaces exposées (mains, front)
   Exemple: Tache de rousseur ou tache de vieillissement

Papule: Lésion palpable, surélevée, de consistance ferme (diamètre inférieur à 1 cm) et de couleur variée
   Exemple: Verrue, nævus

Nodule: Lésion surélevée de consistance ferme, de diamètre supérieur à 1 cm et d'épaisseur supérieure à 0,5 cm
   Exemple: Tumeurs (épithélioma cutané basocellulaire)

Vésicule: Légère surélévation de la peau contenant un liquide séreux transparent
   Exemple: Ampoules

Bulle: Vésicule de grande dimension ou ampoule de diamètre supérieur à 1 cm
   Exemple: Brûlures du second degré

Pustule: Lésion surélevée contenant un liquide purulent; elle peut provenir de la transformation purulente d'une vésicule.
   Exemple: Acné, impétigo, anthrax

Papule œdémateuse: Lésion saillante temporaire due à un œdème et à la dilatation des capillaires
   Exemple: Réactions allergiques à des aliments, à des médicaments ou à des piqûres d'insectes

Plaque: Lésion saillante de consistance ferme, de couleur variable et de diamètre supérieur à 1 cm, se retrouvant sur la peau et les muqueuses
   Exemple: Verrues, psoriasis

Kyste: Tumeur contenant une substance semi-liquide ou liquide
   Exemple: Kystes sébacés

LÉSIONS SECONDAIRES

Les lésions secondaires sont le résultat de l'évolution de lésions élémentaires.

Squames: Particules de la couche cornée qui peuvent résulter de troubles inflammatoires
   Exemple: Pellicules

Croûte: Couche formée de sérum, de sang ou de pus séchés
   Exemple: Eczéma ou impétigo

Excoriation: Zone linéaire ou creusée résultant du grattage ou d'écorchures
   Exemple: Grattage chronique

Fissure: Crevasse causée par la sécheresse de la peau ou une inflammation prolongée
   Exemple: Pied d'athlète

Ulcère: Lésion formée par la destruction locale de l'épiderme et d'une partie ou de la totalité du derme
   Exemple: Escarre de décubitus

Lichénification: Épaississement de la peau avec exagération de ses plis naturels due au grattage chronique
   Exemple: Eczéma de contact, psoriasis

Cicatrice: Tissu fibreux qui se forme pour remplacer les tissus détruits
   Exemple: Blessure cicatrisée, cicatrice chirurgicale

Atrophie: Perte d'une ou de plusieurs structures
   Exemple: Perte des cheveux ou des glandes sébacées

Ecchymose: Infiltration de sang dans les tissus à la suite d'un coup
   Exemple: Contusion

Pétéchies: Taches cutanées rouges ou violettes, non palpables, associées à certains troubles hématologiques; sont caractéristiques du purpura et se retrouvent dans la leucémie.

Angiome stellaire: Lésion artériolaire, de couleur rouge, irradiant à partir d'un point central, se retrouvant sur le visage, le cou, le tronc ou les bras; associée aux maladies du foie, à la grossesse ou à une carence en vitamines du groupe B.

---

incurvé et forme un angle de 160 degrés avec sa base, qui est dure. Dans l'*hippocratisme* digital, l'angle que l'ongle forme avec sa base peut dépasser 180 degrés. La base est ramollie et a une consistance spongieuse à la palpation.

▷ *Examen physique*
Les affections cutanées touchent 1 personne sur 20 et sont source d'importantes perturbations, car les lésions sont visibles et souvent douloureuses. Elles peuvent défigurer, isoler

socialement et entraîner des difficultés financières. On les associe souvent à tort à des maladies honteuses et contagieuses, et elles occasionnent même parfois la perte d'un emploi. Elles peuvent se prolonger indéfiniment et entraîner une dépression, des frustrations, un concept de soi négatif et de l'ostracisme. Les démangeaisons et l'irritation, qui caractérisent la plupart des dermatoses, sont excédantes, gênent le sommeil et provoquent de l'anxiété et de la dépression, ce qui entraîne un désarroi et de la fatigue. De plus, les dermatoses provoquent

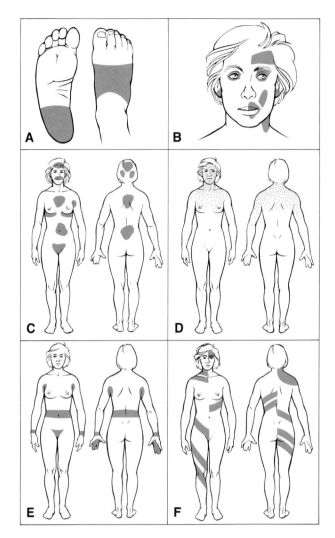

Figure 51-6. Topographie des affections cutanées courantes **(A)** Eczéma de contact (chaussures) **(B)** Eczéma de contact (produits de beauté, parfums, boucles d'oreilles) **(C)** Dermatite séborrhéique **(D)** Acné **(E)** Gale **(F)** Zona

souvent des difficultés sur le plan de l'image corporelle et des relations sociales.

Les patients atteints d'une affection cutanée ont besoin des explications, du soutien et des encouragements d'infirmières compréhensives, ayant une patience à toute épreuve. Il faut leur consacrer beaucoup de temps pour qu'ils arrivent à surmonter leurs difficultés et accepter leur situation. Il importe donc que les infirmières dominent leur répugnance à l'égard des patients atteints d'une affection cutanée inesthétique, afin de ne pas aggraver leurs problèmes psychologiques.

▷ *Analyse et interprétation des données*

Selon les données recueillies, voici les principaux diagnostics infirmiers possibles :

- Risque élevé d'atteinte à l'intégrité de la peau relié à l'altération de la fonction protectrice de la peau
- Douleur et démangeaisons reliées à des lésions cutanées
- Perturbation des habitudes de sommeil reliée au prurit

- Altération de l'image corporelle reliée à l'aspect inesthétique de la peau
- Manque de connaissances sur le traitement relié à sa durée ou aux modifications du mode de vie qu'il exige

▷ *Planification et exécution*

▷ *Objectifs de soins :* Maintien de l'intégrité de la peau ; soulagement du malaise ; rétablissement d'un sommeil réparateur ; acceptation de soi ; acquisition de connaissances sur les soins cutanés

▷ *Interventions infirmières*

▷ *Maintien de l'intégrité de la peau.* Un grand nombre de personnes ont une peau sèche et délicate qui s'irrite facilement, surtout les personnes âgées. Des nettoyages trop fréquents ou trop vigoureux, ainsi que l'emploi d'une brosse, peuvent aggraver la situation. Le savon est aussi un irritant. Les personnes qui ont une peau délicate devraient prendre des bains à l'eau tiède et limiter l'usage du savon. Elles doivent bien rincer la peau et l'assécher en l'épongeant doucement avec une serviette, et appliquer un émollient sur la peau encore humide pour favoriser la rétention de l'humidité. On leur recommande l'emploi d'un humidificateur, car l'air ambiant trop sec assèche la peau.

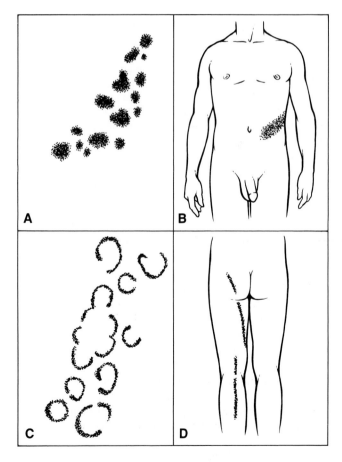

Figure 51-7. Disposition des lésions cutanées **(A)** Groupées **(B)** En bouquet **(C)** Circinées (tendance à former des anneaux) et arciformes (en forme d'arcs) **(D)** Linéaire.

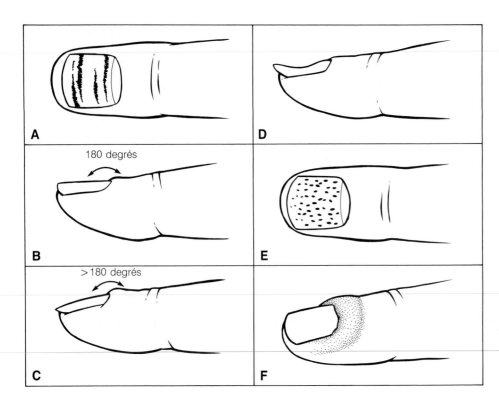

Figure 51-8. Affections courantes de l'ongle (**A**) Sillons unguéaux (**B**) Hippocratisme digital (début) (**C**) Hippocratisme digital (avancé) (**D**) Ongle en cuillère (**E**) Taches (**F**) Panaris superficiel

Les affections cutanées aux mains sont fréquentes, car la peau du dos de la main est mince, et délicate ; elle se dessèche facilement et résiste mal aux savons et aux détergents.

Les personnes qui ont la peau sèche devraient protéger leurs mains des savons, des solvants, des détergents et autres produits chimiques en portant des gants en caoutchouc résistants doublés de coton. On peut aussi leur recommander de porter des gants de coton blanc (gants esthétiques) pour faire leur ménage.

Chez les patients atteints d'une affection cutanée, on veillera à protéger la peau saine contre toute macération (hydratation excessive de la couche cornée) lors de l'application de pansements humides. Il faut également prévenir les brûlures.

Le patient dont le système immunitaire est compromis est plus sujet aux infections cutanées. Le plan de soins infirmiers 51-1 résume les interventions infirmières destinées aux personnes qui souffrent d'affections cutanées.

▷ *Soulagement du malaise.* Une éruption d'apparence bénigne peut être très pénible à supporter. Les kystes sont parfois sensibles et douloureux. Un grand nombre d'affections de la peau provoquent des démangeaisons, rendant le patient irritable et l'empêchant de dormir. Les démangeaisons sont un important symptôme que le patient ne peut soulager en se grattant. On lui conseille de maintenir un environnement frais, particulièrement la nuit et d'éviter les bains chauds et les vêtements de laine. Si les démangeaisons persistent, il devra consulter un médecin, qui lui prescrira un traitement local.

Pour intervenir auprès d'un patient atteint de démangeaisons causées par des lésions cutanées, l'infirmière doit tenter d'établir la cause du malaise. Une éruption *soudaine* et généralisée peut indiquer une allergie médicamenteuse. Il existe un certain nombre d'autres causes, qui sont décrites à la section consacrée au prurit, à la page 1567.

Les interventions infirmières destinées à soulager les démangeaisons sont multiples : humidifier l'air ambiant à l'aide d'un humidificateur portatif, maintenir un environnement frais, réduire vêtements et couvertures et conseiller au patient de n'employer que du savon pour peaux sensibles. Les ongles doivent être courts pour éviter les lésions dues au grattage. On veillera à assurer une bonne hydratation de la peau pour préserver son intégrité. On conseille au patient de ne pas utiliser les préparations en vente libre pour soulager les démangeaisons, car elles peuvent causer de l'irritation ou une allergie.

Par une évaporation graduelle de l'eau qu'ils contiennent, les pansements humides rafraîchissent la peau et soulagent le prurit. L'infirmière enseigne au patient comment appliquer les pansements humides sur les lésions tout en protégeant la peau saine. Elle lui indique également qu'il doit humecter un pansement qui adhère à la peau avant de le retirer. Les bains thérapeutiques jouent le même rôle que les pansements humides, mais ils ne doivent pas dépasser 30 minutes pour éviter la macération de la peau. Généralement, on peut prendre deux bains thérapeutiques par jour.

▷ *Rétablissement d'un sommeil réparateur.* L'irritation et les démangeaisons entravent le sommeil. L'infirmière peut conseiller au patient les mesures suivantes pour favoriser le sommeil :

- Se coucher et se lever à heures fixes.
- Éviter les boissons contenant de la caféine au cours de la soirée.
- Adopter un rituel pour faciliter la transition entre l'éveil et le sommeil.
- Faire de l'exercice régulièrement.

Plan de soins infirmiers 51-1
Patients atteints d'affections cutanées (dermatoses)

Interventions infirmières	Justification	Résultats escomptés

Diagnostic infirmier :   Risque élevé d'atteinte à l'intégrité de la peau reliée à l'altération de la fonction protectrice de la peau

Objectif :   Maintien de l'intégrité de la peau

MODIFICATIONS RELIÉES À DES LÉSIONS CUTANÉES

1. Protéger la peau saine de la macération (hydratation excessive de la couche cornée) lors de l'application de pansements humides.	1. La macération peut menacer l'intégrité de la peau et aggraver l'affection.	• Le patient maintient l'intégrité de sa peau. • Il évite toute macération de sa peau. • Il ne présente aucun signe de brûlure. • Il ne présente pas d'infection. • Il applique les préparations à action locale selon l'ordonnance du médecin. • Il prend ses médicaments selon l'horaire recommandé.
2. Sécher la peau en l'épongeant doucement avec une serviette; éviter de frictionner.	2. Les frictions et la macération jouent un rôle important dans certaines dermatoses.	
3. Prévenir les brûlures quand on applique des pansements humides chauds ou qu'on se sert de coussins ou d'éléments chauffants.	3. Les patients atteints de dermatose ont souvent une moins bonne sensibilité à la chaleur.	
4. Conseiller au patient d'utiliser un écran solaire.	4. Un grand nombre de taches cutanées et pratiquement toutes les tumeurs malignes de la peau sont causées par les effets du soleil.	

MODIFICATIONS DUES À UNE INFECTION (PÉNÉTRATION DE MICROORGANISMES PAR UNE PLAIE)

1. Être à l'affût des infections chez les patients dont le système immunitaire est affaibli.	1. L'affaiblissement des défenses immunitaires augmente les risques d'infection cutanée.
2. Expliquer le traitement au patient, d'une façon claire et détaillée.	2. Un enseignement efficace repose sur la capacité d'établir avec le patient une relation de confiance. Les directives doivent être données de façon claire, oralement et par écrit.
3. Appliquer par intermittence des pansements humides, selon l'ordonnance du médecin, pour enrayer l'inflammation.	3. Un pansement humide rafraîchit la peau par évaporation, ce qui provoque une constriction des vaisseaux superficiels et diminue l'érythème et la production de sérosités. Les pansements humides favorisent le débridement des vésicules et des croûtes et réduisent l'inflammation.
4. Faire prendre des bains thérapeutiques au patient ou appliquer des pansements humides, selon l'ordonnance du médecin.	4. Dégage les exsudats et les squames.
5. Administrer des antibiotiques, selon l'ordonnance du médecin.	5. On les utilise pour arrêter ou prévenir la croissance des germes.

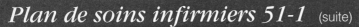

Plan de soins infirmiers 51-1 (suite)

Patients atteints d'affections cutanées (dermatoses)

Interventions infirmières	Justification	Résultats escomptés

6. Appliquer les préparations locales à base de corticostéroïdes selon l'ordonnance du médecin.
   a) Observer les lésions à intervalles réguliers pour apprécier la réponse au traitement.
   b) Prévenir le patient que l'usage prolongé de stéroïdes fluorés peut entraîner des effets indésirables.
	6. Les corticostéroïdes ont une action anti-inflammatoire, en partie parce qu'ils provoquent une constriction des petits vaisseaux de la couche supérieure du derme. L'utilisation prolongée de corticostéroïdes peut entraver la croissance des cellules épidermiques (perte de poils dans la région de l'application).	

7. Conseiller au patient de cesser immédiatement l'utilisation de tout produit pour la peau qui aggrave son problème et de consulter un médecin.	7. Les ingrédients des médicaments peuvent causer une réaction allergique.	

Diagnostic infirmier: Altération de l'image corporelle reliée à l'aspect inesthétique de la peau

Objectif: Acceptation de soi

1. Évaluer le patient pour déceler toute perturbation de l'image de soi (absence de contact visuel, énoncés négatifs, expressions de dégoût).	1. L'altération de l'image corporelle peut accompagner toute maladie ou toute affection apparente. La perception que l'on a de son corps affecte le concept de soi.	• Le patient s'accepte mieux. • Il observe le traitement et participe aux soins. • Il dit se sentir maître de la situation. • Il pratique l'autorenforcement; il a une meilleure perception de lui-même. • Il éprouve moins de gêne; il rencontre des gens et ne craint pas le regard des autres. • Il a recours à des produits cosmétiques pour camoufler l'état de sa peau, se mettre en valeur et améliorer son apparence.
2. Établir la maturité mentale du patient.	2. La maturité mentale du patient et son image de soi détermineront ses réactions face à la maladie.	
3. Donner au patient l'occasion de s'exprimer. Le laisser librement exprimer sa peine et ses inquiétudes face à l'altération de son image corporelle.	3. Le patient a besoin d'être écouté et compris.	
4. Déterminer quelles sont les causes des inquiétudes du patient. S'il éprouve de l'anxiété, l'aider à mieux comprendre ce qui se passe, à reconnaître les problèmes et à y faire face.	4. L'infirmière peut ainsi soulager l'anxiété du patient et rétablir les faits. La peur compromet l'adaptation.	
5. Soutenir les efforts du patient pour améliorer son image corporelle (participation au traitement; soins de son apparence).	5. En adoptant une attitude constructive et en suggérant au patient des moyens d'améliorer son apparence, l'infirmière aide celui-ci à mieux s'accepter et à garder des contacts sociaux.	
6. Aider le patient à mieux s'accepter.		
7. Encourager le patient à entretenir des relations sociales.		
8. Indiquer au patient des moyens d'améliorer son apparence.		

Plan de soins infirmiers 51-1 (suite)
Patients atteints d'affections cutanées (dermatoses)

Interventions infirmières	Justification	Résultats escomptés

Diagnostic infirmier : Douleur et démangeaisons reliées aux lésions cutanées

Objectif : Soulagement de la douleur et des démangeaisons

1. Examiner la région affectée.
   a) Rechercher les causes du malaise.

   b) Noter en détail ses observations, en utilisant des termes descriptifs.

   c) Se rappeler qu'une éruption *soudaine* et généralisée peut indiquer une allergie médicamenteuse.

2. Éliminer les facteurs environnementaux et physiques susceptibles d'aggraver le problème.
   a) Maintenir le taux d'humidité de l'air ambiant à 60 % ; utiliser un humidificateur.
   b) Garder une température ambiante fraîche.
   c) Se servir d'un savon doux (Dove) ou d'un savon pour peaux sensibles (Neutrogena, Aveeno).
   d) Ne garder que les vêtements et les couvertures nécessaires.
   e) Utiliser un savon doux pour laver les draps et les vêtements.
   f) Éviter le contact répété des détergents, des produits nettoyants et des solvants.

3. Pratiquer des soins de la peau qui permettent d'en assurer l'intégrité.
   a) Prendre des bains tièdes ou appliquer des pansements humides pour soulager les démangeaisons.
   b) Traiter la sécheresse de la peau conformément à l'ordonnance du médecin.

   c) Appliquer une crème ou une lotion immédiatement après le bain.

---

a) Aide à établir les mesures appropriées pour favoriser le bien-être du patient.

b) La description précise de l'éruption cutanée est nécessaire pour établir le diagnostic et instaurer un traitement. Un grand nombre d'affections de la peau se ressemblent, bien que leurs causes diffèrent. Chez les personnes âgées, la réaction inflammatoire est parfois moins apparente.

2. La chaleur, les produits chimiques et les irritants aggravent les démangeaisons.
   a) Lorsque le taux d'humidité est trop bas, la peau s'assèche.
   b) Une température fraîche diminue les démangeaisons.
   c) Ces savons ne contiennent ni détergents, ni colorants, ni agents de durcissement.
   d) La chaleur aggrave les démangeaisons.

   e) Un savon dur peut irriter la peau.

   f) Toute substance qui enlève l'eau, le gras ou les protéines de l'épiderme altère la fonction protectrice de la peau.

3. La peau est une barrière protectrice qui doit être gardée intacte.
   a) Les pansements humides rafraîchissent la peau et soulagent les démangeaisons par évaporation.
   b) La sécheresse peut entraîner des dermatites avec rougeurs, démangeaisons, squames et, dans les cas graves, œdème, ampoules, fissures et suintements.
   c) Une hydratation efficace de la couche cornée garde la peau intacte.

- Le patient ressent un soulagement.
- Il dit éprouver moins de démangeaisons.
- Il ne présente aucune excoriation ou égratignure.
- Il se conforme au traitement.
- Il assure l'hydratation et la lubrification de sa peau.
- Sa peau est intacte et reprend un aspect sain dans la mesure du possible.

Plan de soins infirmiers 51-1 (suite)

Patients atteints d'affections cutanées (dermatoses)

Interventions infirmières	Justification	Résultats escomptés
d) Garder les ongles courts.	d) Des ongles courts préviennent les égratignures dues au grattage.	
e) Appliquer la préparation à action locale selon l'ordonnance du médecin.		
f) Aider le patient à accepter le traitement prolongé que son état exige.		
g) Conseiller au patient d'éviter l'usage de lotions ou de pommades en vente libre.	g) L'usage de ces lotions peut provoquer des irritations ou des allergies qui peuvent être à l'origine de la dermatose.	

Diagnostic infirmier: Perturbation des habitudes de sommeil reliée au prurit

Objectif: Rétablissement d'un sommeil réparateur

1. Prévenir la sécheresse de la peau ou y remédier.	1. Le prurit nocturne entrave le sommeil.	• Le patient dort bien.
a) Conseiller au patient de bien aérer et humidifier sa chambre.	a) Un degré d'humidité approprié et une bonne aération réduisent les démangeaisons et favorisent la relaxation.	• Il dit éprouver moins de démangeaisons. • Il maintient l'air ambiant dans les conditions appropriées.
b) Assurer une bonne hydratation de la peau.	b) Empêche les pertes d'eau. La sécheresse et le prurit cutanés ne peuvent être guéris mais peuvent être soulagés.	• Il évite la consommation de boissons contenant de la caféine en fin d'après-midi et en soirée. • Il est capable de citer les mesures qui favorisent le sommeil.
c) Si la peau est très sèche, limiter les bains ou les douches et éviter l'usage du savon, ou n'utiliser que des savons doux. Appliquer une lotion ou une crème immédiatement après le bain, quand la peau est encore humide.	c) L'application d'une lotion ou d'une crème permet de retenir une partie de l'eau qui a pénétré dans la peau pendant le bain ou la douche.	• Il a développé de bonnes habitudes de repos et de sommeil.
2. Conseiller au patient les mesures suivantes pour favoriser le sommeil:		
a) Se coucher et se lever toujours à la même heure.	a) Des heures de sommeil régulières sont essentielles pour obtenir un sommeil réparateur.	
b) Éviter de consommer des boissons contenant de la caféine dans la soirée.	b) Les effets de la caféine sont à leur maximum deux à quatre heures après son ingestion.	
c) Faire régulièrement de l'exercice.	c) L'exercice pratiqué en fin d'après-midi semble avoir un effet bénéfique sur le sommeil.	
d) Adopter un rituel à l'heure du coucher.	d) Facilite la transition entre l'éveil et le sommeil.	

Plan de soins infirmiers 51-1 (suite)
Patients atteints d'affections cutanées (dermatoses)

Interventions infirmières	Justification	Résultats escomptés

Diagnostic infirmier: Manque de connaissances sur les soins de la peau et le traitement des affections cutanées

Objectif: Acquisition de connaissances sur les soins de la peau

Interventions infirmières	Justification	Résultats escomptés
1. Établir ce que le patient sait de sa maladie, de même que ses idées fausses.	1. Fournit des données de base pour établir le plan d'enseignement.	• Le patient acquiert des connaissances sur les soins de la peau.
2. Informer continuellement le patient; corriger ses idées fausses.	2. Le patient aime savoir qu'il peut faire quelque chose pour soulager ses malaises; les explications lui sont donc profitables.	• Il observe le traitement prescrit et est capable de donner les raisons qui le justifient.
3. Montrer au patient comment appliquer les pansements humides ou les médicaments à action locale.	3. Permet au patient d'apprendre comment appliquer correctement le médicament.	• Il prend les bains thérapeutiques et applique les pansements humides selon l'ordonnance du médecin.
4. Conseiller au patient d'appliquer une crème ou une lotion pour favoriser l'hydratation de la peau et maintenir sa souplesse.	4. La couche cornée a besoin d'eau pour préserver sa souplesse. L'application d'une crème ou d'une lotion prévient la sécheresse et la rugosité de la peau, de même que les fissures et les squames.	• Il fait un usage approprié des préparations à action locale.
5. Encourager le patient à adopter un régime alimentaire sain.	5. L'apparence de la peau reflète l'état de santé général. Les altérations peuvent être causées par une mauvaise alimentation.	• Il comprend l'importance d'une bonne nutrition pour avoir une peau saine.

On veillera de plus à aérer et à humidifier adéquatement la chambre à coucher. Voir le plan de soins 51-1 pour des mesures destinées à soulager l'irritation et les démangeaisons et à favoriser la détente.

▷ *Acceptation de soi.* L'apparence physique a beaucoup d'importance au point de vue social, les personnes attrayantes jouissant souvent de traitements de faveur. Une peau nette et saine contribue beaucoup à l'estime de soi.

Les affections cutanées peuvent engendrer des souffrances psychologiques et entraver les relations sociales, les relations d'affaires ainsi que les loisirs. Les personnes atteintes d'eczéma ont souvent de la difficulté à convaincre leur entourage que leur maladie n'est pas contagieuse. Celles qui présentent des desquamations craignent les contacts avec les personnes qu'elles ne connaissent pas et sont souvent l'objet de remarques désobligeantes. Les personnes souffrant d'acné manquent souvent de confiance en elles-mêmes, sont obsédées par l'aspect de leur visage et craignent les cicatrices.

L'image corporelle est une notion psychologique complexe reliée au concept et à l'estime de soi. L'infirmière doit permettre au patient de s'exprimer librement à ce sujet pour que celui-ci se sente appuyé et accepté. Pour favoriser la communication, il est nécessaire que s'établisse entre le patient et l'infirmière une relation de confiance et de respect.

Un patient bien informé éprouve généralement moins d'anxiété et collabore plus facilement au traitement. Le fait de le renseigner sur son affection et son traitement peut lui redonner espoir et l'inciter à mieux utiliser les ressources à sa disposition.

L'apparence, surtout celle des cheveux et de la peau, a une influence sur la façon dont on est perçu par son entourage. Le patient atteint d'une affection cutanée peut améliorer son apparence en utilisant certaines mesures. Par exemple, une esthéticienne peut lui enseigner comment camoufler les nævi, les taches, les cicatrices et autres lésions cutanées. Dans certains cas, le patient devra avoir recours aux soins d'un psychologue et d'un psychiatre.

▷ *Enseignement au patient.* Une peau saine est le reflet d'une bonne santé. Un plan d'enseignement axé sur les soins de la peau doit mettre l'accent sur la nutrition, l'exercice, le repos et le sommeil. Il importe d'insister sur le fait que le soleil abîme la peau de façon permanente, lui donne un aspect rugueux et provoque l'apparition de taches de rousseur, de rides et de lésions malignes. Le bronzage entraîne inévitablement une altération de la peau.

Le médecin qui traite un patient pour une dermatose le renseigne généralement sur la nature et les causes de l'affection et sur les résultats escomptés du traitement. L'infirmière lui apporte un complément d'information. Les explications peuvent être données en présence d'un parent ou d'un ami afin de rassurer le patient; cette personne peut aussi saisir des directives que le patient n'aurait pas comprises.

On montre au patient comment appliquer les médicaments à action locale (quantité à appliquer, région à traiter et fréquence des applications). On doit masser légèrement la peau avec la crème, sans frotter. En général, on n'applique pas de médicament sur la peau saine. On explique au patient les effets secondaires des médicaments et on lui donne des directives écrites pour renforcer l'enseignement.

▷ *Évaluation*

Résultats escomptés

1. Le patient maintient l'intégrité de sa peau.
   a) Il indique une absence de fissures.
   b) Il évite tout contact avec des substances irritantes.
   c) Il applique des produits émollients selon l'ordonnance du médecin.
2. Le patient ressent un soulagement de ses malaises.
   a) Il applique les médicaments à action locale et effectue ses traitements conformément à l'ordonnance du médecin.
   b) Il dit éprouver moins de démangeaisons.
3. Le patient a un sommeil réparateur.
   a) Il dit mieux dormir.
   b) Il dit se sentir mieux.
4. Le patient s'accepte mieux.
   a) Il se dévalorise moins.
   b) Il soigne son apparence.
5. Le patient acquiert des connaissances sur les soins de la peau.
   a) Il donne les raisons qui justifient le traitement.
   b) Il est capable d'effectuer ses traitements.

On trouvera au plan de soins 51-1 une description détaillée des soins infirmiers destinés aux patients atteints d'affections cutanées.

EXAMENS DIAGNOSTIQUES

La dermatologie est une science à caractère visuel et le diagnostic se pose souvent sur la base du profil du patient et de l'apparence des lésions élémentaires et secondaires, leur disposition et leur topographie. Certaines méthodes diagnostiques peuvent toutefois aider à mieux cerner l'affection.

La *biopsie cutanée* est le prélèvement d'un fragment de tissu cutané pour examen microscopique, à l'aide d'un scalpel et d'une pince à l'emporte-pièce. On utilise la biopsie pour exclure le cancer dans les cas de nodules d'origine indéterminée, quand il y a présence de plaques de forme et de couleur inhabituelles, ainsi que pour établir un diagnostic précis dans certaines affections.

L'*immunofluorescence* (IF) est une technique caractérisée par le marquage d'un anticorps avec un agent fluorescent dans le but de dépister une réponse immunitaire. L'étude en *immunofluorescence directe* permet de dépister des auto-anticorps dirigés contre certaines régions de la peau. L'étude en *immunofluorescence indirecte* permet de dépister des auto-anticorps spécifiques dans le sérum du patient.

On a recours à l'*épidermoréaction* pour déterminer l'hypersensibilité à certaines substances. On dépose sur l'épiderme une petite quantité de la substance en cause sous un pansement occlusif. Une réaction positive faible se manifeste par un érythème, un œdème localisé ou des démangeaisons, une réaction positive modérée par de petites ampoules, des papules et d'importantes démangeaisons et une réaction positive forte par des ampoules, de la douleur et une ulcération.

Le patient qui doit subir une épreuve d'épidermoréaction doit savoir ce qui suit:

1. Ne prendre aucun médicament à base de cortisone au cours de la semaine qui précède l'épreuve.
2. Pour effectuer l'épreuve, on applique une petite quantité de l'allergène sur un petit disque que l'on colle sur le haut du dos (à moins de contre-indications). On peut appliquer 20 à 30 allergènes différents.
3. L'épreuve prend environ 30 minutes.
4. Éviter de mouiller la région où les disques sont en place. La douche et la baignade sont interdites.
5. Revenir 48 à 72 heures plus tard pour l'évaluation des résultats de l'épreuve.

Si on soupçonne une mycose superficielle, on effectue un raclage de la peau au moyen d'une lame de bistouri enduite d'huile. On dépose ensuite le produit de raclage entre lame et lamelle pour un examen microscopique.

Le *test de Tzanck* (examen cytologique) permet le diagnostic des éruptions vésiculeuses (zona, varicelle, herpès et pemphigus). Le produit de râclage des lésions suspectes est étalé sur lame, coloré et examiné au microscope.

L'*examen en lumière de Wood* se fait au moyen d'une lampe ultraviolette spéciale, qui émet une fluorescence caractéristique de couleur violet foncé. On pratique l'examen dans une pièce obscure pour mieux voir la lumière fluorescente. Cet examen permet de distinguer les lésions dermiques et épidermiques, de même que l'hypopigmentation et l'hyperpigmentation. Le patient doit savoir que la lumière ne pose aucun danger pour les yeux ou pour la peau.

Les *photos* sont un moyen d'observer les caractéristiques et l'étendue des lésions ainsi que l'amélioration obtenue grâce au traitement.

TRAITEMENT DES AFFECTIONS CUTANÉES (DERMATOSES)

On utilise pour le traitement des affections cutanées des médicaments à action locale et à action générale, différents types de pansements, dont les pansements humides, et des bains thérapeutiques.

Les principaux objectifs du traitement sont de prévenir l'altération de la peau saine, de prévenir les infections, d'enrayer l'inflammation et de soulager les symptômes.

Prévention de l'altération de la peau saine. Certaines dermatoses s'aggravent de façon importante au contact du savon et de l'eau. Il faut donc modifier le bain en fonction de l'affection que l'on traite.

- Les régions dénudées enflammées, qu'elles soient petites ou étendues, sont très sensibles aux produits chimiques et aux agressions physiques.

Une friction trop vigoureuse de la peau affectée suffit à déclencher une réaction inflammatoire pouvant aggraver et étendre les lésions. La personne atteinte de dermatose doit utiliser un savon doux et riche (ou un succédané du savon), bien rincer sa peau pour éliminer toute trace de savon, puis la sécher par tapotement avec une serviette douce. Les savons désodorisants sont à éviter.

On peut utiliser une petite compresse imbibée d'huile pour libérer les croûtes et les exsudats, et retirer les pansements qui adhèrent à la peau. On peut aussi imbiber le pansement avec du soluté physiologique stérile ou une autre solution prescrite par le médecin.

Prévention des infections. On considère toute lésion cutanée comme infectieuse jusqu'à preuve du contraire. Certaines lésions purulentes sont infectées, de même que certaines lésions génitales, bien que la plupart ne soient que des irritations mineures.

- Si la lésion est infectée, l'infirmière et le médecin doivent observer les précautions universelles et porter des gants propres ou stériles pour examiner la lésion ou changer les pansements. On jette les pansements très souillés conformément au protocole en vigueur dans l'établissement.

Traitement de l'inflammation. Le traitement ou le médicament à action locale varie selon le type de lésion (suintante, infectée ou sèche). S'il y a inflammation grave (chaleur, rougeur et œdème) accompagnée d'un suintement, on applique de préférence des pansements humides et une lotion adoucissante pour calmer la douleur. Dans les cas de dermatose chronique avec peau sèche et desquamée, on utilise des émulsions hydrosolubles, des crèmes, des onguents et des pâtes. On modifie le traitement selon les résultats obtenus. On doit recommander au patient de consulter un médecin ou de se rendre dans un centre hospitalier si les pansements ou le médicament provoquent une irritation. Le succès du traitement dépend de la motivation du patient, ainsi que de l'intérêt et de l'appui du personnel soignant.

Pansements humides

On utilise les pansements humides (compresses humides appliquées sur les régions atteintes) dans le cas des lésions enflammées et suitantes. Ils peuvent être stériles ou non stériles, selon le type de dermatose. L'application de ces pansements vise à réduire l'inflammation en provoquant une vasoconstriction, ce qui réduit l'apport sanguin dans la région enflammée, à débarrasser la peau des exsudats, des croûtes et des squames, et à assurer le drainage des lésions. On doit se laver soigneusement les mains avant d'appliquer ces pansements.

On utilise les pansements humides pour soigner les vésicules, les bulles, les pustules et les ulcères, de même que les inflammations aiguës, les érosions et les lésions croûtées et suitantes.

On emploie généralement de l'eau du robinet ou du soluté physiologique à la température de la pièce. On peut également utiliser des solutions de nitrate d'argent, d'acétate d'aluminium (solution de Burow), de permanganate de potassium, d'acide acétique à 5 % ou d'hypochlorite de sodium (solution de Dakin). On peut appliquer un médicament après avoir retiré le pansement humide. Certains pansements doivent être couverts pour prévenir l'évaporation, mais la plupart ne le sont pas. Les *pansements ouverts* doivent être changés souvent, à cause de l'évaporation rapide. Les *pansements fermés* n'ont pas besoin d'être changés si souvent, mais il faut se rappeler qu'ils peuvent provoquer une macération de la peau. On utilise les pansements humides ouverts pour débarrasser les érosions ou les ulcères des exsudats. On les enlève à sec afin que les croûtes, les exsudats ou le pus y adhèrent.

Pour protéger la peau saine de la macération, on l'enduit de vaseline, d'huile de silicone, ou encore de pâte d'oxyde de zinc.

Pour confectionner les pansements, on découpe un carré de tissu doux (mousseline ou coton) qu'on plie en deux ou en quatre et qu'on place dans la solution prescrite par le médecin. On garde généralement les pansements humides au frais ou à la température ambiante. Avant de les appliquer, on les retire de la solution et on les essore. On les change toutes les cinq minutes. Durant la phase aiguë, le traitement dure 15 minutes et se donne 3 ou 4 fois par jour, à moins de contre-indications. Les médicaments qu'on applique sur une peau humide immédiatement après avoir retiré le pansement sont bien mieux absorbés que sur la peau sèche. Si la région atteinte est très étendue, on doit garder le patient au chaud et ne traiter que un tiers des lésions à la fois.

Si on doit appliquer des compresses chaudes, il importe d'éviter les brûlures. Pour garder la chaleur plus longtemps, on recouvre le pansement d'une serviette stérile puis d'une fine pellicule de plastique.

Tous les pansements (gaze ou autres) doivent être jetés après usage. Le traitement donne généralement les résultats escomptés après 48 à 72 heures. On doit alors l'interrompre pour éviter d'assécher la peau.

Bains thérapeutiques (hydrothérapie)

Les bains thérapeutiques permettent de traiter de grandes régions cutanées. On s'en sert pour débarrasser la peau des croûtes et des squames, pour enlever les restes de médicaments, ainsi que pour soulager l'inflammation et le prurit qui accompagnent les dermatoses aiguës. La température de l'eau doit être agréable pendant toute la durée du bain, qui ne doit pas dépasser 20 à 30 minutes pour éviter la macération. Voir le tableau 51-3 pour les différentes sortes de bains thérapeutiques et leur utilité.

Pharmacothérapie: Médicaments à action locale

Étant donné l'accessibilité de la peau, les médicaments à action locale présentent des avantages sur les médicaments administrés par voie générale. On peut en appliquer de fortes concentrations directement sur les lésions sans qu'ils ne produisent d'effets secondaires importants, l'absorption dans l'organisme étant faible.

Les médicaments à action locale destinés à traiter les lésions cutanées se présentent sous forme de lotions, de crèmes, d'onguents et de poudres. En général, on utilise des pansements humides, avec ou sans médicaments, pendant la phase aiguë, les lotions et les crèmes, pendant la phase subaiguë et les onguents, quand l'inflammation est chronique et que la peau se dessèche et présente une desquamation et une *lichénification* (épaississement de la peau lui donnant l'aspect du cuir).

Il existe deux types de lotions: les *suspensions,* composées d'une poudre mélangée à de l'eau (on doit agiter le flacon avant usage) et les *solutions,* dont le principe actif est totalement dissous. Par exemple, la lotion *Calamine* est une suspension qui, en plus de rafraîchir la peau par évaporation, laisse une fine couche médicamenteuse sur la région affectée. On utilise fréquemment les lotions pour compenser la perte des sécrétions huileuses et soulager le prurit. Il faut en renouveler l'application toutes les deux ou trois heures pour obtenir un effet thérapeutique durable. Étant donné la facilité d'application des lotions, le patient se conforme généralement bien au traitement.

Les *poudres* sont habituellement à base de talc, d'oxyde de zinc, de bentonite ou de fécule de maïs; on les applique au moyen d'un flacon poudreur ou d'une éponge de coton. Bien que leur action soit de courte durée, elles font fonction d'agents hygroscopiques puisqu'elles absorbent l'humidité. Elles réduisent aussi les frictions.

Les *crèmes* sont des suspensions d'huile et d'eau. Elles s'appliquent facilement en frictionnant avec les doigts. Elles sont peu apparentes une fois appliquées et sont, pour cette raison, bien acceptées par les patients. Elles ont un effet hydratant et adoucissant.

Les *gels* sont des émulsions semi-liquides qui se liquéfient au contact de la peau. Ils sont peu apparents une fois appliqués, ne sont pas gras et ne tachent pas. La plupart des préparations à action locale à base de stéroïdes sont prescrites sous forme de gel, qui semble mieux pénétrer dans la peau.

Les *pâtes* sont des mélanges de poudres et d'onguents que l'on utilise dans les cas d'inflammation. Elles adhèrent à la peau et on doit parfois utiliser de l'huile minérale ou de l'huile d'olive pour les éliminer complètement.

Les *onguents* retardent la déshydratation, lubrifient la peau et la protègent. On les utilise de préférence pour les affections chroniques ou les lésions localisées. On applique les pâtes et les onguents à l'aide d'un abaisse-langue ou avec les doigts, en portant des gants, si nécessaire.

Les préparations en *vaporisateur* et en *aérosol* sont utilisées, quoique rarement, pour le traitement des lésions étendues. Elles s'évaporent au contact de la peau.

On doit enseigner au patient comment appliquer ces préparations de façon efficace, mais sans endommager la peau. On peut les recouvrir d'un pansement pour éviter de souiller les vêtements. On trouvera au tableau 51-4 la liste des préparations à action locale les plus courantes.

On emploie des préparations de *corticostéroïdes à action locale* pour traiter un grand nombre d'affections cutanées. Elles réduisent l'inflammation et calment ainsi la douleur et les démangeaisons. On doit enseigner au patient à les appliquer en petite quantité, en frictionnant doucement la peau pour les faire bien pénétrer. On peut recouvrir les régions traitées d'un pansement occlusif pour favoriser la pénétration, ce qui peut toutefois entraîner une obstruction des glandes sudoripares et une prolifération bactérienne.

On peut appliquer des pansements humides sur les régions traitées par les stéroïdes afin d'adoucir et d'hydrater la peau, ce qui favorise l'absorption. On peut aussi favoriser la pénétration des stéroïdes en appliquant préalablement des pansements humides chauds ou en recouvrant la région traitée d'un pansement humide sur lequel on aura placé un coussin chauffant.

L'utilisation de stéroïdes autour des yeux doit se faire avec prudence, car elle peut à la longue entraîner un glaucome, des cataractes et des infections virales et fongiques. Employés sur le visage, les stéroïdes fluorés puissants peuvent causer une *dermatite périorale*, une *acné rosacée* (qui se caractérise par des lésions autour du nez et sur les joues) et une *hypertrichose* (développement anormal de la pilosité). On trouvera au tableau 51-5 la liste des préparations de corticostéroïdes à action locale classées selon leur puissance.

On utilise souvent des corticostéroïdes par voie orale pour un traitement de courte durée dans les cas d'eczéma de contact ou pour un traitement de longue durée dans les dermatoses chroniques comme le pemphigus.

Certaines suspensions stériles (d'un corticostéroïde généralement) peuvent être injectées directement dans une lésion ou juste au-dessous d'une lésion (emploi intralésionnel ou sous-lésionnel). Ce traitement a un effet anti-inflammatoire, et est utilisé dans les cas de psoriasis, de chéloïdes et d'acné kystique. On doit toutefois éviter d'injecter le médicament dans le tissu sous-cutané, ce qui pourrait entraîner une atrophie localisée. Occasionnellement, on administre de cette façon des agents immunothérapeutiques et antifongiques.

On emploie également des *médicaments administrés par voie générale* (corticostéroïdes, antibiotiques, antifongiques, antihistaminiques, sédatifs, tranquillisants, analgésiques et agents cytotoxiques) pour traiter les affections cutanées.

Pansements

On utilise les pansements pour recouvrir les régions traitées par des préparations à action locale et pour soulager les démangeaisons et la douleur. Le *pansement occlusif* est très efficace, car il augmente la température locale de la peau et en favorise l'hydratation en plus d'assurer une meilleure absorption du médicament. Comme il retient l'humidité, il empêche l'évaporation du médicament, ce qui réduit par le fait même le coût du traitement. On recouvre la peau et le médicament à action locale d'une pellicule de plastique pour empêcher l'air de pénétrer. La pellicule de plastique a l'avantage d'être mince et d'épouser les structures anatomiques. Pour les lésions dispersées, on peut utiliser un pansement adhésif chirurgical renfermant un corticostéroïde que l'on découpe à la grandeur voulue pour chaque lésion. On ne doit pas garder la pellicule plastique plus de 10 à 12 heures par jour. On donnera au patient les directives suivantes : Nettoyer la région affectée, puis l'assécher par tapotement. Faire pénétrer le médicament dans la lésion pendant que la peau est encore humide, puis recouvrir la lésion d'une pellicule de plastique (Saran Wrap, gant de vinyle, sac de plastique, etc.). Sceller les bords de la pellicule avec du ruban adhésif.

Il faut se rappeler que l'utilisation prolongée d'un pansement occlusif peut causer une atrophie locale de la peau, des *stries,* une *télangiectasie* (petites régions rouges causées par la dilatation des vaisseaux sanguins), une folliculite, des ulcères ou de l'érythème, de même qu'une absorption des corticostéroïdes dans l'organisme. Pour prévenir ces complications, on doit éviter de les porter plus de 12 heures par jour.

Il existe d'autres types de pansement pour recouvrir les préparations à action locale. Les meilleurs sont ceux en coton

TABLEAU 51-3. *Bains thérapeutiques*

Solutions et médicaments	Action et usages	Interventions infirmières
Eau	Semblable à celle des pansements humides	• Remplir à moitié la baignoire.
Eau salée	Pour les lésions largement étendues	• Maintenir l'eau à une température agréable.
Solutions colloïdales — Farine d'avoine (Aveeno)	Antiprurigineuse et adoucissante	• Ne jamais laisser l'eau se refroidir.
Bicarbonate de sodium	Rafraîchissante	• Placer un tapis de caoutchouc dans la baignoire — *Le médicament peut rendre les parois très glissantes.*
Amidon	Adoucissante	• Si une action émolliente est recherchée, appliquer un agent lubrifiant après le bain (favorise la réhydratation). Puisque les goudrons sont volatils, bien aérer la salle de bain.
Médicaments à base de goudron (respecter les directives du fabricant) — Balnetar	Traitement du psoriasis et de l'eczéma chronique	• Assécher la peau en la tapotant avec une serviette.
Huiles de bain: Alpha-Keri, Lubriderm (huile), Domol	Antiprurigineuse et émolliente	• Pour éviter les refroidissements, garder la pièce chaude.
	Pour les éruptions eczémateuses aiguës ou subaiguës	• Conseiller au patient de porter des vêtements légers et amples après le bain.

TABLEAU 51-4. *Principales préparations à action locale*

Pour le bain	Huile de bain Alpha-Keri
	Huile de bain Neutrogena
	Poudre de bain à l'avoine Aveeno
	Poudre de bain oléagineuse Aveeno
	Balnetar
	Lubriderm (huile)
Crèmes	Aqua Care
	Crème Acid Mantle
	Moisturel
	Nutraderm
Lotions	Alpha-Keri
	Lubriderm
Onguents	Petrolatum hydrophile
	Petrolatum jaune ou blanc
Anesthésiques à action locale	Xylocaïne (lidocaïne) à différentes concentrations (onguents, lotions ou en aérosol)
Antibiotiques à action locale	Onguent à base de bacitracine
	Onguent à base de gramicidine et de polymyxine B (Polysporin)
	Clindamycine à 1 % (Cleocin)
	Érythromycine à 2 % (Estar)
	Préparation à base de gentamicine (Garamycin)
	Mupirocine à 2 % (Bactroban)
	Crème de sulfadiazine d'argent à 1 % (Flamazine)

doux. Les pansements en coton élastique (Surgitube, Tubegauze) s'emploient surtout sur les doigts, les orteils et les membres. On peut recouvrir les mains de gants jetables en polyéthylène ou en vinyle, que l'on ferme hermétiquement aux poignets. On peut envelopper les pieds dans des sacs en plastique recouverts de bas de coton. Pour les régions étendues, on utilise un linge de coton que l'on recouvre d'un pansement élastique tubulaire. Les couches jetables ou en tissu sont utiles pour recouvrir les régions inguinale et périnéale. Pour les aisselles, on utilise un pansement de coton fixé avec du ruban adhésif ou maintenu en place par des dessous de bras. Un turban ou encore un bonnet de douche peut servir à maintenir en place un pansement sur le cuir chevelu. On peut recouvrir le visage d'un morceau de gaze dans lequel on a fait des trous pour les yeux, le nez et la bouche et qu'on fixe par des attaches de gaze passées dans des trous percés aux quatre coins.

Si le prurit empêche le patient de dormir, l'infirmière peut conseiller le port de vêtements en coton à même la peau. Comme on doit éviter toute chaleur excessive, on veillera à garder la chambre fraîche et humide. Les ongles du patient seront courts pour lui éviter de se blesser en se grattant.

PRURIT

Le prurit (démangeaisons) est l'un des symptômes les plus fréquents des affections cutanées. Il menace le bien-être du patient et porte atteinte à l'intégrité de sa peau. Il est le plus souvent causé par une dermatose mais se manifeste aussi dans certaines maladies comme le diabète, certaines maladies du sang ou le cancer, de même que certains troubles rénaux, hépatiques et thyroïdiens. Il peut également être causé par des médicaments, des savons, des produits chimiques, une transpiration abondante et des vêtements de laine, ou encore par la radiothérapie ou la chimiothérapie. Il indique parfois la présence d'une infection. Chez les personnes âgées, il est souvent dû à la sécheresse de la peau. Il a parfois une origine psychologique. Il ne s'accompagne pas nécessairement d'une éruption.

TABLEAU 51-5. *Corticostéroïdes à action locale*

Puissance	Corticostéroïde
Très faible	Dexaméthasone à 0,1 %
	Hydrocortisone (0,25 % à 2,5 %) (Hyderm Nutraderm, Penecort, Synarcort, Cortef)
	Acétate de méthylprednisolone à 0,25 % ou à 1 % (Medrol)
Faible	Valérate de bétaméthasone à 0,01 % (Valisone)
	Désonide à 0,05 % (Tridesilon)
	Acétonide de fluocinolone à 0,01 % (Synalar)
	Flurandrénolide à 0,025 % (Cordran)
	Valérate d'hydrocortisone à 0,2 % (Westcort)
	Acétonide de triamcinolone à 0,025 % (Aristocort, Kenalog)
Moyenne	Benzoate de bétaméthasone à 0,025 % (Beben)
	Valérate de bétaméthasone à 0,1 % (Valisone)
	Désoximétasone à 0,05 % (Topicort)
	Acétonide de fluocinolone à 0,025 % (Fluonide)
	Halacinonide à 0,025 % (Halog)
	Acétonide de triamcinolone à 0,1 % (Aristocort, Kenalog)
Forte	Amcinonide à 0,1 % (Cyclocort)
	Dipropionate de bétaméthasone à 0,05 % (Diprosone)
	Désoximétasone à 0,25 % (Topicort)
	Fluocinolone à 0,2 % (Synalar)
	Fluocinonide à 0,05 % (Lidex)
	Halcinonide à 0,1 % (Halog)
	Acétonide de triamcinolone à 0,5 % (Aristocort, Kenalog)
	Diacétate de diflorasone à 0,05 % (Florone)
Très forte	Dipropionate de bétaméthasone à 0,05 % (Diprolene)
	Propionate de clobétasol à 0,05 % (Dermovate)

(Source: J. A. K. Patterson. *Aging and Clinical Practice Skin Disorders: Diagnosis and Treatment,* New York, Igaku-Shoin Medical Publishers, 1989)

Le patient qui souffre de prurit est surtout incommodé la nuit, car il n'a pas d'occupations pour l'en distraire comme durant la journée. Le grattage déclenche une libération d'histamine par les cellules enflammées, ce qui aggrave le prurit; il se crée ainsi un cercle vicieux.

Le prurit peut se compliquer d'excoriations, d'érythème, de papules œdémateuses, d'infections cutanées et de changements dans la pigmentation. Un prurit grave peut avoir d'importantes conséquences sur la santé.

Traitement

Le traitement vise d'abord à supprimer la cause du prurit, si on la connaît. Il faut rechercher les signes d'infection ou les facteurs environnementaux (air sec et chaud, draps de lit irritants). En général, on évite l'eau chaude et le savon.

Les compresses froides, la glace ou les onguents à base de menthol ou de camphre sont généralement efficaces à cause de leur effet vasoconstricteur.

Les huiles de bain contenant un surfactant permettant à l'huile de se mélanger à l'eau du bain (Lubriderm, Alpha-Keri) peuvent être suffisantes pour nettoyer la peau. (Cependant, on déconseille fortement aux personnes âgées d'employer des huiles de bain, en raison des risques de chute.) On peut prescrire des bains calmants à base d'amidon ou de dérivés du goudron hydrosolubles.

Les stéroïdes à action locale soulagent les démangeaisons à cause de leur effet anti-inflammatoire. Les antihistaminiques administrés par voie orale sont encore plus efficaces parce qu'ils inhibent les effets de l'histamine libérée par les mastocytes lésés. On prescrit des antidépresseurs tricycliques lorsque le prurit a une origine neuropsychique.

Un profil détaillé du patient et un examen physique fourniront des indices sur l'origine du prurit (fièvre des foins, asthme, utilisation récente d'un nouveau médicament, utilisation de nouveaux produits cosmétiques). Si on ne trouve pas de causes précises, une hydratation de la peau apporte généralement un soulagement. Sinon, il faudra songer à des causes d'ordre général (tumeur, anémie, trouble métabolique ou endocrinien).

Interventions infirmières: Enseignement au patient. L'infirmière doit expliquer au patient les raisons qui justifient les interventions thérapeutiques et lui enseigner comment effectuer certains soins. Si on a prescrit des bains, elle rappellera au patient d'utiliser de l'eau tiède, de laisser s'égoutter l'excès d'eau en sortant du bain et d'éponger les surfaces intertrigineuses (surfaces cutanées qui se frottent) avec une serviette. On doit éviter de frictionner la peau vigoureusement, ce qui pourrait aggraver les démangeaisons et déshydrater la couche cornée. Immédiatement après le bain, il faut lubrifier la peau à l'aide d'un émollient pour retenir l'humidité.

Prurit vulvopérinéal

Le prurit vulvopérinéal peut être causé par la présence de petites particules de matières fécales dans les plis et sur les poils de la vulve ou du périnée. Il peut également être causé par une atteinte à l'intégrité de la peau de la région périanale due au grattage, à une trop grande humidité ou à la prise de stéroïdes ou d'antibiotiques. Le prurit vulvopérinéal peut aussi être provoqué par une irritation due à la gale ou aux poux, par des lésions comme les hémorroïdes ou par une infection due à des levures, à des champignons et à des oxyures. Il est parfois associé au diabète, à l'anémie, à l'hyperthyroïdie et à la grossesse.

Enseignement au patient et soins à domicile. On recommande au patient une hygiène rigoureuse et on lui conseille de cesser de prendre des médicaments en vente libre ou tout remède maison. Il doit rincer la région périanale à l'eau tiède et l'assécher avec des tampons d'ouate. Il peut utiliser des serviettes en papier humidifiées après la défécation.

On doit aussi conseiller au patient d'éviter les bains trop chauds, ainsi que les bains moussants, le bicarbonate de sodium ou les détergents, pour ne pas assécher sa peau davantage. Celui-ci doit également veiller à maintenir la région périanale aussi sèche que possible et éviter de porter des sous-vêtements en fibres synthétiques. Il ne doit pas non plus employer d'anesthésiques locaux parce qu'ils peuvent provoquer des allergies, ni consommer d'alcool ou de café qui ont un effet excitant. Il doit de plus éviter de porter des vêtements rugueux ou en laine.

TROUBLES SÉCRÉTOIRES

La principale fonction sécrétoire de la peau est assurée par les glandes sudoripares qui aident à régulariser la température du corps en sécrétant un liquide que l'on appelle la sueur. Ces glandes sont situées dans différentes parties du corps et répondent à une variété de stimuli. Les glandes du tronc répondent généralement à des stimuli d'origine thermique. Les glandes des paumes des mains et des plantes des pieds réagissent à des stimuli nerveux, tandis que les glandes axillaires et frontales réagissent aux deux types de stimuli.

En général, une peau humide est chaude et une peau sèche est froide. Cela n'est pas cependant une règle absolue, car il n'est pas rare d'observer des sueurs froides et une peau chaude et sèche chez une personne déshydratée. Une peau sèche et très chaude caractérise certains états fébriles.

ECZÉMA SÉBORRHÉIQUE

La *séborrhée* est une production excessive de sébum (produit de sécrétion des glandes sébacées) dans les endroits où les glandes sébacées sont nombreuses (cuir chevelu, sourcils, paupières, sillons nasolabiaux, joues, oreilles, aisselles, sous les seins, aine, pli interfessier).

L'*eczéma séborrhéique* est une inflammation chronique de la peau dans les régions mentionnées au paragraphe précédent.

Elle peut se manifester par différents types de lésions. Elle débute parfois dès l'enfance avec la formation de fines squames sur le cuir chevelu et peut durer toute la vie. Les squames peuvent être sèches, humides ou grasses. On observe parfois des plaques jaunâtres et grasses, avec ou sans desquamation, et un érythème léger surtout sur le visage, les sillons naso-labiaux et le cuir chevelu, ainsi que sur les surfaces intertrigineuses des aisselles, de l'aine et des seins. On appelle *pellicules* les squames du cuir chevelu.

Dans sa forme bénigne, l'eczéma séborrhéique est asymptomatique. Toutefois si la desquamation s'accompagne de prurit, le grattage peut provoquer des complications comme des infections et des excoriations. Il peut être héréditaire ; les hormones, l'état nutritionnel, l'infection et le stress peuvent en influencer l'évolution. Le patient doit savoir que cette affection peut se manifester par poussées.

Traitement

Comme il n'existe pas encore de remède contre la séborrhée, le traitement visera à maîtriser la maladie et à rétablir l'intégrité de la peau. L'application locale d'une crème à base de corticostéroïdes, qui soulage l'inflammation, peut être efficace sur le corps ou le visage. Cependant, on doit utiliser ces crèmes avec précaution près des paupières, car elles peuvent provoquer un glaucome chez les personnes prédisposées à cette affection. L'eczéma séborrhéique se complique parfois d'une *candidose* dans les plis cutanés. Pour la prévenir, on conseille au patient de bien nettoyer ces plis et de laisser respirer sa peau. Les patients atteints d'une candidose persistante doivent subir un examen de dépistage du diabète.

Pour enrayer les pellicules, on aura recours à des shampooings médicamenteux (utilisés tous les jours ou au moins trois fois par semaine). Pour éviter que la séborrhée ne devienne résistante à un shampooing particulier, on utilisera en alternance deux ou trois shampooings différents. On laisse le shampooing agir pendant 5 à 10 minutes. Quand on note une amélioration, on peut espacer les traitements. Les shampooings antiséborrhéiques sont généralement à base de sulfure de sélénium, de pyrithione de zinc, d'acide salicylique avec soufre ou de goudron additionné de soufre et d'acide salicylique.

Interventions infirmières : Enseignement au patient

On conseille au patient atteint d'eczéma séborrhéique d'éviter les irritants externes ainsi que la chaleur excessive et la transpiration. Le frottement et le grattage aggravent l'affection. Pour éviter les infections, le patient doit veiller à laisser respirer sa peau et à garder les plis cutanés propres et secs.

On doit expliquer l'usage des shampooings médicamenteux aux patients atteints de pellicules.

Le patient doit savoir que l'eczéma séborrhéique est une affection chronique qui se manifeste souvent par poussées, que le traitement vise à maîtriser. Il faut inciter les patients à se conformer au traitement. Il faut manifester beaucoup de sensibilité à l'égard de ceux qui sont démoralisés par l'altération de leur image corporelle et leur donner l'occasion d'exprimer leurs sentiments.

ACNÉ

L'acné est une inflammation des follicules pilosébacés du visage, du cou et de la partie supérieure du tronc. Elle se caractérise par la présence de comédons (points blancs et points noirs), de papules, de pustules, de nodules et de kystes.

Il s'agit de l'affection cutanée la plus courante. Elle touche environ 85 % des personnes de 12 à 35 ans. Elle est très fréquente à la puberté et à l'adolescence, probablement à cause de l'activité accrue de certaines glandes endocrines qui influent sur les sécrétions des glandes sébacées. Les causes de l'acné semblent être multiples et comprennent notamment des facteurs héréditaires, hormonaux et bactériens.

Pathogenèse

Durant l'enfance, les glandes sébacées sont petites et leur fonctionnement est pratiquement nul. Elles sont régies par le système endocrinien, particulièrement par les androgènes. À la puberté, l'activité des androgènes augmente, ce qui stimule les glandes sébacées, les fait grossir et entraîne la sécrétion d'une huile naturelle, le *sébum*, qui remonte jusqu'au follicule pileux et se répand à la surface de la peau. Chez les adolescents atteints d'acné, le sébum est sécrété en excès et obstrue les follicules pilosébacés, ce qui se manifeste par l'apparition de comédons.

Symptômes cliniques

L'acné se manifeste tout d'abord par l'apparition de *points blancs,* constitués de sébum et de kératine, qui bloquent le follicule pilosébacé. Les points blancs sont de petites papules blanchâtres fermées. Ils peuvent se transformer en *points noirs,* qui sont ouverts sur l'extérieur. La couleur des points noirs n'est *pas* due à de la saleté, mais à l'accumulation de débris de lipides, de bactéries et de cellules épithéliales qui entravent l'écoulement du sébum.

Les points blancs peuvent s'ouvrir et se vider de leur contenu, ce qui peut provoquer une inflammation due à la libération de bactéries, comme *Propionibacterium acnes,* qui vivent dans les follicules pileux et ont pour fonction de décomposer les triglycérides du sébum en acides gras libres et en glycérine. Cette inflammation se présente sous forme de papules, de pustules, de nodules, de kystes ou d'abcès.

Traitement

Le traitement vise à réduire la colonisation par les bactéries, à diminuer l'activité des glandes sébacées, à prévenir l'obstruction des follicules, à réduire l'inflammation, à combattre l'infection, à éviter les cicatrices et à éliminer les facteurs qui prédisposent à l'acné. Le traitement dépend du type des lésions (comédons, papules, pustules, kystes).

On n'est pas encore en mesure de guérir complètement cette affection, mais l'action combinée de divers traitements permet de la maîtriser de façon efficace. Un traitement local suffit souvent dans les cas d'acné bénigne ou modérée, ainsi que de lésions inflammatoires superficielles (papules ou pustules).

Traitements locaux

Peroxyde de benzoyle. On utilise très souvent des préparations à base de *peroxyde de benzoyle,* car elles réduisent l'inflammation des lésions de façon rapide et prolongée. De plus, elles détruisent efficacement *Propionibacterium acnes.* Elles font diminuer la production de sébum et détruisent les comédons qui bouchent les follicules. Au début, le peroxyde de benzoyle provoque des rougeurs et des squames, ce qui se rétablit dans la plupart des cas. Habituellement, le traitement consiste en une application une fois par jour. Dans beaucoup de cas, aucun autre traitement n'est nécessaire. On peut se procurer, avec ou sans ordonnance, des préparations à base de peroxyde de benzoyle ainsi que des préparations de benzoyle associé à de l'érythromycine ou à du soufre.

Vitamine A acide. L'application locale d'une crème à base de *vitamine A* acide (trétinoïne) permet de déloger les bouchons de kératine des canaux pilosébacés. La vitamine A acide accélère le renouvellement cellulaire, force l'expulsion des comédons et prévient la formation de nouveaux comédons. Elle est donc efficace pour traiter l'acné à comédons. Cependant, on doit informer le patient qu'une aggravation des symptômes est possible au cours des premières semaines de traitement, et qu'il notera peut-être une inflammation, un érythème et une desquamation de la peau, ce qui se résorbera généralement après 8 à 12 semaines. Certains patients ne supportent pas ce traitement. L'exposition au soleil est déconseillée, car le médicament augmente la sensibilité de la peau aux rayons ultraviolets. Le patient doit se conformer strictement aux directives indiquées sur la notice qui accompagne le médicament.

Antibiotiques à action locale. On a très souvent recours aux *antibiotiques à action locale* pour traiter l'acné étendu. Les antibiotiques stoppent la croissance de *P. acnes,* diminuent la quantité d'acides gras libres à la surface de la peau et font disparaître les comédons, les papules et les pustules. Ils n'ont pas d'effets secondaires généralisés. On emploie fréquemment des préparations contenant de la clindamycine, de la tétracycline, de l'érythromycine ou du chlorhydrate de tétracycline.

Traitement par voie générale

Antibiotiques par voie générale. Les antibiotiques oraux administrés à faibles doses et sur de longues périodes sont très efficaces pour traiter l'acné modéré ou grave, s'il y a inflammation accompagnée de pustules, d'abcès, de fissures et de cicatrices. On peut poursuivre le traitement pendant des mois, voire des années. On conseille au patient de prendre la tétracycline au moins une heure avant les repas ou deux heures après, car les aliments freinent l'absorption de ce médicament. Les effets secondaires de cet antibiotique sont notamment la photosensibilité, les nausées, la diarrhée, les vaginites chez la femme et les infections cutanées chez les deux sexes. (Chez certaines femmes, les antibiotiques à large spectre diminuent la flore bactérienne vaginale et prédisposent aux infections fongiques, notamment à la candidose.)

Rétinoïdes oraux. Les dérivés synthétiques de la vitamine A (*rétinoïdes*) sont extrêmement efficaces chez les patients atteints d'acné grave avec kystes et nodules, qui ne répondent pas aux traitements traditionnels. L'un de ces dérivés, l'*isotrétinoïne* (Accutane), est également utilisé pour traiter l'acné inflammatoire avec papules et pustules qui a tendance à laisser des cicatrices. L'isotrétinoïne entraîne une réduction de la taille des glandes sébacées, ce qui inhibe la production de sébum. Elle provoque également une *desquamation épidermique,* ce qui déloge les comédons. La *chéilite* (inflammation des lèvres) en est l'effet secondaire le plus courant, touchant presque tous les patients. La sécheresse et la gerçure de la peau et des muqueuses sont aussi fréquentes. Ces effets sont réversibles. Mais il faut souligner que l'isotrétinoïne a un effet tératogène chez les humains, c'est-à-dire qu'elle peut provoquer des anomalies congénitales: malformations cardiaques, anomalies du système nerveux central et anomalies structurelles du visage. Les femmes en âge de procréer doivent donc obligatoirement prendre des anovulants pendant le traitement ainsi que pendant les quatre à huit semaines qui suivent son interruption. L'isotrétinoïne potentialise les effets toxiques de la vitamine A. On doit donc recommander au patient d'éviter la prise de suppléments de cette vitamine.

Hormonothérapie. L'œstrogénothérapie (avec des contraceptifs contenant une plus forte dose d'œstrogènes que de protestérone) empêche la formation de sébum et assèche la peau. Il est généralement prescrit aux jeunes filles chez qui l'acné est apparu tard, qui connaissent des poussées certains jours du cycle menstruel et chez qui le cycle menstruel est irrégulier. On ne donne pas d'œstrogènes aux hommes à cause de leurs effets indésirables. Le tableau 51-6 offre un résumé des traitements contre l'acné les plus couramment utilisés.

Traitement chirurgical

Le traitement chirurgical de l'acné comporte l'extraction des comédons, l'injection de stéroïdes dans les lésions enflammées et l'incision et le drainage des graves lésions kystiques.

TABLEAU 51-6. *Principaux traitements de l'acné**

Médicaments à action locale	Peroxyde de benzoyle
	Préparation à base de benzoyle et d'érythromycine
	Préparation à base de benzoyle et de soufre
	Antibiotiques à action locale:
	Lotions et gels à base de clindamycine
	Lotions et gels à base d'érythromycine; tampons enduits d'érythromycine
	Lotion à base de tétracycline
	Acide salicylique
	Soufre
	Trétinoïne
	Savons, nettoyants et divers astringents
Traitement par voie générale	Antibiotiques oraux:
	Tétracycline
	Érythromycine
	Triméthoprime-sulfaméthoxazole
	Accutane (isotrétinoïne)
	Hormones:
	Corticostéroïdes
	Forte dose pour une action anti-inflammatoire
	Faible dose pour inhiber l'action des androgènes
	Hormones sexuelles (pour les femmes seulement)
	Œstrogènes
	Antiandrogènes
Traitement chirurgical	Extraction du contenu des comédons
	Drainage des pustules et des kystes
	Excision du trajet des sinus, et des kystes
	Injection intralésionnelle de corticostéroïdes
	Cryochirurgie
	Dermabrasion pour les cicatrices

* *Il s'agit des traitements les plus fréquemment employés, mais cette liste n'est pas exhaustive.*

On peut aussi recourir à la *cryochirurgie* (refroidissement à l'azote liquide) pour traiter l'acné avec kystes et nodules. Pour les cicatrices profondes, on peut utiliser la dermabrasion qui vise à enlever l'épiderme et la couche superficielle du derme pour faire disparaître les lésions.

Extraction des comédons. On extrait les comédons à l'aide d'un tire-comédon. On nettoie d'abord la région avec un tampon d'alcool puis, au moyen d'une aiguille de calibre 18 ou d'une lame de scalpel, on incise l'orifice folliculaire pour l'élargir et faciliter l'extraction du comédon. On place ensuite l'orifice du tire-comédon sur la lésion et on presse pour forcer le comédon à travers l'orifice.

L'extraction des comédons provoque parfois un érythème qui peut persister pendant plusieurs semaines. Le comédon peut se reformer après extraction si son contenu n'a pas été extrait complètement, ce qui est fréquent.

Résumé: L'acné est une affection très fréquente, en particulier chez les adolescents. Les jeunes filles comme les garçons en souffrent, mais ces derniers sont souvent plus gravement atteints. Dans la plupart des cas, l'acné disparaît spontanément après quelques années. S'il persiste à l'âge adulte, il peut entraîner d'importants troubles psychosociaux, tout particulièrement quand il laisse des cicatrices. On ne connaît encore aucun traitement capable de le guérir.

▶ DÉMARCHE DE SOINS INFIRMIERS PATIENTS ATTEINTS D'ACNÉ

▷ Collecte des données

Presque tous les adolescents ont à l'occasion quelques boutons ou des lésions plus importantes. L'infirmière doit déterminer en observant le patient et en l'écoutant comment celui-ci perçoit l'état de sa peau. Certains adolescents n'acceptent pas le moindre bouton, tandis que d'autres considèrent comme normal un certain degré d'acné. Les adolescents, qui vivent une période critique du développement, sont vulnérables; ils ont donc besoin de sympathie et de compréhension quand ils sont aux prises avec un problème d'acné. L'infirmière ne doit pas l'oublier dans ses contacts avec eux.

Pour examiner les lésions, l'infirmière doit tendre doucement la peau. Les points blancs (qui peuvent donner naissance à des lésions inflammatoires plus étendues) sont de petites papules faisant légèrement saillie à la surface de la peau. Les points noirs sont plats ou légèrement en saillie et ont en leur centre une inclusion folliculaire. L'infirmière doit noter au dossier la présence de lésions inflammatoires (papules, pustules, nodules ou kystes).

▷ Analyse et interprétation des données

Selon les données recueillies, voici les principaux diagnostics infirmiers possibles:

- Atteinte à l'intégrité de la peau reliée à la rupture des tissus épidermiques et dermiques par des lésions et un érythème
- Manque de connaissances sur les causes et le traitement de l'acné
- Perturbation de l'image corporelle reliée à la gêne et aux frustrations causées par l'acné

▷ Planification et exécution

▷ *Objectifs de soins:* Acquisition de connaissances sur les causes et le traitement de l'acné; observance du traitement; amélioration de l'acceptation de soi

▷ Interventions infirmières

▷ *Enseignement au patient et soins à domicile.* Avant de commencer le traitement, on doit expliquer au patient que son affection n'a rien à voir avec un manque d'hygiène, un mauvais régime alimentaire, la masturbation, l'activité sexuelle ou toute autre idée préconçue de ce genre. Il faut aussi lui enseigner que l'acné a de multiples causes, dont l'hérédité, la taille des glandes sébacées et la prolifération de *P. acnes*, sur lesquelles il n'a aucun pouvoir.

Il faut généralement attendre quatre à six semaines au moins après le début du traitement pour observer les premiers signes d'amélioration. On conseille au patient de se laver le visage avec de l'eau et du savon doux deux fois par jour pour enlever l'huile à la surface de la peau et prévenir l'obstruction des glandes sébacées. On lui recommande d'éviter de se laver constamment le visage dans l'espoir de faire disparaître l'acné, ce qui n'a aucun effet, cette affection n'étant pas due à un manque de propreté. Des savons légèrement abrasifs et des agents desséchants peuvent être utilisés pour rendre la peau moins grasse, ce qui est important pour un grand nombre de patients. Cependant, il faut éviter une abrasion excessive qui ne fera qu'aggraver l'acné. Il importe aussi de se rappeler que le savon peut être un irritant. Dans certains cas, l'emploi d'une petite éponge en polyester pour éliminer mécaniquement les cellules cutanées superficielles (*épidermabrasion*) peut se révéler utile. Le patient évitera que ses cheveux ne touchent son visage et il les lavera tous les jours, si nécessaire.

Il doit aussi éviter les frictions et les blessures au visage. On lui recommandera donc de ne pas se frotter le visage et de ne pas porter des cols ou des casques trop serrés. On lui expliquera qu'il ne doit pas porter les mains au visage, ni essayer de pincer les points blancs ou les points noirs, ce qui ne peut qu'aggraver la situation. En effet, on peut ainsi pousser une partie du contenu du comédon plus profondément dans le derme et causer la rupture du follicule. À moins de directives contraires, il vaut mieux éviter l'usage des cosmétiques, des crèmes à raser et des lotions. Il n'existe aucune preuve que certains aliments causent ou aggravent l'acné. On conseille un régime alimentaire équilibré.

On doit expliquer au patient que l'acné ne disparaît pas rapidement et qu'il doit appliquer le traitement *tous les jours*. Il faut aussi lui enseigner comment utiliser le produit nettoyant prescrit par le médecin. Le patient doit savoir que presque toutes les préparations médicamenteuses pour traiter l'acné provoquent un assèchement et une desquamation de la peau, mais que l'apparition soudaine d'une rougeur diffuse et de vésicules indiquent une allergie. Il faut détruire les idées préconçues, car une meilleure connaissance de l'affection entraîne une meilleure observance du traitement, ce qui améliore les chances de succès.

▷ **Acceptation de soi.** Il importe de faire participer le patient au traitement, de prendre ses problèmes au sérieux, de faire preuve de compréhension à son égard, de le rassurer et de l'épauler. On doit tenir compte de tous les facteurs psychologiques en jeu, y compris la possibilité que l'acné devienne une source de conflit entre l'adolescent et ses parents. Le stress, par exemple lors des examens de fin d'année, peut aggraver l'acné. L'emploi de techniques de réduction du stress peut dans ce cas se révéler utile.

▷ *Évaluation*

Résultats escomptés

1. Le patient améliore ses connaissances sur son affection.
   a) Il regarde des illustrations des lésions obstructives et inflammatoires de l'acné.
   b) Il lit des brochures sur l'acné.
   c) Il comprend que le fait de pincer les comédons ou les lésions peut aggraver l'affection et causer des cicatrices.
   d) Il lit la notice qui accompagne le médicament prescrit.
2. Le patient se conforme à son traitement.
   a) Il dit qu'il entend observer le traitement, qui peut durer des mois, voire des années.
   b) Il sait qu'il doit continuer le traitement même quand la peau reprend son aspect normal.

   c) Il observe le programme de nettoyage de peau.
   d) Il évite les nettoyages trop fréquents du visage.
3. Le patient améliore son acceptation de soi.
   a) Il connaît une personne avec qui il peut parler de ses problèmes.
   b) Il est optimiste quant à l'issue du traitement.

INFECTIONS DE LA PEAU

INFECTIONS BACTÉRIENNES (PYODERMITES)

Les infections bactériennes de la peau peuvent être primaires ou secondaires. Les infections primaires surgissent sur une peau d'apparence normale et sont dues, en général, à un seul microorganisme. Les infections secondaires surviennent à la suite d'une affection cutanée et plusieurs microorganismes peuvent être en cause.

Les infections primaires les plus courantes sont l'impétigo et la folliculite, cette dernière pouvant causer des furoncles ou des anthrax.

Impétigo

L'impétigo est une infection superficielle de la peau causée par des streptocoques, des staphylocoques ou de multiples bactéries. Il se manifeste d'abord par de petites macules érythémateuses qui deviennent vite discrètes, puis par des vésicules à parois minces qui se rompent et se recouvrent de croûtes jaunâtres (figure 51-9). Ces croûtes s'enlèvent facilement et laissent apparaître une surface humide, rouge et lisse, sur laquelle une nouvelle croûte se forme rapidement. Lorsque le cuir chevelu est atteint, les cheveux sont emmêlés, ce qui distingue cette affection de la teigne.

L'impétigo atteint surtout les surfaces exposées du corps, comme le visage, les mains, le cou et les membres. Il s'agit d'une maladie contagieuse qui peut se propager à d'autres parties du corps ou se transmettre aux membres de la famille qui ont des contacts directs avec le patient ou utilisent un peigne ou une serviette contaminés.

L'impétigo peut se manifester à n'importe quel âge, mais il est plus fréquent chez les enfants qui vivent dans de mauvaises conditions d'hygiène. Il est souvent consécutif à une pédiculose du cuir chevelu, à la gale, à l'herpès, aux morsures d'insectes, au sumac vénéneux ou à l'eczéma. Chez l'adulte, un mauvais état de santé, un manque d'hygiène et la malnutrition contribuent à son apparition.

L'*impétigo bulleux* est une infection superficielle de la peau causée par *Staphylococcus aureus*, qui se caractérise par la formation de bulles à partir des vésicules d'origine. Ces bulles se rompent, laissant une plaie rouge et à vif.

Traitement. On a généralement recours à des antibiotiques par voie générale pour réduire la propagation de l'infection, traiter les infections profondes et prévenir une glomérulonéphrite aiguë, qui est une complication des dermatites streptococciques. Pour l'impétigo non bulleux, on utilise de la pénicilline G benzathine ou de la pénicilline par voie orale. On traite l'impétigo bulleux avec de la pénicilline résistante à la pénicillinase (cloxacilline, dicloxacilline).

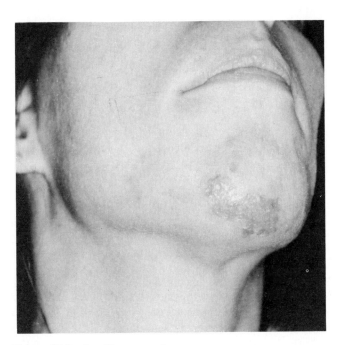

Figure 51-9. Impétigo au menton.
(Source: L. Mervyn et M. D. Elgart)

On nettoie la peau avec une préparation antiseptique (povidone-iode [Bétadine], chlorhexidine [Hibitane]) pour réduire le nombre des bactéries autour de la zone infectée et éviter ainsi leur propagation.

Si on utilise un traitement local, on nettoie d'abord les lésions à l'eau savonneuse, puis on enlève les croûtes et on applique le médicament (ex.: néomycine, bacitracine). On répète ce traitement plusieurs fois par jour. On doit porter des gants pour l'effectuer.

Enseignement au patient et soins à domicile. On recommande au patient et à sa famille de prendre un bain au moins une fois par jour avec un savon bactéricide. La propreté et de bonnes mesures d'hygiène peuvent prévenir la propagation de la maladie à d'autres régions du corps ou aux autres membres de la famille. Chaque personne doit avoir sa propre serviette et sa propre débarbouillette. Il faut isoler des autres enfants l'enfant qui est atteint.

Folliculite, furoncles et anthrax

La folliculite est une infection staphylococcique des follicules pileux. Elle se manifeste par des lésions superficielles ou profondes, soit des papules ou des pustules se formant près des follicules. Elle apparaît surtout sur le visage chez l'homme qui se rase, et sur les jambes chez la femme. Elle peut également toucher d'autres régions telles que les aisselles, le tronc et les fesses.

La *pseudofolliculite de la barbe* (poil incarné) est une réaction inflammatoire du visage fréquente chez les hommes aux poils bouclés. Les poils bouclés ont une racine incurvée qui les fait pousser à un angle plus aigu. Leur pointe peut donc pénétrer dans la peau, ce qui provoque une irritation. Ce phénomène est très fréquent chez les hommes de race noire. Le traitement consiste à se laisser pousser la barbe. Si c'est impossible, on doit déloger les poils au moyen d'une brosse spéciale ou utiliser une crème dépilatoire.

Un furoncle est une inflammation aiguë profonde d'un ou de plusieurs follicules pileux qui atteint le derme avoisinant. Il s'agit en fait d'une folliculite profonde. (On appelle *furonculose* la présence de multiples furoncles ou les furoncles récidivants.) Les furoncles peuvent apparaître partout sur le corps mais plus souvent dans les régions exposées aux irritations, à des pressions, à des frictions et celles où la transpiration est abondante, comme l'arrière du cou, les aisselles ou les fesses.

Le furoncle se manifeste d'abord par l'apparition d'un petit nodule douloureux et rougeâtre. Fréquemment, l'infection se propage à la peau et aux tissus adipeux sous-cutanés environnants, causant une sensibilité au toucher, de la douleur et une cellulite. Une rougeur et une induration résultent des efforts déployés par l'organisme pour empêcher l'infection de se propager. Le germe responsable (habituellement un staphylocoque) engendre une nécrose des tissus atteints, ce qui se manifeste quelques jours plus tard par l'apparition d'un bourbillon jaunâtre ou noirâtre. En langage populaire, on dit alors que le furoncle est «mûr».

L'anthrax est un abcès de la peau et des tissus sous-cutanés, résultant de la diffusion d'un furoncle qui a envahi plusieurs follicules pileux. Il est généralement causé par une infection staphylococcique, et apparaît surtout dans les régions les plus épaisses et les moins élastiques de la peau, soit l'arrière du cou et les fesses. L'infection peut se généraliser et provoquer de la fièvre, de la douleur, une leucocytose, et même atteindre la circulation sanguine.

Les furoncles et les anthrax touchent surtout les personnes atteintes d'une maladie qui intéresse l'organisme tout entier, comme le diabète, ou chez celles qui suivent un traitement immunosuppresseur. Les furoncles et les anthrax sont fréquents dans les pays chauds, surtout chez les personnes qui portent des vêtements serrés.

Traitement. Quand on traite une infection à staphylocoque, il importe de ne pas rompre la membrane qui circonscrit la région atteinte. On ne doit donc jamais pincer le bourbillon ou la pustule.

La folliculite, les furoncles et les anthrax sont généralement causés par des staphylocoques, mais quand le système immunitaire est atteint, ils peuvent être dus à des bactéries Gram négatif.

On utilise généralement des antibiotiques par voie générale, en se basant sur les résultats d'un antibiogramme. La cloxacilline, la dicloxacilline et la flucloxacilline sont les antibiotiques les plus souvent utilisés. La céphalosporine et l'érythromycine sont également efficaces.

Lorsque le patient est très atteint, on a recours à diverses mesures de soutien comme les perfusions intraveineuses ou les compresses pour faire baisser la fièvre. Les compresses humides et chaudes favorisent la vascularisation et accélèrent la résolution du furoncle ou de l'anthrax. On peut nettoyer délicatement la peau avoisinante avec un savon antiseptique et appliquer un onguent antiseptique.

Lorsque le pus est circonscrit et fuyant au doigt, une petite incision avec un scalpel accélérera la résolution en réduisant la pression et en assurant une évacuation directe du pus et du tissu nécrosé. On explique au patient qu'il doit garder un pansement sur la lésion incisée. On doit observer les précautions universelles quand on se débarrasse des pansements souillés. Les infirmières doivent respecter à la lettre les mesures d'isolement afin de ne pas propager les staphylocoques, et porter des gants lorsqu'elles administrent les soins.

- On doit prendre des précautions particulières dans le cas des furoncles du visage, car le contenu de la lésion peut s'écouler directement dans les sinus de la dure-mère. On sait que la manipulation d'un furoncle dans cette région peut provoquer une thrombose sinusale, suivie d'une pyohémie fatale.

On conseille au patient atteint de furoncles au périnée ou dans la région anale de garder le lit. Un traitement aux antibiotiques par voie générale est indiqué pour circonscrire l'infection.

Enseignement au patient. Pour prévenir et enrayer les infections cutanées à staphylocoque (furoncles, anthrax), on doit éliminer la bactérie de la peau et de l'environnement. On doit augmenter la résistance du patient et assurer l'hygiène de son environnement.

S'il y a écoulements, on doit recouvrir le matelas et l'oreiller d'un plastique qu'on désinfectera quotidiennement; on lavera les draps, les serviettes et les vêtements après chaque usage. Le patient doit utiliser un savon et un shampooing antiseptiques pendant une certaine période, souvent plusieurs mois. Pour éviter les récidives, il doit prendre les antibiotiques prescrits (ex.: dose quotidienne de clindamycine par voie orale pendant trois mois). Il est essentiel que le patient prenne exactement la dose prescrite. Le personnel soignant peut être infecté par l'écoulement purulent provenant d'un furoncle ou d'un anthrax, ou propager l'infection.

Des antécédents de récidive chez un patient peuvent indiquer qu'il est porteur de germes dans les narines. On doit donc établir si tel est le cas et instaurer un traitement avec une crème antiseptique au besoin.

INFECTIONS VIRALES

Herpes zoster (zona)

L'herpes zoster (zona) est une inflammation d'origine virale caractérisée par une éruption de vésicules douloureuses, disposées sur le trajet des nerfs reliant certains ganglions postérieurs. Il est causé par le virus de la varicelle, l'*herpes-virus varicellæ*, qui appartient au groupe des virus à ADN. On croit que le zona serait dû à une réactivation du virus de la varicelle et un signe d'atteinte du système immunitaire. Après une varicelle, le virus resterait à l'état latent à l'intérieur des neurones situés près de l'encéphale et de la moelle épinière. Quand il est réactivé, il se déplace sur le trajet des nerfs périphériques jusqu'à la peau, où il prolifère pour causer l'apparition de bouquets de petites vésicules remplies de liquide. Environ 10 % des adultes sont atteints un jour ou l'autre d'un zona, généralement après la cinquantaine. Les personnes qui y sont le plus exposées sont celles dont le système immunitaire est affaibli ou qui souffrent d'un cancer, en particulier de leucémie ou de lymphome.

Manifestations cliniques. Généralement, une douleur précède l'éruption ou l'accompagne; elle peut s'étendre à toute la région qui surplombe les nerfs atteints. Elle peut prendre la forme de brûlures ou d'élancements et être déchirante ou incisive. Certains patients ne ressentent aucune douleur. On observe parfois des démangeaisons et une sensibilité dans la région atteinte. Dans certains cas, l'éruption est précédée par un malaise et des troubles gastro-intestinaux.

Le zona se caractérise par des bouquets de vésicules sur un placard érythémateux et oedémateux. Au début, les vésicules contiennent du sérum, puis deviennent purulentes, se rompent et forment des croûtes. L'inflammation est généralement unilatérale et suit le trajet des nerfs thoraciques, cervicaux ou crâniens. Les vésicules n'occupent habituellement qu'une étroite région du visage ou du tronc. La maladie évolue généralement en une à trois semaines. Une atteinte du nerf oculaire se manifeste par une douleur à l'oeil. Au niveau du tronc, la région atteinte est parfois extrêmement sensible.

Chez l'adulte en bonne santé, le zona est généralement localisé et bénin. Cependant, chez le patient immunosupprimé, il est souvent grave et très invalidant.

Traitement. Le traitement vise à calmer la douleur et à réduire ou à prévenir les complications comme les infections, la formation de cicatrices, la névralgie postzostérienne et les troubles visuels.

Il importe de soulager la douleur par l'administration d'analgésiques au cours du stade aigu. Chez les patients de plus de 50 ans, on administre des corticostéroïdes par voie générale pour prévenir la névralgie postzostérienne (douleurs persistantes provenant du nerf affecté) ou en réduire la durée. Les corticostéroïdes accélèrent aussi la guérison dans la plupart des cas. On peut aussi administrer des corticostéroïdes, comme la triamcinolone (Aristocort, Kenacort, Kenalog), par voie sous-cutanée dans les régions douloureuses pour obtenir un effet anti-inflammatoire.

On a constaté que l'administration par voie orale d'acyclovir dans les 24 heures qui suivent l'apparition de l'éruption permettait de stopper l'infection. L'administration intra-veineuse de cet agent antiviral dès le début de la maladie réduit la douleur de façon importante et accélère la guérison. On peut également utiliser un autre agent antiviral, la vidarabine.

Lorsque l'oeil est atteint (zona ophtalmique), une consultation auprès d'un ophtalmologiste s'impose en raison de risques de kératite, d'uvéite ou d'ulcère cornéen, et même de cécité.

Les personnes non immunisées contre la varicelle peuvent la contracter par contact avec le liquide vésiculaire infecté d'un patient atteint de zona. Les personnes qui ont déjà eu la varicelle sont immunisées et le contact avec un patient atteint de zona ne présente pour elles aucun danger. Chez les personnes âgées, les névralgies postzostériennes persistent souvent pendant des mois.

Enseignement au patient et soins à domicile. L'infirmière évalue le malaise du patient et sa réaction aux médicaments. Elle collabore avec le médecin pour faire les ajustements nécessaires au traitement. Elle doit enseigner au patient comment appliquer les compresses humides et les préparations médicamenteuses et lui apprendre la technique de lavage de mains qu'il doit observer pour prévenir la propagation du virus.

Pour soulager la douleur et favoriser le sommeil, on conseille l'utilisation de techniques de diversion et de relaxation.

Si la personne atteinte est âgée, ce qui est souvent le cas, elle aura peut-être besoin d'aide pour appliquer les pansements. Cette aide peut lui être prodiguée par un membre de la famille, un voisin ou une infirmière en santé communautaire qui devra également voir à la préparation de repas équilibrés si le patient est incapable de le faire lui-même.

Résumé : Le zona se retrouve plus fréquemment parmi les personnes dont le système immunitaire est atteint (patients venant de subir une greffe d'organe, patients qui subissent des traitements de chimiothérapie ou de radiothérapie ou personnes atteintes du sida). Ces personnes ont une grande sensibilité à des infections opportunistes qui peuvent mettre leur vie en danger. Il importe donc de prévenir chez elles le zona pour leur éviter des risques inutiles. Heureusement, cette maladie évolue spontanément vers la guérison même chez le patient dont le système immunitaire est atteint.

INFECTIONS FONGIQUES

Les champignons, ces minuscules représentants du règne végétal qui se nourrissent de matières organiques, sont responsables d'un grand nombre de dermatoses. Dans certains cas, ils n'atteignent que la peau, les ongles et les cheveux, mais dans d'autres ils touchent les organes internes, ce qui peut menacer la vie du patient. Les infections superficielles sont rarement assez graves pour causer une incapacité temporaire et répondent bien au traitement. On observe parfois une surinfection due à des bactéries ou à *Candida*.

Les dermatophyties sont la forme de mycose la plus courante. Elles peuvent affecter les pieds (c'est ce qu'on appelle communément le pied d'athlète et de façon scientifique la trichophytie des pieds), le cuir chevelu (teigne) ou le corps, y compris le visage, le cou et les membres (trichophytie des parties découvertes), l'aine (eczéma marginé de Hebra) et les ongles (onychomycose).

Pour établir le diagnostic, on nettoie la lésion et, à l'aide d'un scalpel, on recueille des squames sur son pourtour. On dépose les squames sur une lame enduite d'hydroxyde de potassium et on les examine au microscope. On peut aussi procéder à des cultures.

Dans certains cas de teigne, les cheveux présentent une fluorescence à l'examen du cuir chevelu en *lumière de Wood*.

Trichophytie des pieds — Pied d'athlète

Le *pied d'athlète* est particulièrement fréquent. L'infection, aiguë ou chronique, envahit la plante des pieds et l'espace entre les orteils. Les ongles peuvent aussi être touchés si l'infection est chronique. On observe parfois une surinfection par des levures ou des bactéries, qui peut se manifester dans le dernier cas par une cellulite et une lymphangite.

Mesures prophylactiques et enseignement au patient. Les chaussures et les chaussettes sont des milieux propices à la croissance des champignons ; ils peuvent donc être la cause de l'infection. Comme l'humidité favorise la multiplication des champignons, on doit conseiller au patient de garder ses pieds et les espaces entre ses orteils aussi secs que possible. La nuit, il pourra placer de petits tampons d'ouate entre ses orteils pour absorber l'humidité. Il faut aussi lui recommander de porter des chaussettes en coton absorbant ou, s'il s'agit d'une femme, des bas de nylon avec pieds en coton, car les tissus synthétiques absorbent moins bien la transpiration que le coton. On doit conseiller aux patients qui transpirent abondamment de porter des chaussures aérées. Il faut éviter les chaussures à semelles en plastique ou en caout-chouc. On peut appliquer de la poudre de talc ou une poudre antifongique deux fois par jour pour garder les pieds au sec, et changer régulièrement de chaussures.

Traitement. Durant la phase aiguë (vésiculaire), le patient prendra des bains de pieds dans la solution de Burow, du soluté physiologique ou une solution de permanganate de potassium pour faire tomber les croûtes, les squames et les débris et pour réduire l'inflammation. Il appliquera ensuite un antifongique à action locale (miconazole, clotrimazole). Ce traitement doit se poursuivre pendant plusieurs semaines, car le taux de récidive est élevé.

Trichophytie des parties découvertes

La *trichophytie des parties découvertes* atteint le visage, le cou, le tronc et les membres. Elle est causée par des teignes vivant sur les animaux et qui peuvent provoquer une grave inflammation chez l'homme, qui n'est pas leur hôte habituel. Elle se caractérise par une lésion annulaire. Elle est souvent transmise par un animal domestique ou par un objet ayant été en contact avec un animal.

Traitement. Lorsque l'affection ne touche qu'une petite région, on peut appliquer un antifongique à action locale. Si elle est plus étendue, on utilise la griséofulvine. Les effets secondaires de la griséofulvine sont notamment une photo-sensibilité, des éruptions, des céphalées et des nausées. Le kétoconazole, un agent antifongique, a eu des effets très prometteurs chez des patients atteints de dermatophyties très résistantes à la griséofulvine.

Enseignement au patient. L'infirmière informe le patient qu'il doit changer de serviette et de débarbouillette tous les jours. Il doit bien assécher tous les plis et surfaces cutanés qui pourraient retenir l'humidité, car l'humidité et la chaleur favorisent la croissance des champignons. On lui recommande de porter des vêtements propres en coton à même la peau.

Teigne

La teigne est une dermatophytie contagieuse, qui provoque souvent une perte de cheveux chez l'enfant. Elle se manifeste par une ou plusieurs plaques rouges et desquamées. De petites papules ou pustules peuvent également être présentes en bordure de ces plaques. Les cheveux deviennent fragiles et se cassent au ras du cuir chevelu, laissant des plaques de calvitie. Dans la plupart des cas, les lésions ne laissent aucune cicatrice et la perte des cheveux n'est que temporaire.

Traitement. Pour soigner la teigne, on utilise un anti-fongique, la griséofulvine. Les agents à action locale n'ont aucun effet curatif étant donné que l'infection se situe dans la tige du cheveu, sous le cuir chevelu. Cependant, ils peuvent inactiver les champignons présents sur les cheveux et réduire par le fait même les risques de transmission de la maladie, de sorte qu'il ne sera pas nécessaire de tondre les cheveux. On recommande aussi de laver les cheveux deux ou trois fois par semaine.

Enseignement au patient et soins à domicile. La maladie étant contagieuse, l'infirmière devra conseiller au patient et à sa famille d'adopter à la maison un certain nombre de mesures d'hygiène. Les membres de la famille doivent avoir chacun leur peigne et leur brosse et ils doivent éviter d'é-changer leurs chapeaux. Tous les membres de la famille et les animaux domestiques doivent être traités.

Eczéma marginé de Hebra

L'eczéma marginé de Hebra est une infection de l'aine qui peut s'étendre à l'intérieur des cuisses et aux fesses. Il est souvent associé à la tricophytie des pieds. Il atteint le plus souvent les jeunes coureurs à pied, les personnes obèses et celles qui portent des sous-vêtements trop serrés.

Traitement. On peut traiter les infections bénignes avec un antifongique à action locale, comme le clotrimazole, le miconazole ou l'haloprogine, durant au moins trois ou quatre semaines pour assurer une guérison complète. On recourt à la griséofulvine par voie orale dans les cas graves.

Enseignement au patient et soins à domicile. La chaleur, la friction et la macération (provenant de la sueur) prédisposent à l'infection. Le patient doit éviter, dans la mesure du possible, la chaleur et l'humidité excessives, les sous-vêtements de nylon, les vêtements trop ajustés et le port prolongé d'un maillot de bain humide. Pour éviter les récidives, il doit laver la région de l'aine, l'assécher complètement et y appliquer un antifongique à action locale (tolnaftate [Tinactin]).

Onychomycose

L'onychomycose est une dermatophytie chronique qui touche plus souvent les ongles des orteils que les ongles des doigts. Elle est habituellement causée par un microorganisme du genre *Trichophyton (T. rubrum, T. mentagrophytes)*, ou par *Candida albicans*. Elle est généralement associée à une infection fongique persistante des pieds. Les ongles s'épaississent, deviennent friables et ternissent. Peu à peu, des débris s'accumulent sous le bord libre de l'ongle, le décollant progressivement de la peau. Étant donné la nature chronique de cette infection, l'ongle peut être entièrement détruit.

Traitement. On administre de la griséofulvine, par voie orale, pendant six mois ou un an si les ongles des doigts sont atteints. Toutefois, cet antifongique n'a aucun effet sur les infections à *Candida albicans,* que l'on doit traiter par des applications locales d'une lotion à base d'amphotéricine B, de miconazole, de clotrimazole, de nystatine ou d'autres préparations. Mais ces produits pénètrent très mal et l'infection est difficile à soigner. Il en est de même pour les infections des ongles d'orteils traitées à la griséofulvine, qui réapparaissent souvent dès qu'on cesse le traitement.

Résumé: Les dermatophyties se caractérisent généralement par des lésions annulaires. Les champignons croissent rapidement dans les régions du corps où se produit une transpiration abondante (plis cutanés, aine, aisselles, pieds) et peuvent se transmettre par contact direct ou par l'intermédiaire d'objets contaminés (ex.: peigne, serviette). En se grattant, la personne atteinte contamine d'autres parties du corps. Le traitement comprend une hygiène rigoureuse, l'assèchement complet de la peau après le bain et l'emploi d'agents antifongiques.

INFESTATIONS DE LA PEAU

PÉDICULOSE (INFESTATION PAR LES POUX)

L'infestation par les poux peut affecter des personnes de tous les âges. Trois variétés de poux infestent les humains: *Pediculus humanus capitis* (pou de tête), *Pediculus humanus corporis* (pou de corps) et *Phthirus pubis* (pou pubien ou «morpion»). Les poux sont des ectoparasites, car ils vivent à l'extérieur du corps de l'hôte. Ils se nourrissent donc aux dépens de l'hôte, dont ils sucent le sang environ cinq fois par jour. Ils injectent leurs sucs digestifs et leurs excréments dans la peau de l'hôte, ce qui cause un prurit intense.

Pédiculose de la tête

La pédiculose de la tête est une infestation du cuir chevelu causée par *Pediculus humanus capitis*. La femelle pond dans le cuir chevelu des œufs (lentes) qui se fixent à la tige du cheveu. Les poux éclosent 10 jours plus tard et atteignent le stade adulte en 2 semaines. Le plus souvent, on les retrouve à l'arrière de la tête et derrière les oreilles. Les lentes sont visibles à l'œil nu et ont l'apparence de petits corps ovales, grisâtres et brillants, difficiles à retirer. La morsure de l'insecte cause un *prurit intense* et le grattage qui en résulte provoque souvent une infection microbienne se manifestant par des cheveux emmêlés, des pustules, des croûtes, de l'impétigo ou des furoncles. L'infestation est plus courante chez les enfants et les personnes qui portent les cheveux longs. Les poux de tête se transmettent par contact direct ou par l'intermédiaire des peignes, des brosses, des perruques, des chapeaux et des draps.

Traitement. Le traitement consiste à se laver les cheveux avec un shampooing à base de lindane (Kwellada) ou de dérivés de la pyréthrine avec pipéronyl butoxyde (shampooing R & C). On explique au patient qu'il doit se laver les cheveux conformément au mode d'emploi du shampooing, les rincer à fond, et les passer au peigne fin trempé dans du vinaigre pour détacher les lentes qui n'ont pas été délogées par le shampooing. Si cela ne suffit pas à détacher les lentes, il faudra les retirer avec les ongles, une par une. Pour empêcher une réinfestation, on doit laver à l'eau chaude (au moins 54 °C) ou faire nettoyer à sec tous les objets, vêtements, serviettes et draps de lit qui pourraient être infestés. On doit passer souvent l'aspirateur sur les meubles rembourrés, tapis et parquets, et désinfecter le peigne et la brosse à l'aide du shampooing. Il faut traiter tous les membres de la famille, ainsi que les proches.

Pour traiter les complications comme le prurit, la pyodermie (infection purulente cutanée) et la dermatite, on a recours aux antiprurigineux, aux antibiotiques par voie générale et aux corticostéroïdes à action locale.

Enseignement au patient. On doit rassurer le patient en lui expliquant que personne n'est à l'abri d'une infestation par les poux et que ce n'est pas un signe de malpropreté. Comme le parasite se propage rapidement, il faut instaurer le traitement sans délai. Si une épidémie se déclare au sein d'une école, tous les élèves doivent se laver les cheveux le même soir et ne plus s'échanger leur peigne, leur brosse ou leur chapeau. Chaque membre de la famille doit subir un examen quotidien de la tête pendant au moins deux semaines. On doit expliquer au patient que le lindane peut avoir des effets toxiques s'il n'est pas employé comme il se doit.

Pédiculose de corps et pédiculose pubienne

La pédiculose de corps est une infestation causée par *Pediculus humanus corporis*. Elle touche surtout les personnes qui ne se lavent pas, comme les sans-abri, ou qui vivent très à l'étroit (dans les refuges, par exemple) ou encore qui ne changent pas de vêtements. Le pou vit principalement dans les coutures des sous-vêtements et des vêtements auxquels il s'accroche, pour finalement piquer la peau au moyen de son rostre. Les morsures forment de minuscules points de saignement caractéristiques. D'importantes excoriations dues au grattage peuvent apparaître, en particulier sur le tronc et le cou, de même que des lésions secondaires, dont des scarifications linéaires parallèles et un léger eczéma. Dans les cas chroniques, la peau s'épaissit, s'assèche et se desquame, laissant apparaître des régions hyperpigmentées. Les régions en contact avec les sous-vêtements (épaules, fesses et abdomen) sont les plus souvent atteintes. Les poux sont visibles à l'oeil nu dans les coutures des vêtements. Il faut donc laver les vêtements ou les faire nettoyer à sec afin de détruire le parasite et ses oeufs. On doit prendre des douches régulièrement et prendre certaines précautions pour éviter une réinfestation.

On traite les complications, comme le prurit grave, la pyodermie (infection cutanée purulente) et la dermatite, avec des antiprurigineux, des antibiotiques par voie générale et des corticostéroïdes à action locale. Il faut se rappeler que les poux sont vecteurs de rickettsioses (typhus exanthématique, fièvre des tranchées). Les rickettsies vivent dans les voies digestives du parasite.

La pédiculose pubienne est une infestation causée par *Phthirus pubis*. Elle est très fréquente et se transmet principalement par contact sexuel.

Les poux excrètent une poussière d'un brun rougeâtre que l'on retrouve dans les sous-vêtements. Ils peuvent envahir les poils du thorax et des aisselles, la barbe et les sourcils. On observe parfois des macules bleu-gris sur le tronc, les aisselles et l'aine. Elle proviennent soit de la réaction de la salive des parasites avec la bilirubine (qui la transforme en biliverdine), soit d'une substance excrétée par les glandes salivaires du parasite. Il faut examiner le pubis avec une loupe pour apercevoir des poux le long de la tige des poils, ou des lentes collées aux poils ou contre la peau. La pédiculose pubienne se manifeste généralement par des démangeaisons, surtout la nuit. D'autres maladies transmises sexuellement (gonorrhée, candidose, syphilis) peuvent être présentes.

Traitement et enseignement au patient. On recommande au patient de se laver à l'eau et au savon et d'appliquer sur les régions cutanées atteintes et sur les régions pileuses du lindane (Kwellada) ou du malathion dans de l'alcool isopropylique (lotion Prioderm) en se conformant au mode d'emploi de ces produits. Si l'infestation touche les cils, on peut appliquer de la vaseline deux fois par jour pendant huit jours, après quoi on enlèvera manuellement les lentes qui restent.

Il faut traiter tous les membres de la famille et toute personne ayant eu des rapports sexuels avec le patient. On doit aussi procéder à un dépistage des maladies transmises sexuellement chez le patient et ses partenaires sexuels. On doit laver à la machine ou faire nettoyer à sec les vêtements et la literie.

GALE

La gale est une infestation de la peau causée par un acarien, *Sarcoptes scabiei* (sarcopte de la gale). On l'observe aussi bien chez les personnes démunies vivant dans des conditions insalubres, que chez celles qui ont d'excellentes habitudes d'hygiène. Elle peut se transmettre par contact sexuel, mais aussi par simple contact cutané. Chez les enfants, les contacts physiques et les échanges de vêtements sont une source de propagation. Le personnel infirmier qui est en contact direct avec un patient atteint de la gale peut donc être infecté.

La femelle fécondée creuse des sillons sous l'épiderme à l'aide de ses mâchoires et de ses pattes et y dépose tous les jours deux ou trois oeufs pendant une période pouvant aller jusqu'à deux mois, après laquelle elle meurt. Les oeufs éclosent après 3 ou 4 jours, se transforment en larves puis en nymphes et atteignent le stade adulte en 10 jours environ.

Manifestations cliniques. Les symptômes apparaissent environ quatre semaines après le contact avec le parasite. Le patient se plaint d'un prurit intense causé par une réaction immunitaire au parasite ou à ses matières fécales. Pendant l'examen, on demande au patient d'indiquer l'endroit où les démangeaisons sont les plus intenses, puis à l'aide d'une loupe et d'une petite lampe, on scrute la peau à la recherche de minuscules sillons surélevés. Les sillons peuvent être multiples, droits ou sinueux, ou encore filiformes; ils prennent parfois une coloration brune ou noire. Il se situent le plus souvent entre les doigts et sur les poignets.

On peut aussi observer des sillons au pli du coude et sur le coude, sur les genoux, sur la face externe du pied, autour des mamelons, dans les plis axillaires, sous les seins ainsi que dans l'aine ou la région avoisinante, dans le pli interfessier, sur le pénis ou le scrotum. Des éruptions prurigineuses rouges apparaissent généralement sur les surfaces intertrigineuses, mais les sillons ne sont pas toujours visibles. Tout patient qui présente une éruption peut être atteint de gale.

La gale se caractérise par un prurit, plus intense pendant la nuit, sans doute parce que la chaleur de la peau stimule le parasite. L'hypersensibilité au sarcopte et à ses excréments peut aussi être à l'origine des démangeaisons. Si l'infection s'est propagée, les autres membres de la famille et les proches se plaindront également de démangeaisons, un mois plus tard environ.

Les lésions secondaires (vésicules, papules, excoriations et croûtes) sont courantes. Une excoriation constante des sillons et des papules peut entraîner une infection microbienne.

Pour confirmer le diagnostic, on peut gratter la surface des sillons ou des papules avec la lame d'un petit scalpel, et déposer le produit du grattage sur une lame que l'on examine au microscope à faible grossissement à la recherche de sarcoptes à différents stades (adultes, oeufs, larves, nymphes) ou de leurs excréments.

Enseignement au patient. On recommande au patient de se laver à fond (bain ou douche) avec de l'eau et du savon pour enlever les squames et les débris de croûtes, de bien s'assécher, puis de laisser la peau se refroidir, avant d'appliquer le scabicide.

On doit s'assurer que le patient comprend bien ces directives, car la peau humide et chaude augmente l'absorption percutanée du produit, ce qui peut entraîner des troubles neurologiques, comme des convulsions.

On applique une fine couche du scabicide, comme le lindane (Kwell) ou la crotamitone (Eurax, en crème ou en lotion) sur tout le corps, sauf sur le visage et le cuir chevelu, qui ne sont pas touchés par la gale. On laisse agir le médicament pendant 12 à 24 heures, puis on se lave de nouveau à fond.

Bien qu'en général, une application suffise, il est préférable de répéter le traitement dans la semaine qui suit.

Le patient doit porter des vêtements propres et dormir dans des draps fraîchement lavés. Les draps comme les vêtements doivent être nettoyés à l'eau très chaude et séchés à la machine à cycle chaud, car le sarcopte peut survivre pendant 36 heures dans les draps. Lorsqu'un lavage à l'eau chaude n'est pas possible, on conseille le nettoyage à sec.

Après le traitement, on applique sur les lésions un onguent (corticostéroïde à action locale, par exemple), pour soulager l'irritation. L'hypersensibilité (allergie) ne disparaît pas avec la destruction des sarcoptes, le prurit pouvant persister pendant plusieurs jours, voire quelques semaines; il ne signifie donc pas que le traitement a échoué. On conseille au patient de *ne pas* renouveler l'application de scabicide (pour éviter d'aggraver l'irritation et le prurit) et de *ne pas* prendre des douches chaudes trop fréquemment (pour éviter de dessécher la peau et de provoquer un prurit).

Ce traitement doit être suivi par tous les membres de la famille et les proches. Si le patient a contracté la gale par contact sexuel, il souffre peut-être d'une autre maladie transmise sexuellement qui devra être traitée le cas échéant. La gale peut également s'accompagner d'une pédiculose.

Gérontologie.   La personne âgée atteinte de la gale éprouve un prurit intense, mais la réaction inflammatoire est chez elle moins importante que chez les plus jeunes. Il arrive qu'on attribue à tort un prurit dû à la gale au dessèchement de la peau, au vieillissement ou à l'anxiété.

L'infirmière qui travaille dans un établissement de soins prolongés doit porter des gants pour soigner un patient que l'on croit atteint de la gale jusqu'à ce que le diagnostic soit établi et le traitement terminé. On conseille de traiter simultanément tous les patients, les membres du personnel et les familles des patients pour prévenir les récidives.

Résumé: La gale est due à une infestation par la femelle de *Sarcoptes scabiei*, qui creuse des sillons sous la peau où elle pond des œufs, qui atteignent le stade adulte 10 jours après leur éclosion. Elle se manifeste notamment par un prurit intense entre les doigts, sur les poignets et sur le tronc, dans les plis axillaires, sous les seins chez la femme et sur la verge chez l'homme. Le prurit s'aggrave durant la nuit. Pour traiter la gale, on emploie le plus souvent une lotion à base de lindane à 1 %.

ECZÉMA DE CONTACT

L'eczéma de contact est une inflammation de la peau due à des irritations répétées par des agents physiques, chimiques ou biologiques. Il peut être dû à des agents irritants directs ou provoqué par une hypersensibilité à une substance donnée. Dans ce dernier cas, on la dit «allergique». Voir le chapitre 49 pour plus de détails sur les affections cutanées allergiques. Les agents irritants les plus courants sont les savons, les détergents, les poudres à récurer et les composés chimiques industriels. Les facteurs qui prédisposent à la dermatite sont notamment l'exposition à des températures extrêmes, l'immersion fréquente dans l'eau et le savon, de même qu'une dermatose préexistante.

Manifestations cliniques

L'éruption se manifeste à l'endroit où la peau a été en contact avec l'agent causal. On note d'abord un prurit, des brûlures et un érythème, suivis peu après d'œdème, de papules, de vésicules et de suintements. Dans la phase subaiguë, la formation de vésicules est moins marquée et alterne avec une sécheresse de la peau avec formation de croûtes, de fissures et de squames. Si les réactions sont fréquentes ou si le patient se gratte continuellement, on observe un épaississement de la peau (*lichénification*) et une hyperpigmentation. Une infection microbienne peut s'ensuivre.

Traitement

Le traitement consiste à protéger la surface cutanée atteinte. On se base sur la topographie des lésions pour établir si l'eczéma est dû à des agents irritants directs ou à une allergie. On doit établir de façon précise les antécédents du patient, puis rechercher l'agent irritant pour l'éliminer. On doit éviter les irritations et ne pas utiliser de savon jusqu'à guérison complète.

Il existe un grand nombre de préparations pour traiter l'eczéma de contact. En général, on applique une lotion douce non médicamenteuse sur les petites surfaces érythémateuses et des pansements humides et froids sur les petites surfaces vésiculaires. De la glace concassée mélangée à de l'eau a un effet antiprurigineux. Les pansements humides assèchent souvent les lésions suintantes. On applique ensuite une fine couche de crème à base de stéroïdes. Les bains thérapeutiques médicamenteux à la température de la pièce sont indiqués si des surfaces importantes sont atteintes. Dans les cas graves, on administre des stéroïdes par voie générale, pendant une courte période.

Enseignement au patient et soins à domicile

Le patient doit suivre les directives suivantes:

- Noter le siège de l'eczéma et rechercher l'agent irritant qui en est la cause.
- Éviter tout contact ultérieur avec cette substance.
- Éviter la chaleur, le savon et les frottements, car ce sont tous des irritants externes.
- Éviter les médicaments à action locale, sauf ceux prescrits par le médecin.
- Laver la peau immédiatement après qu'elle ait été exposée à des irritants ou à des antigènes.
- Porter des gants pour laver la vaisselle. N'utiliser que des gants doublés de coton et ne pas les porter plus de 15 à 20 minutes.

Le patient doit continuer de suivre ces directives au moins quatre mois après la disparition complète des lésions, car la peau reste sensible.

Résumé: L'eczéma non allergique de contact est une réaction inflammatoire externe de la peau causée par un irritant chimique ou physique. Elle est plus fréquente que l'eczéma allergique de contact. Les manifestations cutanées peuvent aller d'un érythème bénin jusqu'à l'inflammation, la formation de vésicules et l'apparition de douleur. Dans la plupart des cas, elle atteint les mains, le visage et les paupières et y reste confinée. Lorsqu'on évite le contact avec l'irritant, la peau reprend son aspect normal. Si l'affection persiste, on doit procéder à des tests épicutanés.

DERMATOSES INFLAMMATOIRES NON INFECTIEUSES

PSORIASIS

Le psoriasis est une dermatose inflammatoire chronique et non infectieuse caractérisée par une prolifération des cellules de la couche basale de l'épiderme six à neuf fois plus rapide que la normale. Les nouvelles cellules sont repoussées trop rapidement vers la surface où elles forment des plaques squameuses. Les cellules épidermiques psoriasiques peuvent ainsi passer de la couche basale de l'épiderme jusqu'à la couche cornée (surface de la peau) en 3 ou 4 jours au lieu de 26 à 28 jours, ce qui empêche leur maturation et la formation des couches protectrices.

Le psoriasis est une des affections cutanées les plus fréquentes, affectant environ 2 % de la population. On croit qu'elle serait due à une anomalie génétique entraînant une surproduction de kératine, mais on n'en connaît pas le gène responsable. Des facteurs héréditaires combinés à des stimuli externes déclencheraient la maladie. D'après de récentes études, le système immunitaire jouerait un rôle dans la prolifération des cellules. Le stress et l'anxiété aggravent l'affection ; les traumatismes, les infections, les changements de saisons ainsi que les modifications hormonales sont autant de facteurs déclenchants. La maladie peut survenir à n'importe quel âge, mais elle est plus fréquente entre 10 et 40 ans. Elle est chronique et évolue par poussées.

Manifestations cliniques

Les lésions apparaissent sous forme de plaques surélevées et rougeâtres recouvertes de squames argentées. Ces plaques squameuses sont le résultat d'une forte accélération de la croissance et du renouvellement des cellules (figure 51-10). Lorsqu'on gratte les squames, on expose la plaque rougeâtre parsemée de points de saignement. Les plaques sont sèches et non prurigineuses dans beaucoup de cas. Si les lésions sont petites, on parle de *psoriasis en gouttes*. Habituellement, elles s'étendent lentement pour fusionner après quelques mois et former de larges taches irrégulières. L'atteinte esthétique provoquée par le psoriasis est parfois faible mais elle peut aussi être importante. Cette affection touche surtout le cuir chevelu, les coudes et les genoux, le bas du dos et les organes génitaux. Elle peut également apparaître sur la face d'extension des bras et des jambes, les oreilles, le sacrum et le pli interfessier. Elle se caractérise par une bilatéralité. Chez 25 à 50 % des patients, les ongles sont touchés ; ils deviennent grêlés, se décolorent, s'émiettent au-dessous des bords libres, puis se détachent de la peau. Sur la paume des mains et la plante des pieds, on observe parfois des pustules.

Le psoriasis peut être associé à une polyarthrite asymétrique multiarticulaire, avec absence de facteur rhumatoïde dans le sérum. Cette arthrite se manifeste après l'apparition des lésions cutanées. On comprend mal sa relation avec le psoriasis. Il existe aussi une forme érythrodermique de la maladie qui est généralisée et rebelle au traitement.

Considérations d'ordre psychologique

Le patient atteint de psoriasis doit supporter les regards des autres, leurs commentaires, leurs questions embarrassantes et leur répugnance, ce qui peut occasionner des frustrations et du désespoir. La maladie épuise les ressources du patient, le gêne dans son travail et lui rend la vie misérable. Les adolescents en ressentent tout particulièrement les effets psychologiques. La vie familiale est souvent perturbée à cause du temps qui doit être consacré au traitement, de même que par les inconvénients des onguents graisseux et de la desquamation. Souvent, le patient exprime ses frustrations en se montrant hostile envers le personnel infirmier.

Traitement

Le traitement vise à régulariser le renouvellement des cellules épidermiques et à guérir les lésions causées par le psoriasis. La maladie elle-même est incurable.

Le traitement doit être esthétiquement acceptable, bien compris par le patient et adaptable à son mode de vie. Il demandera toutefois temps et efforts de la part du patient et, probablement, de sa famille.

On doit d'abord éliminer tout facteur qui risque de précipiter ou d'aggraver l'affection. Puis, on évalue le mode de vie du patient, puisque le stress a une influence significative sur la maladie. Le patient doit savoir que le traitement lui demandera beaucoup de temps et d'argent et qu'il est inesthétique à l'occasion.

Il existe trois types de traitement : local, intralésionnel et général.

Traitement local. L'application d'agents à action locale a pour but de ralentir l'activité du tissu épidermique sans affecter les autres tissus. Ces agents sont notamment les préparations à base de goudron, d'anthraline, d'acide salicylique et de corticostéroïdes. On croit qu'ils inhibent l'*épidermopoïèse* (formation des cellules épidermiques).

Les préparations à base de goudron se présentent sous forme de lotions, d'onguents, de pâtes, de crèmes et de shampooings. Elles peuvent retarder ou inhiber la croissance rapide du tissu psoriasique. Les préparations au goudron peuvent engendrer une photosensibilisation. On conseille donc aux

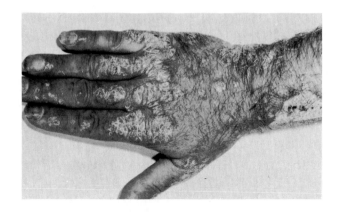

Figure 51-10. Psoriasis de la main.

(Source : G. C. Sauer. *Manual of Skin Diseases*, Philadelphie, J. B. Lippincott)

patients de ne pas exposer les régions traitées au soleil. Par contre, une exposition à des doses précises de rayons UVB (280 à 320 nm) potentialise l'action du goudron. On enlève partiellement le goudron avant l'exposition aux rayons UVB pour permettre une meilleure pénétration des rayons. Le patient doit porter des lunettes protectrices pendant le traitement. On doit utiliser un minuteur pour éviter une exposition trop longue qui pourrait provoquer des brûlures graves. Pour traiter les lésions du cuir chevelu, on lavera les cheveux tous les jours avec un shampooing au goudron, après quoi on appliquera une lotion à base de stéroïdes. On recommande aussi au patient d'enlever les squames pendant son bain à l'aide d'une brosse douce.

On se sert de préparations à base de dithranol (Anthraforte, Anthranol, Anthrascalp) pour traiter les plaques psoriasiques épaisses qui résistent aux préparations à base de goudron ou de stéroïdes. On explique au patient comment appliquer l'anthraline avec un abaisse-langue ou les doigts gantés, en veillant à ne pas recouvrir les régions saines. Il doit ensuite se laver les mains, car le contact de l'anthraline avec les yeux peut provoquer une conjonctivite.

L'anthraline tache et donne à la peau une coloration d'un mauve brunâtre qui disparaît lorsqu'on en cesse l'application. Il faut recouvrir les lésions traitées pour protéger les vêtements, les tissus d'ameublement et les tapis. Le produit doit rester sur la peau entre 8 et 12 heures.

Corticostéroïdes à action locale. Les corticostéroïdes ont une action anti-inflammatoire. On doit recouvrir la région traitée avec un pansement occlusif fait d'une pellicule de plastique pour favoriser leur absorption et leur action sur les plaques squameuses. Si les plaques psoriasiques sont peu étendues mais résistantes, on peut utiliser un pansement adhésif imprégné de stéroïdes. Cependant, on peut observer une rechute rapide après l'arrêt du traitement.

Lorsque le psoriasis est très étendu, les corticostéroïdes à action locale sont coûteux. On peut dans ce cas les utiliser en association avec le goudron ou les rayons ultraviolets. Après avoir appliqué une préparation aux corticostéroïdes, il faut se laver les mains, car le contact répété des corticostéroïdes avec les yeux peut provoquer des cataractes. On doit recommander avec insistance au patient de se conformer strictement au mode d'emploi de ces préparations pour éviter une atrophie de la peau, la formation de stries ou une résistance au médicament.

Pansements occlusifs. Dans certains cas, il faut appliquer des pansements occlusifs hydrocolloïdes (Duoderm). Chez les patients hospitalisés, on recouvre parfois tout le corps avec des grands sacs de plastique, un pour la partie supérieure du tronc dans lequel on a percé des ouvertures pour la tête et les bras, et un autre pour la partie inférieure du tronc, avec des ouvertures pour les jambes. Il ne reste alors que les membres à envelopper. Dans certaines unités de dermatologie, on utilise des gros rouleaux de pellicule plastique (comme ceux qu'utilisent les nettoyeurs).

- Quand on utilise des pellicules de plastique, il importe de s'assurer qu'elles ne sont pas inflammables.

Certaines de ces pellicules brûlent lentement tandis que d'autres s'enflamment rapidement et peuvent ainsi causer des lésions graves. Les patients qui se soignent à domicile peuvent porter un survêtement de jogging en plastique vinylique.

On protège les mains avec des gants, on enveloppe les pieds dans des sacs en plastique et on recouvre la tête d'un bonnet de douche.

Traitement intralésionnel. On peut traiter les lésions résistantes, très visibles ou isolées par des injections intralésionnelles d'acétonide de triamcinolone (Aristocort, Kenalog-10). Il faut cependant veiller à ce que le médicament ne s'infiltre pas dans la peau saine.

Traitement par voie générale. Des préparations cytotoxiques, comme le méthotrexate, ont été employées pour traiter des patients atteints d'un psoriasis étendu résistant à tous les autres traitements. Le méthotrexate inhiberait la synthèse de l'ADN dans les cellules épidermiques, ce qui ralentirait leur renouvellement. Toutefois, ce médicament est très toxique, particulièrement pour le foie qu'il peut endommager de façon irréversible. Par conséquent, son usage exige que l'on suive de près par des analyses de laboratoire les fonctions hépatiques, rénales et hématologiques.

Pendant le traitement au méthotrexate, le patient doit éviter de consommer de l'alcool, ce qui potentialiserait les effets toxiques du médicament sur le foie. Le méthotrexate a des effets tératogènes (provoque des malformations chez le fœtus).

Rétinoïdes oraux. Les rétinoïdes oraux (dérivés synthétiques de la vitamine A et de son métabolite, l'acide vitaminique A) retardent la croissance et la différenciation du tissu épithélial ; ils sont donc très prometteurs pour le traitement des patients atteints de psoriasis grave.

On utilise également un autre médicament, l'hydroxyurée (Hydrea), qui freine la réplication des cellules en inhibant la synthèse de l'ADN. Son usage exige que l'on soit à l'affût des signes et des symptômes d'aplasie.

Photothérapie. On a recours à la PUVA-thérapie (association de psoralène et de rayons UVA) pour traiter les personnes atteintes d'un psoriasis gravement invalidant. Il s'agit de l'absorption d'une dose normale d'un médicament photosensibilisant (habituellement du méthoxy-8-psoralène (méthoxsalen), suivie deux heures plus tard d'une exposition à un rayonnement ultraviolet à ondes longues. (La lumière ultraviolette se situe dans la région du spectre électromagnétique correspondant aux longueurs d'onde de 180 à 400 nm.) L'appareil PUVA se compose d'un compartiment contenant des émetteurs à rayonnement ultraviolet et d'un système de réflexion. La durée de l'exposition dépend du type d'appareil utilisé et de la tolérance de la peau du patient. En général, le patient reçoit un traitement deux à trois fois par semaine jusqu'à disparition du psoriasis. Un intervalle de 48 heures est nécessaire entre 2 séances, pour laisser aux brûlures le temps de se manifester, le cas échéant. Une fois le psoriasis disparu, on passe à un traitement d'entretien pour prévenir les récidives.

On peut aussi utiliser les rayons UVB pour traiter le psoriasis généralisé. On les associe à des applications locales de goudron de houille (traitement de Goeckerman). Ce traitement a les mêmes effets secondaires que la PUVA-thérapie.

Enseignement au patient sous PUVA-thérapie. La PUVA-thérapie entraîne une photosensibilisation (sensibilité aux rayons du soleil) qui dure jusqu'à ce que le méthoxsalen ait été excrété de l'organisme, ce qui prend de six à huit heures. Le patient doit donc éviter de s'exposer au soleil au cours de cette période ou se protéger avec un filtre solaire et porter des vêtements couvrants. Il doit également porter des lunettes de soleil (teintées gris ou vert) pendant et après le traitement et passer un examen de la vue régulièrement. Certains patients éprouvent des nausées; pour les réduire, on leur conseille de prendre le méthoxsalen pendant les repas. Les lubrifiants et les huiles de bain permettent de retirer plus facilement les squames et aident à prévenir le dessèchement de la peau. Il faut éviter d'utiliser d'autres huiles ou crèmes sur les régions irradiées. Les femmes actives sexuellement doivent prendre des mesures contraceptives, car on n'a pas encore établi les effets sur le fœtus de la PUVA-thérapie. On doit suivre de près le patient et lui demander de noter tout changement anormal de la peau.

Résumé : Le psoriasis est une affection cutanée chronique non infectieuse, qui se caractérise par une prolifération sans restriction des cellules basales de l'épiderme, et se manifeste par la formation de plaques squameuses. On n'en connaît pas encore la cause, mais l'hérédité aurait un rôle à jouer. Il n'existe aucune cure pour le psoriasis, mais les traitements actuels permettent d'enrayer les lésions. Le psoriasis a d'importantes conséquences psychologiques, notamment pour l'estime de soi et l'image corporelle. La famille et le personnel infirmier doivent donc faire preuve de beaucoup de compréhension envers le patient et lui apporter leur soutien.

▶ DÉMARCHE DE SOINS INFIRMIERS
PATIENTS ATTEINTS DE PSORIASIS

▷ Collecte des données

La collecte des données porte essentiellement sur l'adaptation du patient à son état, sur l'apparence de la peau saine et sur celle des lésions. (Voir plus haut : manifestations cliniques.) Il importe d'examiner les régions les plus fréquemment touchées par le psoriasis : coudes, genoux, cuir chevelu, sillon interfessier, doigts et ongles des orteils (aspect grêlé).

▷ Analyse et interprétation des données

Selon les données recueillies, voici les principaux diagnostics infirmiers possibles :

- Manque de connaissances sur l'évolution de la maladie et sur son traitement
- Atteinte à l'intégrité de la peau reliée au fait que la fonction protectrice de la couche cornée est compromise
- Perturbation de l'image corporelle reliée à la gêne causée par les lésions et l'impression de ne pas être propre

▷ Planification et exécution

▷ *Objectifs de soins :* Acquisition de connaissances sur le psoriasis et son traitement; amélioration de l'état de la peau; acceptation de la maladie

▷ Interventions infirmières

▷ *Enseignement au patient et soins à domicile.* On doit expliquer avec tact au patient que le psoriasis ne peut être guéri et qu'il devra, de ce fait, suivre toute sa vie des traitements qui permettent généralement d'éliminer les lésions et de prévenir les récidives. On doit aussi lui expliquer la physiopathologie de cette affection et lui indiquer les facteurs qui la déclenchent : irritations ou blessures cutanées (coupures, écorchures, coups de soleil), maladies (une pharyngite par exemple), stress. Il faut insister sur le fait que les agressions cutanées répétées combinées à un environnement hostile (le froid) et l'usage de certains médicaments (lithium, inhibiteurs β-adrénergiques, indométacine) peuvent aggraver le psoriasis. Il faut de plus recommander au patient de se garder de toucher ou de gratter les lésions, d'éviter les irritants locaux ou les substances qui provoquent des allergies, et d'informer son médecin de l'apparition de toute infection qui semble aggraver le psoriasis. Le patient doit aussi savoir que certains médicaments peuvent aggraver un psoriasis même bénin. Il doit en outre comprendre l'importance d'une vie équilibrée qui fait de la place aux loisirs, à l'exercice et au repos.

Le patient doit éviter que sa peau ne se dessèche, ce qui aggraverait le psoriasis. Des lavages trop fréquents favorisent la douleur et la formation de squames. Il faut utiliser de l'eau pas trop chaude et assécher la peau en la tapotant avec une serviette et non en la frictionnant vigoureusement. Les émollients ont un effet hydratant sur la couche cornée, car ils forment une pellicule occlusive qui retarde l'évaporation de l'eau. Une huile de bain ou un agent émollient peut soulager la douleur et la desquamation. En adoucissant la peau, on prévient l'apparition des fissures (voir aussi le plan de soins infirmiers 51-1).

Pour obtenir des résultats, le patient doit faire preuve de persévérance et s'armer de patience, car le traitement exige beaucoup de temps et d'argent. Certains patients doivent passer deux heures ou plus tous les jours à l'application de médicaments et aux soins cutanés. On doit enseigner au patient comment appliquer les médicaments à action locale. Le personnel infirmier doit établir avec le patient une relation qui favorise l'apprentissage et la confiance de façon à améliorer son acceptation de soi. L'aide d'un professionnel de la santé mentale est parfois nécessaire pour réduire le stress ou accepter la maladie. Les groupes de soutien comme la Fondation canadienne du psoriasis permettent au patient de constater qu'il n'est pas le seul à devoir s'adapter à une maladie chronique et visible.

▷ Évaluation

Résultats escomptés

1. Le patient améliore ses connaissances sur le psoriasis.
   a) Il décrit le psoriasis et le traitement prescrit.
   b) Il sait que les traumatismes, les infections et le stress peuvent être des facteurs déclenchants de cette affection.
   c) Il parvient à enrayer les lésions avec un traitement approprié.
   d) Il fait la démonstration de la méthode d'application des médicaments à action locale.
2. Le patient a une peau plus lisse et ses lésions régressent.
   a) Il ne présente pas de nouvelles lésions.
   b) Sa peau est bien lubrifiée et douce.
3. Le patient accepte sa maladie.
   a) Il connaît une personne avec qui il peut parler de ses sentiments et de ses craintes.
   b) Il est optimiste quant à l'issue du traitement.

ÉRYTHRODERMIE

L'érythrodermie est une affection grave caractérisée par une inflammation progressive souvent accompagnée d'un érythème et d'une desquamation plus ou moins étendus. Elle est souvent associée à des frissons, à de la fièvre, à une prostration, à une intoxication grave et à un prurit. Il se produit une perte importante de la couche cornée (couche externe de la peau), entraînant une augmentation de la perméabilité des capillaires, une hypoprotéinémie et un bilan azoté négatif. Une importante dilatation des vaisseaux cutanés provoque une déperdition thermique importante. L'érythrodermie affecte donc l'organisme tout entier.

Ses causes sont multiples. Elle peut être consécutive à certaines dermatoses (psoriasis, eczéma constitutionnel, eczéma de contact) ou à une maladie générale. Elle peut accompagner un lymphome et même en précéder l'apparition. Elle peut aussi être une réaction grave de l'organisme à l'ingestion d'un grand nombre de médicaments, dont la pénicilline et la phénylbutazone. Dans 25 % des cas, elle est d'origine indéterminée.

Son début est aigu et se manifeste par un érythème généralisé ou des taches inégales, avec fièvre, malaise et, à l'occasion, troubles gastro-intestinaux. La couleur de la peau passe du rosé au rouge foncé. Après une semaine, une desquamation caractéristique se manifeste sous la forme de minces écailles qui, en se détachant, laissent apparaître une peau rouge et lisse, se recouvrant rapidement par de nouvelles squames. On observe parfois une perte de cheveux. Les récidives sont courantes. Les effets généralisés de cette affection sont notamment une insuffisance cardiaque à haut débit, une entéropathie, une gynécomastie, une hyperuricémie et des troubles de thermorégulation.

Traitement. Le traitement vise à maintenir l'équilibre hydroélectrolytique et à prévenir les infections cutanées. On doit instaurer un traitement d'appoint personnalisé aussitôt le diagnostic établi.

Le patient est hospitalisé et doit être au repos complet. On interrompt également la prise de tout médicament qui pourrait être à l'origine de la maladie. On doit garder le patient au chaud en raison d'une déperdition importante de chaleur due à des pertes d'eau par évaporation et à une vasodilatation. Il faut aussi rétablir l'équilibre hydroélectrolytique perturbé par les pertes d'eau et de protéines. Des succédanés du plasma peuvent être indiqués.

L'infirmière doit être à l'affût des signes d'infection, car une peau érythémateuse et humide est facilement envahie par des agents pathogènes qui aggravent l'inflammation. Lorsqu'une infection se manifeste, on prescrit des antibiotiques en se basant sur les résultats d'une culture et d'un antibiogramme.

- On doit observer le patient à la recherche de symptômes d'insuffisance cardiaque, car l'hyperémie et l'augmentation du débit sanguin cutané peuvent causer une insuffisance cardiaque à haut débit.

On peut aussi observer une hypothermie, car l'augmentation du débit sanguin cutané et d'importantes pertes d'eau entraînent une perte de chaleur par radiation, conduction et évaporation.

Comme pour toutes les autres dermatites aiguës, on soulage les symptômes de l'érythrodermie par un traitement local : bains, compresses et lubrifiants émollients. Le patient peut devenir extrêmement irritable à cause du prurit intense. On peut prescrire des stéroïdes par voie orale ou parentérale si le traitement local n'a pas les effets escomptés. Si on connaît la cause précise de la dermatite, on peut recourir à un traitement plus spécifique. On conseille au patient d'éviter à l'avenir tous les irritants, particulièrement les médicaments.

PEMPHIGUS

Le pemphigus est une dermatose grave caractérisée par l'apparition de bulles (ampoules) de différentes tailles (1 à 10 cm) sur une peau apparemment saine (figure 51-11) et sur les muqueuses (bouche, vagin).

Des études ont révélé qu'il s'agit d'une maladie auto-immunitaire où intervient l'immunoglobuline IgG. On pense que l'anticorps du pemphigus serait dirigé contre un antigène de surface spécifique des cellules épidermiques. La réaction antigène-anticorps entraînerait la formation des ampoules. Le titre des anticorps sériques est le reflet de la gravité de la maladie. Des facteurs génétiques seraient aussi en cause. Le pemphigus se retrouve le plus souvent chez les personnes de descendance juive. Il se manifeste généralement chez des personnes d'âge moyen ou avancé.

Manifestations cliniques. Dans la majorité des cas, la maladie débute dans la cavité buccale par des excoriations douloureuses au contour irrégulier qui saignent facilement et se cicatrisent lentement. Sur la peau, les bulles grossissent et se rompent en laissant apparaître de grandes lésions érodées et suintantes d'où s'échappe une odeur nauséabonde caractéristique. Une légère pression exercée sur la peau saine entraîne l'apparition de bulles et d'exfoliations (signes de Nikolsky). La cicatrisation est lente, si bien que l'affection finit par toucher d'importantes étendues (figure 51-12). Les infections microbiennes sont courantes.

Examens diagnostiques. La biopsie d'une bulle et de la peau environnante révèle une *acantholyse* (séparation des cellules épidermiques les unes des autres causée par une altération ou une anomalie de la substance intracellulaire). On peut mettre les anticorps sériques en évidence par immunofluorescence indirecte.

Traitement. Le traitement vise à maîtriser l'affection le plus rapidement possible, à prévenir les pertes de sérum et les infections, ainsi qu'à promouvoir l'épithélisation de la peau.

On administre des corticostéroïdes à fortes doses pour maîtriser la maladie et prévenir la formation de bulles, jusqu'à ce qu'une rémission se manifeste. On donne les corticostéroïdes aux repas ou immédiatement après les repas, avec un antiacide si nécessaire pour éviter les troubles digestifs. Il est essentiel de recueillir tous les jours les données suivantes : poids, pression artérielle, glycémie et bilan des ingesta et des excreta. (Les fortes doses de corticostéroïdes peuvent elles-mêmes avoir de graves effets toxiques.)

On peut administrer des agents immunosuppresseurs (méthotrexate, cyclophosphamide, or) pour aider à enrayer l'affection et diminuer la dose de corticostéroïdes. La *plasmaphérèse* (réinjection de plasmocytes spécialement traités) diminue temporairement la concentration sérique des anticorps, mais a des effets variables.

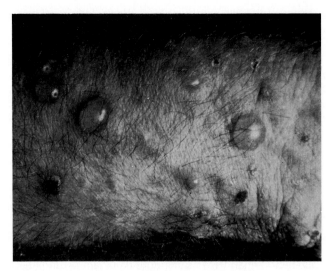

Figure 51-11. Bulles de pemphigus sur le poignet.
(Source : *G. C. Sauer. Manual of Skin Diseases, Philadelphia, J. B. Lippincott*)

Résumé : Le pemphigus est une affection cutanée bulleuse auto-immunitaire. Il est grave, mais peu fréquent. Il se caractérise par des bulles épidermiques qui se rompent facilement, se cicatrisent difficilement et touchent aussi bien la peau que les muqueuses. Son incidence est élevée chez les personnes de descendance juive. Il survient généralement chez des personnes d'âge moyen ou avancé, et atteint les hommes comme les femmes. On le diagnostique par l'examen histologique de biopsies cutanées et des réactions d'immunofluorescence. On le traite généralement par l'administration de corticostéroïdes par voie orale. Les stéroïdes locaux sont utiles pour traiter les lésions buccales et cutanées. Le traitement d'appoint comprend l'administration de cyclosporine, d'azathioprine (Imuran) et de cyclophosphamide (Cytoxan). Cette maladie est encore incurable, mais on peut en traiter les symptômes. Le patient a absolument besoin d'un soutien psychologique et affectif pour accepter sa maladie et observer le traitement prescrit.

▶ DÉMARCHE DE SOINS INFIRMIERS
PATIENTS ATTEINTS DE PEMPHIGUS

▷ Collecte des données

Étant donné que l'hospitalisation est inévitable durant les poussées de pemphigus, l'infirmière se rend vite compte du caractère invalidant de cette maladie. Le malaise et la détresse du patient et l'odeur nauséabonde des lésions compliquent les soins infirmiers.

On surveille l'évolution de la maladie en examinant la peau pour déceler l'apparition de nouvelles bulles, qui sont habituellement tendues et difficiles à rompre. On ne doit pas oublier le cuir chevelu et la poitrine. On accorde une attention particulière aux signes et symptômes d'infection.

▷ Analyse et interprétation des données

Selon les données recueillies, voici les principaux diagnostics infirmiers possibles :

- Douleur reliée à la formation des bulles et d'érosions dans la cavité buccale et sur la peau
- Atteinte à l'intégrité de la peau reliée à la rupture des bulles et aux érosions qu'elle laisse
- Infection reliée à la diminution de la fonction protectrice de la peau et des muqueuses
- Déficit de volume liquidien et déséquilibre électrolytique reliés à la perte de liquide tissulaire
- Anxiété et stratégies d'adaptation inefficaces reliées à l'aspect de la peau

Les infections opportunistes, la psychose et l'hyperglycémie sont les principales complications de la maladie.

▷ Planification et exécution

▷ **Objectifs de soins :** Soulagement de la douleur causée par les lésions buccales ; cicatrisation de la peau ; prévention de l'infection ; rétablissement de l'équilibre hydroélectrolytique ; réduction de l'anxiété ; amélioration des stratégies d'adaptation

▷ Interventions infirmières

▷ **Soulagement de la douleur.** La cavité buccale toute entière peut être érodée. Les régions affectées peuvent se recouvrir d'escarres, ce qui augmente considérablement la détresse du patient, et l'empêche de s'alimenter, d'où une perte de poids et une hypoprotéinémie. Une hygiène buccale rigoureuse est importante pour garder les muqueuses propres et favoriser la régénération de l'épithélium. Le médecin peut prescrire des rince-bouche pour favoriser l'élimination des débris et soulager les régions ulcérées. On doit éviter d'utiliser les rince-bouche en vente libre. L'application sur les lèvres de lanoline, de vaseline ou d'un baume permet d'en assurer l'hydratation. La vapeur froide est efficace pour humidifier l'environnement.

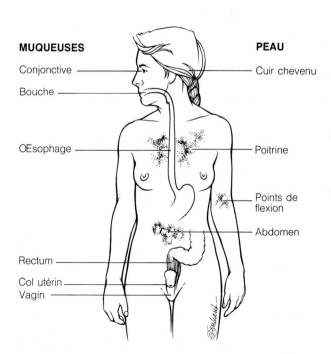

MUQUEUSES — Conjonctive, Bouche, OEsophage, Rectum, Col utérin, Vagin

PEAU — Cuir chevelu, Poitrine, Points de flexion, Abdomen

Figure 51-12. Topographie des lésions du pemphigus

On encourage la consommation de liquides froids et non irritants (ex.: jus de pomme ou de raisin) pour maintenir l'hydratation. L'ingestion fréquente de préparations nutritives liquides à haute teneur en énergie et en protéines (Ensure, Sustacal, lait de poule, lait battu) permettra de maintenir l'état nutritionnel. Lorsque le patient est incapable de s'alimenter, il faut envisager une alimentation parentérale totale.

Une infection peut contribuer à l'odeur nauséabonde qui se dégage des lésions buccales. Chez les patients qui reçoivent des stéroïdes à fortes doses, on note souvent la présence de *Candida albicans* dans la bouche. Chaque jour, l'infirmière doit examiner la cavité buccale, noter tous les changements et en faire part au médecin. Il faut se rappeler que les lésions buccales sont lentes à guérir.

▷ *Soins cutanés.* Les pansements humides et froids ainsi que les bains ont un effet protecteur et apaisant. Si les lésions sont étendues et douloureuses, on administre un analgésique avant le traitement. On peut réduire l'odeur nauséabonde en traitant l'infection. Après le bain, on assèche la peau minutieusement. Les pansements adhésifs sont à proscrire, parce qu'ils peuvent exacerber la formation de bulles. L'hypothermie est courante, et une des tâches les plus importantes de l'infirmière est de maintenir le patient au chaud.

Les soins infirmiers aux patients atteints d'une dermatose bulleuse sont semblables à ceux administrés aux grands brûlés (voir le chapitre 52).

▷ *Prévention de l'infection.* Le patient est sujet aux infections en raison de l'altération de la fonction protectrice de la peau. De plus, les bulles s'infectent facilement, ce qui peut entraîner une septicémie. Il importe donc de garder la peau propre et exempte de débris pour prévenir l'infection.

L'infection est la principale cause de mortalité chez les patients atteints de pemphigus. L'infirmière doit donc être à l'affût des signes et symptômes localisés ou généralisés d'infection même s'ils paraissent bénins, car ils peuvent être atténués par les corticostéroïdes. Elle doit prendre les signes vitaux et surveiller les fluctuations de température. Elle note l'apparition de refroidissements et l'aspect de toutes les sécrétions et excrétions. Elle vérifie les résultats des cultures et des antibiogrammes, administre les antibiotiques conformément à l'ordonnance du médecin et observe la réponse du patient. Elle doit aussi veiller au respect de la technique de lavage des mains et demander au personnel d'entretien d'épousseter la chambre avec un chiffon humide et d'employer un balai à franges humide sur les planchers pour éviter les contaminations. Dans certains cas, elle doit appliquer les soins aux patients qui n'ont aucune résistance à l'infection et respecter les précautions universelles.

▷ *Rétablissement de l'équilibre hydroélectrolytique.* Une atteinte étendue à l'élasticité de la peau entraîne souvent un déséquilibre hydroélectrolytique, à cause d'une perte importante de liquide interstitiel et, donc, de chlorure de sodium. On doit traiter cette perte sodée, qui est à l'origine de plusieurs des symptômes généraux associés à la maladie, par des perfusions intraveineuses de soluté physiologique.

On note aussi une perte importante de protéines et de sang. Il importe donc d'assurer par des transfusions de sang et de dérivés sanguins le maintien du volume sanguin, du taux d'hémoglobine et du taux plasmatique de protéines. On recommande au patient de maintenir un apport liquidien suffisant et on suit de près ses taux sériques d'albumine et de protéines totales.

▷ *Réduction de l'anxiété.* Il est essentiel que l'infirmière qui soigne un patient atteint de pemphigus puisse établir avec lui une relation de confiance, en étant à son écoute et en faisant preuve de chaleur et d'attention. Le patient éprouve certaines inquiétudes légitimes que le personnel infirmier peut réduire en adoptant envers lui l'attitude appropriée. Il faut le laisser exprimer librement son anxiété, ses malaises et ses sentiments, afin d'être en mesure de le rassurer de façon efficace.

Pour être attentive aux besoins psychologiques du patient, l'infirmière doit être à sa disposition et lui procurer des soins infirmiers compétents de même que l'enseignement dont lui et sa famille ont besoin. Elle lui offre ainsi une aide qui lui permet de s'adapter plus efficacement à sa maladie. Elle peut également demander à un membre de la famille du patient ou à la personne clé dans sa vie de passer plus de temps auprès de lui. Un patient bien informé sur sa maladie et son traitement éprouve moins d'incertitude et est plus autonome.

Une consultation auprès d'un professionnel de la santé mentale peut aider le patient à faire face à ses peurs, à l'anxiété et à la dépression.

Enseignement au patient. La maladie se caractérise par des poussées qui exigent des traitements continus. Les corticostéroïdes entraînent des effets secondaires qu'il faut dépister par des examens périodiques. L'administration prolongée d'immunosuppresseurs est associée à un risque accru de cancer. On recommande au patient de se présenter régulièrement au centre hospitalier pour des visites d'observation.

▷ *Évaluation*

Résultats escomptés

1. Le patient obtient un soulagement de la douleur causée par les lésions buccales.
   a) Il connaît les traitements qui calment la douleur.
   b) Il utilise des rince-bouche et des antiseptiques-anesthésiques en aérosol.
   c) Il boit des liquides froids toutes les deux heures.
2. Le patient présente une cicatrisation de la peau.
   a) Il explique les objectifs du traitement.
   b) Il coopère lors des bains.
3. Le patient ne présente pas d'infection.
   a) Les cultures des bulles, de la peau et de la cavité buccale sont négatives.
   b) Il ne présente pas d'écoulements purulents.
   c) Il présente des signes d'amélioration de l'état de sa peau.
   d) Sa température est normale.
4. Le patient rétablit son équilibre hydroélectrolytique.
   a) Il maintient un apport liquidien suffisant en buvant des quantités appropriées de liquide.
   b) Il connaît les raisons qui rendent nécessaires les perfusions intraveineuses.
   c) Il présente une diurèse normale.
   d) Ses analyses sanguines sont normales.
5. Le patient est moins anxieux et mieux adapté à sa maladie.
   a) Il verbalise ses craintes au sujet de son état, de sa perception de soi et de ses relations avec les autres.
   b) Il participe aux autosoins.

NÉCROLYSE ÉPIDERMIQUE TOXIQUE (SYNDROME DE LYELL)

La nécrolyse épidermique toxique est une dermatose grave qui peut entraîner la mort. Sa cause est inconnue, mais on la croit d'origine immunitaire. Elle correspond souvent à une réaction médicamenteuse ou fait suite à une infection virale. Les médicaments en cause sont les antibiotiques, les barbituriques, les hydantoïnes, les buzatones et les sulfamides. Ses premiers symptômes sont un prurit ou une brûlure oculaires, une sensibilité cutanée, de la fièvre, des céphalées, un malaise extrême et des myalgies. Ils sont suivis par la brusque apparition d'un érythème qui couvre une grande partie de la peau et des muqueuses. De grosses bulles flaccides apparaissent là où l'épiderme se décolle. Les ongles des pieds et des mains, les sourcils et les cils tombent en même temps que l'épiderme qui les entoure. La peau atteinte est extrêmement sensible et a l'aspect d'une brûlure du second degré.

Le patient atteint de nécrolyse épidermique toxique est très malade. Il présente une forte fièvre, de la tachycardie ainsi qu'une immense faiblesse et de la fatigue, probablement provoquées par la nécrose cutanée, l'augmentation des demandes métaboliques et le décollement des muqueuses gastro-intestinales et respiratoires.

Dans la plupart des cas, la mort est causée par une infection de la peau, des muqueuses, des poumons ou du sang. Les microorganismes les plus fréquemment en cause sont *Staphylococcus aureus, Pseudomonas, Klebsiella, Escherichia coli, Serratia* et *Candida*. On observe le patient à la recherche des signes de complication ophtalmique pour éviter une kératoconjonctivite. Il n'est pas rare de voir apparaître des cicatrices hypertrophiques.

On établit le diagnostic à partir d'études histologiques de coupes à congélation de tissus cutanés, ou d'études cytologiques.

Traitement

Le traitement vise principalement à maintenir l'équilibre hydroélectrolytique et à prévenir une infection potentiellement mortelle des surfaces érodées.

On cesse immédiatement d'administrer tout médicament qui n'est pas essentiel. On conseille de transporter le patient dans un centre régional de grands brûlés, car ses lésions exigent un traitement semblable à celui des brûlures graves, l'érosion pouvant atteindre presque toute la surface cutanée. On peut débuter le traitement par un parage de la peau ou par une hydrothérapie dans un bain Hubbard pour éliminer la peau nécrosée.

On procède à des cultures du rhinopharynx, des yeux, des oreilles, du sang, des urines, de la peau et des bulles non rompues à la recherche d'organismes pathogènes. On doit administrer des perfusions intraveineuses pour maintenir l'équilibre hydroélectrolytique. Cependant, vu les risques d'infection que comporte l'utilisation d'un cathéter intraveineux à demeure, on cesse les perfusions dès qu'il est possible d'assurer l'équilibre hydroélectrolytique par sonde nasogastrique ou par voie orale. Les corticostéroïdes administrés par voie générale ne sont généralement pas efficaces pour traiter la nécrolyse épidermique toxique.

Il est indispensable de protéger la peau avec des agents à action locale. Pour prévenir l'infection des plaies, on utilise une variété d'agents antimicrobiens, y compris des solutions à base de nitrate d'argent, le nitrofural et la polymyxine. On utilise des pansements biologiques temporaires (peau de porc, membrane amniotique) ou des pansements de plastique semi-perméable (Vigilon) pour réduire la douleur, diminuer les pertes dues à l'évaporation et prévenir les infections en attendant la réépithélisation.

Résumé : La nécrolyse épidermique toxique est une dermatose qui peut être fatale. Elle se manifeste par un érythème étendu et la présence de bulles. Les yeux peuvent présenter une grave inflammation. Les muqueuses peuvent aussi être atteintes, mais plus rarement. Cette affection cutanée est associée à des médicaments, des produits chimiques et des infections. On pense qu'il s'agirait d'une réaction allergique par immunité à médiation cellulaire. Le taux de mortalité atteint presque 50 % chez les personnes âgées dont les lésions recouvrent plus de la moitié du corps, dont les taux d'azote uréique et de créatinine sont élevés et qui présentent une neutropénie. Le traitement comprend l'administration de corticostéroïdes par voie générale (au début de la maladie seulement), le parage de la peau nécrosée, le rétablissement de l'équilibre hydroélectrolytique, ainsi que le soulagement de la fièvre et de la douleur.

▶ DÉMARCHE DE SOINS INFIRMIERS

PATIENTS ATTEINTS DE NÉCROLYSE ÉPIDERMIQUE TOXIQUE

▷ Collecte des données

On examine minutieusement la peau, en s'attardant tout particulièrement à son aspect et à l'étendue de l'affection. On observe de près la peau saine pour dépister la formation de nouvelles bulles. On doit noter l'importance des suintements, leur couleur et leur odeur. On effectue tous les jours un examen de la bouche pour dépister la formation de bulles ou d'érosions. Il faut aussi établir si le patient est capable d'ingérer des liquides.

On mesure les signes vitaux, en portant une attention particulière à la température, la fréquence, la profondeur et le rythme de la respiration, et à la toux. On note les caractéristiques et la quantité des sécrétions respiratoires. On note aussi le volume, la densité et la couleur des urines. On examine le point d'insertion du cathéter intraveineux pour déceler les signes d'infection. On doit aussi mesurer le patient et le peser tous les jours.

On interroge le patient sur la fatigue et la douleur. On tente d'évaluer son degré d'anxiété et ses mécanismes d'adaptation de base, qui sont souvent altérés par la gravité de la maladie.

▷ Analyse et interprétation des données

Selon les données recueillies, voici les principaux diagnostics infirmiers possibles :

- Atteinte à l'intégrité des tissus (cavité buccale et peau) reliée à l'érosion de l'épiderme
- Déficit de volume liquidien et pertes électrolytiques reliés à des pertes liquidiennes par la peau dénudée

- Risque d'hypothermie relié à une déperdition thermique due à l'érosion cutanée
- Douleur reliée à l'érosion de la peau et des muqueuses, et peut-être à une infection
- Anxiété reliée à l'aspect de la peau et à la peur du pronostic

▷ *Planification et exécution*

▷ *Objectifs de soins :*   Cicatrisation des tissus cutanés et muqueux ; rétablissement de l'équilibre hydrique ; prévention de l'hypothermie ; soulagement de la douleur ; réduction de l'anxiété

▷ *Interventions infirmières*

▷ *Soins cutanés.*   Les soins cutanés sont difficiles à administrer, car la peau peut se décoller quand on retourne le patient dans son lit. Il est parfois nécessaire de placer le patient sur un cadre de Stryker.

L'épiderme endommagé est insuffisamment irrigué et s'infecte facilement. Il faut donc appliquer les soins aux patients qui n'ont aucune résistance à l'infection. On doit respecter rigoureusement les règles de l'asepsie quand on traite la peau dénudée.

L'infirmière applique les agents à action locale selon l'ordonnance du médecin pour réduire la flore bactérienne à la surface de la plaie. Des compresses chaudes doivent être appliquées doucement sur les régions dénudées. On peut utiliser un antibiotique local associé à une hydrothérapie. L'hydrothérapie favorise le nettoyage des plaies (élimination des corps étrangers et des tissus dévitalisés), réduit la douleur et est une forme de physiothérapie. L'infirmière a comme rôle de surveiller le patient durant le traitement et de l'encourager à faire travailler bras et jambes.

Les lésions buccales sont douloureuses et rendent l'hygiène difficile. Il importe toutefois de garder la bouche propre. Le médecin prescrit souvent un rince-bouche pour éliminer les débris et soulager les régions ulcérées. Chaque jour, l'infirmière examine la cavité buccale, note les modifications et en fait part au médecin. Elle applique de la vaseline (ou un onguent) sur les lèvres.

▷ *Rétablissement de l'équilibre hydrique.*   On évalue les signes vitaux, la diurèse et l'état de conscience pour déceler tout signe d'hypovolémie. Les déséquilibres hydroélectrolytiques peuvent provoquer des troubles mentaux ainsi qu'une surstimulation ou une privation sensorielles chez le patient. On vérifie les résultats des épreuves de laboratoire et on fait part au médecin des résultats anormaux. On pèse le patient chaque jour.

L'infirmière règle le débit des perfusions intraveineuses conformément à l'ordonnance du médecin et doit être à l'affût des complications entraînées par une perfusion trop rapide ou trop lente et des signes d'infection. Comme la présence d'un cathéter intraveineux à demeure peut engendrer une septicémie, on cesse les perfusions dès qu'il est possible d'assurer l'équilibre hydroélectrolytique par sonde naso-gastrique ou par voie orale. Si les lésions buccales provoquent une dysphagie, on doit avoir recours à l'alimentation par sonde, voire même à l'hyperalimentation parentérale. Il est essentiel d'évaluer quotidiennement l'apport énergétique et de tenir le bilan des ingesta et des excreta.

▷ *Prévention de l'hypothermie.*   Le patient atteint de nécrolyse épidermique toxique est sujet au refroidissement. De plus, une exposition constante de la peau dénudée à un courant d'air froid peut accélérer la déshydratation. Le patient est généralement conscient des changements de température de l'air ambiant. Comme dans le cas des grands brûlés, des couvertures en coton, des lampes infrarouges installées au plafond ou des écrans thermiques permettent d'assurer le bien-être du patient et de préserver sa température corporelle. Quand elle doit exposer de grandes surfaces cutanées pour un traitemats, l'infirmière doit travailler de façon rapide et efficace afin de limiter les pertes de chaleur. Elle doit surveiller de très près la température du patient.

▷ *Soulagement de la douleur.*   L'infirmière doit évaluer l'intensité de la douleur, ainsi que les modifications de comportement et tout facteur qui peut aggraver la douleur. Elle administre les analgésiques conformément à l'ordonnance du médecin et s'assure du soulagement et de l'absence d'effets secondaires. Elle doit aussi évaluer le niveau d'activité du patient. Tout traitement douloureux doit être précédé de l'administration d'analgésiques. Il faut expliquer le traitement au patient et lui parler doucement tout au long de sa durée, ce qui le calme et atténue par le fait même la douleur. Pour un soulagement efficace de la douleur, il faut assurer au patient un soutien affectif, le rassurer et prendre des mesures pour favoriser le repos et le sommeil. Au fur et à mesure que la douleur s'atténue, le patient gagne en énergie physique et morale. Certaines techniques, comme l'imagerie mentale et la relaxation progressive des muscles, peuvent contribuer à soulager la douleur.

▷ *Réduction de l'anxiété.*   Il faut se rappeler que la nécrolyse épidermique toxique prive soudainement le patient de son autonomie. L'évaluation psychologique révèle souvent de l'anxiété, de la dépression et la peur de mourir. Le patient doit savoir que ces réactions sont normales. L'infirmière doit lui offrir son aide, lui parler avec franchise et lui redonner espoir. Il faut l'inciter à parler de ses sentiments avec une personne en qui il a confiance. Le fait de pouvoir exprimer ses inquiétudes et de recevoir des soins compétents de la part d'un personnel compatissant peut soulager son anxiété.

Le soutien d'une infirmière spécialisée en psychiatrie, d'un aumônier, d'un psychologue ou d'un psychiatre peut faciliter grandement l'adaptation durant la longue période de convalescence.

▷ *Évaluation*

Résultats escomptés

1. Le patient présente une meilleure cicatrisation des lésions buccales et cutanées.
   a) Des régions de sa peau sont cicatrisées.
   b) Il est capable d'avaler des liquides.
2. Le patient a rétabli son équilibre hydroélectrolytique.
   a) Les résultats de ses épreuves de laboratoire sont normaux.
   b) Sa diurèse et sa densité urinaire sont normales.
   c) Ses signes vitaux sont stables.
   d) Il augmente son apport liquidien sans ressentir de malaise.
   e) Il prend du poids.
3. Le patient ne présente pas de troubles de thermorégulation.
   a) Sa température est normale.

4. Le patient dit éprouver moins de douleur.
   a) Il prend des analgésiques selon l'ordonnance du médecin.
   b) Il pratique des techniques d'autosuggestion pour le soulagement de la douleur.
5. Le patient semble moins anxieux.
   a) Il parle ouvertement de ses inquiétudes.
   b) Il dort plus longtemps.

ULCÈRES ET TUMEURS DE LA PEAU

ULCÈRES

Un ulcère est une perte superficielle de substance au niveau de la peau due à une nécrose. Un simple ulcère, comme ceux que l'on observe dans une petite brûlure superficielle du deuxième degré, guérit généralement par granulation, si on garde propre la surface atteinte et qu'on la protège des blessures. Si l'ulcère est exposé à l'air, les sérosités qui s'écoulent de la plaie s'assèchent et forment une croûte sous laquelle les cellules épithéliales croissent et recouvrent complètement la surface. Certaines maladies, comme la tuberculose et la syphilis, provoquent la formation d'ulcères caractéristiques.

Ulcères causés par un trouble de la circulation artérielle. Les ulcères reliés aux troubles de la circulation artérielle se manifestent chez les patients atteints d'un acrosyndrome, d'artériosclérose, de la maladie de Raynaud ou d'engelures. Chez ces patients, on doit traiter l'ulcère et le trouble artériel sous-jacent simultanément. Il y a danger d'infection. Très souvent, l'amputation du membre affecté est le seul traitement efficace.

Escarres de décubitus. Les escarres de décubitus sont causées par une pression continue sur une région cutanée (voir le chapitre 42).

TUMEURS

Kystes

Les kystes sont des cavités recouvertes d'épithélium et contenant du liquide ou des solides.

Les *kystes épidermiques* (ou épidermoïdes) sont très courants. Ce sont des formations saillantes et fermées, de croissance lente, qui apparaissent généralement sur le visage, dans le cou, sur le haut de la poitrine et dans le dos. Le traitement consiste à les exciser.

Les *kystes pilaires* (ou kystes folliculaires) se forment le plus souvent sur le cuir chevelu. Ils prennent naissance dans la portion moyenne du follicule pileux et dans les cellules de la gaine externe de la racine. On en fait l'ablation par chirurgie.

Tumeurs bénignes

Kératoses séborrhéiques. Ce sont des lésions bénignes de taille variable, dont la couleur peut aller du beige clair au noir. Elles se forment généralement sur le visage, les épaules, la poitrine et le dos. Ce sont les tumeurs de la peau les plus fréquentes chez les adultes d'âge moyen et les personnes âgées. Elles sont parfois très inesthétiques. Quand elles sont noires, on peut les confondre avec un mélanome malin. On peut les exciser par chirurgie, ou les détruire par électrodessiccation et curetage ou par l'application de neige carbonique ou d'azote liquide.

Les *kératoses actiniques* sont des lésions cutanées précancéreuses qui apparaissent sur les surfaces cutanées exposées au soleil. On les décrit comme des taches rugueuses et squameuses sur plaque érythémateuse. On estime que 10 à 20 % de ces lésions se transforment peu à peu en épithélioma spinocellulaire.

Verrues. Les verrues sont des tumeurs bénignes fréquentes causées par le papillomavirus, un virus à ADN. Elles touchent des personnes de tous les âges, mais surtout les jeunes de 12 à 16 ans. Il existe plusieurs types de verrues.

En général, les verrues ne provoquent pas de douleur, sauf quand elles se situent dans une région qui supporte le poids du corps, comme la plante des pieds. On peut les traiter localement au laser ou par l'application d'azote liquide, de cantharidine ou encore par électrodessiccation.

Verrues génitales. Ces verrues, qu'on appelle aussi *condylomes acuminés,* apparaissent dans la région génitoanale et se transmettent en général par contact sexuel. Pour les traiter, on applique sur la verrue de la podophylline dans le benjoin qu'on enlève plus tard en lavant la peau. Les autres traitements sont notamment l'azote liquide, la cryochirurgie, l'électrochirurgie et le curetage.

Angiomes (taches de naissance). Les angiomes sont des tumeurs vasculaires bénignes de la peau et des tissus sous-cutanés. Ils peuvent être plans et de couleur rouge violacé (taches de vin) ou en relief et de couleur rouge vif (angiomes fraises). Ces derniers peuvent régresser spontanément. La plupart des patients emploient un produit de maquillage (Covermark) pour camoufler ces imperfections. On utilise avec un certain succès le laser à l'argon pour traiter une variété d'angiomes.

Naevi pigmentaires (grains de beauté). Les naevi pigmentaires sont des macules, papules ou nodules, de différentes formes et grosseurs, et dont la couleur peut aller du brun jaunâtre au noir. Ils peuvent être plans, en relief ou pileux. Ils sont fréquents, mais presque toujours sans danger. Dans de rares cas, ils évoluent vers un mélanome. Certains spécialistes préconisent l'excision de tous les naevi présents à la naissance parce qu'ils auraient davantage tendance à se transformer en tumeurs malignes. On doit incontestablement exciser pour examen histologique les naevi qui changent de taille ou de couleur, qui deviennent douloureux ou prurigineux ou dont les bords sont irréguliers. Les nouveaux naevi qui deviennent irréguliers et qui changent de couleur sont aussi suspects. (À leur début, les mélanomes sont souvent rouges et irrités et peuvent avoir une pigmentation bleutée là où les cellules pigmentaires se sont enfoncées dans l'épiderme.) On doit examiner tout particulièrement les naevi dont la taille dépasse un centimètre et effectuer une étude histologique de tous les naevi excisés.

Chéloïdes. Les chéloïdes sont des excroissances bénignes du tissu fibreux qui se forment à partir d'une cicatrice ou d'une blessure. On les rencontre tout particulièrement chez les personnes de race noire. Ils sont asymptomatiques, mais ils peuvent causer une atteinte esthétique. Le traitement, qui n'est pas toujours satisfaisant, peut se faire par excision chirurgicale, par injection intralésionnelle de corticostéroïdes et par irradiation.

Dermatofibromes.   Les dermatofibromes sont des tumeurs bénignes du tissu conjonctif, siégeant surtout aux membres. Il s'agit de papules ou nodules fermes et bombés de couleur chair ou brun rosé. Le traitement recommandé est la biopsie-exérèse.

Neurofibromatose (maladie de von Recklinghausen).   La neurofibromatose est une maladie héréditaire qui se manifeste par des taches pigmentées (macules café au lait), des taches de rousseur aux aisselles et des neurofibromes de taille variée. Certaines des personnes atteintes présentent des troubles neurologiques et des anomalies musculosquelettiques. Dans 2 à 5 % des cas, il se produit une dégénérescence maligne des neurofibromes.

CANCER DE LA PEAU

Le cancer de la peau est la forme de cancer la plus répandue en Amérique du Nord. Si l'augmentation actuelle de son incidence se poursuit, on estime qu'une personne au teint clair sur huit sera atteinte d'un cancer de la peau, le plus souvent d'un épithélioma basocellulaire. Heureusement, les tumeurs sont faciles à dépister, puisqu'elles sont visibles à l'œil nu, et le taux de guérison est plus élevé que dans les autres formes de cancer.

Causes et prévention

L'exposition au soleil est la principale cause des cancers de la peau. Les effets néfastes du soleil sont cumulatifs et peuvent se manifester dès l'âge de vingt ans. L'augmentation de la fréquence des cancers de la peau est probablement due à l'augmentation de la popularité des bains de soleil et des activités de plein air. Il est donc important de prendre des mesures de protection dès le jeune âge et de les observer tout au long de sa vie.

Les personnes qui ne produisent pas suffisamment de mélanine pour protéger le tissu sous-jacent sont plus sensibles aux dommages causés par le soleil. Ces personnes ont une peau qui rougit au soleil mais ne bronze jamais. Leur teint est rougeâtre ou pâle. Les roux aux yeux bleus sont particulièrement sensibles au soleil. L'incidence des cancers de la peau est aussi plus forte chez les travailleurs de plein air (fermiers, marins, pêcheurs) et chez les adeptes du bronzage. On retrouve beaucoup de cancer de la peau chez les personnes âgées dont la peau est endommagée par le soleil. Des tumeurs malignes de la peau peuvent aussi se développer chez les personnes qui ont subi des traitements aux rayons X pour l'acné ou pour des lésions cutanées bénignes, de même que chez celles qui, dans le cadre de leur travail, sont exposées à certains agents chimiques (arsenic, nitrates, charbon, goudron et poix, huile et paraffine). Les personnes chez qui de graves brûlures ont laissé des cicatrices peuvent contracter un cancer 20 à 40 ans plus tard. On a observé des épithéliomas spinocellulaires dans les régions suppurantes chez les patients atteints d'ostéomyélite. Les fistules chroniques peuvent aussi subir des transformations malignes, de même que les ulcères chroniques des membres inférieurs. En fait, toute affection cutanée qui entraîne une cicatrisation ou une irritation chronique expose au cancer de la peau. Les patients soumis à un traitement immunosuppresseur sont aussi plus susceptibles de contracter un cancer de la peau. Des facteurs héréditaires seraient également en cause.

L'amincissement de la couche d'ozone dû à des polluants atmosphériques (comme les chlorofluorocarbures) utilisés par les industries du monde entier semble avoir une influence sur l'augmentation du nombre des cancers de la peau, en particulier des mélanomes malins. La couche d'ozone est une couche de la stratosphère dont l'épaisseur est variable. (L'ozone est un allotrope de l'oxygène qui se présente sous la forme d'un gaz explosif bleuté.) On a constaté que la couche d'ozone variait en épaisseur avec les saisons. C'est au pôle Nord et au pôle Sud qu'elle est la plus épaisse et à l'Équateur qu'elle est la plus mince. Elle aurait comme rôle de protéger la Terre des rayons ultraviolets, et c'est pourquoi son amincissement provoquerait une augmentation des cancers de la peau. Les résultats de recherches actuellement en cours devraient nous indiquer si on a raison de croire que la destruction de la couche d'ozone pose un danger pour la santé.

Types de cancer de la peau

Les cancers de la peau les plus fréquents sont l'épithélioma basocellulaire, l'épithélioma spinocellulaire et le mélanome malin.

L'*épithélioma basocellulaire* naît dans la couche basale de l'épiderme ou dans les follicules pileux. C'est la plus fréquente des affections cutanées malignes. Il touche généralement des personnes qui se sont beaucoup exposées au soleil et apparaît dans les régions de la peau non protégées. Son incidence est directement proportionnelle à l'âge (60 ans en moyenne) et à l'exposition au soleil, et inversement proportionnelle à la quantité de mélanine dans la peau.

L'épithélioma basocellulaire a généralement l'aspect d'un petit nodule cireux dont la bordure est perlée et translucide avec parfois des télangiectasies. On note ensuite une ulcération en son centre et, parfois, des croûtes (figure 51-13). Les tumeurs apparaissent le plus souvent sur le visage. L'épithélioma basocellulaire envahit et érode les tissus voisins, mais il métastase rarement. Toutefois, si on le néglige, il peut entraîner la perte du nez, d'une oreille ou d'une lèvre. Il peut aussi prendre l'aspect de plaques brillantes, lisses, grises ou jaunâtres.

L'*épithélioma spinocellulaire* est une prolifération maligne qui apparaît généralement sur les régions exposées au soleil, mais qui peut parfois se développer sur la peau saine ou à partir d'une ancienne lésion cutanée. Il est plus grave que l'épithélioma basocellulaire, car il est plus envahissant. Les tumeurs peuvent être primitives et apparaître à la fois sur l'épiderme et sur les muqueuses, ou se développer à la suite d'un état précancéreux, comme une kératose actinique (lésion des régions cutanées exposées au soleil), une plaque leucoplasique (lésion précancéreuse des muqueuses) ou de cicatrices et d'ulcères. Les tumeurs sont dures, épaisses et squameuses; elles peuvent être asymptomatiques ou hémorragiques (figure 51-14). Leur bordure est généralement plus large, plus infiltrée et plus enflammée que celle des tumeurs basocellulaires. Elles se compliquent dans certains cas d'une infection. Elles apparaissent le plus souvent sur les membres supérieurs et dans le visage: lèvre inférieure, oreilles, nez et front. On établit le diagnostic par biopsie et examen histologique.

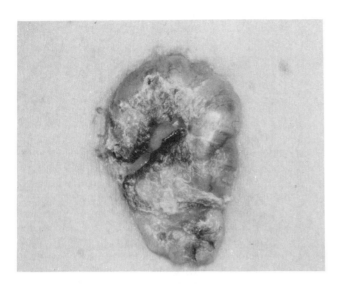

Figure 51-13. Epithélioma basocellulaire.
(Source: L. Mervyn et M. D. Elgart)

L'incidence des métastases dépend du caractère histologique de la tumeur, de son stade clinique et de son épaisseur. De façon générale, les tumeurs des régions endommagées par le soleil sont peu envahissantes et rarement mortelles, tandis que celles qui ne sont causées ni par le soleil, ni par l'arsenic, ni par une cicatrisation métastasent plus fréquemment. On doit examiner le patient pour déceler la présence de métastases dans les ganglions lymphatiques de la région atteinte.

Traitement de l'épithélioma basocellulaire et de l'épithélioma spinocellulaire

Le traitement vise à détruire complètement la tumeur. On le choisit en fonction du siège et de l'épaisseur de la tumeur, du type de cellules en cause, des désirs du patient sur le plan esthétique, des traitements antérieurs et, enfin, de la présence ou non de métastases dans les ganglions lymphatiques.

Les principaux traitements sont l'excision chirurgicale, la méthode de Moh, l'électrochirurgie, la cryochirurgie et la radiothérapie.

Excision chirurgicale. Il s'agit de l'ablation complète de la tumeur. Pour que les cicatrices soient moins visibles, on pratique l'incision le long des lignes de tension naturelles de la peau en suivant les contours anatomiques. La taille de l'incision dépend de la taille et du siège de la tumeur, mais le rapport longueur-largeur est généralement de 3:1. Un examen microscopique par sections du tissu excisé permet de s'assurer que tout le tissu cancéreux a été retiré. Quand la tumeur est grosse, il faut parfois avoir recours à une greffe cutanée par la technique du lambeau ou autres. La fermeture de l'incision par couches améliore l'apparence de la cicatrice. On recouvre ensuite la plaie d'un pansement compressif. Il est rare de voir apparaître une infection après une simple excision si on a respecté les règles de l'asepsie durant et après l'opération.

La méthode de Moh (excision sous contrôle histologique). La méthode de Moh est la méthode la plus précise et la moins mutilante pour exciser les lésions cutanées malignes. Auparavant, on appliquait sur la tumeur une pâte à base de chlorure de zinc (chimiochirurgie) avant l'opération, mais on a cessé aujourd'hui l'emploi de produits chimiques. Selon cette méthode, on excise la tumeur couche par couche. On retire d'abord la tumeur ainsi qu'une petite bordure de tissu apparemment sain et on procède à l'examen microscopique de coupes à congélation pour déterminer si on a bien excisé tout le tissu cancéreux. Si on trouve des cellules cancéreuses, on retire une autre couche de tissu, et ainsi de suite jusqu'à ce qu'il y ait absence de cellules cancéreuses. Cette méthode permet donc d'épargner le tissu sain. Le taux de guérison des épithéliomas basocellulaires et spinocellulaires traités par cette méthode est de près de 99 %, ce qui en fait un traitement de choix. On l'utilise également avec succès pour traiter les tumeurs localisées autour des yeux, du nez, de la lèvre supérieure ainsi que dans les régions auriculaires et périauriculaires.

Électrochirurgie. L'électrochirurgie est l'utilisation en chirurgie de courants de haute fréquence, transformés en chaleur et transmis aux tissus par une électrode froide. On peut faire précéder l'électrochirurgie d'un curetage. Le curetage est l'excision de la tumeur au moyen d'une curette. Il est suivi d'une électrodessiccation dans le but d'assurer l'hémostase et de détruire les cellules malignes qui restent sous la lésion ou sur ses bords. Cette méthode est efficace pour les lésions dont le diamètre est inférieur à 1 ou 2 cm. Son succès repose sur le fait que la tumeur est plus molle que la peau saine environnante et qu'elle peut, par conséquent, être entièrement délimitée par la curette. Une fois la tumeur enlevée, on en cautérise la base. On répète l'opération trois fois et la guérison de la plaie s'effectue généralement en moins d'un mois.

Cryochirurgie. La cryochirurgie est l'utilisation en chirurgie de très basses températures. La destruction d'une tumeur par cryochirurgie se fait au moyen d'un appareil à thermocouple qui dirige de l'azote liquide au centre de la tumeur jusqu'à ce que la température atteigne entre − 40 °C et − 60 °C à la base de la tumeur. L'azote liquide est le liquide cryogénique dont le point d'ébullition est le plus bas. Il est de plus bon marché et facile à obtenir.

On congèle le tissu cancéreux, on le laisse décongeler, puis on le congèle de nouveau. La région traitée décongèle naturellement, devient gélatineuse et se cicatrise spontanément. Après la cryochirurgie, on observe un œdème. L'apparence de la cicatrice varie. La guérison prend de quatre à six semaines et est plus rapide dans les régions bien vascularisées.

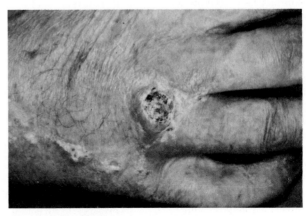

Figure 51-14. Épithélioma spinocellulaire.
(Source: L. Mervyn et M. D. Elgart)

Radiothérapie. On emploie fréquemment la radiothérapie pour le traitement des tumeurs cancéreuses de la paupière et du bout du nez ou de régions qui contiennent des structures vitales ou qui sont situées à proximité de structures vitales comme le nerf facial. On réserve la radiothérapie aux personnes âgées, car elle peut entraîner après plusieurs années des transformations malignes.

Le patient doit savoir que le traitement peut provoquer un érythème et la formation de vésicules. Si cela se produit, le médecin peut prescrire un onguent doux pour soulager le malaise. Il va de soi que le patient doit éviter de s'exposer au soleil.

Résumé: Le cancer de la peau est l'affection maligne la plus courante chez les humains. Elle est aussi la plus facile à traiter si elle est diagnostiquée à temps. L'incidence de l'épithélioma basocellulaire est en hausse à cause de l'exposition excessive aux rayons ultraviolets et, probablement, de l'amincissement de la couche d'ozone. Il touche surtout les personnes au teint clair, aux cheveux roux et aux yeux bleus qui ne bronzent pas facilement. La majorité des lésions se situent sur le visage et sur le cou. Il métastase rarement, mais il peut récidiver. Il se traite par excision chirurgicale, électrochirurgie, curetage ou cryochirurgie.

L'épithélioma spinocellulaire suit l'épithélioma basocellulaire pour ce qui est de la fréquence. Il peut siéger sur la peau endommagée ou sur les muqueuses (lèvres). Il a tendance à se disséminer par voie sanguine ou lymphatique. Quand des métastases sont présentes, son taux de guérison approche 75 %. Il se traite de la même façon que l'épithélioma basocellulaire.

Soins infirmiers

Un grand nombre de cancers de la peau peuvent être excisés dans les services de chirurgie d'un jour des centres hospitaliers. L'infirmière a donc pour tâche d'enseigner au patient les autosoins postopératoires.

Dans la plupart des cas, on recouvre la plaie avec un pansement pour la protéger des coups, des irritants et des contaminants. On indique au patient quand il doit revenir pour le changement du pansement. S'il peut le faire lui-même, on lui donne oralement et par écrit des directives portant notamment sur le type de pansement qu'il doit acheter, la façon d'enlever le vieux pansement et d'appliquer le nouveau, ainsi que sur l'importance du lavage des mains avant et après l'intervention.

On informe le patient qu'il doit surveiller les saignements excessifs et éviter de trop serrer le pansement pour ne pas gêner la circulation. Si la lésion est située dans la région péribuccale, on recommande au patient de boire avec une paille et de limiter les conversations et les mouvements du visage.

Une fois les points de suture retirés, le patient peut appliquer une crème émolliente pour réduire la sécheresse de la peau. On lui conseille d'utiliser une lotion solaire sur la plaie pour éviter l'hyperpigmentation s'il doit rester à l'extérieur pendant un certain temps.

Enseignement au patient. Le patient doit subir régulièrement des examens d'observation comprenant la palpation des ganglions adjacents. Dans l'enseignement au patient, on doit insister sur les points suivants:

1. Éviter le bronzage si la peau brûle facilement, ne bronze jamais ou difficilement.
2. Éviter de s'exposer inutilement au soleil, particulièrement au moment où les rayons ultraviolets sont les plus forts (entre 10 h et 15 h).
3. *Éviter les coups de soleil.*
4. Appliquer un filtre solaire si on doit s'exposer au soleil; les filtres solaires bloquent les rayons néfastes.
   a) Ces produits sont classés selon leur facteur de protection solaire (FPS) qui va de 4 à 15 et plus. Plus le FPS est élevé, plus le filtre est efficace. Le FPS est indiqué sur le flacon ou le tube. Il ne faut employer que des filtres solaires dont le FPS est de 15 ou plus.
   b) On doit procéder à une nouvelle application du filtre solaire après la baignade ou au cours d'un bain de soleil prolongé.
   c) Les huiles solaires n'offrent *aucune* protection contre les rayons du soleil.
5. Utiliser un baume pour les lèvres avec un filtre solaire dont le FPS est élevé.
6. Porter des vêtements protecteurs appropriés (ex.: chapeau à large bord, vêtements à manches longues). Toutefois, les vêtements ne procurent pas une protection complète, car 50 % des rayons nocifs les traversent. Les rayons ultraviolets traversent également les nuages.
7. Éviter l'utilisation de lampes solaires comme celles que l'on trouve dans les salons de bronzage.
8. Faire exciser les grains de beauté qui sont soumis à des frictions et à des irritations répétées.
9. Examiner fréquemment les grains de beauté pour déceler tout signe de transformation maligne (augmentation de volume, ulcération, saignement ou exsudation séreuse).
10. Se soumettre régulièrement à des examens cliniques et surveiller l'apparition de nouvelles lésions. (Une tumeur maligne interne peut être associée à un épithélioma spinocellulaire.)
11. S'assurer que les enfants, surtout ceux qui ont le teint pâle, ne s'exposent pas au soleil sans protection.

MÉLANOME MALIN

Un mélanome malin est une tumeur maligne qui se développe aux dépens des *mélanocytes* (cellules pigmentaires). Il se caractérise par la présence de mélanocytes atypiques dans l'épiderme et le derme (et parfois dans les cellules sous-cutanées). C'est le plus mortel de tous les cancers de la peau.

Il peut prendre une des formes suivantes: mélanome superficiel extensif, mélanome-lentigo, mélanome nodulaire et mélanome acral. Ces formes de mélanomes se distinguent par certaines caractéristiques cliniques, histologiques et biologiques. La plupart des mélanomes se développent à partir de mélanocytes épidermiques cutanés, mais certains prennent naissance dans des nævi (grains de beauté) préexistants ou dans le canal uvéal de l'œil. Les mélanomes accompagnent souvent un autre cancer.

L'incidence des mélanomes a doublé au cours des dernières décennies, probablement à cause de la popularité accrue des activités de plein air. Elle augmente plus rapidement que celle de presque tous les autres cancers. Il s'agit du cancer qui fait le plus de morts après le cancer du poumon.

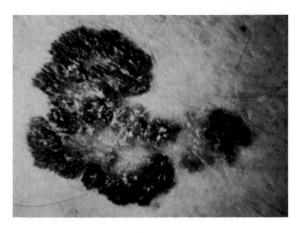 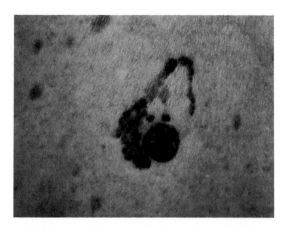

Figure 51-15. Mélanomes malins (**À gauche**) Mélanome superficiel (**À droite**) Mélanome nodulaire
(Source: L. Mervyn et M. D. Elgart)

Manifestations cliniques

Le *mélanome superficiel extensif* est le plus fréquent de tous les mélanomes. Il peut apparaître n'importe où sur le corps. Il touche généralement les personnes d'âge moyen, et siège le plus souvent sur le tronc et les jambes. Il se présente généralement sous la forme d'une plaque circulaire aux bords irréguliers et palpables (figure 51-15), souvent avec des taches de différentes couleurs: beige, brun, noir mêlé de gris, bleu noirâtre, ou blanc. On observe parfois une coloration rose pâle sur une petite partie de la lésion.

Le *mélanome-lentigo* évolue lentement et se caractérise par des lésions pigmentées sur les régions de la peau exposées au soleil, en particulier sur la tête et dans le cou. Il touche surtout les personnes âgées. Souvent la lésion n'est découverte par un médecin qu'après plusieurs années. Au début, elle est plane et de couleur brun clair; elle change de couleur et s'agrandit avec le temps.

Le *mélanome nodulaire* se situe au deuxième rang pour sa fréquence. Il se caractérise généralement par un nodule rond ayant l'apparence d'un bleuet, dont la surface est relativement lisse et uniformément de couleur bleu-noir (figure 51-15). Il est parfois bombé avec des taches rouges, grises ou violacées; il peut aussi prendre la forme d'une plaque irrégulière en relief. Certains patients le décrivent comme une «bulle de sang» qui ne se résorbe pas. Le mélanome nodulaire peut envahir directement le derme (croissance verticale); le pronostic est alors plus sombre.

Le *mélanome acral* apparaît sur des régions non exposées au soleil et dépourvues de follicules pileux (paume des mains et plante des pieds, lit de l'ongle et muqueuses chez les personnes à la peau noire ou foncée). Il se caractérise par des macules pigmentées de forme irrégulière qui se transforment en nodules. Il est parfois envahissant.

On pratique une excision-biopsie pour déterminer le type de la lésion, son épaisseur et le degré d'invasion. On examine aussi le patient pour établir l'étendue de la maladie.

Pronostic

Le pronostic dépend de la profondeur de l'invasion, qui se mesure par l'épaisseur de la tumeur. Plus le mélanome est profond et épais, plus les risques de métastases sont élevés.

Si le mélanome croît radialement (horizontalement) et qu'il envahit peu le derme, le pronostic est bon. Lorsque le mélanome croît en profondeur et envahit le derme, le pronostic est mauvais. Les mélanomes ulcérés ont aussi un mauvais pronostic. Le mélanome malin peut se disséminer par voie sanguine ou lymphatique et métastaser dans tous les organes. Le pronostic des mélanomes du tronc semble plus mauvais, peut-être parce que les risques de dissémination par voie lymphatique sont plus grands.

Causes et prédispositions

La cause du mélanome malin n'est pas connue, mais on soupçonne fortement les rayons ultraviolets. Les personnes prédisposées ont un teint clair, des yeux bleus, des cheveux roux ou blonds et des taches de rousseur. Elles synthétisent plus lentement la mélanine. Elles sont souvent d'origine celtique ou scandinave, et leur peau brûle facilement au soleil et ne bronze jamais. Dans les régions où les rayons du soleil sont forts, on constate une augmentation hors de proportion de l'incidence du mélanome malin. Le mélanome malin semble plus fréquent que la moyenne chez les Américains qui prennent leur retraite dans les états du Sud-Ouest. Les autres facteurs de prédisposition sont des antécédents personnels ou familiaux de mélanome, la présence d'un nævus congénital de grande taille et des antécédents de graves coups de soleil.

Jusqu'à 10 % des patients qui souffrent de mélanome malin ont des antécédents familiaux de *syndrome des nævi dysplasiques*. Ce syndrome se caractérise par de nombreux grains de beauté d'aspect atypique, de forme et de pigmentation irrégulières. L'examen microscopique de ces nævi révèle une croissance anarchique.

Traitement

Le traitement des mélanomes malins dépend de leur épaisseur et du degré d'envahissement.

Traitement chirurgical. On traite les lésions superficielles par exérèse locale. Pour les lésions plus profondes, une large exérèse et une greffe cutanée peuvent être nécessaires. La chirurgie est le traitement le plus utilisé actuellement. Dans certains cas, on doit effectuer un curage ganglionnaire.

Perfusion régionale. Pour effectuer une perfusion régionale, on isole une région anatomique (une jambe par exemple) en contenant mécaniquement la circulation artérielle et veineuse. Cette technique permet d'administrer une forte concentration d'antinéoplasiques directement dans la région de la tumeur. L'instillation se fait à l'aide d'une pompe à une température de 39 à 40 °C. La chaleur potentialise l'action des antinéoplasiques, ce qui permet de réduire la dose utilisée.

Grâce à cette technique, les effets toxiques généralisés des antinéoplasiques sont plus faibles à doses comparables. On l'utilise avec succès pour freiner la dissémination des métastases ou circonscrire la tumeur primitive, particulièrement si on l'associe à une excision chirurgicale et un curage ganglionnaire.

Immunothérapie. On appelle *immunothérapie* l'ensemble des méthodes de traitement qui modifient le système immunitaire et la réaction biologique au cancer.

On a obtenu des résultats encourageants avec différents agents immunothérapeutiques (vaccin du bacille de Calmette-Guérin [BCG], *Corynebacterium parvum*, levamisole). Pour ce qui est des modificateurs de la réponse biologique (interféron alpha, interleukine 2), ils sont actuellement à l'étude, de même que d'autres agents immunothérapeutiques comme les cellules tueuses activées par les lymphokines et les anticorps monoclonaux.

Résumé: Le mélanome malin est le plus mortel des cancers de la peau, étant responsable de 2 % des décès dus au cancer. Son incidence double tous les 10 ans. Il se développe souvent à partir de lésions précancéreuses (lentigo malin, nævi pigmentaires congénitaux et nævi dysplasiques). Plus le teint est clair, plus les risques sont grands. Les principaux facteurs de risque sont les suivants: peau pâle, cheveux roux, yeux bleus, taches de rousseur, antécédents familiaux ou personnels de mélanome ou de nævi dysplasiques et exposition au soleil.

C'est entre 20 et 45 ans que les mélanomes sont les plus fréquents. Chez l'homme, ils ont tendance à apparaître sur le dos et chez la femme, sur les jambes. On les traite généralement par excision chirurgicale associée ou non à un curage ganglionnaire, par perfusion régionale d'un antinéoplasique dans le membre atteint, par chimiothérapie et par immunothérapie. Il n'existe actuellement aucun moyen de guérir le mélanome malin.

▶ DÉMARCHE DE SOINS INFIRMIERS PATIENTS ATTEINTS DE MÉLANOME MALIN

▷ *Collecte des données*

La collecte des données auprès d'un patient atteint de mélanome malin doit porter sur les antécédents personnels et familiaux et sur les signes de transformation maligne des nævi: démangeaisons, sensibilité et douleur. On doit demander au patient s'il a remarqué des modifications de grains de beauté préexistants ou l'apparition de nouvelles lésions pigmentées. On soumet les personnes prédisposées à un examen minutieux.

À l'aide d'une loupe à fort grossissement et d'un bon éclairage, on examine la peau pour déceler toute *irrégularité* ou toute modification des nævi. Les signes de cancer sont les suivants:

1. *Coloration bigarrée*
   - Lésions brunes ou noires teintées de rouge, de blanc ou de bleu; les tons de bleu sont un mauvais présage.
   - Régions blanches à l'extérieur de régions pigmentées
   - On notera que certains mélanomes malins sont de couleur uniforme (noir bleuté, gris bleuté ou rouge bleuté).

2. *Contour irrégulier*
   - Présence d'indentations ou d'encoches en bordure de la lésion

3. *Surface irrégulière*
   - Élévations irrégulières lisses ou squameuses palpables ou visibles à l'œil nu
   - On notera que certains mélanomes nodulaires ont une surface lisse.

Les sièges courants des mélanomes sont le dos, les jambes (particulièrement chez la femme), les espaces entre les orteils, les pieds, le visage, le cuir chevelu, les ongles et le dessus des mains. Chez les personnes de race noire, les mélanomes se situent plutôt dans des régions moins pigmentées comme la paume des mains, la plante des pieds, les régions sous-unguéales et les muqueuses.

On mesure le diamètre du nævus, car les mélanomes dépassent souvent 6 mm de diamètre. On note la présence de lésions satellites (situées près du nævus).

▷ *Analyse et interprétation des données*

Selon les données recueillies, voici les principaux diagnostics infirmiers possibles:

- Douleur reliée à l'excision chirurgicale et à la greffe cutanée
- Anxiété et dépression reliées au fait que le mélanome peut mettre la vie en danger et entraîner une altération de l'image corporelle
- Manque de connaissances sur les premiers signes de mélanome

▷ *Planification et exécution*

▷ ***Objectifs de soins:*** Soulagement de la douleur et du malaise; diminution de l'anxiété; absence de récidive

▷ *Interventions infirmières*

▷ ***Soulagement de la douleur et du malaise.*** L'ablation chirurgicale de mélanomes situés dans des régions aussi diverses que la tête et le cou, les yeux, le tronc, l'abdomen, les membres et le SNC doit tenir compte de l'exérèse du mélanome primitif, de l'envahissement des ganglions lymphatiques et des risques de dissémination par voie lymphatique. Voir les chapitres appropriés pour les soins aux opérés.

Après l'intervention chirurgicale, le rôle du personnel infirmier est de promouvoir le bien-être du patient, car il est souvent nécessaire de pratiquer une large excision accompagnée d'une greffe cutanée. Le personnel infirmier doit anticiper les besoins du patient pour ce qui a trait à l'administration des analgésiques.

▷ *Diminution de l'anxiété.* Le patient qui doit subir une opération qui entraîne une altération de l'image corporelle a besoin d'un soutien psychologique. Il faut lui permettre d'exprimer ses craintes concernant la gravité de sa maladie et lui faire sentir que sa colère est légitime, et que sa dépression est normale. Au cours des examens diagnostiques et de l'évaluation de l'épaisseur, du type et de l'étendue de la tumeur, l'infirmière répond aux questions du patient, l'aide à éclaircir certains points et à dissiper ses idées préconçues. La personne qui apprend qu'elle est atteinte d'un mélanome éprouve souvent une grande crainte et beaucoup d'angoisse. Elle peut toutefois utiliser ses propres ressources et mécanismes d'adaptation, et faire appel à une aide de l'extérieur pour faire face aux difficultés associées à la maladie et à son traitement, et à leurs répercussions pour l'avenir.

▷ *Enseignement au patient.* La meilleure façon de maîtriser le mélanome est d'en faire connaître les signes. Les patients qui présentent un risque de contracter un mélanome doivent examiner chaque mois leur peau de façon minutieuse, sans oublier le cuir chevelu (figure 51-16). L'enseignement du patient doit porter essentiellement sur les points suivants:

1. Utiliser un miroir permettant de se voir en pied et un petit miroir à main pour faciliter l'examen.
2. Apprendre à repérer les nævi et autres lésions pigmentées.
3. Examiner tous les nævi et autres lésions pigmentées; consulter sans délai un médecin si on observe des modifications de la couleur ou de la taille ou de la surface d'un nævus. Un nævus qui démange ou qui saigne est aussi très suspect.
4. Faire examiner sa peau par un médecin au moins deux fois par année. Toute personne qui a déjà été traitée pour un mélanome malin devrait se soumettre à des examens de contrôle pour le reste de sa vie, car les risques de récidive sont relativement élevés.

L'exposition au soleil est un facteur clé dans la formation des mélanomes malins. Consulter la page 1588 pour les mesures préventives.

▷ *Évaluation*

Résultats escomptés

1. Le patient obtient un soulagement de la douleur et du malaise.
   a) Il dit éprouver moins de douleur.
   b) Sa plaie cicatrise bien sans signes d'infection.
2. Le patient est moins anxieux.
   a) Il exprime ses craintes et ses sentiments.
   b) Il pose des questions sur son état.
   c) Il demande des explications sur certains points concernant le mélanome.
   d) Il peut compter sur l'aide d'un membre de la famille ou de la personne clé dans sa vie.
3. Le patient sait comment dépister un mélanome.
   a) Il décrit l'auto-examen de la peau.
   b) Il cite les principaux signes de mélanome: modification de la taille, de la coloration, de la surface, de la forme et du contour d'un nævus et de la peau qui l'entoure.
   c) Il sait comment se protéger du soleil.

MÉTASTASES CUTANÉES

La peau est un foyer important, quoique peu fréquent, de métastases. Toutes les formes de cancer peuvent donner des métastases cutanées, mais surtout le cancer du sein, suivi des cancers du côlon, de l'ovaire et du poumon chez la femme, et les cancers du poumon, du côlon, de la cavité buccale, du rein et de l'estomac chez l'homme. On trouve chez les deux sexes des métastases cutanées provenant de mélanomes. Au point de vue clinique, les métastases cutanées ont généralement le même aspect, sauf peut-être dans certains cas de cancer du sein où il se produit un durcissement diffus et calleux de la peau du sein atteint (cancer en cuirasse). Elles se présentent sous la forme de papules ou de nodules cutanés ou sous-cutanés, isolés ou multiples, de taille variée et de couleur chair ou rouge.

AUTRES CANCERS DE LA PEAU

SARCOME DE KAPOSI

Décrit pour la première fois en 1872 par Moritz Kaposi, le sarcome de Kaposi fait aujourd'hui l'objet d'une attention particulière, car on l'associe au syndrome d'immunodéficience acquise (sida), sous une forme plus variable et plus active. On traitera ici essentiellement de cette forme du sarcome de Kaposi, après avoir donné quelques notions d'ordre général sur le sarcome de Kaposi classique. Voir le chapitre 48 pour plus de renseignements sur le sida.

Manifestations cliniques

Sarcome de Kaposi classique. Il s'agit d'une forme rare de cancer que l'on observe principalement dans trois groupes de population: les hommes juifs âgés d'Europe orientale et du bassin méditerranéen, les adultes et les enfants de différentes régions d'Afrique où il sévit à l'état endémique, et les personnes atteintes d'un déficit immunitaire causé par un trouble immunitaire ou un traitement immunosuppresseur.

Les manifestations cliniques et l'évolution du sarcome de Kaposi diffèrent selon le groupe touché. Chez les personnes du premier groupe, il se traduit généralement par des lésions cutanées à croissance lente sur les membres (cheville, pied, main, avant-bras) et il est rarement mortel. En Afrique, ses manifestations cliniques varient en fonction de l'âge. Chez les enfants, il atteint généralement les ganglions lymphatiques et progresse rapidement pour atteindre les organes internes. Chez les adultes, ses manifestations sont semblables à celles que l'on observe chez les personnes du premier groupe. Chez les personnes immunosupprimées, comme celles qui reçoivent un traitement immunosuppresseur à la suite d'une greffe ou qui souffrent d'un <u>trouble auto-immunitaire comme le lupus érythémateux</u>, le sarcome de Kaposi est plus actif et plus disséminé. Il cesse généralement d'évoluer quand on interrompt le traitement immunosuppresseur.

Sarcome de Kaposi associé au sida. Le sarcome de Kaposi est la maladie la plus souvent associée au sida. Cette forme est beaucoup plus active que la forme classique et répond moins bien au traitement. Son issue est généralement fatale.

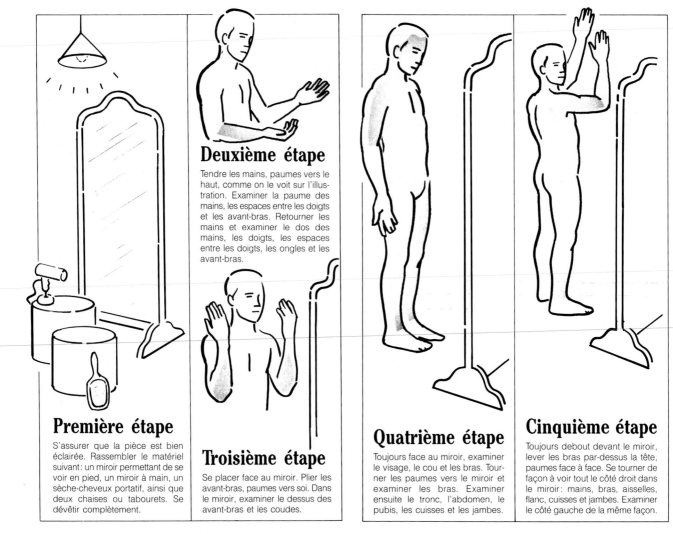

Première étape

S'assurer que la pièce est bien éclairée. Rassembler le matériel suivant : un miroir permettant de se voir en pied, un miroir à main, un sèche-cheveux portatif, ainsi que deux chaises ou tabourets. Se dévêtir complètement.

Deuxième étape

Tendre les mains, paumes vers le haut, comme on le voit sur l'illustration. Examiner la paume des mains, les espaces entre les doigts et les avant-bras. Retourner les mains et examiner le dos des mains, les doigts, les espaces entre les doigts, les ongles et les avant-bras.

Troisième étape

Se placer face au miroir. Plier les avant-bras, paumes vers soi. Dans le miroir, examiner le dessus des avant-bras et les coudes.

Quatrième étape

Toujours face au miroir, examiner le visage, le cou et les bras. Tourner les paumes vers le miroir et examiner les bras. Examiner ensuite le tronc, l'abdomen, le pubis, les cuisses et les jambes.

Cinquième étape

Toujours debout devant le miroir, lever les bras par-dessus la tête, paumes face à face. Se tourner de façon à voir tout le côté droit dans le miroir : mains, bras, aisselles, flanc, cuisses et jambes. Examiner le côté gauche de la même façon.

Figure 51-16. Technique d'auto-examen de la peau
(Source : American Cancer Society)

Elle se caractérise par une ou plusieurs lésions cutanées non prurigineuses et indolores de couleur violacée ou rouge sombre pouvant apparaître sur n'importe quelle partie du corps sous forme de nodules se transformant en plaques qui s'étendent peu à peu pour provoquer une érosion et une ulcération de la région atteinte. Ces lésions s'accompagnent souvent d'une atteinte des ganglions lymphatiques, des viscères (voies gastrointestinales, foie, rate, poumons) et des os. Cette atteinte généralisée se manifeste dans certains cas par de la fièvre, une perte de poids et des sueurs nocturnes.

Il n'existe pas encore de classification universelle des différents stades du sarcome de Kaposi. On établit en général le pronostic d'après la profondeur de l'atteinte cutanée et le degré d'atteinte généralisée. Les chances de survie sont meilleures quand les lésions sont circonscrites et limitées à une seule région cutanée. L'atteinte des viscères est de mauvais pronostic. Si le patient présente de la fièvre, une perte de poids ou des sueurs nocturnes ou s'il a des antécédents d'infections opportunistes, le pronostic est très sombre.

Diagnostic et pronostic

Les différentes formes du sarcome de Kaposi ont les mêmes caractéristiques histologiques et on connaît encore mal leurs causes. On présume que la forme associée au sida pourrait être d'origine virale, génétique ou environnementale. Dans toutes les formes, on observe la présence d'un trouble entraînant une immunosuppression. Dans la forme associée au sida, le cytomégalovirus (CMV) et, probablement, le virus d'immunodéficience humaine (VIH) seraient en cause.

Prédispositions

On a longtemps cru que le sida (et la forme du sarcome de Kaposi qui y est associée) se retrouvait surtout chez les hommes homosexuels. On sait maintenant qu'il peut atteindre tous les groupes de la population, mais particulièrement les hommes et les femmes qui consomment des drogues par voie intraveineuse, les hommes bisexuels, les femmes qui ont des relations sexuelles avec des hommes bisexuels ou toxicomanes, et les enfants des femmes atteintes.

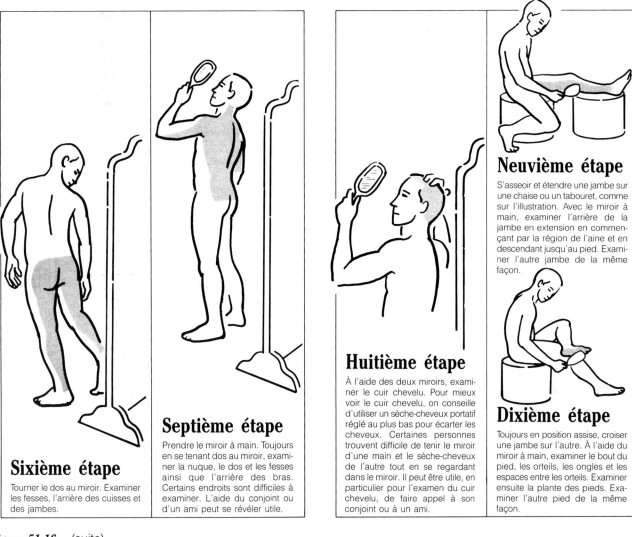

Sixième étape

Tourner le dos au miroir. Examiner les fesses, l'arrière des cuisses et des jambes.

Septième étape

Prendre le miroir à main. Toujours en se tenant dos au miroir, examiner la nuque, le dos et les fesses ainsi que l'arrière des bras. Certains endroits sont difficiles à examiner. L'aide du conjoint ou d'un ami peut se révéler utile.

Huitième étape

À l'aide des deux miroirs, examiner le cuir chevelu. Pour mieux voir le cuir chevelu, on conseille d'utiliser un sèche-cheveux portatif réglé au plus bas pour écarter les cheveux. Certaines personnes trouvent difficile de tenir le miroir d'une main et le sèche-cheveux de l'autre tout en se regardant dans le miroir. Il peut être utile, en particulier pour l'examen du cuir chevelu, de faire appel à son conjoint ou à un ami.

Neuvième étape

S'asseoir et étendre une jambe sur une chaise ou un tabouret, comme sur l'illustration. Avec le miroir à main, examiner l'arrière de la jambe en extension en commençant par la région de l'aine et en descendant jusqu'au pied. Examiner l'autre jambe de la même façon.

Dixième étape

Toujours en position assise, croiser une jambe sur l'autre. À l'aide du miroir à main, examiner le bout du pied, les orteils, les ongles et les espaces entre les orteils. Examiner ensuite la plante des pieds. Examiner l'autre pied de la même façon.

Figure 51-16. (suite)

Traitement

Le traitement du sarcome de Kaposi dépend du siège et de l'étendue des lésions.

Radiothérapie. En règle générale, on utilise la radiothérapie pour traiter les lésions inesthétiques ou celles qui obstruent les vaisseaux lymphatiques, les nerfs ou les vaisseaux sanguins, provoquant œdème et douleur (ces lésions se situent généralement sur la plante des pieds et dans la cavité buccale). La radiothérapie ne guérit pas la maladie, mais estompe temporairement les lésions et soulage la douleur.

Chimiothérapie. Le traitement avec un agent antinéoplasique unique permet de réduire les symptômes. Les agents antinéoplasiques utilisés sont les alcaloïdes de la pervenche (vincristine, vinblastine), la bléomycine, l'étoposide (VP-16) et la doxorubicine. On a aussi utilisé des associations de ces agents avec des résultats variables, les effets étant au mieux palliatifs. Ces agents provoquent une aplasie médullaire, ce qui diminue davantage la résistance aux infections. Différents agents antinéoplasiques, de même que des agents antiviraux (azidothymidine [AZT]), font présentement l'objet d'études cliniques.

Autres traitements. Dans des études cliniques effectuées récemment avec l'interféron alpha recombiné, on a observé une régression de la tumeur chez certains patients. Les effets de ce traitement semblent toutefois se dissiper lorsqu'on en cesse l'administration.

Certains traitements semblent prometteurs. Il s'agit de l'emploi de l'interleukine 2 recombinante, des facteurs stimulant la prolifération des macrophages (M-CSF) et des granulocytes (G-CSF), qui favorisent la reprise du fonctionnement de la moelle osseuse après une chimiothérapie, ainsi que l'érythropoïétine, qui stimule la formation des érythrocytes.

Résumé : Le sarcome de Kaposi est un cancer décrit pour la première fois en 1872. Il était rare jusqu'à l'arrivée du sida. Le sarcome de Kaposi associé au sida est une forme plus agressive que la forme classique de la maladie. Le sarcome de Kaposi classique se retrouve le plus souvent chez les personnes d'ascendance juive d'Europe de l'Est et du bassin méditerranéen. Il existe également sous forme endémique dans certaines régions d'Afrique.

Les différentes formes du sarcome de Kaposi sont histologiquement semblables. Elles évoluent toutefois de façon différente. La forme associée au sida est plus évolutive et son issue est souvent fatale. Elle répond plus ou moins bien à la radiothérapie et à la chimiothérapie. Elle se manifeste généralement par des lésions cutanées qui touchent essentiellement les membres. Il existe aussi une forme généralisée de la maladie dans laquelle les lésions cutanées s'accompagnent de lésions viscérales et d'atteintes des ganglions lymphatiques.

Les causes du sarcome de Kaposi sont encore mal connues, mais on observe dans toutes ses formes une atteinte du système immunitaire. Selon les hypothèses des chercheurs, la forme associée au sida serait due à des facteurs génétiques et environnementaux ; des virus comme le CMV et le VIH seraient aussi en cause. On doit espérer que la recherche fera un jour la lumière à ce sujet et permettra de découvrir un traitement efficace de cette maladie.

CHIRURGIE PLASTIQUE OU RÉPARATRICE

Le mot «plastique» vient d'un mot grec signifiant «relatif au modelage». On a recours à la chirurgie plastique pour corriger une anomalie congénitale ou acquise dans le but d'améliorer l'esthétique ou le fonctionnement. (On emploie souvent «réparatrice» comme synonyme de «plastique».) La plastie permet de refermer des plaies, de réparer la perte de substance cutanée due à l'excision d'une tumeur, d'effacer les cicatrices laissées par des lésions aux tissus mous ou des brûlures, de modifier la forme ou la taille des seins et de réparer des imperfections de toutes sortes. On utilise souvent la chirurgie plastique dans un but essentiellement esthétique, mais on peut aussi l'employer pour restaurer différents organes et tissus : os, cartilages, graisses, aponévrose, muqueuses, muscles, nerfs et peau. Elle permet des greffes osseuses dans les cas de malformation ou d'absence d'ossification du cal, le déplacement de muscles, la réfection de nerfs et le remplacement du cartilage. Une autre très importante application de la chirurgie plastique est la réparation des tissus cutanés du cou et du visage ; c'est ce que l'on appelle la *chirurgie esthétique*.

RECOUVREMENT DES PLAIES : GREFFES ET LAMBEAUX

Greffes cutanées

La greffe cutanée est l'utilisation d'un greffon de peau prélevé avec les vaisseaux nourriciers pour recouvrir une perte de substance cutanée (zone receveuse). Elle permet de réparer presque tous les types de plaies et est la forme la plus courante de chirurgie plastique. En dermatologie, la greffe cutanée permet de réparer les pertes de substance dues à l'excision de tumeurs, de recouvrir des régions dénudées et de refermer les plaies étendues. On l'emploie également quand la suture primitive risque de provoquer des complications ou d'entraver une fonction quelconque.

On peut pratiquer des autogreffes, des allogreffes ou des hétérogreffes. L'*autogreffe* est l'utilisation d'un greffon

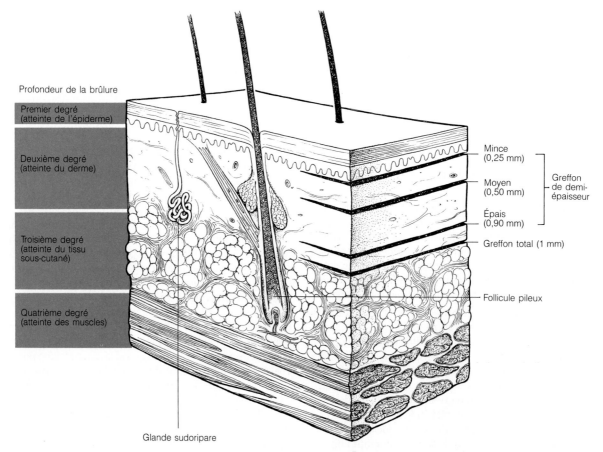

Figure 51-17. Couches cutanées d'un greffon de demi-épaisseur

prélevé sur la personne elle-même et l'*allogreffe* (homogreffe), l'utilisation d'un greffon provenant d'un donneur appartenant à la même espèce que le receveur. L'*hétérogreffe* (xénogreffe) est l'utilisation d'un greffon d'origine animale.

On désigne également les greffes cutanées en fonction de leur épaisseur. Il existe des greffes de demi-épaisseur, et des greffes totales selon l'épaisseur du derme compris dans le greffon. On utilise les greffes de demi-épaisseur pour recouvrir des plaies étendues ou des imperfections qui ne peuvent être corrigées par une greffe totale ou la technique du lambeau (figure 51-17). Le greffon total se compose de l'épiderme et de toute l'épaisseur du derme, sans le tissu adipeux. On l'utilise pour recouvrir les plaies qui ne peuvent cicatriser spontanément à cause de leur étendue.

Prélèvement du greffon et greffe.   On prélève le greffon dans la zone donneuse, à l'aide de lames de rasoir, d'un greffoir cutané ou de différents types de dermatomes, et on le place sur le siège de la plaie, soit sur la zone receveuse.

Certaines conditions sont nécessaires pour assurer la survie du greffon et la réussite de la greffe. La zone receveuse doit être bien vascularisée pour assurer le retour du fonctionnement normal, le greffon doit être en contact étroit avec la zone receveuse pour éviter l'accumulation de sang ou de fluides, le greffon doit être solidement fixé et la zone receveuse doit être protégée des infections.

Quand on applique le greffon sur la zone receveuse, on peut ou non le suturer en place. On peut le tailler ou l'étendre en fonction de la surface à recouvrir. On appelle «prise de la greffe» la revascularisation du greffon et sa fixation à la zone receveuse.

On peut laisser le greffon à découvert (dans une région qu'on ne peut immobiliser) ou le recouvrir d'un pansement léger ou d'un pansement compressif.

Enseignement au patient et soins à domicile. On recommande au patient de garder immobile, dans toute la mesure du possible, la partie du corps où se trouve la greffe. Dans le cas d'une greffe au visage, on doit éviter toute activité qui exige un effort. Si la greffe se trouve sur un bras ou une main, on peut immobiliser le membre au moyen d'une attelle. Si elle se situe sur une jambe, on garde le membre surélevé car les raccordements des capillaires sont fragiles et peuvent céder sous l'effet d'une pression veineuse excessive.

On recommande au patient ou à un membre de sa famille d'examiner quotidiennement le pansement. Tout suintement ou réaction inflammatoire dans la région entourant la plaie suggère une infection et exige l'intervention du médecin, qui nettoiera délicatement l'accumulation de liquide, de pus, de sang ou de sérosités, pour éviter que le greffon ne se détache.

Quand le greffon est vascularisé, il a une couleur rosée. Après deux ou trois semaines, on masse la région de la greffe avec de l'huile minérale ou une crème à la lanoline pour adoucir les tissus et stimuler la circulation. Comme il peut y avoir une perte prolongée de sensation dans la région greffée, le patient doit éviter d'utiliser des coussins chauffants ou de s'exposer au soleil pour éviter les brûlures.

Zone donneuse

Choix. Le choix de la zone donneuse se base sur plusieurs critères. D'abord, la couleur de la peau, de même que sa texture et sa pilosité, doivent se rapprocher le plus

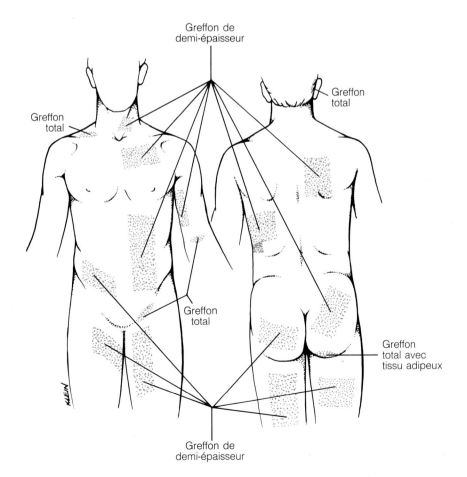

Figure 51-18. Zones donneuses pour les greffes cutanées

(Source: J. M. Converse et R. A. Brauer. *Reconstructive Plastic Surgery,* Philadelphie, W. B. Saunders)

possible de celles de la zone receveuse. On doit aussi pouvoir prélever un greffon de l'épaisseur désirée, sans compromettre la guérison de la zone donneuse (figure 51-18). Enfin, la zone donneuse doit être peu apparente pour éviter une atteinte esthétique.

Soin de la zone donneuse. Le soin de la zone donneuse est tout aussi important que celui de la zone receveuse. Le derme exposé se cicatrise par réépithélisation. Généralement, on recouvre la zone donneuse d'une fine gaze non adhérente sur laquelle on place des pansements de gaze destinés à absorber le sang ou les sérosités. On peut utiliser un pansement à membrane transparente (Op-Site), qui a l'avantage de laisser voir la plaie. Il est de plus imperméable, ce qui permet au patient de prendre une douche, et il se retire presque sans douleur.

Après la cicatrisation, on enseigne au patient comment garder la zone donneuse douce et flexible en employant une crème à base de lanoline ou de l'huile d'olive. Le patient doit protéger la zone donneuse et la zone receveuse des températures extrêmes, des blessures et du soleil; ces zones sont particulièrement sensibles aux brûlures.

Technique du lambeau

La technique du lambeau est une technique de greffe cutanée. Un *lambeau* est un greffon dont une extrémité reste attachée à la zone donneuse (on appelle *pédicule* cette extrémité). La survie du lambeau dépend de l'apport du sang artériel et veineux et du drainage lymphatique dans le pédicule. Le lambeau diffère d'un greffon classique, en ce qu'il conserve ses propres vaisseaux, puisqu'une de ses extrémités reste attachée à la zone donneuse. (Il existe aussi des lambeaux libres, ce que l'on verra plus loin.) On peut prélever des lambeaux de peau, de muqueuse, de muscle, de tissu adipeux, d'épiploon et d'os. On les emploie pour recouvrir des plaies et pour le remplissage, surtout dans les cas où un os, un tendon, des vaisseaux sanguins ou du tissu nerveux sont exposés. On utilise aussi les lambeaux pour réparer des anomalies congénitales, des blessures ou des plaies laissées par l'excision d'une tumeur.

Le lambeau est généralement esthétique, car il a la couleur et la texture de la peau qui l'entoure, étant prélevé dans la même région. Il prend plus facilement et on peut l'utiliser pour recouvrir les nerfs, les tendons et les vaisseaux sanguins. Toutefois, la technique du lambeau exige généralement plusieurs interventions chirurgicales. Sa principale complication est la nécrose du pédicule due à une mauvaise irrigation.

Lambeau libre. La technique du lambeau *libre* représente un important progrès dans le domaine de la chirurgie plastique. Elle fait appel à la micro-anastomose vasculaire et consiste à prélever un lambeau de peau qu'on greffe dans une autre région du corps. Le lambeau se vascularise rapidement grâce à une micro-anastomose avec les vaisseaux de la zone receveuse. L'opération peut se faire en une seule étape, et le choix de la zone donneuse est beaucoup moins restreint.

DERMABRASION

La dermabrasion est un traitement qui vise à détruire superficiellement l'épiderme et les couches supérieures du derme au moyen d'un mélange chimique. On l'utilise pour atténuer les rides fines et les petites imperfections cutanées. Il ne peut cependant pas remplacer la rhytidectomie, parce qu'il ne fait pas disparaître les rides profondes.

On doit administrer avant le traitement un analgésique et un tranquillisant pour réduire la douleur et l'anxiété. On procède d'abord à un nettoyage méticuleux de la peau, puis on élimine toute trace de savon ou de résidu huileux à l'aide de tampons imbibés d'éther ou d'acétone.

Le choix du produit chimique dépend de la profondeur que l'on veut atteindre. On emploie souvent du phénol dans une émulsion d'eau et d'huile, parce qu'il est facile d'en maîtriser les effets. On applique soigneusement le produit sur le visage à l'aide de coton-tiges. Au moment de l'application, le patient ressent une sensation de brûlure. On recouvre ensuite la peau traitée d'un masque fait de pansement adhésif imperméable soigneusement moulé sur les contours du visage, afin de favoriser la pénétration et l'action du produit. (Certains chirurgiens sont d'avis qu'on peut obtenir les mêmes résultats sans utiliser le masque.) Après l'application du masque, la sensation de brûlure revient. On administre au patient de fréquentes mais petites doses d'analgésiques et de tranquillisants pour assurer, dans la mesure du possible, son bien-être.

Si on ne maîtrise pas bien la brûlure provoquée par le produit chimique, on peut observer différentes complications : modification de la pigmentation, infection, milium (présence de granulations blanches), cicatrices, atrophie, modifications de la sensibilité, érythème prolongé (quatre à cinq mois) et prurit.

Interventions infirmières

Six ou huit heures après l'opération, le visage enfle, parfois au point où il est impossible d'ouvrir les yeux. Le patient doit savoir qu'il s'agit d'une réaction normale. Il faut lui recommander de garder le visage immobile pour éviter que le masque ne se décolle. On relève la tête du lit et on administre des liquides avec une paille.

Le deuxième jour, des sérosités suintent parfois de la peau traitée, ce qui provoque une sensation d'humidité sous le masque. La sensation de brûlure et le malaise persistent généralement de 12 à 24 heures. On retire le masque après 48 heures. La peau traitée a alors l'aspect d'une peau brûlée au deuxième degré, ce qui peut inquiéter le patient; on doit donc le rassurer. Après avoir enlevé le pansement, certains chirurgiens appliquent du diiodothymol en poudre sur la peau traitée à cause de son effet asséchant et bactériostatique. On laisse ensuite la peau sécher à l'air libre, jusqu'à ce qu'il se forme une fine croûte jaune-brunâtre. On enduit alors le visage d'un onguent qui va ramollir et décoller la croûte. Après quelques jours, on recommande au patient de se laver le visage avec de l'eau tiède et de lubrifier la peau avec un onguent entre les lavages.

Enseignement au patient et soins à domicile. L'infirmière rappelle au patient que la rougeur s'atténuera en 4 à 12 semaines. Après quelques semaines, le patient peut utiliser un fond de teint pour masquer la démarcation entre la peau traitée et la peau non traitée. On recommande au patient d'éviter la lumière directe ou indirecte du soleil, car le traitement réduit les mécanismes naturels de protection contre les rayons UV. Il est possible que la peau ne bronze plus également et que l'exposition au soleil provoque l'apparition de taches permanentes.

PONÇAGE

Le ponçage est une forme de dermabrasion que l'on utilise pour corriger les cicatrices d'acné, de même que les effets du vieillissement et du soleil. Il se fait au moyen d'un instrument spécial (brosse métallique rotative, meule diamant, molette). On enlève l'épiderme et une partie du derme superficiel, en laissant suffisamment de derme pour permettre la réépithélisation. Le ponçage donne de meilleurs résultats sur le visage, parce que le tissu épithélial intradermique y est plus abondant.

Enseignement au patient et préparation. Le premier objectif du ponçage est d'améliorer l'aspect physique. Le chirurgien doit expliquer au patient les résultats escomptés de l'intervention. Le patient doit aussi être renseigné sur les pansements, les malaises provoqués par l'opération et le temps nécessaire pour que la peau reprenne son aspect normal. Le ponçage peut se faire au cabinet du chirurgien, dans une salle d'opération ou dans un service de consultations externes d'un centre hospitalier, sous anesthésie locale ou générale. Pendant l'opération, certains plasticiens emploient des frigorigènes qui insensibilisent la peau et en interrompent temporairement l'irrigation. Pendant et après l'opération, on irrigue la peau avec de grandes quantités de soluté physiologique, afin d'éliminer les débris et de faciliter l'examen. On applique généralement sur la surface traitée un pansement imprégné d'un onguent.

Enseignement au patient et soins à domicile. L'infirmière doit décrire au patient les effets immédiats de l'opération. Un œdème se constitue dans les 48 heures qui suivent l'opération ; il peut provoquer la fermeture des paupières. On peut accélérer son assèchement en relevant la tête du lit. Un érythème apparaît ; il peut durer pendant des semaines, voire des mois. On peut enlever le pansement 24 heures après l'opération, conformément aux directives du médecin. Lorsque les sérosités qui suintent à la surface de la peau commencent à se solidifier, le patient applique l'onguent prescrit sur son visage plusieurs fois par jour pour assouplir la croûte et la peau traitée. Dès que le médecin l'y autorise, il peut se laver le visage à l'eau claire pour faciliter le décollement de la croûte.

On conseille au patient d'éviter les températures extrêmes, de même que les efforts excessifs pour prévenir les ecchymoses. On lui recommande également d'éviter la lumière directe ou indirecte du soleil pendant trois à six mois et d'utiliser par la suite un filtre solaire.

CHIRURGIE PLASTIQUE DU VISAGE

La chirurgie plastique du visage permet de tenir compte des besoins de chaque patient. Elle permet de réparer des anomalies et de restaurer, dans la mesure du possible, une fonction. Elle permet aussi bien de masquer des cicatrices que de poser une prothèse pour corriger une grave anomalie ou remplacer une partie manquante du visage (ex. : rhinoplastie, otoplastie, résection de la mandibule). On adapte les opérations et on fait intervenir différentes techniques chirurgicales, de même que des greffes.

Pour corriger une anomalie, le chirurgien doit parfois en créer une autre. La restauration de certaines fonctions (la mastication ou la parole, par exemple) présente parfois des limites d'ordre esthétique. Il est rare qu'un patient ayant subi une atteinte importante des tissus mous et de la structure osseuse puisse retrouver son apparence antérieure, même après plusieurs interventions. La réparation chirurgicale du visage est souvent longue et fastidieuse.

DÉMARCHE DE SOINS INFIRMIERS
PATIENTS SUBISSANT UNE CHIRURGIE PLASTIQUE DU VISAGE

▷ *Collecte des données*

Le visage est la partie du corps qu'on désire améliorer ou préserver le plus possible, car il est le centre de presque toutes les interactions. L'altération de son apparence et de certaines fonctions qui y sont rattachées, à la suite d'un accident ou d'un cancer par exemple, entraîne une réaction émotive. Les altérations de l'apparence sont source d'anxiété et de dépression. Le patient dont le visage a perdu son aspect originel passe par le processus de deuil et connaît une perturbation de l'estime de soi due aux réactions ou au rejet de son entourage. Il se renferme et s'isole. L'infirmière a pour rôle de lui faire sentir que ses réactions sont normales.

Elle doit de plus déterminer si ses ressources et ses mécanismes d'adaptation lui permettront de réagir de façon satisfaisante à l'opération. Il lui faut également établir le soutien dont le patient et sa famille auront besoin.

▷ *Soins infirmiers préopératoires*

L'infirmière explique au patient, de la façon la plus complète possible, l'amélioration qu'il peut espérer obtenir. Si le médecin a déjà expliqué en détail l'opération, les anomalies fonctionnelles qu'elle peut entraîner, le recours possible à une trachéotomie ou à une prothèse, ou aux deux, l'infirmière n'aura qu'à donner des explications supplémentaires ou à corriger certaines notions que le patient aurait mal comprises.

L'enseignement préopératoire comprend également des explications sur l'alimentation par voie intraveineuse, sur l'utilisation d'une sonde nasogastrique pour favoriser la décompression de l'estomac et éviter les vomissements ainsi que sur les longs et fréquents changements de pansements nécessaires, notamment dans les cas de greffe cutanée. L'infirmière doit se rappeler qu'un patient anxieux n'écoute pas toujours les explications, les comprend mal et les déforme ; elle doit donc lui consacrer plus de temps.

▷ *Analyse et interprétation des données*

Selon les données recueillies, voici les principaux diagnostics infirmiers possibles :

- Dégagement inefficace des voies respiratoires relié à la présence de sécrétions trachéobronchiques
- Douleur reliée à l'œdème facial et aux effets de l'opération
- Risque de déficit nutritionnel relié à l'altération du fonctionnement de la cavité buccale, à l'écoulement de bave, à des troubles de mastication et de déglutition ou à une incision chirurgicale
- Altération de la communication verbale reliée à une atteinte de la parole due à une blessure ou à la chirurgie
- Perturbation de l'image corporelle reliée au défigurement
- Perturbation de la dynamique familiale reliée à la réaction de deuil et au bouleversement de la vie familiale

▷ *Planification et exécution*

▷ *Objectifs de soins:* Maintien de la perméabilité des voies aériennes supérieures et de la fonction respiratoire; amélioration du bien-être; rétablissement et maintien d'un apport nutritionnel adéquat; établissement d'un mode de communication efficace; amélioration du concept de soi; soutien à la famille

▷ *Interventions infirmières*

▷ *Maintien de la perméabilité des voies aériennes supérieures et de la fonction respiratoire.* Après une chirurgie plastique du visage, l'infirmière a pour première tâche de maintenir la perméabilité des voies aériennes. Quand le patient a repris conscience, la confusion mentale et un comportement agressif sont des signes d'anoxie. Dans ce cas, on doit éviter d'administrer des sédatifs ou des narcotiques, car ils peuvent entraver l'oxygénation. Si le patient montre des signes d'agitation, on examine soigneusement les voies aériennes supérieures à la recherche d'un œdème du larynx ou d'une accumulation de mucosités. On aspire les sécrétions aussi souvent que cela est nécessaire jusqu'à ce que le patient puisse les expectorer. Si le patient a une trachéotomie, l'aspiration doit se faire aseptiquement pour éviter les infections. (Voir le chapitre 3 pour les soins à prodiguer à un patient ayant subi une trachéotomie.)

▷ *Amélioration du bien-être.* L'œdème du visage, qui est un effet de la chirurgie plastique, est incommodant. Pour le réduire, on maintient la tête et le tronc du patient légèrement surélevés (à condition que sa pression artérielle soit stable). Dans certains cas, des cathéters d'aspiration reliés à un système de drainage en circuit fermé sont en place pour garder les tissus en étroite apposition et évacuer les sérosités. Dans les cas de réparation majeure, il faut garder la tête du patient bien alignée et supportée pour éviter la pression sur les sutures.

De faibles doses d'analgésiques, administrées selon l'ordonnance du médecin, permettent normalement de maîtriser la douleur. S'il y a eu greffe osseuse, la douleur dans la zone donneuse sera peut-être intense. L'infection peut aggraver la douleur, mais on peut la prévenir par des soins d'hygiène buccale fréquents. Avant les soins, on doit repérer les points de suture dans la cavité orale pour éviter de les accrocher accidentellement. La méthode de nettoyage de la cavité buccale dépend de la nature de l'opération. On peut retirer les caillots libres en effectuant délicatement un écouvillonnage. On recommande au patient de ne pas déloger les caillots avec sa langue, ce qui pourrait provoquer un saignement.

Si le patient est atteint d'un cancer cervicofacial et que sa douleur s'aggrave, il faut avoir recours à des soins infirmiers plus spécialisés (voir le chapitre 43).

▷ *Rétablissement et maintien d'un apport nutritionnel adéquat.* Quand on observe une diminution de l'œdème de la bouche et du pharynx, que les plaies et les lambeaux sont cicatrisés et que le patient est capable d'avaler sa salive, on peut lui offrir des liquides, puis, graduellement, des aliments de consistance molle. Si le patient est incapable de consommer une quantité d'aliments suffisante pour combler ses besoins nutritionnels, on a recours à l'alimentation entérale (administration d'éléments nutritifs, d'eau et de vitamines

dans l'estomac ou l'intestin grêle proximal à l'aide d'une sonde). On augmente graduellement la concentration de la préparation et la vitesse d'administration jusqu'à ce qu'on obtienne l'apport énergétique désiré. (Voir le chapitre 26 pour les soins infirmiers au patient sous alimentation entérale.) Les patients qui ont subi une intervention radicale pour un cancer envahissant doivent réapprendre à manger. Un gain de poids est la preuve que le patient a un apport nutritionnel suffisant. On vérifie l'état nutritionnel par une pesée quotidienne et par la mesure des taux sériques de protéines et d'électrolytes.

▷ *Établissement d'un mode de communication efficace.* Les difficultés qu'engendrent les troubles de communication sont généralement proportionnelles à la gravité de l'altération, qui peut aller jusqu'à la perte complète de la parole. Des tumeurs et des blessures exigent parfois une chirurgie radicale impliquant le larynx, la langue et la mandibule. Dans ce cas, il faut offrir au patient du papier, un crayon et une surface rigide. Pour les patients qui ne savent pas écrire, on peut employer des pictogrammes.

L'incapacité du patient à communiquer peut susciter de la frustration dans la famille. Le patient en est très vite conscient et il se creuse un fossé entre lui et les autres membres de sa famille. On peut aider la famille en lui permettant d'exprimer ses sentiments et ses craintes en dehors de la présence du patient.

▷ *Amélioration du concept de soi.* Dans les cas de chirurgie plastique, le succès de la réadaptation du patient dépend de sa relation avec les infirmières, le médecin et les autres membres du personnel soignant. La confiance et le respect mutuels ainsi qu'une bonne communication sont essentiels pour établir des rapports efficaces. Le fait de prodiguer les soins en y mettant tout le temps voulu rassure le patient et lui apporte du soutien.

Les pansements, l'obligation de rester dans une position inhabituelle et les incapacités temporaires peuvent déprimer même la personne la plus stable. Il importe donc de souligner, de façon sincère, les efforts d'adaptation du patient et son courage pour améliorer son estime de soi. S'il doit utiliser une prothèse, on doit lui enseigner à s'en servir et à en prendre soin pour accroître son autonomie. Le fait de participer aux soins réduit le sentiment d'impuissance.

On doit inciter les patients qui ont subi une atteinte esthétique majeure à établir des rapports sociaux avec les autres patients du centre hospitalier de façon à s'habituer aux réactions des autres dans un milieu protégé, pour être ensuite en mesure d'affronter le monde extérieur. On doit utiliser tous les moyens possibles pour masquer les défauts. Certains patients auront besoin de l'aide de professionnels de la santé mentale pour accepter le changement de leur apparence.

▷ *Soutien à la famille.* On renseigne la famille sur l'apparence qu'aura le patient après l'opération, sur la présence de matériel de soutien et sur les raisons qui justifient la présence de ce matériel. On recommande à l'infirmière de rester avec les membres de la famille pendant quelques minutes durant les premières visites pour qu'ils aient le temps de s'adapter à la nouvelle apparence du patient.

Une des principales tâches de l'infirmière est d'aider la famille à décider si elle participera ou non au traitement du patient. Elle doit également favoriser la communication entre les membres de la famille en leur suggérant des techniques de réduction de l'anxiété et du stress, de résolution des problèmes et de prise de décisions. On peut ainsi rapprocher les membres de la famille et renforcer la cellule familiale.

▷ *Évaluation*

Résultats escomptés

1. Le patient ne présente pas d'obstruction des voies aériennes supérieures.
   a) Sa fréquence respiratoire est dans les limites de la normale.
   b) Ses bruits respiratoires sont normaux.
   c) Il ne présente aucun signe de suffocation ou d'inhalation.
2. Le patient ne présente pas de complications.
   a) Ses signes vitaux sont dans les limites de la normale.
   b) Ses plaies cicatrisent normalement.
   c) Il ne présente aucun signe d'infection.
3. Le patient atteint un apport nutritionnel adéquat.
   a) Il consomme des quantités suffisantes d'aliments et de liquides.
   b) Il prend progressivement du poids et se rapproche graduellement de son poids normal.
   c) Ses taux sériques de protéines et d'électrolytes sont dans les limites de la normale.
4. Le patient améliore son bien-être.
   a) Il dit éprouver moins de douleur.
   b) Son visage est moins œdématié.
   c) Il se conforme aux mesures d'hygiène buccale recommandées afin de prévenir les infections et la douleur qui pourrait en résulter.
5. Le patient communique de façon efficace.
   a) Il utilise les aides appropriées pour améliorer la communication.
   b) Il est capable d'interactions avec le personnel soignant, sa famille et les personnes ressources.
6. Il améliore son image de soi.
   a) Il s'adapte graduellement à l'altération de son apparence.
   b) Il a besoin de moins en moins d'aide pour effectuer ses soins personnels.
   c) Il utilise sa prothèse.
   d) Il planifie la reprise de ses activités antérieures (travail, loisirs).
7. La famille s'adapte à la situation.
   a) Il existe moins d'anxiété et de conflits au sein de la famille.
   b) Les membres de la famille savent ce à quoi ils peuvent s'attendre.

Chirurgie esthétique

La *rhytidectomie* est une technique chirurgicale visant à supprimer les rides du visage. On la pratique pour améliorer l'apparence et redonner au visage un aspect plus jeune.

Le patient bien préparé psychologiquement à l'opération sait qu'elle a des limites et ne s'attend pas à un miracle. Il sait aussi que son visage sera contusionné et œdématié dans les jours qui suivent l'opération et que l'œdème peut persister pendant plusieurs semaines.

La rhytidectomie se fait sous anesthésie locale ou générale, de plus en plus souvent en externe, dans une clinique spécialisée. On pratique les incisions où elles seront peu visibles, soit dans les plis cutanés naturels et sous les cheveux. Après avoir décollé la peau du muscle sous-jacent, on la tend vers le haut et l'arrière du visage. On excise ensuite la peau qui déborde de la ligne d'incision. Depuis peu, il arrive que la rhytidectomie s'accompagne d'une liposuccion, qui est l'aspiration du tissu adipeux à l'aide d'une canule introduite par une petite incision.

Enseignement au patient. On recommande au patient de garder le lit pendant quelques jours, soit jusqu'à ce qu'on ait enlevé les pansements. Il faut surélever la tête du lit et éviter de fléchir le cou, ce qui pourrait gêner la circulation et distendre les sutures. Le patient éprouvera une constriction du visage et du cou à cause de la pression exercée par les muscles, l'aponévrose et la peau nouvellement tendus. Il peut soulager ce malaise par la prise d'analgésiques. Il peut boire des liquides à l'aide d'une paille et consommer des aliments à consistance molle.

Après avoir enlevé les pansements, on nettoie la peau délicatement pour la débarrasser des croûtes et des suintements avant d'appliquer un onguent. On peut démêler les cheveux avec un peigne à larges dents et de l'eau chaude.

On recommande au patient d'éviter de se pencher ou de soulever des objets lourds pendant 7 à 10 jours, ce qui pourrait aggraver l'œdème et provoquer un saignement. Il pourra ensuite reprendre graduellement ses activités. Une fois les points de suture retirés, on peut laver les cheveux et les sécher à l'air *tiède* et non à l'air chaud, pour éviter les brûlures aux oreilles, qui restent insensibles pendant un certain temps. Le patient doit appeler immédiatement le chirurgien s'il ressent subitement une douleur, ce qui indique une accumulation de sang sous la peau. Les principales complications de la rhytidectomie sont la formation d'escarres, des déformations du visage et du cou et une paralysie faciale partielle.

La rhytidectomie ne peut arrêter le vieillissement, et ses effets sont temporaires. Certaines personnes subissent au cours de leur vie plusieurs rhytidectomies.

Traitement au laser des lésions cutanées

Les lasers sont des appareils qui amplifient les ondes lumineuses, pour émettre un étroit faisceau de rayons lumineux très puissants. Quand il converge à faible portée, le faisceau laser génère une intense chaleur et une forte puissance, ce qui en fait un instrument chirurgical très efficace. En chirurgie esthétique, on emploie plusieurs types de laser (laser à argon, laser à gaz carbonique et laser accordable par colorant pulsé).

Laser à argon
Le laser à argon produit une lumière bleu-vert qui est absorbée par le tissu vasculaire. Il est donc utile pour traiter les lésions vasculaires : taches de vin, télangiectasies, tumeurs vasculaires et lésions pigmentaires. Son faisceau pénètre dans la peau à 1 mm de profondeur environ jusqu'à la couche pigmentaire, et provoque la formation de fibrine dans la région traitée, ce qui a pour effet immédiat de coaguler les capillaires pour donner à la peau une coloration beaucoup plus claire. Une croûte se forme dans les jours qui suivent.

Cette intervention n'exige aucune anesthésie, sauf dans le cas de taches de vin dont le diamètre dépasse 0,5 cm. Dans ce cas, on utilisera de la lidocaïne. (Tous les membres du personnel ainsi que le patient doivent porter des lunettes de protection en polycarbonate. Ces lunettes, de couleur orange, absorbent les ondes lumineuses et protègent la rétine.)

Enseignement au patient et soins à domicile. On applique généralement des compresses froides sur la zone traitée pendant environ six heures pour réduire l'œdème, les écoulements et la perte de la perméabilité des capillaires. Le patient doit savoir que l'œdème disparaîtra en deux jours environ, puis qu'il se formera une croûte qui tombera après 7 à 10 jours. Il ne doit pas chercher à enlever la croûte. Il doit appliquer une très légère couche d'un onguent antibiotique jusqu'à ce que la croûte se détache. L'emploi de produits de maquillage est à éviter jusqu'à guérison complète de la plaie. L'exposition au soleil de la région traitée peut provoquer une hypopigmentation. L'emploi d'un filtre solaire est donc essentiel.

Laser à gaz carbonique

Le laser à gaz carbonique (CO_2) émet un rayonnement infra-rouge absorbé à la surface de la peau, en raison de la forte teneur en eau de la peau et de la grande longueur d'onde du gaz carbonique. Lorsqu'un faisceau laser frappe le tissu humain, il est absorbé par le liquide intracellulaire et extra-cellulaire qui s'évapore, ce qui provoque la destruction du tissu. Le laser à gaz carbonique est un instrument chirurgical précis qui permet d'exciser les tissus avec de moindres lésions. Étant donné que le faisceau laser a la capacité d'obturer les vaisseaux sanguins et lymphatiques, il crée un champ chirurgical sec qui facilite un grand nombre d'opérations et en réduit la durée. Les chirurgiens peuvent donc l'employer dans le cas des patients qui sont sujets aux hémorragies ou qui suivent un traitement aux anticoagulants. Il est utile pour faire disparaître les nævi épidermiques, les tatouages et certaines verrues, ainsi que pour traiter le cancer de la peau, les ongles incarnés et les chéloïdes. Les incisions au laser cicatrisent de la même façon que les incisions au bistouri.

Pendant une opération au laser à gaz carbonique, le patient et le personnel doivent porter des lunettes de protection non teintées pour prévenir les dommages à la cornée. De plus, on recommande le port de masques spéciaux.

Enseignement au patient et soins à domicile. On applique un onguent antimicrobien sur la plaie et on la recouvre ensuite d'un pansement non adhésif. On recommande au patient de garder la plaie sèche et d'appliquer l'onguent et le pansement conformément à l'ordonnance du médecin.

Comme le laser obture les terminaisons nerveuses et lymphatiques, il provoque moins d'œdème et de douleur que le bistouri. Toutefois, chez certains patients, une douleur apparaît trois jours après l'opération. Cette douleur peut être soulagée par les analgésiques. Il importe que le patient soit prévenu de la possibilité de cette réaction différée.

Quand la réépithélisation est terminée, on enlève le pansement. On peut prescrire un onguent à base de stéroïdes pour réduire les risques de cicatrice hypertrophique.

Laser accordable par colorant pulsé

Le laser accordable par colorant pulsé (longueur d'onde variable) est d'utilisation récente en dermatologie. Il est particulièrement efficace pour effacer les lésions cutanées vasculaires (taches de vin, telangiectasies). Les lunettes qu'on utilise avec les lasers à argon ou à gaz carbonique ne protègent pas contre le laser accordable par colorant pulsé. Des lunettes spéciales sont nécessaires (en verre de didymie par exemple). L'intervention est généralement indolore. Si une anesthésie est nécessaire, on emploie la lidocaïne. Il est inutile d'administrer de l'épinéphrine, car une vasoconstriction locale n'est pas nécessaire.

Enseignement au patient et soins à domicile. Après le traitement, le patient peut ressentir pendant plusieurs heures une sensation de «picotement» dans la zone traitée.

L'application de glace ou d'une mince couche d'onguent antimicrobien recouverte d'un pansement non adhésif (Telfa) suffit généralement à soulager le malaise. Si une croûte se forme, on conseillera au patient de laver délicatement la région traitée avec de l'eau savonneuse et d'appliquer une crème anti-microbienne deux fois par jour jusqu'à ce que la croûte tombe. On évitera le maquillage jusqu'à ce que toute la croûte soit tombée. Il faut éviter l'exposition au soleil, ou utiliser un filtre solaire avec un FPS de 15 ou plus pendant les 3 ou 4 mois qui suivent le traitement. Plusieurs traitements sont parfois nécessaires pour faire disparaître complètement l'imperfection, surtout dans le cas des taches de vin.

TROUBLES CAPILLAIRES

ALOPÉCIE ET CALVITIE

L'alopécie est la chute temporaire des cheveux et la calvitie la chute permanente. L'alopécie peut être causée par une maladie, des médicaments, un déséquilibre hormonal ou des troubles nutritionnels. On la corrige en traitant le trouble qui en est à l'origine. Elle peut aussi être due à une coiffure trop tirée (nattes trop serrées), à l'usage excessif de teintures, de défrisants et d'huiles, à une infection fongique du cuir chevelu, à des nævi ou à un cancer du cuir chevelu.

La calvitie affecte plus de la moitié des hommes. Elle serait causée par un ensemble de facteurs dont l'hérédité, l'âge et le taux d'androgènes (hormones mâles). La calvitie dite «hippocratique» est toujours liée à la présence d'androgènes. Elle se caractérise par une perte des cheveux d'abord au front et aux tempes, puis sur le sommet du crâne qui devient peu à peu complètement dégarni. On trouvera à la page 1551 une description de l'anatomie et de la physiologie du cheveu.

Traitement

Il existe en vente libre des centaines de produits qui, prétendument, favoriseraient la pousse des cheveux ou préviendraient leur chute. Ces produits sont inefficaces. On est toujours à la recherche d'un antiandrogène capable de prévenir la chute des cheveux.

Le minoxidil à action locale reçoit actuellement beaucoup de publicité. On l'applique sur le cuir chevelu deux fois par jour. Il stimule la pousse des cheveux chez certains hommes atteints de calvitie hippocratique, probablement parce qu'il améliore l'irrigation sanguine du cuir chevelu.

On n'a pas encore prouvé l'efficacité du minoxidil, mais il semble efficace surtout chez les jeunes hommes qui présentent une faible calvitie au sommet du crâne et chez qui la chute des cheveux remonte à moins de cinq ans. Il faut utiliser le produit constamment pendant près d'un an avant d'observer une repousse, qui cesse dès qu'on arrête le traitement. L'usage prolongé du minoxidil peut devenir très coûteux.

Les personnes chauves qui acceptent mal leur condition peuvent porter une perruque ou un postiche. Il en existe maintenant qui ont une apparence très naturelle.

Greffe de cheveux. La greffe de cheveux consiste à prélever des cheveux sur les côtés et à l'arrière de la tête et à les transplanter sur la région glabre du cuir chevelu, ce qui permet de répartir les cheveux de façon plus uniforme.

Bibliographie

Ouvrages

Baden H. Diseases of the Hair and Nails. Chicago, Year Book Medical Publishers, 1987.

Cunliffe WJ. Acne. Chicago, Year Book Medical Publishers, 1989.

Dahl MV. Clinical Immunodermatology, 2nd ed. Chicago, Year Book Medical Publishers, 1988.

Dover JS, Arndt KA, and Geronemus RG et al. Illustrated Cutaneous Laser Surgery: A Practitioner's Guide. Norwalk, CT, Appelton and Lange, 1990.

Draelas ZK. Cosmetics in Dermatology. New York, Churchill Livingstone, 1990.

Fitzpatrick TB, Polavo MK et Sourmound D. Dermatologie clinique. Paris, Médecine et science internationale (MEDSI), 1986.

Gonzalez–Ulloa M et al (eds). Aesthetic Plastic Surgery. Vol 1. St Louis, CV Mosby, 1988.

Greer KE. Common Problems in Dermatology. Chicago, Year Book Medical Publishers, 1988.

Krusinski P and Flowers F. Life Threatening Dermatoses. Chicago, Year Book Medical Publishers, 1987.

Lebwohl M (ed). Difficult Diagnoses in Dermatology. New York, Churchill Livingstone, 1988.

Monk BE, Graham–Brown RAC, and Sarkany I. Skin Disorders in the Elderly. Oxford, Blackwell Scientific Publications, 1988.

Parish CL and Lask GP. Aesthetic Dermatology. New York, McGraw–Hill, 1991.

Patterson J. Aging and Clinical Practice Skin Disorders. New York, Igaku–Shoin Medical Publishers, 1989.

Sams WM and Lynch PJ (eds). Principles and Practices of Dermatology. New York, Churchill Livingstone, 1990.

Scher R and Daniel CR. Nails: Therapy, Diagnosis, Surgery. Philadelphia, WB Saunders, 1990.

Sharvill DE. Dermatologie. Paris, MEDSI, 1984.

Shelley W and Shelley ED. Advanced Dermatologic Therapy. Philadelphia, WB Saunders, 1987.

Steigleder GL. Dermatologie pratique. Paris, Masson

Tromovitch TA, Stegman SJ, and Glogau RG. Flaps and Grafts in Dermatologic Surgery. Chicago, Year Book Medical Publishers, 1989.

Ziegler JL and Darfman RE (eds). Kaposi's Sarcoma: Pathophysiology and Clinical Management. New York, Marcel Dekker, 1988.

Revues

Bonerandi JJ. et Hesse, S. La protection solaire. Revue de l'infirmière 1992, 42(9).

Brue C. Les lésions élémentaires en dermatologie. Revue de l'infirmière 1991, 41(7).

Évaluation et traitement

Bloch B and Hunter ML. Teaching physiological assessment of black persons. Nurse Educator 1981 Jan/Feb; 24–27.

Cuzzell JZ. Clues: Pain, burning, and itching. Am J Nurs 1990 Jul; 90 (7): 15–16.

Gupta MA and Voorhees JJ. Psychosomatic dermatology. Is it relevant? Arch Dermatol 1990 Jan; 126(1):90–93.

Roach L. Assessment: Color changes in dark skin. Nursing 1977 Jan; 7(1): 48–51.

Taylor CR et al. Photo aging/photo damage/and photo protection. J Am Acad Dermatol 1990 Jan; 22(1):1–15.

Acné

Cunliffe WJ. Evolution of a strategy for the treatment of acne. J Am Acad Dermatol 1987 Mar; 16(3pt1):591–599.

Drake LA et al (Committee on Guidelines of Care). Guidelines of care for acne vulgaris. J Am Acad Dermatol 1990 Apr; 4:676–680.

Alopécie

Burke KE. Hair loss. What causes it and what can be done about it. Postgrad Med 1989 May 1; 85(6):52–58, 67–73, 77.

Dover JS and Arndt KA. Dermatology. JAMA 1989 May 19; 261(19):2838–2839.

Gilhar A, Pillar T, and Etzioni A. Topical cyclosporine in male pattern alopecia. J Am Acad Dermatol 1990 Feb; 22(2pt1):251–253.

Keller JF and Blausey LA. Nursing issues and management in chemotherapy-induced alopecia. Oncol Nurs Forum 1988 Sep/Oct; 15(5):603–607.

Nordstrom R. Tissue expansion for surgical correction of male pattern baldness. Br J Plast Surg 1988 Mar; 41(2):154–159.

Weiner MS, Amara IA, and Long ER. Five-year follow-up of men with androgenetic alopecia treated with topical minoxidil. J Am Acad Dermatol 1990 Apr; 22(4):643–646.

Affections bulbeuses

Bystryn JC. Plasmapheresis therapy of pemphigus. Arch Dermatol 1988 Nov; 124(11):1702–1704.

Korman N. Pemphigus. J Am Acad Dermatol 1988 Jun; 18(6):1219–1238.

Rasmussen JE. Conspectus: Causes, diagnosis, and management of toxic epidermal necrolysis. Compr Ther 1989 May; 3–6.

Tan–Lim R and Bystryn JC. Effect of plasmapheresis therapy on circulating levels of pemphigus antibodies. J Am Acad Dermatol 1990 Jan; 22(1): 35–40.

Rice MJ and Hall RP. Pemphigus: New insights on an old disease. Hosp Med 1989 Nov; 125–136.

Weber DJ and Salazar JE. Bullous eruption in a psoriatic patient. Bullous pemphigoid and psoriasis. Arch Dermatol 1989 May; 125(5):690, 693–694.

Cancers de la peau, mélanome et sarcome de Kaposi

Brozena SJ, Waterman G, and Fenske NA. Malignant melanoma: Management guidelines. Geriatrics 1990 Jun; 45(6):55–58.

Goodman J, Chapman R, and Meiri E. Clinical review of epidemic Kaposi's sarcoma with focus on treatment modalities. Henry Ford Hosp Med J 1987; 35(1):26–28.

Ho VC and Sober AJ. Therapy for cutaneous melanoma: An update. J Am Acad Dermatol 1990 Feb; 22:159–176.

Kaminester LH. Skin cancer: Diagnosis and treatment. Hosp Med 1990 Mar; 99, 100, 102, 105–109, 113–116.

Loggie B and Eddy J. Solar considerations in the development of cutaneous melanoma. Semin Oncol 1988 Dec; 15(6):494–499.

Mitsuyasu RT. Clinical variants and staging of Kaposi's sarcoma. Semin Oncol 1987 Jun; 14(3)(Suppl 3):13–18.

Mitsuyasu RT. Kaposi's sarcoma in the acquired immunodeficiency syndrome. Infect Dis Clin North Am 1988 Jun; 2(2):511–523.

Safai B. Pathophysiology and epidemiology of epidemic Kaposi's sarcoma. Semin Oncol 1987 Jun; 14(2, Suppl 3):7–12.

Eczéma de contact

deGroat AC, Bruynzeel DP, Bos JD, et al. The allergens in cosmetics. Arch Dermatol 1988 Oct; 124(10):1525–1529.

Oxholm A and Maibach HI. Causes, diagnosis, and management of contact dermatitis. Comprehens Ther 1990; 16(5):18–24.

Uehara M and Swai T. A longitudinal study of contact sensitivity in patients with atopic dermatitis. Arch Dermatol 1989 Mar; 125(3):366–368.

Psoriasis

Abel EA, Pincus SH, and Stern R. Insights into psoriasis management. Patient Care 1989 Nov; 30:102–131.

Dunn ML, Cockerline EB, and Rice MR. Treatment options for psoriasis. Am J Nurs 1988 Aug; 88(8):1082–1087.

Lombardo B et al. Group support for derm patients. Am J Nurs 1988 Aug; 88(8):1088–1091.

Chirurgie

Brody HJ. Complications of chemical peeling. J Dermatol Surg Oncol 1989 Sep; 15:1010–1019.

Goldberg DJ. Laser surgery of the skin. Am Fam Phys 1989 Nov; 40(5): 109–116.

Hartwig PA. Lasers in dermatology. Nurs Clin North Am 1990 Sep; 25(3): 657–666.

Roenigk RK and Roenigk HH. Current surgical management of skin cancer in dermatology. J Dermatol Surg Oncol 1990 Feb; 16:136–151.

Information/Ressources

Organismes

American Cancer Society, Inc
    1599 Clifton Rd NE, Atlanta, GA 30329
Fondation canadienne du psoriasis
    400, 1565 Av. Carling, Ottawa (Ontario), K1Z 8R1   (613) 728-4000
National Institute of Arthritis and Musculoskeletal and Skin Diseases
    National Institutes of Health, Bethesda, MD 20892
National Psoriasis Foundation
    6415 SW Canyon Court, Suite 200, Portland, OR 97221
Skin Cancer Foundation
    575 Park Ave S, New York, NY 10016

52

SOINS AUX BRÛLÉS

OBJECTIFS D'APPRENTISSAGE

Après avoir étudié ce chapitre, vous devriez être en mesure de réaliser ce qui suit:

1. Décrire les effets localisés et généralisés des brûlures graves.

2. Décrire les premiers soins aux victimes de brûlures.

3. Donner les trois phases du traitement des brûlures et décrire les priorités de soins au cours de chacune d'elles.

4. Comparer les déséquilibres hydroélectrolytiques qui peuvent survenir au cours de chacune des trois phases du traitement.

5. Expliquer la conduite à tenir auprès du patient pour:
   Soulager la douleur
   Promouvoir les activités et le mouvement des articulations
   Lui offrir, de même qu'à sa famille, un soutien psychologique
   Assurer un soutien nutritionnel
   Assurer le fonctionnement de l'appareil respiratoire

6. Décrire les objectifs de chacun des aspects suivants du soin des brûlures et la conduite à tenir pour les réaliser:
   Nettoyage des plaies
   Changement des pansements
   Débridement
   Traitement antimicrobien
   Greffes cutanées

7. Appliquer la démarche de soins infirmiers pour intervenir auprès des patients pendant la phase de réanimation, la phase de soins intermédiaires et la phase de réadaptation.

8. Indiquer les services et les ressources communautaires auxquels la victime de brûlures pourra faire appel à sa sortie du centre hospitalier.

Au Québec, deux centres spécialisés dans le traitement des grands brûlés ont été inaugurés au début des années 1980 afin de répondre aux besoins des victimes. Depuis leur ouverture, ces deux centres ont admis près de 1700 patients de tous les âges. Plusieurs de ces hospitalisations auraient pu être évitées. L'infirmière peut jouer un rôle actif dans la prévention des brûlures, entre autres, en conseillant à la population l'installation de détecteurs de fumée au foyer, le port de vêtements en tissus ignifugés chez les enfants, la prudence lors du bain, de la cuisson des fritures et de l'utilisation des brûleurs au gaz pour fondue, de même que la manipulation et le rangement adéquats des matières inflammables.

Les risques de brûlures sont plus élevés chez les jeunes enfants et les personnes âgées. Selon les données fournies par les deux centres des grands brûlés du Québec, plus des 2 / 3 des personnes admises à ces centres sont victimes d'un accident au travail ou à la maison.

En plus de la prévention, qui permet la réduction du nombre des victimes de brûlures, on poursuit des efforts dans le domaine du traitement des grands brûlés, dans le but de minimiser les séquelles des brûlures, soit :

- l'établissement de mesures de survie pour les grands brûlés ;
- la prévention des handicaps et des atteintes importantes de l'image corporelle par le recours rapide à des traitements spécialisés et personnalisés ;
- la réadaptation par la chirurgie plastique et la physiothérapie.

PHYSIOPATHOLOGIE DES BRÛLURES

Les brûlures sont causées par une transmission d'énergie d'une source de chaleur à la peau soit par contact direct, soit par conduction, soit par radiation. On retrouve donc différents types de brûlures : thermiques, chimiques, électriques ou radioactives. Physiologiquement, les lésions tissulaires sont dues à la coagulation, à la dénaturation des protéines ou à l'ionisation des cellules.

La profondeur d'une brûlure thermique dépend de la température de l'agent causal et de la durée du contact avec celui-ci. Par exemple, une personne qui prend son bain peut s'infliger une brûlure du troisième degré après une seconde seulement si la température de l'eau est à 70 °C. Au demeurant, elle peut s'infliger ce même type de brûlure après 5 secondes, si la température de l'eau est de 56 °C (voir la figure 52-1). À l'opposé, une température en deça de 18,9 °C peut conduire à une brûlure d'origine thermique appelée engelure. Les mains, les pieds, les oreilles et les joues sont plus fréquemment affectés, étant des sites plus éloignés du cœur. La gravité de ces brûlures dépend bien sûr des conditions climatiques, de la durée d'exposition et du type de vêtement porté.

Le degré de la brûlure chimique est en relation avec la concentration, la quantité et le mécanisme d'action du produit en cause, de même que la durée d'exposition et la pénétration dans les tissus.

La gravité des brûlures électriques dépend du type de courant, de la durée du contact, du chemin parcouru dans l'organisme ainsi que du voltage.

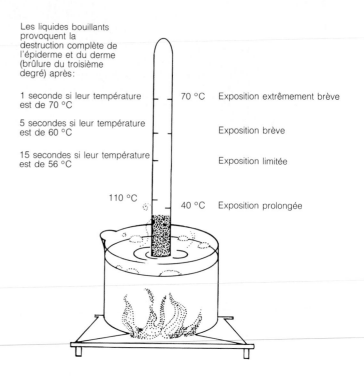

Figure 52-1. Profondeur des brûlures causées par des liquides bouillants selon la durée d'exposition.

Les brûlures de type radioactives sont causées par les différents agents de radiation, comme les rayons ultraviolets, les rayons X et le radium.

En plus d'une perte de l'épiderme ou du derme, une destruction des tissus sous-cutanés incluant les muscles, les os et les tendons peut survenir dans tous les types de brûlures. Des lésions au niveau des organes vitaux peuvent être observées dans les cas de brûlure électrique.

Réactions initales de l'organisme aux brûlures

Une brûlure grave a comme principale conséquence de provoquer une instabilité hémodynamique (choc des grands brûlés), due à une augmentation de la perméabilité des capillaires et au déplacement du liquide intravasculaire vers l'espace interstitiel (figure 52-2). Une diminution du débit cardiaque est d'abord observée. Puis, la poursuite de la perte liquidienne et la baisse du volume intravasculaire aggravent la diminution du débit cardiaque, ce qui entraîne une chute de la pression artérielle. Cette chute de pression s'explique comme suit : le système nerveux sympathique réagit au choc par une augmentation de la résistance périphérique, abaissant tout particulièrement la pression différentielle et augmentant le pouls. Une thérapie de remplacement du volume liquidien permet de maintenir la pression artérielle dans les limites normales. Une bonne thérapie de remplacement peut se refléter, entre autres, par des valeurs de pression systolique supérieures à 90 mm Hg.

Les pertes liquidiennes atteignent généralement leur maximum 12 heures après les brûlures et restent importantes pendant 24 à 36 heures. Après cette phase, dite de réanimation, débute la phase de soins intermédiaires, caractérisée

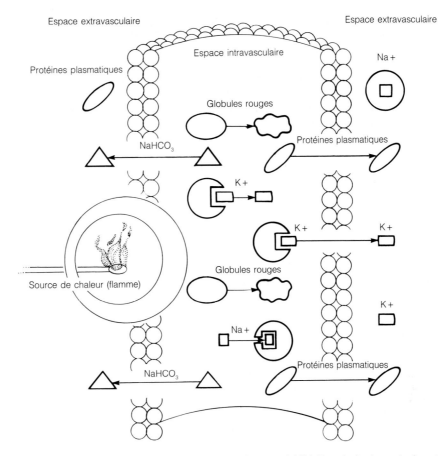

Espace extravasculaire

Espace extravasculaire

Espace intravasculaire

Protéines plasmatiques

Na +

Globules rouges

Protéines plasmatiques

NaHCO₃

K +

K +

K +

Globules rouges

K +

Source de chaleur (flamme)

Na +

Protéines plasmatiques

NaHCO₃

La perte de l'intégrité des parois des capillaires augmente leur perméabilité. Il en résulte des pertes importantes de liquide.

- Excès de potassium
  Les graves lésions cellulaires entraînent un déplacement du K + dans le liquide extracellulaire. Normalement, la plus grande partie du K + se trouve dans le liquide intracellulaire.

- Déficit de sodium
  Le Na + se déplace vers le liquide intracellulaire et est perdu dans les sérosités. Normalement, la plus grande partie du Na + se trouve dans le liquide extracellulaire.

- Acidose métabolique
  La perte de sodium entraîne une perte d'ions bicarbonate, ce qui provoque une acidose métabolique.

- Hémoconcentration
  Des composants liquides du sang fuient l'espace extracellulaire. L'intensité de la chaleur au moment de l'accident endommage les globules rouges, qui deviennent crénelés.

Figure 52-2. Modifications hydroélectrolytiques qui se manifestent au cours des heures qui suivent l'accident.

par le retour de l'intégrité des capillaires. Néanmoins, le passage du liquide de l'espace interstitiel dans le compartiment vasculaire occasionne une augmentation du volume sanguin et exige du cœur un effort supplémentaire. Lorsque la fonction rénale est intacte, on observe alors une augmentation du débit urinaire. Cette augmentation du débit urinaire dure de plusieurs jours à deux semaines.

Au cours de cette période, les patients âgés ou les patients ayant des antécédents de troubles cardiovasculaires peuvent présenter une surcharge liquidienne et des signes d'insuffisance cardiaque, ce qui exigerait l'administration de cardiotoniques et de diurétiques. Aussi, il est parfois nécessaire de réduire l'apport liquidien pour prévenir l'œdème pulmonaire.

Lorsque les brûlures atteignent moins de 30 % de la surface corporelle, l'augmentation de la perméabilité des capillaires et le déplacement des liquides se limitent généralement à la région touchée et se manifeste par la formation de phlyctènes et un œdème.

Pertes de liquides, d'électrolytes et de sang

Les pertes de liquides, par évaporation, peuvent atteindre 3 à 5 litres ou plus par 24 heures. Il est possible d'évaluer les besoins en liquide en mesurant les taux sériques de sodium et de potassium. Un taux de sodium supérieur à la normale (140 à 144 mmol / L) indique qu'un apport liquidien est nécessaire. Cependant, on voit généralement apparaître une *hyponatrémie* (taux sérique de sodium inférieur à 135 mmol / L) entre le troisième et le dixième jour après les brûlures.

L'hyperkaliémie est due à la destruction massive des cellules. Elle est observée dans les heures qui suivent immédiatement les brûlures. L'hypokaliémie peut survenir plus tard et est attribuable aux déplacements de liquide et à un apport insuffisant de cet élément.

Le débit urinaire et la perte de poids sont deux autres indications des besoins en liquide. Un débit horaire qui se maintient entre 30 et 50 mL/h indique que l'apport liquidien est suffisant. Par ailleurs, la perte de poids ne devrait pas dépasser 1 kg par jour. La pesée quotidienne est essentielle. Si le patient est incapable de se lever, on doit le peser dans son lit, à l'aide d'un pèse-personne spécial.

Les brûlures peuvent léser ou détruire les globules rouges, ce qui provoque une anémie. Cette anémie est aggravée par les pertes de sang lors des interventions chirurgicales, le soin des plaies, les prélèvements sanguins et l'hémolyse due à l'infection. Les brûlures entraînent aussi des troubles de la coagulation, y compris une diminution du nombre des plaquettes (thrombopénie) et un allongement du temps de coagulation et du temps de prothrombine. C'est pourquoi le patient doit subir des transfusions sanguines à intervalles réguliers pour maintenir son taux d'hémoglobine à plus de 100 g/L et son hématocrite à plus de à 0,30.

Atteinte respiratoire

Des statistiques américaines indiquent que le tiers des grands brûlés présentent des brûlures pulmonaires. Celles-ci sont une cause importante de mortalité. Il existe différentes complications liées aux brûlures pulmonaires. Parmi ces complications, on note l'obstruction des voies respiratoires supérieures due aux effets de la chaleur (inhalation d'air chaud) ou à la formation d'œdème.

La chaleur ne provoque des lésions au-delà des bronches que si elle est vive, car le pharynx et le nasopharynx ont la propriété de refroidir l'air chaud inhalé. Le traitement immédiat des brûlures des voies respiratoires supérieures est l'intubation.

Il existe aussi des brûlures dites par inhalation de fumée. Les produits de combustion généralement en cause sont le monoxyde de carbone, les sulfures, les aldéhydes, le cyanure, le benzène et les halogènes.

Dans ce type de brûlure, on observe une irritation alvéolaire, une altération de la fonction ciliaire et un important œdème des muqueuses. La production du surfactant est réduite, provoquant une atélectasie. L'inhalation de fumée se caractérise par la présence de suie dans les expectorations.

Fréquemment, les brûlures par inhalation sont associées au monoxyde de carbone. On constate alors une hypoxie tissulaire. L'hémoglobine ayant 200 fois plus d'affinité pour le monoxyde de carbone que pour l'oxygène, le monoxyde de carbone dispute à l'oxygène les sites de liaison de l'hémoglobine et forme avec celle-ci la carboxyhémoglobine.

Le traitement immédiat de l'intoxication par le monoxyde de carbone est l'administration d'oxygène à 100 % par masque ou par ventilation mécanique.

Un prélèvement artériel permet de mesurer le taux de carboxyhémoglobine (CoHb) dans le sang. Ce prélèvement doit se faire d'emblée dès l'admission du patient, car le taux de CoHb diminue de moitié après une exposition de 4 heures à l'air ambiant ou d'une heure à l'oxygène à 100 %.

En présence d'une intoxication au monoxyde de carbone, la peau et les téguments prennent une coloration rouge cerise.

Enfin, des brûlures profondes et circulaires dans la région du cou et du thorax peuvent aussi mener à des complications respiratoires. La présence d'un œdème important dans ces régions gêne la respiration. Cela occasionne une réduction de l'amplitude de la cage thoracique entraînant une diminution du volume courant. Afin de libérer la région sous tension, il est essentiel de pratiquer une incision longitudinale appelée escarrotomie.

Les brûlures pulmonaires ne sont pas toujours apparentes dans les heures qui suivent l'accident. L'obstruction des voies respiratoires est parfois très rapide, mais elle peut se faire graduellement. Elle se manifeste, entre autres, par une baisse de la capacité pulmonaire et de la PaO_2, et une acidose respiratoire.

En bref, les différents éléments indiquant la possibilité d'une atteinte respiratoire chez les brûlés sont :

- Explosion ou incendie dans un espace clos
- Brûlures au cou et au visage
- Poils des narines roussis
- Enrouement, modification de la voix, toux sèche, présence de suie dans les expectorations
- Présence de sang dans les expectorations, difficultés respiratoires, érythème et formation de phlyctènes au niveau des muqueuses buccales ou pharyngées

Différentes méthodes diagnostiques permettent d'évaluer l'atteinte pulmonaire, telles l'analyse des gaz artériels, la bronchoscopie, la scintigraphie pulmonaire et des épreuves d'exploration fonctionnelle respiratoire. La bronchoscopie avec fibre optique est l'outil idéal en présence de symptômes d'inhalation, car la radiographie pulmonaire n'a, dans ce cas précis, aucune valeur diagnostique.

Autres complications des brûlures

Parmi les autres complications possibles des brûlures, on retrouve des manifestations rénales, immunitaires et digestives, de même que des troubles de thermorégulation. La diminution du volume sanguin risque de perturber la fonction rénale, car la destruction des globules rouges (hémolyse) au site de la brûlure entraîne le passage d'hémoglobine dans l'urine. Cet apport sanguin inadéquat peut provoquer également une nécrose tubulaire. Le remplacement des pertes liquidiennes permet de rétablir le débit sanguin rénal et d'accroître la filtration glomérulaire et le débit urinaire.

Les brûlures compromettent gravement les réactions de défense de l'organisme. À la perte de l'intégrité du tissu cutané s'ajoutent l'inflammation, une modification des taux d'immunoglobulines et du complément sérique ainsi qu'une baisse du nombre des lymphocytes (*lymphocytopénie*).

La destruction du tissu cutané compromet également la thermorégulation. Il n'est donc pas rare d'observer, au cours de la phase de réanimation, une hypothermie.

Enfin, les personnes victimes de brûlures peuvent présenter différents problèmes digestifs. Parmi ceux-ci, on retrouve l'iléus paralytique, qui se manifeste par une diminution du péristaltisme, ainsi que l'absence de bruits intestinaux. Aussi, afin de prévenir une distension gastrique, des nausées et des vomissements, il peut être indiqué de procéder à la décompression de l'estomac en le drainant de son contenu à l'aide d'une sonde nasogastrique.

Par ailleurs, la présence de sang dans les selles, de même que des sécrétions gastriques brunâtres ou sanguinolentes sont des manifestations d'une hémorragie gastrique pouvant être le signe d'une érosion gastroduodénale.

ÉTENDUE DES BRÛLURES ET RÉACTIONS LOCALISÉES

Profondeur des brûlures

On classe les brûlures selon la profondeur de la destruction tissulaire: brûlures partielles superficielles (premier degré), brûlures partielles profondes (deuxième degré) et brûlures totales (troisième degré).

Les réactions localisées à une brûlure dépendent de la profondeur de la destruction tissulaire.

- Les *brûlures partielles superficielles* (brûlures du premier degré) se caractérisent par une atteinte ou une destruction de l'épiderme. Les régions atteintes sont sèches, rouges et douloureuses, avec peu ou pas d'œdème. L'aspect d'un coup de soleil illustre bien ce type de brûlure.

- Les *brûlures partielles profondes* (brûlures du deuxième degré) se distinguent par une destruction de l'épiderme et des couches superficielles du derme, et des lésions aux couches profondes du derme. Les régions atteintes sont douloureuses au toucher et à la piqûre, rouges et suintantes. Elles se reconnaissent par l'apparition de phlyctènes qui peuvent augmenter considérablement de volume dans les huit heures suivant la brûlure. La plaie blanchit à la pression. Les follicules pileux sont intacts.

- Les *brûlures totales (brûlures du troisième degré)* se caractérisent par la destruction complète de l'épiderme et du derme et, dans certains cas, des tissus sous-cutanés incluant les muscles, les os et les tendons. La surface est d'apparence blanche, brune ou noire et ressemble à du cuir. Les terminaisons nerveuses étant détruites, les brûlures du 3e degré sont insensibles à la douleur ou à la piqûre. Les follicules pileux ainsi que les glandes sébacées et sudoripares situées profondément dans le derme sont également détruites. Il est faux de croire que les brûlures du 3e degré sont complètement indolores, car la couche superficielle n'est pas détruite en bordure de la brûlure.

Le tableau 52-1 souligne les principaux signes et symptômes qui permettent d'établir la profondeur des brûlures. Certaines plaies peuvent être superficielles en périphérie et de plus en plus profondes vers leur centre. C'est notamment le cas des brûlures par le feu et des brûlures électriques. Les brûlures par des liquides chauds sont généralement plus uniformes.

Pour estimer la profondeur d'une brûlure, il faut tenir compte des facteurs suivants:

- Circonstances de l'accident
- Nature de l'agent causal (flamme, liquide bouillant, etc.)
- Température de l'agent causal
- Durée de l'exposition
- Épaisseur de la peau.

TABLEAU 52-1. *Estimation de la profondeur des brûlures*

Causes possibles	Couches de la peau	Symptômes	Aspect	Évolution
BRÛLURES SUPERFICIELLES (PREMIER DEGRÉ)				
Coups de soleil Étincelles	Épiderme	Picotements Hyperesthésie Douleur Soulagement par le froid	Rougeur; blanchit à la pression Peu ou pas d'œdème	Guérison complète en une semaine Desquamation
BRÛLURES SUPERFICIELLES (DEUXIÈME DEGRÉ)				
Brûlure par la chaleur ou une flamme	Épiderme et une partie du derme	Douleur Hyperesthésie Sensibilité à l'air	Phlyctènes sur fond rouge marbré; épiderme brisé et suintant Œdème	Guérison en deux ou trois semaines Peut laisser des cicatrices et une dépigmentation. L'infection peut les transformer en brûlures du 3e degré.
BRÛLURES TOTALES (TROISIÈME DEGRÉ)				
Feu Exposition prolongée à un liquide bouillant Courant électrique	Épiderme, derme et, parfois, tissus sous-cutanés	Absence de douleur Symptômes de choc Hémolyse et hématurie probables	Peau sèche, blanche, pâle ou carbonisée Peau brisée avec exposition du tissu adipeux Œdème Brûlures d'aspect déprimé, explosif ou carbonisé aux points d'entrée et de sortie du courant électrique	Escarres Greffes nécessaires Cicatrices, déformations et perte de fonction Perte possible des doigts, des orteils ou des membres selon l'endroit de la brûlure

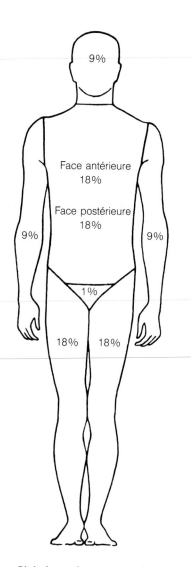

Figure 52-3. « Règle des neuf » pour estimer le pourcentage de la surface corporelle brûlée chez l'adulte.

De plus, une coloration bourgogne des urines indique la présence d'hémoglobine et de myoglobine et signifie qu'il y a eu un dommage musculaire secondaire à une brûlure profonde.

Pourcentage de la surface corporelle brûlée

Règle des neuf. La règle des neuf facilite l'estimation de la surface corporelle atteinte (figure 52-3). Cette règle divise les différentes régions antérieures et postérieures du corps et les quantifie en multiples de 9. L'ensemble du corps donne un total de 100 %. On effectue une estimation à l'arrivée du patient au centre hospitalier, puis on la répète le deuxième ou le troisième jour, parce que les démarcations sont plus claires à ce moment. Généralement, on ne tient pas compte des brûlures du premier degré. Cette règle ne s'applique que pour les adultes.

Méthode de Berkow. La méthode de Berkow est plus précise que la règle des neuf. Elle est basée sur le schéma de Lund et Browder qui modifie le pourcentage attribué aux différentes régions du corps selon l'âge de la personne atteinte.

De plus, la surface corporelle est divisée en fractions plus petites que dans la règle des neuf, ce qui ajoute à la précision. Cette méthode est très utile pour estimer le volume liquidien à remplacer et pour déterminer les chances de survie. On l'utilise couramment pour présenter des résultats de travaux de recherche.

Pronostic de survie. Les enfants de 5 ans et moins de même que les adultes de 60 ans et plus ont un pronostic de survie beaucoup plus faible que les personnes appartenant aux autres groupes d'âge. Il est à noter que ce pronostic est lié non seulement à la profondeur et à l'étendue des brûlures, mais aussi à l'état de santé de la victime avant l'accident.

TABLEAU 52-2. *Taux de survie selon l'âge et le pourcentage de la surface corporelle brûlée*

Âge	Pourcentage de la surface corporelle brûlée	Taux de survie
5 ans et moins	50 %	66 %
5 à 40 ans	50 %	80 %
40 à 60 ans	50 %	51 %
Plus de 60 ans	50 %	9 %

PHASES DE TRAITEMENT DES BRÛLURES

On divise en trois phases la physiopathologie et le traitement des brûlures. Ces phases comportent des priorités de soins, mais il importe de se rappeler qu'elles se chevauchent *et que des complications peuvent survenir au cours de chacune d'elles*. Voir le tableau 52-3 pour la durée de ces trois phases et les priorités de soins s'y rapportant.

PHASE DE RÉANIMATION

Soins sur la scène de l'accident

- *Si les vêtements sont en feu*, la victime doit se jeter au sol et se rouler. On peut étouffer le feu avec une couverture, un tapis ou un manteau, selon ce qu'on a sous la main. Si la victime reste debout, elle inhalera la fumée, et si elle court, elle activera les flammes.

- Dès que les flammes sont éteintes, on lave immédiatement les plaies à l'eau froide. On retire ensuite seulement les vêtements qui n'adhèrent pas à la peau, les souliers, ainsi que les bijoux afin d'éviter les constrictions dues à l'œdème qui ne tardera pas à se manifester.

- L'application de froid est la meilleure mesure de premiers soins des brûlures. On peut immerger la région brûlée dans de l'eau froide, de façon intermittente, ou y appliquer des serviettes froides, ce qui apporte temporairement un soulagement de la douleur puisque les terminaisons nerveuses ne sont plus exposées à l'air. Cette mesure réduit l'œdème et est susceptible de diminuer l'étendue et la profondeur des brûlures. Il faut toutefois éviter d'appliquer directement de la glace sur la brûlure ou d'appliquer de l'eau froide pendant plus de quelques minutes, ce qui risquerait d'aggraver les lésions et de provoquer une hypothermie si les brûlures sont étendues.

- On doit également recouvrir les brûlures le plus rapidement possible pour réduire les risques de contamination bactérienne. Cette intervention a aussi pour effet de réduire la perte de chaleur et de soulager la douleur en évitant le contact de l'air. On préconise l'utilisation de pansements stériles, mais un linge propre et sec peut également servir de pansement en cas d'urgence.

- L'application de substances graisseuses (beurre ou onguent), d'une pommade ou d'un médicament sur les brûlures est à proscrire puisque ces substances ont entre autres pour effet d'emprisonner la chaleur.

- Les *brûlures chimiques* doivent être irriguées immédiatement. Cependant, il est recommandé, dès la découverte de la brûlure, d'enlever d'abord tous les vêtements de la personne atteinte en prenant soin d'éviter de se contaminer et disposer des vêtements le plus tôt possible. De plus, lorsque le produit chimique en cause est sous forme de poudre, il faut enlever l'excès de poudre à l'aide d'une brosse avant d'employer de l'eau puisque le produit pourrait davantage réagir avec l'eau. La plupart des laboratoires qui utilisent des produits chimiques sont dotés d'une douche à haute pression. Si l'accident se produit à la maison, il faut rincer longtemps sous la douche toutes les régions qui ont été en contact avec la substance corrosive.

- Si le produit chimique a éclaboussé les yeux ou la région qui les entoure, on doit immédiatement rincer les yeux avec de l'eau propre et fraîche. On doit éviter les pansements occlusifs.

Réanimation cardiorespiratoire.
Les effets localisés des brûlures sont très apparents, mais ils menacent moins la vie du patient que leurs effets généralisés. Comme pour tout autre traumatisme, il importe de se rappeler les trois points importants de la réanimation cardiorespiratoire: libération des voies respiratoires, respiration et circulation.

On doit donc évaluer immédiatement la fonction respiratoire et rétablir la perméabilité des voies respiratoires. Comme on l'a déjà mentionné, un grand nombre de brûlés souffrent de troubles respiratoires dus à une inhalation. Il est important de surveiller régulièrement la fréquence et le caractère de la respiration du patient brûlé.

- Une des premières mesures de rétablissement ou de maintien de la fonction respiratoire est l'aspiration oropharyngée suivie de l'administration d'oxygène à 100 % au moyen d'un masque ou d'une canule nasale.

Si les troubles respiratoires sont bénins, on humidifie l'air et on incite le patient à tousser pour éliminer les sécrétions. Si la situation est plus grave, on doit éliminer les sécrétions par aspiration bronchique et administrer des bronchodilatateurs et des agents mucolytiques. S'il y a œdème des voies respiratoires, l'intubation et l'utilisation d'un respirateur peuvent être indiquées.

Les spécialistes divergent d'opinion sur l'emploi des antibiotiques de manière préventive. La coloration de Gram et la culture des expectorations aident au choix de l'antibiotique. S'il y a présence de bactéries Gram positif et une augmentation du nombre des granulocytes, on administre de la pénicilline ou des antibiotiques résistant à la pénicillinase. En général, on évite l'administration de stéroïdes, car leurs effets néfastes l'emportent sur leurs effets favorables. On respectera rigoureusement les règles de l'asepsie, entre autres lors des aspirations des sécrétions trachéales, car le brûlé est sujet aux infections.

On doit aussi procéder à une évaluation rapide de la circulation. Il faut ausculter fréquemment le choc apexien et prendre régulièrement le pouls et la pression artérielle. Il faut s'attendre à une tachycardie et une légère hypotension chez le brûlé qui n'a pas encore reçu de soins.

Prévention du choc.
Il est essentiel de prévenir le choc chez la personne ayant subi de graves brûlures. On doit pour ce faire procéder le plus rapidement possible au remplacement des liquides par voie intraveineuse.

- On garde la victime à jeun, car le stress de l'accident provoque souvent un iléus paralytique avec nausées et vomissements. Si la personne se sent nauséeuse, on l'installe en décubitus latéral afin de prévenir l'aspiration de sécrétions gastriques dans les bronches.

TABLEAU 52-3. *Phases de traitement des brûlures*

Phase	Durée	Priorités
Réanimation	Depuis le moment de l'accident jusqu'au rétablissement de l'équilibre hydrique	• Soins d'urgence • Prévention du choc • Prévention de la détresse respiratoire • Dépistage et traitement des autres blessures • Évaluation des plaies et traitement initial
Soins intermédiaires	Depuis le retour de l'intégrité capillaire jusqu'à la fermeture complète des plaies	• Soins des plaies • Prévention et traitement des complications, y compris de l'infection • Soutien nutritionnel
Réadaptation	Depuis la fermeture de la plus grande partie des plaies jusqu'à l'adaptation physique et psychosociale	• Prévention de l'hypertrophie des tissus et des contractures • Réadaptation physique • Réadaptation fonctionnelle et chirurgie plastique • Traitement des problèmes psychosociaux

SOINS D'URGENCE ET SOINS IMMÉDIATS

On rétablit d'abord la respiration et la circulation, pour s'occuper ensuite des brûlures. On commence par retirer les vêtements et les bijoux. S'il s'agit de brûlures chimiques, on les rince à l'eau. S'il y a eu éclaboussure d'un produit chimique dans les yeux ou brûlures au visage, on vérifie si le patient porte des lentilles cornéennes et, si oui, on les retire immédiatement. Il est important de s'informer du lieu, de l'heure et des circonstances de l'accident auprès du patient, des témoins ou des ambulanciers. S'il y a eu explosion, chute, saut ou blessure électrique, il faut s'assurer de l'absence de blessures à la moelle épinière ou à la tête avant de pratiquer toute autre intervention.

Le médecin et l'infirmière estiment le pourcentage de la surface corporelle atteinte ainsi que la profondeur des brûlures (figure 52-4). Il faut effectuer ces estimations après avoir lavé et débridé les plaies pour en retirer la suie et les débris. On la répète à intervalles fréquents tout au long du traitement. Voir la figure 52-5 pour les différentes étapes de l'estimation des brûlures et des premiers soins aux grands brûlés.

Lorsque les soins d'urgence ont été prodigués, on enlève les vêtements si ce n'est pas déjà fait, on pèse le patient et on le mesure, puis on le place sur ou entre des draps stériles ou exempts de pathogènes (draps propres). Comme les brûlés sont habituellement conscients, effrayés et très ébranlés, il importe d'être attentif à leurs besoins, de les rassurer, de les encourager et de leur donner toutes les explications voulues.

Les règles de l'asepsie doivent être observées de façon rigoureuse. Il faut porter un masque, un bonnet, une blouse et des gants, si on doit toucher la région brûlée. Le médecin évalue l'état général du patient, examine les brûlures, détermine les priorités et coordonne le plan de traitement, qui comporte des soins généraux et des soins locaux de la région brûlée.

Dans certains centres, on prend périodiquement des photos des régions brûlées pour suivre l'évolution de la cicatrisation.

Préparation de la chambre. Quand on prépare le lit d'un grand brûlé, on recouvre complètement le matelas d'un drap en plastique par-dessus lequel on place un drap stérile ou propre. On recouvre ensuite ce drap d'une feuille antiadhérente et stérile (Microdon, Telfa) pour empêcher que les plaies ne collent au drap. Dans certains centres, on préconise l'utilisation d'un lit à air fluidisé (Clinitron, Kinair), qui accélère l'assèchement des plaies et prévient l'infection. Tous les membres du personnel soignant doivent porter un bonnet, un masque, une blouse et des gants. Il est recommandé de rassembler le matériel nécessaire aux prélèvements de sang et d'urines de même qu'à la pose de cathéters ou de sondes, un plateau à trachéotomie ou à intubation, un appareil d'aspiration et le matériel nécessaire à l'oxygénothérapie, des draps stériles ou propres, un cerceau de lit et des ridelles, de même que le matériel exigé par les soins spéciaux.

On doit mettre en place une perfusion intraveineuse de liquide dont on règlera le débit de façon à obtenir un débit urinaire d'au moins 30 mL / h. On doit aussi assurer la perméabilité des voies respiratoires, soulager la douleur et s'assurer de l'absence de compression vasculaire des membres brûlés. Il faut de plus recouvrir les plaies de pansements secs et stériles et garder le patient au chaud. On notera en outre les observations et les traitements dans le dossier du patient qu'on fait suivre au centre pour grands brûlés.

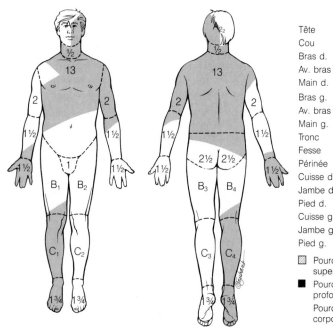

	Face antérieure		Face postérieure	
Tête	A_1	1 ½	A_2	1
Cou		½		½
Bras d.				1
Av. bras d.		½		¼
Main d.		1 ½		1 ½
Bras g.		2		2
Av. bras g.		½		½
Main g.				
Tronc		10		13
Fesse	(g)	½	(d)	1
Périnée				
Cuisse d.	B_1	1	B_4	¾
Jambe d.	C_1	3 ½	C_4	3 ½
Pied d.		1 ¾		1 ¾
Cuisse g.	B_2		B_3	
Jambe g.	C_2		C_3	
Pied g.				

▨ Pourcentage de brûlures superficielles

■ Pourcentage de brûlures profondes

Pourcentage de la surface corporelle atteinte

Total   50

Pourcentage de la surface corporelle atteinte en fonction de l'âge

	Âge					
	0	1	5	10	15	Adulte
A = ½ de la tête	9 ½	8 ½	6 ½	5 ½	4 ½	3 ½
B = 1 d'une cuisse	2 ¾	3 ¼	4	4 ¼	4 ½	4 ¾
C = ½ de la jambe	2 ½	2 ½	2 ¾	3	3 ¼	3 ½

Figure 52-4. Table d'estimation de l'étendue des brûlures en pourcentage de la surface corporelle atteinte (les zones ombragées indiquent les régions atteintes).

(Source: Crozer-Chester Medical Center, Philadelphie, PA)

ÉVALUATION ET TRAITEMENT INITIAL DES GRANDS BRÛLÉS

Directives destinées au service des urgences

1. ARRÊT DE L'EXTENSION DES BRÛLURES
Retrait des vêtements de la victime ou irrigation avec de l'eau froide
Lavage des brûlures chimiques avec une abondante quantité d'eau

2. RÉANIMATION CARDIORESPIRATOIRE SI NÉCESSAIRE

3. MAINTIEN D'UNE VENTILATION ADÉQUATE
Examen du patient pour déceler les signes de brûlure par inhalation (toux, poils des narines roussis, présence de suie ou d'œdème dans les voies respiratoires supérieures)
Assurer la perméabilité des voies respiratoires supérieures

EN CAS D'INSUFFISANCE RESPIRATOIRE:
Administration d'oxygène à 100 % humidifié jusqu'à ce que le taux de monoxyde de carbone soit redescendu sous le seuil de toxicité
Mesure des gaz artériels
Installation d'un tube endotrachéal et ventilation mécanique, si nécessaire

4. RÉTABLISSEMENT DE LA CIRCULATION
Installation de cathéters veineux de gros calibre (n° 16 ou n° 18)
Administration de lactate Ringer sans glucose (2-4 mL/kg/% SC (pourcentage de surface corporelle brûlée)
Objectif: Débit urinaire d'au moins 30 mL/h chez l'adulte et de 1 mL/kg/h chez l'enfant
Dans les cas de brûlures électriques, le débit urinaire doit être d'au moins 75 à 100 mL/h chez l'adulte.

BRÛLURES DES MEMBRES
Surélévation du membre affecté, retrait des bagues, bracelets, etc.
Surveillance du pouls dans le cas de brûlures circulaires aux membres

5. DÉPISTAGE DES AUTRES BLESSURES MAJEURES
Examen de la victime à la recherche de blessures à la moelle épinière et à la tête, de contusions ou de plaies par pénétration. Traitement des blessures, s'il y a lieu.

6. MAINTIEN DE LA TEMPÉRATURE CORPORELLE
Mise en place de couvertures sur la victime pour prévenir une hypothermie

7. ANAMNÈSE ET EXAMEN PHYSIQUE
Collecte des données:
Type, localisation et profondeur des brûlures
Autres blessures (fractures, lacérations, etc.)
Détails de l'accident (heure, endroit, cause)
Maladies préexistantes (diabète, maladie pulmonaire obstructive chronique, par exemple)
Usage d'alcool, de tabac ou de drogues
Allergies, médicaments

8. PRÉVENTION DE COMPLICATIONS LIÉES À UN ILÉUS PARALYTIQUE
Maintien du patient à jeun
Mise en place d'une sonde nasogastrique
— s'il y a nausées, vomissements ou distension de l'estomac
— si les brûlures couvrent plus de 25 % de la surface corporelle

9. SOULAGEMENT DE LA DOULEUR
Administration de morphine ou d'un médicament équivalent, par voie intraveineuse seulement pour obtenir l'effet escompté. L'administration des médicaments doit se faire après avoir éliminé la possibilité d'un traumatisme crânien ou de la moelle épinière. L'agitation peut être causée par l'hypoxie.

10. TRAITEMENT DES BRÛLURES
Irrigation continue dans le cas de brûlures oculaires
Stabilisation des autres blessures (fractures, etc.)
Si on doit transférer le patient dans un centre spécialisé pour grands brûlés, retirer les pansements humides et le recouvrir avec des draps secs et propres.
Si non, nettoyer délicatement les plaies avec de l'eau et du savon ou une solution physiologique.

11. PROPHYLAXIE ANTITÉTANIQUE

12. SOUTIEN AU PATIENT ET À SA FAMILLE

CENTRE DES GRANDS BRÛLÉS CRITÈRES DE CHOIX DES PATIENTS
Pourcentage de la surface corporelle brûlée au 2e et 3e degré (âge: moins de 10 ans ou plus de 50 ans: 10 %)
Pourcentage de la surface corporelle brûlée au 2e et 3e degré (âge: plus de 10 ans ou moins de 50 ans: 20 %)
Plus de 5 % de surface corporelle brûlée au 3e degré: à n'importe quel âge
Brûlures chimiques
Brûlures électriques
Brûlures au visage, aux mains, aux pieds ou au périnée
Brûlures accompagnées
— d'une autre blessure majeure ou d'une maladie préexistante
— d'une brûlure par inhalation des voies aériennes supérieures
Brûlures chez un enfant que l'on soupçonne être le résultat de mauvais traitements
Affections cutanées (nécrolyse épidermique toxique)
Réactions allergiques médicamenteuses

Figure 52-5. Directives destinées aux services des urgences des centres hospitaliers. Évaluation et traitement initial des grands brûlés. (Source: Burn Foundation, Philadelphie, PA)

TRAITEMENT DES PERTES LIQUIDIENNES ET DU CHOC INITIAL

Après avoir maîtrisé les difficultés respiratoires, il faut avant tout remplacer les pertes liquidiennes et traiter le choc initial. Pour ce faire, les interventions suivantes sont nécessaires:

- Mettre en place des cathéters veineux de gros calibre (n° 16 ou 18), préférablement dans une région non brûlée.
- Prélever du sang pour la détermination de l'hématocrite, la mesure des électrolytes et des gaz artériels, de même que pour le groupage sanguin, la recherche d'anticorps et l'épreuve de compatibilité. Il faut suivre de près l'hématocrite, les gaz artériels et les taux d'électrolytes tout au long de la phase de réanimation.
- Mettre en place une sonde vésicale et mesurer toutes les heures le volume et la densité des urines. Le volume de la première émission d'urines doit être noté, car il reflète le degré d'atteinte rénale. On doit aussi vérifier la présence d'hémoglobine dans les urines et communiquer avec le médecin si le débit urinaire est inférieur à 30 mL/h (10 mL/h chez les enfants).
- Prendre les signes vitaux à intervalles réguliers (aux heures) et communiquer avec le médecin si la température est supérieure à 38,3 °C ou inférieure à 36 °C.

Remplacement des pertes liquidiennes

On ne connaît encore aucun moyen pour enrayer les pertes liquidiennes, mais il est possible de les remplacer. On calcule le volume à remplacer dans les 24 premières heures en fonction du pourcentage de surface corporelle brûlée et du poids du patient (voir l'encadré 52-1 pour les formules de calcul). On peut combiner des *colloïdes* (sang complet, culot globulaire, plasma ou succédanés du plasma) et des *cristalloïdes* (soluté physiologique, lactate Ringer).

Formule du NIH (National Institute of Health).
Lors d'une réunion consensuelle du NIH portant sur les soins aux grands brûlés tenue en novembre 1978, il a été convenu que l'administration de cristalloïdes est essentielle pour les victimes de brûlures, mais que l'indication des colloïdes varie selon le cas dans les 24 à 48 premières heures.

Selon la formule préconisée lors de cette réunion, on doit administrer entre 2 et 4 mL / kg / % SC (surface corporelle brûlée) de liquide pendant les premières 24 heures. On commence généralement par le plus faible volume, car le remplacement des liquides a pour objectif global de maintenir la fonction des organes vitaux, avec le moins de perturbations physiologiques possible.

En général on administre aux adultes 2 mL / kg / % SC de lactate Ringer, et 3 mL / kg / % SC aux enfants durant les premières 24 heures, à raison de la moitié du volume total dans les 8 premières heures après la brûlure, et l'autre moitié dans les 16 heures suivantes. On doit ajuster le débit et le volume de la perfusion selon la réponse du patient.

Des études ont démontré que les brûlures étendues s'accompagnent d'une défaillance de la pompe à sodium. Pour cette raison, les personnes souffrant de brûlures étendues pourraient avoir besoin d'un plus grand volume de liquide de remplacement.

Exemple de remplacement des pertes liquidiennes
Patient de 70 kg dont 50 % de la surface corporelle est atteinte

1. Formule préconisée par le NIH: 2 à 4 mL × kilogramme × pourcentage de la surface corporelle brûlée (% SC)
2. Calcul: 2 × 70 × 50 = 7 000 mL / 24 h
3. Traitement:
   8 premières heures: 3500 mL selon un débit de 437 mL / h
   16 heures suivantes: 3500 mL selon un débit de 219 mL / h

Formule de Evans. Selon la formule de Evans, les brûlures du 2e ou 3e degré couvrant plus de 50 % de la surface corporelle sont calculées sur la base de 50 %.

1. *Colloïdes* (sang, plasma, dextran): 1 mL × kg × % SC
2. Cristalloïdes
   a) Soluté physiologique: 1 mL × kg × % SC
   b) Glucose (5 % dans de l'eau): 2000 mL (pour les pertes insensibles)

Le volume total de liquide ne doit pas dépasser 10 000 mL en 24 heures. On donne la moitié des liquides dans les 8 premières heures, et l'autre moitié au cours des 16 heures qui suivent.

Le deuxième jour après la brûlure, le patient reçoit la moitié des volumes de colloïdes et de soluté physiologique administrés lors de la première journée et 2000 mL de glucose pour remplacer les pertes insensibles.

Formule du Brooke Army Hospital. Cette formule diffère en premier lieu de la formule d'Evans par la réduction de la fraction colloïdale de 1,0 mL à 0,5 mL. En second lieu, la quantité de soluté physiologique est augmentée de 1,0 mL à 1,5 mL. De plus, une solution de lactate Ringer remplace le soluté physiologique.

Concrètement, cette formule se lit comme suit:

1. Colloïdes (sang, plasma, destran): 0,5 mL x kg x % SC

2. Cristalloïdes
   a) Lactate Ringer: 1,5 mL x kg x % SC
   b) Glucose (5 % dans l'eau): 2000 mL (pour les pertes insensibles)

Tout comme dans la formule d'Evans, le deuxième jour de son hospitalisation, le patient reçoit la moitié des colloïdes et du soluté physiologique et la totalité du glucose.

Formule de Parkland ou de Baxter. Selon cette formule, on administre au patient durant les premières 24 heures 4 mL / kg / % SC de lactate Ringer. La moitié du volume total est infusée au cours des 8 premières heures et le reste est réparti également dans les 16 heures qui suivent.

Solution salée hypertonique. Il s'agit d'une méthode selon laquelle on administre une solution de chlorure de sodium et de lactate dont la teneur en sodium est de 300 mmol. Elle est administrée à un débit suffisant pour maintenir le débit urinaire désiré. En général, le même débit est maintenu durant les huit premières heures. Cette solution provoque une hypernatrémie prolongée et une augmentation de l'osmolalité sérique, ayant pour effet de réduire l'œdème et les complications respiratoires.

- *Attention.* Il importe de retenir que les formules ci-haut mentionnées ne sont que des guides. Il faut se fier avant tout à la réponse du patient, que l'on doit évaluer toutes les heures par la mesure de la fréquence cardiaque, de la pression artérielle et du débit urinaire.

Thérapie de remplacement liquidien

L'efficacité de la thérapie de remplacement se reflète habituellement par des valeurs de pression systolique supérieure à 90 mm Hg, un pouls inférieur à 110 battements par minute et un débit urinaire qui se maintient entre 30 et 50 mL / h. *Ces paramètres sont beaucoup plus importants pendant la phase de réanimation que les formules de calcul.* En fait, la véritable «formule», c'est la réponse du patient.

Il importe de prêter une attention particulière aux observations suivantes:

- hématurie;
- débit urinaire inférieur à 30 mL / h (indique que la quantité de liquide absorbée est insuffisante);
- débit urinaire supérieur à 100 mL / h (peut indiquer un œdème pulmonaire ou une intoxication à l'eau);
- pression artérielle inférieure à 90/60 mm Hg.

Si tous les membres sont brûlés, il est difficile de prendre la pression artérielle et il importe d'appliquer un pansement stérile sous le brassard du sphygmomanomètre afin d'éviter de contaminer les plaies. Par ailleurs, un sphygmomanomètre automatique ou un appareil à ultrasons peuvent être utilisés pour faciliter la prise de la pression artérielle et la mesure des pouls périphériques. En cas de brûlures graves, on met en place un cathéter artériel pour mesurer la pression et prélever les échantillons sanguins.

Le taux d'hémoglobine et l'hématocrite sont des éléments additionnels pour déterminer le volume de liquide à administrer. Il faut les obtenir régulièrement, de même que les taux d'électrolytes sériques. Si le taux d'hémoglobine et l'hématocrite diminuent et que le débit urinaire horaire est supérieur à 50 mL, on peut diminuer le débit des solutions intraveineuses.

TABLEAU 52-4. *Modifications hydroélectrolytiques observées dans les 48 heures qui suivent des brûlures graves*

Accumulation de liquide (chocs)
Plasma → Liquide interstitiel (œdème dans la région brûlée)

Observation	Explication
Déshydratation généralisée	Le plasma s'échappe des capillaires endommagés.
Réduction du volume sanguin	Due à la perte de plasma qui occasionne une baisse de la pression artérielle et une diminution du débit cardiaque
Diminution du débit urinaire	Consécutive à : La perte liquidienne La diminution de l'irrigation rénale La rétention d'eau et de sodium causée par l'augmentation de l'activité des surrénales (L'hémolyse provoque une hémoglobinurie et une myoglobinurie.)
Excès de potassium	Des lésions cellulaires importantes provoquent la libération de K+ dans le liquide extracellulaire (normalement, la plus grande partie du K+ se trouve dans le liquide intracellulaire).
Déficit en sodium	Le passage des ions Na+ dans le liquide intracellulaire s'ajoute au sodium perdu dans les liquides et les exsudats (normalement, la plus grande partie du Na+ se trouve dans le liquide extracellulaire).
Acidose métabolique (déficit en bicarbonate)	La perte de sodium entraîne une perte d'ions bicarbonate.
Hémoconcentration (hématocrite élevé)	Il se produit une perte des composants liquides du sang dans l'espace extracellulaire.

(Source : N. M. Metheny et W. D. Snively, *Nurse's Handbook of Fluid Balance,* Philadelphie, J. B. Lippincott)

Même si l'infirmière n'a pas à calculer les besoins du patient en liquide, elle doit connaître la quantité maximale de liquide qu'il est permis de lui administrer. Pour faciliter le réglage du débit des perfusions, les appareils à perfusion sont d'une grande utilité. L'infirmière est responsable de la surveillance des perfusions intraveineuses, en plus de l'administration des médicaments et des préparations d'alimentation parentérale. Une surveillance étroite lui permettra de connaître les besoins hydroélectrolytiques au cours de la phase de réanimation.

Solution salée hypertonique

Solution de chlorure de sodium et de lactate dont la teneur en sodium est de 300 mmol/L. On l'administre à un débit suffisant pour maintenir le débit urinaire désiré. *Objectif* : Augmenter le taux sérique de sodium et l'osmolalité pour réduire l'œdème et prévenir les complications respiratoires.

 ## DÉMARCHE DE SOINS INFIRMIERS
SOINS AUX BRÛLÉS PENDANT LA PHASE DE RÉANIMATION

▷ Collecte des données

Dès l'arrivée du blessé, il faut évaluer l'état de conscience et les signes vitaux. Les mesures de réanimation doivent primer sur le soin des brûlures.

L'infirmière doit aussi s'assurer de la perméabilité des voies respiratoires supérieures, puis dépister les autres signes de brûlure par inhalation. Elle prend ensuite les pouls apexien, carotidien et fémoral. Le monitorage cardiaque peut être nécessaire si le patient a des antécédents de cardiopathie, s'il a subi des brûlures électriques, s'il présente des troubles respiratoires ou si son pouls est irrégulier ou anormalement lent ou rapide.

On prend fréquemment les signes vitaux avec un sphygmomanomètre automatique, car l'œdème rend difficile l'auscultation de l'artère. On fait part au médecin des signes d'hypovolémie. Il faut aussi vérifier à toutes les heures la présence de pulsations dans les membres, car une brûlure circulaire peut entraîner une compression neurovasculaire et musculaire, provoquant une ischémie périphérique. En présence de brûlures circulaires (tronc, bras, jambes, doigts ou orteils) nuisant à la circulation, le chirurgien plasticien doit rapidement faire une escarrotomie (incision longitudinale à travers les tissus brûlés). Cette intervention n'est pas douloureuse puisque les cellules de la peau sont moites. Elle peut se faire à la salle d'urgence, dans la chambre du patient ou à la salle d'opération, selon les circonstances.

On met en place des cathéters de perfusion intraveineuse de gros calibre et une sonde vésicale à demeure. La collecte des données doit comprendre un bilan des ingesta et des excreta. Le volume des urines étant un excellent indicateur de l'intégrité de la circulation, on doit le mesurer toutes les heures. On doit aussi prélever périodiquement des urines pour en déterminer la densité et le pH, et procéder à une recherche de glucose, d'acétone, de protéines et de sang.

Si les urines sont de couleur bourgogne, on peut soupçonner la présence de myoglobine due à une atteinte musculaire provoquée par des brûlures profondes. La glycosurie est fréquente dans les heures qui suivent des brûlures ; elle est liée à la libération de glucose par le foie en réaction au stress.

La collecte des données comprend également le relevé des résultats des analyses de laboratoire et des examens

---

Encadré 52-1
Directives et formules pour le remplacement des pertes liquidiennes chez les grands brûlés

Formule du NIH

Lactate Ringer (ou autre solution d'électrolytes):
2 à 4 mL x kg x% SC
Administrer la moitié du volume total dans les 8 premières heures et l'autre moitié, dans les 16 heures qui suivent.

Formule d'Evans

1. Colloïdes: 1 mL x kg x% SC
2. Cristalloïdes:
   a) Soluté physiologique: 1 mL x kg x% SC
   b) *Glucose* (5% dans de l'eau): 2 000 mL pour les pertes insensibles
   Premier jour: Administrer la moitié du volume total dans les 8 premières heures et l'autre moitié dans les 16 heures qui suivent.
   Deuxième jour: Administrer la moitié des volumes de colloïdes et de soluté physiologique calculés le premier jour et 2000 mL de glucose.

Formule du Brooke Army Hospital

1. Colloïdes: 0,5 mL x kg x% SC
2. Cristalloïdes:
   a) Lactate Ringer: 1,5 mL x kg x% SC
   b) Glucose: Même volume que dans la formule d'Evans
   Premier jour: Comme dans la formule d'Evans
   Deuxième jour: Comme dans la formule d'Evans

Formule de Parkland ou de Baxter

Lactate Ringer: 4 mL x kg x% SC. Administrer la moitié du volume total dans les 8 premières heures et l'autre moitié dans les 16 heures qui suivent.

---

radiologiques. Les radiographies pulmonaires et les gaz artériels sont parfois normaux dans les heures qui suivent les brûlures, mais ils se modifient avec le temps s'il y a brûlures par inhalation. Il est essentiel de noter les signes de détresse respiratoire suivants: enrouement, stridor, modification de la fréquence ou de l'amplitude respiratoire ou modifications du comportement. La présence de ces manifestations peut exiger une intubation et une ventilation mécanique ou une escarrotomie pour soulager la pression provoquée par des brûlures thoraciques circulaires.

On prend la température corporelle du patient, et on note son poids actuel, son poids avant l'accident, ses allergies, la date de sa dernière injection d'anatoxine tétanique, ses antécédents médicaux et chirurgicaux, les maladies dont il souffre actuellement et les médicaments qu'il prend. On effectue un examen de la tête aux pieds pour dépister les signes de maladie ou de blessures concomitantes.

Le médecin, en collaboration avec l'infirmière, évalue ensuite le pourcentage de la surface corporelle brûlée en profondeur, le pourcentage de la surface corporelle brûlée superficiellement et le pourcentage de la surface corporelle brûlée totale, au moyen des diagrammes illustrés précédemment.

Considérant l'existence possible chez les grands brûlés de différents problèmes gastro-intestinaux (iléus paralytique,

distension gastrique, gastrite hémorragique, ulcère de stress, par exemple), les interventions de l'infirmière consistent à ausculter les bruits abdominaux, à faire l'aspiration des résidus gastriques et à mesurer le pH des sécrétions gastriques.

L'évaluation neurologique porte essentiellement sur le niveau de conscience du patient, son état psychologique et son comportement. On évalue également les connaissances du patient et de sa famille sur les brûlures et leur traitement.

▷ Analyse et interprétation des données

Selon les données recueillies, les manifestations cliniques et les résultats des épreuves de laboratoire, voici les principaux diagnostics infirmiers possibles:

- Perturbation des échanges gazeux reliée à la modification de l'apport en oxygène
- Dégagement inefficace des voies respiratoires relié à l'oedème et aux effets de l'inhalation de fumée
- Déficit du volume liquidien relié à l'augmentation de la perméabilité des capillaires et à la perte de liquide par les plaies
- Risque élevé d'infection relié aux brûlures
- Diminution de l'irrigation tissulaire périphérique reliée à un oedème et à des brûlures circulaires profondes

- Risque élevé d'altération de la température corporelle (hypothermie) relié à la perte d'intégrité de la peau
- Diminution de l'irrigation du tissu gastro-intestinal reliée au stress physiologique des brûlures
- Déficit énergétique relié à une augmentation des besoins nutritionnels consécutive aux brûlures
- Douleur reliée aux brûlures
- Anxiété reliée à la condition engendrée par les brûlures

▷ Planification et exécution

▷ *Objectifs de soins:* Maintien de la perméabilité des voies respiratoires supérieures; maintien d'une ventilation adéquate et d'une bonne oxygénation tissulaire; rétablissement de l'équilibre hydroélectrolytique et irrigation des organes vitaux; maintien de la température corporelle dans les limites de la normale et amélioration de l'apport nutritionnel

▷ Interventions infirmières

▷ *Maintien de la perméabilité des voies respiratoires supérieures et d'un échange gazeux adéquat.* Tout au long de l'hospitalisation, il est important de surveiller régulièrement la fréquence et le caractère de la respiration du patient brûlé ainsi que la coloration de sa peau et de ses téguments. En présence d'obstruction, l'intubation deviendra nécessaire. Dans ces circonstances, l'infirmière devra instiller et aspirer les sécrétions trachéales tout en respectant les mesures d'asepsie. Par ailleurs, l'infirmière ausculte les poumons toutes les heures et vérifie les signes vitaux, le rythme cardiaque et le taux des gaz artériels. Elle informe le médecin des valeurs anormales. De plus, elle doit assurer une bonne toilette pulmonaire, placer le patient dans la position Fowler ou semi-Fowler pour favoriser l'expansion thoracique, offrir un taux adéquat d'oxygène et d'humidité et faire exécuter des exercices respiratoires. Elle observe et note les caractétistiques des expectorations à chaque quart de travail.

▷ *Rétablissement de l'équilibre hydroélectrolytique.* Au moment du choc initial, les échanges rapides entre le liquide intracellulaire et le liquide extracellulaire ainsi que les pertes de liquides exigent que l'infirmière observe fréquemment les signes vitaux, la pression veineuse centrale et la pression artérielle pulmonaire, mesure le volume des urines et évalue le débit cardiaque, s'il y a lieu. Elle administre des liquides par voie intraveineuse, selon l'ordonnance du médecin, et en calcule la quantité horaire selon le volume des urines. Il importe aussi de tenir un bilan précis des ingesta et des excreta et de peser le patient tous les jours. Dans un autre ordre d'idées, il faut être à l'affût des signes respiratoires, circulatoires et comportementaux associés au choc hypovolémique ou à une surcharge liquidienne.

On examine les membres avec soin, en particulier s'il y a brûlures circulaires. L'évaluation de l'irrigation tissulaire se fait en vérifiant les différents sites de pulsation, le retour capillaire, la coloration, la température et la sensibilité des membres atteints. Pour réduire l'oedème, on peut surélever les membres.

▷ *Maintien de la température corporelle dans les limites de la normale.* La peau brûlée ne pouvant plus assumer sa fonction de thermorégulation, le patient brûlé éprouve fréquemment des frissons et un malaise associés à la perte de chaleur. On règle donc la température ambiante en fonction des besoins du patient. Une température trop élevée peut entraîner une perspiration (élimination d'eau par évaporation cutanée), en plus de favoriser la prolifération des bactéries. Par contre, une température trop basse peut provoquer des frissons et accroître les demandes métaboliques. Les membres du personnel doivent donc éviter de régler la température selon leurs propres préférences. Un patient à qui on permet de régler la température ambiante choisira une température entre 32,2 et 32,8 °C. Pour assurer le bien-être du patient, on peut aussi utiliser des couvertures en coton et des lampes chauffantes fixées au plafond. Des écrans thermiques avec capteurs ainsi que des cerceaux de lit recouverts de couvertures sont également efficaces. Il faut faire preuve d'efficacité quand on change les pansements et qu'on soigne les brûlures pour réduire la durée de l'exposition à l'air ambiant. Si le patient devient hypothermique (T° < 35 °C), il convient de bien le couvrir avec des couvertures chauffantes ou un matelas chauffant et d'utiliser des tubulures à solution intraveineuse chauffantes.

Par ailleurs, la fièvre est fréquente chez les grands brûlés. Elle peut être due à un dérèglement de la température centrale ou à une infection. Pour maintenir la température de l'organisme entre 37,0 et 38,3 °C et réduire la demande métabolique, il est parfois nécessaire d'administrer un antipyrétique, d'utiliser un matelas réfrigérant, de diminuer la température ambiante et d'entreprendre une antibiothérapie si le médecin l'a prescrite.

▷ *Amélioration de l'apport nutritionnel.* Au cours des heures qui suivent les brûlures, le patient est généralement incapable d'ingérer des aliments par voie orale à cause d'une altération de la fonction gastro-intestinale. Les brûlures entraînent en effet une dilatation de l'estomac et un iléus paralytique, qui se manifeste par des nausées et une distension abdominale. On insère une sonde nasogastrique au tout début du traitement pour prévenir les vomissements et l'aspiration dans les poumons du contenu de l'estomac. On relie la sonde nasogastrique à un appareil d'aspiration qui effectue de façon intermittente des aspirations à faible intensité jusqu'au retour des bruits intestinaux.

Quand on reprend l'alimentation par voie orale après la phase d'urgence, il faut d'abord administrer lentement des liquides et noter la tolérance du patient. Si le patient ne présente pas de vomissements ou de distension abdominale, on augmente graduellement les liquides, puis on reprend peu à peu l'alimentation normale ou l'alimentation par sonde nasogastrique. Toutefois, des études récentes suggèrent de commencer l'alimentation entérale dès l'admission pour maintenir un état nutritionnel adéquat étant donné que le stress physiologique des brûlures entraîne une augmentation des besoins énergétiques. À cet effet, un tube est inséré dans le duodénum et l'apport énergétique est calculé quotidiennement.

Les grands brûlés sont sujets aux ulcères gastroduodénaux à cause du stress causé par les brûlures qui provoque une hyperacidité et une érosion de la muqueuse gastrique. Chez un patient porteur d'une sonde nasogastrique, il faut mesurer régulièrement le pH du contenu gastrique et le maintenir un peu plus élevé que la normale par l'administration d'antiacides. Pour prévenir l'érosion de l'estomac ou la formation d'ulcères hémorragiques, on prescrit des antagonistes des récepteurs H2 de l'histamine, comme la cimétidine (Tagamet) ou la ranitidine (Zantac), selon l'ordonnance du médecin.

▷ *Évaluation*

Résultats escomptés

1. Le patient maintient la perméabilité de ses voies respiratoires, une ventilation adéquate et une bonne oxygénation.
   a) Il respire spontanément et son volume courant est adéquat.
   b) Il ne montre aucun signe de difficultés respiratoires.
   c) Sa fréquence respiratoire est entre 12 et 20 respirations par minute.
   d) Son rythme respiratoire est régulier.
   e) Ses poumons sont clairs à l'auscultation.
   f) Ses radiographies pulmonaires sont normales.
   g) Il ne présente aucun signe de troubles de comportement causés par l'hypoxie.
   h) Ses gaz artériels sont dans les limites de la normale.
   i) Ses sécrétions respiratoires sont peu abondantes, limpides et incolores.
   j) Il utilise de l'oxygène humidifié, selon l'ordonnance du médecin.
   k) Il fait toutes les heures des exercices de respiration profonde et tousse efficacement.

2. Le patient ne présente pas de déséquilibres hydroélectrolytiques, ni d'altération de l'irrigation des organes vitaux.
   a) Son poids et le bilan des ingesta et des excreta sont conformes aux résultats escomptés.
   b) Ses taux sériques d'électrolytes sont dans les limites de la normale.
   c) Le volume urinaire se situe entre 30 et 50 mL/h.
   d) Sa pression artérielle est dans les limites de la normale (généralement supérieure à 90/60 mm Hg).
   e) Sa fréquence cardiaque est dans les limites de la normale (généralement inférieure à 110 battements par minute).
   f) L'électrocardiogramme indique un rythme sinusal normal.
   g) Il ne présente pas d'altération du niveau de conscience.
   h) Il ne se plaint pas de la soif.
   i) Il présente des réflexes et un tonus musculaire normaux, signes d'un équilibre électrolytique.
   j) Ses taux d'azote uréique et de créatinine sont normaux.
   k) Ses urines sont jaune pâle et ne contiennent pas de protéines, de glucose ou de corps cétoniques; leur pH et leur densité sont dans les limites de la normale.
   l) Son taux d'hémoglobine et son hématocrite sont normaux.
   m) Il ne présente pas de paresthésies ou de symptômes d'ischémie des nerfs ou des muscles.

3. Le patient maintient une température corporelle normale.
   a) Sa température corporelle varie entre 37,0 et 38,3 °C.
   b) Il dit ne pas éprouver de frissons.

4. Le patient ne présente aucun signe de problèmes gastro-intestinaux et tolère l'apport énergétique nécessaire à ses besoins.
   a) Ses bruits intestinaux sont normaux.
   b) Son contenu gastrique est normal, sans trace de saignements.
   c) Il tolère l'alimentation par voie orale ou par sonde gastrique.
   d) Ses selles sont exemptes de sang.
   e) Il dit ne pas éprouver de douleurs abdominales ou de sensation de ballonnement.

On trouvera une description détaillée des soins d'urgence et immédiats destinés aux grands brûlés dans le plan de soins infirmiers 52-1.

Résumé: Le traitement des grands brûlés au cours de la phase de réanimation vise essentiellement le remplacement des pertes liquidiennes et la correction des complications qui peuvent avoir des conséquences fatales, comme les troubles respiratoires, cardiovasculaires ou rénaux. Une collaboration pluridisciplinaire est essentielle pour traiter les victimes de brûlures graves, les personnes âgées atteintes de brûlures modérées ou les victimes de brûlures qui présentent une maladie préexistante pouvant compromettre leur état physiologique.

Au cours de cette phase, bien que l'on doive avant tout sauver la vie du patient et rétablir ou maintenir les fonctions respiratoire, cardiovasculaire et rénale, il faut également prendre les mesures nécessaires pour prévenir les complications (septicémie, contractures, incapacités fonctionnelles). La collecte des données doit être faite avec compétence pour dépister les maladies concomitantes et les toutes premières modifications de l'état physiologique. Les brûlures provoquent chez le patient et sa famille une importante réaction psychologique. L'infirmière doit donc posséder des capacités de communication pour les aider à surmonter cette réaction.

PHASE DE SOINS INTERMÉDIAIRES

GÉNÉRALITÉS

La phase des soins intermédiaires du traitement des grands brûlés suit la phase de réanimation. Elle commence entre 48 et 72 heures après l'accident. Au cours de cette phase, on observe attentivement l'état du patient, on vise à maintenir la respiration et la circulation, l'équilibre hydroélectrolytique ainsi que la fonction gastro-intestinale et on se concentre sur le soin des brûlures.

L'obstruction des voies respiratoires due à l'œdème se manifeste parfois 48 heures seulement après les brûlures. À ce moment, on observe des changements radiologiques et des variations des gaz artériels dus aux effets de la fumée sur les tissus, mais aussi aux liquides de remplacement administrés. On se base sur les valeurs des gaz artériels et sur les autres paramètres respiratoires pour déterminer s'il faut pratiquer une intubation ou une trachéotomie, ou encore recourir à la ventilation mécanique. La trachéotomie est pratiquée en situation d'urgence seulement, car elle présente un risque élevé d'infection.

Au fur et à mesure que les capillaires retrouvent leur intégrité, ce qui peut prendre 48 heures ou plus, et que les liquides passent des espaces interstitiels dans le compartiment vasculaire, la diurèse reprend (tableau 52-5). Si la fonction cardiaque ou rénale n'est pas adéquate, il se produit alors une surcharge liquidienne pouvant provoquer une insuffisance cardiaque. Lorsqu'on dépiste à temps les signes de surcharge liquidienne, on peut restreindre l'apport liquidien, et administrer si nécessaire des cardiotoniques et des diurétiques pour prévenir l'insuffisance cardiaque.

Durant cette phase, on poursuit l'administration de liquides et d'électrolytes pour compenser les échanges de liquides entre les espaces interstitiels et les compartiments vasculaires, les pertes de liquides par les plaies et les réactions physiologiques du patient aux brûlures. Une transfusion de sang est parfois nécessaire pour rétablir le taux d'hémoglobine. Dans ce cas, il faut être à l'affût des réactions transfusionnelles.

(suite à la page 1622)

Plan de soins infirmiers 52-1
Soins aux brûlés durant la phase de réanimation

Interventions infirmières	Justification	Résultats escomptés

Diagnostic infirmier: Perturbation des échanges gazeux reliée à la modification de l'apport en oxygène et dégagement inefficace des voies respiratoires relié à l'œdème et aux effets de l'inhalation de fumée

Objectif: Libération des voies respiratoires et ventilation adéquate

1. Maintenir la perméabilité des voies respiratoires en plaçant le patient en position Fowler ou semi-Fowler, en aspirant les sécrétions si nécessaire et en utilisant, au besoin, une canule pharyngée.	1. Assure la perméabilité des voies respiratoires.	• Le patient respire spontanément. • Il ne présente aucun symptôme de dyspnée ou d'essoufflement. • Sa fréquence respiratoire est entre 12 et 20 respirations par minute. • Son rythme respiratoire est régulier. • Ses poumons sont clairs à l'auscultation. • Il ne présente aucun signe d'hypoxie. • Ses gaz artériels sont normaux. • Ses sécrétions sont peu abondantes, incolores et limpides.
2. Administrer de l'oxygène humidifié.	2. Humidifie les tissus brûlés et permet un apport en oxygène adéquat.	
3. Ausculter les bruits respiratoires et déterminer la fréquence, le rythme et l'amplitude de la respiration. Observer la présence de signes d'hypoxie.	3. Fournit des données de base qui permettent de suivre ultérieurement l'évolution des troubles respiratoires.	
4. Observer le patient pour déceler les signes suivants: a) présence d'érythème ou de phlyctènes sur les lèvres ou la muqueuse buccale; b) poils des narines roussis; c) brûlures au visage, au cou ou au thorax; d) enrouement de la voix; e) présence de suie dans les expectorations ou de tissus provenant de la trachée dans les sécrétions.	4. Indiquent des lésions de l'arbre respiratoire ou un risque de troubles respiratoires.	
5. Prélever des échantillons sanguins et vérifier les valeurs des gaz artériels.	5. Une augmentation de la pression partielle de CO_2 et une diminution de la pression partielle d'O_2 indiquent qu'une ventilation assistée est nécessaire.	
6. Observer le patient sous ventilation mécanique; vérifier les réglages de l'appareil et les réactions du patient en se basant sur les valeurs des gaz artériels.	6. Les troubles respiratoires peuvent apparaître rapidement ou graduellement.	
7. Inciter le patient à se mobiliser, à faire des exercices de respiration profonde, à tousser et à employer un spiromètre; procéder à des aspirations au besoin.	7. Réduit les risques d'atélectasie et favorise l'évacuation des sécrétions.	

Diagnostic infirmier: Déficit de volume liquidien relié à l'augmentation de la perméabilité des capillaires et à la perte de liquide par les plaies

Objectif: Rétablissement de l'équilibre hydroélectrolytique, maintien de l'irrigation des organes vitaux

1. Prendre les signes vitaux toutes les heures (y compris la pression veineuse centrale ou la pression artérielle pulmonaire, s'il y a lieu).	1. L'hypovolémie est une complication immédiate des brûlures.	• Le patient a une pression artérielle supérieure à 90/60 mm Hg.

Plan de soins infirmiers 52-1 (suite)

Soins aux brûlés durant la phase de réanimation

Interventions infirmières	Justification	Résultats escomptés
2. Mesurer le débit urinaire au moins toutes les heures et peser le patient tous les jours.	2. Fournit des renseignements sur l'irrigation rénale et l'efficacité du remplacement des liquides.	• Sa fréquence cardiaque est inférieure à 110 battements par minute.
3. Surveiller le comportement et le niveau de conscience.	3. Fournit des renseignements sur l'irrigation cérébrale et sur l'oxygénation.	• Le poids du patient et son bilan des ingesta et des excreta sont conformes aux résultats escomptés.
4. Surveiller les perfusions I.V. et en régler le débit selon l'ordonnance du médecin.	4. Une quantité de liquide adéquate est nécessaire pour maintenir l'équilibre hydroélectrolytique et l'irrigation des organes vitaux.	• Le volume urinaire se situe entre 30 et 50 mL/h. • Il ne présente pas d'altération de son niveau de concience.
5. Rechercher les symptômes de déséquilibres électrolytiques. Noter les résultats des examens de laboratoire et informer le médecin de toute valeur anormale.	5. Des modifications rapides de l'équilibre hydroélectrolytique peuvent survenir dans les heures qui suivent l'accident.	• Ses taux sériques d'électrolytes sont dans les limites de la normale. • Il ne se plaint pas de la soif. • Ses réflexes et son tonus musculaire sont normaux.

Diagnostic infirmier: Risque élevé d'infection relié aux brûlures

Objectif: Absence d'infection et de septicémie

1. Lors de soins au patient: a) Se laver soigneusement les mains avec un savon antimicrobien avant et après les soins et lors de tout contact avec le patient. b) Porter une blouse de contagion. c) Porter un bonnet et un masque quand les plaies sont exposées ou au cours des différentes interventions thérapeutiques, comme l'insertion des cathéters et les prélèvements d'écoulement des plaies pour culture. d) Porter des gants propres ou stériles selon le type de soins à prodiguer.	1. et 2. Réduit les risques d'infection nosocomiale et la prolifération bactérienne.	• Le patient ne présente aucun signe d'infection locale ou générale. • Ses cultures de plaies sont négatives.
2. Procéder au nettoyage des plaies avec une solution antiseptique.		
3. Prélever des échantillons pour culture des plaies.	3. Permet de vérifier la présence de bactéries dans les brûlures dès l'admission.	
4. Administrer les antibiotiques et les antipyrétiques selon l'ordonnance du médecin.	4. Une concentration adéquate d'antibiotiques est nécessaire pour traiter ou prévenir l'infection d'une manière efficace.	
5. Examiner les plaies tous les jours pour déceler les signes d'infection: tuméfaction et rougeur, écoulement purulent, changement de couleur, odeur particulière.	5. Indiquent une contamination microbienne et une infection.	
6. Observer le niveau de conscience, prendre la fréquence respiratoire et ausculter les bruits abdominaux.	6. Une baisse du niveau de conscience et du péristaltisme ainsi qu'une augmentation de la fréquence respiratoire sont les premiers signes de septicémie.	

Plan de soins infirmiers 52-1 (suite)
Soins aux brûlés durant la phase de réanimation

Interventions infirmières	Justification	Résultats escomptés
7. Surveiller l'apparition des signes suivants et en faire part au médecin: accélération du pouls, diminution de la pression artérielle, variation du débit urinaire, rougeurs au visage, fièvre, frissons, diaphorèse.	7. Ces signes surviennent plus tard dans l'évolution de la septicémie.	
8. Procurer un apport nutritionnel adéquat.	8. Un apport nutritionnel adéquat est essentiel à la réponse immunitaire (action des lymphocytes) et à la guérison des plaies.	

Diagnostic infirmier: Diminution de l'irrigation tissulaire périphérique reliée à un œdème et à des brûlures circulaires

Objectif: Maintien de l'irrigation tissulaire

1. Vérifier les signes neurovasculaires suivants toutes les deux heures: • coloration • chaleur • pouls (à l'aide d'un appareil à ultrasons)	1. Fournit des données permettant de suivre l'évolution de l'atteinte périphérique et d'évaluer la nécessité de faire une escarrotomie.	• Le patient présente une irrigation tissulaire adéquate.
2. Surélever les membres atteints.	2. Favorise le retour veineux.	

Diagnostic infirmier: Risque élevé d'altération de la température corporelle (hypothermie) relié à la perte d'intégrité de la peau

Objectif: Maintien de la température corporelle normale

1. Augmenter la température ambiante à l'aide d'écrans thermiques, de couvertures, de lampes et de tubulures chauffantes.	1. Réduit les pertes de chaleur par évaporation.	• La température corporelle du patient varie entre 37,0 et 38,3 °C. • Le patient ne frissonne pas. • Le patient dit que la température de la pièce n'est ni trop chaude ni trop froide.
2. Travailler rapidement et efficacement quand les plaies sont exposées à l'air.	2. Réduit les pertes de chaleur par les plaies.	
3. Prendre la température rectale régulièrement.	3. Permet de vérifier adéquatement la température corporelle.	

Diagnostic infirmier: Diminution de l'irritation du tissu gastro-intestinal reliée au stress physiologique des brûlures et déficit énergétique relié à une augmentation des besoins nutritionnels consécutive aux brûlures

Objectif: Amélioration de l'irrigation du tissu gastro-intestinal et apport nutritionnel adéquat

1. Assurer une aspiration nasogastrique intermittente, à faible intensité, jusqu'au retour des bruits intestinaux.	1. Les brûlures provoquent souvent un iléus paralytique, qui entraîne une distension abdominale; l'aspiration nasogastrique permet d'évacuer les sécrétions gastriques et prévient les vomissements.	• Le patient présente des bruits intestinaux. • Son contenu gastrique est normal, sans traces de sang. • Il tolère une alimentation par voie orale ou par sonde nasogastrique et ingère quotidiennement la quantité de kilojoules dont il a besoin. • Il y a absence de sang dans les selles.
2. Ausculter l'abdomen toutes les quatre heures pour vérifier la présence de bruits intestinaux.	2. L'absence de bruits intestinaux et une baisse du péristaltisme peuvent indiquer un iléus paralytique, une obstruction ou une septicémie.	

► ## *Plan de soins infirmiers 52-1* (suite)
Soins aux brûlés durant la phase de réanimation

Interventions infirmières	Justification	Résultats escomptés
3. Avant chaque séance d'alimentation par sonde, aspirer le contenu gastrique pour vérifier le volume résiduel et le pH.	3. Un volume résiduel important dans l'estomac indique une absorption inadéquate; un pH bas indique la nécessité d'administrer des antagonistes des récepteurs H2 de l'histamine, et des antiacides.	
4. Administrer des antagonistes des récepteurs H2 de l'histamine et des antiacides selon l'ordonnance du médecin.	4. Réduit les risques d'ulcères gastriques, qui sont fréquents chez les brûlés.	
5. Procéder à une recherche de sang dans les selles et le contenu de l'aspiration gastrique.	5. Peut indiquer la présence d'un ulcère gastroduodénal.	

Diagnostic infirmier: Douleur reliée aux brûlures et anxiété reliée à la condition engendrée par les brûlures

Objectif: Soulagement de la douleur et diminution de l'anxiété

1. Évaluer la douleur et s'assurer qu'elle n'est pas due à l'hypoxie.	1. L'évaluation de la douleur permet de recueillir des données de base pour vérifier l'efficacité des mesures utilisées pour la soulager.	• Le patient atteint un niveau de bien-être qui lui permet de se reposer suffisamment et de participer aux soins.
2. Administrer des analgésiques narcotiques par voie intraveineuse selon l'ordonnance du médecin.	2. La voie intraveineuse est nécessaire, car l'absorption et la circulation sont compromises par les brûlures.	• Le patient connaît et effectue les interventions non médicamenteuses de soulagement de la douleur.
3. Recourir à des techniques de relaxation, d'imagerie mentale et autres.	3. Les techniques de relaxation et d'imagerie mentale sont des compléments aux analgésiques et réduisent l'anxiété.	• Le patient s'adapte à son hospitalisation sans montrer de signes graves d'anxiété (confusion, désorientation).
4. Apporter au patient un soutien moral et du réconfort.	4. Un soutien émotionnel et des paroles rassurantes sont essentielles pour réduire l'extrême peur et l'anxiété causées par les brûlures, leur traitement et leurs conséquences.	
5. Discuter ouvertement et en toute franchise des soins auxquels il devra se soumettre.	5. Aide à établir le climat de confiance nécessaire au bien-être émotionnel du patient et à une meilleure acceptation des traitements douloureux.	

On doit dans certains cas mettre en place un cathéter de pression veineuse centrale, un cathéter de pression artérielle périphérique, un cathéter de Swan-Ganz ou un cathéter à thermodilution pour la mesure des pressions veineuses et artérielles, de la pression capillaire pulmonaire et du débit cardiaque.

L'infection est la principale cause de décès chez les grands brûlés. Elle peut débuter dans une région brûlée et se propager par la circulation sanguine. À cause des risques d'infection, on procède régulièrement à des cultures des tissus brûlés, des urines et des sécrétions trachéales. Les prélèvements se font par écouvillonnage. Tout au cours des soins aux grands brûlés, l'une des principales responsabilités de l'infirmière est la prévention et le dépistage des infections. On peut administrer des antibiotiques par voie parentérale pour prévenir ou traiter l'infection ou la septicémie. Il est important d'administrer ces médicaments à heures fixes pour assurer un taux sanguin constant.

SOINS DES BRÛLURES

Les plaies laissées par les brûlures se caractérisent par d'importantes quantités de tissus nécrosés (escarres) qui persistent

TABLEAU 52-5. *Modifications hydroélectrolytiques au cours de la phase des soins intermédiaires (48 heures après des brûlures graves)*

Phase de reprise de la diurèse
Liquide interstitiel → Plasma

Observation	Explication
Hémodilution (baisse de l'hématocrite)	Quand du liquide passe des espaces interstitiels dans le compartiment vasculaire, la concentration des globules rouges est diluée; il y a aussi perte de globules rouges dans les régions brûlées.
Augmentation du débit urinaire	Le passage des liquides dans le compartiment vasculaire augmente le débit sanguin rénal et provoque une augmentation du volume des urines.
Déficit en sodium	L'augmentation du débit urinaire entraîne une perte de sodium; le sodium est aussi dilué par l'afflux d'eau.
Déficit en potassium (occasionnel)	À partir des quatrième et cinquième jours, le K+ se déplace du liquide extracellulaire vers le liquide intracellulaire.
Acidose métabolique	La perte de sodium épuise le bicarbonate; on observe une augmentation consécutive du gaz carbonique.

(Source: N. M. Metheny et W. D. Snively, *Nurses' Handbook of Fluid Balance*, Philadelphie, J. B. Lippincott)

pendant de longues périodes. Elles sont facilement envahies par des bactéries et exsudent de grandes quantités d'eau, de protéines et d'électrolytes. Pour les refermer, il faut souvent recourir à une greffe cutanée.

Traitement de l'infection

En dépit du respect des règles de l'asepsie et de l'utilisation d'un agent antimicrobien topique, les plaies par brûlure sont un excellent terrain pour la prolifération de bactéries comme les staphylocoques, *Proteus*, *Pseudomonas*, *Escherichia coli* et *Klebsiella*. Comme les escarres se composent de tissu dévitalisé n'ayant aucun apport sanguin, les neutrophiles et les anticorps ne peuvent les atteindre, pas plus d'ailleurs que les antibiotiques administrés par voie intraveineuse. Un nombre phénoménal de bactéries (plus d'un milliard par gramme de tissu) peuvent y proliférer et se propager dans la circulation sanguine, ou libérer des toxines.

Pendant la réépithélisation spontanée qui mène à la cicatrisation, ou lors de la préparation de la peau pour une greffe, on doit protéger les plaies contre l'infection. L'infection des plaies se caractérise par:

1. la présence de 10^5 bactéries par gramme de tissu (résultats des cultures de plaies);
2. l'inflammation
3. la nécrose et la thrombose des vaisseaux du derme
4. les autres symptômes d'infection tels l'hyperthermie (t° > 38,3 °C) ou l'hypothermie (T° < 36,0 °C), des frissons, une rougeur au pourtour des plaies ou un écoulement purulent.

Si on ne prend pas les mesures appropriées, l'infection des plaies peut se propager à l'organisme tout entier.

Les principales sources d'infection bactérienne seraient les voies digestives et l'environnement. Aujourd'hui, on prescrit rarement des antibiotiques à titre prophylactique, car ils favorisent l'apparition de souches résistantes. Il a été démontré que l'administration de pénicilline pouvait prévenir les infections streptococciques, mais on ne doit y avoir recours

que pendant la phase d'oedème (48 à 72 heures). On n'administre des antibiotiques que s'il y a infection de la plaie ou cultures positives (urines, expectorations ou sang) en prenant soin, au préalable, de procéder à une épreuve de sensibilité (antibiogramme). On surveille le taux sérique de l'antibiotique pour s'assurer de son efficacité; on doit aussi être à l'affût des signes d'effets toxiques. On peut associer plusieurs antibiotiques.

Il importe de dépister et de traiter les infections localisées, mais il faut avant tout les prévenir en appliquant les mesures d'isolement. Certaines de ces mesures s'apparentent aux précautions universelles.

- Par ailleurs, lorsqu'on prodigue des soins à un grand brûlé, on doit porter un masque et des gants. Le soin des plaies exige le respect des règles de l'asepsie et le port d'un bonnet et d'une blouse.

Il faut vérifier lors de l'admission si le patient a reçu au cours des cinq dernières années de l'anatoxine antitétanique. Si non, on doit lui faire une injection de ce vaccin. S'il n'a jamais reçu d'anatoxine tétanique depuis sa naissance, on doit, en plus de l'anatoxine tétanique, lui administrer des immunoglobulines antitétaniques humaines. Ces produits sont prescrits par le médecin. Les risques de tétanos varient selon l'étendue des brûlures et les circonstances de l'accident. Ils sont plus grands si le patient a été en contact avec le sol.

SOINS DES PLAIES

Le soin des plaies comprend le nettoyage et le débridement, de même que l'application d'agents antimicrobiens topiques et de pansements. On peut utiliser des pansements de gaze, des pansements biologiques ou biosynthétiques ainsi que des pansements synthétiques. Toutefois, le recours à des greffes cutanées sera nécessaire pour une guérison complète des brûlures profondes du 2e degré ou des brûlures du 3e degré.

Nettoyage des plaies

Il existe plusieurs façons de nettoyer les plaies. Certains centres ont recours à un bain d'hydrothérapie; d'autres utilisent des cuves portatives; d'autres encore placent le patient sur un brancard de vinyle suspendu sous la douche. On peut utiliser une douche de plein-pied, une cuve ou un bain tourbillon. Le bain tourbillon permet un meilleur nettoyage et un massage en douceur. On doit recouvrir tout le matériel d'hydrothérapie d'un revêtement de plastique pour prévenir les infections nosocomiales. On peut utiliser pour le nettoyage de l'eau courante, du soluté physiologique, ou un antiseptique, comme une solution diluée d'iode ou d'hibitane.

On maintient la température de l'eau à 37,8 °C et celle de la chambre entre 26,6 et 29,4 °C.

Pendant le bain, on incite le patient à bouger le plus possible, car le milieu liquide favorise la mobilité. Après que le patient est sorti du bain, on peut rincer sa peau à l'eau claire.

La durée d'une séance d'hydrothérapie ne doit pas dépasser 20 à 30 minutes pour prévenir les refroidissements et l'augmentation des demandes métaboliques.

Il faut aussi laver régulièrement les régions non brûlées et les cheveux. On profite du nettoyage des plaies pour dépister les rougeurs et les signes de lésions ou d'infection. On coupe les poils qui entourent les régions brûlées. Selon les politiques en vigueur, on perce ou non les phlyctènes.

Il est essentiel de planifier consciencieusement le traitement de la surface brûlée. Quand on retire les tissus dévitalisés, il faut respecter strictement les règles de l'asepsie.

On nettoie les plaies qui n'exigent pas de traitement chirurgical au moins une fois par jour. Entre 10 et 15 jours après les brûlures, les nettoyages et les débridements doivent être plus fréquents, parce que les escarres commencent à se détacher, exposant le tissu sous-jacent.

Après le bain, on assèche délicatement les plaies à l'aide de serviettes stériles ou propres et on procède au traitement des plaies conformément à l'ordonnance du médecin. Toutefois, peu importe le traitement, il faut viser avant tout à protéger les plaies des contaminations. Il faut également tenir compte du bien-être du patient et de son aptitude à participer au traitement.

TRAITEMENT ANTIMICROBIEN TOPIQUE

On admet généralement que l'application d'un agent antimicrobien est la méthode de traitement local la plus efficace pour les brûlures étendues. On réduit de cette façon le nombre des bactéries et on favorise l'accélération de la cicatrisation.

Il n'existe aucun agent antimicrobien qui soit universellement efficace. Par conséquent, on devra peut-être employer différents agents à divers moments au cours de la période qui suit l'accident. On choisit les agents antimicrobiens en fonction des résultats des cultures et antibiogrammes. Avant chaque nouvelle application, il faut enlever soigneusement toute trace des produits appliqués précédemment à l'aide de soluté physiologique. L'infirmière doit connaître la durée d'action des différents agents à action locale ainsi que la concentration prescrite pour chacun d'entre eux. Il faut déterminer la fréquence des applications qui permettra d'obtenir les meilleurs résultats possible.

Pour s'assurer de l'efficacité des agents antimicrobiens à action locale, il faut procéder à des cultures bactériennes.

Les prélèvements peuvent se faire par écouvillonnage (culture de surface). Il s'agit d'une méthode simple et indolore. L'antibiothérapie par voie parentérale ou orale doit être utilisée avec modération. Toutefois, elle s'avère nécessaire lorsqu'il y a présence d'une infection respiratoire ou d'autres infections concomitantes.

Les agents antimicrobiens topiques doivent être efficaces contre les germes Gram négatif, comme *Pseudomonas aeruginosa*, contre *Staphylococcus aureus* et même contre les champignons. Leur efficacité doit avoir été prouvée cliniquement. Ils doivent pénétrer dans les escarres, sans provoquer d'effets toxiques généralisés. Ils ne doivent pas perdre de leur efficacité pour éviter les surinfections. Ils doivent enfin avoir un bon rapport coût-efficacité, être faciles à obtenir, bien acceptés par le patient et faciles à appliquer.

Sulfadiazine d'argent (Flamazine)

La sulfadiazine d'argent est couramment utilisée pour le traitement local des brûlures. Elle est le produit d'une réaction entre le nitrate d'argent et la sulfadiazine de sodium. Elle se présente sous forme de crème hydrosoluble à une concentration de 1 % et est efficace contre les bactéries Gram négatif et Gram positif, de même que contre les champignons.

La sulfadiazine d'argent semble plus efficace que l'acétate de mafénide et les autres agents microbiens; elle ne cause aucune douleur à l'application et ne perturbe aucunement l'équilibre acidobasique, l'équilibre électrolytique et la fonction rénale.

Elle peut toutefois provoquer une leucopénie deux à quatre jours après le début du traitement, mais le nombre des leucocytes revient à la normale dans les jours suivants même quand on poursuit l'application du médicament.

On applique la crème en une couche mince (1,2 mm) une ou deux fois par jour avec les mains couvertes de gants stériles. On peut recouvrir les plaies ainsi traitées d'un pansement ou les laisser à découvert. Lorsqu'on applique de la sulfadiazine d'argent sur des brûlures profondes, elle forme en surface un gel protéinique de quelques millimètres d'épaisseur, que l'on peut enlever facilement après 72 heures. Selon certains spécialistes des soins aux brûlés, ce gel retarderait la réépithélisation. Il faudrait donc nettoyer les plaies toutes les huit heures pour en prévenir la formation.

On a récemment observé que beaucoup de germes Gram négatif devenaient résistants à la sulfadiazine, à la suite de l'utilisation exagérée de ce médicament. Enfin, il importe de vérifier auprès du patient s'il est allergique aux sulfanamides.

Sulfadiazine d'argent et nitrate de cérium. Cet agent se présente sous la forme d'une crème légère et se compose de sulfadiazine d'argent à 1 % et de nitrate de cérium à 2,2 %. Le cérium, un lanthanide, accroît l'efficacité de la sulfadiazine d'argent. Ce produit semble surtout efficace contre les bactéries Gram négatif et on lui attribue une baisse du taux de mortalité chez les brûlés. Il provoque dans de rares cas une méthémoglobinémie, mais il est généralement efficace et sûr.

Nitrate de cérium. Le nitrate de cérium se présente sous la forme d'une solution à 1,74 %. On peut l'utiliser seul ou en association avec la crème de sulfadiazine d'argent et nitrate de cérium. Dans ce dernier cas, on en imbibe un épais pansement toutes les quatre heures. Pour limiter les pertes de chaleur par évaporation, on peut recouvrir les pansements de mousseline, d'une couverture de coton ou d'une Stockinette.

Il importe aussi de vérifier auprès du patient s'il est allergique aux sulfanamides.

Nitrate d'argent (solution aqueuse à 0,5 %)

Le nitrate d'argent à 0,5 % a une action bactéricide et ne provoque pas de lésions tissulaires. Toutefois, il ne pénètre pas dans les escarres, et ne peut par conséquent prévenir les infections profondes. Il faut donc examiner les plaies fréquemment et les débrider si nécessaire.

Le traitement au nitrate d'argent débute peu après l'arrivée du patient au centre hospitalier. On procède à un nettoyage des plaies, puis on les recouvre de plusieurs couches de compresses que l'on imbibe de nitrate d'argent toutes les deux à quatre heures. L'application de la solution se fait au moyen d'une seringue à poire ou de tubes insérés entre les couches de compresses. On recouvre les pansements humides de plusieurs couches de gaze sèche qu'on maintient en place au moyen de pansements externes non élastiques. On change les pansements tous les jours.

On recouvre le patient avec un drap sec et une couverture sèche, pour limiter les pertes de chaleur par évaporation.

L'utilisation du nitrate d'argent n'est pas sans danger. Comme il s'agit d'une solution hypotonique, les électrolytes des liquides organiques, en particulier le sodium et le potassium, passent par osmose dans le pansement imbibé. La perte de sodium peut être très rapide, surtout chez les grands brûlés et chez les enfants.

- Il est donc important, dans les premières heures du traitement, de vérifier régulièrement (aux deux ou quatre heures) les taux sériques de sodium, de chlore, de potassium et de calcium. On remplace généralement ces électrolytes en administrant du lactate Ringer par voie intraveineuse.

Dès que le patient peut manger normalement, on ajoute du sel à son régime alimentaire pour compenser les pertes de sodium. Le lactate ou le gluconate de calcium sert à traiter l'hypocalcémie (généralement dans les quelques jours qui suivent l'accident) et le chlorure de potassium compense les pertes de potassium. Ces pertes sont bien sûr plus marquées dans les cas de brûlures couvrant entre 50 et 80 % de la surface corporelle.

Le nitrate d'argent a aussi l'inconvénient de noircir à la lumière du jour et de tacher ainsi tout ce qui vient en contact avec lui. L'infirmière qui applique du nitrate d'argent doit donc porter des gants de caoutchouc pour se protéger les mains des taches.

Acétate de mafénide (Sulfamylon)

L'acétate de mafénide (10 %) en crème, dans une base hydrophile, se diffuse rapidement dans les tissus dévitalisés. On l'emploie de préférence dans le traitement des brûlures électriques, car il pénètre dans les escarres profondes qui caractérisent ce type de brûlures. Il est efficace contre un grand nombre de microorganismes Gram positif et Gram négatif.

Il se présente sous la forme d'une crème que l'on applique en une mince couche une ou deux fois par jour. Souvent on laisse la plaie à découvert, mais parfois on la recouvre de pansements que l'on change toutes les six heures. Malgré que cet agent soit relativement non toxique, il inhibe l'activité de l'anhydrase carbonique, ce qui peut provoquer une acidose métabolique ou une acidose tubulaire proximale. Son usage prolongé pouvant entraîner une acidose métabolique grave, il est essentiel de suivre de près la fréquence respiratoire, les valeurs des gaz artériels et le pH sanguin. Une radiographie pulmonaire est parfois nécessaire, en raison du risque d'insuffisance respiratoire. Ces complications peuvent exiger l'arrêt du traitement.

L'acétate de mafédine a aussi l'inconvénient de provoquer une sensation de brûlure dans les minutes qui suivent son application. On doit donc, dans certains cas, administrer un analgésique avant le traitement. De plus, il retarde le décollement de l'escarre, et la greffe par le fait même, à moins qu'on ne procède à une excision chirurgicale de l'escarre. L'acétate de mafénide à 5 % est efficace après la greffe ou pour le traitement des régions récemment excisées avant l'application des greffons.

Autres agents topiques

L'*onguent à base de povidone-iode (10 %)* et la *solution Bétadine* sont efficaces contre une variété de germes Gram négatif et Gram positif, de même que contre les levures, les champignons et les virus. On refait habituellement les pansements toutes les six heures. Les préparations à base d'iode peuvent causer de la douleur quand on les applique. Il faut donc prévoir dans certains cas l'administration d'un analgésique avant leur application. L'iode peut aussi provoquer des allergies.

Le *sulfate de gentamicine* est un aminoside offert en crème (à une concentration de 0,1 %). Il est efficace pour un traitement de courte durée sur de petites régions infectées. On doit toutefois l'utiliser avec prudence et en surveiller les effets, car quelques cas de surinfection par des souches bactériennes résistantes ont été observés.

Le *nitrofural (Furacin)* est un nitrofuranne offert en onguent ou en crème qui a une action bactéricide contre la plupart des bactéries qui causent l'infection des brûlures. L'onguent contient du polyéthylène-glycol qui n'est pas excrété normalement quand la fonction rénale est altérée, ce qui se manifeste par une augmentation de l'azote uréique et une acidose métabolique. L'utilisation du nitrofural peut entraîner des surinfections bactériennes ou fongiques ou l'apparition d'organismes résistants.

Les agents antimicrobiens à action topique doivent être utilisés avec circonspection afin d'accroître leur efficacité et de réduire l'apparition de souches résistantes.

CHANGEMENT DES PANSEMENTS

On change les pansements dans la chambre du patient, dans la salle d'hydrothérapie ou dans la salle de traitement, 10 à 60 minutes après avoir administré un analgésique par voie orale ou intraveineuse. On peut également les changer à la salle d'opération, sous anesthésie. Le personnel doit porter un masque, un bonnet, des gants ainsi qu'une blouse de contagion. On coupe les pansements externes avec des ciseaux mousses et on retire les pansements souillés. Toutefois, on prend soin de noter la quantité et l'aspect des exsudats avant d'en disposer conformément aux directives en vigueur dans l'établissement concernant l'élimination des matières infectieuses.

On peut faciliter le décollement des pansements qui adhèrent à la plaie en les imbibant de soluté physiologique ou en immergeant le patient dans un bain pendant quelques minutes

Pour assurer le bien-être du patient, on peut réchauffer le soluté physiologique dans une armoire chauffante avant son utilisation. On retire les pansements *soigneusement* et *délicatement* avec des pinces ou avec les mains gantées. Le patient peut participer à l'intervention, ce qui diminue son sentiment d'impuissance. Ensuite, on débride les plaies pour éliminer les débris, les traces, les exsudats et la peau dévitalisée. On doit utiliser des ciseaux et des pinces stériles pour tailler les escarres décollées et retirer la peau dévitalisée. Pendant le débridement, on examine minutieusement la plaie et la peau qui l'entoure. On doit noter la couleur de la plaie, son odeur et sa taille, la présence d'écoulements, les signes de réépithélisation et les caractéristiques des escarres, ainsi que toute modification depuis le dernier changement des pansements. Les soins des plaies, en particulier le bain, accroissent les demandes métaboliques. Aussi, l'infirmière doit être à l'affût des signes de refroidissement, de fatigue, de troubles circulatoires ou de douleur non soulagée par les analgésiques.

Après le nettoyage des plaies, on les assèche par tapotement et on applique l'agent antimicrobien conformément à l'ordonnance du médecin, puis on les recouvre de plusieurs couches de pansements. On recouvre les articulations d'un pansement léger pour ne pas gêner le mouvement, sauf si elles doivent être immobilisées en raison d'une greffe récente, de même que les régions où on utilise des attelles pour permettre un bon positionnement.

Le soin des brûlures exige une collaboration étroite entre le patient, le chirurgien, l'infirmière et les autres membres de l'équipe soignante. Chez les patients atteints de brûlures multiples, les soins sont complexes. L'utilisation d'un diagramme, que l'infirmière met à jour quotidiennement, permet d'informer le reste de l'équipe des derniers traitements. On peut aussi utiliser des diagrammes, placés au lit du patient, pour les attelles et les exercices.

PLAIES DÉCOUVERTES OU PANSEMENTS OCCLUSIFS

Plaies découvertes

Dans certains cas, on évite de recouvrir les plaies après avoir effectué les soins d'urgence et appliqué un agent antimicrobien topique (de l'acétate de mafénide, le plus souvent). Le succès de cette méthode exige que l'environnement soit libre de microorganismes. Certains médecins exigent que tout ce qui est en contact avec le brûlé soit stérile. Les draps du patient doivent être stériles; le personnel doit porter un masque, une blouse et des gants stériles. Les visiteurs doivent également porter une blouse et un masque. Ils ne doivent pas toucher le lit et ne doivent rien donner au patient. D'autres médecins n'exigent qu'un environnement propre et comptent sur la grande efficacité des agents antimicrobiens topiques pour protéger les plaies des infections.

Il faut régler la température de la chambre de façon à éviter les refroidissements. Le taux d'humidité doit se situer entre 40 et 50 % pour prévenir les pertes de liquide par évaporation. Pour recouvrir le patient et le protéger des courants d'air auxquels il est très sensible, on peut placer un drap sur un cerceau de lit.

En général, la technique ouverte (aucune application de pansements) est efficace pour le traitement des petites régions,

comme le visage, le cou ou le périnée. Dans certains centres, on a recours à la technique dite ouverte, peu importe la région atteinte et l'étendue des brûlures. Cette technique consiste à laisser le patient brûlé sur un lit à air fluidisé (Clinitron, Kinair) et dans une atmosphère chaude afin d'obtenir une croûte protectrice recouvrant les brûlures. Jusqu'au moment de la greffe, les plaies laissées à l'air sont nettoyées selon une technique aseptique trois fois par jour avec une solution antiseptique (Hibidil 1:2000). Toutefois, les brûlures aux membres ou les plaies infectées sont recouvertes d'un agent antimicrobien topique et de pansements humidifiés avec du soluté physiologique. Une fois que les plaies sont débridées et greffées, on commence les pansements occlusifs. Selon cette méthode, on préconise l'application d'un tulle gras et d'un pansement humide qui seront changés trois fois par jour.

Pansements occlusifs

On emploie les pansements occlusifs le plus souvent pour recouvrir une greffe récente. On les applique sous asepsie à la salle d'opération. Ils servent à protéger la greffe et à créer des conditions optimales pour sa prise. Idéalement, on les laisse en place pendant cinq jours.

Quand on applique ces pansements, on doit éviter que deux surfaces intertrigineuses ne se touchent, comme les doigts ou les orteils, les oreilles et la tête, les seins et la région sous les seins, les points de flexion, ou les plis génitaux. On doit garder les articulations en position fonctionnelle au moyen d'attelles.

DÉBRIDEMENT

Le débridement est un autre aspect du traitement des brûlures. Il a un double objectif:

- Éliminer les tissus contaminés par les bactéries et les corps étrangers pour protéger le patient d'une infection envahissante.
- Éliminer les tissus dévitalisés ou les escarres avant une greffe et favoriser la cicatrisation.

Quand un patient a subi des brûlures du 2e et du 3e degré, les bactéries présentes dans l'espace qui sépare les tissus brûlés des tissus viables sous-jacents liquéfient graduellement les fibres de collagène qui retiennent l'escarre pendant les semaines qui suivent les brûlures. Ce phénomène est dû à l'action des enzymes protéolytiques et autres enzymes.

Le *débridement naturel* permet aux tissus nécrosés de se détacher spontanément des tissus viables sous-jacents. Cependant, l'utilisation d'agents antimicrobiens topiques ralentit le décollement de l'escarre. Il faut donc l'accélérer par un débridement mécanique ou chirurgical, afin de réduire le temps pendant lequel la brûlure est exposée aux infections sous l'escarre.

Quand on procède à un *débridement mécanique,* on détache et on retire les escarres à l'aide de ciseaux et de pinces de chirurgie. Cette intervention peut être effectuée par un médecin ou une infirmière au moment du changement des pansements ou des soins aux plaies. On arrête le débridement dès que la plaie saigne ou devient douloureuse. On peut arrêter les saignements provenant de petits vaisseaux en appliquant un agent hémostatique (comme le nitrate d'argent) ou en exerçant une pression.

Les pansements sont également efficaces pour débrider les plaies. Les pansements secs ou humides débrident peu à peu la plaie en éliminant, chaque fois qu'on les change, les exsudats et les escarres. Les sutilains (onguents débridants, comme Travase ou Elase) peuvent également être efficaces pour débrider les plaies causées par les brûlures. Il s'agit d'enzymes protéolytiques dérivées de *Bacillus subtilis*. Ils sont offerts dans une base de gelée de pétrole. Toutefois, à cause de leur toxicité, les agents débridants ne peuvent être appliqués sur une étendue de la surface corporelle supérieure à 15 ou 20 %. Il importe de mentionner également que ces agents n'ont aucune action bactéricide. C'est pourquoi il faut les utiliser en alternance avec un agent antimicrobien (Flamazine). Enfin, il est à noter que l'application de l'onguent provoque une douleur vive qui ne s'atténue que dans les heures suivant l'application si aucun analgésique n'est administré. Il est donc nécessaire de prévoir l'administration de morphine ou d'un médicament équivalent avant le traitement.

Le *débridement chirurgical* est une technique qui consiste à exciser graduellement des couches de peau brûlée jusqu'à l'apparition d'un saignement libre et de tissus viables ou à exciser l'épaisseur totale de la peau jusqu'à l'aponévrose (excision tangentielle). On peut procéder au débridement chirurgical quelques jours après les brûlures ou dès que les signes vitaux sont stables et que l'œdème a diminué. On procède ensuite à une greffe. Si la greffe ne peut être faite immédiatement, on peut recouvrir la plaie d'un pansement biologique temporaire ou d'un pansement biosynthétique.

GREFFES CUTANÉES

Dans les cas de brûlures profondes (3e degré), la réépithélisation spontanée est impossible. Il faut donc pratiquer une autogreffe (greffon provenant du patient lui-même). Le greffon est constitué de l'épiderme et d'une quantité plus ou moins épaisse du derme. Les premières régions greffées seront le visage, pour des raisons esthétiques et psychologiques, les mains ou les autres parties fonctionnelles du corps, comme les pieds et les articulations. Toutefois, lorsque les brûlures sont très étendues, on peut commencer par des greffes au thorax et à l'abdomen pour réduire la surface brûlée. La greffe permet au patient de retrouver plus tôt sa capacité fonctionnelle. Elle est pratiquée sous anesthésie générale.

Le greffon est appliqué sur une région débridée et bien vascularisée où il n'y a pas d'accumulation de sang ou de sérosités et aucune prolifération bactérienne.

Types d'autogreffe

On peut utiliser pour les autogreffes un greffon cutané libre d'épaisseur partielle ou totale ou encore divers types de lambeaux (peau et tissus sous-cutanés). L'utilisation d'un greffon d'épaisseur totale ou de lambeaux est plus fréquente dans les chirurgies secondaires. Les greffons d'épaisseur partielle quant à eux peuvent être appliqués sur la surface à couvrir en format timbre-poste ou en plus grand format.

Il arrive aussi que l'on doive recourir à une technique permettant l'élongation du greffon (greffon en filet). Cette technique permet de couvrir une surface brûlée de $1^{1}/_{2}$ à 4 fois plus grande que la zone donneuse.

Pour obtenir un greffon en filet, le chirurgien pratique une petite incision sur le greffon prélevé à l'aide d'un instrument appelé agrandisseur de peau. Ce type de greffon a comme avantage de mieux adhérer au site receveur puisqu'il prévient l'accumulation de sang, de sérosités, d'air ou de pus sous sa surface.

Cette technique est surtout employée dans les cas de brûlures étendues puisqu'il s'agit d'une solution de compromis sur le plan esthétique et fonctionnel. Tout particulièrement, elle prévient moins bien la formation excessive de tissu cicatriciel.

Enfin, il importe de mentionner que la présence de sang, de sérosités, d'air, de graisse ou de tissu nécrosé entre la zone receveuse et le greffon peut compromettre la prise de la greffe. Les autres causes d'échec sont notamment l'infection, l'immobilisation inadéquate du membre greffé et le manque de précautions au moment du changement de pansements.

L'utilisation de greffons d'épaisseur partielle permet de préserver les glandes sudoripares et les follicules pileux de la zone donneuse, ce qui en accélère la cicatrisation (entre 10 et 14 jours).

Soins des patients ayant subi une autogreffe

Après une greffe, on se sert généralement de pansements occlusifs pour immobiliser le greffon. On peut aussi utiliser à cette fin des pansements biologiques (homogreffes, hétérogreffes) ou des pansements synthétiques (voir ci-dessous). On peut, quoique plus rarement, laisser la greffe exposée à l'air, après l'avoir immobilisée avec des agrafes cutanées, de façon à pouvoir suivre de près son évolution.

La prise des greffes cutanées est évaluée par le chirurgien trois à cinq jours après l'opération ou plus tôt si on remarque un écoulement purulent ou une odeur nauséabonde.

Soins de la zone donneuse

Les greffons sont prélevés à l'aide d'un dermatome au niveau d'une zone corporelle non brûlée. Après le prélèvement du greffon, on applique généralement une fine gaze humide sur la zone donneuse pour assurer une pression et arrêter le suintement. On peut également y appliquer directement un agent thrombostatique comme de la thrombine ou de l'épinéphrine. Il existe différentes autres façons de traiter la zone donneuse, dont l'application d'une seule couche de gaze imprégnée de gelée de pétrole, de Soudan IV ou de bismuth ; on peut aussi la recouvrir d'un pansement biosynthétique. Avec des soins adéquats, on observe en 7 à 14 jours une réépithélisation spontanée de la plaie.

PANSEMENTS BIOLOGIQUES

Les pansements biologiques comprennent les homogreffes (ou allogreffes) et les hétérogreffes (ou xénogreffes). L'*homogreffe* est la transplantation d'un greffon provenant d'un donneur humain vivant ou récemment décédé. L'*hétérogreffe* est un greffon d'origine animale (généralement d'origine porcine).

Les homogreffes sont les pansements biologiques les plus fréquemment utilisés. On peut se les procurer dans plusieurs banques de tissus dans différentes régions du pays. Les greffons se présentent sous deux formes (frais ou congelés). Selon la plupart des chirurgiens, c'est le type de pansement biologique qui prévient le mieux l'infection.

On peut aussi utiliser comme pansement biologique l'*amnios* humain (la fine membrane qui tapisse l'intérieur de la cavité amniotique).

Les greffons en peau de porc sont offerts par un grand nombre de fournisseurs commerciaux sous trois formes: frais, congelés ou lyophilisés. Il existe également des greffons en peau de porc imprégnés d'un antimicrobien topique, comme le nitrate d'argent.

Les pansements biologiques ont plusieurs utilisations. Dans les cas de brûlures étendues, ils peuvent sauver la vie du patient en permettant l'occlusion temporaire des plaies jusqu'au moment de l'autogreffe.

Dans les cas de brûlures superficielles et propres, ils réduisent les pertes d'eau par évaporation, ainsi que les pertes de protéines. Ils soulagent la douleur en protégeant les terminaisons nerveuses, et procurent une barrière contre l'humidité et l'infection. Il semble qu'ils accélèrent la cicatrisation des brûlures.

Les pansements biologiques protègent le tissu de granulation des plaies débridées. On peut aussi les employer en attendant la cicatrisation d'une zone donneuse que l'on compte réutiliser, ce qui se fait souvent dans les cas de brûlures étendues, car les régions de peau saine pouvant servir de zones donneuses sont réduites.

On utilise de plus les pansements biologiques pour débrider les plaies non propres après l'excision des escarres. La plaie est alors débridée à chaque changement du pansement. Ces pansements servent aussi très souvent à recouvrir temporairement les plaies excisées propres en attendant l'autogreffe.

On peut laisser les pansements biologiques à l'air ou les recouvrir. On les change généralement tous les deux à cinq jours pour prévenir le rejet.

Pansements biosynthétiques et synthétiques

Les pansements biosynthétiques et synthétiques sont une solution de rechange aux pansements biologiques. Parmi ceux-ci, on retrouve le Biobrane et l'Integra, qui se composent de nylon et d'une membrane en Silastic combinée à un dérivé du collagène. Ce type de pansement est semi-transparent et stérile. Il a une durée de conservation illimitée contrairement à l'homogreffe ou à l'hétérogreffe.

En général, le matériau qui compose le Biobrane et l'Integra adhère à la surface de la plaie. On observe un phénomène comparable à la «prise» d'une homogreffe sans vascularisation, soit une altération des fibroblastes et des capillaires, de sorte que le matériau devient une structure permanente. On peut ainsi le laisser en place jusqu'à trois ou quatre semaines.

Comme les pansements biologiques, on ne doit pas l'appliquer sur les plaies très contaminées ou nécrosées. Pour le retirer, après plusieurs semaines, on procède de la même façon que pour enlever une homogreffe vascularisée. Il est toutefois plus facile à retirer et laisse apparaître du tissu de granulation vascularisé, prêt à recevoir une autogreffe.

Il existe un certain nombre d'autres pansements synthétiques que l'on peut utiliser sur les brûlures. Ainsi, les pellicules de polyuréthanne transparent (Op-Site) conviennent pour recouvrir les brûlures du 2e degré propres et les zones donneuses. Il s'agit de pellicules occlusives et étanches à l'eau, mais laissant pénétrer la vapeur d'eau et l'air. Elles protègent donc des contaminations microbiennes tout en permettant les échanges gazeux qui se font beaucoup plus rapidement dans un milieu humide. Parmi les autres pansements synthétiques qu'on utilise pour traiter les brûlures, citons Tegaderm, N-TERFACE et Duo-Derm.

SOULAGEMENT DE LA DOULEUR

La douleur chez les grands brûlés se caractérise par son intensité et sa durée. Elle a deux grandes causes, soit les brûlures elles-mêmes et les nombreuses interventions thérapeutiques comme le changement des pansements, le nettoyage et le débridement chimique ou mécanique des plaies, l'application de

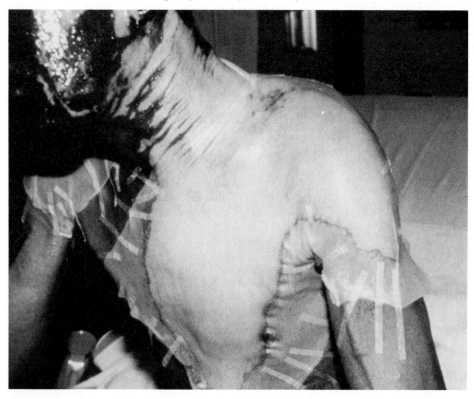

Figure 52-6. Pansement de BIO-BRANE II immédiatement après son application sur une brûlure superficielle du 2e degré dans la région clavipectorale et sus-claviculaire.

(Source: Winthrop Pharmaceuticals Wound Care Division, New York)

crème antimicrobienne et les sessions d'hydrothérapie et de physiothérapie.

La douleur causée par les brûlures elles-mêmes est très intense au cours de la phase qui suit l'accident, puis elle peut diminuer graduellement au fur et à mesure que les plaies guérissent, soit au cours de la cicatrisation spontanée ou de la prise de la greffe. Cependant, lorsqu'on pratique des greffes, la douleur dans la région des brûlures est soulagée, mais les zones donneuses sont extrêmement douloureuses pendant plusieurs jours. La cicatrisation s'accompagne de malaises (démangeaisons, fourmillements, sensations de contraction de la peau et des articulations) qui s'ajoutent à la douleur, pendant des semaines, voire des mois.

Compte tenu des caractéristiques de la douleur chez les patients brûlés, il importe d'administrer des doses adéquates d'analgésiques. Les médicaments couramment prescrits sont la morphine et le démérol. Au moment de l'admission, le mode intraveineux est privilégié à cause de la rapidité d'action et d'un meilleur soulagement de la douleur. L'autoanalgésie contrôlée par le patient (ACP) ou la perfusion continue de morphine combinée à l'administration de mini-balus de morphine intraveineux 10 à 15 minutes avant le début des interventions thérapeutiques sont également efficaces pour réduire la douleur chez le brûlé.

Dès que possible, c'est-à-dire lorsque le patient est capable d'avaler et que les douleurs au repos et au moment des interventions sont moins intenses et plus stables, les analgésiques sont administrés par voie orale. La morphine demeure le médicament de choix. Dans certains centres de grands brûlés, on utilise parfois la kétamine lors du changement des pansements.

TROUBLES DE LA CICATRISATION

Les troubles de la cicatrisation chez les brûlés sont dus à une formation exagérée ou insuffisante de tissu cicatriciel.

Les cicatrices hypertrophiques et les chéloïdes sont le résultat d'une formation exagérée de tissu cicatriciel.

Cicatrices. Les cicatrices hypertrophiques et les rétractions sont plus susceptibles de se manifester lorsque la brûlure atteint le derme profond. Elles sont donc particulièrement fréquentes dans les régions de brûlures du 2e degré qui ont mis plus de 14 jours à se cicatriser et au pourtour des greffes. Quand les plaies profondes se cicatrisent, les téguments normaux sont remplacés par des tissus très actifs sur le plan métabolique et qui ne possèdent pas la structure normale de la peau. Un grand nombre de fibroblastes prolifèrent dans les couches de collagène situées sous l'épithélium. On retrouve également dans les plaies immatures des myofibroblastes, qui sont des cellules ayant des propriétés contractiles. En se contractant, ces cellules donnent aux fibres de collagène, normalement disposées en faisceaux plats, une forme de plus en plus enroulée, ce qui mène à la formation de nodules. La cicatrice devient alors très rouge (à cause d'une hypervascularisation); elle est dure et en relief.

La plaie causée par une brûlure reste en évolution pendant au moins un an et demi. Pendant cette période, on peut prendre des mesures pour que les tissus cicatriciels perdent de leur rougeur et s'assouplissent. Ainsi, l'application d'une pression à la surface de la peau par le port de vêtements compressifs (figure 52-7) provoque le relâchement des faisceaux de collagène et leur permet de se disposer parallèlement à la surface de la peau, ce qui fait disparaître les nodules.

De plus, cette pression exercée sur la peau entraîne une diminution de la vascularisation superficielle et de la formation exagérée de collagène.

Il importe de commencer le traitement le plus tôt possible parce que les fibres des cicatrices récentes sont beaucoup plus souples et malléables et répondent généralement mieux à la compression.

Il existe toutefois un délai entre la fermeture de la majorité des plaies et le moment où la peau peut accepter la pression

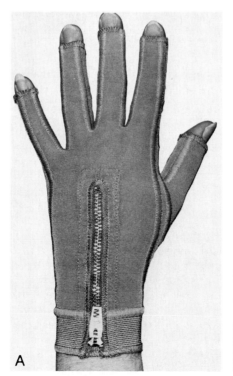

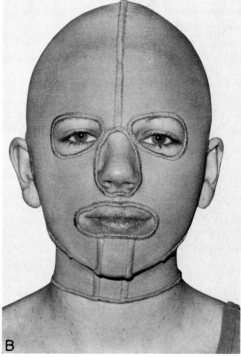

Figure 52-7. Vêtements compressifs en tissu élastique; le port de ces vêtements prévient les cicatrices hypertrophiques. (**A**) Gant compressif (**B**) Masque compressif (Source: Jobst Institute Inc., Toledo, OH.)

A

B

exercée par les vêtements compressifs. Néanmoins, l'application d'une pression plus légère pendant ce délai peut avoir des effets favorables. Cette pression exercée à l'aide de bandage élastique contribue à diminuer la vascularisation superficielle de la peau et la tendance à l'hypertrophie des cicatrices.

Elle prépare également au port des vêtements compressifs en diminuant l'hypersensibilité de la peau.

Lorsqu'il n'y a plus de plaies, le patient est généralement prêt à porter des vêtements compressifs, soit dans un délai d'environ 14 jours après les greffes.

Par ailleurs, la présence de plaies n'est pas nécessairement une contre-indication à la compression dans la mesure où leur dimension est inférieure à 1 cm² et qu'elles sont proximales plutôt que distales. Il faut à ce moment les recouvrir d'un léger pansement. Une évaluation régulière des plaies est alors nécessaire et le port de vêtements compressifs doit être interrompu si une détérioration est observée.

Le port de vêtements compressifs est nécessaire pendant 12 à 18 mois, selon l'évolution de la cicatrisation. Les vêtements doivent être portés environ 23 heures sur 24. Pour ce faire, deux habits sont confectionnés. Ils peuvent être enlevés pour de courtes périodes, comme pendant le bain.

La durée d'utilisation d'un vêtement compressif est approximativement de 10 à 12 semaines. Après cette période, la perte d'élasticité rend la pression beaucoup moins efficace.

Le traitement des cicatrices par le port de vêtements compressifs comporte des limites. En effet, ce type de compression est efficace sur les surfaces lisses, plates ou convexes, mais beaucoup moins sur les surfaces concaves. C'est pourquoi on privilégie le masque en plastique rigide comme technique de compression dans la région du visage et du cou.

Rétractions. Les rétractions sont une autre complication de la cicatrisation. Elles sont dues à la pression exercée par les fibroblastes et la flexion des muscles. Elles provoquent des déformations des articulations, que l'on doit prévenir au moyen d'orthèses, de tractions et d'exercices. Les cicatrices hypertrophiques peuvent aussi causer de graves rétractions articulaires. Elles se limitent toutefois à la région atteinte.

Chéloïdes. Chez certains patients, on observe la formation d'un bourrelet dur qui peut déborder de la plaie elle-même. C'est ce qu'on appelle une *chéloïde*. Les chéloïdes sont plus fréquentes chez les personnes de race noire. Elles réapparaissent souvent après avoir été excisées chirurgicalement.

Absence de cicatrisation. L'absence de cicatrisation peut être reliée à un grand nombre de facteurs, dont l'infection, un apport nutritionnel insuffisant, et un taux sérique d'albumine inférieur à 20 g/L.

SOUTIEN NUTRITIONNEL

L'augmentation des besoins métaboliques chez les patients brûlés provoque une augmentation des besoins nutritionnels qui persiste jusqu'à la fermeture des plaies. Le soutien nutritionnel vise donc à contrer l'hypercatabolisme des protéines, à favoriser la cicatrisation, à prévenir les infections et à freiner la perte de poids.

Pour estimer les besoins énergétiques d'un patient brûlé, on doit tenir compte de plusieurs facteurs tels que l'étendue des brûlures, l'âge, le sexe, le poids corporel, le degré d'activité et l'état physiologique. Certaines victimes de brûlures ont besoin d'un apport énergétique plus important, notamment celles dont plus de 20 % de la surface corporelle est atteinte, celles présentant un déficit nutritionnel associé à une maladie chronique préexistante, ou celles faisant un usage abusif d'alcool ou de drogues.

Il existe différentes formules servant à estimer les besoins énergétiques des brûlés: Curreri et Harris-Benedict, Long ou Bell et al. Outre ces formules, la calorimétrie indirecte, quoique coûteuse, permet de déterminer de façon précise la dépense énergétique du patient brûlé.

Les proportions de protéines, de glucides et de lipides administrées doivent être conformes à celles d'une alimentation normale. Un excès d'apport énergétique pourrait mener à des complications respiratoires, hépatiques ou biochimiques, tandis qu'une insuffisance serait préjudiciable à l'état nutritionnel du brûlé. Les besoins en protéines peuvent varier de 1 à 3 g/kg/24 h, et quelques auteurs recommandent que les protéines constituent 25 % de l'apport énergétique total. En ce qui concerne les glucides, l'apport généralement suggéré est d'environ 7 g/kg/24 h. Enfin, les lipides procurent les acides gras essentiels et contribuent à la cicatrisation, à l'intégrité cellulaire et à l'absorption des vitamines liposolubles.

L'administration d'un supplément de multivitamines fait également partie du soutien nutritionnel puisque les vitamines jouent un rôle prépondérant dans la guérison des plaies. Un apport complémentaire de vitamine C variant de 300 mg à 2 g/jour ainsi qu'un supplément de zinc sont recommandés.

On explique l'importance du soutien nutritionnel par le fait que le patient atteint de brûlures graves perd beaucoup de poids, en partie à cause de l'augmentation de ses besoins métaboliques et d'une anorexie observée surtout au début de l'hospitalisation. Parce qu'un apport nutritionnel insuffisant entraîne une diminution de la résistance aux infections et provoque un retard dans la guérison des plaies, l'infirmière et les autres membres de l'équipe soignante doivent tout mettre en œuvre pour stimuler l'appétit du patient brûlé.

Très souvent, l'alimentation par voie orale ne suffit pas à répondre aux besoins énergétiques du patient brûlé, car la douleur, la médication, les nausées et les vomissements, les interventions chirurgicales, la crainte et l'anxiété sont autant de facteurs qui réduisent son appétit. Lorsque l'alimentation orale incluant des suppléments riches en énergie et en protéines ne permet pas de combler 80 % des besoins dans les 3 jours qui suivent les brûlures, on devra avoir recours à l'alimentation par tube nasogastrique ou nasoduodénal. Ce type d'alimentation est aussi indiqué chez les patients intubés. On l'entreprend en général dans les 48 heures qui suivent les brûlures.

On a recours à la nutrition parentérale totale lorsque l'alimentation par voie orale ou entérale ne permet pas un apport énergétique suffisant, ou lorsque ces voies sont mal tolérées ou contre-indiquées. Les préparations d'hyperalimentation intraveineuse se composent de glucose, d'acides aminés, de lipides, d'électrolytes, de minéraux et de vitamines. On doit toutefois tenir compte des risques d'infection reliés à l'utilisation d'un cathéter veineux central nécessaire à l'administration de l'alimentation parentérale.

L'ulcère gastroduodénal (ulcère de Curling) est une complication possible chez les brûlés, bien qu'extrêmement rare de nos jours. Il se manifeste par la présence de sang dans le tube nasogastrique ou dans les selles et peut être dépisté par une baisse soudaine de l'hémoglobine. Il exige parfois une intervention chirurgicale. On le prévient par l'administration d'antagonistes des récepteurs H2 de l'histamine (cimétidine, Zantac). Des petits repas fréquents et des antiacides sont également indiqués.

 ## DÉMARCHE DE SOINS INFIRMIERS
SOINS AUX BRÛLÉS PENDANT LA PHASE DE SOINS INTERMÉDIAIRES

▷ Collecte des données

Durant les semaines qui suivent les brûlures, on doit surveiller de près le patient pour déceler les troubles de la circulation et de la cicatrisation, de même que les complications. Durant la phase de soins intermédiaires, on poursuit le monitorage des signes vitaux et des signes neurovasculaires puisque l'œdème encore présent peut occasionner une réduction du débit sanguin et une compression des nerfs périphériques.

Enfin, le monitorage de l'activité électrique du cœur permet de déceler les arythmies provoquées par un déséquilibre en potassium ou une cardiopathie préexistante, ou encore par des séquelles d'une brûlure électrique ou du choc initial de la brûlure.

On doit aussi dépister les signes de surcharge liquidienne ou d'insuffisance cardiaque; ces complications sont dues à la mobilisation des liquides et leur passage des espaces interstitiels dans le compartiment vasculaire. Pour ce faire, il faut procéder à la mesure précise des ingesta et excreta, à la prise des signes vitaux et à la mesure de la pression capillaire pulmonaire et de la pression veineuse centrale, s'il y a lieu.

De plus, on doit être à l'affût des signes de difficultés respiratoires, telles des modifications du rythme et de la fréquence respiratoires, ainsi que de l'apparition de bruits respiratoires anormaux, car c'est fréquemment à ce stade que se manifestent les atteintes de l'arbre respiratoire. L'auscultation et l'obser-

vation permettent de recueillir un grand nombre de données: présence de bruits respiratoires et de sifflements, tachypnée, stridor et crachats teintés de suie (ou dans certains cas, contenant des tissus qui se sont détachés de la trachée). Il faut surveiller les patients sous respirateur pour déceler les diminutions du volume courant et de la compliance pulmonaire.

Par ailleurs, il est important au cours de cette phase de mesurer le volume résiduel et le pH du liquide gastrique chez les patients alimentés par sonde nasogastrique. Ces données peuvent indiquer une infection à ses débuts ou la nécessité d'administrer des antiacides. Il faut aussi noter toute trace de sang dans le liquide gastrique ou dans les selles et en informer le médecin.

Enfin, l'examen des brûlures doit se faire tous les jours. On doit noter la dimension, la couleur et l'odeur des brûlures, la présence d'escarres ou d'exsudats, la formation d'abcès sous les escarres, la présence de *bourgeons* (petits amas cellulaires en forme de poire à la surface de la plaie), les saignements, l'aspect du tissu de granulation, l'évolution des greffes et des zones donneuses ainsi que l'aspect de la peau environnante. On doit faire part au médecin des modifications importantes de la plaie, car elles peuvent indiquer une infection localisée ou généralisée exigeant une intervention immédiate.

Il existe aussi d'autres données importantes que l'infirmière doit recueillir régulièrement. Elle doit peser le patient tous les jours, noter son apport énergétique, évaluer son hydratation et vérifier les taux sériques des électrolytes, le taux d'hémoglobine et l'hématocrite. Chez les patients ayant subi des brûlures électriques, il ne faut pas négliger les signes de douleur due à une ischémie des muscles profonds. On doit aussi être à l'affût des signes de nécrose des organes vitaux et d'une hémorragie provenant des vaisseaux sanguins adjacents aux régions explorées ou excisées chirurgicalement.

▷ Analyse et interprétation des données

Selon les données recueillies, voici les principaux diagnostics infirmiers possibles:

TABLEAU 52-6. *Manifestations cliniques du choc septique**

Stade léger	Stade modéré	Stade avancé
SIGNES VITAUX	*SIGNES VITAUX*	*SIGNES VITAUX*
Pouls bien frappé	Pouls rapide	Accélération marquée du pouls; pouls faible et filant
Pression artérielle normale ou élevée	Pression artérielle basse	Chute de la pression artérielle
Pression différentielle élevée		Diminution de la pression différentielle
ÉTAT HYPERDYNAMIQUE	*ÉTAT NORMODYNAMIQUE*	*ÉTAT HYPODYNAMIQUE*
Augmentation du débit cardiaque	Diminution du débit cardiaque	Diminution marquée du débit cardiaque
Augmentation du débit urinaire	Diminution du débit urinaire ou insuffisance rénale	Insuffisance rénale
Hyperthermie		Pâleur; peau froide et moite
Peau rouge, chaude et sèche		
Agitation		

* Ces signes et symptômes peuvent varier et ne sont pas nécessairement caractéristiques.

- Risque élevé d'excès de volume liquidien relié à la reprise de l'intégrité capillaire et au passage des liquides de l'espace interstitiel dans l'espace vasculaire
- Risque élevé d'infection relié à la perte de la barrière cutanée et à l'altération des mécanismes immunitaires
- Déficit nutritionnel relié à l'augmentation de la demande métabolique
- Atteinte à l'intégrité de la peau reliée à des brûlures
- Douleur, démangeaisons et sensation de contraction de la peau et des articulations reliées à l'exposition des nerfs, aux interventions thérapeutiques et à la cicatrisation
- Altération de la mobilité physique reliée à la douleur, à l'œdème et aux rétractions des articulations
- Manque de connaissances sur les interventions chirurgicales et sur les soins postopératoires relié à un manque d'expérience
- Perturbation de l'image corporelle reliée à l'altération de l'apparence de même qu'à la perturbation du concept de soi, de l'exercice du rôle et de l'identité personnelle

▷ *Planification et exécution*

▷ *Objectifs:*   Rétablissement de l'équilibre hydrique; prévention des infections; rétablissement du métabolisme normal et prise de poids; amélioration de l'intégrité de la peau; soulagement de la douleur et du malaise et amélioration de la mobilité

▷ *Interventions infirmières*

▷ *Rétablissement de l'équilibre hydrique.*   Pour réduire les risques de surcharge hydrique et d'insuffisance cardiaque, l'infirmière doit noter toutes les ingestions de liquide par voie intraveineuse ou orale. Elle doit être à l'affût des modifications de l'équilibre hydrique, en notant soigneusement les ingesta et les excreta et en pesant le patient tous les jours. Elle fait part au médecin des variations des signes vitaux ainsi que des valeurs de la pression capillaire pulmonaire et de la pression veineuse centrale s'il y a lieu. Celui-ci peut prescrire des cardiotoniques et des diurétiques pour augmenter le débit urinaire. Le rôle de l'infirmière consiste à administrer ces médicaments conformément à l'ordonnance et à observer la réponse du patient.

L'infirmière doit communiquer sans délai avec le médecin si elle observe des difficultés respiratoires. En attendant son arrivée, elle place le patient en position semi-Fowler, afin de favoriser l'expansion des poumons et les échanges gazeux, à moins que des traitements ou les brûlures ne l'interdisent.

▷ *Prévention des infections.*   En plus de surveiller les besoins en liquide et d'assurer des soins constants, l'infirmière doit veiller à la propreté et à la sécurité de l'environnement et examiner minutieusement les plaies pour déceler les toutes premières manifestations d'une infection. On doit réduire les risques d'infection en se lavant méthodiquement les mains avant et après les soins et en portant des gants lors des soins qui nécessiteront un contact direct avec le patient.

De plus, on doit respecter les règles de l'asepsie quand on soigne les plaies ou que l'on procède aux différentes interventions thérapeutiques, comme la mise en place d'un cathéter intraveineux, d'une sonde vésicale ou d'une canule trachéale. Il faut protéger le patient des sources d'infections nosocomiales, notamment les autres patients, les membres du personnel, les visiteurs et le matériel. On vérifie et note la température corporelle au moins toutes les 4 heures et on signale immédiatement toute élévation de la température au-delà de 38,3 °C ou toute diminution en deçà de 36 °C. On doit administrer les antibiotiques selon l'horaire prescrit pour assurer des taux sériques constants. Il faut procéder à des prélèvements pour cultures d'urines, de sécrétions trachéales, d'écoulements des plaies et de sang selon les règles de l'établissement et l'ordonnance du médecin, et faire part immédiatement à celui-ci des résultats positifs. Si on observe des signes de septicémie, il faut administrer sans délai par voie intraveineuse des liquides et des antibiotiques conformément à l'ordonnance du médecin pour prévenir un choc septique, une complication qui a souvent des conséquences fatales.

Comme les grands brûlés sont gravement immunodéficients, il importe de prévenir l'introduction dans leur organisme de germes pathogènes en changeant régulièrement les réservoirs de gavage et de drainage ainsi que les tubulures à perfusion intraveineuse. Il faut aussi restreindre les visites. Toutes les personnes qui sont en contact avec le patient doivent obligatoirement revêtir une blouse de contagion et ils peuvent au besoin avoir à porter un masque et un bonnet.

▷ *Maintien d'un apport nutritionnel suffisant.*   L'infirmière collabore avec la diététicienne pour établir un régime alimentaire riche en protéines et en énergie qui convient au patient. Dans certains centres, on incite les membres de la famille à apporter des mets nourrissants appréciés par le patient. Comme collation entre les repas et le soir, on peut offrir des suppléments riches en protéines et en kilojoules comme des laits fouettés et des sandwiches au beurre d'arachide, à la viande ou au fromage. On doit noter au dossier l'apport énergétique quotidien.

Si on est incapable de combler les besoins énergétiques par voie orale, on peut recourir à l'alimentation par sonde nasogastrique. Il faut dans ce cas vérifier le volume gastrique résiduel pour s'assurer que l'absorption est adéquate. Une alimentation parentérale totale peut aussi être nécessaire.

Il faut peser le patient tous les jours à la même heure et reporter son poids sur la courbe de poids. On peut utiliser cette courbe pour aider le patient à se fixer des objectifs concernant son apport nutritionnel et son poids. Idéalement, un soutien nutritionnel énergique devrait limiter la perte de poids à 10 % du poids initial. Des vitamines A et D, des oligoéléments comme le cuivre et le zinc, ainsi que des suppléments d'acides gras sont parfois nécessaires, surtout quand le patient est alimenté par voie parentérale.

Le patient anorexique a besoin pour augmenter son apport nutritionnel de beaucoup d'encouragement et d'aide de la part des membres de l'équipe de soins. On doit voir à ce que les repas soient pris dans une ambiance agréable. On peut offrir au patient ses mets préférés et des collations riches en protéines et en vitamines pour l'amener à augmenter graduellement sa consommation de nourriture.

▷ *Amélioration de l'intégrité de la peau.*   Après la phase d'urgence, l'infirmière doit consacrer la plus grande partie de son temps au soin des brûlures. Selon les régions affectées, elle effectuera les interventions suivantes:

Cuir chevelu.   En présence d'une brûlure au cuir chevelu, elle rasera ou coupera les cheveux afin de faciliter la guérison. Une attention particulière sera également apportée à la région postérieure de la tête afin de vérifier l'apparition de plaies de pression.

Oreilles. En présence de brûlures aux oreilles, on évitera l'utilisation d'un oreiller sous la tête. De plus, on devra nettoyer les oreilles régulièrement et surveiller l'accumulation de débris de peau dévitalisée dans le canal auditif.

Yeux. Si la région oculaire est atteinte, il faudra vérifier la capacité du patient à fermer les yeux et noter tout particulièrement la présence d'écoulements. Au besoin, l'application de larmes artificielles ou d'un onguent ophtalmique permettra d'humidifier la cornée.

Bouche. Les plaies à la bouche doivent être gardées propres et les lèvres lubrifiées.

Périnée. Le périnée sera rasé et des soins d'hygiène de la région génitale seront prodigués au moins trois fois par jour.

L'infirmière procède aux soins des plaies et aux changements des pansements. Elle recueille des données, note au dossier les changements ou les progrès de la cicatrisation et informe tous les membres de l'équipe de soins de l'évolution des plaies et des modifications au traitement. Elle doit préparer le retour à domicile du patient au tout début du traitement. Pour ce faire, elle évaluera les forces du patient et de sa famille et les mettra à profit tout au long de l'hospitalisation pour préparer sa sortie du centre.

▷ *Soulagement de la douleur et du malaise.* Les brûlures du 1er et 2e degré causent une douleur plus intense que les brûlures du 3e degré parce que les terminaisons nerveuses ne sont pas détruites. Comme les terminaisons nerveuses exposées sont sensibles à l'air, une couverture stérile ou propre peut aider à calmer la douleur.

- L'agitation et l'anxiété qu'on attribue souvent à la douleur peuvent être dues à l'hypoxie. C'est pourquoi il est essentiel d'évaluer soigneusement la fonction respiratoire avant de donner des analgésiques. On administre de la morphine et d'autres types de narcotiques par voie intraveineuse, au besoin. Les voies sous-cutanées et intramusculaires ne sont pas recommandées parce que l'altération de la circulation dans les tissus atteints rend l'absorption irrégulière et imprévisible.

Pour réduire la douleur, l'infirmière peut, en plus de l'administration d'analgésiques, enseigner au patient des techniques de relaxation, l'encourager à participer à certains soins, comme le soin des plaies, ou à contrôler lui-même son analgésie en lui procurant un appareil prévu à cet effet (ACP). Elle doit le rassurer chaque fois que c'est nécessaire. On peut aussi administrer des anxiolytiques en association avec des analgésiques. L'évaluation fréquente de la douleur est essentielle.

L'infirmière doit effectuer les traitements et changer les pansements avec célérité de façon à réduire la douleur. Elle incite le patient à prendre des analgésiques avant les soins et évalue dans quelle mesure ils réduisent la douleur.

Les brûlés se plaignent souvent que les plaies «démangent» ou «tirent». L'administration par voie orale d'agents antiprurigineux, l'application fréquente d'une lotion, des exercices, l'utilisation d'attelles pour empêcher les rétractions, ainsi que le recours à des distractions (lecture, télévision, travaux manuels) favorisent le bien-être.

▷ *Amélioration de la mobilité.* Il faut, le plus tôt possible, prévenir les complications causées par l'immobilité : atélectasie et pneumonie, œdème, escarres de décubitus et rétractions. Pour ce faire, les exercices de respiration pro-

fonde et les changements fréquents de position sont essentiels. On modifie ces interventions selon les besoins. L'utilisation de lits à air fluidisé et de lits tournants peut se révéler utile. On incite le patient à marcher dès qu'il en est capable.

Quand les jambes sont atteintes, on doit les entourer de bandages compressifs avant d'autoriser le patient à se lever.

Les cicatrices de brûlures évoluent pendant au moins un an, période au cours de laquelle il faut mettre tout en œuvre pour prévenir les rétractions et les cicatrices hypertrophiques. Dès le début de l'hospitalisation, on fait effectuer au patient des exercices passifs et actifs d'amplitude des mouvements articulaires. On continue les exercices après les greffes en tenant compte des limites imposées par le médecin.

On pose des attelles pour prévenir les rétractions dans les membres. L'infirmière doit être à l'affût des signes d'insuffisance vasculaire et de compression des nerfs. Pour prévenir les cicatrices hypertrophiques, le patient doit porter des vêtements compressifs (voir la figure 52-7).

▷ *Évaluation*

Résultats escomptés

1. Le patient recouvre son équilibre hydroélectrolytique.
   a) Son bilan des ingesta et des excreta et son poids sont satisfaisants en regard des objectifs thérapeutiques.
   b) Ses signes vitaux sont dans les limites de la normale, de même que ses pressions artérielle, capillaire pulmonaire et veineuse centrale.
   c) Il ne présente pas de détresse respiratoire ; il respire normalement lorsqu'il est en décubitus dorsal ou lorsque la tête du lit n'est pas élevée.
   d) Ses poumons sont clairs à l'auscultation.
   e) Il présente une augmentation de son débit urinaire en réponse aux diurétiques et aux cardiotoniques.
   f) Il reçoit des liquides par voie intraveineuse et orale, conformément à l'ordonnance du médecin.
   g) Il ne présente pas de distension des veines du cou.
   h) Sa fréquence cardiaque est inférieure à 110 battements par minute et il ne présente pas d'arythmies.
2. Le patient ne présente pas d'infection.
   a) Il ne présente aucun signe d'infection localisée ou généralisée.
   b) Les points d'entrée des cathéters intraveineux ne présentent aucun signe d'inflammation.
   c) Sa température corporelle se maintient dans les limites de la normale.
   d) Ses hémocultures et ses cultures de plaies, d'expectorations et d'urines sont négatives.
3. Le patient rétablit son métabolisme normal et prend du poids.
   a) Il prend du poids tous les jours après en avoir perdu en raison de pertes de liquides et d'un apport énergétique insuffisant.
   b) Il ne présente aucun signe de carence en protéines, en vitamines ou en minéraux.
   c) Il comble entièrement ses besoins nutritionnels par alimentation orale.
   d) Il adopte un régime à forte teneur en hydrates de carbone et en protéines.
   e) Il participe au choix de ses aliments en se conformant à l'apport nutritionnel prescrit.
   f) Son taux sérique de protéines est normal.
4. La majorité des plaies sont refermées, les petites plaies ouvertes sont propres et en voie de cicatrisation et les cicatrices sont peu apparentes.

a) La peau est intacte sur presque toute la surface corporelle, sans infection ou lésions.

b) Les plaies ouvertes sont roses et en voie de réépithélisation.

c) Les zones donneuses se cicatrisent rapidement.

d) Les cicatrices sont lisses et souples.

e) La peau est bien lubrifiée et gagne en élasticité; elle ne présente pas de squames ou autres signes de dessèchement.

f) La peau a une pigmentation presque normale.

5. Le patient éprouve peu de douleur ou de démangeaisons; sa peau recouvre son élasticité.

a) Il demande des analgésiques avant les différentes interventions thérapeutiques (soin des plaies, changement de pansements, hydrothérapie, physiothérapie).

b) Il dit éprouver peu de douleur.

c) Il ne présente aucun signe physiologique ou non verbal de douleur modérée ou intense.

d) Il connaît et utilise différents moyens pour soulager la douleur.

e) Son sommeil n'est pas perturbé par la douleur ou les démangeaisons.

f) Il ne se gratte pas.

g) Il dit que sa peau a recouvré son élasticité et qu'il éprouve peu ou pas de démangeaisons.

6. Le patient présente une mobilité satisfaisante.

a) Il augmente son amplitude de mouvements tous les jours.

b) Il a retrouvé une amplitude de mouvements presque normale.

c) Il ne souffre pas de calcifications périarticulaires.

d) Il participe aux activités de la vie quotidienne.

Voir aussi le plan de soins infirmiers 52-2 pour les soins infirmiers destinés aux brûlés au cours de la phase de soins intensifs et intermédiaires.

Résumé: La phase de soins intermédiaires aux grands brûlés commence entre 48 et 72 heures après l'accident et va jusqu'à la fermeture des plaies. Il importe pendant cette phase de prévenir les infections et les septicémies, qui sont les principales causes de décès. Pour prévenir et dépister l'infection et la septicémie, l'infirmière doit faire preuve d'une grande vigilance lors de la collecte des données et du soin des plaies. Elle doit aussi, de même que les autres membres du personnel soignant, être capable d'administrer des soins hautement spécialisés advenant des complications respiratoires, cardiovasculaires et rénales. Pour réduire les conséquences immédiates et prolongées des brûlures, tout le personnel doit travailler en collaboration pour réduire la douleur, apporter un soutien nutritionnel adéquat et favoriser la mobilité. Le soutien psychologique est extrêmement important pour le patient et sa famille, car la guérison et la réadaptation sont très longues.

PHASE DE RÉADAPTATION

Avant de traiter des soins à prodiguer au cours de la phase de réadaptation, il convient de rappeler que certaines interventions liées à la réadaptation commencent dès la phase de réanimation.

Après la phase de soins intermédiaires, le brûlé prend peu à peu conscience des perturbations de son image corporelle et de son mode de vie, surtout s'il a subi des atteintes esthétiques et fonctionnelles exigeant de la chirurgie plastique.

Il peut donc avoir besoin d'aide, tant au point de vue psychologique que professionnel. Les membres de sa famille devront aussi être guidés pour être en mesure d'agir adéquatement.

Les grands brûlés devront être longtemps suivis par une équipe de spécialistes, pendant de nombreuses années dans le cas des enfants. Il faut donc commencer à les préparer à cette réalité dès le début du traitement. Chez une personne qui a subi un aussi grave traumatisme, le recouvrement de l'autonomie exige les efforts de tous les membres de l'équipe soignante.

Pour obtenir les meilleurs résultats possible tant sur le plan esthétique que fonctionnel, on recommande un programme comprenant l'utilisation de vêtements compressifs et d'attelles, de même que la pratique d'exercices sous la surveillance d'un physiatre, d'un physiothérapeute ou d'un ergothérapeute qualifiés. Après la sortie du centre hospitalier, les séances de réadaptation peuvent se faire en consultation externe ou dans un centre de réadaptation.

Pendant cette dernière phase, il faut continuer à suivre de près l'équilibre hydroélectrolytique et l'apport nutritionnel. On trouvera au tableau 52-7 une description des déséquilibres électrolytiques au cours de la phase de réadaptation.

▶ DÉMARCHE DE SOINS INFIRMIERS
SOINS AUX BRÛLÉS PENDANT LA PHASE DE RÉADAPTATION

▷ Collecte des données

Dès le début du traitement, on doit recueillir des données sur le niveau d'éducation du patient, son milieu culturel, son orientation religieuse, ses habitudes et préférences alimentaires, de même que sur son concept de soi, sa vie professionnelle, ses loisirs et ses relations familiales.

L'état mental du patient, ses réactions émotives à l'accident et à l'hospitalisation, son niveau de fonctionnement intellectuel, ses hospitalisations antérieures, sa réaction à la douleur et aux mesures de soulagement de la douleur et ses habitudes de sommeil sont aussi des éléments essentiels de la collecte des données. Des renseignements d'ordre général sur le concept de soi et l'adaptation au stress pourront plus tard être précieux.

Dans la phase de réadaptation, il importe de suivre de près l'amplitude de mouvement des articulations atteintes et l'aptitude à effectuer les activités de la vie quotidienne, d'être à l'affût des signes d'atteinte à l'intégrité de la peau causée par les attelles ou autres appareils de mise en position, de dépister les symptômes de neuropathies et d'évaluer régulièrement la tolérance à l'activité et la qualité de la peau en voie de cicatrisation. On doit également noter au dossier le degré de participation du patient aux soins et son aptitude à marcher et à se nourrir seul, à effectuer lui-même le nettoyage des plaies et à mettre ses vêtements compressifs.

Comme la guérison des brûlures met en jeu l'organisme tout entier, la collecte des données doit être complète et continue. Les priorités varient selon les différentes phases du traitement. Une bonne connaissance de l'évolution normale et anormale des brûlures et des réactions de l'organisme à ce type de blessure est essentielle pour dépister rapidement les signes et symptômes importants, ce qui permet d'intervenir de façon rapide et efficace.

(suite à la page 1639)

Plan de soins infirmiers 52-2

Soins aux brûlés pendant la phase de soins intensifs et intermédiaires

Interventions infirmières	Justification	Résultats escomptés

Diagnostic infirmier: Risque élevé d'excès de volume liquidien relié à la reprise de l'intégrité capillaire et au passage des liquides de l'espace interstitiel dans l'espace vasculaire

Objectif: Maintien de l'équilibre hydroélectrolytique

1. Prendre les signes vitaux aux quatre heures, y compris la pression veineuse centrale ou la pression artérielle pulmonaire s'il y a lieu.	1. La réabsorption du liquide de l'espace interstitiel dans le compartiment vasculaire risque d'entraîner une surcharge liquidienne.	• Les signes vitaux et les valeurs des pressions se situent dans les limites de la normale.
2. Mesurer et noter les ingesta et les excreta.	2. Fournit des renseignements sur l'équilibre hydrique.	• Selon le bilan quotidien, les ingesta n'excèdent pas les excreta.

Diagnostic infirmier: Risque élevé d'infection relié à la perte de la barrière cutanée et à l'altération des mécanismes immunitaires

Objectif: Absence d'infection et de septicémie

1. Se laver soigneusement les mains avec un savon antimicrobien avant et après les soins ou lors de tout contact avec le patient.	1. Réduit les risques d'infections nosocomiales et la prolifération bactérienne.	• Le patient présente de petites plaies ouvertes propres. • Ses plaies ouvertes sont roses et en voie de réépithélisation; elles ne présentent aucun écoulement purulent.
2. Porter une blouse, des gants, un masque et un bonnet quand on expose les plaies ou qu'on est en contact direct avec le patient ou le lit ou au cours des différentes interventions thérapeutiques comme la désinfection des points d'entrée des cathéters et les prélèvements d'échantillons pour culture (urines, sécrétions, sang, écoulement de plaies).	2. Réduit les risques de contamination des plaies par des microorganismes provenant de membres du personnel.	• Les zones donneuses sont en voie de réépithélisation. Les cultures de plaies, d'urines, de sécrétions trachéales et de sang sont exemptes d'organismes pathogènes.
3. Être à l'affût des signes de choc septique qui sont décrits au tableau 52-6.	3. Permet une intervention rapide.	
4. Éviter les pressions sur les plaies.	4. Réduit les risques de lésions et favorise la circulation.	
5. Procéder aux changements de pansements selon la fréquence requise et appliquer les agents antimicrobiens selon l'ordonnance du médecin.	5. Réduit les risques d'infection des plaies.	
6. Examiner les plaies lors de chaque réfection de pansements pour déceler les signes d'infection: tuméfaction et rougeur, écoulement purulent, changement de coloration, odeur particulière.	6. Indique une contamination microbienne et une infection.	

Plan de soins infirmiers 52-2 (suite)

Soins aux brûlés pendant la phase de soins intensifs et intermédiaires

Interventions infirmières	Justification	Résultats escomptés
7. Utiliser une technique d'asepsie rigoureuse pour aspirer les sécrétions des voies respiratoires, insérer une sonde vésicale, introduire des cathéters intraveineux et soigner les plaies.	7. Réduit les risques d'infection.	
8. Changer les tubulures du système de perfusion intraveineuse et procéder aux soins de la peau aux points d'insertion des cathéters intraveineux selon les règles de l'établissement.	8. Réduit les risques d'infection.	
9. Procéder aux prélèvements pour cultures d'urines, de sécrétions pulmonaires, d'écoulements des plaies et de sang, selon les règles de l'établissement et l'ordonnance médicale.	9. Permet de dépister la présence d'organismes pathogènes et de prescrire les antibiotiques appropriés.	
10. Aider le patient à effectuer ses soins personnels (ex. : lavage quotidien des régions non atteintes, soins bucco-dentaires, shampooing).	10. Réduit la contamination microbienne dans les régions entourant les brûlures.	

Diagnostic infirmier :   Risque élevé de déficit nutritionnel relié à l'augmentation de la demande métabolique

Objectif :   Apport énergétique quotidien correspondant aux besoins du patient

1. Offrir un régime alimentaire à forte teneur en énergie et en protéines.	1. Fournit les éléments nutritifs nécessaires à la cicatrisation et satisfait les besoins énergétiques accrus.	• Le patient consomme les quantités de protéines, de lipides, de glucides et de kilojoules requises par sa condition.
2. Observer et noter quotidiennement l'apport alimentaire (liquide et solide) du patient.	2. Permet de calculer la quantité de protéines, de lipides et de glucides ingérés quotidiennement ainsi que le nombre de kilojoules.	• Il améliore son état nutritionnel. • Il prend du poids tous les jours (selon la courbe de poids).
3. À l'heure des collations, offrir des aliments riches en protéines et en kilojoules (lait frappé, œufs, fromage).	3. Un apport élevé en protéines et en kilojoules est essentiel à la formation du tissu de granulation et à la cicatrisation.	• Il ne présente aucune carence en protéines, en vitamines ou en minéraux. • Il comble ses besoins nutritionnels par alimentation orale.
4. Si nécessaire, administrer une alimentation parentérale totale selon l'ordonnance du médecin.	4. L'alimentation parentérale totale est parfois nécessaire chez le patient anorexique.	• Ses taux sériques de protéines sont normaux.
5. Administrer des suppléments de vitamines et de minéraux, selon l'ordonnance du médecin.	5. Les vitamines et les minéraux sont essentiels à la cicatrisation.	

▶ **Plan de soins infirmiers 52-2** (suite)

Soins aux brûlés pendant la phase de soins intensifs et intermédiaires

Interventions infirmières	Justification	Résultats escomptés
6. Peser quotidiennement le patient et reporter son poids sur la courbe de poids.	6. Permet de suivre l'évolution du poids.	
7. Noter les intolérances aux aliments qui se manifestent par une distension abdominale, de la diarrhée, une diurèse osmotique et une déshydratation.	7. Ces symptômes peuvent indiquer des troubles gastro-intestinaux ou un régime alimentaire non conforme aux besoins du patient.	

Diagnostic infirmier : Atteinte à l'intégrité de la peau reliée à des brûlures

Objectif : Guérison des plaies occasionnées par les brûlures

1. Nettoyer les plaies avec une solution antiseptique et laver le reste du corps avec un savon doux, y compris les cheveux, quotidiennement.	1. Réduit les risques d'infection, une cause fréquente de troubles de cicatrisation.	• La plupart des plaies sont fermées. • Le patient a subi toutes ou presque toutes les greffes nécessaires.
2. Appliquer des agents antimicrobiens topiques et des pansements, conformément à l'ordonnance du médecin.	2. Réduit la colonisation bactérienne et favorise la cicatrisation.	• Il présente une peau intacte sur plus de 80 % de sa surface corporelle.
3. Éviter les pressions sur les greffons, en prévenir l'infection et le déplacement.	3. Prévient les lésions aux greffons et favorise la circulation.	
4. Être à l'affût des signes de rejet du greffon ou d'altération de l'intégrité de la peau après la cicatrisation, comme le défaut d'adhérence du greffon et la présence d'écoulements.	4. Les greffes et les plaies cicatrisées sont sensibles aux lésions.	

Diagnostic infirmier : Douleur, démangeaisons et sensation de contraction de la peau et des articulations reliées à l'exposition des nerfs, aux interventions thérapeutiques et à la cicatrisation

Objectif : Soulagement de la douleur et du malaise

1. Évaluer les caractéristiques de la douleur chez le patient brûlé : • durée • intensité • site • facteurs aggravants • facteurs atténuants	1. Fournit des données de base permettant par la suite d'évaluer l'efficacité du soulagement.	• Le patient obtient un soulagement de la douleur. • Il demande des analgésiques au moment opportun.
2. Offrir régulièrement au patient des analgésiques et lui proposer des mesures destinées à favoriser son bien-être (techniques de relaxation, changement de position, etc.).	2. Ces mesures favorisent le soulagement de la douleur, de même que de l'anxiété secondaire à la peur de souffrir.	• Il connaît et effectue les interventions qui sont efficaces pour soulager la douleur. • Il dit n'éprouver que de faibles douleurs. • Il ne manifeste pas de signes physiologiques ou non verbaux de douleur modérée ou intense.

Plan de soins infirmiers 52-2 (suite)

Soins aux brûlés pendant la phase de soins intensifs et intermédiaires

Interventions infirmières	Justification	Résultats escomptés
3. Observer et noter au dossier toutes les réactions du patient aux interventions.	3. Favorise le recours à des mesures efficaces pour soulager la douleur.	
4. Aider le patient à exprimer sa douleur.	4. Évite que le patient réprime sa souffrance.	
5. Enseigner au patient comment la douleur évolue lors de la guérison d'une brûlure.	5. Réduit la peur de l'inconnu et le sentiment d'impuissance.	

Diagnostic infirmier: Altération de la mobilité physique reliée à la douleur, à l'œdème et aux rétractions des articulations

Objectif: Amélioration de la mobilité et participation aux activités de la vie quotidienne

Interventions infirmières	Justification	Résultats escomptés
1. Faire exécuter au patient plusieurs fois par jour des exercices d'amplitude de mouvements.	1. Conserve le tonus musculaire et prévient les rétractions.	• Le patient a une amplitude de mouvements articulaires qui lui permet d'effectuer ses activités de la vie quotidienne.
2. Utiliser des attelles et les appareils d'exercice recommandés par l'ergothérapeute et le physiothérapeute.	2. Favorise l'autonomie et la participation aux soins personnels. Permet de garder la position fonctionnelle du membre et incite à l'activité.	• Il ne présente pas de calcifications périarticulaires.
3. Encourager le patient à manger seul, ainsi qu'à se retourner dans son lit et à marcher dès que possible.	3. Conserve le tonus musculaire et favorise l'autonomie.	

Diagnostic infirmier: Manque de connaissances sur les interventions chirurgicales et sur les soins postopératoires relié à un manque d'expérience

Objectif: Acquisition de connaissances sur les interventions chirurgicales et participation aux soins

Interventions infirmières	Justification	Résultats escomptés
1. Se renseigner sur les hospitalisations et les opérations antérieures du patient.	1. Fournit une base pour les explications et permet de mieux connaître les attentes du patient.	• Le patient a acquis des connaissances sur les interventions chirurgicales, et il participe aux soins.
2. Passer en revue les techniques opératoires et les soins postopératoires avec le patient et sa famille.	2. Prépare le patient aux interventions chirurgicales et l'incite à participer aux soins.	• Il discute avec les infirmières et avec sa famille de ses craintes à propos des interventions chirurgicales et des traitements.
3. Répondre aux questions du patient en tenant compte de son anxiété non exprimée.	3. Aide à fournir des explications appropriées sans aggraver l'anxiété.	• Il décrit les techniques chirurgicales et les traitements.
4. Définir la participation que l'on attend du patient.	4. Permet de fixer des objectifs.	

Plan de soins infirmiers 52-2 (suite)

Soins aux brûlés pendant la phase de soins intensifs et intermédiaires

Interventions infirmières	*Justification*	*Résultats escomptés*

Diagnostic infirmier: Perturbation de l'image corporelle reliée à l'altération de l'apparence de même qu'à la perturbation du concept de soi, de l'exercice du rôle et de l'identité personnelle

Objectif: Amélioration de l'image corporelle et adaptation aux perturbations engendrées par les brûlures

1. Déterminer si le patient est prêt à exprimer ses sentiments face à son image corporelle et à son nouveau mode de vie.	1. Aide l'infirmière à savoir dans quelle mesure le patient est conscient des conséquences de ses brûlures et commence à s'adapter aux perturbations qu'elles engendrent.	• Le patient a une vision juste des perturbations de son image corporelle et des modifications à ses activités quotidiennes qu'exigent les brûlures.
2. Donner au patient l'occasion d'exprimer ses pensées et ses sentiments quant à sa condition et respecter la perception qu'il a de lui-même.	2. Permet au patient d'exprimer ce que signifient pour lui les brûlures et leurs conséquences.	• Il verbalise avec précision la perturbation de son image corporelle. • Il discute des changements qu'il devra apporter à son mode de vie et à ses activités quotidiennes.
3. Répondre franchement aux questions tout en restant optimiste.	3. Crée un climat de confiance qui incite le patient à exprimer ses inquiétudes et à poser des questions.	• Il manifeste de l'intérêt pour les ressources capables de lui venir en aide.
4. Demander l'aide des proches, de conseillers et de personnes-ressources.	4. Il importe d'obtenir de l'aide de différentes sources.	• Il ne souffre pas de dépression et ne se replie pas sur lui-même.
5. Explorer les mécanismes d'adaptation que le patient a utilisés efficacement dans le passé.	5. Permet au patient d'utiliser des mécanismes d'adaptation qu'il connaît.	

TABLEAU 52-7.   *Modifications hydroélectrolytiques au cours de la phase de réadaptation*

Observation	Explication
Déficit en calcium	Le calcium peut être mobilisé dans la région brûlée au cours de la formation du tissu de granulation. Toutefois, il est rare que l'on observe des symptômes d'hypocalcémie.
Déficit en potassium	Le potassium passe du liquide extracellulaire dans le liquide intracellulaire, ce qui provoque un déficit en potassium dans le liquide extracellulaire.
Bilan azoté négatif (pendant plusieurs semaines après les brûlures)	Dû: à une destruction directe des protéines dans la région brûlée, à une perte de protéines dans les exsudats, à l'immobilisation, à un apport insuffisant en protéines.

(Source: N. M. Metheny et W. D. Snively, *Nurses Handbook of Fluid Balance*, Philadelphie, J. B. Lippincott)

▷ *Analyse et interprétation des données*

Selon les données recueillies, voici les principaux diagnostics infirmiers possibles:

- Douleur ou malaise relié à la constriction et à la sécheresse de la peau ainsi qu'aux démangeaisons
- Intolérance à l'activité reliée à la douleur lors des exercices, à la mobilité réduite des articulations, à la fatigue et au manque d'endurance
- Stratégies d'adaptation individuelle inefficaces reliées à la peur, à l'anxiété, au deuil et à la perte d'autonomie
- Chagrin dysfonctionnel et dépression reliés à l'incapacité de faire face à l'altération de l'apparence et à la perturbation du mode de vie, de l'image corporelle et de l'image de soi
- Atteinte à l'intégrité de la peau reliée aux cicatrices hypertrophiques

▷ *Planification et exécution*

▷ *Objectifs:* Participation accrue aux activités de la vie quotidienne; acquisition de connaissances sur les brûlures, le traitement et le suivi; utilisation de stratégies d'adaptation au stress de même qu'à la perturbation du concept de soi et du mode de vie

▷ *Interventions infirmières*

▷ *Repos.*

Les grands brûlés doivent se soumettre souvent à des interventions qui provoquent de la douleur et de la fatigue. Ils manquent donc d'énergie pour participer activement aux soins. L'infirmière doit par conséquent planifier les soins de façon à prévoir des périodes de repos. On peut par exemple consacrer au repos la période qui suit le changement des pansements et les exercices, alors que les mesures de soulagement de la douleur font encore leur effet. Il faut informer les membres de la famille et les autres infirmières des périodes de repos prévues. Certains patients brûlés souffrent d'insomnie à cause de cauchemars, de craintes ou d'anxiété. Si tel est le cas, l'infirmière doit les écouter et les rassurer. L'administration de somnifères pour favoriser le sommeil nocturne peut s'avérer nécessaire.

▷ *Planification des activités.*

La réduction des demandes métaboliques, en soulageant la douleur, en évitant le refroidissement et en favorisant l'intégrité de tous les systèmes et appareils de l'organisme, aide le patient à conserver son énergie pour les traitements et la cicatrisation. L'infirmière incorpore des exercices de physiothérapie dans son plan de soins pour prévenir l'atrophie musculaire et préserver la mobilité requise pour effectuer les activités quotidiennes. En augmentant graduellement la durée des séances d'exercice, l'infirmière permet au patient d'accroître sa tolérance à l'effort, sa force et son endurance. On se base sur la fatigue, la température corporelle et la tolérance à la douleur pour doser les activités quotidiennes. Des activités telles que les visites de la famille, des jeux, l'écoute de la radio ou une marche jusqu'au salon des patients peuvent distraire le patient, améliorer son moral et accroître sa tolérance.

▷ *Enseignement au patient.*

Le patient sera plus apte à participer aux soins s'il connaît les conséquences de ses blessures, les objectifs du traitement et l'importance de sa collaboration. L'enseignement commence dès l'admission et se poursuit tout au long de la phase de réadaptation. On demande aux membres de la famille de participer à la planification et à l'exécution des soins, dans la mesure de leur intérêt et de leurs capacités.

▷ *Utilisation de stratégies d'adaptation.*

La dépression, la régression et la manipulation sont des stratégies d'adaptation auxquelles les brûlés ont recours pour faire face à leur situation, qui est extrêmement éprouvante. Au cours des premières semaines qui suivent l'accident, beaucoup d'énergie est consacrée au maintien des fonctions vitales et à la cicatrisation des plaies, ce qui laisse peu de place à l'adaptation. L'infirmière peut aider le patient à utiliser des stratégies d'adaptation efficaces en établissant avec lui ce qu'il attend de ses comportements, en créant un climat de confiance et en l'encourageant au besoin. On doit informer les membres de la famille des stratégies utilisées pour éviter qu'ils ne soient blessés par des comportements inattendus et ne s'opposent aux mécanismes d'adaptation.

Durant les longs mois que dure l'hospitalisation, le patient est très dépendant des infirmières. Cependant, même lorsqu'il est physiquement incapable d'effectuer ses soins personnels, il peut participer aux décisions relatives aux soins. Il peut aussi s'affirmer en exprimant ses préférences. Quand sa mobilité et sa force s'améliorent, l'infirmière établit avec lui des objectifs réalistes concernant la reprise graduelle de son autonomie: capacité de s'alimenter, participation au soin des plaies, exercices, etc. On utilise souvent avec succès des ententes avec le patient concernant la reprise de son autonomie et son rôle au sein de l'équipe soignante.

Souvent, les brûlés ont perdu, en plus de leur image corporelle, leurs biens personnels, leur maison, des êtres chers et leur travail. L'infirmière doit donc écouter et conseiller le patient. Elle peut aussi l'orienter vers un groupe de soutien. Les patients qui se joignent à un groupe de soutien font la connaissance de personnes qui ont connu une expérience semblable à la leur et ont réussi à s'y adapter.

▷ *Adaptation psychologique.*

Quand son état physique s'améliore, le brûlé prend conscience de sa situation et commence à se poser des questions: Serai-je défiguré? Combien de temps devrai-je rester au centre hospitalier? Qu'adviendra-t-il de mon emploi et de ma famille? Est-ce que je retrouverai mon autonomie? Est-ce que l'accident est dû à une négligence de ma part? Lorsque le patient exprime ces inquiétudes, l'infirmière doit prendre le temps de l'écouter et de l'encourager.

La crainte s'accompagne souvent de colère, parfois dirigée contre le patient lui-même. Celui-ci peut en effet se sentir coupable d'avoir causé l'incendie ou d'avoir survécu à ceux qu'il aimait. Par contre, il s'en prend parfois à ceux qui se sont sortis indemnes de l'accident ou à ceux qui le soignent. Pour aider le patient à surmonter ses émotions, on peut le mettre en relation avec une personne à qui il pourra se confier sans crainte de représailles. Une personne non directement affectée à ses soins (infirmière, psychologue, travailleuse sociale ou prêtre) peut jouer ce rôle. L'une des principales responsabilités de l'infirmière est d'observer constamment les réactions psychologiques du patient. De quoi a-t-il peur? Craint-il pour sa santé physique, pour sa santé mentale? A-t-il peur de subir le rejet de sa famille et de ceux qu'il aime? Craint-il de ne pouvoir supporter la douleur, de ne pouvoir accepter son apparence physique? Est-il inquiet au sujet de sa sexualité? Si elle connaît les motifs des craintes du patient, l'infirmière sera mieux en mesure de l'aider, et de collaborer avec les autres membres de l'équipe soignante pour mettre au point un plan d'adaptation approprié.

▷ *Amélioration du concept de soi.*

L'infirmière qui travaille auprès des brûlés doit prendre conscience qu'il existe dans notre société des préjugés à l'endroit des personnes «différentes». Ainsi les personnes qui ont subi une atteinte esthétique sont souvent victimes de discrimination et d'ostracisme dans leur vie sociale et professionnelle. Il leur appartient donc de mettre en valeur leur personnalité et de s'affirmer.

L'infirmière peut aider le patient à affronter les regards et les questions après sa sortie du centre hospitalier. Elle peut accroître l'estime de soi du patient en reconnaissant son individualité et en lui enseignant à mettre en valeur sa personnalité pour détourner l'attention de son corps. Certains professionnels, comme les psychologues et les travailleuses sociales, peuvent aussi apporter aux brûlés une aide précieuse.

▷ *Évaluation*

Résultats escomptés

1. Le patient augmente sa tolérance à l'activité et est capable d'effectuer les activités de la vie quotidienne désirées.
   a) Il dort un nombre suffisant d'heures toutes les nuits.

b) Il ne mentionne aucun cauchemar ou troubles du sommeil.

c) Il augmente graduellement sa tolérance et son endurance à l'activité physique.

d) Il est capable de suivre les conversations.

e) Il possède assez d'énergie pour effectuer les activités quotidiennes désirées.

2. Le patient possède des connaissances suffisantes sur les autosoins et le programme de réadaptation.

a) Il décrit les interventions chirurgicales et les traitements.

b) Il connaît bien le programme de réadaptation.

c) Il est capable d'effectuer le soin des plaies et les exercices recommandés.

d) Il se présente à tous ses rendez-vous à la clinique et aux séances de physiothérapie.

e) Il a dressé une liste de personnes et d'organismes avec lesquels il peut communiquer en cas de besoin.

3. Le patient fait appel à des stratégies d'adaptation appropriées pour surmonter les problèmes dus aux brûlures.

a) Il verbalise ses réactions face aux brûlures, aux traitements et aux pertes qu'il a subies.

b) Il indique les stratégies d'adaptation au stress utilisées antérieurement.

c) Il accepte la perte temporaire de son autonomie.

d) Il manifeste du déni, de la colère, une régression et une dépression, de façon normale pour un grand brûlé.

e) Il verbalise de façon réaliste les conséquences de l'accident et ses projets pour l'avenir.

f) Il collabore avec les infirmières lors des traitements.

g) Il pose des questions appropriées sur les brûlures et leurs conséquences.

h) Il participe aux décisions concernant les soins.

i) Il manifeste de l'intérêt pour les ressources capables de lui venir en aide sur le plan esthétique et fonctionnel.

4. Le patient accepte la perturbation de son concept de soi et de son mode de vie et s'y adapte.

a) Il verbalise avec précision les changements physiques qu'il a subis.

b) Il discute des changements à son mode de vie et à ses activités quotidiennes qui seront nécessaires après sa sortie du centre hospitalier.

c) Il accepte son apparence physique et s'y adapte.

d) Il utilise, au besoin, du maquillage, une perruque et des prothèses pour améliorer son apparence.

e) Il a des rapports avec ses proches, ses collègues et ses connaissances.

f) Il est capable de chercher et de trouver un nouvel emploi ou de reprendre son rôle dans la famille, à l'école ou dans la communauté.

g) Il n'est pas déprimé et ne se replie pas sur lui-même.

h) Il a surmonté le deuil des pertes dues à ses blessures ou à l'accident (ex. : mort d'êtres chers, dommages à sa maison ou à d'autres biens).

i) Il a des attentes réalistes face aux résultats de la chirurgie plastique et des interventions médicales.

j) Il se fixe des objectifs de réadaptation.

k) Il a une attitude optimiste face à l'avenir.

On trouvera une description des soins infirmiers destinés aux brûlés au cours de la phase de réadaptation au plan de soins infirmiers 52-3.

SOINS À DOMICILE ET SUIVI

Les hospitalisations sont aujourd'hui plus courtes, de sorte que les traitements en consultation externe et les soins à domicile gagnent en importance. Pendant l'hospitalisation, il faut enseigner graduellement aux patients et à leur famille comment soigner les brûlures et solliciter leur participation le plus tôt possible. Certains d'entre eux ne peuvent regarder et toucher la plaie sans éprouver de la crainte ou même de la répulsion. Toutefois, avec des encouragements et un soutien moral, ils parviendront pour la plupart à effectuer les soins quotidiens des plaies avec très peu d'aide professionnelle.

Les membres de chacune des disciplines qui collaborent aux soins doivent planifier le suivi de façon minutieuse, avant même que le patient ne reçoive son congé. L'infirmière a souvent la responsabilité de coordonner les soins et d'assurer que tous les besoins du patient soient satisfaits. Beaucoup de brûlés doivent se soumettre à des séances de physiothérapie ou d'ergothérapie en consultation externe, souvent plusieurs fois par semaine. On doit revoir avec le patient et sa famille les exercices prescrits, et l'utilisation des vêtements compressifs et des attelles, en plus de leur donner des directives écrites.

En général, les patients qui reçoivent des traitements dans un centre de grands brûlés y retournent périodiquement pour une évaluation de leur état, des modifications aux directives de soins à domicile et la planification de la chirurgie plastique. Certains patients seront suivis par le chirurgien généraliste ou le plasticien qui s'est occupé d'eux durant leur hospitalisation. D'autres seront mutés dans un centre de réadaptation avant de réintégrer leur domicile. Ceux qui présentent des problèmes médicaux doivent être adressés à leur médecin traitant.

On doit orienter certains patients, en particulier ceux qui n'ont pas de parents ou d'amis capables de leur venir en aide, vers un service de santé communautaire. Ceux qui souffrent d'une dépression profonde ou prolongée ou de troubles d'adaptation à leur rôle social ou professionnel doivent être adressés à un psychologue, un psychiatre ou un conseiller d'orientation professionnelle.

Il existe au Canada et au Québec des groupes de soutien aux victimes de brûlures. Ces groupes offrent l'appui de personnes elles-mêmes victimes de brûlures, des conseils sur les soins de la peau, sur l'utilisation du maquillage et sur la réadaptation psychosociale.

Résumé : La réadaptation des victimes de brûlures commence dès l'admission au centre hospitalier et se poursuit souvent pendant plusieurs années. Au cours de la phase de réadaptation, on continue de suivre de près l'équilibre hydroélectrolytique, l'état nutritionnel, les activités et l'état psychologique du patient. Au cours de cette phase, l'infirmière a la responsabilité de coordonner les services, de préparer le patient à sa sortie du centre spécialisé et de planifier les soins à domicile. Pour être en mesure d'orienter de façon appropriée le patient et sa famille, l'infirmière doit connaître les services communautaires, les services de soutien et les ressources connexes. La réintégration d'un brûlé dans la communauté peut exiger l'intervention des services sociaux, des services de physiothérapie et d'ergothérapie, des services communautaires et des services psychiatriques.

Plan de soins infirmiers 52-3

Soins aux brûlés au cours de la phase de réadaptation

Interventions infirmières	Justification	Résultats escomptés

Diagnostic infirmier: Douleur ou malaise relié à la constriction et à la sécheresse de la peau ainsi qu'aux démangeaisons

Objectif: Soulagement de la douleur ou du malaise et hydratation de la peau

1. Aider le patient à appliquer, plusieurs fois par jour, une crème non parfumée à action hydratante sur les plaies cicatrisées.	1. Hydrate et adoucit la peau.	• Le patient a une peau douce, et bien hydratée. • Il ne présente pas de signes de grattage. • Son sommeil n'est pas perturbé par les démangeaisons.
2. Utiliser un savon doux pour le bain quotidien.	2. Les savons doux préviennent l'assèchement de la peau.	• Il dit éprouver peu de démangeaisons. • Sa peau est douce.
3. Administrer un agent antiprurigineux selon l'ordonnance du médecin.	3. Prévient ou soulage les démangeaisons.	• Sa peau n'est ni desséchée, ni desquamée.
4. Recommander au patient de porter des sous-vêtements de coton blanc.	4. Évite le contact de la peau avec des teintures irritantes.	

Diagnostic infirmier: Intolérance à l'activité reliée à la douleur lors des exercices, à la mobilité réduite des articulations, à la fatigue et au manque d'endurance

Objectif: Amélioration de la tolérance à l'activité et de l'autonomie

1. Soulager la douleur.
  a) Évaluer la douleur et noter ses observations au dossier.
  b) Recourir à des analgésiques et à des mesures destinées à améliorer le bien-être (par exemple, des techniques de relaxation) ou à toute autre méthode pour soulager la douleur avant les séances d'exercices.
	1. Aide au soulagement de la douleur tout en encourageant l'exercice et l'activité.	• Le patient ne présente aucun signe de douleur.
		• Il ne demande pas d'analgésiques.
		• Il n'éprouve pas de douleur lors des exercices.
		• Son sommeil n'est pas perturbé par la douleur.
		• Sa tolérance et son endurance à l'exercice sont satisfaisants.
		• Il participe aux activités de la vie quotidienne.

2. Planifier, en collaboration avec le physiothérapeute et l'ergothérapeute, un programme d'exercice qui exige une dépense croissante d'énergie.	2. L'intensité des exercices doit augmenter selon les capacités du patient.	• Il a l'endurance nécessaire à ces activités. • Sa mobilité est satisfaisante. • L'amplitude de mouvement de toutes ses articulations est normale.
3. Planifier les activités quotidiennes de façon à conserver l'énergie en vue des traitements qui exigent une participation active.	3. Permet de mieux utiliser l'énergie.	
4. Planifier les soins de façon à ménager des périodes de repos au cours de la journée et huit heures de sommeil la nuit.	4. Permet une meilleure tolérance à l'activité.	
5. Utiliser des exercices d'amplitude totale des mouvements articulaires.	5. Améliore le mouvement des articulations atteintes et réduit les risques de rétractions.	

▶ **Plan de soins infirmiers 52-3** (suite)

Soins aux brûlés au cours de la phase de réadaptation

Interventions infirmières	*Justification*	*Résultats escomptés*
6. Inciter le patient à faire les exercices recommandés par les physiothérapeutes.	6. Ces exercices assurent le maintien des articulations en position de fonction, ce qui prévient les rétractions.	
7. Utiliser les attelles selon les recommandations de l'ergothérapeute ou du physiothérapeute.	7. Permet de garder le membre en position fonctionnelle.	
8. Inciter le patient à mouvoir ses articulations au cours des activités de la vie quotidienne et des soins personnels.	8. Permet de mobiliser les articulations tout en préservant l'autonomie.	

Diagnostic infirmier :   Stratégies d'adaptation individuelle inefficaces reliées à la peur, à l'anxiété, au deuil et à la perte d'autonomie

Objectif :   Utilisation de stratégies d'adaptation efficaces et amélioration de l'autonomie

1. Observer les réactions verbales et non verbales du patient à la réadaptation et à l'altération de son image corporelle.	1. Permet de savoir dans quelle mesure le patient est conscient des modifications de son image corporelle et de son mode de vie et les accepte.	• Le patient recouvre son autonomie physique et psychique. • Il participe pleinement aux activités de la vie quotidienne. • Il utilise adéquatement des prothèses ou des aides techniques. • Sa vision de lui-même est réaliste, de même que ses projets d'avenir. • Il se dit capable de réintégrer sa vie familiale, sociale et professionnelle.
2. Aider le patient à se fixer des objectifs à court terme pour améliorer son autonomie dans l'exercice des activités de la vie quotidienne.	2. Il est souvent plus facile de se fixer des objectifs à court terme et de les réaliser, les objectifs à long terme pouvant sembler impossibles à atteindre.	
3. Féliciter le patient de ses efforts.	3. On l'encourage ainsi à les poursuivre.	
4. Faire appel à des spécialistes pour aider le patient en période de régression.	4. Ces personnes sont mieux en mesure de lui apporter de l'aide.	
5. Aider le patient à faire ses exercices de physiothérapie et d'ergothérapie, conformément aux recommandations des physiothérapeutes et ergothérapeutes.	5. Aide le patient tout en favorisant son autonomie.	

Diagnostic infirmier :   Chagrin dysfonctionnel et dépression reliés à l'incapacité de faire face à l'altération de l'apparence, et à la perturbation du mode de vie, de l'image corporelle et de l'image de soi

Objectif :   Réduction du chagrin et de la dépression

1. Utiliser les notions de soins infirmiers psychiatriques pour dépister la dépression et la traiter.	1. Une aptitude à l'interaction et à la communication est nécessaire pour venir en aide au patient déprimé.	• Le patient retrouve un fonctionnement social et professionnel adéquat. • Il a un comportement normal avec ses proches, ses collègues et ses connaissances. • Il est capable de chercher et de trouver un nouvel emploi ou de reprendre son rôle à l'école ou dans la communauté.
2. Aider le patient à poursuivre ses objectifs à court terme et à vivre «au jour le jour».	2. Des objectifs à court terme sont plus faciles à fixer et à atteindre que des objectifs à long terme qui peuvent sembler inaccessibles, surtout pour une personne dépressive.	

Plan de soins infirmiers 52-3 (suite)

Soins aux brûlés au cours de la phase de réadaptation

Interventions infirmières	Justification	Résultats escomptés
3. Reconnaître que le patient a besoin de pleurer et d'exprimer ses pertes.	3. Il s'agit d'une réaction normale à la suite d'un accident.	• Il a surmonté le chagrin causé par les pertes dues à ses blessures, ou à l'accident (ex. : mort d'êtres chers, dommages à sa maison ou à d'autres biens).
4. Favoriser les rencontres entre le patient et des personnes qui font d'importants progrès après avoir subi des blessures semblables aux siennes.	4. Encourage le patient et lui fournit des modèles.	• Il a une attitude optimiste face à l'avenir.
5. Obtenir une consultation en psychiatrie et administrer des antidépresseurs selon l'ordonnance du psychiatre si la dépression est anormalement longue.	5. Des interventions supplémentaires peuvent être nécessaires pour éviter que le patient ne compromette sa guérison.	
6. Expliquer au patient que la dépression est normale après un traumatisme important, et qu'elle disparaît quand la santé s'améliore.	6. Le patient sait que sa réaction est normale et temporaire.	

Diagnostic infirmier : Atteinte à l'intégrité de la peau reliée aux cicatrices hypertrophiques

Objectif : Prévention des cicatrices hypertrophiques et obtention des meilleurs résultats esthétiques possible

1. Utiliser des bandages élastiques ou des vêtements compressifs sur les lésions cicatrisées sujettes aux cicatrices hypertrophiques.	1. L'application d'une pression à la surface de la peau contribue à diminuer la vascularisation superficielle et réduit la tendance à l'hypertrophie des cicatrices.	• Le patient obtient les meilleurs résultats esthétiques possible.
2. Enseigner au patient à bien utiliser et entretenir les vêtements compressifs.	2. Assure l'obtention de meilleurs résultats.	• Il s'adapte à son apparence et l'accepte.
3. Adresser le patient à des personnes compétentes pouvant lui enseigner l'emploi du maquillage et des aides techniques.	3. Permet au patient d'améliorer son image corporelle.	• Il utilise, au besoin, du maquillage, une perruque et des prothèses pour améliorer son apparence.
		• Il considère que les objectifs de la chirurgie plastique ont été atteints.
		• Il présente peu de cicatrices hypertrophiques.
		• Il exprime le désir de se procurer de l'information sur le maquillage et les aides techniques.

GÉRONTOLOGIE

Chez les personnes âgées, les taux de morbidité et de mortalité associés aux brûlures sont beaucoup plus élevés que chez les plus jeunes. Celles-ci sont souvent incapables d'éviter des brûlures à cause d'une mobilité réduite, de problèmes de vision et d'une diminution de la sensibilité au niveau des pieds et des mains. De plus, leur peau s'étant amincie et ayant perdu de son élasticité, les brûlures sont plus profondes que chez les plus jeunes.

Les maladies chroniques diminuent chez la personne âgée la résistance au stress occasionné par les brûlures. Durant les phases de réanimation et de soins intermédiaires, l'altération des fonctions cardiovasculaire et rénale et les maladies pulmonaires rendent obligatoire une observation très étroite même si les brûlures sont relativement bénignes. L'insuffisance rénale oligurique aiguë est beaucoup plus courante chez les personnes âgées que chez les moins de 40 ans, et l'écart entre l'hypovolémie et la surcharge liquidienne est très faible. Une altération de la fonction immunitaire, une malnutrition et une résistance moindre aux facteurs, comme le froid, accroissent la demande métabolique, ce qui peut compromettre le pronostic de survie chez les personnes âgées.

Souvent, la séparation des escarres est retardée et l'excision chirurgicale présente des risques. Il faut alors prolonger l'hospitalisation et l'immobilité, ce qui peut entraîner des complications.

L'infirmière qui recueille les données chez une personne âgée victime de brûlures doit porter une attention particulière à la fonction respiratoire, à la réponse aux liquides de remplacement et aux signes de confusion ou de désorientation. Elle doit noter les maladies préexistantes et les médicaments que le patient prenait avant l'accident. Les soins infirmiers visent à réduire la durée de l'immobilisation, à traiter les troubles respiratoires et à réduire les risques d'atteinte des régions cutanées saines. Les personnes âgées sont davantage exposées aux infections localisées, de même qu'à la septicémie, qui peut avoir des conséquences fatales. Comme chez elles les infections ne se manifestent pas toujours par de la fièvre, il faut être à l'affût des autres signes d'infection.

Si l'état du patient âgé est stable, une excision chirurgicale rapide des escarres est parfois préférable. On peut dans ce cas recouvrir la plaie avec un pansement biologique ou une autogreffe, pour éviter les infections ou autres complications. Le programme de réadaptation doit tenir compte des capacités fonctionnelles du patient avant l'accident et de troubles comme l'arthrite ou une faible tolérance à l'activité. Très souvent, la personne âgée ne peut obtenir de l'aide de parents pour les soins à domicile. On doit donc avoir recours aux services sociaux et aux services communautaires pour lui assurer les meilleurs soins possible après sa sortie du centre hospitalier.

RÉSUMÉ

On apprécie les brûlures selon leur profondeur et leur étendue. Les brûlures peuvent être superficielles, comme celles que l'on s'inflige en posant un doigt sur un objet brûlant. À l'autre extrême, elles peuvent atteindre les tissus en profondeur sur une grande proportion de la surface corporelle. Même si les chances de survie des grands brûlés se sont améliorées, le traitement est souvent long et complexe. Les brûlures affectent plusieurs systèmes et appareils de l'organisme et exigent de multiples interventions chirurgicales : excision des escarres, greffes, etc. L'infirmière qui traite un grand brûlé doit posséder une excellente connaissance des soins intensifs, aussi bien que des techniques de réadaptation. Elle doit avoir la perspicacité nécessaire pour dépister les plus légères modifications dans l'état physique du patient et évaluer les effets des traitements.

Elle doit de plus être en mesure de faire face aux réactions émotionnelles du patient et de sa famille. Ces réactions sont souvent sérieuses car les brûlures et leurs complications peuvent avoir des conséquences fatales ; elles perturbent la vie familiale, de même que la vie professionnelle et scolaire, et imposent des modifications au mode de vie. La collaboration de tous les membres de l'équipe soignante est essentielle pour assurer la qualité et la continuité des soins jusqu'à la guérison. On peut faciliter la transition entre le centre hospitalier et la maison, de même que la réinsertion familiale, sociale et professionnelle, en faisant appel à des professionnels de la santé mentale et à des services communautaires.

Bibliographie

Ouvrages

Achauer B. Management of the Burned Patient. Norwalk, CT, Appleton and Lange, 1987.

Bayley EW and Martin MT (eds). A Curriculum for Basic Burn Nursing Practice, 4th ed. Galveston, TX, University of Texas Medical Branch and Shriners Burns Institute for the American Burn Association, 1985.

Bernstein NR and Robson MC. Comprehensive Approaches to the Burned Person. New Hyde Park, Medical Examination Publishing Co, 1983.

Corporation des diététistes du Québec, section 13.2. Brûlures. Manuel de nutrition clinique, 1991.

Demling RH. Management of the Burned Patient. In Textbook of Critical Care, 2nd ed. Philadelphia, WB Saunders, 1989.

Dolecek R et al. Endocrinology of Thermal Trauma: Pathophysiological Mechanisms and Clinical Interpretation. Philadelphia, PA, Lea & Febiger, 1990.

Dressler, Hozid JL, and Nathan D. Thermal Injury, St Louis, CV Mosby, 1988.

Haponick EF and Munster AM. Respiratory Injury: Smoke Inhalation and Burns. New York, McGraw-Hill, 1990.

Martin JAJ. Acute Management of the Burned Patient. Philadelphia, WB Saunders, 1990.

Revues

Les articles de recherche en sciences infirmières sont marqués d'un astérisque.

Bartle EJ et al. Cancers arising from burn scars: A literature review and report of twenty-one cases. J Burn Care Rehabil 1990 Jan/Feb; 11(1): 46–49.

Baxter CR and Weeckerle JF. Emergency treatment of burn injury. Ann Emerg Med 1988 Dec; 17(12):1305–1315.

Bayley EW et al. Standards for burn nursing practice. J Burn Care Rehabil 1989 Jul/Aug; 10(4):362–372.

Bayley EW and Smith GA. The three degrees of burn care. Nursing 1987 Mar; 17(3):34–42.

Bayley EW. Wound healing in the patient with burns. Nurs Clin North Am 1990 Mar; 25(1):205–222.

Boswick JA (ed). Burns. Surg Clin North Am 1987 Feb; 67(1):1–89.

Bowden ML. Factors influencing return to employment after burn injury. Arch Phys Med Rehabil 1989 Oct; 70(10):772–774.

*Brown B et al. Gender differences in variables associated with psychosocial adjustment to a burn injury. Res Nurs Health 1988 Feb; 11:23–30.

Burgess MC. Initial management of a patient with extensive burn injury. Critical Care Nursing Clinics of North America 1991; 3(2):165-179.

Bush A. What to look for when the patient suffers an electrical injury. RN 1987 Sep; 50(9):39–43.

Carlson DE and Jordan BS. Implementing nutritional therapy in the thermally injured patient. Critical Care Nursing Clinics of North America 1991; 3(2):221-235.

Carroll P. Care of the burn patient: part I: metabolic and nutritional considerations. Topics in Clinical Nutrition 1992; 7(2):5-59.

Carroll P. Care of the burn patient: part II: guidelines for nutritional intervention. Topics in Clinical Nutrition 1992; 7(2):60-68.

Cella DF et al. Stress and coping in relatives of burn patient: A longitudinal study. Hosp Community Psychiatry 1988 Feb; 39(2):159–166.

Choinière M. La douceur chez les grands brûlés. Nursing Québec nov-déc 1991; 11(6):62-69.

Choinière M et al. The pain of burns: Characteristics and correlates. J Trauma 1989 Nov; 29(11):1531–1539.

Cioffi WG Jr et Rue LW III. Diagnosis and Treatment of inhalation injuries, Critical Care Nursing Clinics of North America 1991; 3(2):191-198.

Cobb N, Maxwell G, and Silverstein P. Patient perception of quality of life after burn injury. J Burn Care Rehabil 1990 Jul/Aug; 11(4):330-333.

Concilus R et al. Continuous intravenous infusion of methadone for control of burn pain. J Burn Care Rehabil 1989 Sep/Oct; 10(5):406-409.

Cooper DM. Optimizing wound healing: A practice within nursing's domain. Nurs Clin North Am 1990 Mar; 25(1):163-180.

Daniels SM et al. Self-inflicted burns: A ten year retrospective study. J Burn Care Rehabil 1991 Mar/Apr; 12(2):144-147.

Deitch EA (ed). Burns. Trauma Q 1989 Aug; 5(4):1-18.

Delaney AR, Damato RA, and Ikeda CJ. Delayed autograft loss in HIV patients: Two cases. J Burn Care Rehabil 1990 Jan/Feb; 11(1):67–70.

Dobner D and Mitani M. Community re-entry program. JBurn Care Rehabil 1988 Jul/Aug; 9(4):420–421.

Doherty D and Austin E. Effective management of cultured epithelial cells: Two case reports. J Burn Care Rehabil 1986 Jan/Feb; 7(1):33–34.

Duncan DJ and Driscoll DM. Burnwound management. Critical Care Nursing Clinics of North American 1991; 3(2):199-220.

Dyer C. Burn wound management: An update. Plast Surg Nurs 1988 Spring; 8(1):6–12.

Dyer C and Roberts D. Thermal trauma. Nurs Clin North Am 1990 Mar; 25(1):85–117.

Fitzgerald KA and McLaughlin EG. Inhalation injuries. AACN Clinical issues in critical care nursing 1990; vol 1, no 3, p. 535-542, 1(3):535-542.

Hammond J and Ward CG. Decision not to treat/do not resuscitate order for the burn patient in the acute setting. Crit Care Med 1989 Feb; 117(2):136–138.

Heggers J et al. The efficacy of nystatin combined with microbial agents in treatment of burn wound sepsis. J Burn Care Rehabil 1989 Nov/Dec; 10(6):508–511.

Herbert K and Lawrence JC. Chemicals burns. Burns 1989 Dec; 15(6):381–384.

Ireton–Jones C. Use of indirect calorimetry in burn care. J Burn Care Rehabil 1988 Sep/Oct; 9(5):526–529.

Jarlsberg CR. Burns of the neck and chest. Nursing 1990 Jan; 20(1):33.

Johnson CL. Wound healing and scar formation. Top Acute Care Trauma Rehabil 1987 Apr; 1(4):1–14.

Jones JD et al. Alcohol use and burn injury. J Burn Care Rehabil 1991 Mar/Apr; 12(2):148–152.

Klein DG and O'Malley P. Topical injury from chemical agents: Initial treatment. Heart Lung 1987 Jan; 16(1):48–54.

Krings J. Hyperbaric oxygen therapy and critical burned patients. Nurs Manage 1987 Sep; 18(9):80A, 80D, 80H.

Limoges S, Tremblay H et Paquin MJ. Les soins aux grands brûlés. Nursing Québec mars-avril 1989; 9(2):32-40.

Madden MR et al. Grafting of cultured allogenic epidermis on 2nd and 3rd degree burns on 26 patients. J Trauma 1986 Nov; 26(11):955–962.

Mark MW et al. Burn management: Role of tissue expansion. Clin Plast Surg 1987 Jul; 14(3):543–548.

Martin LM. Nursing implications of today's burn care techniques. RN 1989 May; 52(5):26–33.

Marvin JA. Pain management in the burn patient. Top Acute Care Trauma Rehabil 1987 Apr; 1(4):15–24.

McCabe CJ, et al. Electrical and chemical burns. Emerg Care Q 1985 Nov; 1(3):31–40.

Merrel SW et al. The declining incidence of fatal sepsis following thermal injury. J Trauma 1989 Oct; 29(10):1326–1366.

Miller L et al. Sildimal: A new delivery system for silver sulfadiazine in the treatment of full thickness burn injuries. J Burn Care Rehabil 1990 Jan/Feb; 11(1):35–41.

Mosley S. Inhalation injury: A review of the literature. Heart Lung 1988 Jan; 17(1):3–9.

Neff J. Standard of care for the adult patient with thermal injury. J Emerg Nurs 1987 Jan/Feb; 13(1):59–63.

Nevelle C et al. Discharge planning for burn patients. J Burn Care Rehabil 1988 Jul/Aug; 9(4):414–420.

Norwicki CR and Sprenger CK. Temporary skin substitute for burn patients: A nursing perspective. J Burn Care Rehabil 1988 Mar/Apr; 9(2):209–215.

O'Neil CE, Hutsler D, and Hiddreth MD. Basic nutritional guidelines for pediatric burn patients. J Burn Care Rehabil 1989 May/Jun; 10(3):278–284.

Ostrow LB et al. Burns in the elderly. Am Fam Physician 1987 Jan; 35(1):149–154.

Paquin MJ et Lebel H. Soins infirmiers lors de problèmes inhérents à des perturations provoquées par des brûlures importantes 1987, document non publié.

Patterson DR. Psychologic management of the burn patient. Top Acute Care Trauma Rehabil 1987 Apr; 1(4):25–39.

Patterson DR et al. Post-traumatic stress disorder in hospitalized patients with burn injuries. J Burn Care Rehabil 1990 May/Jun; 11(3):181–184.

Peck MD. Does early excision of burn wounds change the pattern of mortality? J Burn Care Rehabil 1989 Jan/Feb; 10(1):7–10.

Perry SW et al. Pain perception vs pain response in burn patients. Am J Nurs 1987 May; 87(5):698.

Phillips LG, Robson MC, and Heggers JP. Treating minor burns. Ice, grease or what? Postgrad Med 1989 Jan; 85(1):219–231.

Phillips LG et al. Uses and abuses of biosynthetic dressing for partial skin thickness burns. Burns 1989 Aug; 15(4):254–256.

Phillips LG et al. Meshed biobrane: A dressing for difficult topography. J Burn Care Rehabil 1990 Jul/Aug; 11(4):347–351.

Punch JD, Smith DJ, and Robson MC. Hospital care of major burns. Postgrad Med 1989 Jan; 85(1):205–215.

Purdue GF and Hunt JL. Multiple trauma and the burn patient. Am J Surg 1989 Dec; 158(6):536–539.

Rivers EA. Vocational considerations with major burn patients. Top Acute Care Trauma Rehabil 1987 Apr; 1(4):74–80.

Roberts D and Appleton V. Psychosocial care of burn injured patients. Plast Surg Nurs 1989 Summer; 9(2):62–65.

*Roberts JG. Analyses of coping responses and adjustment: Stability of conclusions. Nurs Res 1987 Mar/Apr; 36(2):94–97.

Rue L. W. III and Cioffi Jr W. G. Resuscitation of thermally injured patients. Critical Care Nursing Clinics of North America juin 1991; 3(2):181-189.

Sawhney CP. Amniotic membrane as a biological dressing in the management of burns. Burns 1989 Oct; 15(5):339–342.

Schmidt MA, French L, and Kalil ET. How soon is safe? Ambulation of the patient with burns after lower extremity skin grafting. J Burn Care Rehabil 1991 Jan/Feb; 12(1):33–37.

Shane J, Golde M, and Siverstein P. Comparison of energy expenditure measurement techniques in severely burned patients. J Burn Care Rehabil 1987 Sep/Oct; 8(5):366–370.

Shenkman B and Stechmiller J. Patient and family perception of projected function after discharge from burn unit. Heart Lung 1987 Sep; 16(5):490–496.

Slater AL, Slater H, and Goldfarb IW. Effect of aggressive surgical treatment of older patients with burns. J Burn Care Rehabil 1989 Nov/Dec; 10(6):527–530.

Smith GA and Bozinko GS. Giving emergency care for burns. Nursing 1989 Sep; 19(9):55–62.

Stearns G and Kahn A. The rehabilitation nurse: An able but often overlooked member of the burn team. J Burn Care Rehabil 1988 Jul/Aug; 9(4):422.

Talley MA and Luterman A. Myths and facts about burns. Nursing 1989 Jan; 19(1):21.

Tempereau CE. Volitional collapse (loss of the will to live) in patients with burn injuries: Treatment strategies. J Burn Care Rehabil 1989 Sep/Oct; 10(5):464–468.

Thompson PD et al. Hydrotherapy: A survey of burn hydrotherapy in the US. J Burn Care Rehabil 1990 Mar/Apr; 11(2):151–155.

van der Does AJW. Patients' and nurses' ratings of pain and anxiety during burn wound care. Pain 1989 Oct; 39(1):95–101.

Villeneuve C. La cicatrisation chez les grands brûlés fév. 1991, document non publié.

Ward RS et al. Sensory loss over grafted areas in patients with burns. J Burn Care Rehabil 1989 Nov/Dec; 10(6):536–538.

Wasserman D et al. Use of topically applied silver sulfadiazine and cerium nitrate in major burns. J Burn Care Rehabil 1989 Aug; 15(4):257–260.

Wilding P. Care of a burn injured patient. Nurs Times 1988 Aug 24; 84(34):70–75.

Woodly DT. Covering wounds with cultured keratinocytes. JAMA 1989 Oct 20; 262(15):2140–2141.

Zawacki B. Tongue-tied in the burn intensive care unit. Crit Care Med 1989 Feb; 17(12):198, 199.

Note: Also see issues of The Journal of Burn Care and Rehabilitation and BURNS—The Journal of the International Society for Burn Injuries.

Information/Ressources

Organismes

Alisa Ann Ruch Burn Foundation
   20944 Sherman Way, Suite 115, Canoga Park, CA 91303, (818) 883-7700
American Burn Association
   c/o The Shriners Burns Institute, 202 Goodman St., Cincinnati, OH 45219, Attn: Glenn D. Warden, MD, (513) 751-3900
Burn Foundation
   1311 Chancellor St., Philadelphia, PA 19107
National Institute for Burn Medicine
   909 E. Ann St., Ann Arbor, MI 48104
Northern California Burn Council
   c/o Andrew McGuire, Director, Trauma Foundation, Trauma Center, Building 1, San Francisco General Hospital, San Francisco, CA 94110
Phoenix Society
   11 Rust Hill Rd., Levittown, PA 19056

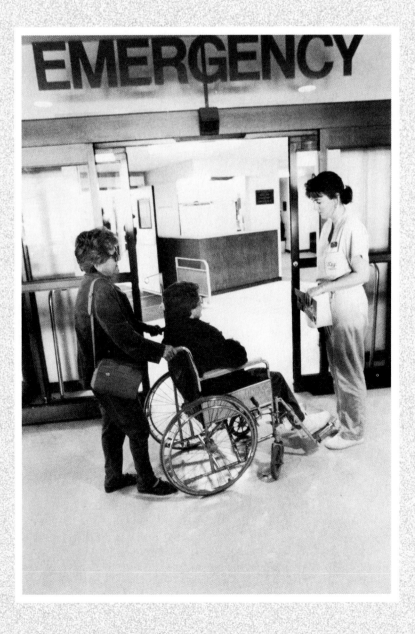

53
MALADIES INFECTIEUSES

OBJECTIFS D'APPRENTISSAGE

Après avoir étudié ce chapitre, vous devriez être en mesure de réaliser ce qui suit:

1. Décrire la chaîne qui assure la propagation des maladies infectieuses.

2. Préciser les paramètres servant à déterminer si le patient souffre d'une maladie infectieuse.

3. Comparer les immunités passive et active.

4. Expliquer l'importance des précautions universelles comme moyen d'empêcher la propagation de l'infection.

5. Appliquer la démarche de soins infirmiers pour intervenir auprès de patients souffrant d'une maladie infectieuse.

6. Préciser l'étiologie et l'incidence des maladies transmissibles sexuellement.

7. Comparer la gonorrhée, la syphilis et le syndrome d'immunodéficience acquise du point de vue de la physiopathologie, des manifestations cliniques, des complications, du traitement et de la prévention.

8. Appliquer la démarche de soins infirmiers pour intervenir auprès des patients souffrant d'une maladie transmissible sexuellement.

9. Appliquer la démarche de soins infirmiers pour intervenir auprès des patients souffrant de choc septique.

10. *Appliquer la démarche de soins infirmiers pour intervenir auprès des patients souffrant de tuberculose.*

11. *Comparer les diverses infections virales du point de vue de l'étiologie, des manifestations cliniques, du traitement et de la prévention.*

12. *Comparer les diverses protozooses du point de vue de l'étiologie, des manifestations cliniques, du traitement et de la prévention.*

13. *Expliquer l'importance de la prévention et de l'enseignement sanitaire dans la lutte contre les infections fongiques et helminthiques.*

GLOSSAIRE

Agent infectieux — *capable de causer une infection ou une maladie*

Agent pathogène — *qui produit la maladie*

Anatoxine — *toxine modifiée capable de stimuler la production des anticorps*

Antigène — *agent qui stimule la production des anticorps quand on l'introduit dans l'organisme d'une personne à risque ou d'une personne réceptive ou sensible*

Antisérum — *sérum contenant des anticorps, administré pour assurer l'immunité contre une maladie donnée; la protection obtenue est temporaire*

Antitoxine — *anticorps qui neutralise une toxine bactérienne*

Atténuation — *affaiblissement de la toxicité ou de la virulence d'un organisme infectieux*

Bactéricide — *agent qui tue les bactéries*

Bactériémie — *présence de bactéries dans la circulation sanguine*

Cas — *personne chez qui la maladie est observée*

Contage — *objets inertes, autres que la nourriture, le lait, l'eau et l'air, qui peuvent héberger ou transmettre des germes*

Contaminé — *qui est entré en contact avec des germes ou des substances infectieuses*

Désinfection ou décontamination — *le fait de détruire ou de rendre inertes, par des moyens chimiques ou physiques, les organismes pathogènes*

Endémie — *maladie sévissant de façon habituelle dans une région géographique donnée*

Épidémie — *maladie qui frappe au même moment un grand nombre de personnes au sein d'une collectivité*

Exanthème — *éruption cutanée*

Immunisé — *protégé contre la maladie*

Incidence — *nombre de nouveaux cas d'une maladie apparaissant au cours d'une période donnée (habituellement une année)*

Infection endogène — *infection causée par des microbes provenant de la propre flore de l'hôte*

Infection exogène — *infection causée par des microbes d'origine externe*

Infection nosocomiale — *infection qui se manifeste pendant un séjour au centre hospitalier; ni présente ni en période d'incubation au moment de l'admission*

Infestation — *invasion de l'organisme par des helminthes ou des arthropodes (insectes, acariens ou moustiques)*

In vitro — *dans une éprouvette (hors de l'organisme)*

In vivo — *dans un organisme vivant*

Maladies contagieuses — *se dit des maladies qui se transmettent d'une personne à l'autre, de façon directe ou indirecte*

Pandémie — *vaste épidémie touchant une forte proportion de la population d'une région donnée*

Période d'incubation — *développement d'une infection depuis le moment de son entrée dans l'organisme jusqu'à l'apparition des premiers signes et symptômes*

Porteur de germes — *personne ou animal qui héberge des organismes infectieux causant une maladie donnée sans en manifester les symptômes*

Prévalence — *rapport entre le nombre de personnes atteintes par une maladie à un moment précis et la population à risque*

Prodrome — *signes avant-coureurs d'une maladie*

Prophylaxie — *ensemble des mesures adoptées pour prévenir une maladie*

Sujet contact — *personne dont on sait, ou on croit, qu'elle a été exposée à une maladie infectieuse*

Surveillance — *système dynamique de collecte, de classification, d'analyse et de déclaration des données touchant les manifestations et la distribution des maladies*

Taux de morbidité — *nombre de cas par rapport à l'ensemble de la population; peut s'exprimer en termes d'incidence ou de prévalence*

Taux de mortalité — *rapport entre le nombre de décès et l'ensemble de la population pendant une période déterminée*

Toxine — *poison produit par un microorganisme*

Vaccin — *suspension de virus vivants atténués, de virus tués, ou d'une fraction antigénique de virus, que l'on administre en vue de conférer une immunité active contre une infection donnée*

ENJEUX ET DIFFICULTÉS DE LA LUTTE CONTRE LES MALADIES INFECTIEUSES

Les maladies infectieuses sont causées par la prolifération dans l'organisme de germes pathogènes. Certaines maladies infectieuses sont contagieuses (transmissibles), d'autres non.

Pour la plupart des êtres humains à l'échelle planétaire, les maladies infectieuses demeurent le problème de santé le plus grave. Dans les pays en voie de développement, les maladies infectieuses et parasitaires sont les principales causes de décès; les personnes qui n'en meurent pas peuvent être atteintes dans leur capacité de travailler ou d'apprendre. Endémiques dans de nombreuses régions, les grandes maladies tropicales gagnent actuellement du terrain; on s'y intéresse davantage depuis que les citoyens des pays occidentaux multiplient les voyages à l'étranger. Il faut vaincre ces maladies si l'on veut assurer le bien-être de la population mondiale, l'autonomie économique et le développement national.

Dans les pays industrialisés, on a éliminé un grand nombre de maladies infectieuses et la mortalité associée aux infections a connu une chute spectaculaire, mais ces maladies continuent d'absorber une part importante des crédits consacrés à la santé. En effet, les interventions diagnostiques effractives, les traitements immunosuppresseurs, les nouvelles habitudes culturelles, comportementales et sexuelles et la création de milieux à risque élevé (comme les unités de soins intensifs et les garderies) ont donné naissance à de nouvelles maladies. Dans toutes les régions du monde, les nouvelles maladies transmissibles sexuellement, ou MTS (infections causées par *Chlamydia trachomatis*, le virus du papillome, etc.), existent à l'état d'épidémie; le problème le plus effrayant est celui de la propagation mondiale du sida (syndrome d'immunodéficience acquise). D'autre part, des germes normalement inoffensifs peuvent infecter les personnes dont les défenses sont affaiblies: personnes âgées, patients subissant une chimiothérapie ou un traitement aux corticostéroïdes, et personnes séropositives pour le VIH.

On a vu augmenter le nombre de germes qui résistent à une variété d'antimicrobiens. Les chercheurs ont réagi en élaborant de nouvelles armes (autres antimicrobiens, chimiothérapie antivirale, méthodes pour faire croître les virus dans les cultures tissulaires), et en approfondissant leur connaissance de l'immunité.

PROCESSUS INFECTIEUX

L'*épidémiologie* est la science qui étudie l'histoire et les manifestations d'une maladie, ainsi que les facteurs qui en facilitent (directement ou indirectement) la propagation. Le tableau 53-1 énumère les principales maladies infectieuses, leurs réservoirs et leurs traitements.

La propagation d'une maladie infectieuse exige une chaîne ininterrompue comportant les maillons suivants (figure 53-1):

- un agent causal,
- un réservoir,
- une porte de sortie,
- un mode de transmission,
- une porte d'entrée,
- un hôte réceptif.

Le premier maillon est l'*agent causal*, ou germe infectieux: bactérie, virus, rickettsie, protozoaire, champignon ou helminthe. L'infection par chacun de ces microbes provoque des réactions particulières chez la personne infectée.

Le deuxième maillon est le *réservoir*, c'est-à-dire le milieu où les germes pathogènes vivent et se multiplient. Il peut s'agir d'un être humain, d'un arthropode, d'une plante, du sol ou d'un objet inerte: les humains sont le réservoir de la syphilis, le sol est le réservoir du tétanos et les animaux sont le réservoir de la brucellose. Chez les humains, la plupart des maladies infectieuses se propagent par le contact avec une personne infectée.

Le maillon suivant est la *porte de sortie*, par laquelle l'agent pathogène quitte le réservoir. Il peut s'agir de lésions de la peau ou d'une partie du corps: les voies respiratoires (qui sont la porte de sortie la plus fréquente dans le cas d'un réservoir humain), le tube digestif ou les voies génito-urinaires. Les piqûres d'insecte, les aiguilles hypodermiques et les instruments chirurgicaux permettent également au microbe de quitter le sang ou les tissus de l'hôte.

L'agent infectieux qui a quitté le réservoir n'est dangereux que s'il rejoint un hôte. Le *mode de transmission* (le quatrième maillon) peut être le contact direct (contact entre deux personnes, morsure d'un animal, contact par gouttelettes en suspension dans l'air) ou le contact indirect par l'entremise d'un objet contaminé, par exemple l'eau, un sérum, des mains ou une aiguille. (Le bacille de la typhoïde est un exemple de microorganisme à transmission indirecte qui peut vivre longtemps à l'extérieur de l'organisme.) Les maladies peuvent aussi se transmettre par des véhicules (nourriture, eau, médicaments, sang contaminés), par l'air (diffusion aérogène des noyaux de gouttelettes) ou par des vecteurs (par exemple, les arthropodes).

Le cinquième maillon est la *porte d'entrée* par laquelle le germe pénètre dans le corps humain. Elle est sensiblement la même que la porte de sortie: voies respiratoires, tube digestif, voies génito-urinaires, muqueuses ou lésions cutanées.

Le sixième maillon est l'*hôte réceptif*. En effet, la présence d'un agent pathogène ne produit pas inévitablement la maladie. Une multiplicité de facteurs déterminent si la personne envahie par des germes infectieux tombera malade ou non, notamment le nombre des germes auxquels elle est exposée, la durée de l'exposition, l'âge de la personne, son état de santé physique, mental et affectif ainsi que son état nutritionnel; l'état du système hématopoïétique, l'absence d'immunoglobulines, ou encore la présence d'immunoglobulines anormales et le nombre et la capacité des lymphocytes T.

Résumé: Les infections se propagent au moyen d'une chaîne de six maillons. Quand l'un des maillons est rompu, la maladie cesse de se disséminer; c'est pourquoi les plans élaborés par les autorités sanitaires visent à supprimer l'un des maillons. En circonscrivant l'infection, on réduit à la fois le taux de mortalité des patients susceptibles, les coûts des soins de la santé et la durée des séjours au centre hospitalier, et on augmente pour chacun les chances d'une vie saine et productive.

TABLEAU 53-1.   *Épidémiologie, traitement et prophylaxie des infections contagieuses*

	Agent infectieux	Réservoirs de l'infection	Porte d'entrée	Moyen de propagation (ou mode de contagion)	Période d'incubation	Chimiothérapie*	Prophylaxie
Amibiase	*Entamoeba histolytica*	Eau et nourriture contaminées	Tube digestif	Personnes atteintes et porteurs; voie fécale-orale; contact buccal et sexuel	Variable	Métronidazole; chlortétracycline	Dépistage des porteurs et interdiction pour eux de manipuler les aliments; protection des installations sanitaires (et des tuyauteries)
Brucellose ou fièvre de Malte	*Brucella melitensis* et microorganismes associés	Lait, viande, tissus et sang provenant de bétail, de chèvres, de chevaux ou de porcs infectés	Tube digestif	Matières infectées (ingestion ou contact)	Variable (5 à 30 jours)	Tétracycline et streptomycine	Pasteurisation du lait; lutte contre l'infection chez les animaux
Chancre mou	*Hæmophilus ducreyi*	Personnes atteintes et porteurs	Organes génitaux	Contact sexuel direct	3 à 5 jours	Érythromycine ou sulfaméthoxazole-triméthoprime	Recherche des cas et traitement de l'infection
Coqueluche	*Bordetella pertussis*	Personnes atteintes	Voies respiratoires	Sécrétions bronchiques infectées	Ordinairement 7 jours	Érythromycine; ampicilline	Immunisation active par vaccination; isolement des cas
Diphtérie	*Corynebacterium diphteriæ*	Personnes atteintes et porteurs; contages; lait cru	Rhinopharynx	Sécrétions nasales et buccales; gouttelettes provenant des voies respiratoires	2 à 5 jours	Antitoxine diphtérique; pénicilline; érythromycine	Immunisation active par l'anatoxine diphtérique
Dysenterie bacillaire (shigellose)	Groupe des *Shigella*	Eau et nourriture contaminées	Tube digestif	Personnes atteintes et porteurs; voie fécale-orale	24 à 48 heures	Ampicilline; chloramphénicol; tétracycline, sulfaméthoxazole-triméthoprime	Dépistage et traitement des porteurs; surveillance des personnes qui manipulent des aliments; décontamination des réserves d'eau
Encéphalite épidémique (encéphalite équine de l'Est et de l'Ouest des États-Unis)	Virus	Poulet et mites d'oiseaux sauvages; chevaux	Peau	Moustiques	Variable	Aucune	Destruction des larves; élimination des gîtes de ponte des moustiques. Vaccin contre l'encéphalite équine de l'Est des États-Unis pour les personnes exposées au virus de façon massive et prolongée

Maladie	Agent causal	Réservoir/Source	Porte d'entrée	Mode de transmission	Période d'incubation	Traitement	Prévention et contrôle
Fièvre paratyphoïde	*Salmonella paratyphi A, B et C,* et microorganismes apparentés	Nourriture, lait et eau contaminés	Tube digestif	Fèces contaminées ou, exceptionnellement, urines	7 à 21 jours	Chloramphénicol; ampicilline; sulfaméthoxazole-triméthoprime	Surveillance des eaux de consommation ainsi que des personnes qui manipulent et vendent des aliments; traitement des porteurs
Fièvre pourprée des montagnes Rocheuses	*Rickettsia rickettsii*	Rongeurs sauvages, chiens, tiques des bois et des chiens	Peau	Piqûres de tiques	3 à 14 jours	Tétracyclines; chloramphénicol	Port de vêtements de protection dans les régions infestées de tiques et examens fréquents du corps pour éliminer aussitôt les tiques; vaccination pour les personnes exposées
Fièvre typhoïde	*Salmonella typhi*	Nourriture et eau contaminées	Tube digestif	Urines et fèces infectées	1 à 3 semaines	Chloramphénicol; ampicilline	Décontamination des sources d'eau; pasteurisation du lait; vaccination des personnes à risque élevé; traitement des porteurs
Gonorrhée (blennorragie)	*Neisseria gonorrhoeae*	Sécrétions urétrales et vaginales	Muqueuse urétrale ou vaginale; pharynx; rectum	Activité sexuelle	2 à 7 jours	Procaïne pénicilline G aqueuse en association avec probénécide, ou tout autre traitement conseillé par les services de santé publique	Examen des cultures; traitement des partenaires sexuels
Granulome inguinal	*Calymmatobacterium granulomatis*	Exsudat infectieux	Organes génitaux externes; région inguinale et anale	Contact direct avec les lésions au cours de l'activité sexuelle	Inconnue; sans doute de 8 à 80 jours	Tétracyclines; sulfaméthoxazole-triméthoprime	Chimiothérapie des porteurs et des contacts; dépistage et traitement des personnes atteintes
Grippe	Virus	Personnes atteintes	Voies respiratoires	Gouttelettes	24 à 72 heures	Amantadine	Vaccin antigrippal
Maladie ou arthrite de Lyme	*Borrelia burgdorferi*	Bétail, cerfs, moutons et souris	Peau	Tiques ixodiques	4 à 20 jours	Tétracycline; pénicilline	Port de vêtements protecteurs dans les bois; élimination des tiques par l'autoexamen et l'examen des animaux domestiques

TABLEAU 53-1. (suite)

Agent infectieux	Réservoirs de l'infection	Porte d'entrée	Moyen de propagation (ou mode de contagion)	Période d'incubation	Chimiothérapie*	Prophylaxie
Maladie de Nicolas-Favre (lympho-granulomatose vénérienne)	*Chlamydia trachomatis*	Personnes atteintes	Organes génitaux externes; muqueuse urétrale ou vaginale	Rapports sexuels; contact indirect avec des objets ou des vêtements contaminés	5 à 21 jours	Tétracyclines	Dépistage et traitement des personnes infectées
Méningite méningo-coccique	*Neisseria meningitidis*	Personnes atteintes et porteurs	Rhinopharynx; amygdales	Gouttelettes provenant des voies respiratoires	2 à 10 jours	Pénicilline; ampicilline; chloramphénicol	Vaccin comportant des antigènes polysaccharidiques méningococciques pour les personnes à risque; rifampine / sulfadiazine pour les porteurs ou les contacts
Mononucléose infectieuse	Virus d'Epstein-Barr	Personnes atteintes et porteurs	Bouche	Probablement la voie oropharyngée; transfusion sanguine pour les hôtes réceptifs	2 à 6 semaines	Aucune	Aucune
Oreillons	Virus	Personnes atteintes (au début de la maladie)	Voies respiratoires supérieures	Gouttelettes provenant des voies respiratoires	2 à 4 semaines (moyenne de 18 jours)	Aucune	Vaccin antiourlien vivant
Paludisme ou malaria	*Plasmodium vivax, P. falciparum, P. malariæ* ou *P. ovale*	Personnes atteintes	Peau	Moustiques (anophèles)	Variable, selon la souche	Chloroquine; primaquine; chlorhydrate d'amodiaquine; quinine	Lutte coordonnée à grande échelle contre les moustiques; dépistage rapide et traitement efficace des cas; médicaments suppresseurs dans les régions impaludées
Pneumonie à pneumocoque	*Streptococcus pneumoniæ*	Porteurs humains; pharynx de la personne atteinte	Muqueuse des voies respiratoires	Gouttelettes provenant des voies respiratoires	Variable	Pénicilline G; érythromycine	Vaccin antipneumococique mixte (polyvalent); traitement des infections des voies respiratoires supérieures; prévention de l'intoxication alcoolique

Maladie	Agent	Réservoir	Porte d'entrée	Mode de transmission	Période d'incubation	Traitement	Prévention
Poliomyélite	Poliovirus (types I, II et III)	Personnes atteintes et porteurs	Tube digestif	Sécrétions pharyngiennes; voie fécale-orale	7 à 14 jours	Aucune	Vaccin antipoliomyélitique buccal (vaccin atténué vivant comprenant les trois types de poliovirus; il produit une immunité de longue durée chez la plupart des personnes atteintes)
Rougeole	Virus	Personnes atteintes	Muqueuse des voies respiratoires	Sécrétions rhinopharyngiennes	8 à 13 jours	Aucune	Vaccin antimorbilleux
Rubéole	Virus	Personnes atteintes	Muqueuse des voies respiratoires	Sécrétions rhinopharyngiennes	14 à 23 jours	Aucune	Vaccin antirubéoleux; administration d'immunoglobuline sérique (humaine) aux sujets contacts
Syndrome d'immunodéficience acquise (sida)	Virus de l'immunodéficience humaine (VIH)	Sang et liquides biologiques de personnes infectées par le VIH	Muqueuse du vagin, du rectum et de l'urètre; sang	Contact direct par les rapports sexuels ou avec le sang; aiguilles hypodermiques contaminées	Variable (de quelques semaines à 15 ans)	Zidovudine (AZT); on ne connaît pas de cure	Dépistage des personnes infectées; moyens de protection mécaniques en cas d'échanges sexuels avec une personne infectée ou de contact avec son sang
Syphilis	Tréponème pâle	Exsudats, liquides corporels et sécrétions infectés (salive, sperme, sang, sécrétions vaginales)	Organes génitaux externes; col utérin; surfaces des muqueuses; placenta	Rapports sexuels; contact avec des lésions ouvertes; transfusion sanguine; inoculation transplacentaire	10 à 70 jours	Pénicilline; tétracycline	Dépistage des personnes infectées par des examens sérologiques systématiques et d'autres méthodes; traitement approprié pour ces personnes
Tétanos	*Clostridium tetani*	Sol contaminé	Plaies pénétrantes et par écrasement	Fèces des animaux de basse-cour	4 à 21 jours (moyenne de 10 jours)	Immunoglobuline tétanique humaine (IGHT) et anatoxine tétanique; pénicilline	Débridement des plaies; injections de rappel de l'anatoxine pour les personnes déjà immunisées; pour les personnes non immunisées, injection d'anatoxine tétanique et d'immunoglobuline antitétanique (points d'injection et seringues différents)

TABLEAU 53-1. (suite)

	Agent infectieux	Réservoirs de l'infection	Moyen de propagation (ou mode de contagion)	Porte d'entrée	Période d'incubation	Chimiothérapie*	Prophylaxie
Trichinose	*Trichinella spiralis*	Porcs infectés	Ingestion de viande de porc infectée et insuffisamment cuite	Tube digestif	2 à 28 jours	Stéroïdes; thiabendazole	Réglementation des éleveurs de porcs; inspection correcte de la viande; cuisson complète du porc
Tuberculose	Bacille de Koch (*Mycobacterium tuberculosis*)	Expectorations des personnes atteintes; lait de vaches infectées (phénomène rare en Amérique du Nord)	Expectorations; gouttelettes provenant des voies respiratoires	Muqueuse des voies respiratoires	Variable	Isoniazide; éthambutol; rifampine; streptomycine; pyrazinamide	Dépistage aux premiers stades et traitement convenable des cas actifs; pasteurisation du lait
Tularémie	*Francisella tularensis*	Rongeurs sauvages et lapins	Contact avec les animaux infectés; ingestion de viande infectée et insuffisamment cuite; absorption d'eau contaminée; piqûres de mouches et de tiques infectées	Yeux; peau; tube digestif	1 à 10 jours	Streptomycine; tétracyclines; chloramphénicol	Port de gants de caoutchouc pour la manipulation et le dépeçage des animaux sauvages qui peuvent être infectés; éviter le contact avec les rongeurs susceptibles d'être infectés; cuisson adéquate du lièvre; vaccination des chasseurs, des bouchers et des travailleurs de laboratoire pour qui le risque d'exposition est considérable
Typhus murin	*Rickettsia mooseri*	Rongeurs infectés	Piqûres de puces	Peau	1 à 2 semaines	Tétracyclines; chloramphénicol	Épouillage; mise en quarantaine des personnes infectées
Varicelle	*Herpesvirus varicellæ*	Personnes atteintes	Probablement les gouttelettes provenant des voies respiratoires	Probablement le rhinopharynx	13 à 17 jours	Acyclovir	Immunoglobuline antivaricelleuse-antizostérienne (VZIG), surtout pour les enfants dont les défenses sont affaiblies et les nouveau-nés exposés à l'infection dans l'utérus

*Étant donné que la chimiothérapie évolue avec la recherche, il est recommandé de consulter les brochures et les abrégés pertinents pour se tenir au courant des modifications dans la posologie et l'emploi des médicaments.

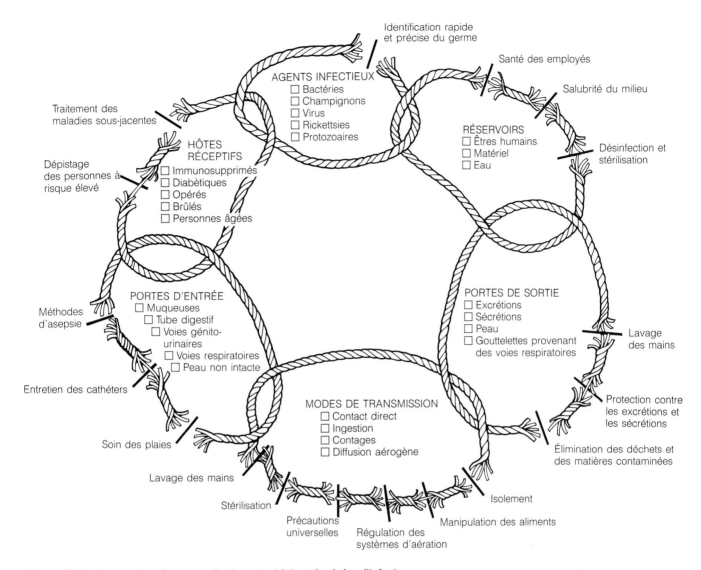

Figure 53-1. Interventions du personnel soignant qui brisent la chaîne d'infection.

PRINCIPES DE TRAITEMENT

IMMUNITÉ ET IMMUNISATION

L'immunité est la résistance qu'une personne offre à la maladie. *L'immunité spécifique* existe à l'égard d'un germe donné quand l'organisme a produit lui-même l'anticorps nécessaire, ou quand la personne a reçu d'une source extérieure un anticorps déjà constitué. L'immunité peut être naturelle (elle ne découle pas d'un contact antérieur avec l'organisme infectieux) ou acquise (découlant d'un tel contact). Les immunités humorale et cellulaire sont traitées au chapitre 48.

Immunisation active

L'immunisation active est le produit d'une stimulation naturelle ou délibérée qui incite le corps à fabriquer des anticorps. La stimulation naturelle correspond à l'infection clinique ou subclinique (latente), la personne ayant contracté la maladie; la stimulation délibérée provoque l'immunisation active par l'injection de microorganismes vivants ou morts ou de leurs antigènes, ou encore d'anatoxines et de vaccins inactivés.

L'immunisation active est l'arme la plus efficace dont dispose la médecine préventive. Elle s'est avérée efficace dans la lutte contre les exotoxines bactériennes (anatoxines diphtérique et tétanique) et les virus. La plupart des vaccins préparés à partir de virus vivants provoquent rapidement la production d'immunoglobulines spécifiques (production d'IgM suivie par la production soutenue des IgG spécifiques). Ces vaccins peuvent causer une légère maladie clinique, accompagnée de fièvre et d'un exanthème chez certains patients.

Les anatoxines et les vaccins inactivés suscitent une réaction moins complète lorsqu'ils ne sont injectés qu'une fois; il peut être nécessaire de les administrer à plusieurs reprises, selon un horaire établi, pour assurer à long terme la production des immunoglobulines et la protection contre l'infection. Après avoir reçu une injection d'anatoxines et de vaccins inactivés, le patient peut manifester une réaction locale bénigne au point d'injection et, à l'occasion, des symptômes généralisés (fièvre, malaise et céphalée).

Les personnes réceptives âgées de 18 à 24 ans devraient recevoir, selon leur âge et leur état de santé, les anatoxines diphtérique et tétanique et des vaccins contre la rougeole, les oreillons et la rubéole. De 25 à 64 ans, on devrait recevoir une fois tous les 10 ans une injection de rappel des anatoxines diphtérique et tétanique, et, si l'on est réceptif, les 3 vaccins déjà nommés. Enfin, à partir de 65 ans, on doit recevoir l'injection de rappel des anatoxines diphtérique et tétanique à intervalles de 10 ans, le vaccin antigrippal une fois par année et le vaccin antipneumococcique polysaccharidique une fois (si on ne l'a jamais reçu). Les personnes qui voyagent dans les pays en voie de développement peuvent avoir besoin d'autres vaccins.

Pour se renseigner sur les recommandations actuelles touchant l'administration des vaccins et d'autres agents biologiques servant à prévenir les maladies, on peut s'adresser au comité national d'immunisation, au comité d'immunisation du Québec ou aux différentes unités régionales de santé publique.

Soins infirmiers. Avant de vacciner un patient, on lui demande s'il souffre d'allergies, car certains vaccins contiennent en quantités infimes des substances capables de provoquer une réaction. En cas d'allergie aux œufs, par exemple, il faut éviter d'administrer le vaccin antigrippal, car les allergènes sont propagés dans des œufs de poule fécondés.

Tous les vaccins ont des effets secondaires. En général, les personnes dont la résistance à l'infection est faible et les femmes enceintes ne reçoivent pas de vaccins faits de virus vivants; les personnes atteintes d'une maladie fébrile ne sont pas vaccinées du tout.

La campagne d'immunisation contre la rougeole et la rubéole présente une lacune historique dont l'infirmière doit être consciente lorsqu'elle travaille auprès de jeunes adultes. Les vaccins en question, autorisés à partir de 1959, ne sont devenus obligatoires qu'en 1967. Les personnes nées dans cet intervalle ne sont pas nécessairement protégées et risquent de contracter l'une ou l'autre maladie; chez l'adulte, les symptômes en sont différents et les complications sont plus graves que chez l'enfant.

Souvent, les membres des groupes défavorisés n'ont pas bénéficié de la protection des programmes d'immunisation. Le professionnel de la santé a une responsabilité envers eux. Son intervention peut être bénéfique à plusieurs égards: au moment d'accepter une mesure préventive comme la vaccination, le patient est parfois disposé à accepter d'autres services médicaux. L'infirmière doit écouter les patients pour connaître leurs craintes et leurs notions parfois erronées et leur offrir de l'information précise sur les avantages de l'immunisation.

Immunisation passive

L'immunisation passive, qui offre une protection temporaire contre une maladie, est obtenue par l'injection d'un sérum contenant des anticorps formés au sein d'un autre hôte (par exemple les immunoglobulines antihépatiques A). On a recours à cette protection temporaire, mais immédiate, quand on ne peut obtenir les agents d'immunisation active dont on aurait besoin, ou quand on sait qu'une personne exposée à la maladie n'aura pas le temps de développer une immunisation active.

On emploie pour l'immunisation passive plusieurs types de préparation: immunoglobulines ordinaires, immuno-globulines spécifiques (qui contiennent les anticorps nécessaires pour combattre une maladie donnée), antitoxines ou sérums d'origine animale. Les sérums d'origine animale peuvent causer une anaphylaxie ou une maladie sérique; c'est pourquoi on emploie de préférence, dans la mesure du possible, les produits d'origine humaine.

DÉCLARATION DES MALADIES CONTAGIEUSES

Les cas de maladies contagieuses sont signalés au ministère des Affaires sociales. Il s'agit d'une mesure importante permettant de dépister ces maladies afin de pouvoir les étudier et les combattre. Les méthodes de déclaration varient d'une province à l'autre. Le médecin envoie l'information inscrite sur un formulaire spécial à une unité de santé publique qui communique avec le ministère des Affaires sociales, qui lui, fait parvenir régulièrement un rapport à Santé et Bien-être social Canada. Le «Rapport hebdomadaire des maladies transmissibles au Canada» est envoyé à tous les centres de santé du Canada. Il contient les renseignements épidémiologiques les plus récents. Ainsi, dès qu'une maladie contagieuse apparaît dans une localité, le fait est relevé par un vaste réseau de surveillance de la santé. Les activités de l'unité de santé publique comprennent l'épidémiologie et la surveillance des maladies, les travaux de laboratoire, l'éducation sanitaire, de même que les programmes et la formation en matière de prévention des maladies infectieuses et de lutte contre ces maladies.

L'Organisation mondiale de la santé (OMS) reçoit de tous les pays les données sur les maladies contagieuses. Ses épidémiologistes analysent les tendances régionales des maladies et diffusent l'information recueillie aux intervenants concernés dans chaque pays.

LUTTE CONTRE LES MALADIES INFECTIEUSES EN MILIEU HOSPITALIER

Précautions universelles

En 1987, les unités de santé publique ainsi que l'Organisation mondiale de la santé (OMS) et Santé et Bien-être social Canada ont élargi un certain nombre de leurs recommandations afin d'empêcher la propagation de certains agents pathogènes à diffusion hématogène, dont le virus de l'immunodéficience humaine (VIH) et le virus de l'hépatite B (HBV). On connaissait auparavant les mesures d'isolement, mais elles n'étaient recommandées que si la présence d'une maladie infectieuse à diffusion hématogène était connue ou soupçonnée. Mais la croissance du nombre de personnes infectées par le VIH, et le taux de mortalité élevé associé au sida, ont mené à l'élaboration des précautions universelles relatives au sang et aux liquides biologiques. Les nouvelles recommandations du CDC se fondent sur le principe que *tous* les patients peuvent être la source d'une infection à diffusion hématogène.

Les précautions universelles consistent, pour tous les membres du personnel soignant qui sont en contact avec le sang d'un patient (ou avec des liquides biologiques qui contiennent visiblement du sang), à porter les vêtements protecteurs qui conviennent (gants, masque, blouse) pour empêcher la propagation des agents pathogènes à diffusion hématogène. On recommande également le port de vêtements protecteurs dans le cas d'autres liquides biologiques, dont le sperme, les sécrétions vaginales, le liquide céphalorachidien, la synovie, le liquide pleural, le liquide péricardique et le liquide amniotique. Le type de protection requis dépend du type d'exposition. Ainsi, l'infirmière enfile des gants pour examiner un point de perfusion intraveineuse qui produit un écoulement sanguin visible; quand elle pratique une aspiration sur un patient dont les crachats sont teintés de sang et qui tousse souvent au cours de l'intervention, elle se munit également de lunettes protectrices et d'un masque.

Les précautions universelles ne visent pas à remplacer, mais plutôt à compléter les mesures de prévention ordinaires (lavage des mains, emploi de gants par la personne appelée à manier des substances manifestement infectées). Elles sont conçues pour empêcher les germes à diffusion hématogène qui ont infecté le patient de gagner la peau ou les muqueuses du personnel soignant.

Isolement

Quand la présence d'une infection donnée a été reconnue chez un patient, des mesures d'isolement particulières viennent s'ajouter aux précautions universelles employées pour tous les patients. Ces mesures sont destinées à empêcher la propagation des agents infectieux parmi les patients, les membres du personnel soignant et les visiteurs. Elles visent à isoler non pas le patient, mais l'infection. Les mesures d'isolement conçues par les unités de santé publique sont classées selon deux systèmes. Dans le premier système, les maladies sont groupées par catégorie; à chaque catégorie correspond un type d'isolement. Dans le second système, on indique, pour chaque maladie particulière, les précautions nécessaires pour interrompre la transmission.

Au Québec, le choix d'un système d'isolement relève de l'établissement de santé, ou plus précisément, de son comité de lutte contre l'infection. Selon le système choisi, chaque centre hospitalier élabore un manuel comprenant les recommandations pertinentes de l'unité de santé publique; les directives sont également intégrées au manuel d'instructions employé au sein de chaque service. Les normes de compétence sont revues pour tenir compte de l'évolution des connaissances et des situations; les recommandations sur l'isolement font l'objet d'un examen périodique et sont remaniées au besoin.

Techniques de l'isolement
Lavage des mains. En soi, le lavage des mains est la mesure la plus importante de la lutte contre l'infection: il élimine, ou diminue considérablement, la transmission des agents pathogènes par les mains. En faisant mousser du savon et en frottant vigoureusement toutes les surfaces des mains, puis en les rinçant à l'eau courante, on effectue la suspension et l'élimination des microorganismes. On emploie habituellement du savon ordinaire; le savon antiseptique est conseillé en présence de microbes virulents ou dangereux sur le plan épidémiologique, notamment dans les unités de soins intensifs. Il faut se laver les mains avant et après le contact direct avec les patients, les interventions effractives et le contact avec les liquides biologiques.

Chambre individuelle. Une chambre individuelle est indiquée pour les patients atteints de maladies très contagieuses, ou causées par des microorganismes particulièrement virulents; pour ceux dont la mauvaise hygiène personnelle (en ce qui a trait aux excrétions, par exemple) a pour effet de contaminer leur habitat; pour ceux qui hébergent des microorganismes d'un caractère spécial du point de vue clinique ou épidémiologique, telles les bactéries multirésistantes; et pour ceux dont le sang est infectieux, notamment s'ils ont des hémorragies importantes risquant de contaminer les personnes qui se trouvent dans leur environnement immédiat. Enfin, une chambre individuelle peut augmenter la protection de patients particulièrement vulnérables aux infections, ceux, par exemple, dont le système immunitaire est profondément affaibli par la chimiothérapie, le sida, ou la greffe récente d'un organe.

Masques, blouses et gants. Quand un patient est soumis à un régime d'isolement absolu en vertu des directives de l'établissement, le port d'un masque, d'une blouse et de gants est indiqué en toutes circonstances. Dans les autres cas, cependant, c'est au professionnel de la santé qu'incombe la responsabilité de choisir le vêtement protecteur qui convient. Sa décision se fonde sur la probabilité de l'exposition aux matières infectieuses. Ainsi, l'infirmière qui doit être au chevet d'un patient qui tousse décide si elle doit ou non porter un masque. Si ses vêtements risquent d'être souillés par des sécrétions ou excrétions infectieuses, elle peut enfiler une blouse; si elle doit toucher des matières infectées (excrétions, sécrétions, sang, liquides biologiques), elle met des gants. Ainsi, les membres du personnel soignant se chargent eux-mêmes d'assurer leur sécurité.

TRAITEMENT GÉNÉRAL

Le traitement du patient infecté repose, en tout premier lieu, sur l'identification du germe pathogène et la mise en œuvre du traitement particulier correspondant. Parmi les médicaments disponibles, on choisit ordinairement le médicament le plus efficace ou le moins toxique. Les mesures d'appoint consistent à vérifier la réaction du patient au traitement, à maintenir une surveillance ininterrompue de façon à détecter immédiatement les complications, à assurer l'hydratation, l'équilibre hydrique et l'oxygénation, de même qu'à soutenir et à renseigner le patient et sa famille.

▶ ## DÉMARCHE DE SOINS INFIRMIERS
PATIENTS SOUFFRANT D'UNE MALADIE INFECTIEUSE

▷ Collecte des données

Souvent, les premiers symptômes d'une infection ne sont pas spécifiques. Au début, le patient éprouve un malaise généralisé: apathie, étourdissements, céphalée, anorexie, arthralgie. Avec l'évolution de la maladie, on voit ordinairement apparaître la fièvre, mais celle-ci est généralement moins forte chez les personnes âgées et les patients qui prennent des antibiotiques ou des immunosuppresseurs.

D'autres phénomènes cliniques évoquant l'infection sont, notamment, les frissons, la myalgie, la photophobie, la pharyngite, l'adénopathie aiguë, les nausées et les vomissements. Les signes et symptômes de l'infection résultent non seulement de l'action directe de l'agent pathogène, mais aussi de la réaction inflammatoire de l'hôte: c'est ce qui explique qu'ils aient souvent un caractère non spécifique. (Pour connaître les signes et les symptômes associés à l'infection d'un organe particulier, voir le chapitre consacré à l'organe ou au système concerné).

En établissant le bilan de santé, l'infirmière doit poser des questions sur les points suivants, qui sont directement liés aux maladies infectieuses:

- antécédents de fièvre ou de frissons (ces derniers témoignent d'une installation brutale de la fièvre);
- sueurs nocturnes (associées à une fièvre intermittente);
- mal de gorge;
- diarrhée, vomissements, douleurs abdominales;
- dysurie, écoulement purulent;
- indices d'infection locale: rougeur, chaleur, œdème, douleur;
- contact avec une personne malade ou avec ses sécrétions ou excrétions;
- piqûre d'insecte, morsure d'animal, égratignure par un chat, contact avec des rongeurs ou des oiseaux;
- emploi de médicaments, surtout les antibiotiques et les corticostéroïdes; consommation d'alcool ou de drogues;
- habitudes sexuelles;
- séjour à l'étranger, notamment dans un pays en voie de développement;
- lieu de travail;
- vaccinations antérieures.

Au cours de l'examen physique, l'infirmière recherche les manifestations communes à de nombreuses infections: ruptures de l'épiderme, éruptions cutanées, lésions de la peau ou des muqueuses, toux productive, problèmes de respiration, écoulement purulent et tuméfaction ganglionnaire.

Pour analyser les données recueillies, l'infirmière doit connaître les divers germes, l'endroit et le moment où ils apparaissent, les moyens de les éliminer, les facteurs de risque, et le milieu de vie du patient. Par l'étude de ces données, elle doit déterminer si le patient risque d'être lui-même infecté ou d'infecter d'autres personnes.

▷ *Gérontologie.*   La personne âgée atteinte d'une infection présente souvent les signes et symptômes typiques de la maladie. Mais cela n'est pas toujours vrai, et c'est parfois en traitant un autre problème de santé (incontinence, confusion, immobilité, chute) que le professionnel de la santé détecte l'infection. Il faut alors procéder à des examens diagnostiques pour dépister l'infection, et la traiter en même temps que le problème qui a entraîné la consultation.

▷ Analyse et interprétation des données

▷ *Mode de respiration inefficace.*   Un mode de respiration inefficace peut être causé par la maladie infectieuse elle-même, ou apparaître quand les mécanismes respiratoires de défense normaux sont anéantis — en tout ou en partie — par l'invasion microbienne. En outre, les patients dont l'immunité à médiation cellulaire est altérée sont vulnérables aux pneumonies bactériennes, virales et fongiques.

▷ *Altération de la température corporelle.*   La fièvre est un symptôme fréquent de l'infection, que celle-ci ait été contractée à l'extérieur du centre hospitalier ou qu'il s'agisse d'une infection nosocomiale liée aux procédés effractifs utilisés

pour le soutien ou le monitorage du patient, ou encore d'une infection d'origine inconnue. La fièvre peut être une réaction protectrice du corps qui lutte contre les germes infectieux, ou le résultat d'une importante réaction inflammatoire à une blessure.

▷ *Risque élevé de déficit de volume liquidien.*   Une très forte fièvre, la transpiration ou une diarrhée aqueuse peuvent entraîner un déficit de volume liquidien chez le patient infecté. Un autre facteur, l'incapacité de boire, peut provoquer une grave déshydratation.

▷ *Atteinte à l'intégrité de la muqueuse buccale.*   Les tissus de la bouche baignent dans la flore microbienne du patient lui-même et accueillent les autres microorganismes contenus dans la nourriture et l'eau. L'écoulement normal de la salive et le mouvement des lèvres, des joues et de la langue maintiennent l'intégrité de la muqueuse buccale; la fièvre, la dyspnée et l'incapacité d'ingérer des aliments et des liquides peuvent l'assécher et la gercer. Des infections virales peuvent attaquer la muqueuse, y faisant apparaître des vésicules qui se transforment rapidement en ulcères. La chimiothérapie peut provoquer des ulcères buccaux douloureux, ou augmenter la vulnérabilité du patient à l'infection; de même, la chimiothérapie ou l'affaiblissement du système immunitaire peuvent favoriser les infections fongiques de la muqueuse. On s'attaque à la cause des lésions buccales par un traitement personnalisé, et on soulage le malaise du patient en lui prodiguant les soins infirmiers pertinents.

▷ *Diarrhée.*   La flore normale de l'intestin joue un rôle important dans la protection du corps, et toute modification de cette flore, par l'ingestion d'antibiotiques polyvalents par exemple, peut provoquer la diarrhée. La flore normale est parfois submergée par l'invasion d'un grand nombre de microorganismes virulents (c'est ce qui se produit notamment avec la salmonellose); il existe une variété d'agents bactériens, parasitaires et viraux capables de provoquer une diarrhée d'installation brutale. On trouvera des précisions à ce sujet dans les sections consacrées aux diverses maladies.

▷ *Déficit nutritionnel.*   Une infection grave et prolongée fait augmenter les besoins nutritionnels du patient bien au-delà des exigences normales correspondant à son poids et à sa taille. Quand l'apport protéique et énergétique du patient ne répond pas à ces besoins accrus, il y a atrophie musculaire et perte de poids, car l'organisme fait le catabolisme des protéines pour les transformer en énergie. Ainsi, tout patient qui a été gravement malade et dont l'apport protéique ou énergétique a été nul pendant plusieurs jours, ou qui était déjà mal nourri au début de la maladie, a besoin d'une ration nutritive accrue.

▷ *Manque de connaissances.*   Assurer sa propre santé et éviter toute atteinte à celle des autres: la compréhension de cette double responsabilité est l'un des principaux éléments que l'infirmière cherche à inculquer par le biais de son enseignement. Le patient atteint d'une maladie infectieuse se voit dispenser, de surcroît, un enseignement sur l'infection particulière dont il souffre, sur le programme thérapeutique, et parfois sur les mesures d'hygiène personnelle et d'entretien ménager qui empêchent la propagation de l'infection. Les patients originaires de pays en voie de développement peuvent souffrir de maladies liées au surpeuplement et à l'insalubrité des logements; cette situation exige un enseignement pertinent.

▷ *Risque élevé de propagation de l'infection.* Le personnel qui soigne les personnes infectées doit veiller à empêcher la propagation de l'infection. Le type de précaution à prendre varie selon le mode de transmission de la maladie. Quant aux précautions universelles, elles doivent être appliquées à tous les patients, même si l'on n'a aucune raison de soupçonner la présence d'une infection.

▷ *Isolement social.* Le patient qui souffre d'une maladie aiguë peut manifester de l'anxiété et avoir des stratégies d'adaptation inefficaces reliées à des perturbations physiologiques et organiques ; à l'origine de ces perturbations sont la maladie, l'état affectif sous-jacent du patient, l'isolement causé par l'hospitalisation ou l'incompréhension du problème de santé.

Nous avons énuméré ci-dessus quelques diagnostics infirmiers pouvant s'appliquer aux patients souffrant d'une maladie infectieuse, mais nous n'avons pas cherché à en dresser une liste exhaustive. D'autres diagnostics peuvent être établis en cas de problèmes médicaux multiples ou de complications supplémentaires. En outre, il faut continuellement évaluer la gravité de l'infection ainsi que la réaction particulière du patient, et modifier au besoin les diagnostics infirmiers et le plan de soins.

▷ Planification et exécution

▷ *Objectifs de soins :* Rétablissement d'un mode de respiration normal ; rétablissement d'une température corporelle normale ; rétablissement de l'équilibre hydrique ; rétablissement de l'intégrité de la muqueuse buccale ; rétablissement d'une élimination intestinale normale ; amélioration de l'état nutritionnel ; acquisition de connaissances sur la maladie ; prévention de la propagation de l'infection ; participation sociale

▷ Interventions infirmières

▷ *Rétablissement d'un mode de respiration normal.* Le personnel soignant doit évaluer l'état du patient qui court un risque élevé d'infection pulmonaire et qui, par conséquent, risque d'avoir un mode de respiration inefficace. Certains problèmes de santé (faiblesse du système immunitaire, alcoolisme, surdose) ont souvent pour conséquence d'entraver le dégagement des poumons. Les infections virales et les affections hématologiques affaiblissent les défenses cellulaires des poumons ; la compliance pulmonaire décroît chez les patients âgés. L'infection pulmonaire peut également découler de la perturbation mécanique des défenses du poumon, ce qui peut se produire chez les patients qui ont une sonde endotrachéale. Enfin, l'anesthésie générale interrompt le processus normal de la respiration et nuit à la distension spontanée du poumon.

L'infirmière surveille les patients à risque élevé pour déceler la toux, les difficultés respiratoires, la modification de la couleur de la peau et l'emploi des muscles accessoires pour respirer. Elle évalue la fréquence, l'amplitude et le cycle respiratoires, ainsi que l'amplitude thoracique. Elle ausculte les bruits respiratoires : la crépitation indique la présence de liquide dans les poumons, tandis que le wheezing (respiration sifflante) témoigne de sécrétions épaisses.

En retournant le patient ou en le changeant de position, on favorise le drainage des sécrétions et on diminue ainsi les risques de rétention et d'infection. Le patient améliore l'expansion de ses sacs alvéolaires en bâillant, en respirant

profondément et en toussant ; s'il est incapable de déloger efficacement les sécrétions, l'aspiration est indiquée. Un apport liquidien important (dans les limites de la réserve cardiaque du patient) est recommandé, parce qu'une hydratation adéquate dilue les mucosités et favorise l'expectoration. Pour déloger les sécrétions et améliorer la ventilation, on peut augmenter l'humidité de l'air. Enfin, on encourage le patient à se mobiliser dès que son état le permet, car l'activité musculaire contribue à déloger les sécrétions et favorise une meilleure distension.

Si le patient manifeste des signes d'insuffisance respiratoire, on obtient et on note sur une feuille de surveillance les valeurs des gaz artériels afin de permettre les comparaisons ultérieures. Il faut éviter de faire un dosage des gaz du sang artériel dans les 30 à 60 minutes qui suivent l'aspiration des sécrétions, car cette intervention, conçue pour assurer le dégagement des voies respiratoires et l'amélioration de la ventilation, entraîne immédiatement une hypoxie ; effectuée à ce moment, le dosage des gaz du sang artériel témoignerait non pas de l'état global d'oxygénation du patient, mais d'un épisode temporaire.

▷ *Rétablissement d'une température corporelle normale.* On enregistre la température du patient à intervalles réguliers afin de déterminer s'il souffre d'une fièvre continue, rémittente ou intermittente. Ces vérifications permettent aussi d'évaluer la gravité et la durée du processus infectieux ainsi que la réponse du patient au traitement. Parce que certaines personnes infectées n'ont pas de réaction fébrile, il faut recueillir des données sur les autres signes et symptômes d'infection : céphalée, douleur articulatoire, douleur musculaire, mal de dos, toux, diarrhée et tuméfaction ganglionnaire.

On encourage le patient à boire parce qu'un apport liquidien suffisant est nécessaire pour remplacer les pertes hydriques causées par la fièvre, la diaphorèse, la déshydratation et la dyspnée. Pour atténuer le malaise généralisé qui accompagne la fièvre, l'infirmière intervient notamment en aidant le patient à changer de position, en lui massant le dos, en changeant les draps, en lui offrant de temps en temps des compresses fraîches pour soulager la céphalée et en lui conseillant le repos pour diminuer l'activité métabolique. Une bonne hygiène buccodentaire augmente le bien-être et peut empêcher les complications, car de nombreuses infections bactériennes, fongiques et virales peuvent affecter la cavité buccale.

La fièvre qui accompagne l'infection est parfois bénéfique en renforçant les défenses de l'hôte. Mais elle est parfois délétère, car une forte fièvre peut léser les tissus de façon permanente. Un bain tiède à l'éponge diminue la température corporelle par le mécanisme de l'évaporation de l'eau.

Le patient âgé qui fait de la fièvre doit faire l'objet d'une surveillance particulière. La fièvre fait monter la fréquence cardiaque et baisser le temps de remplissage diastolique ainsi que le débit systolique. Il en résulte un débit cardiaque réduit qui peut entraîner, chez la personne âgée, une réduction de la perfusion et de l'apport d'oxygène au cerveau et aux reins. Par ailleurs, l'infirmière ne doit pas oublier qu'un patient âgé peut être gravement infecté même si sa température est normale, ou seulement un peu plus élevée que la normale.

▷ *Rétablissement de l'équilibre hydrique.* L'infirmière vérifie si le patient présente des signes de déshydratation : soif, sécheresse des muqueuses (perte de la turgescence cutanée), crampes musculaires, et réduction des pouls périphériques et de la diurèse. Pour évaluer le signe du pli cutané, on pince la peau à différents endroits (sternum, intérieur des cuisses, front, dos de la main): en cas de déficit du volume liquidien, la peau prend du temps à revenir à son état normal. On détermine si la cavité buccale est sèche, et on examine la langue pour y détecter des sillons longitudinaux. On pèse régulièrement le patient, car les modifications pondérales traduisent une modification du volume liquidien; la perte pondérale est rapide quand l'apport liquidien global est moindre que le total des pertes. Une perte ou un gain soudains de 1 kg signifient la perte ou le gain d'environ 1 L de liquide. On contrôle également les valeurs des électrolytes sériques parce que la déshydratation peut entraîner une carence ou un excès de certains électrolytes. En outre, l'infirmière enregistre les ingesta et les excreta et mesure la densité des urines. Des urines concentrées et peu abondantes indiquent une carence en liquides; la densité urinaire augmente quand il y a oligurie (faible émission d'urines par rapport à l'apport liquidien).

Pour l'administration des liquides, la voie orale est préférable à la voie intraveineuse. Si le patient boit à contrecœur, il est conseillé de varier le type et la température des liquides offerts. L'administration de solutés intraveineux est prescrite au patient qui vomit ou dont l'état est critique. L'infirmière doit notamment renseigner le patient sur la perfusion intraveineuse, choisir une veine, régler le débit de perfusion et assurer son maintien, assurer le bien-être du patient et le surveiller pour détecter toute réaction indésirable. Elle examine régulièrement les points de perfusion pour déceler les signes d'infection locale: douleur, chaleur, rougeur, œdème ou écoulement.

▷ *Rétablissement de l'intégrité de la muqueuse buccale.* Les maladies infectieuses se traduisent parfois par des altérations et des lésions de la cavité buccale. Il faut donc inspecter la bouche du patient pour déterminer si la couleur est anormale et s'il y a œdème, lésions, fissures, dépôts, écoulement sanguin ou écoulement purulent.

On explique au patient l'importance de l'hygiène buccodentaire et on l'aide, au besoin, à l'assurer. Un rinçage buccal avec un soluté physiologique ou de l'eau tiède enlève les débris et maintient la propreté et l'humidité de la muqueuse. On évite les eaux dentifrices fortes et les gargarismes antiseptiques. Les lèvres gercées et sèches peuvent être enduites de vaseline, de gelée hydrosoluble ou d'huile minérale pour les rendre douces et humides. Le brossage fréquent des dents et l'emploi de la soie dentaire enlèvent la plaque et préviennent la gingivite. Les patients dont la cavité buccale est douloureuse ou qui souffrent de lésions de la cavité buccale doivent renoncer à la brosse à dents; pour éviter les nouveaux traumatismes, ils doivent plutôt employer de petites éponges conçues à cette fin.

Quand le patient arrive difficilement à ingérer des aliments solides à cause de lésions buccales douloureuses, un régime liquide à forte teneur en énergie est prescrit. Si la douleur persiste, le médecin peut prescrire un anesthésique local. Le retour à un régime normal est recommandé dès que possible, car la mastication est importante pour la santé buccale.

▷ *Rétablissement d'une élimination intestinale normale.* Colite provoquée par les antibiotiques, diarrhée du voyageur, diarrhée transmise par la nourriture ou l'eau, diarrhée associée à un système immunitaire déficient: quel

qu'en soit le type, la plupart des maladies diarrhéiques sont bénignes et tendent à la guérison spontanée. En dressant le bilan de santé, l'infirmière détermine si le patient a pris récemment des antibiotiques, s'il a séjourné dans un pays en voie de développement ou s'il est immunoprive.

L'infirmière demande au patient de préciser le nombre, la couleur et la consistance de ses selles, et d'indiquer si elles contiennent du mucus ou du sang. Elle l'interroge sur la présence d'autres symptômes cliniques: nausées, vomissements, fièvre, douleur abdominale. Le nombre de selles en 24 heures est un indice permettant d'évaluer la gravité de la diarrhée. L'infirmière vérifie également si le patient présente des signes de déshydratation, et elle mesure et note les ingesta et les excreta, ainsi que le poids du patient.

Le prélèvement d'échantillons de selles est une tâche importante de l'infirmière. Elle applique les précautions universelles, car la diarrhée peut être causée par un vaste éventail de microorganismes viraux, bactériens et parasitaires. (Une culture négative n'exclut pas une origine infectieuse.)

Il faut absolument assurer l'équilibre hydroélectrolytique du patient qui souffre de diarrhée. Quand il est capable de les tolérer, on lui donne des liquides par voie buccale (glucose et solutions de réhydratation contenant des électrolytes). La rééquilibration hydrique par voie parentérale est prescrite en cas de déshydratation grave.

Pour promouvoir son bien-être et éviter l'excoriation de la peau, on recommande au patient de nettoyer la région périanale à l'eau et au savon doux et de l'essuyer avec une serviette après chaque selle. On examine cette région pour voir s'il y a des ruptures de l'épiderme.

Les précautions universelles sont de mise quand on soigne un patient atteint de diarrhée infectieuse. De même, il importe de se laver correctement les mains et de maintenir une bonne hygiène personnelle. L'infirmière veille au bien-être du patient et lui recommande le repos si les accès de diarrhée aqueuse sont fréquents.

▷ *Amélioration de l'état nutritionnel.* Il faut recueillir des données sur les aliments ingérés par le patient (en notant à la fois les quantités et le type d'aliments), car le malaise généralisé, la douleur et l'anorexie qui accompagnent une infection suppriment parfois l'appétit. De plus, le patient fébrile a un catabolisme accru et perd des éléments nutritifs. Il faut aussi le peser régulièrement.

Le patient fébrile doit bénéficier d'un régime à forte teneur en énergie et en protéines qui répondra aux besoins énergétiques créés par l'agitation et l'accélération du métabolisme. Il faut augmenter les protéines pour compenser les pertes d'azote, et augmenter les liquides pour compenser les pertes dues à la transpiration et à l'augmentation de la fréquence respiratoire.

Une diététicienne peut élaborer un régime qui répond aux goûts et aux besoins du patient. L'infirmière explique au patient qu'il doit maintenir une alimentation optimale pendant et après sa convalescence pour compenser les pertes d'éléments nutritifs qu'entraîne une maladie infectieuse aiguë, même si elle est de courte durée. On lui recommande également de surveiller son poids.

▷ *Enseignement au patient.* En conversant avec le patient, l'infirmière évalue ses connaissances sur la maladie et le traitement; elle s'emploie à déceler et à corriger les notions erronées ou mal comprises.

Elle offre des explications concises et pertinentes sur l'agent infectieux et son mode de transmission, sur le traitement de la maladie, sur l'importance de l'hygiène personnelle et de la propreté du milieu ambiant, et sur la nécessité de consulter immédiatement un professionnel de la santé en cas de maladie infectieuse. Une bonne connaissance de sa maladie et de son traitement donne au patient le sentiment de maîtriser la situation ; il est ainsi en mesure de participer activement à son traitement. L'infirmière incite le patient à poser des questions, afin de savoir sur quels sujets il a besoin de plus d'explications.

Les professionnels de la santé sont des éducateurs en matière de prévention des maladies infectieuses. Le programme d'enseignement porte sur la propagation des infections, les moyens d'empêcher cette propagation, le but de l'immunisation et les endroits où l'obtenir, le rôle de l'alimentation dans le maintien de la santé, les produits qui contaminent l'environnement, les insectes, les rongeurs et autres vecteurs animaux et réservoirs des infections humaines.

▷ *Prévention de la propagation de l'infection.* On cherche en premier lieu à lutter contre l'agent infectieux à la source. Les mesures requises comprennent le lavage correct des mains, le port d'une blouse quand les vêtements risquent d'être souillés par des sécrétions ou des excrétions infectieuses, et le port de gants lorsque l'on doit manipuler des liquides biologiques. Les aiguilles et seringues doivent être manipulées avec le plus grand soin, car on ignore souvent si le sang du patient est contaminé par le VIH ou le virus de l'hépatite B. Pour éviter les piqûres accidentelles, on ne recouvre jamais une aiguille usagée ; on la jette dans le contenant prévu à cette fin, et on manie les déchets avec précaution.

Pour lutter contre la diffusion de gouttelettes infectieuses, on apprend au patient à se couvrir le nez et la bouche en toussant ou en éternuant ; on applique les directives de l'établissement sur la façon de jeter et d'étiqueter les mouchoirs de papier usagés ; et on touche le moins possible les draps souillés.

L'époussetage humide des meubles, le nettoyage du sol avec un aspirateur industriel eaux et poussières, et la réduction maximale des activités du personnel dans la zone infectée servent à assurer la propreté du lieu. Quand un patient souffre d'une maladie infectieuse qui peut être transmise par des gouttelettes en suspension, la porte de sa chambre doit rester fermée.

▷ *Promotion de la participation sociale.* Le patient atteint d'une maladie infectieuse peut se sentir de plus en plus anxieux, avoir peur et souffrir de dépression. Ces sentiments pénibles affaiblissent sa capacité de combattre la maladie.

On évalue la réaction du patient à la maladie et on incite sa famille à le visiter pour réduire le stress. Par des visites régulières, le personnel soignant démontre son intérêt. En étant disponible, en écoutant attentivement, en répondant aux questions et en explorant les craintes qui les sous-tendent, l'infirmière peut atténuer le sentiment d'isolement du patient et lui offrir un soutien thérapeutique ; par des soins de qualité, elle accentue son bien-être. Les techniques de réduction du stress peuvent s'avérer utiles.

Compréhension et délicatesse sont particulièrement nécessaires lorsqu'il s'agit de soigner un patient atteint d'une MTS. La crainte du sida, très répandue à l'heure actuelle, a des effets dévastateurs. Le patient éprouve énormément de difficulté à faire face à la maladie. L'infirmière peut fournir un soutien au patient en lui prodiguant des soins empreints de compassion et en le renseignant sur l'aide (financière et autre) à laquelle il a droit ainsi que sur les ressources communautaires disponibles. Les services d'intervention en situation de crise et de soins psychiatriques peuvent également aider le patient et sa famille à entreprendre un processus d'adaptation et d'acceptation.

▷ *Évaluation*

Résultats escomptés

1. Le patient présente un mode de respiration normal.
2. Sa température corporelle n'est pas élevée.
3. Son bilan hydrique est équilibré.
4. Sa muqueuse buccale reste ou redevient intacte et saine.
5. Il retrouve une élimination intestinale normale.
6. Son état nutritionnel s'améliore.
7. Il connaît mieux le processus infectieux.
8. Il applique les mesures qui conviennent pour empêcher la propagation de l'infection.
9. Il parvient à diminuer le stress causé par l'isolement social.

Le plan de soins infirmiers 53-1 résume les soins à prodiguer au patient infecté et offre des précisions sur les résultats escomptés.

Résumé : Le traitement des patients atteints de maladies infectieuses représente un défi pour tous les professionnels de la santé. Pour prévenir la propagation des infections, on emploie le lavage vigoureux des mains, les précautions universelles et les mesures d'isolement propres à chaque maladie. Ces techniques sont indispensables si l'on veut diminuer l'incidence des maladies infectieuses et réduire ainsi à la fois les taux de mortalité élevés qui y sont associés et les coûts importants qu'ils imposent au système de santé. Pour freiner la transmission de nombreuses maladies contagieuses, on exige que tous les cas soient déclarés aux services sanitaires chargés de les dépister et de les combattre.

Au départ, la collecte des données vise à déterminer la source, les signes et symptômes et le caractère contagieux d'une infection. Les interventions infirmières visent à favoriser une respiration efficace, une bonne alimentation et une bonne élimination intestinale. L'infirmière assure le bien-être du patient en stabilisant la température corporelle et en appliquant des mesures efficaces d'hygiène buccodentaire. L'enseignement au patient vise à empêcher la propagation de la maladie infectieuse et à réduire son anxiété. Enfin, l'infirmière évalue l'efficacité de ses interventions et vérifie si les objectifs du patient ont été atteints.

MALADIES TRANSMISSIBLES SEXUELLEMENT

Les MTS sont des maladies contractées par un contact sexuel avec une personne infectée. Elles comprennent ce qu'on avait coutume d'appeler les maladies vénériennes (gonorrhée, syphilis, chancre mou, granulome inguinal et maladie de Nicolas-Favre) et une nouvelle gamme complexe d'infections et de syndromes cliniques, dont le plus récent et le plus meurtrier est le sida.

Plan de soins infirmiers 53-1
Patient souffrant d'une maladie infectieuse

Interventions infirmières	Justification	Résultats escomptés

Diagnostic infirmier : Mode de respiration inefficace relié au processus inflammatoire ou infectieux

Objectif : Rétablissement d'un mode de respiration normal

1. Identifier les patients exposés à l'infection pulmonaire en raison de l'un des facteurs suivants:	1. Certains problèmes de santé (immuno-suppression, alcoolisme, surdose) peuvent entraver le dégagement mécanique des poumons.	• Le patient fait des exercices de respiration profonde. • Il tousse aux intervalles prescrits. • À l'auscultation, les poumons sont dégagés. • La respiration est régulière. • Le patient accomplit ses activités de la vie quotidienne sans être essoufflé. • Les valeurs des gaz du sang artériel se situent dans les limites de la normale.
a) immunosuppression ou problèmes pulmonaires antérieurs;	a) Ces patients courent un risque élevé d'infection pulmonaire.	
b) âge avancé;	b) La compliance pulmonaire décroît avec l'âge.	
c) immobilisation;	c) L'immobilité favorise la rétention des sécrétions respiratoires et entraîne ainsi une atélectasie et une hypoxie généralisée.	
d) niveau de conscience diminué avec dépression du SNC;	d) La dépression des centres respiratoires dans le bulbe rachidien et le pont de Varole affaiblit les réactions aux réflexes de la respiration.	
e) infections virales ou affections héma-tologiques;	e) Celles-ci affaiblissent les défenses cellulaires des poumons.	
f) anesthésie ou intubation endotra-chéale;	f) La perturbation mécanique des défenses pulmonaires entraîne l'infection.	
g) malnutrition.	g) La malnutrition augmente la sensibi-lité à l'infection en affaiblissant le système immunitaire.	
2. Recueillir régulièrement des données sur l'état pulmonaire: toux, essouffle-ment, changement de la couleur de la peau, emploi des muscles accessoires. a) Ausculter les bruits respiratoires. b) Évaluer la fréquence et l'amplitude respiratoires, le mode de respiration ainsi que l'amplitude thoracique. c) Évaluer les résultats des gaz du sang artériel.	2. Permet de détecter rapidement les signes et les symptômes de l'infection respiratoire.	
3. Tourner le patient au moins une fois toutes les deux heures; le faire plus souvent pour les patients à risque élevé.	3. En tournant le patient et en le changeant de position, on favorise l'écoulement des sécrétions; le dégage-ment des voies respiratoires diminue les risques de stase des sécrétions et d'infection.	
4. Inciter le patient à tousser toutes les deux ou quatre heures; aspirer ses sécrétions au besoin.	4. Favorise l'expansion des alvéoles et prévient l'atélectasie.	

Plan de soins infirmiers 53-1 (suite)

Patient souffrant d'une maladie infectieuse

Interventions infirmières	Justification	Résultats escomptés
5. Apprendre au patient comment bâiller, respirer profondément et tousser, et lui recommander de le faire toutes les deux ou quatre heures.	5. Favorise l'expansion des alvéoles et prévient l'atélectasie.	
6. Faire marcher le patient dès que son état le permet; évaluer sa tolérance à l'effort.	6. La marche favorise la libération des sécrétions et la dilatation des poumons.	

Diagnostic infirmier: Altération de la température corporelle (fièvre) reliée à la présence d'une infection

Objectif: Rétablissement d'une température corporelle normale

Interventions infirmières	Justification	Résultats escomptés
1. Vérifier régulièrement la température, le pouls et la respiration.	1. Permet de déterminer si la fièvre est continue, rémittente ou intermittente, et de vérifier la gravité et la durée du processus infectieux.	• La température corporelle se situe dans les limites de la normale. • Le patient maintient un équilibre des ingesta et des excreta. • Le patient ne présente pas de signes de fièvre: tachypnée, tachycardie, pression artérielle élevée, rougeur, transpiration abondante. • Le patient n'a pas de frissons ni de sueurs profuses.
2. Vérifier si le patient présente des symptômes localisés et des troubles physiques (céphalée, douleur, sensibilité, toux, diarrhée, adénopathie).	2. Certains patients souffrent d'infection sans faire de fièvre.	
3. Accorder une attention particulière au patient âgé qui fait de la fièvre.	3. Les patients âgés qui ont une grave infection ne présentent pas nécessairement une forte fièvre; ils peuvent même être hypothermiques. La fièvre fait augmenter la fréquence cardiaque et diminuer le temps de remplissage diastolique ainsi que le débit systolique; la réduction du débit cardiaque qui en résulte peut entraîner, chez la personne âgée, une insuffisance de l'irrigation et de l'apport d'oxygène au cerveau et aux reins.	
4. Inciter le patient à boire beaucoup de liquides (entre 2 et 3 L par jour, à moins d'indication contraire).	4. L'apport liquidien doit être suffisant pour remplacer les pertes hydriques insensibles causées par la transpiration et l'activité pulmonaire, ainsi que les complications associées à l'infection (choc, insuffisance rénale).	
5. Dans les cas où la fièvre peut être nocive, abaisser la température du patient par un bain tiède à l'éponge.	5. Pendant une infection, la fièvre n'est pas toujours nocive: elle renforce parfois les défenses de l'hôte. Le bain tiède à l'éponge rafraîchit le corps.	
6. Combattre le malaise généralisé. a) Aider le patient à changer de position et lui conseiller des positions qui augmenteront son bien-être.	a) Favorise le repos et la détente, et prévient la stase circulatoire.	

Plan de soins infirmiers 53-1 (suite)

Patient souffrant d'une maladie infectieuse

Interventions infirmières	Justification	Résultats escomptés
b) Assurer l'hygiène buccale trois fois par jour.	b) Beaucoup d'infections bactériennes, mycotiques et virales entraînent des lésions dans la bouche. L'hygiène buccodentaire aide à prévenir ces complications et accroît le bien-être.	
c) Pour soulager la céphalée, appliquer de temps à autre des compresses froides.	c) Favorise la vasoconstriction des vaisseaux superficiels.	
d) Effectuer des massages au besoin.	d) Favorise la détente musculaire.	
e) Planifier des périodes de repos trois fois par jour: limiter les activités physiques.	e) Le repos diminue l'activité métabolique.	
f) Changer les draps du patient qui transpire beaucoup.	f) Le patient se sent mieux dans des draps secs.	

Diagnostic infirmier: Risque élevé de déficit de volume liquidien relié aux réactions de l'organisme face au processus infectieux (transpiration abondante, fièvre, diarrhée aqueuse)

Objectif: Rétablissement de l'équilibre hydrique

1. Vérifier si le patient souffre de déshydratation: soif, sécheresse des muqueuses, signe du pli cutané, crampes musculaires, réduction des pouls périphériques, diurèse inférieure à 30 mL par heure.	1. Ces signes et symptômes traduisent une déshydratation marquée qui peut entraîner l'obnubilation et un collapsus cardiovasculaire.	• Le patient atteint l'équilibre hydrique (les ingesta sont à peu près équivalents aux excreta).
2. Prendre chaque jour la température et le poids du patient.	2. La fièvre fait augmenter les pertes liquidiennes (transpiration, respiration accélérée). Un changement de poids traduit une modification du volume liquidien.	• Les muqueuses paraissent humides; l'élasticité de la peau est normale. • Le patient boit chaque jour entre 2 et 3 L (à moins d'indication contraire). • Les électrolytes sériques et la densité urinaire se situent dans les limites de la normale.
3. Obtenir, à tous les quarts de travail, les électrolytes sériques et la densité urinaire et mesurer les ingesta et les excreta. En calculant les pertes liquidiennes, inclure tout écoulement et diarrhée.	3. La déshydratation entraîne une carence de certains électrolytes. Une urine peu abondante et concentrée témoigne d'un déficit liquidien; la densité urinaire augmente en cas d'oligurie.	
4. En présence de pertes liquidiennes importantes causées par la diarrhée ou une transpiration abondante, offrir des boissons toutes les deux ou quatre heures.	4. L'hydratation par voie buccale est préférable, car elle peut être effectuée à domicile. Les jus de fruit contiennent du sucre et du potassium; le bouillon fournit du sodium.	
5. Si le patient est gravement malade ou s'il vomit, se préparer à administrer une perfusion intraveineuse (il s'agira ordinairement d'une préparation de glucose et de soluté physiologique).	5. Le glucose facilite la réabsorption des électrolytes dans l'intestin.	

Plan de soins infirmiers 53-1 (suite)
Patient souffrant d'une maladie infectieuse

Interventions infirmières	Justification	Résultats escomptés

Diagnostic infirmier : Atteinte à l'intégrité de la muqueuse buccale reliée aux pertes liquidiennes (fièvre, transpiration) et à l'anorexie

Objectif : Rétablissement d'une muqueuse buccale intacte et saine

Interventions infirmières	Justification	Résultats escomptés
1. Examiner la cavité buccale : couleur, œdème, lésions, fissures, dépôts, saignements ou écoulement purulents.	1. La présence de microorganismes infectieux peut se manifester par ces symptômes.	• La muqueuse buccale reste ou redevient humide, intacte et de couleur rose. • Le patient n'a pas de douleur ni de lésions à la bouche. • Il assure son hygiène buccodentaire. • Il mange sans difficulté.

2. Insister sur l'importance de l'hygiène buccodentaire ; au besoin, aider le patient à appliquer ses soins d'hygiène buccodentaire.
  a) Employer des eaux dentifrices (soluté physiologique tiède, solution de rinçage au bicarbonate de sodium).
  b) Enduire les lèvres sèches et gercées de vaseline, de gelée hydrosoluble ou d'huile minérale.
  c) Inciter le patient à se brosser souvent les dents et à utiliser la soie dentaire.
	a) Le rinçage élimine les débris et favorise la propreté, l'hydratation et l'intégrité de la muqueuse buccale.
	
	b) En lubrifiant les lèvres, on les garde douces, humides et intactes.
	
	c) Le brossage des dents et l'emploi de la soie dentaire éliminent la plaque et aident à prévenir la gingivite.	

3. Offrir des boissons toutes les deux ou quatre heures.	3. L'hydratation est nécessaire au maintien d'une muqueuse saine et humide.	
4. Offrir, quatre ou six fois par jour, de petites portions de nourriture.	4. La mastication est importante pour l'hygiène buccale.	

Diagnostic infirmier : Diarrhée reliée à un agent infectieux

Objectif : Rétablissement d'une élimination intestinale normale

Interventions infirmières	Justification	Résultats escomptés

1. Faire le bilan de santé du patient et lui demander :
  a) s'il a pris récemment des antibiotiques ;
  b) s'il a séjourné à l'étranger ;
  c) s'il est immunoprive. ?
	1. La plupart des maladies diarrhéiques (colite provoquée par les antibiotiques, diarrhée du voyageur, diarrhée transmise par la nourriture ou l'eau, diarrhée associée à l'immunosuppression) sont bénignes et se résorbent généralement d'elles-mêmes.	• Le patient retrouve une élimination intestinale normale.
		• Les selles sont de couleur et de consistance normales.
		• Il n'y a pas de signes ni de symptômes de déshydratation.
		• La peau autour de la région anale est intacte.

2. Vérifier si le patient présente des signes et symptômes et évaluer l'aspect et la consistance des selles.
  a) Y a-t-il des manifestations cliniques connexes : nausées ? vomissements ? fièvre ? (si oui, depuis quand ?) douleur abdominale ?
  b) Les selles sont-elles molles ? formées ? sanglantes ? aqueuses ?
	2. L'observation des selles (couleur, forme, présence de mucus ou de sang) permet parfois de déterminer la cause de la diarrhée. D'autres manifestations cliniques peuvent également offrir des indices.	

Plan de soins infirmiers 53-1 (suite)

Patient souffrant d'une maladie infectieuse

Interventions infirmières	Justification	Résultats escomptés
3. Évaluer la gravité de la diarrhée aiguë; déterminer dans quelle mesure le patient est incommodé par la diarrhée; évaluer le nombre de selles non formées par périodes de 24 heures.	3. Si le patient élimine plus de trois ou quatre selles par jour, la diarrhée est probablement d'origine infectieuse.	
4. Déterminer s'il y a soif, sécheresse des muqueuses, perte de la turgescence cutanée, crampes musculaires, et réduction des pouls périphériques et de la diurèse.	4. Ce sont des manifestations de la déshydratation; celle-ci, quand elle est prononcée, entraîne l'obnubilation et un collapsus cardiovasculaire.	
5. En appliquant les précautions universelles, prélever des échantillons des selles et les envoyer au laboratoire pour analyse.	5. Un vaste éventail de microorganismes viraux, bactériens et parasitaires peuvent causer la diarrhée. Quand les antécédents du patient ou l'analyse des selles révèlent un processus infectieux, on effectue généralement une culture pour identifier l'agent pathogène.	
6. Faire boire le patient toutes les deux ou quatre heures (glucose et solution de réhydratation contenant des électrolytes).	6. Il s'agit d'un élément essentiel du traitement. De nombreux microorganismes entéropathogènes perturbent l'équilibre hydroélectrolytique.	
7. Surveiller de près le patient immunoprive.	7. Chez le patient immunoprive, l'infection n'est pas toujours circonscrite; elle s'étend à l'organisme entier.	
8. Après chaque selle, nettoyer la région périanale à l'eau et au savon doux et l'essuyer. Examiner la peau pour voir s'il y a des ruptures de l'épiderme.	8. Augmente le bien-être du patient et prévient l'excoriation et les ruptures de la peau.	
9. Enseigner les techniques du lavage des mains au patient et à sa famille.	9. Le lavage des mains est la mesure la plus importante visant à empêcher la propagation de l'infection.	
10. Recommander au patient et à sa famille: a) de noter la consistance et le nombre des selles;	a) La diarrhée se résorbe généralement d'elle-même, mais si l'état du patient ne s'améliore pas et que les selles demeurent aqueuses, un nouvel examen s'impose; il pourra être nécessaire d'administrer un antimicrobien spécifique.	
b) de peser régulièrement le patient et de noter ses ingesta et ses excreta;	b) Les changements de poids traduisent la modification du volume liquidien: 1 kg correspond à peu près à 1 L.	

Plan de soins infirmiers 53-1 (suite)
Patient souffrant d'une maladie infectieuse

Interventions infirmières	*Justification*	*Résultats escomptés*

c) de s'adresser au médecin ou à la clinique externe si la fièvre revient ou si la diarrhée est persistante ou sanglante.

11. Inclure les selles diarrhéiques dans le calcul des pertes liquidiennes.

11. La diarrhée peut entraîner une perte liquidienne considérable.

Diagnostic infirmier: Déficit nutritionnel relié à l'augmentation des besoins métaboliques et à la perte d'appétit causées par l'infection

Objectif: Amélioration de l'état nutritionnel

1. Évaluer l'état nutritionnel du patient.
   a) Déterminer s'il y a diminution de l'apport alimentaire; calculer l'apport énergétique.
   b) Surveiller l'évolution de la fièvre.

   c) Peser le patient régulièrement.

a) Les infections sont accompagnées d'un malaise généralisé, de douleur et d'anorexie qui entravent l'appétit.
b) La fièvre accélère le catabolisme et provoque la perte d'éléments nutritifs; l'ampleur de ces deux phénomènes est proportionnelle à l'intensité et à la durée de la fièvre.
c) Toute maladie infectieuse entraîne des modifications métaboliques et biochimiques et déclenche une réaction de stress, qui se traduit par une augmentation du métabolisme basal et des bilans négatifs d'azote, de potassium, de phosphore et de magnésium; il en résulte une perte pondérale.

- Le patient dit qu'il comprend les besoins nutritionnels découlant d'une maladie infectieuse.
- Il maintient son poids.
- Il maintient un apport énergétique convenable, compte tenu de sa taille et de son état de santé.

2. Offrir au patient un régime riche en énergie et en protéines; commencer par de petites portions liquides, puis ajouter des aliments faciles à digérer à mesure que la tolérance du patient augmente.

2. Le patient fébrile doit maintenir un apport énergétique suffisant pour compenser la dépense d'énergie associée à l'augmentation du métabolisme et à l'agitation. L'apport de protéines doit être augmenté pour compenser la perte d'azote.

3. Offrir une variété de boissons (de 2 à 3 L par jour).

3. L'apport liquidien doit augmenter pour compenser les pertes suscitées par la transpiration, l'augmentation de la fréquence respiratoire et les pertes provenant du tractus gastro-intestinal.

4. Prodiguer un enseignement au patient:
   a) l'inciter à maintenir une alimentation optimale pendant et après la convalescence;

a) Il faut parfois plusieurs semaines pour remplacer les éléments nutritifs perdus lors d'une infection aiguë de courte durée.

Plan de soins infirmiers 53-1 (suite)

Patient souffrant d'une maladie infectieuse

Interventions infirmières	Justification	Résultats escomptés
b) lui recommander de continuer à surveiller son poids;	b) Si l'infection est grave et prolongée, il y a diminution de la masse musculaire et perte pondérale parce que l'organisme catabolise les protéines en énergie.	
c) lui recommander de prendre les vitamines prescrites.	c) La fièvre fait augmenter les besoins en vitamines (complexe vitaminique B, acide ascorbique, vitamine A). Les antibiotiques peuvent entraver la synthèse intestinale des vitamines du complexe B.	

Diagnostic infirmier: Manque de connaissances sur la cause de l'infection, le traitement et les mesures de prévention

Objectif: Acquisition de connaissances sur le processus infectieux

1. Écouter attentivement les propos du patient touchant la maladie et le traitement.	1. L'écoute permet à l'infirmière de détecter les notions erronées ou mal comprises et de les clarifier.	• Compte tenu de son état intellectuel et affectif, le patient peut faire le lien entre la maladie et le traitement.
2. Offrir des explications concises et pertinentes sur les points suivants: a) l'agent infectieux et son mode de propagation; b) les circonstances dans lesquelles la maladie se déclare; c) l'importance de la salubrité du milieu et de l'hygiène personnelle; d) la nécessité de consulter un professionnel de la santé en cas de maladie fébrile ou d'éruption cutanée.	2. En apprenant à connaître la maladie particulière dont il est atteint, le patient se sent davantage maître de la situation; l'avenir devient moins incertain et moins effrayant, et il participe activement au traitement. Le fait qu'on lui offre des explications est en soi rassurant.	• Il participe activement au traitement. • Il applique les directives visant à lutter contre l'infection.
3. Offrir au patient l'occasion de poser des questions et de discuter.	3. Les questions du patient révèlent les points qui doivent être éclaircis.	
4. Dispenser au patient et à sa famille un enseignement sur les points suivants: a) le but de l'immunisation et l'endroit où il peut l'obtenir; b) les modes de transmission des maladies infectieuses et les moyens de lutter contre leur propagation; c) les moyens d'empêcher la contamination de l'eau et de la nourriture; d) l'importance d'une alimentation adéquate et d'un logement salubre; e) l'existence de vecteurs animaux et de réservoirs des infections humaines (insectes, rongeurs et autres) et la nécessité de les éliminer.	4. L'enseignement peut modifier les comportements et constitue un moyen efficace de réduire les risques d'infection.	

Plan de soins infirmiers 53-1 (suite)
Patient souffrant d'une maladie infectieuse

Interventions infirmières	Justification	Résultats escomptés

Diagnostic infirmier: Risque élevé de propagation de l'infection

Objectif: Prévention de la propagation de l'infection

Interventions infirmières	Justification	Résultats escomptés
1. Empêcher la propagation de l'infection.	1. Les mesures de lutte contre l'infection visent en premier lieu la source du microorganisme pathogène.	• Le patient ne présente aucun signe d'infection. • Sa température se situe dans les limites de la normale. • Les résultats des cultures sont négatifs. • Il prend les mesures qui s'imposent pour empêcher la propagation de l'infection.
a) Se laver les mains immédiatement après chaque contact avec un patient, et après tout contact avec une matière qui peut être souillée et donc infectieuse.	a) Le lavage des mains constitue la mesure de prévention la plus importante.	
b) Revêtir une blouse quand cela est nécessaire; la porter une seule fois, puis la mettre dans le contenant prévu à cette fin.	b) Il faut porter une blouse quand les vêtements risquent d'être souillés par des sécrétions, ou quand le patient héberge des microorganismes qui pourraient causer de graves maladies s'ils devaient se répandre dans le centre hospitalier.	
c) Porter un masque quand cela est indiqué.	c) En général, on porte le masque pour empêcher la transmission aérogène des microorganismes infectieux. Si l'infection se transmet par des aérosols à grosses particules, seules les personnes qui ont à s'approcher du patient portent un masque; si elle se transmet par de petites particules capables de franchir de grandes distances, tous ceux qui entrent dans la pièce doivent porter un masque.	
d) Porter des gants lorsque l'état du patient l'exige. (1) Employer de préférence des gants jetables qui ne serviront qu'une fois. (2) Après utilisation, les jeter dans le contenant prévu à cette fin. (3) Se laver les mains après avoir enlevé les gants.	d) Le port des gants est recommandé pour la manipulation des excrétions, des sécrétions, du sang et des autres liquides biologiques.	
e) Manier les aiguilles et les seringues avec la plus grande prudence. Ne jamais recapsuler une aiguille usagée.	e) En général, on ne sait pas si le sang du patient est contaminé par le virus de l'hépatite B ou le VIH. Or, il peut arriver qu'on se pique accidentellement avec une aiguille. Il faut donc manipuler avec soin les aiguilles usagées.	
f) Prendre toutes les précautions nécessaires pour manipuler les déchets; effectuer le double ensachage conformément aux directives touchant l'isolement.	f) En traitant correctement les déchets, on empêche la propagation de l'infection.	

Plan de soins infirmiers 53-1 (suite)

Patient souffrant d'une maladie infectieuse

Interventions infirmières	Justification	Résultats escomptés
g) Lutter contre la dissémination des gouttelettes infectieuses. (1) Apprendre au patient à se couvrir le nez et la bouche quand il tousse et quand il éternue. (2) Mettre les mouchoirs de papier souillés dans un sac jetable, étiqueter le sac et suivre les directives de l'établissement touchant son élimination.	g) En respectant les règles de sécurité concernant l'élimination des sécrétions infectieuses, on empêche l'infection de se propager.	
h) Toucher le moins possible les draps souillés; éviter de les secouer.	h) On prévient ainsi la contamination de l'air et des personnes qui touchent aux draps.	
i) Veiller à ce que soit assurée la salubrité du milieu par l'époussetage humide des meubles, le nettoyage du sol avec un aspirateur industriel eaux et poussières, le lavage des murs dès qu'ils sont visiblement sales, et la réduction au maximum des activités du personnel dans la chambre du patient.	i) Les méthodes de nettoyage visent à éliminer les matières organiques et la saleté. Les directives propres à l'établissement indiquent s'il faut laver, désinfecter ou stériliser un objet donné. Il est rare que la maladie soit transmise par les objets que le patient ne touche presque jamais, ou qui ne touchent que la peau intacte; il peut être suffisant de les laver avec un détersif.	
j) Garder fermée la porte de la chambre du patient.		

Diagnostic infirmier: Isolement social relié à la nature de la maladie

Objectif: Participation sociale

1. Évaluer la communication verbale et non verbale entre le patient et les personnes clés dans sa vie.	1. La famille du patient ou son réseau de soutien peuvent l'aider énormément à réduire le stress.	• Le patient exprime son sentiment d'aliénation et sa crainte. • Il évoque ses réactions aux événements stressants passés. • Il noue ou renoue des relations avec autrui. • Il participe aux soins et à des activités.
2. Offrir au patient un soutien appui psychosocial: a) être disponible; b) répondre à ses questions; c) Aborder les craintes qui sous-tendent les questions; d) faire preuve d'empathie en écoutant le patient; e) indiquer à la famille de quelle façon il convient de toucher le patient.	2. Les visites régulières du personnel soignant peuvent réduire le stress de façon considérable. Par l'écoute et la compréhension, l'infirmière aide le patient à se sentir moins seul.	
3. Faire preuve de compassion dans toutes les stratégies d'intervention; proposer au patient des distractions pour tromper l'ennui; lui enseigner des méthodes de réduction du stress.	3. La réduction du stress et de l'isolement social se fondent sur les relations interpersonnelles et le soutien affectif. En sortant de son isolement, le patient retrouve son autonomie.	
4. Agir de façon à ce que le patient qui souffre d'une maladie transmissible sexuellement ne se sente pas jugé.	4. La réprobation de l'infirmière, qu'elle s'exprime ou non par les mots, peut provoquer de l'anxiété et de la culpabilité chez le patient et entraver la relation infirmière-patient.	

Le terme de *maladie transmissible sexuellement* a remplacé celui de maladie vénérienne. Les MTS sont les infections les plus répandues en Amérique du Nord et sévissent à l'état d'épidémie dans la plupart des régions du monde. La peau et les muqueuses de l'urètre, du col de l'utérus, du vagin, du rectum et de l'oropharynx sont les principales portes d'entrée et zones d'infection. On trouvera au tableau 53-2 la liste des maladies incluses dans la catégorie des MTS. Les MTS posent un problème de plus en plus aigu à cause de l'évolution des pratiques et des attitudes sexuelles, de la difficulté à trouver et à traiter les porteurs de ces infections, de la diminution de l'âge des premières activités sexuelles et de l'emploi de méthodes de contraception non mécaniques comme les contraceptifs oraux. Les partenaires sexuels de personnes infectées (y compris les hommes homosexuels ou bisexuels) et les personnes qui ont de nombreux partenaires sexuels courent un risque élevé de contracter une MTS. Dans les pays en voie de développement, les prostituées sont le principal réservoir de la syphilis, du chancre mou et de la gonorrhée.

Problèmes et facteurs de risque

Les MTS sont associées à des problèmes et à des complications qui représentent un grand défi. Ces maladies sont souvent asymptomatiques. L'incidence de la co-infection est élevée : la personne qui souffre d'une MTS risque de connaître une infection concurrente (la gonorrhée et l'infection à *Chlamydia*, par exemple, peuvent coexister). Certains microorganismes à l'origine de MTS sont sensibles au traitement antimicrobien, mais d'autres y sont réfractaires. Autre problème, certains médicaments employés pour traiter ces maladies prédisposent le patient à la surinfection. Enfin, les maladies qui se manifestent dans les muqueuses génitales peuvent également se loger dans les muqueuses d'autres organes (le pharynx, par exemple).

Les pratiques sexuelles comportant un risque d'infection ne se limitent pas à un groupe : on les retrouve aussi bien chez les femmes et les hommes hétérosexuels que chez les homosexuels et les bisexuels. L'incidence de nombreuses MTS est élevée chez ceux qui ont des rapports sexuels mettant en jeu la bouche et l'anus et chez ceux qui ont des contacts sexuels avec de nombreux partenaires sans se protéger.

Les MTS constituent l'un des grands problèmes de santé des femmes, car la femme infectée est souvent asymptomatique. Elle n'a aucun moyen de détecter l'infection chez elle ou chez ses partenaires. Bon nombre des pires complications frappent les femmes : l'herpès génital peut être le précurseur d'une dysplasie et d'un cancer du col utérin ; les infections aiguës, en pénétrant dans l'appareil génital, causent des salpingites aiguës pouvant mettre en jeu plusieurs agents pathogènes. À l'échelle planétaire, c'est parmi les femmes que le risque d'infection par le VIH connaît aujourd'hui la croissance la plus rapide. L'incidence du sida, syndrome clinique de l'infection par le VIH, augmente plus vite chez les femmes que chez les autres grandes catégories de la population nord-américaine. Le VIH est transmis aux femmes par les rapports hétérosexuels et par l'usage de drogues par injection.

Mesures de prévention de la propagation des MTS

Les services d'urgence, les cliniques externes, les services de santé des écoles et les organismes qui se consacrent à la santé des femmes doivent être dotés des moyens requis pour dépister et traiter les MTS. La plupart des patients ont besoin d'information sur la transmission et les symptômes de ces maladies ; il faut également leur dispenser des conseils sur le traitement, le suivi et la nécessité d'avertir leurs partenaires sexuels qu'ils ont besoin d'un traitement. Il faut expliquer aux femmes qu'elles courent un risque accru de contracter une infection si elles ont des rapports avec des hommes infectés non traités, ou si elles ont plusieurs partenaires sexuels ; que le risque de stérilité augmente avec chaque salpingite ; et que certains moyens de contraception mécaniques, notamment le préservatif, diminuent le risque de contracter certaines MTS.

Les adolescents ne comprennent pas toujours que les rapports sexuels sont la cause des MTS. De plus, le déni de la réalité et la recherche du danger sont fréquents à cet âge. C'est pourquoi les professionnels de la santé doivent décupler leurs efforts pour informer les adolescents. D'autre part, des programmes visant à aider les adolescents à résister aux pressions sociales et au jugement de leurs pairs peuvent aussi constituer une mesure de prévention des MTS.

SYNDROME D'IMMUNODÉFICIENCE ACQUISE (SIDA)

Le sida est une grave affection du système immunitaire qui diminue la capacité de combattre les maladies. Le patient dont le système immunitaire est gravement atteint voit sa vie menacée par des infections opportunistes, par le sarcome de Kaposi ou par d'autres néoplasmes rares.

On croit que le sida est causé par un rétrovirus appelé VIH. Ce virus produit ses effets les plus marqués sur une sous-population de lymphocytes, les cellules T auxiliaires, qui commandent la riposte de l'organisme aux infections causées par les bactéries, les virus, les protozoaires, les champignons et les parasites. Le virus se propage par l'entremise de contacts sexuels intimes, l'emploi d'une aiguille contaminée, ou la transfusion de sang ou de dérivés sanguins. Il peut également être transmis par une mère à son enfant pendant la grossesse, à l'accouchement, ou peu après la naissance.

Les rapports sexuels avec pénétration anale (que pratiquent notamment certains hommes homosexuels), la multiplicité des partenaires sexuels, l'usage de drogues par injection, l'hémophilie et les rapports sexuels avec une personne infectée constituent des facteurs de risque. À mesure que le nombre de personnes infectées augmente, le nombre de personnes à risque augmente aussi. À ce jour, il n'existe pas de remède ou de vaccin contre le sida, et ce syndrome mène à la mort causée par une infection opportuniste.

Des données de plus en plus nombreuses confirment l'idée que les MTS, et notamment celles qui se caractérisent par l'ulcération, augmentent le risque d'infection par le VIH si l'on a des rapports avec une personne infectée. L'infection par le VIH et le sida, à leur tour, augmentent le risque de contracter une MTS puisqu'ils entraînent l'altération, puis l'effondrement du système immunitaire. D'après les études, les ulcères génitaux causés par certaines MTS constituent des voies de pénétration pour le VIH. De même, les MTS qui provoquent d'importantes sécrétions inflammatoires dans le vagin favorisent peut-être la transmission du VIH à cause de la présence d'un nombre considérable de lymphocytes infectés dans les voies génitales. Par conséquent, il faut évaluer le système immunitaire des patients atteints de MTS persistantes et récurrentes qui exigent un traitement continu.

TABLEAU 53-2. *Principaux agents pathogènes à transmission sexuelle et maladies qui en découlent*

Agent pathogène	Maladie, affection ou syndrome
BACTÉRIES	
Neisseria gonorrheæ	Urétrite, épididymite, cervicite, proctite, pharyngite, conjonctivite, endométrite, périhépatite, bartholinite, infection amniotique, infection gonococcique disséminée, accouchement prématuré et rupture prématurée des membranes, salpingite et ses séquelles (stérilité, grossesse ectopique, salpingite récurrente)
Chlamydia trachomatis	Urétrite, épididymite, cervicite, proctite, salpingite, conjonctivite à inclusions, pneumonie néonatale, otite moyenne, trachome, maladie de Nicolas-Favre, périhépatite, bartholinite, syndrome de Fiessinger-Leroy-Reiter, mortalité du fœtus et du nouveau-né
Mycoplasma hominis	Fièvre puerpérale, salpingite
Ureaplasma urealyticum	Urétrite, infection gynécologique, faible poids de naissance
Tréponème pâle	Syphilis
Gardnerella vaginalis	Vaginite
Haemophilus ducreyi	Chancre mou
Calymmatobacterium granulomatis	Granulome inguinal (donovanose)
Shigella, espèce *Campylobacter*	Entérocolite (chez ceux qui ont des activités sexuelles buccoanales)
Streptocoques bêta-hémolytiques du groupe B	Septicémie néonatale, méningite néonatale
VIRUS	
Virus du lymphome humain à cellules T	Syndrome d'immunodéficience acquise (sida)
Virus de l'herpès simplex	Herpès génital primaire et récurrent, méningite amicrobienne, infection néonatale entraînant le décès ou des séquelles neurologiques, carcinome du col utérin, avortement spontané ou accouchement prématuré
Virus de l'hépatite B	Hépatite aiguë, chronique et fulminante; problèmes associés à des complexes immuns
Cytomégalovirus	Infection congénitale: malformation congénitale grossière et mortalité infantile, déficits cognitifs (par exemple, aliénation mentale ou surdité de perception), mononucléose infectieuse à hétérophiles négatifs, cervicite, manifestations protéiformes chez l'hôte dont les défenses sont faibles
Virus du papillome humain (HPV)	Condylome acuminé, papillome laryngien chez les nouveau-nés, dysplasie cervicale
Virus molluscum contagiosum	Molluscum contagiosum génital
PROTOZOAIRES	
Trichomonas vaginalis	Vaginite, urétrite, balanite
Entamœba histolytica	Amibiase (transmissible sexuellement, surtout chez ceux qui ont des contacts buccoanaux)
Giardia lamblia	Lambliase (transmissible sexuellement, surtout chez ceux qui ont des contacts buccoanaux)
Champignons	
Candida albicans	Vulvovaginite, balanite
Ectoparasites	
Phtirius inguinalis	Infestation de morpions (poux du pubis)
Sarcoptes scabiei	Gale

(Source: *Annual Public Review of Health*, vol. 6, 1985. Copyright: Annual Reviews, Inc.)

Le sida est devenu un grave problème de santé publique partout dans le monde et on ne connaît pas encore très bien les modes de propagation, la distribution et le cours normal de la maladie. Parce que le sida touche le système immunitaire, nous en traitons en détail au chapitre 48.

INFECTIONS À CHLAMYDIA

On sait aujourd'hui que les infections génitales à *Chlamydia* (causées par *Chlamydia trachomatis*) sont les MTS les plus répandues au Canada, et comptent parmi les plus graves. Chez l'homme, elles entraînent une inflammation de l'urètre et de l'épididyme; chez la femme, une inflammation du col utérin avec écoulement mucopurulent, et une hausse alarmante des salpingites. Ces complications sont un facteur important dans la multiplication des grossesses ectopiques. Les infections à *Chlamydia* ont été associées à la stérilité chez les deux sexes, ainsi qu'à de nombreux autres problèmes de santé (voir le chapitre 39).

Infections à l'herpès génital

L'herpès génital est l'une des MTS les plus communes et les plus affligeantes sur le plan psychologique. En l'absence de tout remède pour cette maladie, les personnes qui en sont atteintes souffrent souvent d'isolement social. Il est possible de traiter les symptômes, mais le risque de transmission aux partenaires sexuels est élevé. L'herpès génital est significatif du point de vue de l'épidémiologie parce qu'il peut être transmis aux nouveau-nés et parce qu'il est associé au cancer génital (voir le chapitre 39).

Traitement des MTS

La prévention est l'élément le plus important du traitement des MTS, car certaines de ces maladies sont réfractaires aux antibiotiques. Il faut dépister rapidement les cas et accorder aux patients le traitement le plus efficace dont on dispose. Santé et Bien-être social Canada met périodiquement à jour ses recommandations touchant le traitement des MTS. Les modes d'antibiothérapie sont maintenant à peu près uniformisés pour certaines infections; cependant, il faut modifier les traitements à mesure que les microorganismes pathogènes développent une résistance à un médicament donné.

Du fait qu'aucun régime antimicrobien n'est efficace à 100 %, tous les patients doivent subir après le traitement un examen et des tests de suivi. L'intervalle varie selon la maladie.

L'hépatite B est la seule MTS contre laquelle il existe un vaccin efficace.

Gonorrhée

La gonorrhée, ou blennorragie, est une infection touchant les muqueuses de l'appareil génito-urinaire, du rectum et du pharynx. Causée par le gonocoque de Neisser (*Neisseria gonorrheæ*), elle est transmise par contacts sexuels (l'exception étant l'ophtalmie gonococcique du nouveau-né). Elle peut être contractée par le biais des rapports sexuels, ou par les contacts buccogénitaux ou anogénitaux.

À l'échelle mondiale, l'incidence de la gonorrhée ne cesse d'augmenter. Sa courte période d'incubation ainsi que le nombre important d'hommes et de femmes qui sont des porteurs asymptomatiques du gonocoque contribuent à la propagation rapide de la maladie. La perte de faveur des méthodes de contraception mécaniques, remplacées notamment par les contraceptifs oraux, est un autre facteur de propagation de la maladie, car le préservatif associé à un spermicide vaginal offrait une protection contre certaines MTS. L'infection gonococcique se répand de façon inquiétante chez les hommes homosexuels. En outre, la gonorrhée coexiste souvent avec d'autres MTS. Le développement chez certaines personnes infectées d'une résistance à la pénicilline, à la tétracycline et à d'autres antibiotiques constitue un important problème.

L'incidence de la gonorrhée connaît un sommet chez les jeunes âgés de 15 à 24 ans, et la maladie a une croissance rapide chez les adolescents de moins de 15 ans.

Physiopathologie

Le gonocoque entraîne une infection superficielle, ascendante par les voies génito-urinaires dans la plupart des cas. Chez l'homme, la primo-infection touche l'urètre ou la région adjacente; chez la femme, elle touche le col de l'utérus, l'urètre ou le rectum. Si l'écoulement se fait bien, l'infection s'atténue spontanément et disparaît en quelques jours ou semaines. Cependant, l'infection de l'urètre prostatique chez l'homme, et des glandes urétrales et vaginales chez la femme, crée une prédisposition à l'infection chronique, celle-ci ayant parfois de graves séquelles. Les femmes contractent souvent une infection mixte secondaire de l'endomètre et des trompes de Fallope qui peut entraîner une pelvipéritonite. La propagation de l'infection aux organes de la reproduction est précipitée par des phénomènes comme la menstruation, les douches vaginales, et les lésions associées aux rapports sexuels ou aux manipulations.

Manifestations cliniques et complications

Après une période d'incubation de deux à sept jours, l'homme présente habituellement une dysurie ou un écoulement urétral (liquide clair et peu abondant, ou copieux écoulement purulent). L'infection peut atteindre la prostate, les vésicules séminales et l'épididyme, causant la prostatite, l'adénite inguinale, une douleur pelvienne et la fièvre. Entre le quart et le tiers des hommes traités pour la gonorrhée souffrent d'urétrite postgonococcique, les urétrites non gonococciques étant souvent secondaires à une infection à *Chlamydia*. Les hommes qui sont porteurs asymptomatiques de la gonorrhée posent un grave problème, car dans de nombreux cas, leur infection échappe aux mesures de dépistage habituelles. Infectés, asymptomatiques et non traités, ils continuent de transmettre la maladie à leurs partenaires.

Chez la femme, l'infection est souvent muette, et un grand nombre de femmes asymptomatiques ignorent qu'elles sont infectées. Écoulement vaginal, augmentation de la fréquence urinaire et dysurie sont des symptômes perceptibles qui se présentent parfois. Le foyer infectieux se situe le plus souvent dans l'urètre ou le col utérin. Partant du canal utérin, la bactérie fait l'ascension de l'appareil reproducteur et cause une infection pelvienne aiguë qui se traduit par une endométrite, une salpingite ou une pelvipéritonite. On estime que 10 à 15 % des femmes infectées par le gonocoque souffrent d'une infection pelvienne qui se manifeste par une douleur abdominale, de la fièvre et un écoulement vaginal. L'examen bimanuel du bassin fait apparaître une sensibilité marquée à la mobilisation du col utérin. L'infection pelvienne crée des adhérences dans la région du rectum et des organes du bassin, lesquelles constituent l'une des principales causes directes de la stérilité; elle peut aussi mener à une grossesse ectopique et à une inflammation chronique du bassin, dont les séquelles exigent une intervention chirurgicale.

Autres manifestations de la gonorrhée. Les manifestations anales comprennent le prurit et l'irritation (causés par l'érythème et l'œdème des sinus anaux); une sensation de plénitude rectale; la rectorragie ou la diarrhée; la présence de mucus dans les selles; et enfin, des défécations douloureuses. La gonorrhée anorectale est signalée chez 28 à 55 % des hommes homosexuels qui se présentent aux cliniques de MTS.

Les manifestations buccales peuvent apparaître à la suite d'un contact direct entre les microorganismes infectieux et le pharynx, ou d'une propagation de l'infection de n'importe quelle partie de l'organisme vers la cavité buccale. Bien que la plupart des infections pharyngiennes soient asymptomatiques, on observe parfois les manifestations suivantes: angine, inflammation ulcéreuse et douloureuse des lèvres; gencives rouges, spongieuses et sensibles; langue sèche et plus rouge que la normale; rougeur et œdème du voile du palais et de la luette. L'oropharynx peut également se recouvrir de vésicules.

Des manifestations généralisées peuvent se développer, car des foyers secondaires d'infection peuvent apparaître dans n'importe quel organe, entraînant ainsi une infection gonococcique disséminée (bactériémie gonococcique). L'infection disséminée apparaît lorsque les gonocoques envahissent la circulation à partir des foyers primaires. Le patient présente alors une ténosynovite des petites articulations et un exanthème hémorragique; après deux ou trois semaines, s'il n'est pas traité, il présente une arthrite septique avec douleur, rougeur, chaleur et tuméfaction des articulations.

L'endocardite gonococcique, la méningite et la gonococcémie fulminante comptent également parmi les manifestations généralisées.

Évaluation

Examen physique. On examine le patient en cherchant à détecter les lésions, les éruptions cutanées, l'adénopathie, et l'écoulement urétral, vaginal ou rectal.

Examens diagnostiques. Diverses épreuves de laboratoire permettent de dépister la gonorrhée. Les frottis, les réactions d'immunofluorescence directe et la culture en milieux sélectifs peuvent faire apparaître les diplocoques intracellulaires Gram négatif. Il faut faire des cultures du pharynx et de l'anus quand la personne a eu des relations sexuelles orales ou rectales. Chez l'homme, selon ses antécédents sexuels, on prélève des échantillons de l'urètre, du canal anal et du pharynx; chez la femme, les prélèvements touchent la région endocervicale, le pharynx et le canal anal. L'infirmière qui fait les prélèvements porte des gants stériles et jetables. En règle générale, l'examen vaginal se fait sans gelée lubrifiante, car celle-ci peut contenir des substances qui tuent les microorganismes pathogènes ou qui en entravent la croissance. On remplace donc la gelée lubrifiante par de l'eau.

L'encadré 53-1 et la figure 53-2 expliquent les méthodes de prélèvement des cultures et d'ensemencement. Comme *Neisseria gonorrheæ* est sensible aux modifications du milieu, les échantillons prélevés doivent être immédiatement envoyés au laboratoire.

Traitement

Le traitement vise à éliminer le microorganisme et à informer le patient. Les moyens employés sont le dépistage, la pharmacothérapie et l'enseignement au patient.

Encadré 53-1
Prélèvement d'échantillons pour le diagnostic de la gonorrhée

Chez la femme

Oropharynx
Frotter la partie postérieure du pharynx et des cryptes amygdaliennes à l'aide d'un coton-tige.

Col de l'utérus
1. Humecter le spéculum avec de l'eau tiède. Ne pas utiliser d'autre lubrifiant.
2. Écarter les lèvres; déprimer à l'aide d'un doigt le périnée et la paroi postérieure du vagin.
3. Insérer doucement le spéculum dans le vagin.
4. Enlever l'excès de glaire cervicale avec un tampon d'ouate (maintenu par des pinces).
5. Insérer dans le canal endocervical un coton-tige stérile (voir la figure 53-2A).
   a) Balayer complètement les parois du col.
   b) Attendre 30 secondes pour que le coton-tige absorbe les microorganismes.

Canal anal (culture rectale)
1. Prélever l'échantillon anal après avoir fait le prélèvement cervical.
2. Introduire dans le canal un coton-tige stérile sur une longueur d'environ 2,5 cm (voir la figure 53-2B).
3. Balayer complètement les parois du canal anal.
4. Attendre 10 à 30 secondes pour que le coton-tige absorbe les microorganismes.

Chez l'homme

Oropharynx
Même méthode que chez la femme.

Culture de l'urètre
Gratter doucement la muqueuse de la partie antérieure de l'urètre en employant une anse bactériologique métallique stérile ou un bâtonnet urétral stérile imprégné d'alginate de calcium. Ne pas introduire l'anse ou le bâtonnet à plus de 2 cm.

Canal anal
Même méthode que chez la femme.

En l'absence de complications, Santé et Bien-être social Canada recommande pour la gonorrhée un programme thérapeutique comprenant l'un des médicaments suivants: amoxicine, ampicilline, pénicilline G procaïne en suspension aqueuse, ceftriaxone avec tétracycline, doxycycline. L'amoxicilline, l'ampicilline et la pénicilline (mais non la ceftriaxone) sont prescrites avec du probénécide par voie orale qui en augmente la concentration sérique. Par ailleurs, il y a maintenant sur le marché de nouveaux antimicrobiens qui pourraient aussi s'avérer efficaces.

On a constaté la coexistence d'une infection à *Chlamydia* chez 45 % des patients atteints de gonorrhée qui ont subi un test de dépistage du *Chlamydia*. C'est donc une possibilité qui doit retenir l'attention lorsque l'on traite la gonorrhée. Les *chlamydiæ* étant réfractaires à la pénicilline, on recommande

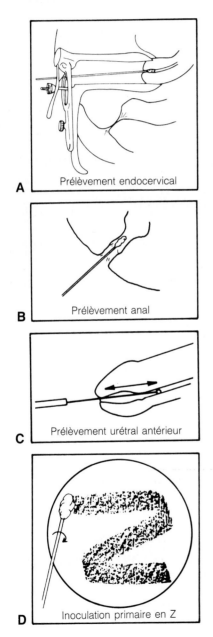

A Prélèvement endocervical

B Prélèvement anal

C Prélèvement urétral antérieur

D Inoculation primaire en Z

Figure 53-2. Prélèvement et culture pour le diagnostic de la gonorrhée. (Source: *Criteria and Techniques for the Diagnosis of Gonorrhea*, U.S. Public Health Service, Centers for Disease Control)

un traitement à la tétracycline ou à la doxycycline; il existe d'autres traitements pour les patients allergiques à la pénicilline ou infectés par des souches réfractaires de *N. gonorrheæ*. Quant au traitement des complications (endocardite, infection gonococcique disséminée), chaque cas diffère.

Toutes les personnes souffrant de gonorrhée devraient subir un examen sérologique de dépistage de la syphilis et d'autres MTS, dont l'infection par le VIH, lors des examens diagnostiques. Les personnes souffrant à la fois de gonorrhée et de syphilis font l'objet de mesures thérapeutiques supplémentaires, qui dépendent du stade de chacune des maladies.

Aucune thérapie n'étant efficace à 100 %, il est nécessaire, 3 à 7 jours après la fin du traitement, de prélever des échantillons de contrôle dans les régions infectées et dans le rectum.

Il faut rencontrer chaque patient et lui demander les noms des personnes avec qui il a eu des rapports sexuels: les programmes de santé publique sont conçus pour retrouver ces personnes et pour empêcher la propagation de la maladie par la déclaration des cas, le diagnostic, le traitement et le suivi. Il faut faire passer des tests de dépistage à ces personnes et les traiter dans les 10 jours. Il faut aussi avertir le patient qu'il doit éviter la réinfection en n'ayant pas de rapports sexuels avec un partenaire non traité.

Interventions infirmières

Par le biais de doigts contaminés, l'infirmière pourrait transmettre à ses propres yeux l'écoulement infecté d'un patient souffrant de gonorrhée. C'est pourquoi elle porte des gants pour examiner un patient ou toucher un écoulement vaginal ou urétral; elle évite de se toucher la figure et se lave les mains avec soin. Elle doit appliquer les précautions universelles relatives aux prélèvements.

Si le patient reçoit de la pénicilline, on lui demande de rester dans le cabinet ou le bureau pendant 30 minutes pour que l'on puisse déceler toute réaction anaphylactique.

On trouvera à la page 1682 les informations à fournir au patient.

SYPHILIS

La syphilis est une maladie infectieuse multiorganique, aiguë et chronique, causée par un spirochète, le tréponème pâle. Généralement transmise par contact sexuel, elle peut également être congénitale.

Le tréponème pâle produit un effet local et meurt rapidement lorsqu'il est exposé à la sécheresse, à la chaleur ou à l'air. Une lésion initiale (*chancre*), apparaît à l'endroit (ou aux multiples endroits) où le tréponème s'est introduit dans l'organisme: ce chancre ouvert fourmille de spirochètes et transmet l'infection. C'est au premier stade de la syphilis que le danger de contagion est le plus grand. La maladie se propage par contact sexuel. Le fœtus peut recevoir l'infection de sa mère par voie transplacentaire.

Épidémiologie

Il faut demander aux personnes qui ont la syphilis de donner le nom de ceux avec qui elles ont eu des contacts sexuels, pour qu'ils soient examinés et traités sans délai. D'après les données statistiques, l'incidence de la syphilis est élevée parmi les homosexuels, les adolescents, les jeunes adultes et les groupes défavorisés sur le plan socioéconomique.

Toute personne syphilitique peut être à l'origine d'une petite épidémie: d'après les études, chaque personne infectée risque de transmettre la maladie à trois autres personnes. Il faut déclarer tous les cas de syphilis infectieuse récente.

Manifestations cliniques

La syphilis peut détruire les tissus d'à peu près tous les organes, d'où la grande diversité de ses manifestations cliniques. Elle évolue selon trois stades: primaire, secondaire et tertiaire. L'intervalle entre le stade primaire et le stade tertiaire est d'environ quatre ans, et le patient, au cours de cette période, acquiert une immunité partielle et une réaction tissulaire modifiée au spirochète. (L'infection par le VIH peut toutefois modifier le cours de la maladie, la personne passant directement du stade primaire au stade tertiaire.)

Stades de la syphilis

Stade primaire. La période d'incubation est de 10 à 90 jours, la moyenne étant de 21 jours. Au cours du stade primaire (stade le plus infectieux), le chancre (lésion primaire) apparaît à l'endroit ou aux endroits où les tréponèmes sont entrés dans l'organisme: organes génitaux, anus, rectum, lèvres, cavité buccale, seins ou doigts (figure 53-3). L'endroit où le chancre est situé dépend généralement des habitudes sexuelles. Le chancre est un nodule induré et indolore, qui s'érode pour laisser une ulcération peu profonde; les ganglions lymphatiques assurant le drainage de l'ulcère sont tuméfiés, fermes et indolores. Le chancre non traité guérit en quelques semaines.

Stade secondaire (généralisation de la maladie). Après quelques semaines ou quelques mois, les tréponèmes commencent à se répandre dans l'organisme; il en résulte une maladie généralisée variable caractérisée par un fébricule, un malaise, de l'angine, des céphalées, une adénopathie, une arthralgie et une éruption atteignant la peau ou les muqueuses.

Les manifestations cutanées, qui motivent souvent la consultation, peuvent simuler à peu près toutes les maladies de la peau. L'éruption typique est formée de macules (taches dépigmentées planes) ou de maculopapules (lésions surélevées qui peuvent se transformer en pustules). L'éruption peut apparaître n'importe où, mais elle siège souvent sur la paume des mains ou la plante des pieds. Elle disparaît peu à peu, même si elle n'est pas traitée. Le patient peut également perdre ses cheveux, quelquefois par plaques, ce qui donne au cuir chevelu une apparence mitée.

La muqueuse buccale et la langue se couvrent de lésions luisantes, planes et circonscrites, souvent recouvertes d'un exsudat jaunâtre. Ces plaques muqueuses fourmillent de spirochètes. De même, on voit apparaître sur des surfaces cutanées humides des plaques verruqueuses (les condylomes) qui sont très contagieuses pour la même raison.

Stade tertiaire (syphilis tardive). Après le stade secondaire, c'est la période de latence pendant laquelle le patient ne présente aucun signe ni symptôme de la syphilis. Cette période peut durer des mois ou des années; chez de nombreux patients, elle se prolonge indéfiniment, même en l'absence de tout traitement. La syphilis tertiaire est une maladie inflammatoire dont l'évolution est lente et qui peut s'attaquer à n'importe quel organe. En cas de syphilis cardiovasculaire, ce sont le cœur et les gros vaisseaux qui sont atteints: aortite et anévrismes sont la conséquence des lésions de l'aorte, des gros vaisseaux qui en partent ou de l'artère pulmonaire.

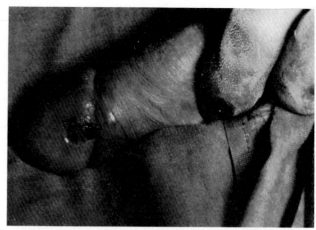

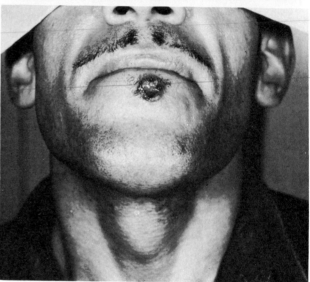

Figure 53-3. **(En haut)** Chancre syphilitique situé sur la face externe du prépuce.
(Source: H. Elliott et K. Rhyz, *Venereal Diseases: Treatment and Nursing*, London, Balliere Tindall)

(En bas) Syphilis primaire: chancre huntérien typique sur la lèvre inférieure.
(Source: *Syphilis: A Synopsis*, U. S. Department of Health, Education and Welfare, Public Health Service)

En cas de neurosyphilis, on voit apparaître des lésions invalidantes du système nerveux central qui entraînent divers symptômes neurologiques. Enfin, des lésions granulomateuses, destructrices mais non infectieuses, peuvent apparaître sur la peau, les viscères, les os et la surface des muqueuses, altérant la santé du patient et abrégeant ses jours.

Examens diagnostiques

Comme la syphilis simule très bien d'autres maladies, les antécédents cliniques et les examens de laboratoire sont des éléments importants du diagnostic. Cinq examens sérologiques contribuent au diagnostic et au traitement; deux se fondent sur la détection des anticorps tréponémiques, trois sur un autre principe.

- Les tests *non tréponémiques* ou *réaginiques* mesurent les anticorps formés en réaction à un produit de la destruction tissulaire, la réagine, existant dans le sérum des patients infectés. Les tests les plus répandus sont la réaction de microagglutination sur lame du Venereal Disease Research Laboratory (VDRL), le test de réaction rapide de la réagine plasmatique (RPR-CT) et le test de réaction automatique de la réagine (ART). Ces examens sont fiables, simples et peu coûteux.

- Les tests *tréponémiques* visent à mesurer les anticorps spécifiques du tréponème pâle; recommandés pour les patients qui présentent une réaction positive aux tests réaginiques et des signes atypiques de la syphilis primaire ou secondaire, ils servent également à établir le diagnostic de la syphilis tertiaire. Ce sont le test d'immunofluorescence absorbée (FTA-ABS) et le test de microhémagglutination (MHA-TP).

Traitement

Les directives en matière de traitement de Santé et Bien-être social Canada et des unités régionales de santé publique sont mises à jour de façon régulière. À l'heure actuelle, tous les stades de la syphilis sont traités par l'antibiothérapie. Pour la syphilis primaire ou la syphilis latente existant depuis moins d'un an, le médicament de choix est la benzathine pénicilline G, administrée à raison de 2,4 millions U en une seule fois par injection intramusculaire; les patients allergiques à la pénicilline reçoivent de la tétracycline (500 mg p.o.q.i.d. × 14 jours), ou de la doxycycline (100 mg p.o.b.d. × 14 jours).

Quand la syphilis est présente depuis plus de un an, les certitudes sont moins bien établies touchant le meilleur traitement. En général, plus la maladie est ancienne, plus le traitement est long.

La syphilis cardiovasculaire établie doit être traitée; toutefois, les antibiotiques s'avèrent parfois incapables de renverser le processus pathologique (perte des tissus élastiques de la paroi de l'aorte) qui lui est associé.

L'examen du liquide céphalorachidien est indiqué quand on soupçonne la présence d'une neurosyphilis symptomatique; il est également souhaitable dans tous les cas de syphilis existant depuis plus de un an pour écarter la possibilité d'une neurosyphilis asymptomatique. En cas de syphilis tertiaire, aucun traitement ne saurait réparer les lésions déjà subies par les organes.

Quelques heures après le début du traitement, et particulièrement dans le cas d'une syphilis secondaire, le patient peut présenter une *réaction de Jarish-Herxheimer*: fièvre et symptômes analogues à ceux de la grippe (malaise, frissons, céphalées et myalgie), qui disparaissent dans les 24 heures. Ce phénomène serait causé par la libération soudaine de quantités importantes d'antigènes tréponémiques, qui déclencherait une réaction antigène-anticorps. On rassure le patient et on lui conseille de prendre de l'aspirine et de garder le lit.

Interventions infirmières

Les chancres fourmillent de spirochètes et sont contagieux au contact direct. Il faut donc employer les précautions universelles et appliquer rigoureusement les directives touchant le lavage des mains. Lorsque le patient reçoit une injection de pénicilline, on le garde en observation pendant 30 minutes afin de voir s'il fait une réaction allergique. Les points suivants sont des éléments importants de la prévention et de l'enseignement au patient:

- Toute personne qui a eu un diagnostic de la syphilis il y a trois mois ou moins doit être traitée pour la syphilis primaire.

- Toute personne traitée pour la syphilis primaire doit subir des examens de suivi. Le suivi comprend également l'évaluation et le traitement des partenaires sexuels. De plus, les patients atteints de syphilis depuis plus de 1 an doivent subir un examen sérologique 24 mois après le traitement.

- Il faut expliquer au patient atteint de syphilis primaire qu'un traitement et un suivi appropriés entraînent la disparition du chancre au bout de une semaine ou deux; dans la plupart des cas, le test sanguin sera négatif après un an. Chez les personnes atteintes de syphilis secondaire, l'éruption cutanée est rapidement éliminée, et le test sanguin est négatif dans les deux ans qui suivent.

- On recommande au patient de ne pas avoir de contacts sexuels avec d'anciens partenaires qui n'ont pas été traités.

▶ *DÉMARCHE DE SOINS INFIRMIERS*
PATIENTS SOUFFRANT D'UNE MALADIE TRANSMISSIBLE SEXUELLEMENT

▷ *Collecte des données*

L'infirmière note les antécédents du patient, dont les dates d'exposition, les symptômes, l'emplacement des lésions, la présence d'écoulements, les MTS antérieures et l'autotraitement. Les manifestations cliniques varient selon la maladie, les plus fréquentes étant la dysurie et l'écoulement urétral ou vaginal. Au moment de la première consultation, on s'efforce de connaître le nom des partenaires sexuels du patient afin de les traiter.

Pour être en mesure d'aider le patient, l'infirmière doit affronter ses propres craintes en matière de sexualité et faire preuve d'honnêteté et de délicatesse dans ses rapports avec lui. Celui-ci a parfois peur des professionnels de la santé. L'infirmière doit l'écouter avec attention et patience, sans porter de jugement ni lui faire la leçon: s'il se tient sur la défensive, il peut omettre des renseignements essentiels au diagnostic.

La confidentialité est nécessaire quand il s'agit de questions sexuelles. Les entretiens se font dans la plus stricte intimité, et on veille à ne pas être interrompu. Pour éviter l'ambiguïté et les connotations négatives, l'infirmière emploie des mots que le patient comprend, pose des questions ouvertes, et fait preuve de délicatesse lorsqu'elle lui pose des questions sur les personnes avec lesquelles il a eu des contacts sexuels.

Pendant l'examen physique, l'infirmière inspecte la peau pour y déceler les signes d'irritation et de prurit, les sillons caractéristiques de la gale, les éruptions, les lésions, l'écoulement et les traumatismes. Elle cherche les poux en examinant le corps et les poils pubiens, inspecte la bouche et la gorge, qui peuvent également présenter des signes d'infection, et palpe les ganglions inguinaux pour en déterminer la taille et la consistance.

Il faut toujours porter des gants quand on examine les organes génitaux. Écoulements, sécrétions et pus sont en toutes circonstances des sources potentielles d'infection, comme le sont également les liquides biologiques et les tissus de patients atteints de MTS généralisées (sida, hépatite B, infection à cytomégalovirus, syphilis, gonorrhée disséminée).

L'examen des organes génitaux vise à déterminer s'il y a rougeur, œdème, lésions, éruptions, verrues ou écoulements. L'urètre (chez l'homme et la femme) et le vagin peuvent présenter un écoulement mucopurulent. L'infirmière doit vérifier s'il y a odeur ou prurit. Elle peut demander au patient de préciser l'endroit du malaise périnéal. La présence d'un écoulement vaginal et de sensibilité au niveau de l'utérus évoque la possibilité d'une infection pelvienne. La région du rectum peut être sensible et présenter un écoulement et des signes de traumatisme.

Quand l'infirmière fait l'examen digital du vagin et du rectum d'une femme chez qui elle soupçonne une MTS, elle doit enfiler une nouvelle paire de gants après l'examen vaginal pour empêcher la transmission au rectum de gonocoques, de *chlamydiæ* ou du virus de l'herpès simplex en provenance du col utérin ou du vagin.

▷ Analyse et interprétation des données

Selon les données recueillies, voici les principaux diagnostics infirmiers possibles:

- Anxiété reliée à la gêne et à la peur
- Non-observance du traitement reliée au caractère honteux de la maladie et au manque de compréhension
- Manque de connaissances sur la nature de la maladie et les risques élevés qu'elle comporte (risque de propagation à autrui et risque de contracter une autre MTS, notamment l'infection par le VIH)
- Risque de surinfection

D'autres diagnostics possibles sont l'isolement social et la perturbation de l'estime de soi reliés à la nature de la maladie.

▷ Planification et exécution

▷ *Objectifs de soins*: Réduction de l'anxiété; observance du programme thérapeutique; acquisition de connaissances sur la nature et le traitement de la maladie; prévention des récidives et prévention de la propagation de l'infection

▷ Interventions infirmières

▷ *Réduction de l'anxiété.* L'anxiété, la gêne, ou l'espoir que l'infection disparaîtra d'elle-même peuvent inciter le patient à ne pas consulter. L'anxiété peut également l'amener à taire certaines informations, l'empêcher de bien comprendre le traitement et, par conséquent, de l'observer. Un écoulement vaginal ou urétral peut accentuer l'anxiété et perturber l'image de soi.

Il est essentiel que le patient se sente à l'aise et soit rassuré sur la confidentialité des informations qu'il communique à l'infirmière. Celle-ci peut le faire de façon verbale et non verbale, en veillant à ce que les entretiens soient menés dans un endroit calme et isolé. Elle doit encourager le patient à exprimer ses sentiments, car le fait d'en parler diminue son anxiété et l'aide à mieux comprendre ses problèmes.

▷ *Enseignement au patient.* Le traitement de la plupart des MTS est extrêmement simple et facile à suivre. Il faut informer le patient des conséquences, pour sa santé et celle de son ou de sa partenaire, d'un traitement insuffisant.

L'infirmière doit également expliquer le mode de transmission de la maladie, les principaux signes et symptômes qui permettent de la reconnaître, la durée de la période infectieuse, le traitement et les moyens d'éviter la propagation. Elle doit insister sur la nécessité de prendre les médicaments prescrits même si les symptômes disparaissent, et expliquer les effets indésirables possibles du médicament. Enfin, l'infirmière recommande au patient de ne pas avoir de rapports sexuels non protégés tant que des examens n'auront pas confirmé que le traitement a été efficace.

La lutte contre la propagation des MTS exige que le patient collabore, qu'il soit bien informé et qu'il adhère au traitement. L'infirmière doit insister sur les points suivants:

- Les MTS sont transmises par contact sexuel (pénétration vaginale ou anale, rapports buccogénitaux) ou par contact avec les sécrétions d'une personne infectée.
- Si l'on croit avoir une MTS, ou si l'on a été exposé à quelqu'un qui pourrait être infecté, il faut subir un examen médical. Si des symptômes se manifestent, il faut être traité immédiatement.
- Toute personne qui a plusieurs partenaires sexuels devrait subir régulièrement un examen médical.
- Le lavage des organes génitaux avant et après un contact sexuel ainsi que l'emploi d'un préservatif peuvent assurer une certaine protection.
- Les contraceptifs oraux et le stérilet n'offrent *aucune* protection contre les MTS.
- La gonorrhée et la syphilis, qui ont le même mode de propagation, sont deux maladies distinctes causées par des germes différents, et qui n'attaquent pas l'organisme de la même façon. La gonorrhée, la syphilis et d'autres MTS peuvent coexister chez une même personne.
- Il n'existe apparemment aucune immunité naturelle ou acquise contre la gonorrhée ou la syphilis; on peut les contracter à maintes reprises.
- La femme enceinte syphilitique peut transmettre l'infection au fœtus; si elle a la gonorrhée, elle peut la transmettre à l'enfant pendant l'accouchement.
- Les bactéries de la gonorrhée peuvent entrer dans la circulation sanguine et s'attaquer aux articulations, aux membranes synoviales, aux valvules du cœur et à d'autres tissus.
- Au Québec, on peut composer un numéro de téléphone pour obtenir des renseignements sur les MTS et être dirigé vers les spécialistes ou les établissements qui les soignent. Ce numéro est le (514) 527-2361 (CLSC centre-sud). Il s'agit d'un service confidentiel.

▷ *Prévention des récidives et de la propagation de l'infection.* Le patient doit convaincre ses partenaires de se faire examiner et traiter rapidement (dans un délai de 24 à 48 heures). La personne qui a infecté le patient est souvent à l'origine de sa surinfection. Pour empêcher les récurrences, le patient doit changer ses habitudes sexuelles: cela peut signifier pratiquer la monogamie, avoir moins de partenaires sexuels, ne pas avoir de contacts sexuels avec les personnes qui ont beaucoup de partenaires, ou interroger et examiner les personnes avec lesquelles il envisage d'avoir des rapports sexuels. On réduit les risques d'infection en évitant certains types de rapports sexuels (pénétration anale, contact des doigts ou de la bouche avec l'anus). Enfin, le préservatif élimine tout contact avec le sperme, l'écoulement utéral et les lésions du pénis, et il se peut que les spermicides vaginaux inactivent chimiquement certains microorganismes pathogènes.

▷ *Évaluation*

Résultats escomptés

1. Le patient manifeste moins d'anxiété.
2. Il adhère au traitement.
   a) Le traitement est efficace.
   b) Il se présente à l'examen de suivi.
3. Il connaît et comprend mieux les MTS.
   a) Il énumère les signes et symptômes des MTS les plus répandues.
   b) Il fait un autoexamen pour détecter les lésions, les éruptions cutanées et les écoulements.
4. Il participe à un programme visant à prévenir la récurrence de la maladie.
   a) Il fournit les noms de ses partenaires sexuels pour qu'ils soient examinés et traités.
   b) Il énumère les facteurs de risque en matière de récurrence.

Résumé: Les MTS varient beaucoup, tant du point de vue de la facilité du dépistage que de l'efficacité des traitements disponibles. Collectivement, elles constituent aujourd'hui les infections les plus répandues en Amérique du Nord. Pour lutter contre les MTS, il faut avant tout empêcher leur propagation. L'enseignement au patient est indispensable, car il soulage son anxiété et l'aide à mieux comprendre la nature de la maladie, le traitement et les mesures de prévention.

INFECTIONS BACTÉRIENNES SPÉCIFIQUES

INFECTIONS NOSOCOMIALES

Les infections nosocomiales sont celles que l'on acquiert au centre hospitalier. Elles atteignent chaque année plusieurs personnes hospitalisées et entraînent des coûts parce qu'elles exigent le prolongement des séjours au centre hospitalier. Les infections nosocomiales constituent une cause importante de mortalité parmi les personnes hospitalisées.

Les bactéries Gram négatif sont à l'origine de la plupart des infections nosocomiales (les espèces en cause sont énumérées ci-dessous dans la section consacrée au choc septique). L'infection provient soit de la propre flore du patient, soit de germes opportunistes qui l'envahissent avant ou pendant son séjour au centre hospitalier. Le syndrome du choc septique est une complication des bactériémies (présence de bactéries dans la circulation sanguine) à germes Gram négatif.

Susceptibilité de l'hôte

La plupart des bacilles Gram négatif sont peu agressifs chez l'hôte normal, mais trouvent un terrain favorable chez le patient hospitalisé qui souffre d'une maladie sous-jacente et dont les défenses sont faibles.

Le risque de voir apparaître une infection nosocomiale est proportionnel à la gravité de la maladie sous-jacente.

Les très jeunes enfants et les personnes âgées, les patients souffrant d'une déficience du système immunitaire, de dyscrasie, de brûlures, de blessures ou de diabète mal équilibré et les personnes qui ont subi l'implantation d'un corps étranger, ou encore une longue intervention chirurgicale ayant largement endommagé les tissus, sont sensibles aux infections par des bactéries Gram négatif. L'insertion d'un tube dans un organe normalement stérile (sonde vésicale, cathéter intraveineux) comporte toujours un risque d'infection parce que la lumière et la surface extérieure de l'objet offrent un accès aux microorganismes. Les puissants immunosuppresseurs, les médicaments cytotoxiques, les corticostéroïdes et la radiation affaiblissent les défenses du patient; les antibiotiques aggravent le problème en modifiant sa flore normale et en favorisant la prolifération des agents pathogènes résistants aux antibiotiques. On voit sans cesse apparaître dans les centres hospitaliers de nouveaux germes opportunistes. En fait, à peu près n'importe quel germe peut assumer ce rôle, surtout chez un hôte dont les défenses sont affaiblies.

On peut souvent attribuer les infections par des bactéries Gram négatif à des interventions effractives, mais il est parfois impossible d'en détecter la source.

Prévention

Le premier pas vers la prévention des infections nosocomiales est la connaissance du danger.

La lutte contre l'infection se fait essentiellement par le lavage des mains selon les méthodes correctes, par l'utilisation des précautions universelles pour tous les patients et par l'application d'une asepsie rigoureuse pour toutes les interventions diagnostiques et thérapeutiques impliquant des cathéters, la stimulation cardiaque, la perfusion intraveineuse, les sondes endotrachéales, des canules à trachéotomie, des drains ou le soin des plaies.

Les infections des voies urinaires liées aux sondes sont les infections nosocomiales les plus fréquentes et le principal facteur prédisposant à une septicémie fatale à bactéries Gram négatif dans les centres hospitaliers. Comme nous l'avons déjà dit à maintes reprises, il ne faut installer une sonde à demeure qu'en cas de *nécessité absolue*. Le patient peut être infecté par sa propre flore intestinale, ou contaminé par d'autres patients ou par la flore du centre hospitalier, par des solutés contaminés ou du matériel non stérile. Ainsi, dans toute la mesure du possible, on préfère aux sondes à demeure d'autres formes de drainage associées à un moindre risque d'infection des voies urinaires: condom (urinaire), cathétérisme suspubien ou cathétérisme intermittent. Souvent, on peut éviter la sonde à demeure en se montrant attentif aux besoins du patient, notamment du patient incontinent. Si toutefois une sonde à demeure est nécessaire, il faudra l'enlever dès que possible. L'infirmière peut contribuer beaucoup à ce que cette sonde ne reste pas en place plus longtemps qu'il n'est absolument nécessaire en évaluant la diurèse et les signes d'infection des voies urinaires et en avertissant immédiatement le médecin lorsqu'il devient possible d'enlever la sonde.

Les infections respiratoires représentent environ 15 % des infections nosocomiales, car les sondes endotrachéales et les canules à trachéotomie contournent les défenses normales de l'hôte et permettent aux microorganismes d'entrer dans les poumons. D'autre part, l'emploi du ventilateur pose un grave problème, car l'aspiration des sécrétions provenant du tube par le patient lui-même peut entraîner une infection respiratoire. Le matériel utilisé pour le traitement respiratoire doit être stérilisé avec le plus grand soin, et il faut employer toutes les précautions possibles pour réduire les risques d'aspiration. Il faut inciter les patients alités et ceux qui souffrent de douleurs thoraciques ou abdominales à se tourner, à tousser et à respirer profondément à intervalles de une ou deux heures quand ils sont éveillés afin d'éviter l'atélectasie et la stase des sécrétions pulmonaires.

Il faut éviter le recours à la perfusion intraveineuse prolongée. Lorsqu'elle est nécessaire, il faut bien fixer le cathéter pour ne pas qu'il se déplace dans la veine. De plus, il faut veiller scrupuleusement à insérer correctement l'aiguille et à protéger le point d'injection. Il importe aussi de vérifier le dispositif intraveineux et de procéder à son entretien. On pense que la plupart des septicémies causées par le matériel intravasculaire proviennent de la propre flore du patient ou des mains de la personne qui insère l'aiguille. Pendant chaque quart de travail, il faut inspecter le point de perfusion pour déceler les signes d'infection: rougeur, œdème, douleur, chaleur et écoulement. De plus, il faut faire la rotation des points d'injection conformément aux directives de l'établissement.

Les infections des plaies chirurgicales sont plus fréquentes après une opération de plus de deux heures, une chirurgie abdominale ou une opération «contaminée» (c'est-à-dire où l'on voit se répandre largement le contenu du tube digestif ou de viscères perforés); ou chez les patients souffrant de multiples maladies. La plupart des plaies infectées sont contaminées par des germes endogènes, comme les bactéries de la peau, du nez, du périnée ou du tube digestif du patient. Ainsi, les facteurs associés à l'hôte jouent un rôle prédominant, et l'infirmière doit savoir reconnaître les patients à risque.

Tous les centres hospitaliers devraient affecter une équipe spéciale, comprenant une infirmière, à la surveillance des mesures de lutte contre l'infection. Et chaque professionnel de la santé devrait appliquer toutes les méthodes de surveillance et de prévention connues afin de créer pour les patients, le personnel et les visiteurs le milieu le plus salubre possible.

BACTÉRIÉMIES À GERMES GRAM NÉGATIF ET CHOC SEPTIQUE

La bactériémie à germes Gram négatif (invasion de la circulation sanguine par des bactéries de diverses espèces) provoque une insuffisance circulatoire aiguë qui peut être mortelle, et qu'on appelle choc septique. (Les termes *choc septique, choc toxi-infectieux, choc infectieux, choc endotoxinique* et *choc bactériémique* sont synonymes). Le choc septique apparaît généralement quand il y a une brèche dans les barrières qui protègent habituellement l'organisme ou quand les défenses immunitaires sont affaiblies. Les microorganismes le plus souvent associés à la bactériémie à germes Gram négatif sont le colibacille, les bactéries du groupe *Klebsiella-Enterobacter-Hafnia-Serrata*, le bacille pyocyanique, les bactéries du groupe *Proteus, Neisseria meningitidis* et *Bacteroides fragilis*. Des bactéries Gram positif (le staphylocoque doré et *Streptococcus pneumoniæ*) ont également été impliquées dans le choc septique.

Physiopathologie

On connaît mal la physiopathologie complexe du choc septique. Il constituerait une réaction aux endotoxines qui sont produites quand les germes Gram négatif envahissent la circulation sanguine et qui déclenchent plusieurs phénomènes: altération cellulaire, libération extracellulaire d'enzymes lysosomiaux provenant des leucocytes, modification des systèmes de coagulation et fibrinolytique et interaction entre ces systèmes, altération métabolique causée par l'anoxie tissulaire.

Le choc septique provoque des spasmes artériels et veineux entraînant une accumulation de sang dans les tissus pulmonaires, splanchniques, rénaux et périphériques. Cette altération localisée de la circulation sanguine provoque l'anoxie et l'acidose des cellules. Sur le plan systémique, il y a diminution du retour veineux (causant la diminution de la précharge) et du débit cardiaque. La diminution du débit cardiaque entraîne à son tour une diminution du débit sanguin vers les tissus qui aggrave l'anoxie et l'acidose.

Au début, l'organisme réagit par des mécanismes compensatoires qui font augmenter la pression artérielle, la fréquence du pouls, la fréquence respiratoire et le débit cardiaque.

- Une diminution de la pression artérielle stimule le système nerveux sympathique, ce qui augmente la fréquence et la force de la contraction myocardique et de la vasoconstriction périphérique; la pression artérielle augmente.

- Une baisse du pH (acidose) et une augmentation du taux de gaz carbonique dans le sang stimulent les centres respiratoires, ce qui augmente la fréquence et l'amplitude respiratoires.

- La vasoconstriction des vaisseaux rénaux stimule le système rénine-angiotensine, ce qui favorise la rétention du sodium et de l'eau.

- La modification, au niveau cellulaire, de la pression hydrostatique fait passer les liquides des tissus aux lits capillaires.

Si l'infection progresse sans être traitée, ces mécanismes compensatoires deviennent à la longue incapables de maintenir la stabilité hémodynamique. Le débit cardiaque et la pression artérielle diminuent; les tissus et les organes vitaux ne sont plus irrigués adéquatement de sang oxygéné. Les capillaires endommagés laissent fuir du liquide dans les tissus, ce qui fait encore décroître le volume sanguin et provoque un œdème périphérique.

Les bacilles Gram négatif ou leurs endotoxines peuvent également activer le facteur de Hageman (facteur XII) du système formateur intrinsèque de la thromboplastine, ce qui peut entraîner une coagulation intravasculaire, une fibrinolyse et un choc.

Manifestations cliniques

L'installation du choc septique est parfois brutale, et se manifeste par des frissons et une hausse rapide de la température. (La hausse est parfois moins marquée chez les personnes âgées ou chez les patients qui prennent des corticostéroïdes.) La peau du patient est chaude et sèche. La fréquence respiratoire est augmentée (entraînant une alcalose respiratoire) à cause de l'anoxie et de la production accrue d'acide lactique.

À mesure que le choc évolue, le patient présente de la tachypnée, de la tachycardie, une hypotension marquée, un refroidissement des mains et des pieds, l'obnubilation (dépression de la fonction cérébrale) et l'oligurie. Les anomalies de la coagulation intravasculaire (syndrome de coagulation intravasculaire disséminée, thrombopénie) sont fréquentes, et on note souvent différents types de lésions cutanées, des nausées, des vomissements et de la diarrhée. Les patients souffrant d'une maladie cardiaque préexistante peuvent présenter de l'angine et des arythmies.

Gérontologie. Chez la personne âgée, le choc septique peut se traduire par des signes cliniques atypiques ou trompeurs. Il faut soupçonner sa présence chez toute personne âgée qui présente de façon inexpliquée un état de confusion marquée, de la tachypnée ou de l'hypotension.

Examens diagnostiques

Les examens visent à déterminer l'origine de la septicémie. Pour ce faire, on isole l'agent causal et on l'identifie par des hémocultures. On prélève également des frottis et des cultures de toute autre zone d'infection possible. On procède aussi à des analyses d'urines pour voir s'il y a pyurie, hématurie, et présence de cylindres ou de bactéries.

La leucocytose est élevée, avec une déviation à gauche (augmentation du nombre des polynucléaires neutrophiles) traduisant une infection aiguë. La diminution du volume liquidien circulant se manifeste par une hausse de l'azote uréique du sang, de la créatinine et de la densité des urines; il y a parfois thrombopénie ou épreuves de coagulation anormales.

Traitement

En général, le patient est trop malade pour que l'on puisse attendre les résultats des cultures et des antibiogrammes. On entreprend immédiatement un traitement par l'administration d'agents efficaces contre un vaste éventail de bactéries, en tenant compte de la résistance des souches bactériennes répandues dans le centre hospitalier. Les antibiotiques sont administrés par voie intraveineuse afin de maintenir de fortes concentrations dans le sang, les tissus et les liquides des cavités corporelles. Pour assurer un dosage correct et pour prévenir l'intoxication médicamenteuse, on mesure régulièrement les concentrations sériques d'antibiotique. L'antibiothérapie est modifiée quand on obtient les résultats des cultures et des antibiogrammes.

On enlève tout objet qui peut être source d'infection (sonde vésicale, cathéter intraveineux, etc.) et on prélève une culture. On procède à une intervention chirurgicale pour drainer les infections localisées (abcès) et pour débrider le tissu nécrosé.

Avant toute autre chose, il faut assurer une réhydratation énergique et la restauration du volume sanguin au moyen de solutés intraveineux et de solutions de remplissage vasculaire afin d'assurer l'irrigation des organes vitaux et de rétablir l'équilibre hydroélectrolytique. Le traitement du choc comprend la réhydratation, l'administration de médicaments vasoactifs (pour renforcer la capacité des vaisseaux de surmonter les anomalies de la circulation sanguine) et des médicaments à action inotrope comme la dopamine, la dobutamine et l'isoprotérénol. En cas de choc septique avancé, il faut absolument assurer un monitorage hémodynamique. On administre de l'oxygène pour assurer une PO$_2$ suffisante dans le sang artériel; un soutien respiratoire supplémentaire, avec intubation et ventilation spontanée assistée, peut être requis quand le choc se complique d'hypoxémie artérielle. Si l'acidose est grave, on peut administrer du bicarbonate de sodium.

DÉMARCHE DE SOINS INFIRMIERS
PATIENTS SOUFFRANT DE CHOC SEPTIQUE

▷ Collecte des données

Les antécédents du patient permettent parfois de comprendre l'origine du choc septique (emploi d'une sonde vésicale, thérapie cytotoxique ou immunothérapie, par exemple). En plus de vérifier régulièrement la pression artérielle, le pouls et l'électrocardiogramme, l'infirmière doit observer le patient pour savoir s'il a des appréhensions, s'il est prostré, et s'il souffre d'hyperventilation, de vomissements ou de diarrhée. La diminution de la circulation sanguine dans les vaisseaux du cerveau peut altérer l'état mental et se manifester par de l'agitation ou de la confusion. La peau est chaude et sèche ou moite et pâle, selon le type du dérèglement circulatoire dont souffre le patient. Il faut mesurer la diurèse toutes les heures, car l'oligurie peut témoigner d'une insuffisance circulatoire. La collecte des données doit comprendre le monitorage hémodynamique (pression capillaire pulmonaire ou pression veineuse centrale, débit cardiaque) parce que l'insuffisance cardiaque et l'insuffisance respiratoire causent de nombreux décès chez les patients atteints de choc septique. Il faut prendre la température rectale toutes les deux à quatre heures. On revoit au besoin les résultats des épreuves de laboratoire.

▷ Analyse et interprétation des données

Selon les données recueillies, voici les principaux diagnostics infirmiers possibles:

- Altération de la température corporelle (fièvre) reliée au processus infectieux
- Diminution de l'irrigation tissulaire (cérébrale, périphérique, rénale) reliée à la vasoconstriction provoquée par le choc septique
- Mode de respiration inefficace (tachypnée, hyperpnée) relié aux complications pulmonaires
- Altération de l'élimination urinaire (oligurie) reliée à la diminution du volume sanguin circulant

Les complications possibles comprennent la coagulation intravasculaire disséminée, l'insuffisance respiratoire, l'insuffisance cardiaque, l'insuffisance rénale et l'acidose métabolique.

▷ Planification et exécution

▷ **Objectifs de soins**: Réduction de la fièvre; amélioration de l'irrigation tissulaire; normalisation de la respiration; rétablissement d'une diurèse adéquate; prévention ou traitement des complications

▷ Interventions infirmières

▷ **Réduction de la fièvre.** Il faut surveiller de près la température du patient et prendre des mesures pour la faire baisser si elle monte au-delà de 38,8 °C (température rectale), parce qu'une température élevée augmente l'activité métabolique de l'organisme et ses besoins en oxygène. Cette augmentation accentue l'instabilité hémodynamique du patient atteint de choc septique.

Quand la température du patient est élevée, il ne doit être couvert que d'un drap léger. Un bain d'éponge à l'eau fraîche peut faire baisser la fièvre en augmentant la surface d'évaporation. Le médecin peut également prescrire de l'acétaminophène pour baisser la température.

Pour enrayer la cause de la maladie infectieuse, on administre les antibiotiques aux intervalles prescrits. Le sang, tous les points d'insertion de cathéters (cathéter intraveineux par exemple) et toute incision présentant un drainage, une rougeur ou un œdème suspects font l'objet de cultures; les résultats de ces cultures et des antibiogrammes sont transmis au médecin qui modifie au besoin l'antibiothérapie.

▷ *Amélioration de l'irrigation tissulaire.*   L'infirmière vérifie les paramètres associés à l'irrigation tissulaire: force de réaction; température, moiteur, coloration et turgescence de la peau; aspect des muqueuses et des ongles; fréquence respiratoire; température; pouls; pression artérielle; bruits du cœur et des poumons; pouls périphériques; ingesta; diurèse. L'infirmière doit évaluer les *tendances et les caractéristiques de tout changement*.

Il faut inspecter les points d'insertion des cathéters intraveineux pour déceler les signes d'infection et s'assurer que le rythme de perfusion est adéquat. L'infirmière doit surveiller de près les perfusions de médicaments vasoactifs et inotropes pour prévenir l'infiltration et évaluer la réaction du patient. La pression veineuse centrale est un point de repère permettant de déterminer la vitesse et le volume de remplissage vasculaire. Pour évaluer la fonction du ventricule gauche et connaître l'état hydrique du patient, on peut utiliser un cathéter de Swan-Ganz, qui mesure la pression artérielle pulmonaire bloquée. Comme la fièvre, les vomissements, la diaphorèse et la diarrhée peuvent causer des déficits liquidiens, l'infirmière doit exécuter les interventions nécessaires (voir le plan de soins infirmiers 53-1).

Pendant l'administration de solutés, il faut ausculter les plages pulmonaires pour détecter les sifflements à l'inspiration et à l'expiration et les craquements fins et humides, qui peuvent indiquer qu'un œdème pulmonaire est imminent.

▷ *Normalisation de la respiration.*   Il faut vérifier régulièrement les dosages des gaz du sang artériel et les mesures du pH pour savoir si le patient a besoin de ventilation assistée, car les échanges respiratoires inadéquats sont à l'origine de nombreux décès. (Le choc et l'acidose métabolique, s'ils sont marqués, doivent être corrigés par l'administration de bicarbonate.) Ces mesures sont des interventions de collaboration avec le médecin. Les soins infirmiers à prodiguer quand le patient a besoin de ventilation assistée sont expliqués au chapitre 3.

On recommande au patient de tousser souvent. S'il a une toux productive, l'aspiration peut être nécessaire. En le retournant et en le changeant de position, on diminue le risque d'infection par la rétention des sécrétions.

▷ *Rétablissement d'une diurèse adéquate.*   Il faut mesurer régulièrement la diurèse parce que la fonction rénale se détériore quand le volume sanguin circulant est dévié vers les organes vitaux. De plus, on mesure à intervalles prescrits la densité urinaire, qui augmente en cas d'oligurie, car les reins s'efforcent de conserver le liquide. Une augmentation de la diurèse supérieure à 30 mL/h signifie ordinairement que l'irrigation tissulaire (et, par conséquent, l'irrigation rénale) s'améliorent.

▷ *Traitement des complications.*   Quand le choc se déclenche au cours d'une bactériémie, la vie du patient est immédiatement menacée: le taux de mortalité dans ces cas se situe entre 60 et 80 %. Le soutien infirmier comprend une évaluation continuelle de l'état du patient et l'application rigoureuse des techniques du lavage des mains et de l'asepsie. Les soins infirmiers à prodiguer dans les cas de coagulation intravasculaire disséminée, d'insuffisance respiratoire, d'insuffisance cardiaque, d'insuffisance rénale et d'acidose métabolique sont expliqués aux chapitres traitant de ces problèmes.

▷ Évaluation

Résultats escomptés

1. La température corporelle du patient revient à la normale.
   a) La température se situe dans les limites de la normale.
   b) Les hémocultures sont négatives.
   c) Les cultures provenant des points d'insertion des cathéters et des incisions sont négatives.
2. L'irrigation tissulaire du patient est adéquate.
   a) Le débit cardiaque, la pression artérielle et la fréquence du pouls se situent dans les limites de la normale.
   b) Il n'y a aucun signe d'angine ni d'arythmies.
   c) La peau est chaude, sèche et de couleur normale.
   d) Le patient est orienté dans l'espace et le temps et reconnaît les personnes qui l'entourent.
   e) Les pouls périphériques sont bien frappés.
   f) La diurèse est supérieure à 30 mL/h.
3. Le patient a une respiration normale.
   a) La fréquence et le rythme respiratoires se situent dans les limites de la normale.
   b) Il n'y a aucun signe d'angine respiratoire ni d'utilisation des muscles accessoires.
   c) Les gaz du sang artériel se situent dans les limites de la normale.
4. Le patient maintient une diurèse adéquate.
   a) La densité urinaire se situe dans les limites de la normale.
   b) La diurèse est supérieure à 30 mL/h.
5. Le patient n'a pas de complications.
   a) Les résultats des tests de coagulation se situent dans les limites de la normale.
   b) Les signes vitaux se situent dans les limites de la normale.
   c) Le patient accomplit les activités de la vie quotidienne.

Résumé: L'infirmière joue un rôle important dans la lutte contre les infections nosocomiales, dont la plupart sont dues à des bactéries Gram négatif. Le respect absolu des principes du lavage des mains et de l'asepsie ainsi que l'application des précautions universelles sont des mesures de prévention essentielles.

Le choc septique, fréquent chez les personnes atteintes de septicémie bactérienne, affecte souvent plusieurs organes. Pour cette raison, les patients qui en souffrent exigent des évaluations et des interventions constantes, tant du personnel infirmier que médical. Grâce à une collecte de données intensive, l'infirmière peut noter toutes les modifications qui surviennent dans l'état du patient, des plus subtiles aux plus marquées.

Elle intervient pour améliorer l'irrigation tissulaire et maintenir un mode de respiration efficace ainsi qu'une diurèse adéquate.

STAPHYLOCOCCIES

Largement répandus dans la nature, les staphylocoques trouvent chez les êtres humains leurs principaux réservoirs. Ces bactéries forment une part considérable de la flore normale de l'organisme, et vivent à la surface de la peau ainsi que dans la bouche, le nez et la gorge. La transmission se fait par contact avec les écoulements d'une lésion infectée ou avec un porteur asymptomatique. Un porteur asymptomatique qui travaille dans le domaine de l'alimentation peut contaminer la nourriture. Les staphylocoques se transmettent également par l'air (ils peuvent ainsi contaminer une plaie lorsqu'un pansement est changé), par les aiguilles infectées, et par les animaux.

Tout patient dont la peau est écorchée, blessée, brûlée, qui a subi une incision chirurgicale ou est atteint d'une infection virale cutanée risque l'infection par les staphylocoques. Le germe qui pénètre dans la brèche peut même provenir de la peau du patient lui-même.

Les staphylocoques sont la cause de la plupart des infections cutanées dont souffrent les êtres humains. Le furoncle ou clou est presque toujours un abcès staphylococcique, et les anthrax qui siègent sur la nuque ou les fesses sont des agglomérations de furoncles. La plupart des abcès staphylococciques se situent dans les tissus sous-cutanés superficiels et ne s'étendent pas au-delà du foyer d'origine. L'abcès suppure; à la longue, sous l'effet d'une pression croissante, la peau qui le recouvre est perforée et le contenu purulent est évacué, laissant une cavité évidée qui se remplit de tissu de granulation, se referme et guérit.

Staphylococcies généralisées

Quand les défenses périphériques ne sont pas capables de contenir les staphylocoques, l'infection peut s'étendre ou envahir la circulation sanguine, entraînant alors une toxémie grave. L'invasion des vaisseaux lymphatiques peut causer des abcès axillaires, cervicaux, médiastinaux, rétropéritonéaux ou sous-diaphragmatiques; l'invasion de la circulation sanguine peut entraîner une endocardite bactérienne aiguë, une pneumonie à staphylocoques, un empyème, un abcès périnéphritique, un abcès hépatique, une entérite staphylococcique, une arthrite infectieuse, une méningite, une ostéomyélite ou un choc septique.

Quel que soit leur emplacement, les lésions staphylococciques ont des traits communs: nécrose de degré variable, tendance à se localiser et à persister (en dépit d'une chimiothérapie intensive) tant que l'exsudat n'a pas trouvé une issue ou été évacué.

La résistance du staphylocoque au traitement s'explique en partie par une extraordinaire faculté d'adaptation à un milieu défavorable. De nombreuses souches de staphylocoques résistent aux antibiotiques les plus courants. Dans certains cas, la sensibilité initiale à l'antibiothérapie diminue et le germe résistant devient véritablement réfractaire.

Il existe un groupe de staphylocoques dorés, les MRSA (*methicillin-resistant S. aureus*), qui ont développé une résistance aux pénicillines semisynthétiques comme la méticilline. Très virulentes, les différentes souches de MRSA colonisent souvent les patients et le personnel des établissements de santé. Les personnes âgées séjournant dans un centre hospitalier ou un centre d'hébergement, les brûlés, les patients souffrant de maladies multiorganiques, ceux qui séjournent longtemps dans les unités de soins intensifs, ceux qui ont été traités antérieurement par de multiples antibiotiques, et ceux qui ont des plaies chirurgicales ou sont reliés à des lignes de perfusion intraveineuse courent des risques élevés d'infection par les MRSA.

Traitement

Mesures de lutte et de prévention. La transmission d'une personne à l'autre est le principal moyen de propagation des staphylocoques dans les centres hospitaliers. Les précautions universelles, des techniques d'asepsie et de lavage des mains rigoureuses et l'isolement immédiat des patients infectés sont d'indispensables mesures de lutte contre les infections nosocomiales par les staphylocoques.

L'infection par les MRSA exige des mesures plus rigoureuses. Tous les cas sont signalés à l'équipe chargée de la lutte contre les infections du centre hospitalier, qui suit de près l'évolution de la situation. Quand un patient court un risque élevé de contracter l'infection, on effectue souvent une culture prophylactique avant l'apparition de symptômes. Les patients déjà infectés sont logés dans des chambres individuelles, ou avec d'autres patients également infectés par un MRSA. On applique toutes les mesures d'isolement, y compris le port de blouses et de gants et un lavage rigoureux des mains, après tout contact avec un patient infecté. Certains établissements recommandent la désinfection terminale de la chambre après le départ d'un patient infecté par un MRSA.

Traitement. On traite une staphylococcie grave par une antibiothérapie à la pénicilline résistante à la pénicillinase. Si le patient est allergique à la pénicilline, on emploie un autre antibiotique, comme la céphalosporine. Lorsqu'il faut donner des doses importantes, on administre habituellement le médicament par voie intraveineuse. Un traitement prolongé est parfois nécessaire pour prévenir l'infection des valvules cardiaques.

Les MRSA ne sont pas sensibles au traitement par les pénicillines, la céphalosporine, les aminosides, la tétracycline ou l'érythromycine. Le médicament de prédilection est la vancomycine. Malheureusement, certains patients ne répondent pas à ce médicament et, dans certains cas, il provoque des effets secondaires graves (ototoxicité et néphrotoxicité).

Interventions infirmières. L'infirmière note la réaction du patient au traitement prescrit. Une fièvre continue ou récurrente peut être causée par une résistance ou une allergie au médicament ou par une surinfection (infection par un second germe qui résiste à l'antibiotique choisi).

On observe le patient attentivement, car des complications fatales peuvent survenir au début d'une antibiothérapie. Les soins visant à promouvoir le bien-être du patient fiévreux sont expliqués dans le plan de soins infirmiers 53-1.

Lors des soins aux patients infectés par les MRSA, l'infirmière doit appliquer toutes les mesures d'isolement énumérées ci-dessus. De plus, elle doit surveiller les visiteurs et les autres membres du personnel soignant pour s'assurer qu'ils respectent les consignes touchant l'isolement. Le patient soumis à un isolement physique se sent aussi isolé sur le plan social. Il aura donc besoin d'un soutien émotionnel et d'information sur les objectifs de l'isolement et les méthodes employées.

STREPTOCOCCIES

Il existe de nombreuses souches de streptocoques hémolytiques, mais ceux du groupe A sont responsables de la plupart des infections pathogènes chez l'être humain. Ce groupe comprend les streptocoques bêta-hémolytiques. Provenant surtout de personnes infectées ou de porteurs, ils empruntent les voies respiratoires supérieures pour pénétrer dans l'organisme où ils peuvent causer, notamment, une pharyngite streptococcique, la scarlatine, une sinusite, une otite moyenne, un abcès amygdalien, une péricardite, une pneumonie, un empyème et diverses infections de la peau ou d'une plaie (impétigo, fièvre puerpérale, érysipèle). Les infections par les streptocoques du groupe A peuvent avoir comme séquelles le rhumatisme articulaire aigu et la glomérulonéphrite aiguë.

Angine streptococcique

L'infection du pharynx par les streptocoques du groupe A est l'infection streptococcique la plus répandue.

Manifestations cliniques.   Le germe envahit les tissus lymphoïdes et provoque brutalement un mal de gorge, de la fièvre (38,2 °C), des frissons et une céphalée. La déglutition ou même le simple fait de tourner la tête exacerbe parfois le mal de gorge.

À l'examen, le pharynx est rouge, œdémateux et parfois couvert d'un exsudat. La sensibilité des ganglions lymphatiques cervicaux antérieurs est évocatrice. Ces symptômes sont caractéristiques, mais ne sont pas nécessairement tous présents.

Dans certains cas, une éruption cutanée apparaît sur le cou et la poitrine et s'étend à l'abdomen et aux membres ; si elle devient marquée, il s'agit de la scarlatine, ce qui est rare de nos jours.

Examens diagnostiques.   La présence d'un exsudat évoque l'angine streptococcique, et on confirme la présence du streptocoque par une culture de la gorge.

Traitement

La pénicilline, sous différentes formes, est le médicament de prédilection pour les infections à streptocoques (à l'exception de celles causées par les streptocoques du groupe D). Si le patient est allergique à la pénicilline, on peut avoir recours à l'érythromycine. Le traitement doit se poursuivre pendant au moins 10 jours afin d'éliminer les microorganismes et de prévenir les rechutes et les complications suppurées, de même que le rhumatisme articulaire aigu. Malheureusement, le traitement de l'infection initiale ne diminue pas les risques de glomérulonéphrite aiguë, qui est aussi une complication de l'angine streptococcique.

Enseignement au patient

Le patient doit comprendre qu'il est important de *poursuivre jusqu'à son terme l'antibiothérapie prescrite* pour prévenir les complications, notamment le rhumatisme articulaire aigu et les affections suppurées : otite moyenne, sinusite, abcès amygdalien et adénopathie cervicale.

Au cours de la phase fébrile de la maladie, on recommande le repos. Le patient n'est plus contagieux 24 à 48 heures après le début du traitement. Il doit boire beaucoup, surtout s'il fait de la fièvre. L'hygiène buccodentaire augmente son bien-être et prévient les gerçures des lèvres. En se gargarisant avec une solution salée tiède, le patient obtient un certain soulagement du mal de gorge. On lui recommande de prendre souvent sa température et on lui décrit les symptômes des complications possibles.

Prévention.   Il faut faire de l'enseignement sanitaire pour expliquer le lien entre les streptococcies et la maladie cardiaque ainsi que la glomérulonéphrite. Les personnes qui souffrent de ces maladies, et surtout celles qui souffrent d'une cardite rhumatismale, sont vulnérables et peuvent avoir besoin d'un traitement à la pénicilline prolongé à titre prophylactique. Les personnes hospitalisées vulnérables (y compris les patientes du service d'obstétrique) doivent être protégées des infections respiratoires ou cutanées que pourraient leur transmettre le personnel ou les visiteurs. Enfin, pour assurer la santé du grand public, il faut enseigner aux personnes qui manipulent les aliments les règles de l'hygiène et s'assurer qu'elles les respectent par une surveillance étroite.

TUBERCULOSE PULMONAIRE

La tuberculose est une maladie infectieuse causée par le bacille de Koch (*Mycobacterium tuberculosis*) ou, beaucoup plus rarement, par le bacille bovin ou le bacille aviaire (*Mycobacterium bovis* ou *Mycobacterium avis*). Elle touche habituellement les poumons, mais peut s'étendre à presque tous les autres organes : méninges, reins, os, ganglions lymphatiques. L'agent pathogène, qui se multiplie lentement, est un bacille aérobie acidorésistant qui est tué par la chaleur, le soleil, la sécheresse et les rayons ultraviolets.

À la différence de la plupart des microorganismes infectieux, le bacille tuberculeux a tendance, une fois qu'il s'est établi dans l'organisme, à rester au repos pendant des années après que le système immunitaire ait jugulé l'infection initiale. Si, pendant cette période de repos, l'immunité de l'hôte est affaiblie pour quelque raison que ce soit (sous-alimentation, immunosuppression, etc.), le bacille se met immédiatement à proliférer et provoque l'une ou l'autre des différentes formes de maladie tuberculeuse. Si l'organisme se montre capable de surmonter la maladie, le bacille redevient inactif.

Transmission et facteurs de risque

Le bacille se transmet d'une personne atteinte de tuberculose pulmonaire active qui projette des gouttelettes en parlant, en toussant, en éternuant ou en chantant, à une personne réceptive qui inhale ces gouttelettes.

Les personnes suivantes présentent des risques élevés d'infection :

- les personnes qui ont déjà été infectées ;
- les personnes qui hébergent des bacilles tuberculeux inactifs, mais vivants ;
- les personnes qui ont des contacts étroits avec une personne atteinte de tuberculose infectieuse ;
- les personnes qui ont une réaction positive au test à la tuberculine ;
- les personnes dont la résistance est affaiblie (à cause de l'alcoolisme par exemple) ;
- les personnes âgées vivant dans un centre d'hébergement qui ont une infection inactive, qui sont atteintes de diabète ou d'un cancer, ou qui sont sous corticothérapie ;

- les personnes qui reçoivent un traitement aux corticostéroïdes ou aux immunosuppresseurs;
- les personnes souffrant d'une insuffisance rénale chronique qui doivent subir une hémodialyse;
- les personnes qui ont subi une intervention chirurgicale à l'intestin pour le traitement de l'obésité;
- les sans-abri ou les personnes qui vivent dans un refuge, en particulier s'ils sont mal nourris;
- les personnes séropositives et celles atteintes du sida.

Le bacille provient généralement d'une personne déjà infectée. Le surpeuplement et l'insalubrité des logements, l'insuffisance des soins de santé et la misère favorisent la propagation de la tuberculose: la pauvreté étant répandue à l'échelle planétaire, on comprend que la maladie frappe des populations importantes. En Amérique du Nord, les immigrants récents, les réfugiés et les travailleurs migrants forment une proportion importante des tuberculeux. Les sans-abri sont également très vulnérables. Enfin, on voit augmenter la coexistence de la tuberculose et de l'infection par le VIH.

Physiopathologie

Quand l'hôte réceptif a inhalé les gouttelettes contenant les bacilles tuberculeux, ceux-ci empruntent les voies respiratoires pour gagner la surface des alvéoles, où ils commencent à se multiplier.

La tuberculose est une maladie granulomateuse: quand le bacille envahit des tissus sains, l'organisme réagit par la formation de nouvelles masses tissulaires, les *granulomes infectieux*.

Les bacilles tuberculeux provoquent aussi une autre réaction plus diffuse mais tout aussi caractéristique. Transportés par la lymphe et la circulation sanguine, ils se logent dans les tissus réceptifs en petits amas qu'on appelle *tubercules*. La maladie peut alors évoluer de deux façons. Les cellules voisines forment rapidement autour de chaque tubercule une paroi protectrice qui l'empêche de croître davantage; si cette réaction immunitaire est couronnée de succès, les germes meurent et le tubercule se transforme en une masse minuscule de tissu fibreux. Mais il peut également se nécroser et se transformer en nodule caséeux. Dans ce cas, des bacilles se libèrent et sont amenés par la lymphe aux tissus voisins, qui réagissent en les contenant dans de nouveaux tubercules; les tubercules forment ainsi des masses irrégulières de plus en plus importantes. Le pronostic de la maladie dépend de celui de ces deux processus qui l'emporte.

Mécanismes de défense de l'hôte. Les personnes ayant eu une première infection tuberculeuse deviennent sensibles aux composantes chimiques du bacille: dès lors, tout contact avec le bacille vivant ou tué produit une inflammation aiguë des tissus locaux. C'est sur ce phénomène que repose le test à la tuberculine. On injecte sous la peau une suspension de bacilles tuberculeux morts et broyés, obtenus d'une culture. Une réaction cutanée locale signifie que le patient est sensible et donc qu'il a déjà été infecté; s'il n'y a pas de réaction, il n'est pas sensible.

Une réaction inflammatoire analogue se manifeste dans les poumons d'une personne déjà infectée par le bacille tuberculeux quand les foyers d'infection se réactivent à cause notamment d'un affaiblissement de l'immunité. À la différence de la primo-infection, qui s'avère relativement asymptomatique, la réinfection se complique d'une nécrose entraînant l'ulcération du tissu pulmonaire infecté. Comme dans la primo-infection, des tubercules se forment immédiatement autour des îlots microbiens, mais les tissus étant sensibles au bacille, des zones de réaction inflammatoire apparaissent autour des tubercules. Les alvéoles de la région touchée se remplissent d'exsudat, ce qui signifie qu'une bronchopneumonie tuberculeuse est en train de se constituer. Le tissu tuberculeux devient graduellement caséeux et s'ulcère dans les bronches. Puis, à mesure que les ulcérations guérissent, on voit apparaître localement de grandes étendues de tissu cicatriciel. La plèvre au-dessus du lobe atteint (il s'agit habituellement du lobe supérieur) devient enflammée, puis s'épaissit et se rétracte sous l'effet du tissu cicatriciel.

La bronchopneumonie inflammatoire, l'ulcération et la cicatrisation forment un cycle qui, s'il n'est pas interrompu, descend lentement vers le hile puis s'étend aux lobes adjacents. Ce processus peut durer longtemps et le patient peut connaître de longues rémissions. On a alors l'impression que la maladie s'est arrêtée, mais elle redevient très active.

Manifestations cliniques

La tuberculose pulmonaire chronique est une maladie insidieuse à ses débuts et tout au long de son évolution. Dans la plupart des cas, le patient se plaint initialement de fièvre, de faiblesse, d'une toux productive avec crachats mucopurulents et d'une perte pondérale. S'il consulte lorsque la maladie est à un stade avancé, les symptômes généraux sont plus marqués: fièvre récurrente quotidienne avec frissons, perte pondérale, anémie, hémoptysie et concentrations importantes de bacilles dans les crachats.

Gérontologie. La tuberculose peut se manifester de façon atypique chez la personne âgée: modification du comportement ou de l'état mental, dysfonctionnement d'un organe, fièvre, anorexie, perte pondérale. Son incidence augmente actuellement chez la population des centres d'hébergement.

Examens diagnostiques

On commence les examens diagnostiques par un test cutané à la tuberculine, par l'examen d'un échantillon de crachat (frottis et culture) et par une radiographie pulmonaire. La plupart des nouveaux cas de tuberculose active sont dus à l'activation de lésions quiescentes.

Test cutané à la tuberculine. L'intradermoréaction à la tuberculine (test de Mantoux) est l'épreuve servant à établir le diagnostic. Un extrait de bacille tuberculeux (la tuberculine) est injecté dans la couche intradermique de la face intérieure de l'avant-bras; on emploie habituellement des tuberculines purifiées de force intermédiaire. On tient la seringue à tuberculine près de la peau, de façon à ce que la garde de l'aiguille (calibre 26 ou 27) touche la peau lorsque l'aiguille est introduite, le biseau vers le haut. De cette manière, on diminue l'angle formé par l'aiguille et la peau, ce qui permet d'injecter la tuberculine tout près de la surface pour former une papule (figure 53-4). Le point d'injection est habituellement encerclé d'un trait au stylo pour permettre une lecture précise. La lecture se fait 48 à 72 heures après l'injection; c'est alors que l'induration (durcissement ou épaississement des tissus) se voit le mieux, car il s'agit d'un test d'hypersensibilité retardée.

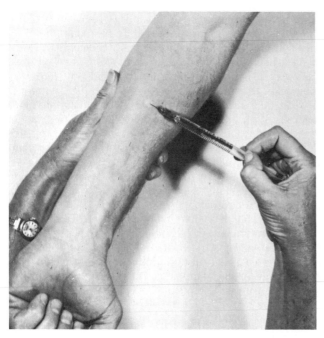

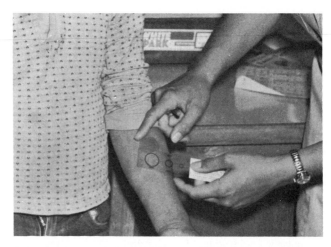

Figure 53-5. Lecture du test de Mantoux. Pour mesurer le plus précisément possible la zone d'induration, on emploie une règle de plastique avec des cercles concentriques de diamètres différents.
(Source: American Lung Association)

Figure 53-4. Test de Mantoux. Au moyen d'une seringue à tuberculine et d'une aiguille sous-cutanée dont le biseau est orienté vers le haut, on injecte un extrait de bacille tuberculeux dans l'avant-bras afin de former une papule ortiée.
(Source: American Lung Association)

Les réactions au test doivent être lues sous un bon éclairage et l'avant-bras du sujet doit être légèrement fléchi. On inspecte la zone inoculée pour y déceler l'induration, puis on la palpe légèrement de la peau normale vers la bordure de la zone d'induration. On mesure ensuite en millimètres le diamètre de l'induration à son point le plus large (figure 53-5) et non pas celui de l'érythème. S'il n'y a pas d'induration, la présence d'un érythème et d'une rougeur n'est généralement pas considérée comme significative. On note le diamètre de l'induration, la force de l'antigène, la date de l'injection, la date de la lecture du test et, si on le connaît, le numéro du lot utilisé.

Interprétation du test de Mantoux. Une induration dont le diamètre est de 10 mm ou plus est jugée significative.

Quand le diamètre de l'induration se situe entre 5 et 9 mm, le résultat n'est pas concluant et il faut refaire le test à un autre point. (Toutefois, si la personne a des contacts étroits avec une personne atteinte de tuberculose active, la réaction est jugée positive et il faut entreprendre un traitement préventif.) Enfin, une induration de 0 à 4 mm n'est généralement pas considérée comme significative, car elle traduit soit une absence de sensibilité à la tuberculine, soit une faible sensibilité qui n'est probablement pas causée par le bacille de Koch.

- *Une réaction positive indique que le patient a été exposé, dans un passé récent ou lointain, au bacille de Koch. Elle ne signifie pas nécessairement que la maladie est active.* Il faut savoir que la majorité (plus de 90 %) des personnes qui ont une réaction positive au test à la tuberculine *n'ont pas* de tuberculose clinique. (Par contre, toutes ces personnes sont candidates à la tuberculose active.)

En général, plus la réaction est marquée, plus la probabilité d'une infection active est grande. Par contre, un résultat négatif n'exclut pas l'infection ou la maladie tuberculeuse.

Autres tests cutanés. On emploie des tests cutanés reposant sur la technique des piqûres multiples pour dépister la maladie au sein de populations importantes. Ces tests ne visent pas l'établissement d'un diagnostic certain, parce qu'il est impossible d'uniformiser la quantité de tuberculine injectée. La ponction se fait au moyen d'un petit objet muni de pointes couvertes de tuberculine séchée, ou à travers un film de tuberculine liquide; la lecture se fait dans les 48 à 72 heures qui suivent. Si la réaction se manifeste sous forme de papules, on mesure la plus grosse papule ou induration coalescente; s'il y a vésicule, la personne est sensible à la tuberculine et on considère que la réaction est positive. Cela ne signifie pas nécessairement qu'elle est infectée par le bacille de Koch, mais qu'elle doit subir le test de Mantoux et des radiographies pulmonaires.

Examen des crachats. On peut également confirmer le diagnostic en établissant la présence des bacilles acidorésistants dans les crachats. Le patient expulse les expectorations en toussant ou en inhalant des aérosols qui irritent la trachée et provoquent la toux. On peut aussi recourir à la bronchoaspiration ou à l'aspiration transtrachéale pour obtenir un prélèvement. On préfère les crachats du matin parce qu'ils contiennent les sécrétions accumulées au cours de la nuit. Le liquide d'ascite, le liquide pleural, le liquide céphalorachidien, les urines et le pus aspiré ou drainé d'un abcès peuvent également fournir des échantillons pour culture du bacille tuberculeux. Enfin, on peut également obtenir des cultures des tissus du foie, de la moelle osseuse, des ganglions lymphatiques et autres.

Radiographie pulmonaire. Une radiographie pulmonaire anormale évoque toujours une possibilité de tuberculose. Certaines configurations, comme les infiltrats homogènes, mal limités et non systématisés, sont particulièrement évocatrices.

Traitement

Le traitement a pour but: 1) de soulager les symptômes pulmonaires et généralisés en éliminant tous les bacilles tuberculeux viables; 2) de permettre au patient de retrouver la santé le plus rapidement possible et de reprendre son travail et sa vie familiale; 3) d'empêcher la propagation de l'infection.

- Tout cas de tuberculose active doit être signalé à l'unité de santé publique pour que l'on puisse entreprendre l'examen et le suivi des personnes proches du tuberculeux. En général, ces personnes suivent un traitement préventif (le plus souvent à l'isoniazide) visant à empêcher l'apparition de la maladie active.

Chimiothérapie. La tuberculose active est habituellement traitée par l'administration simultanée de plusieurs médicaments auxquels le bacille est sensible. On poursuit le traitement jusqu'à ce que la maladie ait disparu. Par cette chimiothérapie combinée, on essaie de détruire rapidement le plus grand nombre possible de bacilles viables et de prévenir l'émergence de microorganismes résistants aux différents médicaments antituberculeux. En effet, le bacille de Koch est sensible à plusieurs médicaments, mais il est capable, par mutations génétiques, de développer une résistance à n'importe lequel d'entre eux. Avec la chimiothérapie combinée, le premier médicament détruit certains germes et le deuxième élimine les mutants réfractaires au premier.

Au Québec, on a souvent recours à un traitement de neuf mois associant isoniazide et rifampicine, auxquelles on ajoute la pyrazinamide pendant les deux premiers mois. D'autres traitements associent l'isoniazide à la streptomycine ou à l'éthambutol. (Le tableau 53-3 fournit des précisions sur ces médicaments.)

TABLEAU 53-3. *Traitement de la tuberculose chez les adultes et les enfants*

Médicaments souvent employés	Effets indésirables les plus fréquents*	Épreuves de dépistage des effets indésirables*	Interactions médicamenteuses†	Remarques*
Isoniazide (INH)	Névrite périphérique, hépatite, hypersensibilité	Aspartate aminotransférase et alanine aminotransférase	Synergisme avec la phénytoïne Antabuse	Le médicament détruit les bacilles extracellulaires et intracellulaires; la pyridoxine prévient la névrite.
Rifampine (RMP)	Hépatite, réaction fébrile, purpura (rarement)	Aspartate aminotransférase et alanine aminotransférase	La rifampine accélère le métabolisme des contraceptifs oraux, de la quinidine, des corticostéroïdes, des anticoagulants coumariniques, de la méthadone, de la digoxine et des hypoglycémiants oraux; l'acide paraaminosalicylique (PAS) empêche parfois l'absorption de la rifampine.	Le médicament détruit toutes les populations bactériennes; les urines et les autres sécrétions biologiques sont orange; il y a décoloration des lentilles cornéennes.
Streptomycine (SM)	Lésion du nerf auditif (pouvant causer la surdité), néphrotoxicité	Fonction vestibulaire, audiogrammes, azote uréique du sang et créatinine	Les agents de blocage neuro-musculaire peuvent être potentialisés et causer une paralysie respiratoire.	Le médicament détruit les microorganismes extracellulaires; il faut l'administrer avec prudence aux personnes âgées et aux personnes souffrant d'une maladie du rein.
Pyrazinamide (PZA)	Hyperuricémie, hépatotoxicité	Acide urique, aspartate aminotransférase et alanine aminotransférase		Le médicament détruit les microorganismes extracellulaires; il est bactéricide en association avec un aminoside.
Éthambutol (EMB)	Névrite optique (peut causer la cécité, mais très rarement avec des doses de 15 mg/kg); éruptions cutanées	Distinction entre le rouge et le vert et acuité visuelle; tests difficiles à réaliser chez les enfants de moins de trois ans		Le médicament détruit les microorganismes intracellulaires et extracellulaires; il sert avant tout à inhiber le développement de mutants réfractaires; il faut l'administrer avec prudence en cas de maladie rénale ou lorsqu'il n'est pas possible d'effectuer les tests de la vue.

* Consulter les directives du fabricant pour des renseignements précis sur la posologie, les contre-indications, les interactions médicamenteuses, les réactions indésirables et la surveillance.

† Il faut consulter les publications récentes, notamment en ce qui touche la rifampine: ses interactions médicamenteuses sont multiples parce qu'elle provoque l'induction des microenzymes hépatiques.

(Source: American Thoracic Society, «Treatment of tuberculosis and other mycobacterial diseases», *Am Rev Respir Dis*, 127[6]:791)

On explique au patient que ses expectorations doivent être analysées toutes les deux ou quatre semaines, et qu'il sera considéré comme non infectieux quand les bacilles seront absents de deux cultures successives.

Traitement chirurgical. Depuis que l'on connaît la chimiothérapie, la tuberculose est rarement traitée par chirurgie. On peut effectuer une résection pulmonaire en cas de coexistence possible d'un cancer ou pour éliminer des lésions qui ont cessé de décroître après plusieurs mois de traitement. Enfin, l'intervention chirurgicale peut viser le drainage thoracique de l'empyème, la décompression d'une péricardite constrictive ou le drainage d'un abcès paravertébral.

Traitement préventif. On ne parviendra à supprimer la tuberculose que par la prévention, le dépistage, l'enseignement sanitaire et l'amélioration des conditions de vie. Le réservoir de la maladie est formé par ceux qui ont une réaction positive au test à la tuberculine: plus de 90 % des personnes qui deviennent tuberculeuses proviennent de ce groupe. Il faut dépister les personnes infectées et leur prodiguer un traitement prophylactique à l'isoniazide qui les empêchera de développer la tuberculose ou d'en devenir porteuses. Ce traitement préventif est recommandé pour les groupes suivants:

* les contacts des nouveaux cas de tuberculose;
* les personnes nouvellement infectées;
* les personnes qui présentent une réaction positive et dont les radiographies montrent des anomalies;
* les personnes qui présentent une réaction positive et qui ont certains problèmes cliniques: certains néoplasmes, silicose ou insuffisance rénale chronique, par exemple;
* les personnes qui présentent une réaction positive et qui sont âgées de 35 ans ou moins.

L'isoniazide prophylactique doit être pris une fois par jour pendant un an. La réaction indésirable la plus grave qu'il puisse entraîner est l'hépatite; le risque augmente si la personne consomme quotidiennement de l'alcool. Le patient doit se présenter régulièrement au centre hospitalier ou à la clinique externe pour que le personnel soignant puisse détecter les réactions au médicament et l'encourager à observer le traitement.

▶ DÉMARCHE DE SOINS INFIRMIERS
PATIENTS ATTEINTS DE TUBERCULOSE

▷ *Collecte des données*

Lorsqu'elle dresse le profil du patient et qu'elle procède à la collecte des données, l'infirmière pose des questions sur la fatigue, la toux, les crachats, la perte pondérale, les frissons et la fièvre. Il est important de déterminer s'il y a eu hémoptysie. L'infirmière évalue aussi si le patient est prêt à apprendre, comment il perçoit la tuberculose et ce qu'il connaît de la maladie, ainsi que son niveau d'instruction. Elle doit également évaluer son réseau de soutien social, car le traitement risque d'être long. Enfin, elle vérifie les résultats de l'examen physique et des analyses de laboratoire.

▷ *Analyse et interprétation des données*

Selon les données recueillies, voici les principaux diagnostics infirmiers possibles:

* Manque de connaissances sur la maladie, les médicaments et les techniques d'autosoins
* Risque élevé d'infection (propagation de l'infection)
* Non-observance du traitement reliée au mode de vie, aux problèmes financiers ou à d'autres facteurs (l'alcoolisme par exemple) qui rendent l'observance difficile

▷ *Planification et exécution*

▷ *Objectifs de soins*: Acquisition de connaissances sur la maladie et son traitement; prévention de la propagation de l'infection; observance du traitement

▷ *Interventions infirmières*

▷ ***Enseignement au patient et prévention de la propagation de l'infection.*** Les études indiquent que les patients (et surtout les patients très anxieux) oublient au moins la moitié de ce qu'on leur dit. L'infirmière joue un rôle indispensable, car elle établit une relation de confiance avec le patient, ce qui lui permet de faire de l'enseignement sur une base continue et d'instaurer des changements de comportement.

La tuberculose est contagieuse, mais une chimiothérapie efficace est le meilleur moyen d'empêcher sa transmission. Il importe de le répéter souvent.

* Dans la plupart des cas où le traitement échoue, le patient n'a pas pris ses médicaments de façon régulière ou pendant toute la durée prescrite. L'infirmière en santé communautaire doit insister, dans son enseignement, sur la nécessité d'un respect absolu de l'ordonnance.

L'infirmière explique soigneusement tous les aspects de la chimiothérapie, et elle observe la réaction du patient afin de déterminer s'il comprend et accepte les directives. L'Association pulmonaire du Québec offre un vaste éventail de documents didactiques que l'infirmière peut utiliser pour renforcer l'enseignement au patient. Il est bon de fournir au patient des directives écrites qu'il pourra consulter au besoin.

Le patient est habituellement soigné à domicile, sauf s'il représente un danger pour la collectivité à cause de circonstances exceptionnelles (circonstances sociales, bacilles résistants aux médicaments). Il n'est généralement pas nécessaire d'appliquer des mesures d'isolement au patient traité en consultation externe, car le danger de contagion pour sa famille s'est manifesté avant l'établissement du diagnostic. On dit au patient de se couvrir la bouche et le nez avec un mouchoir en papier à double épaisseur lorsqu'il tousse ou qu'il éternue et de placer ce mouchoir dans un sac en papier avant de le jeter. (La main seule placée sur la bouche ne suffit pas à contenir les petites gouttelettes.) Il faut aussi montrer au patient la technique de lavage des mains et insister sur son importance.

Il faut expliquer les complications possibles au patient et à sa famille: une hémorragie, une pleurésie et d'autres symptômes indésirables peuvent indiquer que la tuberculose redevient active.

En règle générale, le patient peut reprendre son emploi. Cependant, il ne doit pas s'exposer à de grandes quantités de silice, car celle-ci peut endommager les poumons ; la poussière des fonderies, les carrières de pierre et le sablage sont donc dangereux.

Quand le patient est hospitalisé, on emploie les précautions universelles pour manipuler les liquides biologiques, y compris les crachats. On applique également les directives de l'établissement touchant les mesures d'isolement dans les cas de tuberculose.

- Après avoir touché le patient ou un objet qui risque d'être contaminé, on doit se laver les mains avant de soigner un autre patient.

▷ *Observance du traitement.* La tuberculose frappe souvent des gens défavorisés sur le plan économique et social. Ces patients sont nombreux à ne pas respecter l'ordonnance ou même à renoncer au traitement. Leur vie peut être perturbée par l'alcoolisme, la toxicomanie, ou par des problèmes sociaux. Souvent, c'est la motivation qui leur fait défaut. Les patients qui n'adhèrent pas au traitement doivent recevoir les médicaments sous la supervision directe de l'infirmière.

La plupart des patients tuberculeux sont soignés en consultation externe. Il faut leur accorder du temps, leur offrir un soutien et, comme on l'a déjà dit, les informer. Comme il est difficile d'acquérir de nouvelles habitudes, il faut essayer autant que possible d'intégrer la prise des médicaments dans les habitudes du patient ; on peut l'associer à un rituel quotidien (avec le café du matin, par exemple). Parfois, ce sont les effets désagréables d'un médicament qui incitent le patient à cesser le traitement ; quand de tels effets sont présents, il convient d'en discuter avec le médecin pour voir s'il y a lieu de modifier l'ordonnance.

Une relation de soutien ne se fonde pas sur la dépendance ; elle respecte les convictions du patient et le renforce dans l'idée qu'il est capable d'améliorer ses comportements en matière de santé.

▷ *Évaluation*

Résultats escomptés

1. Le patient connaît et comprend mieux la tuberculose.
   a) Il répond correctement aux questions sur la maladie.
   b) Il connaît le nom des médicaments prescrits et l'horaire selon lequel il doit les prendre.
   c) Il énumère les effets indésirables que peuvent provoquer ces médicaments.
2. Le patient prévient la transmission de la maladie.
   a) Il continue de prendre ses médicaments.
   b) Il emploie correctement un mouchoir de papier quand il tousse ou éternue, et il jette le mouchoir conformément aux consignes reçues.
   c) Il se présente aux rendez-vous pour l'analyse des expectorations.
   d) Il incite ses proches à se présenter pour un examen.
3. Le patient adhère au traitement.
   a) Il se présente aux rendez-vous.
   b) Il prend ses médicaments selon l'ordonnance.

Tuberculose miliaire

La tuberculose miliaire est l'invasion de la circulation sanguine par des bacilles tuberculeux. Elle est habituellement la conséquence de la réactivation tardive d'une infection inactive dans les poumons ou ailleurs, avec diffusion hématogène à de nombreux organes. Il s'agit de la forme la plus grave de la tuberculose. Les bacilles qui entrent dans la circulation sanguine proviennent soit d'un foyer chronique dont l'ulcération a atteint un vaisseau sanguin, soit d'une multitude de tubercules miliaires tapissant la surface intérieure du canal thoracique. Les bacilles sont diffusés par voie sanguine à tous les tissus de l'organisme ; de nombreux petits tubercules miliaires se forment alors dans les poumons, la rate, le foie, les reins, les méninges et d'autres organes.

L'évolution clinique de la tuberculose miliaire est variable : il s'agit tantôt d'une infection aiguë à progression rapide, accompagnée d'une forte fièvre, tantôt d'un processus torpide se manifestant par une fébricule, de l'anémie et de la faiblesse. Au début, on n'observe parfois qu'une splénomégalie et une diminution du nombre des leucocytes. En quelques semaines, cependant, la radiographie pulmonaire révèle de petites opacifications dans les deux plages pulmonaires ; ce sont les tubercules miliaires, dont la taille augmente peu à peu. À ce stade, il arrive que l'examen physique de la poitrine ne révèle que peu de signes physiques, mais le patient présente une forte toux, une dyspnée et une cyanose. Le traitement est le même que pour la tuberculose pulmonaire.

MALADIE DU LÉGIONNAIRE

La maladie du légionnaire, ou légionnellose, est une infection respiratoire aiguë causée par une bactérie Gram négatif, *Legionella pneumophila*. Le nom de la maladie vient du fait que la première épidémie a touché des anciens combattants de l'American Legion réunis en congrès à Philadelphie en 1976.

D'après les données épidémiologiques, la maladie des légionnaires se propage par l'inhalation de microorganismes en suspension dans l'air (aérosol) provenant d'eau contaminée. L'habitat naturel de *Legionella* est l'eau ; on l'a retrouvé dans des installations de plomberie, dans l'eau potable et dans les systèmes de climatisation des hôtels et des centres hospitaliers.

On pense que les tours de refroidissement et les condensateurs à évaporation des grands systèmes de climatisation comptent parmi les principales sources de contamination. Les bactéries prolifèrent dans ces installations et sont évacuées par les ventilateurs et les évents sous forme d'aérosols infectieux. La maladie n'est pas considérée comme très contagieuse. Les personnes à risque sont les hommes d'âge moyen ou avancé, notamment ceux qui fument, qui boivent de l'alcool, qui travaillent dans les chantiers de construction ou à proximité de ceux-ci, ou dont la résistance est affaiblie par une maladie ou un médicament qui affecte l'immunité cellulaire.

Physiopathologie. Des échantillons de tissus prélevés à l'autopsie de victimes montrent des condensations pulmonaires dont la répartition est variable. L'aspect histologique est celui d'une pneumonie aiguë fibropurulente ; on trouve dans les espaces alvéolaires un exsudat contenant des neutrophiles, des macrophages et de la fibrine.

Manifestations cliniques. La maladie paraît s'attaquer aux poumons. Les premiers symptômes sont un profond malaise, des myalgies, une légère céphalée et une toux sèche. En une journée, on voit apparaître une fièvre qui augmente rapidement et des frissons. La fièvre est forte (entre 39 et 41 °C) et non rémittente tant que l'on n'a pas entrepris un traitement spécifique. Parfois, c'est la diarrhée qui constitue le tout premier symptôme. La maladie peut également se manifester par une douleur pleurétique, de la confusion et un dysfonctionnement rénal. La radiographie pulmonaire montre des signes de pneumonie; si le processus pneumonique est étendu, le patient présente de la tachypnée et de la dyspnée. L'examen physique et les épreuves de laboratoire peuvent montrer des anomalies de l'appareil digestif, de l'appareil locomoteur, du foie, des reins et du système nerveux central. Le diagnostic repose sur l'augmentation du taux des anticorps sériques spécifiques et sur la culture des microorganismes.

Traitement. Le médicament de choix est l'érythromycine, administrée dès le début de la maladie. La maladie peut être très grave, un choc rebelle et un collapsus hémodynamique risquant d'entraîner la mort.

Interventions infirmières. Les soins infirmiers à prodiguer sont les mêmes que pour les patients atteints de pneumonie (chapitre 4). On recommande d'appliquer les précautions universelles recommandées lors de la manipulation des crachats et des autres liquides biologiques.

INFECTIONS À SALMONELLA (SALMONELLOSES)

La salmonellose est une infection causée par les bactéries du genre *Salmonella*. Sur le plan clinique, elle prend l'une des quatre formes suivantes: gastro-entérite (c'est la forme la plus fréquente); fièvres entériques (typhoïde et paratyphoïdes); bactériémie parfois accompagnée d'infections extra-intestinales en foyers; état de porteur asymptomatique. On trouvera ci-dessous des renseignements sur la fièvre typhoïde causée par *Salmonella typhi*; au Québec, *Salmonella typhimurium* est l'espèce la plus souvent signalée. Les salmonelles causent des diarrhées infectieuses dans les pays en voie de développement, et au Québec, elles sont la cause d'un bon pourcentage des gastro-entérites.

Les salmonelles pénètrent dans les cellules épithéliales du petit intestin et du côlon, où elles provoquent une réaction inflammatoire. Les aliments contaminés par les matières fécales humaines ou animales, les œufs complets ou les produits à base d'œufs, la viande et les produits à base de viande, la volaille (surtout la dinde) et les agents pharmaceutiques d'origine animale peuvent infecter la personne qui les ingère. Les aliments les plus souvent en cause sont les pâtés à la viande du commerce, la volaille, la saucisse, les aliments contenant des œufs ou des produits à base d'œufs, le lait et autres produits laitiers non pasteurisés. Certains pensent qu'un nombre considérable d'œufs et de poulets sont contaminés par les salmonelles.

Manifestations cliniques. Les symptômes se manifestent ordinairement dans les 8 à 48 heures suivant l'ingestion de l'aliment contaminé: céphalée, malaise abdominal, fébricule, diarrhée aqueuse contenant parfois du sang et du mucus. Chez certains, les seuls symptômes sont la céphalée et des selles diarrhéiques occasionnelles. L'agent infectieux peut se localiser et provoquer une nécrose tissulaire pouvant entraîner des abcès, une cholécystite, de l'arthrite, une endocardite, une méningite, une péricardite, une pneumonie, une pyélonéphrite, des pétéchies, de la splénomégalie ou une leucopénie. Chez les personnes âgées, qui ont souvent d'autres maladies, la salmonellose peut se compliquer d'une bactériémie.

Le diagnostic repose sur la recherche du germe dans les selles et le sang.

Traitement. Le traitement se fonde sur la réhydratation du patient par l'administration de liquides et d'électrolytes essentiels. Dans la plupart des cas, il suffit que le patient boive en quantité suffisante. Les jus de fruit et les boissons gazeuses sont efficaces, même quand la diarrhée est aiguë (l'absorption du glucose se fait dans le petit intestin). Le patient doit éviter la caféine, qui augmente la motilité intestinale.

Les médicaments qui bloquent la motilité (anticholinergiques, élixir parégorique) ont parfois l'effet contraire à celui que l'on recherche: en ralentissant le péristaltisme, ils peuvent faire obstacle au processus de nettoyage et prolonger ainsi l'infection.

Quand l'infection est modérée ou grave et que le patient doit être hospitalisé, on peut utiliser le triméthoprime-sulfaméthoxazole ou le chloramphénicol. Les précautions universelles sont de mise.

Prévention et enseignement au patient. Il n'existe pas d'immunisation active ou passive. Il faut éviter de consommer des œufs crus (notamment dans les boissons), ainsi que des œufs dont la coquille est sale ou craquée (les salmonelles peuvent pénétrer dans les œufs craqués). Les aliments d'origine animale, et particulièrement la volaille, de même que les produits contenant des œufs et la viande, doivent être *bien cuits*. Les travailleurs de l'alimentation doivent être informés sur les maladies transmises par la nourriture et recevoir des directives sur les moyens d'éviter la contamination des aliments, de même que sur la conservation et la préparation de la nourriture, le nettoyage des lieux où les repas sont préparés et servis (un comptoir contaminé peut transmettre l'infection), et l'hygiène personnelle. Les aliments doivent être conservés au réfrigérateur et gardés à l'abri des insectes et des rongeurs. Les poules, les canards, les tortues (et certains animaux domestiques) peuvent transmettre l'infection.

Pour empêcher la propagation de la maladie, le patient doit se laver les mains après être allé aux toilettes. Cette mesure est nécessaire pendant la maladie et la période subséquente où il est porteur (plusieurs mois) pour prévenir la contamination.

FIÈVRE TYPHOÏDE

La fièvre typhoïde est une maladie généralisée aiguë, d'origine bactérienne, causée par *Salmonella typhi*. Le microbe pénètre dans l'organisme par des aliments ou de l'eau contaminés par des selles ou des urines infectées. Au Québec, la maladie est principalement transmise par les porteurs: ce sont des personnes qui se sont remises de la fièvre typhoïde, mais dont les selles ou les urines contiennent encore le bacille. La contamination de l'eau ou de la nourriture peut se faire par les eaux d'égout, les mouches et les mains de porteurs. Les coquillages (en particulier les huîtres) provenant d'eaux polluées peuvent également être source d'infection. La fièvre typhoïde est rare au Québec, mais elle représente un grave problème de santé dans les pays dont les systèmes de distribution de l'eau potable et d'évacuation des eaux d'égout laissent à désirer.

Physiopathologie. Le microorganisme entre dans l'organisme par la bouche et envahit les parois du tube digestif. Sa prolifération est rapide et provoque une bactériémie massive qui dure une dizaine de jours. Il se fixe en premier lieu sur les ganglions lymphatiques mésentériques et sur les masses de tissu lymphatique de la muqueuse intestinale. Les vaisseaux sanguins deviennent thrombosés, puis la masse tuméfiée de tissu lymphatique meurt et se détache, laissant une muqueuse ulcérée. Si l'ulcère atteint le péritoine, le patient risque une perforation et une péritonite.

Manifestations cliniques. La maladie s'installe de façon graduelle avec céphalée, fièvre, malaise, somnolence et douleur abdominale. Les symptômes n'étant pas spécifiques, le patient ne consulte pas toujours un médecin. Après la première semaine, on voit apparaître sur la poitrine et l'abdomen les taches rosées lenticulaires: ce sont de petites grappes de taches qui, au début, s'effacent à la pression. En l'absence de traitement, la température ne cesse de grimper, atteignant un sommet de 40 ou 41 °C entre le troisième et le septième jour. Pendant cette période, la plupart des patients présentent une céphalée aiguë et une toux non productive. Pendant la deuxième semaine, si la maladie n'est pas traitée, la température demeure constamment élevée. Au cours de la troisième semaine, cependant, on constate des rémittences: la température, un peu plus basse le matin, ne monte pas beaucoup l'après-midi. Malgré la fièvre, le pouls est parfois assez lent. Les manifestations cliniques sont notamment une hépatomégalie, une splénomégalie, un délire et une hémorragie intestinale.

Examens diagnostiques. Le diagnostic se fonde sur la recherche de l'agent pathogène par des hémocultures, une biopsie de la moelle osseuse ou des coprocultures.

Traitement

Pour traiter la fièvre typhoïde, on utilise le chloramphénicol, l'ampicilline, l'amoxicilline ou le triméthoprime-sulfaméthoxazole. La fièvre cesse ordinairement trois à cinq jours après le début de l'antibiothérapie. Cependant, on ne parvient pas à éliminer la bactérie chez tous les patients: on a vu des rechutes et on a obtenu des coprocultures positives après un ou même plusieurs traitements aux antibiotiques. Ainsi, bien que le chloramphénicol ait fait baisser considérablement le taux de mortalité associé à la fièvre typhoïde et réduit la quantité des bactéries excrétées pendant la convalescence, il n'a pas diminué la fréquence des complications ni l'incidence des porteurs chroniques.

Interventions infirmières

Les soins infirmiers visent à soutenir le patient et à déceler l'apparition de complications.

Le délire est fréquent dans la forme grave de la maladie, et le patient a besoin d'un soutien spécial. Il peut être somnolent, indifférent à ce qui l'entoure, ou souffrir d'incontinence urinaire et fécale. On applique les précautions universelles et on assure la sécurité du patient par des ridelles, l'abaissement du lit, la sédation et, au besoin, l'utilisation de contentions souples.

Quand la température s'élève à plus de 40 °C, on donne au patient un bain d'éponge à l'eau tiède. Comme la fièvre, la transpiration et un apport hydrique insuffisant entraînent des pertes liquidiennes, il faut inciter le patient à boire beaucoup pour prévenir la déshydratation.

Pendant la période de toxicité, le patient peut perdre toute envie d'uriner. Il faut donc vérifier si la vessie est distendue.

La rétention des selles peut également causer un problème. Si un lavement est indiqué, on doit absolument l'administrer à basse pression pour réduire les risques de perforation intestinale.

Complications. Pendant le cours de la fièvre typhoïde, l'infection peut gagner de nombreux organes, notamment les poumons, la plèvre, le péricarde, le cœur, les reins et les os. Les complications dangereuses les plus fréquentes sont l'hémorragie intestinale et la perforation de l'intestin entraînant une péritonite.

L'hémorragie intestinale, qui est secondaire à l'invasion de la muqueuse par les bactéries, entraîne la nécrose, l'ulcération et l'érosion des vaisseaux sanguins. Elle apparaît chez 4 à 7 % des patients, habituellement au cours de la troisième semaine. Les signes d'hémorragie comprennent la transpiration, la pâleur, un pouls faible et rapide, l'hypotension ainsi que des selles sanguinolentes et goudronneuses. Les pertes de sang sont généralement compensées par des mesures de soutien, notamment des transfusions sanguines. Une intervention chirurgicale (résection de l'intestin) est parfois nécessaire.

La *perforation intestinale* est la complication la plus grave. Bien qu'elle soit possible à tout moment, elle se produit généralement au cours de la troisième semaine et touche la partie inférieure de l'iléon. La perforation se produit quand un ulcère causant une escarre atteint toute l'épaisseur de la paroi abdominale. Le contenu de l'intestin se déverse alors dans la cavité abdominale et provoque une péritonite. Le patient présente habituellement une douleur abdominale aiguë; l'abdomen est sensible, rigide et silencieux (aucun bruit intestinal). Dans certains cas, toutefois, la douleur disparaît après quelques secondes. Si l'on note des signes de perforation intestinale, on insère une sonde nasogastrique et on administre une perfusion intraveineuse pour rétablir l'équilibre hydroélectrolytique. En général, la fermeture chirurgicale de la perforation s'impose.

Quand le bacille colonise un tissu particulier, la fièvre typhoïde peut causer d'autres complications: hépatite, méningite, cholécystite, pneumonite ou péricardite. Pendant le cours de la maladie, il y a souvent infection de la vésicule et des canaux biliaires.

Enseignement au patient. La guérison est parfois lente. Une fois le patient rétabli, il faut procéder à des cultures des urines et des selles pour déterminer s'il est porteur, c'est-à-dire si le bacille est toujours présent dans ses urines et ses selles. La présence d'agglutinines Vi dans le sang indique que le patient a de fortes chances d'être porteur. On confirme que le patient est porteur si les résultats des cultures des urines et des selles sont positifs après un an. On peut tenter de supprimer l'état de porteur par l'administration d'ampicilline ou d'amoxicilline avec probénécide.

Au Québec, presque tous les cas de fièvre typhoïde sont attribuables à un porteur, connu ou inconnu; c'est pourquoi les organismes responsables de la santé publique surveillent les porteurs.

Prévention. Des conditions sanitaires adéquates sont essentielles, de même que des systèmes sûrs d'approvisionnement en eau potable et d'évacuation des eaux usées. Il faut également dépister les porteurs de germes et leur imposer des restrictions dans le choix d'un métier. Les patients atteints de fièvre typhoïde, les convalescents et les porteurs doivent toujours se laver les mains après la défécation. Toutes les personnes qui manipulent la nourriture doivent se laver correctement les mains. Il faut se prémunir contre les mouches par la pose de moustiquaires et la pulvérisation d'insecticides, et les empêcher de se multiplier par la collecte et l'élimination adéquates des ordures. On ne doit se procurer des fruits de mer qu'auprès d'un distributeur autorisé. Enfin, il faut assurer une propreté méticuleuse dans la préparation et la conservation de la nourriture.

La vaccination contre la fièvre typhoïde n'est plus recommandée pour les habitants des États-Unis et du Canada. Elle est cependant conseillée aux personnes qui vivent avec un porteur chronique, et peut être envisagée par celles qui se rendent dans un pays où la maladie est répandue. Quand la vaccination est jugée nécessaire pour un adulte, il reçoit deux injections sous-cutanées séparées par un intervalle d'au moins quatre semaines.

SHIGELLOSE

La shigellose est une maladie bactérienne aiguë des voies intestinales. Il existe quelque 40 types sérologiques de Shigella, répartis en quatre groupes ou espèces: *Shigella sonnei* (sérotype le plus souvent isolé dans les pays industrialisés), *Shigella dysenteriæ*, *Shigella flexneri* et *Shigella boydii*. La transmission se fait par voie fécale-orale, à partir des selles d'une personne infectée. Le bacille peut passer des selles aux doigts à travers le papier hygiénique. On le retrouve également dans le lait, les œufs, le fromage et les crevettes.

Présente dans tous les pays, la shigellose est endémique dans les régions tropicales où il y a souvent de graves épidémies. Elle demeure un problème sérieux au Québec, où elle frappe surtout les personnes vivant dans un milieu insalubre et les groupes vivant dans un milieu fermé, comme les garderies, les installations militaires, les centres d'hébergement et autres établissements de soins.

Pathogenèse. Dans les cas les plus graves, les germes gagnent le petit intestin et y prolifèrent, secrétant une toxine qui incite le jéjunum à chasser l'eau et les électrolytes. Ils peuvent provoquer une réaction inflammatoire aiguë de la muqueuse. Des petites lésions apparaissent ensuite, et celles-ci peuvent s'agglomérer pour former des ulcères de taille importante.

Manifestations cliniques. Le patient souffre d'abord de fièvre, de crampes et de douleur abdominale. Une diarrhée aqueuse apparaît ensuite, souvent suivie d'une dysenterie caractérisée par l'émission de sang, de mucus et de pus en quantité variable. La fièvre peut être forte. Au point culminant de l'infection active, le patient est dans un état de prostration. L'envie de déféquer est constante, et l'effort d'expulsion est important. Chez l'adulte en santé, la maladie tend à la guérison spontanée, une amélioration étant généralement visible après une semaine; dans certains cas, elle dure deux ou trois semaines. Si elle n'est pas bien traitée, elle peut devenir chronique et durer pendant des mois ou même des années. Dans les cas graves, un choc, une déplétion liquidienne et un déséquilibre électrolytique peuvent survenir.

Traitement. Le traitement vise à maintenir l'équilibre hydroélectrolytique du patient et à empêcher la propagation de la maladie. On demande au patient s'il a séjourné dans des pays en voie de développement, s'il vit ou travaille dans un établissement à forte densité de population, s'il s'est baigné dans des eaux contaminées et s'il a eu des rapports sexuels avec contact buccoanal. On l'interroge également sur l'eau qu'il boit et sur la nourriture qu'il consomme à domicile et au restaurant. Tous les cas sont déclarés à l'unité régionale de santé publique.

Le bacille peut être cultivé dans les selles; on fait des antibiogrammes pour choisir l'antibiotique qui convient, car le germe peut être résistant à certains antibiotiques. Les antibiotiques jouent un rôle important dans le traitement parce qu'ils arrêtent l'évolution clinique de la maladie et diminuent la période d'excrétion fécale du microbe, réduisant par le fait même la période de contagiosité. Il est préférable d'utiliser des antibiotiques qui sont absorbés à partir du tube digestif et auxquels les Shigella sont sensibles (ampicilline, sulfaméthoxazole-triméthoprime). En revanche, on ne recommande pas l'emploi de médicaments qui diminuent le péristaltisme (comme le Lomotil) pour combattre la diarrhée, car ils prolongent les symptômes et la présence du microorganisme dans l'intestin.

Il faut administrer des solutés intraveineux pour maintenir l'équilibre hydroélectrolytique et pour empêcher la déshydratation complète pouvant découler de la perte d'un très grand volume d'eau et d'électrolytes (sodium, potassium, chlorure, bicarbonate) par les selles diarrhéiques. Dans certains cas, le patient a besoin d'un supplément de potassium.

Interventions infirmières. L'infirmière vérifie si le patient a perdu du poids, s'il présente le signe du pli cutané et si ses muqueuses sont sèches. Elle mesure régulièrement les signes vitaux et la diurèse. Au stade aigu, le patient est sous diète liquide.

Prévention et enseignement au patient. Les bacilles de la dysenterie sont transmis par l'eau potable polluée par des excreta humains infectés, par les rapports sexuels et par des aliments manipulés par des porteurs de Shigella, qu'ils soient malades ou asymptomatiques. La prévention de la shigellose exige par conséquent les mêmes précautions et le même contrôle des eaux et du traitement de la nourriture que la fièvre typhoïde: techniques correctes de lavage des mains, hygiène adéquate, traitement convenable des eaux d'égout, programme de lutte contre les mouches et dépistage des porteurs. Le patient peut être réinfecté par un partenaire sexuel non traité; le risque est particulièrement grand pour les hommes homosexuels.

MÉNINGITE MÉNINGOCOCCIQUE (MÉNINGITE BACTÉRIENNE)

La méningite, ou inflammation des membranes entourant le cerveau et la moelle épinière, peut être causée par une variété de bactéries, de virus, de protozoaires et de champignons. La forme bactérienne est toutefois la plus répandue.

La méningite bactérienne aiguë est causée le plus souvent par *N. meningitidis, S. pneumoniæ* (chez les adultes) et *H. influenzæ* (chez les enfants et les jeunes adultes). La maladie se transmet par contact direct; on peut être infecté par des gouttelettes et des sécrétions du nez et de la gorge provenant d'une personne malade ou, ce qui est beaucoup plus fréquent, d'un porteur sain. En effet, la plupart des personnes exposées ne développent pas la maladie mais deviennent des porteurs. L'incidence de la méningite causée par des bactéries entériques Gram négatif a augmenté chez les personnes âgées de plus de 60 ans ayant subi une opération neurochirurgicale ou dont le système immunitaire est affaibli.

Endémique au Québec et dans le monde, la méningite méningococcique se manifeste le plus souvent l'hiver et au printemps. Les probabilités d'épidémie sont plus fortes où il y a une forte densité de population (notamment dans les villes, les établissements surpeuplés, les installations militaires ou les prisons), mais la maladie peut aussi se manifester dans les campagnes.

La méningite bactérienne commence par une infection du nasopharynx suivie d'une méningococcémie (septicémie touchant les méninges et la partie supérieure de la moelle épinière). La maladie est parfois extrêmement fulminante, c'est-à-dire qu'elle s'installe de façon soudaine et violente.

Physiopathologie

Les facteurs prédisposants comprennent les infections des voies respiratoires supérieures, l'otite moyenne, la mastoïdite, la drépanocytose et autres hémoglobinopathies, une neurochirurgie récente, un traumatisme crânien et un déficit immunitaire. Les veines qui desservent le rhinopharynx postérieur, l'oreille moyenne et l'apophyse mastoïde se trouvent à proximité des veines drainant les méninges et se dirigent vers le cerveau, ce qui favorise la prolifération bactérienne.

Les méningocoques entrent dans le sang et causent dans les méninges et le cortex sous-jacent une réaction inflammatoire pouvant entraîner une vascularite avec thromboses et réduction de la circulation cérébrale. Le métabolisme du tissu cérébral est perturbé par un exsudat méningé, une vascularite, une irrigation insuffisante et un œdème. Un exsudat purulent peut recouvrir la base du cerveau et la moelle épinière et l'inflammation peut aussi s'étendre à la membrane qui tapisse les ventricules cérébraux. La méningite bactérienne est associée à des altérations profondes de la physiologie intracrânienne, dont une perméabilité accrue de la barrière hémato-encéphalique, un œdème cérébral et l'augmentation de la pression intracrânienne.

Toutefois, quand l'infection est aiguë le patient meurt empoisonné par les toxines de la bactérie avant même que la méningite ne se soit développée. Chez ces patients, la méningococcémie balaie toutes les défenses; l'altération endothéliale et la nécrose vasculaire causées par le méningocoque portent atteinte aux glandes surrénales et entraînent un collapsus vasculaire et des hémorragies étendues (syndrome de Waterhouse-Friderichsen).

Manifestations cliniques

Les symptômes de la méningite résultent de l'infection et de l'augmentation de la pression intracrânienne. Ordinairement, le patient présente les symptômes suivants: céphalée, myalgie, mal de dos, photophobie, fièvre, douleur et raideur de la nuque (l'irritation des méninges provoquant la contraction des muscles extenseurs). Il est souvent agressif. Un autre symptôme frappant apparaît chez environ deux tiers des patients: c'est une éruption cutanée qui peut prendre la forme de pétéchies (petites taches rouges) ou d'une combinaison de pétéchies et d'ecchymoses.

À l'examen physique, on note une résistance à la flexion du cou. D'autres signes témoignent aussi d'une irritation méningée, notamment:

Signe de Kernig: En position couchée, hanches et genoux fléchis à 90°, l'extension des membres inférieurs dans l'axe des cuisses est impossible.

Signes de Brudzinski: La flexion passive de la nuque en avant provoque la flexion des membres inférieurs, et la flexion passive sur le bassin d'un membre inférieur provoque une flexion de la cuisse et du genou opposés.

Environ 10 % des patients présentent une infection fulminante ayant les caractéristiques d'une septicémie irrépressible: forte fièvre d'installation brutale, purpura étendu (visage et extrémités), choc, signes de coagulation intravasculaire. La mort peut survenir quelques heures après l'apparition des symptômes. On arrive habituellement à identifier les germes en cause par des frottis et des cultures du liquide céphalorachidien et du sang.

Traitement

Pour que le traitement réussisse, il faut administrer un antibiotique capable de franchir la barrière hémato-encéphalique et d'atteindre l'espace sous-arachnoïdien en concentration suffisante pour arrêter la prolifération des bactéries. Immédiatement après avoir obtenu les cultures du liquide céphalorachidien et du sang, on entreprend l'antibiothérapie avec de la pénicilline, de l'ampicilline, du chloramphénicol ou l'une des céphalosporines. En présence d'une souche résistante, on peut avoir recours à un autre antibiotique.

La déshydratation et le choc sont traités par des solutions de remplissage vasculaire. Le diazépam ou la phénytoïne permettent de maîtriser les convulsions des premiers stades de la maladie, et un diurétique osmotique (par exemple le mannitol) peut être prescrit pour traiter l'œdème cérébral.

Interventions infirmières

La guérison dépend des soins de soutien dispensés au patient. Son état est grave, et la fièvre associée à une déshydratation, une alcalose et un œdème cérébral peuvent le prédisposer à des convulsions entraînant une obstruction des voies respiratoires, un arrêt respiratoire ou des arythmies cardiaques. C'est en collaboration avec le médecin que l'infirmière accomplira certaines interventions.

- Quelle que soit la cause de la méningite, il faut évaluer constamment l'état clinique et les signes vitaux du patient, car l'altération de la conscience peut être le prélude d'une obstruction des voies respiratoires. La mesure des gaz du sang artériel, l'introduction d'une sonde endotrachéale à ballonnet (ou d'une canule trachéale), et la ventilation mécanique sont indiquées dans certains cas. On peut administrer de l'oxygène pour maintenir au niveau voulu la pression partielle d'oxygène (pO_2).

- On vérifie la stabilité hémodynamique en déterminant la pression veineuse centrale, ou en employant un cathéter de Swan-Ganz pour détecter le début de choc qui précède l'insuffisance cardiaque ou respiratoire. On constate parfois une vasoconstriction généralisée, une cyanose péribuccale et un refroidissement des extrémités. La fièvre, très forte, doit être abaissée pour diminuer le travail du cœur et les besoins en oxygène du cerveau. Les interventions pertinentes sont décrites dans le plan de soins infirmiers 53-1.

- Une rééquilibration hydrique rapide par voie intraveineuse peut être prescrite, mais il faut veiller à ne pas hyperhydrater le patient à cause du risque d'œdème cérébral.

- Il faut peser régulièrement le patient, et obtenir les électrolytes sériques, de même que le volume, la densité et l'osmolalité des urines, en particulier si l'on soupçonne la présence du syndrome de sécrétion inadéquate d'hormone antidiurétique.

- Les soins infirmiers continus comprennent l'évaluation de l'état clinique du patient, l'hygiène de la peau et de la bouche, la promotion du bien-être et la protection pendant les convulsions ou le coma.

- Tout écoulement provenant du nez ou de la bouche étant considéré comme infectieux, les précautions universelles sont de mise. On recommande d'appliquer les mesures d'isolement qu'exige la maladie pendant les 24 heures qui suivent le début de l'antibiothérapie.

Prévention et enseignement au patient. Les membres de l'entourage immédiat du patient sont candidats à un traitement antimicrobien prophylactique (administration de rifampine). Il faut les observer et les examiner dès l'apparition d'une fièvre ou de l'un des signes et symptômes de la méningite.

Les voyageurs qui se rendent dans un pays où la maladie méningococcique sévit à l'état épidémique peuvent envisager de recevoir le vaccin antiméningococcique. La vaccination peut également être une mesure d'appoint à la chimioprophylaxie antibiotique pour les proches d'une personne souffrant de la maladie.

TÉTANOS

Le tétanos est une maladie aiguë causée par le bacille de Nicolaïer, *Clostridium tetani*, dont les spores pénètrent dans l'organisme humain par une plaie contaminée par la terre, la poussière de la rue, ou des fèces animales ou humaines. Il s'agit d'un bacille anaérobie (qui ne peut vivre au contact de l'air). On le trouve le plus souvent chez les patients ayant une petite plaie et chez les toxicomanes qui utilisent des drogues par injection. La nature des plaies est très variée: petite blessure, égratignure, piqûre d'abeille, lacération, gelures, blessure provoquée par un animal, avortement, circoncision, intervention chirurgicale, traumatisme dentaire ou buccofacial. Le tétanos est plus fréquent chez les membres de groupes défavorisés (qui souvent n'ont pas été immunisés), chez les femmes et chez les personnes âgées qui n'ont pas été immunisées dans leur enfance ou qui ont perdu leur immunité.

Physiopathologie

C'est dans les tissus où le potentiel d'oxydoréduction est réduit (à cause de l'infection, d'une matière étrangère ou d'une altération de l'irrigation sanguine) que les spores sont en mesure de végéter, de proliférer et de produire des toxines. Absorbées par les nerfs périphériques, ces toxines gagnent la moelle épinière, où elles produisent une réaction équivalant à une stimulation du tissu nerveux. Les nerfs sensitifs deviennent sensibles à la plus légère excitation, et les nerfs moteurs, hypersensibles, transmettent aux muscles des impulsions qui produisent un spasme.

Manifestations cliniques

Les premiers symptômes comprennent l'irritabilité, l'agitation, la céphalée, une faible fièvre et la rigidité musculaire. Les muscles de la mâchoire sont les premiers atteints; le patient a de la difficulté à ouvrir la bouche parce que les muscles masticateurs sont contractés (c'est le trismus). La maladie est parfois appelée «mal des mâchoires» en raison de ce symptôme. Les spasmes des muscles faciaux confèrent au visage une grimace très caractéristique, le rire sardonique, qui persiste même pendant la convalescence.

Les spasmes gagnent rapidement d'autres groupes musculaires, puis le corps tout entier, avec oppression thoracique et rigidité de la paroi abdominale, du dos et des membres. Les spasmes sont ininterrompus, mais la moindre excitation (une porte qui claque, un éclat de voix, une lumière vive) peut causer une convulsion généralisée avec contraction violente de chaque muscle. Ces spasmes très violents peuvent fracturer des vertèbres. Parce que les muscles extenseurs sont plus forts que les muscles fléchisseurs, la tête se rétracte, les pieds sont en extension complète et le dos est arqué. Ainsi, pendant une convulsion, le corps repose uniquement sur les talons et l'arrière de la tête, dans une position appelée *opisthotonos*. Le patient conserve sa lucidité, mais est souffrant à cause des spasmes. Une asphyxie due au spasme des muscles respiratoires, ou une pneumonie peuvent entraîner la mort.

Traitement

Le traitement vise à assurer la perméabilité des voies respiratoires afin de prévenir les complications respiratoires et cardiovasculaires et de neutraliser les toxines non fixées.

En cas de tétanos bien établi, le patient reçoit immédiatement une immunoglobuline antitétanique humaine (IGTH). On attend une ou deux heures avant de débrider la plaie, pour que les neurotoxines libérées par le débridement ne se fixent pas aux terminaisons nerveuses. On entreprend également l'immunisation active par l'anatoxine tétanique dès le début du traitement, car la maladie ne confère pas l'immunité. Quand on administre au même moment l'IGTH et l'anatoxine, on a soin d'employer deux seringues distinctes et de les injecter à des endroits différents.

Le débridement de la plaie s'impose parce que la nécrose tissulaire favorise la multiplication des bacilles du tétanos. On irrigue copieusement la plaie pour éliminer les fragments de tissu et les corps étrangers, et il arrive qu'on la laisse ouverte pour favoriser l'écoulement.

L'immunoglobuline peut également être infiltrée dans la plaie. On administre souvent de fortes doses de pénicilline G ou d'un autre antibiotique par voie intraveineuse ou intramusculaire pour éliminer de la plaie les *C. tetani* persistants et tout autre agent pathogène.

Le diazépam est employé pour combattre l'agitation et l'appréhension (qui peuvent provoquer des spasmes), pour son effet amnésique, et pour atténuer les spasmes en favorisant la détente musculaire. Enfin, dans les cas graves, on prescrit un agent de blocage neuromusculaire (iodure de métocurine [Metubine]).

La suractivité du système nerveux sympathique peut entraîner une crise fatale. Comme le patient peut avoir des périodes de tachycardie et d'hypertension, des extrasystoles ventriculaires et de la diaphorèse, il faut le garder en observation et lui assurer un traitement médicamenteux énergique, au besoin. On prescrit parfois du propanolol pour la tachycardie, et de la phentolamine pour les épisodes d'hypertension.

Interventions infirmières

En cas de grave infection tétanique, il est essentiel que l'infirmière prodigue en priorité des soins de soutien ininterrompus visant à maintenir l'efficacité de la fonction respiratoire. Les convulsions paroxystiques, surtout celles qui touchent les muscles respiratoires, entravent les échanges gazeux pulmonaires en gênant la déglutition normale et en causant l'obstruction des voies respiratoires. Pendant les convulsions, il y a habituellement des spasmes du larynx, du pharynx et des muscles respiratoires, ce qui peut entraîner l'asphyxie et la mort. La rigidité et le spasme des muscles du tronc peuvent également favoriser l'insuffisance ventilatoire. En fait, la ventilation cesse tout à fait pendant une convulsion tétanique.

Le patient doit recevoir le plus rapidement possible des soins respiratoires dans une unité de soins intensifs: intubation endotrachéale et ventilation mécanique. Les sécrétions buccales, généralement constantes et abondantes, doivent être aspirées souvent. Les soins infirmiers à prodiguer au patient atteint de convulsions sont décrits au chapitre 59, et on trouvera au chapitre 3 des précisions sur les soins respiratoires intensifs.

L'hyperactivité du système nerveux sympathique (qui se manifeste par de la tachycardie, des arythmies, une pression artérielle labile, de l'hyperthermie ainsi que par une diaphorèse et une salivation excessives) peut entraîner une insuffisance circulatoire et la mort. Une augmentation marquée de la fréquence cardiaque, et de la pression artérielle moyenne, peut indiquer qu'il faut administrer un bloqueur des récepteurs adrénergiques (propranolol) pour diminuer les risques de lésion myocardique causée par la catécholamine. Pour cette raison, le monitorage cardiaque est essentiel.

Du fait que la moindre excitation peut déclencher des spasmes paroxystiques, il faut éviter la lumière et les stimuli soudains. Le patient doit reposer dans une chambre silencieuse avec un éclairage tamisé. La stimulation tactile peut également provoquer des spasmes. Par conséquent, pour perturber le moins possible le patient, il vaut mieux lui prodiguer des soins infirmiers lorsque la sédation est à son maximum. En général, on garde une veine ouverte en prévision des situations d'urgence (arrêt cardiaque ou respiratoire) et des perfusions assurant l'équilibre hydroélectrolytique. Les pertes hydriques insensibles sous forme de sueur et de salive sont considérables; la déshydratation qui en résulte, associée à la perturbation de l'appareil cardiovasculaire et à l'hyperactivité du système nerveux sympathique, prédispose à la thrombose veineuse profonde et à l'embolie pulmonaire. Il faut parfois assurer une alimentation parentérale, parce que le patient nourri par la bouche risque une pneumonie par aspiration.

Il faut vérifier très souvent les yeux, la bouche, la peau, la vessie et l'intestin, pour détecter tout signe d'infection de la peau, des voies urinaires ou des poumons.

Il faut aussi vérifier si le patient souffre de rétention urinaire, ce qui peut se produire si les muscles du périnée sont atteints. Une immobilité prolongée pouvant provoquer des escarres de décubitus et des contractures, il faut dispenser des soins infirmiers préventifs (voir le chapitre 42 à ce sujet). Malgré les soins spécialisés, le tétanos est associé à un taux de mortalité de 50 % ou plus.

Prévention et enseignement au patient. Un bon programme d'immunisation peut prévenir le tétanos en créant une immunité de base avant l'exposition. La primo-vaccination de l'adulte comprend trois injections d'anatoxines tétanique et diphtérique de type adulte; une injection de rappel tous les 10 ans maintient l'immunité. Au Canada, plusieurs victimes du tétanos ont plus de 50 ans, car beaucoup de personnes de ce groupe d'âge n'ont pas été immunisées pendant l'enfance.

- La mesure de prévention du tétanos la plus importante consiste à nettoyer les plaies à fond en enlevant tous les corps étrangers et les tissus nécrosés. On élimine ainsi à la fois les bacilles du tétanos et le milieu favorisant le développement des spores.

- Toute rupture de l'épiderme doit être considérée comme une éventuelle porte d'entrée pour *C. tetani*.

Quand un patient a subi une blessure, on décide d'après ses vaccinations antérieures s'il faut assurer l'immunisation active par l'anatoxine tétanique et l'immunisation passive par l'immunoglobuline antitétanique. Pour chaque cas, on évalue la nature et l'âge de la plaie, les circonstances de la blessure et le traitement qui convient. Il est recommandé à chacun de tenir à jour son carnet d'immunisation.

GANGRÈNE GAZEUSE (MYONÉCROSE À CLOSTRIDIUM)

La gangrène gazeuse est une grave infection des muscles squelettiques causée par plusieurs espèces de Clostridium, des bacilles Gram positif (*Clostridium perfringens, Clostridium novyi, Clostridium septicum* et autres) qui compliquent les traumatismes, les fractures ouvertes, les contusions ou les plaies contuses, en secrétant des exotoxines qui détruisent les tissus. Ces bacilles sont des anaérobies que l'on trouve normalement dans les voies intestinales de l'être humain et dans la terre. Ils prolifèrent dans les plaies profondes où l'apport en oxygène est réduit, particulièrement lorsque la présence de corps étrangers ou de tissus nécrosés réduit encore davantage l'apport en oxygène.

La contamination de la plaie et la réduction de l'irrigation vasculaire ayant créé un milieu propice, les spores se multiplient et secrètent des exotoxines qui affectent le sang et provoquent une thrombose et des altérations du myocarde, du foie et des reins.

Les spores d'un anaérobie ont une grande résistance à la chaleur, au froid, au soleil, à la sécheresse et à de nombreux agents chimiques. Du fait qu'il habite les voies intestinales, le bacille de la gangrène gazeuse peut facilement infecter la cuisse après l'amputation de la jambe, surtout si le patient est incontinent. Les patients souffrant d'une maladie artérielle chronique ou de diabète sucré risquent de souffrir de gangrène gazeuse après amputation d'une jambe, car ces affections favorisent l'anoxie tissulaire.

Manifestations cliniques

Au début, la gangrène gazeuse se manifeste habituellement par une douleur soudaine et violente au siège de la plaie. Cette douleur apparaît un à quatre jours après la blessure et elle est due à la présence de gaz et d'oedème dans les tissus. La plaie est sensible. La peau qui l'entoure paraît d'abord normale, ou blanche et tendue; plus tard, elle prend une teinte bronzée, brune ou même noire. On voit apparaître des vésicules contenant un liquide aqueux et rouge. À la palpation, on perçoit une crépitation causée par les gaz. La plaie laisse parfois échapper un liquide écumeux et nauséabond. Les gaz et l'œdème augmentent la pression locale et entravent la circulation sanguine et l'écoulement de la plaie. Les muscles atteints se nécrosent et prennent une teinte noire ou rouge violacé. Il faut parfois amputer le membre atteint, car l'infection peut se propager rapidement et causer une intoxication générale.

Le patient est pâle, léthargique et appréhensif, mais il est généralement lucide. Le pouls et la respiration sont rapides, mais la température s'élève rarement au-dessus de 38,3 °C. Il y a parfois anorexie, diarrhée, vomissements et collapsus vasculaire. Les cas de décès par toxémie sont fréquents.

Traitement

Prévention. On peut prévenir la gangrène gazeuse par l'excision et le débridement de tous les tissus nécrosés et infectés et en faisant de larges incisions pour empêcher Clostridium de se multiplier.

Traitement. Les éléments habituels du traitement sont une prompte intervention chirurgicale pour débrider la plaie en y pratiquant de larges ouvertures pour que l'air entrave la prolifération des anaérobies, une antibiothérapie, et parfois une oxygénothérapie hyperbare.

Cette dernière forme de traitement, qui consiste à administrer de l'oxygène dans un caisson où la pression est supérieure à celle de l'atmosphère, est d'une indiscutable efficacité pour combattre la gangrène gazeuse. En faisant monter la pression partielle de l'oxygène inspiré, on augmente la quantité d'oxygène dissous dans le sang artériel et, dans certains cas, on parvient ainsi à éviter l'amputation.

Interventions infirmières

L'infirmière exécute dans ce cas des interventions de collaboration avec le médecin. Le patient est dans un état critique, car la toxémie est marquée. Il faut vérifier souvent la pression capillaire pulmonaire, la pression veineuse centrale et la diurèse, et administrer les solutés intraveineux prescrits pour soutenir l'appareil cardiovasculaire et pour maintenir l'équilibre hydroélectrolytique. Il faut parfois faire des transfusions de plasma, d'albumine et de sang entier pour maintenir un hématocrite acceptable. Comme l'hémolyse et la destruction des tissus peuvent entraîner une hyperkaliémie, il faut vérifier souvent les concentrations de potassium. Il est essentiel d'instaurer une alimentation entérale pour maintenir l'équilibre nutritionnel du patient.

BOTULISME

Le botulisme est une intoxication alimentaire qui affecte le système nerveux central. La bactérie *Clostridium botulinum* prolifère dans certains aliments et y produit de puissantes toxines. Rapidement absorbées dans le tube digestif, ces toxines se fixent aux tissus nerveux et provoquent une neuroparalysie. Les conserves faites à la maison, les aliments séchés ou fumés et les aliments mal préparés sont souvent en cause. Les cas de botulisme doivent être signalés aux unités de santé publique régionales et aux gouvernements fédéral et provinciaux.

Manifestations cliniques. Les symptômes apparaissent dans les 12 à 36 heures suivant l'ingestion de la nourriture contaminée. S'ils apparaissent en moins de 24 heures, la maladie est plus grave et le taux de mortalité est plus élevé. Les nausées et les vomissements peuvent apparaître quelques heures seulement après l'ingestion d'aliments contaminés. La toxine paralyse les muscles squelettiques et entrave ainsi la libération d'acétylcholine.

Divers symptômes sont associés à l'atteinte des nerfs crâniens: diplopie, ptose et vision trouble (atteinte des muscles extrinsèques de l'œil); dysphagie, douleur pharyngienne et dysphonie (atteinte du larynx). La paralysie descend lentement et touche tous les groupes musculaires, habituellement de façon symétrique. Le patient conserve sa lucidité. Les trois quarts des personnes atteintes ont des difficultés respiratoires.

Examens diagnostiques. Le diagnostic est confirmé par la présence de la toxine dans le sérum, le contenu gastrique, les selles ou les aliments suspects. Les groupes musculaires atteints présentent des anomalies électrophysiologiques caractéristiques.

Traitement. La réaction aux toxines pouvant mettre la vie du patient en danger, le matériel de ventilation et les médicaments doivent être disponibles pour une intervention d'urgence. Les bactéries et les toxines non absorbées sont expulsées du tube digestif par des lavages d'estomac, ou l'administration de purgatifs et de lavements. En cas de paralysie respiratoire ou d'iléus cependant, ces méthodes ne sont pas toujours prescrites. Les unités de santé publique fournissent une antitoxine botulinique servant à neutraliser les toxines circulantes.

Interventions infirmières. Les neurotoxines produites par *C. botulinum* peuvent entraîner une neuroparalysie, et la plupart des décès dus au botulisme découlent de complications respiratoires. C'est pourquoi les soins et les mesures de soutien respiratoires forment la base du traitement. On prépare le patient à l'intubation endotrachéale et à la ventilation artificielle. (On trouvera au chapitre 3 des précisions sur les soins respiratoires à prodiguer au patient paralysé).

On garde le patient sous monitorage cardiaque pour détecter les arythmies. Les soins de la peau et les changements de position sont importants, car il faut prévenir les escarres de décubitus et les complications musculosquelettiques. On vérifie si le patient souffre de rétention urinaire et, le cas échéant, on installe une sonde à demeure. L'apparition de fièvre témoigne habituellement d'une infection nosocomiale.

Après la phase aiguë de la maladie, de nombreux patients souffrent de fatigue, de faiblesse et de dyspnée; ces symptômes peuvent persister pendant un an ou plus. L'infirmière explique au patient et à sa famille qu'il doit se reposer régulièrement pendant la journée, ménager ses forces et se présenter aux examens de suivi.

Prévention et enseignement au patient. Le risque de contamination des conserves faites à la maison est important, car *C. botulinum* produit des spores et n'est pas détruit rapidement au point d'ébullition. Les conserves du commerce sont stérilisées à 120 °C, ce qui élimine tous les spores. Souvent, les conserves qui contiennent des germes pathogènes ont un aspect mou, contiennent des bulles de gaz et dégagent une odeur de décomposition. Mais il arrive également qu'un aliment contaminé ne présente aucune anomalie de goût ou d'aspect. Les toxines sont thermolabiles, et une cuisson complète les détruit: on recommande donc de chauffer les conserves à plus de 80 °C pendant 30 minutes, ou de les faire bouillir pendant 10 minutes. En montagne, on conseille d'utiliser un autocuiseur pour la mise en conserves.

Que les conserves soient faites à la maison ou achetées dans le commerce, il faut éviter les boîtes de conserve bombées ou percées et les bocaux dont le couvercle est mal scellé.

LÈPRE (MALADIE DE HANSEN)

La lèpre est une maladie infectieuse chronique causée par le bacille de Hansen (*Mycobacterium lepræ*), qui s'attaque aux tissus cutanés et aux nerfs périphériques.

On ne sait pas comment le bacille pénètre dans l'organisme, mais on sait que la maladie est transmise à un faible pourcentage des personnes qui vivent avec un patient atteint de lèpre. Les éternuements disséminent de nombreux germes infectieux. Les voies respiratoires supérieures ou une rupture de l'épiderme peuvent être des portes d'entrée.

En se multipliant, les bacilles envahissent la peau adjacente et gagnent les axones en passant par les terminaisons des nerfs cutanés. À mesure que l'infection se propage, les bacilles s'échappent des nerfs vers la peau, faisant apparaître des macules et des papules. Celles-ci ne sont pas douloureuses, car le bacille a détruit l'innervation.

Incidence. Maladie ancienne, effrayante et défigurante, la lèpre frappe, selon les estimations, 12 millions de personnes. Les pays en voie de développement, qui ne disposent pas des ressources humaines et financières requises pour la combattre, ont l'incidence la plus élevée. Son incidence augmente aux États-Unis à cause de l'afflux des immigrants et de la multiplication des voyages à l'étranger. La lèpre existe à l'état endémique en Californie, à Hawaï, au Texas, en Floride, en Louisiane, à Porto Rico et à New York, mais non au Canada.

Manifestations cliniques. La première manifestation de la lèpre est une lésion cutanée, dépigmentée ou d'un brun rougeâtre, qui peut apparaître à n'importe quel endroit du corps. Le premier symptôme est généralement l'insensibilité d'une petite zone de peau, causée par la dégradation des nerfs dermiques. Les atteintes nerveuses peuvent léser les muscles et les os. La peau peut présenter d'autres types de lésions (macules, papules, nodules ou plaques couvrant la plus grande partie du corps) qui ressemblent à des tumeurs ou à des ulcères. Les lésions cutanées et la destruction des sourcils et des cils donnent au visage un aspect typique, le faciès léonin. Facilement infectées, les lésions font naître de profondes ulcérations dont la guérison est lente ; le visage est déformé par les cicatrices ainsi causées. Le nez, les doigts et les orteils sont souvent détruits, ainsi que la vue.

Examens diagnostiques. Le diagnostic se fonde sur l'aspect des lésions et sur la mise en évidence du bacille de la lèpre dans des frottis provenant de la muqueuse nasale et des lésions cutanées.

Traitement. Le traitement vise à assurer une chimiothérapie spécifique jusqu'à la guérison, et à prévenir ou à traiter les déformations. La dapsone constitue le meilleur traitement, en association avec un ou plusieurs autres médicaments (rifampine, clofazimine) destinés à prévenir l'émergence par mutation de souches résistantes.

Les lésions des muqueuses sont les plus sensibles au traitement, et disparaissent en quelques mois. L'obstruction nasale est alors soulagée et les lésions du larynx s'effacent.

Les petites lésions nodulaires de la peau se résorbent, ne laissant que des taches pigmentées. Les lésions plus étendues prennent une forme disséminée et se transforment, à la longue, en tissu cicatriciel. Cependant, des bacilles peuvent survivre au traitement et provoquer une récidive.

La reconstitution des mains, des pieds, du visage et des autres organes et la réadaptation relèvent de plusieurs disciplines (chirurgie plastique, physiothérapie, orthopédie, etc.). À cause de l'effroi suscité par la maladie, la chirurgie est parfois indispensable pour en effacer les marques défigurantes et permettre au patient de réintégrer la société.

Pour combattre l'effet invalidant de la maladie, le patient doit comprendre qu'il lui faut maintenir la mobilité des membres atteints et prévenir les déformations structurales. Les principes en jeu sont analogues à ceux que l'on enseigne au patient atteint de polyarthrite rhumatoïde. Le patient doit inspecter chaque jour les régions qui pourraient être lésées (yeux, mains, pieds) parce qu'elles ont perdu leur sensibilité et qu'une lésion risque de passer inaperçue. Il faut hydrater et assouplir la peau en appliquant un émollient.

À Carville en Louisiane, le service de la santé publique des États-Unis maintient un hôpital (le National Hansen's Disease Center) qui assure le traitement de la lèpre ainsi que la recherche et la formation sur la maladie. Les chercheurs s'efforcent de mettre au point un test cutané spécifique à la lèpre. Les mesures d'isolement ne sont pas nécessaires, parce que l'infection est rapidement vaincue par la chimiothérapie. La ségrégation des lépreux n'est plus exigée en Amérique du Nord.

ORNITHOSE (PSITTACOSE)

L'ornithose, forme infectieuse et atypique de pneumonie ou de maladie fébrile généralisée, est transmise aux êtres humains par des oiseaux infectés. L'être humain est infecté par l'inhalation de fientes desséchées, par contact direct avec l'oiseau (dans le cas, par exemple, de l'ouvrier qui travaille dans une usine de traitement des aliments) et, exceptionnellement, par le contact avec une personne infectée. Le germe pathogène (*Chlamydia psittaci*) peut infecter de nombreuses espèces d'oiseaux, dont ceux de la famille des perroquets (perruches, perroquets, cacatoès, perruches ondulées), les canaris, les moineaux, les pigeons et les dindons.

Manifestations cliniques. L'infection peut prendre la forme d'une maladie passagère, semblable à la grippe, ou d'une grave pneumonie ; elle peut aussi être asymptomatique. Après une période d'incubation de 4 à 15 jours (mais pouvant durer jusqu'à 6 semaines chez l'être humain), la maladie se manifeste de façon abrupte, avec malaise, céphalée, photophobie et frissons. Le cours de la maladie est caractérisé par une forte fièvre, une profonde faiblesse, une dépression marquée et le délire ; le pouls et la respiration sont d'une lenteur singulière. Le patient tousse beaucoup. Les poumons sont atteints et on note un œdème, de même que la présence de cellules mononucléées et de lymphocytes dans les alvéoles et les espaces interstitiels. La radiographie pulmonaire révèle parfois une pneumonie interstitielle. La convalescence est souvent longue.

Traitement. L'ornithose est sensible aux tétracyclines. Le traitement de soutien comprend le repos au lit, l'administration d'oxygène au besoin et l'application de mesures visant à faire baisser la fièvre. Les récidives sont fréquentes.

Prévention.   Les personnes à risque sont celles qui travaillent dans une animalerie ou à proximité de volailles ou de pigeons; les amateurs d'oiseaux, les travailleurs qui manipulent des oiseaux dans l'industrie du traitement ou de la commercialisation des aliments, les vétérinaires. Il faut prendre soin d'éviter la poussière des plumes et des déchets des cages. Les oiseaux infectés doivent être traités ou tués. Il n'existe pas de vaccin protecteur.

INFECTIONS À SPIROCHÈTES

Syphilis

Voir p. 1679.

Maladie de Lyme

La maladie de Lyme est une affection inflammatoire disséminée causée par un spirochète découvert récemment, *Borrelia burgdorferi*. Le spirochète est transmis par la morsure d'une tique qui vit aux dépens d'une grande variété d'hôtes, notamment les moutons, le bétail, les daims et les souris. La maladie de Lyme est apparue en 1975 dans la petite municipalité de Lyme au Connecticut. Elle s'est depuis propagée à toute la côte Nord-Est, du Massachusetts au Maryland, ainsi qu'au Wisconsin, en Californie et dans l'Oregon.

Manifestations cliniques.   La maladie se manifeste du printemps jusqu'à la fin de l'automne. Son trait le plus caractéristique est l'érythème chronique migrateur, une lésion cutanée qui s'étend et qui est parfois accompagnée de symptômes évoquant la grippe. Les lésions cutanées apparaissent généralement dans les 4 à 20 jours suivant la morsure d'une tique et peuvent toucher n'importe quelle partie du corps. La lésion qui naît à l'endroit de la morsure prend d'abord la forme d'une macule ou d'une papule rouge; elle s'étend pour former un érythème annulaire. Après des semaines ou des mois, les manifestations cutanées peuvent être suivies de troubles du système nerveux central (méningite aseptique, encéphalite), du cœur (bloc auriculoventriculaire) ou des articulations (arthrite). Les épreuves sérologiques témoignent d'une augmentation des anticorps antispirochète.

Traitement.   La tétracycline ou la pénicilline, administrées dans les plus brefs délais, abrègent la maladie et empêchent la récurrence des manifestations cutanées. Quand d'autres organes sont atteints, on administre par la voie intraveineuse de fortes doses de pénicilline.

Prévention et enseignement au patient. Consulter la section consacrée à la fièvre pourprée des montagnes Rocheuses, p. 1705.

INFECTIONS VIRALES

GRIPPE

Causée par un myxovirus à ARN, la grippe est une maladie infectieuse aiguë, caractérisée par des symptômes respiratoires et généraux. Elle apparaît par épidémies, à l'échelle mondiale, tous les vingt ans environ, frappant jusqu'à 40 % de la population des régions touchées. Ces épidémies se distinguent par la vitesse de leur propagation et par un taux d'attaque extrêmement élevé.

Les épidémies de grippe ont souvent lieu en trois vagues successives séparées par de brèves intermittences. La première vague, d'une durée de trois à six semaines, déferle de façon brutale; la maladie, très répandue, est généralement bénigne et n'entraîne guère de complications. La deuxième vague touche également un grand nombre de personnes, et elle dure plus longtemps; la maladie est plus grave et les complications inquiétantes. La troisième vague, encore plus longue (8 à 10 semaines), frappe moins de gens, mais les complications sont redoutables. Dans les quelques années qui suivent une pandémie, on voit éclore des épidémies locales d'une intensité décroissante, et des cas sporadiques.

Étiologie.   Le facteur premier dans l'étiologie de la grippe est un virus filtrant dont il existe de nombreux types différents. Il est difficile de maîtriser la grippe parce que les antigènes de surface du virus subissent des mutations. Ainsi, les anticorps formés pour combattre une souche donnée ne sont pas toujours efficaces contre la souche qui lui succède, tout dépendant de l'ampleur de la mutation. Quand une nouvelle souche prédomine à l'échelle nationale, le virus précédent disparaît.

La transmission se fait par contact étroit ou par les gouttelettes provenant des voies respiratoires d'une personne infectée. Le virus aérogène prolifère dans les voies respiratoires supérieures et envahit les cellules des muqueuses du nez, de la trachée et des bronches.

Manifestations cliniques.   Chez la plupart des gens, la grippe se déclare après une courte période d'incubation (24 à 72 heures); l'installation, abrupte, est marquée par des frissons, de la fièvre, des céphalées, un mal de dos et des courbatures. Toux sèche, angine, obstruction et écoulements nasaux font partie des symptômes respiratoires. Chez certains, la maladie commence par une sinusite aiguë, une bronchite, une pleurésie ou une bronchopneumonie: de tels symptômes sont toujours d'installation brutale et provoquent un état de prostration. D'autres présentent des symptômes gastro-intestinaux (nausées, vomissements, douleurs abdominales et diarrhée). Enfin, au cours de chaque épidémie, certaines personnes ne présentent pas de symptômes locaux, mais souffrent de frissons ou de fièvre. En l'absence de complications, le patient se rétablit ordinairement en une semaine.

Complications.   Les complications représentent un risque pour les personnes qui ont plus de 65 ans et celles qui souffrent d'une maladie pulmonaire ou cardiaque chronique (en particulier d'une valvulopathie rhumatismale), du diabète, ou de maladies métaboliques ou rénales chroniques. Le virus de la grippe endommage l'épithélium ciliaire de l'arbre trachéobronchique, créant chez le patient un terrain favorable à la prolifération d'autres germes envahissants: pneumocoques, staphylocoques, *H. influenzæ*, certains types de streptocoques, etc.

La dyspnée au premier stade de la maladie témoigne d'une bronchopneumonie (d'origine virale, virale mixte ou bactérienne) qui peut être fatale. Mais la mortalité n'est pas due qu'à la pneumonie, car bon nombre de décès sont imputables à des maladies chroniques (notamment les maladies cardiovasculaires) exacerbées par la grippe. Enfin, la grippe peut également se compliquer d'une myocardite, d'une myosite ou d'une méningo-encéphalite.

Traitement

Le traitement vise à soulager les symptômes, à prévenir les complications et à les traiter si elles se présentent.

Pour soulager une toux gênante, la pharmacothérapie associe un expectorant et un antitussif. On recommande parfois l'acétaminophène pour soulager les céphalées et les courbatures. L'aspirine, parce qu'elle est associée au syndrome de Reye, ne doit pas être administrée aux enfants ni aux adolescents. Un traitement antiviral au chlorhydrate d'amantadine, entrepris au début de la maladie, peut abréger celle-ci et diminuer le titre des virus excrétés.

On conseille au patient de se reposer chez lui, non seulement pour soulager les courbatures et la céphalée, mais aussi pour limiter la propagation de l'infection, car c'est au début que la maladie est le plus contagieuse.

En buvant abondamment (eau, jus, boissons gazeuses), le patient dilue les sécrétions et fait baisser la fièvre. Il peut aussi utiliser un vaporisateur pour humidifier l'air et diminuer l'irritation des muqueuses respiratoires. Il faut lui recommander d'éviter les substances qui irritent les voies respiratoires, et surtout de ne pas fumer, car cela empêche l'évacuation des sécrétions en entravant la fonction ciliaire. On déconseille aussi les boissons alcooliques parce qu'elles accentuent la viscosité des sécrétions.

Si le médecin prescrit de l'acétaminophène, il faut recommander au patient de le prendre régulièrement pour éviter les oscillations de la température: l'alternance entre les sueurs et les frissons peut causer la déshydratation et l'épuisement.

Prévention et enseignement au patient

Au Québec, le Comité québécois consultatif en matière d'immunisation recommande l'administration annuelle (à la mi-octobre et fin décembre) d'un vaccin antigrippal aux adultes souffrant de troubles cardiovasculaires et pulmonaires si ces troubles sont assez graves pour exiger des consultations médicales régulières ou s'ils ont entraîné l'hospitalisation au cours de l'année précédente. La vaccination annuelle est également conseillée aux personnes vivant dans un centre d'hébergement ou un autre établissement de soins prolongés, et aux membres du personnel soignant qui sont souvent en contact avec des patients à risque élevé (c'est le cas, par exemple, du personnel des unités de soins intensifs). La composition du vaccin est modifiée chaque année en fonction des mutations antigéniques du virus.

Le risque de contracter la grippe augmente lorsqu'il y a surpeuplement et contacts étroits entre les membres d'un groupe. Au cours d'une épidémie, il faut restreindre l'accès des visiteurs aux centres hospitaliers et aux centres d'hébergement pour réduire au maximum les risques d'infection. De même, il faut éviter le plus possible les admissions non urgentes et la chirurgie élective dans les périodes d'urgence épidémiologique.

Un médicament antiviral, l'amantadine, peut prévenir l'infection clinique par le virus grippal A en bloquant l'une des premières étapes de la réplication du virus. On ne l'administre qu'à certains patients à risque élevé, car la majorité des personnes exposées à la grippe n'ont pas besoin de prophylaxie; en outre, elle n'offre pas de protection contre la grippe endémique ou le virus B. On prescrit également l'amantadine pour le traitement symptomatique de l'infection par le virus A, car elle peut abréger la maladie et en atténuer la gravité.

Elle provoque cependant des effets indésirables, particulièrement chez les personnes âgées: intoxication du système nerveux central, confusion, étourdissements, troubles de l'élocution, céphalées, perturbation du sommeil, hallucinations visuelles. Le médicament n'est efficace que si l'administration commence avant l'exposition au virus A et se poursuit tout au long de cette exposition.

MONONUCLÉOSE INFECTIEUSE

La mononucléose infectieuse est une affection aiguë du système lymphatique causée par le virus Epstein-Barr (EBV), virus à ADN appartenant à la famille des Herpesviridæ. Un autre virus, le cytomégalovirus, peut provoquer des symptômes presque identiques; et un troisième microorganisme infectieux, le protozoaire *Toxoplasma*, peut produire le même tableau clinique.

Le processus morbide consiste essentiellement en une réaction de prolifération intense des tissus et des organes lymphoïdes (ganglions, rate, amygdales), mais tous les organes peuvent être atteints. En général, la maladie tend à la guérison spontanée. Mais il arrive exceptionnellement qu'elle entraîne des complications ou même la mort.

Épidémiologie. La mononucléose infectieuse frappe le plus souvent les jeunes de 15 à 25 ans. On a établi que la primo-infection naturelle de l'enfant par le virus Epstein-Barr provoque une maladie discrète (non spécifique ou tout à fait asymptomatique) qui procure une immunité pendant de nombreuses années. La mononucléose infectieuse n'est contractée que par les personnes n'ayant pas d'anticorps anti-EBV. En l'absence de primo-infection dans la petite enfance, la moitié des hôtes réceptifs (adolescents ou jeunes adultes) infectés développent les manifestations cliniques de la maladie. La mononucléose est plus fréquente dans les pays où le niveau de vie est élevé; dans les pays en voie de développement comme au sein des groupes défavorisés sur le plan socioéconomique, la primo-infection a presque toujours lieu dans la petite enfance, de sorte que la maladie est à peu près inconnue chez l'adulte.

Aux États-Unis et au Canada, le taux d'attaque clinique est de trois à cinq fois plus important chez les adolescents que pour l'ensemble de la population.

La transmission de la mononucléose infectieuse se fait par les contacts oraux (on l'appelle parfois, pour cette raison, «la maladie du baiser»). Le virus peut persister dans le pharynx pendant des semaines ou des mois, ce qui laisse supposer qu'un grand nombre de jeunes adultes sont des porteurs en convalescence. Le virus peut également se propager par les transfusions sanguines. La période d'incubation est de 30 à 50 jours.

Manifestations cliniques. Les premières manifestations sont souvent de vagues symptômes imitant l'angine streptococcique, la leucémie ou l'hépatite. Fièvre, angine et tuméfaction des ganglions du cou, lorsqu'ils se présentent ensemble, évoquent la mononucléose infectieuse. L'accès typique commence par une fièvre et des frissons, une anorexie, une angine et une myalgie. Céphalée et diarrhée sont fréquentes. Au deuxième ou au troisième jour, les ganglions lymphatiques commencent à se tuméfier et deviennent sensibles: d'abord les ganglions cervicaux postérieurs, puis les groupes antérieurs. Le patient a mal au cou. L'adénopathie peut être généralisée. Au début de la maladie, un œdème sus-orbitaire apparaît. Chez la plupart des patients, la rate augmente de volume. L'hépatomégalie apparaît chez moins du quart des patients, mais les épreuves d'exploration fonctionnelle du foie sont anormales chez la majorité. À la première étape, le tronc et les segments proximaux des membres peuvent se couvrir d'une pâle éruption érythémateuse ou maculopapuleuse.

Il y a lieu de croire à l'existence d'un syndrome clinique d'infection chronique par le virus EB. Ces patients se plaignent de fatigue chronique, d'un mal de gorge récurrent et de symptômes non spécifiques (adénopathie, douleurs musculosquelettiques, céphalées, problèmes de concentration).

Examens diagnostiques.   Le diagnostic se fonde sur le tableau clinique et sur les résultats des épreuves de laboratoire: lymphocytose avec présence de lymphocytes atypiques, présence d'anticorps hétérophiles, résultats positifs des tests sérologiques de dépistage du virus EB.

Traitement.   Le traitement vise le soulagement des symptômes et le soutien du patient. On recommande au patient de garder le lit pendant la durée de la fièvre et de se ménager des périodes de repos pendant la convalescence. L'aspirine ou l'acétaminophène sont prescrits pour les céphalées et les myalgies. Il faut éviter la constipation parce qu'elle entraîne des efforts d'expulsion et une augmentation soudaine de la pression à l'intérieur de la veine porte. En cas de complications qui mettent en danger la vie du patient (atteinte hépatique manifeste, atteinte neurologique, thrombopénie, anémie hémolytique, obstruction des voies respiratoires), on a recours aux corticostéroïdes. Dans la plupart des cas, le patient se rétablit en une à trois semaines. Chez certaines personnes, toutefois, la maladie peut durer jusqu'à un an, avec prédominance de symptômes comme la fatigue, l'intolérance à l'effort et la dépression.

Enseignement au patient.   On explique au patient qu'il aura besoin, pendant un certain temps, de plus de repos et de sommeil. L'effort physique exténuant, particulièrement les sports de compétition, est déconseillé tant que la guérison n'est pas complète, car la rate hypertrophiée est fragile et un traumatisme même léger peut en causer la rupture. Pour l'athlète, cette période de convalescence peut durer jusqu'à six mois; mais il est difficile d'en préciser exactement la limite, car la rate peut se rompre même après que les données cliniques, hématologiques et sérologiques indiquent le rétablissement.

RAGE

La rage est une grave infection virale du système nerveux central, inoculée à l'être humain par la salive d'un animal malade. Habituellement, la transmission se fait par une morsure, ou par le contact de la salive animale avec une muqueuse ou une plaie ouverte (coupure, égratignure ou écorchure). Au Québec, les campagnes de vaccination des chiens et des chats et l'adoption de règlements visant à éliminer les animaux errants ont considérablement diminué la fréquence de la rage chez les animaux de compagnie. La maladie est surtout présente chez les animaux sauvages (mouffettes, ratons laveurs, renards et chauves-souris). Dans certaines régions, l'incidence de la rage a augmenté, notamment chez les ratons laveurs.

L'agent étiologique est un rhabdovirus présent dans la salive et le système nerveux central des animaux enragés. Chez l'être humain, le virus se propage de la plaie aux cellules des muscles environnants. Gagnant les nerfs périphériques, il s'étend au système nerveux central et provoque l'encéphalite virale rabique.

Traitement de l'animal mordeur.   L'animal doit être capturé, si possible, et mis en observation par un vétérinaire ou une équipe spécialisée dans le traitement des animaux. Si l'animal demeure en santé pendant une dizaine de jours, on peut en conclure que sa morsure n'était pas infectieuse. On évite ainsi à la personne mordue de recevoir inutilement une vaccination antirabique.

Les premiers signes de la rage chez l'animal sont une modification du comportement, de la fièvre, une perte de l'appétit et, dans le cas du chien, un changement dans le ton de l'aboiement. Si l'animal devient malade, on avertit les services de santé.

Traitement prophylactique

Traitement local de la blessure.   Le risque est le plus élevé quand l'animal a mordu une région richement innervée comme le visage, le cou ou la main. La plaie doit faire immédiatement l'objet d'un lavage complet et prolongé à l'eau et au savon, ce qui permettra d'éliminer la salive, de diluer le virus et de détruire son pouvoir infectieux par l'effet virocide du savon. Puis on amène le patient sans tarder au service d'urgence, où la plaie sera de nouveau rincée et nettoyée. Pour lutter contre les autres infections que l'animal peut avoir inoculées au patient, on entreprend des traitements prophylactiques antitétaniques et antimicrobiens.

Prophylaxie après l'exposition.   Après l'exposition, on peut mettre en œuvre des mesures prophylactiques visant à empêcher le développement de la rage. La décision d'appliquer un traitement prophylactique dépendra des circonstances ayant entouré l'exposition, du fait que l'animal a été capturé ou non, des vaccinations antérieures de l'animal et de la présence de la rage dans la région.

Quand le traitement prophylactique est jugé nécessaire, on recommande de combiner les immunisations passive et active. On emploie simultanément deux produits immunisants: 1) les immunoglobulines, qui assurent rapidement la protection; 2) le vaccin, qui permet l'établissement, plus lent, de l'immunité active. Les immunoglobulines antirabiques humaines (IGR) sont préparées à partir du sérum de donneurs immunisés et n'offrent pas les dangers des sérums d'origine animale. On les administre dans les plus brefs délais. On infiltre une partie de la dose autour de la plaie, et on injecte l'autre par voie intramusculaire. En même temps que l'on administre cette dose unique d'IGR, on fait une injection intramusculaire (avec une deuxième seringue et à un point différent) du vaccin cultivé sur cellules diploïdes humaines (VCDH); quatre autres doses du vaccin seront administrées 3, 7, 14 et 28 jours après la première vaccination.

Le VCDH semble conférer l'immunité plus rapidement que les vaccins antirabiques antérieurs et causer beaucoup moins d'effets indésirables. Une fois les inoculations terminées, on vérifie que l'immunité active est établie en prélevant un échantillon de sang pour la détermination du taux des anticorps antirabiques. Les examens sérologiques sont planifiés par l'unité de santé publique.

Évolution de la rage chez les êtres humains

Examens diagnostiques. Le diagnostic de la rage se fonde sur la constatation d'une exposition (le patient a été mordu ou exposé à la salive d'un animal), l'apparition de symptômes caractéristiques et la mise en évidence d'anticorps antirabiques dans le sang.

Évolution clinique. La période d'incubation varie beaucoup chez les êtres humains, selon le lieu et la gravité de la morsure et la longueur du trajet nerveux que doit parcourir le virus avant d'atteindre le cerveau. L'incubation peut être de 10 jours ou de quelques semaines quand la morsure est au visage, et de 60 à 90 jours, ou même d'un an, quand elle se situe ailleurs.

La rage présente plusieurs étapes cliniques chez l'être humain. Au cours du prodrome, le pourtour du point d'infection est le siège de sensations anormales. Le patient ressent une anxiété générale, il est déprimé et irritable. Il peut présenter des céphalées, des nausées, une angine ou une perte d'appétit, ou encore manifester une hypersensibilité aux sons, à la lumière et aux changements de température.

L'étape suivante est celle de l'agitation : des épisodes d'excitation irrationnelle succèdent à des périodes de calme. On observe des convulsions. Le fait de chercher à avaler, ou même de regarder un liquide, provoque des spasmes si intenses des muscles de la déglutition et de la respiration que le patient se tord et suffoque, ce qui entraîne une apnée. En général, la mort survient pendant cette étape par insuffisance cardiaque ou respiratoire.

Si le patient survit, les spasmes musculaires et l'agitation disparaissent. L'étape suivante est celle d'une paralysie ascendante progressive qui se termine par le coma et la mort.

Traitement

Le traitement est un traitement de soutien, car il n'y a pas de remède spécifique à la rage. Le patient est aux soins intensifs, dans une pièce silencieuse et peu éclairée, et il est sous monitorage cardiaque et respiratoire constant. L'issue est presque toujours fatale.

- Il ne faut pas oublier que le virus de la rage est présent dans la salive du patient infecté, et représente un danger réel pour les membres du personnel soignant. Ceux-ci doivent se garder d'être mordus par le patient et appliquer les précautions universelles pour que la salive ne contamine pas les brèches de la peau. Si une contamination se produit, la personne doit recevoir le traitement prophylactique recommandé après une exposition.

RICKETTSIOSE : FIÈVRE POURPRÉE DES MONTAGNES ROCHEUSES

La fièvre pourprée des montagnes Rocheuses est un typhus transmis par des tiques, qui se caractérise par une fièvre persistante. La transmission se fait quand la tique infectée pique, quand elle est écrasée sur la peau, ou quand ses sécrétions contaminent la conjonctive. Le germe pathogène s'appelle *Rickettsia rickettsii*. Les vecteurs qui infectent le plus souvent l'être humain sont *Dermacentor andersoni* (tique des bois) et *Dermacentor variabilis* (tique du chien). L'incidence de la maladie augmente en avril et atteint un sommet en mai et en juin.

Physiopathologie et manifestations cliniques

Les microorganismes *R. rickettsii* qui infectent l'être humain envahissent à la fois les cellules endothéliales et les cellules musculaires lisses des vaisseaux sanguins, causant une vascularite généralisée. Les lésions cellulaires peuvent altérer la perméabilité capillaire, et provoquer une thrombose et une hémorragie. Comme la vascularite peut atteindre la quasi-totalité des organes, elle explique les diverses manifestations de la maladie, qu'il s'agisse des lésions cutanées ou des perturbations viscérales.

Les premiers symptômes, qui se manifestent quelques jours après la morsure d'une tique infectée, comprennent une céphalée intense, un malaise, de l'anorexie, une photophobie, une fébricule et des douleurs aux muscles et aux articulations. Quelques jours plus tard, la fièvre, l'exanthème et l'œdème sont marqués. L'exanthème, qui est la manifestation la plus spécifique de l'infection, est d'abord constituée de macules roses (les macules sont de petites taches planes), de taille variée, qui apparaissent aux poignets, aux chevilles, à la plante des pieds et à la paume des mains, et s'étendent peu à peu au corps tout entier. Puis l'exanthème devient papulaire (les lésions sont fermes et circonscrites) ; les taches sont alors rouge sombre et légèrement noirâtres. Après quelques jours, les lésions deviennent pétéchiales ou purpuriques (figure 53-6). Chez certains patients, pourtant, l'exanthème n'apparaît jamais, ou n'est visible qu'aux dernières étapes de la maladie. De grandes zones hémorragiques peuvent se former sous la peau. Dans les cas d'infection grave, une endartérite (obstruction artériolaire d'origine inflammatoire) peut causer la nécrose de certaines zones cutanées, notamment les zones situées à la périphérie du système vasculaire : lobes des oreilles, doigts, orteils, scrotum. Il peut y avoir thrombopénie marquée à cause de l'inflammation des vaisseaux qui irriguent la moelle osseuse. Enfin, cette vascularite et l'écoulement sérique qui en résulte entraînent un œdème généralisé.

La maladie a des symptômes angoissants : agitation, insomnie et hyperesthésies. Les manifestations neurologiques, imputables aux effets de la vascularite sur les tissus cérébraux, sont l'altération de l'état mental (confusion, délire), la céphalée et la raideur du cou ; la rate augmente de volume et devient sensible. Les symptômes gastro-intestinaux comprennent une sensibilité abdominale, de la douleur et une rigidité musculaire. Le patient peut présenter une pneumonie. La confusion mentale, la surdité et les perturbations visuelles sont fréquentes et peuvent persister pendant des semaines.

Examens diagnostiques

Il est important de poser le diagnostic *dès le début de la maladie*. Il se fonde presque toujours sur la probabilité de la maladie pendant la saison des tiques et sur les données cliniques, et il est confirmé par des tests sérologiques ou autres.

Traitement

Les tétracyclines et le chloramphénicol ont un effet rickettsiostatique spécifique à condition qu'on les administre *au premier stade* de la maladie. La fièvre pourprée des montagnes

Rocheuses peut connaître une évolution rapide et fulminante, mais la plupart des patients se rétablissent si le traitement est assez rapide.

Comme la maladie est une vascularite infectieuse, le patient peut présenter des perturbations physiologiques marquées: collapsus cardiovasculaire, hypotension, oligurie, hypoprotéinémie, œdème. Il faut mesurer la pression veineuse centrale pour mieux déterminer la quantité des liquides et d'électrolytes à remplacer. Le patient reçoit parfois des transfusions de globules rouges concentrés et de plaquettes, et les troubles de coagulation graves sont traités à l'héparine.

Interventions infirmières

Les soins infirmiers de soutien visent à réduire la fièvre, l'agitation et la douleur, et à favoriser le bien-être (voir à ce sujet le plan de soins infirmiers 53-1). Il faut faire très attention à la position du patient, car la vascularite peut provoquer un œdème marqué et une nécrose. À intervalles réguliers, il faut mesurer la circonférence de l'abdomen, des bras et des jambes pour connaître l'ampleur de l'œdème. On note les ingesta et excreta et on évalue ces données pour déceler l'oligurie, car la mauvaise irrigation des tissus causée par l'atteinte vasculaire peut entraîner une insuffisance rénale.

Prévention et enseignement au patient. La fièvre pourprée des montagnes Rocheuses est la rickettsiose la plus souvent signalée aux États-Unis, la plupart des cas se manifestant dans les états du sud-est en bordure de l'Atlantique et, à l'ouest, dans les états du centre-sud. La maladie a pratiquement disparu de son lieu d'origine, les montagnes Rocheuses.

Les Américains étant de plus en plus nombreux à faire de la randonnée et du camping, l'exposition à la maladie est destinée à croître. Le port de vêtements protecteurs et l'inspection du corps afin de retirer les tiques sont des mesures de prévention importantes. Deux ou trois fois par jour, les personnes qui vivent ou qui séjournent dans les régions infestées de tiques doivent s'examiner le cuir chevelu, la peau

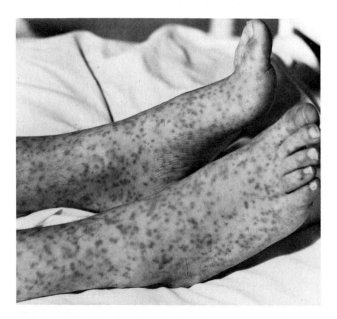

Figure 53-6. Exanthème de la fièvre pourprée des montagnes Rocheuses.
(Source: Armed Forces Institute of Pathology, négatif N-67987-3)

et les vêtements; c'est une mesure efficace, car il faut habituellement que la tique se gorge de sang pendant plusieurs heures pour inoculer la maladie. Il est recommandé d'appliquer des agents répulsifs pour les tiques sur la peau dénudée et les vêtements, notamment sur les chaussettes, les revers de pantalon et les ouvertures (col, ouverture du pantalon, boutonnières).

Pour enlever la tique, on la saisit le plus près possible du point de fixation avec de petites pinces à épiler et on l'extrait par un mouvement lent et continu. À défaut de pinces à épiler, on peut utiliser les doigts protégés par un mouchoir de papier. On peut également toucher la tique avec une goutte d'essence ou la couvrir d'un onguent épais qui diminuera sa prise sur la peau. Il faut se garder de l'écraser, car des sécrétions infectées pourraient alors contaminer la peau brisée. Après avoir enlevé une tique, on désinfecte immédiatement la morsure et on se lave les mains.

Il faut aussi examiner régulièrement les animaux familiers et enlever les tiques.

PROTOZOOSES

PALUDISME (MALARIA)

Le paludisme, ou malaria, est une maladie infectieuse aiguë causée par des protozoaires qui sont transmis par la piqûre d'un hôte intermédiaire, le moustique anophèle femelle. La maladie peut également se propager par transfusion sanguine ou par le partage d'une aiguille ou d'une seringue par plusieurs toxicomanes.

Incidence. On estime à 300 millions le nombre de personnes atteintes chaque année par le paludisme. C'est la plus invalidante et la plus coûteuse de toutes les maladies parasitaires. À cause des voyages à l'étranger et de l'afflux d'immigrants venus de l'Asie et du Moyen-Orient, on note actuellement une résurgence du paludisme dans les pays non tropicaux. En outre, plus de 20 espèces d'anophèles sont maintenant résistantes aux insecticides classiques. Au Québec toutefois, on ne comptait que 40 cas de cette maladie en 1992.

Types de paludisme. Les parasites paludéens, connus sous le nom générique de *Plasmodium*, se répartissent en quatre espèces dont chacune provoque un type de paludisme différent: ce sont *Plasmodium falciparum* (le plus meurtrier), *Plasmodium vivax*, *Plasmodium malariæ* et *Plasmodium ovale*. Chaque parasite vit dans un globule rouge et s'y nourrit d'hémoglobine. Lorsqu'il atteint la maturité, il se segmente en 10 ou 20 parasites plus petits, les mérozoïtes, qui font éclater la cellule: c'est cet éclatement qui cause les frissons. La plupart des mérozoïtes meurent, mais certains se fixent dans d'autres globules rouges et le cycle recommence.

Manifestations cliniques. La plupart des patients font une crise paroxystique caractérisée par des frissons, de la fièvre et de la transpiration. Ils souffrent de nausées, de fatigue, d'étourdissements, de céphalées et de myalgies aiguës. Les accès de frissons et de fièvre durent une douzaine d'heures, puis ils peuvent se répéter le lendemain, le surlendemain, ou à intervalles de trois jours.

C'est *P. falciparum* qui entraîne le plus souvent des complications. Mais tous les types de paludisme peuvent entraîner un coma et la mort (paludisme pernicieux). La précipitation de l'hémoglobine libérée dans les tubules rénaux peut causer une insuffisance rénale. L'appareil digestif peut être gravement atteint. Le patient peut aussi présenter des symptômes cérébraux (causés par l'accumulation des parasites dans les vaisseaux sanguins cérébraux).

Examens diagnostiques. Il faut demander au patient s'il a séjourné à l'étranger, car la plupart des cas de paludisme signalés en Amérique du Nord se retrouvent chez des voyageurs. Un voyage ou le fait d'habiter dans une zone impaludée est un indice diagnostique important. Le diagnostic est confirmé par la mise en évidence du protozoaire dans les frottis sanguins colorés. Il peut être nécessaire d'examiner plusieurs frottis sanguins, étant donné le degré variable de la parasitémie.

Traitement

Le traitement vise à détruire dans le sang les mérozoïtes et les schizontes de *Plasmodium* qui provoquent les manifestations cliniques et les effets pathologiques caractérisant la maladie.

L'administration d'un médicament antipaludéen se fait en fonction du type de paludisme. Un frottis sanguin permet d'identifier l'espèce en cause.

Pour les infections causées par *P. vivax, P. ovale* et *P. malariæ*, on prescrit d'abord de la chloroquine, puis une cure à la primaquine visant à éliminer la forme hépatique du parasite. Dans les régions où l'on sait que le germe résiste à la chloroquine, ou quand la maladie est causée par une souche de *P. falciparum*, on administre de la quinine et de la pyriméthamine / sulfadoxine (Fansidar).

La complication la plus redoutée est le paludisme cérébral, qui frappe environ 2 % des patients atteints de paludisme aigu à *P. falciparum*. Il entraîne des altérations de l'état de conscience et du comportement, des convulsions et un œdème cérébral. Le patient gravement atteint d'une infection à *P. falciparum* est considéré comme un cas d'urgence médicale; il est dans un état critique et doit être hospitalisé, car sa vie est en danger. La quinine est administrée par perfusion intraveineuse intermittente. Étant donné que la perfusion de quinine peut causer une intoxication neurologique, il faut surveiller le patient pour déceler les crispations musculaires, le délire, la confusion, les convulsions et le coma. On administre de l'oxygène pour combattre l'anoxie tissulaire. Le patient présente parfois de l'ictère à cause de la densité des parasites dans le sang et des anomalies de la fonction hépatique. Le degré d'anémie dépend de la gravité de l'infection. Des saignements anormaux (saignements de nez, suintement sanguin aux points de ponction veineuse, passage de sang dans les selles) peuvent se produire à cause de la diminution de la production des facteurs de coagulation par le foie altéré ou à cause de la coagulation intravasculaire disséminée.

Les précautions universelles sont de mise, et il faut appliquer les mesures d'isolement propres à la maladie telles que définies par l'établissement de soins.

Prévention et enseignement au patient. Pour venir à bout du paludisme, il faut l'enrayer dans les zones où il est endémique et cet objectif a été atteint dans plusieurs régions du monde. Pour échapper personnellement à l'infection, il faut éviter les anophèles. Pour ce faire, on se tient dans des lieux protégés par des grillages protecteurs, on emploie des moustiquaires, on choisit des vêtements qui couvrent la plus grande partie du corps et on applique à la peau dénudée un produit répulsif. Il est particulièrement recommandé aux voyageurs de veiller à ne pas avoir de contact avec les moustiques entre le crépuscule et l'aube, car la transmission de la maladie a lieu le plus souvent à ces heures, l'anophèle se nourrissant la nuit.

Si l'on prévoit séjourner dans un pays où la maladie est endémique, il est conseillé de se procurer le médicament prophylactique recommandé par les autorités médicales (en règle générale la chloroquine). On commence à prendre le médicament avant le séjour dans la zone impaludée, et on finit de le prendre quelque temps après le retour. Si l'on doit se rendre dans une zone où il y a des souches résistantes à la chloroquine, il convient de consulter le centre des maladies transmissibles.

Quelle que soit la prophylaxie instaurée, le voyageur doit être conscient du fait qu'il risque quand même de contracter la maladie. S'il souffre de fièvre, de frissons et de céphalées, il ne doit surtout pas attribuer ces symptômes à la grippe mais consulter *immédiatement* un médecin. Au retour d'un pays où prévaut le paludisme, il faut attendre trois ans avant de donner du sang.

GIARDIASE

La giardiase, ou lambliase, est une maladie parasitaire de l'intestin grêle causée par la présence d'un protozoaire flagellé, *Giardia lamblia*. Le parasite, transmis par l'eau contaminée, prend deux formes: kystes et trophozoïtes. La transmission se fait par l'ingestion de kystes excrétés dans les matières fécales des hôtes animaux et humains. Un mauvais traitement des eaux, la contamination des eaux par les animaux et le contact avec une personne infectée peuvent causer l'infection chez l'être humain.

La lambliase est la cause de la diarrhée du voyageur dans de nombreux pays, riches ou pauvres. Elle est généralement associée à une insuffisance des systèmes d'assainissement de l'eau potable. Aux États-Unis, on a observé des épidémies dans des régions montagneuses (Rocheuses, Appalaches, région du littoral nord-ouest). Quand l'eau potable des cours d'eau montagneux n'est pas filtrée, le germe pathogène peut infecter la population locale et les personnes qui font du camping ou de la randonnée. La propagation d'une personne à l'autre, qui survient lorsque les kystes présents dans les selles sont transmis à la bouche par les mains, provoque des épidémies dans les garderies, les centres d'hébergement et d'autres établissements. De même, la maladie est fréquente chez les personnes qui ont des contacts sexuels buccoanaux.

Manifestations cliniques. En cas d'infection bénigne, certains patients éprouvent une sensation de ballonnement ou de douleur à l'abdomen, mais n'ont pas de diarrhée. D'autres souffrent d'une diarrhée persistante avec selles molles, aqueuses et nauséabondes, de crampes abdominales et d'une perte pondérale. Il peut y avoir malabsorption des lipides et des vitamines liposolubles. En général, la maladie dure de deux à six semaines et évolue spontanément vers la guérison; elle peut toutefois revenir de façon intermittente et persister pendant des mois, voire des années.

Le diagnostic est établi par la mise en évidence du protozoaire dans les selles, ou par un entérotest révélant la présence de mérozoïtes dans le liquide duodénal. On peut aussi prélever un échantillon de la muqueuse de l'intestin grêle par biopsie.

Traitement.   Le patient adulte est traité à la quinacrine ou au métronidazole.

Prévention et enseignement au patient.   Les voyageurs et les randonneurs peuvent faire bouillir l'eau ou la traiter au moyen de comprimés à base d'iode que l'on trouve dans le commerce. Dans les régions où la lambliase est endémique, il faut éviter les crudités qui n'ont pas été épluchées. La prévention de la transmission par contact se fait par une bonne hygiène personnelle, par un lavage correct des mains et par l'évacuation sanitaire des matières fécales.

AMIBIASE (DYSENTERIE AMIBIENNE)

L'amibe est un protozoaire plus gros qu'un leucocyte se déplaçant au moyen de pseudopodes (mouvement amiboïde). Seules quelques espèces d'amibes infectent l'être humain; la principale est *Entamoeba histolytica,* qui provoque la dysenterie amibienne ou amibiase. Cette amibe survit à l'extérieur du corps de l'hôte sous forme de kyste résistant.

Présente à l'échelle de la planète, l'amibiase est une maladie qui affecte le gros intestin. On la contracte par l'ingestion des kystes d'*E. histolytica* présents dans la nourriture ou l'eau contaminées par les matières fécales humaines, les mouches, ou les mains des personnes qui manipulent les aliments. L'infection peut également se transmettre par des rapports sexuels (hétérosexuels ou homosexuels) avec contacts buccoanaux ou buccogénitaux.

Dix pour cent de la population mondiale serait infectée par les amibes, et certains pays tropicaux ont un taux d'infection supérieur à 30 %. La maladie se répand actuellement en Amérique du Nord parce que le nombre des porteurs de germes est en hausse; les personnes à risque sont les immigrants venus de pays en voie de développement et les personnes qui y ont séjourné, les personnes qui ont des activités sexuelles buccoanales, et celles qui sont en contact avec des personnes infectées vivant dans des conditions peu salubres.

Physiopathologie.   Les amibes se logent dans la muqueuse intestinale, où elles creusent des ulcérations et se nourrissent principalement de bactéries. Des sacs purulents se forment; ils présentent de petits orifices s'ouvrant dans l'intestin, donnant naissance à de nombreuses fistules qui s'étendent dans toutes les directions, et sur des distances considérables sous la muqueuse. Les abcès formés dans la muqueuse finissent par se détacher, exposant un ulcère sous-jacent qui peut s'élargir pour atteindre un diamètre de 1 ou 2 cm. Les ulcères sont parfois si nombreux qu'ils mangent presque entièrement la muqueuse du gros intestin. Ils ont habituellement pour fond la musculeuse, mais peuvent perforer entièrement la paroi intestinale et causer une péritonite fatale.

Dans l'intestin grêle, les amibes peuvent détruire la muqueuse, envahir le sang et gagner le foie par la veine porte.

Manifestations cliniques et évolution.   La plupart des personnes infectées n'ont pas de symptômes. Les manifestations cliniques sont fonction de la partie atteinte, l'amibiase pouvant se présenter comme une maladie intestinale ou extra-intestinale. Quand le microorganisme a envahi l'intestin, le principal symptôme est la diarrhée accompagnée de douleur et de crampes intestinales. La diarrhée peut être

relativement bénigne (selles molles), ou prendre la forme d'une dysenterie aiguë avec émission abondante de sang, d'exsudat et de mucus. Quand la maladie est chronique, le patient présente souvent une perte pondérale et de l'anémie. L'amibiase peut simuler le côlon irritable, et se manifester sous forme d'appendicite, de masse abdominale ou d'occlusion partielle de l'intestin.

La maladie a deux caractéristiques importantes: sa chronicité (alternance d'épisodes de dysenterie aiguë et de périodes de constipation pouvant durer plusieurs mois) et sa tendance à causer des abcès du foie, (si les amibes ont pu rejoindre le foie par la veine porte). Les complications sont, notamment, la péritonite, la formation d'abcès, l'hémorragie et la maladie extra-intestinale.

Examens diagnostiques

Le diagnostic se fonde sur la mise en évidence de trophozoïtes ou de kystes dans un prélèvement dont l'origine peut varier: selles fraîchement évacuées ou non, rectosigmoïdoscopie, contenu d'un abcès, biopsie du rectum. Les épreuves sérologiques (test d'hémagglutination indirecte, réaction d'immunofluorescence indirecte) permettent également d'établir le diagnostic.

Traitement

Le traitement vise à éliminer le microorganisme pathogène, à soulager les symptômes, à empêcher les amibes d'atteindre d'autres tissus et à compenser les pertes hydroélectrolytiques.

On ne sait pas quel est le meilleur traitement, et bon nombre de patients ont besoin de cures répétées. Deux médicaments sont généralement administrés, l'un visant à éliminer les trophozoïtes de l'intestin, l'autre à supprimer les kystes. On associe souvent métronidazole (Flagyl) et iodoquinol. Il faut appliquer les précautions universelles.

Pour soutenir l'état général du patient, on prescrit au besoin des solutés intraveineux destinés à rétablir l'équilibre hydroélectrolytique perturbé par une importante diarrhée. Si la diarrhée est aiguë, le patient garde le lit et se nourrit d'aliments non irritants à faible teneur en résidus. Les selles doivent être examinées périodiquement, car les rechutes sont fréquentes.

Lutte contre la propagation et enseignement au patient

La transmission d'*E. histolytica* se fait principalement par l'ingestion d'eau ou d'aliments contaminés. Les mesures visant à empêcher la propagation comprennent l'évacuation sanitaire des matières fécales humaines, la protection des systèmes publics d'approvisionnement en eau, la production d'aliments non contaminés et un programme d'enseignement sanitaire où l'on insiste notamment sur un lavage méticuleux des mains après la défécation et avant la préparation ou la consommation d'un repas. Dans les régions où la prévalence est élevée, les fruits et légumes frais que l'on ne peut éplucher peuvent transmettre l'infection. Il faut examiner les contacts du patient chez qui on vient de découvrir la maladie, en particulier ses partenaires sexuels. Il faut également recommander aux patients de ne pas avoir d'activités sexuelles buccoanales et buccogénitales pendant le traitement.

ABCÈS AMIBIEN DU FOIE

L'abcès amibien du foie est la complication extra-intestinale la plus fréquente de l'amibiase. Les amibes envahissent le tissu hépatique et y forment des abcès qui, par leur croissance, endommagent progressivement le foie.

Chez la plupart des patients, c'est le lobe droit qui est atteint. L'abcès peut être unique ou multiple. Le patient se plaint de douleur dans la partie supérieure droite de l'abdomen (due à l'hypertrophie du foie et à la dilatation de sa capsule); de douleur dans la région supérieure droite du thorax (causée par l'hypertrophie ascendante du foie); de fièvre, d'anorexie et d'une perte pondérale. À l'examen physique, le foie est hypertrophié et sensible, et l'auscultation révèle des anomalies dans le champ pulmonaire droit (causées par l'extension directe ou la rupture d'un abcès hépatique contigu). Si l'abcès se trouve dans le lobe gauche du foie, une masse sensible apparaît à l'épigastre. Il y a également diaphorèse et pâleur. La tomodensitométrie du foie évoque le diagnostic. Elle permet de déterminer le siège des lésions, leurs dimensions et leur nombre, et de suivre la résolution de l'abcès. L'échographie et les techniques immunologiques (surtout les épreuves sérologiques) servent également à établir le diagnostic. Il faut savoir qu'il n'est pas rare que l'abcès apparaisse inopinément chez des patients qui ne présentent que peu ou pas de symptômes d'amibiase.

En règle générale, les anti-amibes agissent rapidement. Le métronidazole (Flagyl) s'avère efficace et on l'associe parfois à d'autres médicaments. Il faut parfois procéder au drainage de l'abcès, que ce soit pour éviter une rupture pouvant entraîner une péritonite, pour freiner la propagation de l'infection après une rupture, ou pour traiter une maladie clinique persistante lorsque la pharmacothérapie s'est révélée inefficace. Le traitement de soutien est le même que pour l'amibiase.

MYCOSES (INFECTIONS FONGIQUES)

Les champignons sont des microorganismes primitifs qui se nourrissent de plantes et d'animaux vivants et de matières organiques en putréfaction. Ils sont capables de survivre sous forme de levure ou de moisissure, et ils alternent dans certains cas entre ces deux formes. La lutte contre les champignons est difficile parce qu'ils sont largement répandus dans la nature: on les trouve dans la terre, dans les matières végétales en décomposition et dans l'excrément des oiseaux. On connaît des milliers d'espèces de champignons, dont une centaine sont considérées comme des microorganismes pathogènes pour l'être humain. Les mycoses (infections par les champignons, ou infections fongiques) sont groupées en trois catégories, selon la profondeur des tissus atteints:

1. les mycoses profondes ou viscérales, qui touchent principalement les organes internes, et en premier lieu les poumons;
2. les mycoses sous-cutanées, qui touchent la peau, les tissus sous-cutanés et parfois les os;
3. les mycoses cutanées ou superficielles, qui touchent la couche extérieure de la peau (l'épiderme), les cheveux et les ongles.

Les mycoses profondes sont généralement contractées par inhalation accidentelle de spores apportés par le vent. Elles sont parfois contractées par une blessure souillée par de la terre ou des matières végétales contaminées, ou par l'emprise pathologique d'un organisme commensal normal lorsque la résistance de l'hôte est affaiblie. Les champignons sont disséminés à travers l'organisme par voie hématogène ou (mais plus rarement) par le système lymphatique. Ces infections ne sont pas transmises d'une personne à l'autre.

Personnes à risque. Les mycoses profondes sont actuellement plus fréquentes parce qu'elles trouvent un terrain favorable chez les patients dont les défenses immunitaires sont atteintes (les sidéens par exemple) ou qui prennent des immunosuppresseurs (corticostéroïdes, sérum antilymphocytaire, chimiothérapie anticancéreuse). Ces patients, et ceux dont les défenses sont diminuées par l'affaiblissement ou une grave maladie, sont la proie de champignons envahissants auxquels ils seraient normalement capables de résister.

Outre les déficits du système immunitaire, d'autres facteurs favorisent les infections fongiques envahissantes. Les grands brûlés, les personnes présentant une tumeur maligne avancée, celles qui souffrent d'insuffisance rénale ou de diabète, celles qui ont subi une opération à cœur ouvert ou une greffe d'un rein ou d'un autre organe, et celles qui reçoivent pendant longtemps une alimentation par voie intraveineuse sont particulièrement exposés.

HISTOPLASMOSE

L'histoplasmose est une mycose profonde chronique causée par une moisissure sporogène, *Histoplasma capsulatum*. La maladie, hautement infectieuse, est transmise par les poussières aérogènes contenant les spores du germe. Les fientes partiellement décomposées des oiseaux (notamment des pigeons et des poules) et des chauves-souris offrent un milieu favorable à la croissance du champignon.

Manifestations cliniques. Parfois le patient ne présente aucun symptôme, ou ne présente que les symptômes d'une maladie respiratoire bénigne: fièvre, malaise, céphalée, myalgies et anorexie. Une infection plus grave se traduit par des signes et symptômes évoquant la tuberculose pulmonaire: fièvre, toux, dyspnée, anorexie, perte pondérale et faiblesse. Comme les mycoses imitent d'autres maladies, le patient peut présenter les symptômes d'un lymphome malin, notamment de l'anémie, une thrombopénie, une splénomégalie et une hépatomégalie.

Traitement. Dans la plupart des cas, aucun traitement n'est requis, car la maladie est généralement bénigne et cède spontanément. Un suivi clinique et radiologique permet de connaître son évolution. L'amphotéricine B, administrée par la voie intraveineuse, est le remède classique employé pour combattre l'histoplasmose dans sa forme disséminée et sa forme pulmonaire aiguë, à cause de son action polyvalente contre les mycoses. Elle est toutefois réservée aux infections graves, car sa toxicité est considérable. Les réactions toxiques graves sont, notamment, les nausées, les vomissements, les frissons, la fièvre, la diarrhée, l'hypokaliémie et la phlébite.

Un antifongique administré par la voie orale, le kétoconazole, est efficace contre les germes qui provoquent les mycoses profondes. À cause de la toxicité hépatique associée à ce médicament, il faut garder le patient sous surveillance.

Enseignement sanitaire. Il ne faut pas remuer la poussière avec un râteau ou un balai sous les endroits où se perchent les oiseaux, et réduire au minimum l'exposition à la poussière dans les lieux fermés comme les poulaillers, notamment en les vaporisant à l'eau.

HELMINTHIASES

L'infestation par les helminthes (c'est-à-dire les vers) est l'une des infections les plus répandues chez l'être humain. Les helminthiases sont présentes dans toutes les régions du monde, et perturbent profondément l'état nutritionnel des êtres humains et des animaux ainsi que la croissance physique et mentale des enfants. Trois grandes catégories de vers sont parasites de l'intestin humain: les nématodes (vers ronds), les cestodes (ténias) et les trématodes (douves et bilharzies).

TRICHINOSE

La trichinose est l'infestation par un ver rond, le parasite *Trichinella spiralis* (la trichine). On la contracte en mangeant de la viande infectée, en général de la viande de porc.

Manifestations cliniques et évolution. L'homme s'infeste en consommant de la viande de porc ou de la charcuterie insuffisamment cuite ou traitée, et, rarement, par de la viande d'ours ou de quelques mammifères marins contenant des trichines. De minuscules embryons de *T. spiralis* s'enkystent dans les fibres musculaires du porc infecté. La viande est parsemée de kystes calcifiés, à peine visibles à l'œil nu, qui ont l'air de grains de sable. Quand la viande est mal cuite et qu'on l'ingère, les sucs gastriques libèrent les larves qui se développent dans l'intestin, au cours de la semaine qui suit, pour devenir des vers adultes longs de 3 à 4 mm. Les vers se fraient un chemin dans la muqueuse et y produisent une myriade de larves. Le stade intestinal de la maladie, qui commence environ 24 heures après l'ingestion des larves, se traduit par des troubles gastro-intestinaux: nausées, vomissements, diarrhée et douleur abdominale.

Les larves, transportées par la circulation sanguine ou par leurs propres mouvements, migrent vers toutes les parties du corps. L'inflammation des muscles envahis provoque divers symptômes, tels qu'un œdème des paupières, des hémorragies de la sclérotique, une douleur associée au mouvement des yeux, ainsi qu'une douleur musculaire généralisée. Une forte fièvre surgit. L'éosinophilie périphérique est constante. Des arythmies cardiaques, causées par la présence de trichines dans le muscle cardiaque, peuvent se manifester; elles sont parfois fatales. On observe dans certains cas de la difficulté à respirer, à mastiquer, à avaler et à parler.

Examens diagnostiques. Un échantillon prélevé par biopsie dans un muscle douloureux (muscle deltoïde, biceps, jumeaux) permet de mettre en évidence des larves ou des kystes. Les épreuves sérologiques peuvent être positives, des titres significatifs apparaissant trois à quatre semaines après l'infection. En général, le taux des éosinophiles commence à s'élever dans la deuxième semaine.

Traitement. Le traitement de la trichinose est symptomatique; le mébendazole (Vermox) est employé au stade intestinal comme au stade musculaire de l'infection. On recommande le repos, et on administre des analgésiques pour soulager la douleur musculaire. Si le patient est dans un état critique, on peut prescrire des corticostéroïdes lors des poussées évolutives.

Il faut procéder à des électrocardiographies afin de déceler tout signe de myocardite.

Prévention et enseignement au patient. Il faut faire connaître au public la nécessité de bien cuire la viande de porc et tous les produits où elle est présente (notamment la saucisse). La viande ne doit présenter aucune teinte rosée. La cuisson de la viande de porc au four micro-ondes ne détruit pas les larves. Le fumage, le marinage, la salaison et l'assaisonnement n'éliminent pas le danger si la viande n'est pas cuite. En outre, la viande de bœuf peut être contaminée si elle est passée dans un hachoir qu'on a utilisé pour la viande de porc.

ANKYLOSTOMIASE

L'ankylostomiase apparaît lorsque l'intestin grêle est infesté par *Necator americanus* (espèce dominante aux États-Unis) ou *Ankylostoma duodenale,* des vers ronds longs d'environ 1,2 cm. L'infection est généralement contractée quand on marche pieds nus; les larves infectieuses pénètrent dans le corps en traversant la peau.

Incidence. Quelque 700 à 900 millions de personnes sont infectées par les ankylostomes. On les trouve surtout dans les régions tropicales et subtropicales, notamment en Asie, dans le bassin méditerranéen, en Amérique du Sud et en Afrique, et dans la plus grande partie de l'hémisphère occidental. Aux États-Unis, l'infection est plus répandue dans les états du sud-est.

Pathologie et évolution clinique. Les œufs sont émis dans les selles de l'être humain et éclosent au sol où ils libèrent une larve. Vivant dans la terre, le sable et l'argile, les larves infestent facilement l'hôte humain: elles entrent dans la bouche par les mains, ou percent la peau des pieds nus, provoquant des démangeaisons et une sensation de brûlure suivies d'une éruption vésiculaire (c'est ce qu'on appelle la «gourme des mineurs»). Les larves atteignent les poumons par les vaisseaux sanguins ou lymphatiques, où elles passent des capillaires aux sacs alvéolaires. Remontant le long des bronches et de la trachée, elles franchissent l'épiglotte, descendent l'œsophage et atteignent les intestins. Elles se fixent à la muqueuse intestinale et sucent le sang de leur hôte, ce qui, avec les hémorragies causées aux points de fixation, provoque une anémie ferriprive. L'anémie du patient qui souffre d'une infection grave et d'une carence en fer dans son alimentation peut être profonde et se manifester par de la lassitude, une dyspnée, de l'anorexie et un œdème pédieux. L'anémie grave peut causer des symptômes cardiaques. La maturation des vers dans l'intestin peut entraîner de la diarrhée et d'autres symptômes gastro-intestinaux. Une toux sèche et une dyspnée surviennent quand les larves brisent les capillaires et essaiment dans l'arbre bronchique.

Traitement. Le mébendazole et le pamoate de pyrantel (Combantrin) sont des agents efficaces contre l'ankylostomiase. On prescrit au patient un régime alimentaire bien équilibré, car l'infestation se produit chez les personnes souffrant de malnutrition. Pour corriger l'anémie, on donne au patient des suppléments de protéines et de fer.

Prévention. L'évacuation sanitaire des matières fécales humaines, le lavage correct des mains, et le port de chaussures constituent des mesures de prévention essentielles. Il faut éviter de fertiliser les champs avec des excréments humains ou par l'épandage d'eaux usées.

ASCARIDIASE

L'ascaridiase est l'infestation par *Ascaris lumbricoides,* parasite intestinal de l'ordre des nématodes (vers ronds). Ce ver est celui qui colonise le plus souvent l'intestin humain : on estime à un milliard le nombre de personnes infestées à travers le monde. Aux États-Unis, c'est dans les états du sud-est qu'on le trouve le plus souvent.

La maladie se manifeste habituellement dans les zones surpeuplées où les conditions d'hygiène laissent à désirer. L'être humain s'infeste en ingérant des légumes crus ou de l'eau contenant les œufs du parasite. Les légumes sont contaminés par l'emploi comme engrais de matières fécales provenant de personnes infectées, et l'eau est contaminée par la pollution.

Cycle évolutif et aspects cliniques. Les œufs ingérés passent dans l'intestin, où éclosent les larves. Celles-ci entrent dans le sang, passent à travers les poumons par la circulation pulmonaire, et reviennent au tube digestif où elles parviennent à maturité et s'accouplent. Des quantités importantes de vers peuvent migrer vers différents organes, obstruant la trachée, les bronches, les canaux biliaires, l'appendice ou les canaux pancréatiques. La présence envahissante des larves dans les poumons peut provoquer de la fièvre, des frissons, de la dyspnée, de la toux et une pneumonie. Les vers adultes peuvent s'engager dans l'ampoule de Vater et gagner les canaux pancréatiques ou biliaires, suscitant une douleur atroce. Le diagnostic de l'ascaridiase repose sur la mise en évidence des œufs ou des vers dans les selles.

Traitement. Le médicament de choix est le mébendazole (Vermox), administré deux fois par jour pendant trois jours. La pipérazine (Entacyl) et le pamoate de pyrantel (Combantrin) sont également des remèdes efficaces. Il faut appliquer les précautions universelles.

Prévention. Les mesures de prévention sont la mise en place d'installations sanitaires adéquates et l'enseignement sur l'importance de l'hygiène personnelle. Toute personne infestée doit être traitée.

RÉSUMÉ

Un grand nombre d'infections (qu'il s'agisse de la maladie principale ou d'une affection secondaire à d'autres entités morbides) sont des maladies virulentes qui peuvent être mortelles. Pour que le traitement soit efficace, il faut briser la chaîne qui permet la propagation de l'infection.

Les précautions universelles, élaborées il y a quelques années, représentent un changement dans les principes qui sous-tendent le traitement. Désormais, au lieu d'attendre que le diagnostic de l'infection soit établi au moyen de cultures, on traite tous les liquides biologiques comme s'ils étaient infectieux. L'apparition de nouvelles maladies infectieuses pour lesquelles on ne connaît pas de remède est à l'origine de cette nouvelle orientation.

Les chercheurs continuent de faire progresser la pharmacologie. On ne cesse de mettre au point de nouveaux médicaments, car des souches résistantes ne cessent d'apparaître. La clientèle des centres hospitaliers vieillit, et de nombreux patients sont atteints de maladies multiorganiques. Ces groupes sont particulièrement vulnérables parce qu'ils sont faibles et exposés aux germes pathogènes.

La lutte contre les maladies infectieuses représente pour l'infirmière une tâche de plus en plus exigeante et stimulante. Pour être à la hauteur de cette tâche, elle doit maîtriser à fond les méthodes de collecte de données, de planification, d'intervention et d'évaluation.

Bibliographie

Ouvrages

Cundy KR. Infection Control: Dilemmas and Practical Solutions. New York, Plenum Press, 1990.

DeVita VT, Hellman S, and Rosenberg SA (eds). AIDS: Etiology, Diagnosis, Treatment, and Prevention, 2nd ed. Philadelphia, JB Lippincott, 1988.

Dick G. Practical Immunization. Boston, MTP Press Limited, 1986.

Felman YM. Sexually Transmitted Diseases. New York, Churchill Livingstone, 1986.

Heaton WH. Infection Control Policy and Procedure Manual. Baltimore, National Health Publications, 1990.

Hoeprich PD and Jordan MC. Infectious Diseases, 4th ed. Philadelphia, JB Lippincott, 1989.

Mandell GL et al (eds). Principles and Practice of Infectious Diseases, 3rd ed. New York, Churchill Livingstone, 1990.

Pickering LK and DuPont HL. Infectious Diseases of Children and Adults. Menlo Park, CA, Addison-Wesley, 1986.

Valanis B. Epidemiology in Nursing and Health Care. Norwalk, CT, Appleton-Century-Crofts, 1986.

Revues

Lutte contre les infections

Allen U and Ford-Jones EL. Nosocomial infections in the pediatric patient: An update. Am J Infect Control 1990 Jun; 18(3):176–193.

Bence L. Disease-specific isolation: The alternative method. Nurs Manage 1989 Apr; 20(4):16–18.

Cadwallader H. Setting the seal on standards: Infection control. Nurs Times 1989 Sep; 85(37):71–72.

Centers for Disease Control. Update: Universal precautions for prevention of transmission of human immunodeficiency virus, hepatitis B virus, and other bloodborne pathogens in health-care settings. MMWR 1987; 37(24):377–383.

Centers for Disease Control. Recommendations for prevention of HIV transmission in health-care settings. MMWR 1987; 36(Suppl 25):25–185.

Coleman D. The when and how of isolation. RN 1987 Oct; 50(10):50–59.

Crow RA et al. Nursing procedures and their function as policies for effective practice. Int J Nurs Stud 1988; 25(3):217–224.

Ferwerda HE. Getting on top of infection control problems. Am J Nurs 1989 Sep; 89(9):1191.

Ford-Jones EL et al. Satellite infection control committees within the hospital: Decentralizing for action. Infect Control Hosp Epidemiol 1989 Aug; 10(8):368–370.

Jackson MM et al. Why not treat all body substances as infectious. Am J Nurs 1987 Sep; 87(9):1137–1139.

Jenner E. Preaching safe practice . . . to protect staff from blood-borne infections. Nurs Times 1990 Mar 28; 86(13):66–69.

Lynch P et al. Implementing and evaluating a system of generic infection precautions: Body substance isolation. Am J Infect Control 1990 Feb; 18(1):1–12.

MacKellaig JM. A study of the psychological effects of intensive care with particular emphasis on patients in isolation. Intens Care Nurs 1987 Apr; 2(4):176–185.

Martin MT. Wound management and infection control after trauma: Implications for the intensive care setting. Crit Care Nurs Q 1988 Sep; 11(2):43–49.

McFarland A. Infection control: Reducing the risk to medical patients. Prof Nurse 1989 Apr; 4(7):344–348.

Patterson CH. Perceptions and misconceptions regarding the Joint Commission's view of quality monitoring. Am J Infect Control 1989 Oct; 17(5):231–240.

Robertson MM et al. Infection control rounds: A method for evaluating safety. J Nurs Qual Assur 1988 Nov; 3(1):46–56.

Santangelo J et al. Universal precautions still necessary. Calif Nurse 1988 Sep; 84(7):20.

Infections bactériennes

Aly R et al. Restriction of bacterial growth under commercial catheter dressings. Am J Infect Control 1988 Jun; 16(3):95–100.

Barthel JS. Gastritis and peptic ulcer disease: Bacterial agents as a treatable cause. Consultant 1990 Aug; 30(8):61–69.

Brumfitt W and Hamilton-Miller J. Methicillin-resistant *Staphylococcus aureus*. N Engl J Med 1989 May; 320(18):1188–1196.

Currier RW et al. Salmonella enteritidis in eggs (letter). Infect Control Hosp Epidemiol 1989 Aug; 10(8):343–344.

Dupont HL et al. Infectious diarrhea from A to Z. Patient Care 1987 Nov 15; 21(18):98–101.

Hancock BG and Eberhard NK. The pharmacologic management of shock. Crit Care Nurs Q 1988 Jun; 11(1):19–29.

Jong EC. Travel-related infections: Prevention and treatment. Hosp Pract 1989 Nov 15; 24(11):145–148.

Lee BC. Be ready for Lyme disease in your own backyard. RN 1989 Apr; 52(4):26–29.

Littleton MT. Pathophysiology and assessment of sepsis and septic shock. Crit Care Nurs Q 1988 Jun; 11(1):30–47.

Ma M. Brush up on antibacterial agents. Nursing 1989 Jan; 19(1):76–83.

McKenna DF. Lyme disease: A review for primary health care providers. Nurse Pract 1989 Mar; 14(3):18–22.

Neu HC. Antibacterial therapy: Problems and promises. Part 1. Hosp Pract 1990 May; 25(5):63–74.

Neu HC. Antibacterial therapy: Problems and promises. Part 2. Hosp Pract 1990 Jun; 25(6):181–194.

Prendergast V. Bacterial meningitis update. J Neurosci Nurs 1987 Apr; 19(2):95–99.

Raad I et al. Annual tuberculin skin testing of employees at a university hospital: A cost-benefit analysis. Infect Control Hosp Epidemiol 1989 Oct; 10(10):455–459.

Ribner BS et al. Outbreak of multiply resistant *Staphylococcus aureus* in a pediatric intensive care unit after consolidation with a surgical intensive care unit. Am J Infect Control 1989 Oct; 17(5):244–249.

Steinberg DG et al. Dangerous pyrogenic skin infections. Hosp Pract 1989 Oct; 24(10):101–106.

Suppaiah L. Pseudomembranous colitis induced by *Clostridium difficile*. Crit Care Nurse 1988 Jul/Aug; 8(5):65–72.

Thomas JC et al. Transmission and control of methicillin-resistant *Staphylococcus aureus* in a skilled nursing facility. Infect Control Hosp Epidemiol 1989 Mar; 10(3):106–110.

Wahl SC. Septic shock: How to detect it early. Nursing 1989 Jan; 19(1):52–60.

Young LS. Infections in patients with cellular immunodeficiency. Hosp Pract 1989 Aug; 24(8):191–194.

Infections par les protozoaires

Brillman JC. Preparing for the diseases of travel. Emerg Med 1990 May; 22(10):56–72.

Grossman RJ. PCP and other protozoal infections. Patient Care 1989 Oct 30; 23(17):89–97.

Newman MD. Infectious diarrhea: Major pathogens. Part 2. Physician Assist 1988 Feb; 12(2):119–128.

Sheahan SL et al. Management of common parasitic infections encountered in primary care. Nurse Pract 1987 Aug; 12(8):19–25.

Maladies transmissibles sexuellement

Barrick B. Caring for AIDS patients is a challenge you can meet. Nursing 1988; 18(11):50–60.

Benoit JA. Sexually transmitted diseases in pregnancy. Nurs Clin North Am 1988 Nov; 23(4):937–945.

Bromelow L. Special contacts . . . venereal disease . . . VD clinic nurse. Nurs Times 1990 May 16; 86(20):48–49.

Cates W et al. Sexually transmitted disease: An overview of the situation. Prim Care 1990 Mar; 17(1):1–27.

Featherston WE. Sexual identity and practices relating to the spread of sexually transmitted diseases. Prim Care 1990 Mar; 17(1):29–45.

Fishman JA. An approach to pulmonary infection in AIDS. Hosp Pract 1988 Apr; 23(4):196–203.

Grady C. HIV: Epidemiology, immunopathogenesis, and clinical consequences. Nurs Clin North Am 1988 Dec; 23(4):683–696.

Hammerschiag MR et al. When to suspect chlamydia. Patient Care 1987 Nov 15; 21(18):64–78.

Holmes KK et al. The increasing frequency of heterosexually acquired AIDS in the United States. Am J Public Health 1990 Jul; 80(7):858–863.

Nettina SL and Kauffman FH. Diagnosis and management of sexually transmitted genital lesions. Nurse Pract 1990 Jan; 15(1):20–24.

Noble RC. Sequelae of sexually transmitted diseases. Prim Care 1990 Mar; 17(1):173–181.

Rolfs RT. Risk factors for syphilis: Cocaine use and prostitution. Am J Public Health 1990 Jul; 80(7):853–857.

Soloman MZ et al. Preventing AIDS and other STDs through condom promotion: A patient education intervention. Am J Public Health 1989 Apr; 79(4):453–458.

Swanson JM and Chenitz WC. Psychosocial aspects of genital herpes: A review of the literature. Public Health Nurs 1990 Jun; 7(2):96–104.

Talashek ML et al. Sexually transmitted diseases in the elderly: Issues and recommendations. J Gerontol Nurs 1990 Apr; 16(4):33–42.

Infections virales

Berlinberg CD et al. Occupational exposure to influenza: An introduction of an index case to a hospital. Infect Control Hosp Epidemiol 1989 Feb; 10(2):70–73.

Ford R et al. Bone marrow transplant: Recent advances and nursing implications. Nurs Clin North Am 1990 Jun; 25(2):405–422.

LaBrecque DR. Medical ostriches: Hepatitis B transmission. Infect Control Hosp Epidemiol 1990 Mar; 11(3):126–128.

Spence MR et al. Hepatitis B: Perceptions, knowledge, and vaccine acceptance among registered nurses in high-risk occupations in a university hospital. Infect Control Hosp Epidemiol 1990 Mar; 11(3):129–133.

Stehlin D. Available vaccine safe but underused. FDA Consum 1990 May; 24(4):14–17.

Vargo RL et al. Complications after cardiac transplantation: The role of immunosuppression. Crit Care Nurs Clin North Am 1989 Dec; 1(4):741–752.

Wallace M et al. Nursing management of patients with high risk blood borne virus disease in a psychiatric institution. Infect Control Can 1988 May/Jun; 3(2):18–22.

Autres infections

Overturf GD. Bacterial and rickettsial zoonosis associated with tick and flea bites. Emerg Med 1989 Jan; 10(4):67–79.

Sheahan SL and Seabolt JP. Management of common parasitic infections encountered in primary care. Nurse Pract 1987 Aug; 12(8):19–20.

Organismes internationaux

Organisation mondiale de la santé
> Avenue Appia, CH 1211 Geneva 27, Switzerland

Centre collaborateur OMS sur le SIDA
> c/o Centers for Disease Control, 1600 Clifton Road, NE, Atlanta, GA 30333.

Organismes gouvernementaux

Centers for Disease Control (Center for Prevention Services
> Center for Environmental Health, Center for Health Promotion and Education, Center for Infectious Diseases), 1600 Clifton Road NE, Atlanta, GA 30333

National Institute of Allergy and Infectious Diseases
> National Institutes of Health, Bethesda, MD 20892

US Department of Health and Human Services, Public Health Service, 200
> Independence Ave., SW, Washington, DC 20201

Organismes privés

American Lung Association
> 1740 Broadway, New York, New York 10019

American Public Health Association
> 1015 Fifteenth Street NW, Washington DC 20005

American Social Health Association
> VD National Hotline, 260 Sheridan Ave., Suite 307, Palo Alto, CA 94306

American Venereal Disease Association
> Box 22349, San Diego, CA 92122

National Foundation for Infectious Diseases
> P.O. Box 42022, Washington, DC 20015

54
SOINS D'URGENCE

OBJECTIFS D'APPRENTISSAGE

Après avoir étudié ce chapitre, vous devriez être en mesure de réaliser ce qui suit:

1. Décrire les soins d'urgence en insistant sur leur caractère holistique (englobant le patient, sa famille et les personnes clés dans sa vie).

2. Décrire les manoeuvres de réanimation d'urgence.

3. Décrire les soins d'urgence à prodiguer en cas d'hémorragie causée par une lésion traumatique et de choc hypovolémique.

4. Décrire les soins d'urgence à prodiguer en cas de blessure abdominale.

5. Comparer le traitement immédiat et le traitement à long terme des patients ayant subi une fracture.

6. Décrire les soins d'urgence à prodiguer en cas de coup de chaleur, de blessures par le froid, et de choc anaphylactique.

7. Décrire les soins d'urgence à prodiguer en cas d'empoisonnement (ingestion, inhalation, injection, morsure de serpent, intoxication alimentaire).

8. Décrire les soins d'urgence à prodiguer en cas d'abus de drogues ou d'alcool.

9. Distinguer les soins d'urgence à prodiguer selon que le patient est hyperactif, violent ou déprimé, ou suicidaire.

10. Préciser l'importance d'une intervention de crise auprès d'une victime de viol.

SOINS INFIRMIERS DANS LES SITUATIONS D'URGENCE

L'expression *soins d'urgence* désigne habituellement les soins accordés aux patients dont les besoins sont urgents et critiques. Mais, de plus en plus souvent, les cliniques et les services hospitaliers d'urgence accueillent des patients dont les problèmes ne sont pas vraiment urgents. On a donc repensé les soins d'urgence en fonction du fait que le patient, ou sa famille, définissent le caractère urgent d'une situation. Le personnel soignant doit faire preuve de compréhension envers le patient, et respecter une anxiété dont l'authenticité ne fait pas de doute ; toute autre attitude peut mettre en péril la relation thérapeutique.

Souvent, le patient se présente au service des urgences parce qu'il souffre d'un problème cardiaque qui menace sa vie : infarctus du myocarde, insuffisance cardiaque aiguë avec œdème pulmonaire, arythmies cardiaques. Les priorités du traitement de ces affections, et les électrocardiogrammes (ECG) correspondant aux arythmies, sont expliqués aux chapitres 13 et 14. Le présent chapitre s'attache avant tout aux soins d'urgence exigés par les blessures, ou par des problèmes qui ne sont pas abordés ailleurs dans ce volume. *Dans tous les cas, on suppose que le traitement est dispensé sous la direction d'un médecin.*

DÉMARCHE DE SOINS INFIRMIERS EN SALLE D'URGENCES

Un service des urgences est un milieu de travail où règnent la pression et la nécessité d'agir rapidement. La démarche de soins infirmiers fournit un cadre logique permettant de résoudre les problèmes dans un tel contexte. Par ses études, sa formation et son expérience spécialisée, l'infirmière du service des urgences est capable d'évaluer et de reconnaître les problèmes de santé des patients en situation de crise, d'établir des priorités, de surveiller l'état des blessés et des patients dont l'état est critique, de soutenir les familles et de répondre à leurs besoins, d'encadrer les autres membres du personnel soignant, en plus d'offrir un enseignement aux patients et aux familles. Les interventions infirmières se font en collaboration avec le médecin et selon ses conseils et ses directives. Soins infirmiers et soins médicaux se complètent de façon particulièrement marquée dans une situation d'urgence. Les données recueillies par l'infirmière lui permettent de prévoir les actes nécessaires sur le plan infirmier et médical ; puis, en tant que membre de l'équipe des soins d'urgence, elle participe aux interventions requises, qui font souvent appel à une technologie complexe.

Les problèmes réels et potentiels du patient sont très variés ; en outre, son état peut se modifier d'un instant à l'autre. L'infirmière doit donc recueillir des données de façon continue et modifier ses diagnostics en conséquence. Dans les pages qui suivent, on s'en tiendra aux diagnostics les plus immédiats, sans tenir compte du fait que plusieurs diagnostics peuvent s'appliquer au même moment. Il est supposé, d'autre part, que l'infirmière accomplit à la fois des interventions autonomes et interdépendantes.

Gérontologie

Les personnes âgées forment une part importante de la clientèle des services d'urgence (20 à 35 % en milieu urbain). Souvent, le problème qui motive la consultation n'est pas urgent. Il ne faut pas oublier toutefois que les affections des personnes âgées ont souvent de multiples facettes, et que des problèmes non urgents chez une personne plus jeune peuvent facilement, en l'absence de traitement, mettre en péril la vie d'une personne âgée. Il convient aussi de rappeler qu'une maladie aiguë peut se manifester, chez la personne âgée, par des symptômes non spécifiques : faiblesse, fatigue, chutes, incontinence, modification de l'état mental.

Une visite au service des urgences exige parfois l'intervention des services sociaux. Pour la personne âgée, une urgence est souvent une crise qui peut compromettre son autonomie, ou mettre sa vie en danger.

Lutte contre l'infection

Avec la propagation du virus de l'immunodéficience humaine (VIH), le personnel de la santé court un risque accru d'être exposé au sang ou aux autres liquides biologiques de patients infectés par ce virus. Le risque est particulièrement grand dans les services d'urgence, où des blessures et des maladies critiques exigent une action immédiate. Le personnel soignant doit être sensible au fait que tout patient peut être infecté par des organismes à diffusion hématogène, et appliquer avec une rigueur absolue les précautions universelles destinées à prévenir l'infection en diminuant l'exposition.

TRAITEMENT PSYCHOLOGIQUE DES PATIENTS ET DES FAMILLES EN SITUATION D'URGENCE OU DE CRISE

Premier contact avec le patient

Une maladie subite ou une blessure représentent une menace à l'équilibre physiologique et psychologique, ce dont on doit tenir compte dans le traitement.

La collecte des données touchant l'état psychologique du patient comprend l'évaluation de l'expression affective, du degré d'anxiété et du fonctionnement cognitif (capacité de s'orienter dans le temps et dans l'espace et de reconnaître ceux qui l'entourent). De plus, on effectue rapidement un examen physique axé sur le problème clinique qui a motivé la visite. Les diagnostics infirmiers possibles sont : anxiété reliée à l'incertitude quant aux conséquences de la maladie ou de la blessure, et stratégies d'adaptation individuelle inefficaces reliées à une situation de crise aiguë. Le premier objectif est donc de réduire l'anxiété pour que le patient retrouve son pouvoir d'adaptation.

Interventions

En cas de maladie subite ou d'accident entraînant des blessures, le patient n'a pas eu le temps de mobiliser ses ressources pour s'adapter à la crise, et c'est pourquoi il est parfois submergé par l'anxiété. Sa terreur est réelle : il craint la mort, la mutilation, l'immobilisation et les atteintes à son intégrité physique ou à son identité. C'est pourquoi les membres du personnel soignant doivent inspirer confiance et faire preuve de compétence. La chaleur de leurs paroles et de leurs gestes favorise un sentiment de sécurité chez le patient. Il faut également offrir à celui-ci des explications, toujours formulées en fonction de sa capacité de les assimiler; le patient bien renseigné est mieux placé pour réagir au stress psychologique et physique. Le contact humain contribue à apaiser la panique d'une personne grièvement blessée; les mots rassurants dissipent la peur de l'inconnu. Le patient en état de détresse affective et sa famille arrivent mieux à mobiliser leurs ressources psychologiques quand le personnel du service des urgences affiche, de façon calme et rassurante, de l'optimisme et de l'intérêt.

Le patient inconscient doit être traité comme s'il était conscient: on le touche, on l'appelle par son nom et on lui explique chacune des interventions. Dès qu'il reprend conscience, on l'aide à se situer en prononçant son nom et en précisant la date et le lieu. Au besoin, on répète plusieurs fois ces renseignements d'une voix calme et rassurante.

Premier contact avec la famille

Dans la salle d'admission, on informe la famille du lieu où se trouve le patient et on lui précise que celui-ci reçoit des soins professionnels. Quand une personne a subi un grave traumatisme, elle risque la défiguration ou la mort, et les membres de sa famille passent par plusieurs étapes: anxiété, déni, remords, chagrin, colère et réconciliation. Les diagnostics infirmiers sont, notamment: anxiété, chagrin, et perturbation de la dynamique familiale reliée à une situation de crise aiguë.

On encourage les membres de la famille à admettre leur anxiété et à la formuler. L'infirmière essaie de se mettre au diapason de la famille et de l'aider, doucement mais efficacement, à affronter la réalité. Le déni est un moyen de défense contre les situations qui provoquent de la douleur et de la crainte. Il ne faut pas l'encourager, car la famille doit accepter ce qui s'est produit et se préparer à ce qui va suivre.

Les membres de l'entourage du patient expriment souvent des remords et de la culpabilité; ils se reprochent des négligences ou de petites omissions. L'infirmière doit dans ce cas laisser s'exprimer ces remords jusqu'à ce que les membres de la famille se rendent compte qu'ils n'avaient pas le pouvoir d'empêcher la maladie ou l'accident.

La colère est un autre moyen de réagir à l'anxiété, et elle est fréquente au moment d'une crise. Elle est souvent dirigée contre le patient, mais elle peut aussi viser le médecin, l'infirmière ou le personnel de l'accueil. Il convient alors de laisser la colère s'exprimer, sans la réprouver, afin d'aider la famille à prendre conscience de sa frustration.

Le chagrin est une réaction affective complexe à une perte réelle ou anticipée. L'infirmière a dans ce cas pour rôle d'aider les membres de la famille à admettre leur chagrin et de soutenir leurs stratégies d'adaptation habituelles; elle leur fait comprendre qu'il est normal et acceptable de souffrir et de pleurer.

En cas de mort subite du patient, l'infirmière cherche à aider la famille en appliquant les directives énoncées ci-dessous.

- Amener la famille dans un lieu privé.
- Réunir tous les membres de la famille avant de leur parler, pour qu'ils puissent faire ensemble l'expérience du deuil.

- Insister sur le fait que tous les soins possibles ont été prodigués au patient; expliquer le traitement qu'il a reçu.
- Éviter d'employer des euphémismes comme «il est parti». Manifester sa compassion par des gestes et des paroles.
- Offrir aux proches du patient l'occasion de parler du défunt et des sentiments qu'il leur inspire; ils pourront ainsi exprimer leur perte. Encourager la famille à parler des faits qui ont précédé l'admission à l'urgence.
- Encourager les membres de la famille à se soutenir réciproquement et à donner libre cours à leurs sentiments (larmes, paroles exprimant le chagrin, la perte, la colère, l'impuissance, le refus).
- Éviter de fournir des renseignements inutiles que la famille n'a pas demandés (sur l'état d'ébriété du patient, par exemple).
- Ne pas administrer des sédatifs aux membres de la famille, car on risque ainsi d'émousser ou de retarder le processus du deuil, qui est nécessaire au rétablissement de l'équilibre affectif et peut éviter une longue dépression.
- Encourager la famille à voir la dépouille si elle le désire, ce qui favorise l'intégration de la perte. S'il y a mutilation, recouvrir la partie atteinte avant de laisser entrer la famille. Accompagner la famille; toucher la dépouille afin d'accorder à la famille l'autorisation d'en faire autant.
- Consacrer quelques minutes à parler avec les membres de la famille; les écouter et chercher à reconnaître les besoins qui pourraient être comblés grâce à l'aide du personnel infirmier.

SYNDROME DE STRESS POST-TRAUMATIQUE

Le syndrome de stress post-traumatique se manifeste par l'apparition de symptômes caractéristiques, à la suite d'un événement pénible, de nature à provoquer un stress psychologique (viol, guerre, accident de voiture, catastrophe naturelle). Le patient a des pensées et des rêves désagréables, et il évite les activités qui déclenchent le souvenir de l'événement traumatisant (réaction d'évitement phobique). Il fait preuve d'hypervigilance, sa réaction d'alarme est accentuée et il est très anxieux. Il se replie sur lui-même. Le stress post-traumatique peut être aigu, chronique ou différé.

Pour recueillir les données nécessaires, l'infirmière dresse le profil du patient avant l'événement traumatisant; elle se renseigne sur l'événement lui-même et sur le fonctionnement du patient après l'événement.

Interventions

Le patient aura pour objectif de décanter son expérience et de l'intégrer peu à peu afin de retrouver le plus rapidement possible son fonctionnement normal. Les interventions infirmières sont nombreuses: stratégies d'intervention en situation de crise, création de rapports axés sur la confiance et la communication, enseignement au patient et à sa famille sur la maîtrise du stress et sur les services de soutien offerts au sein de la communauté.

PRIORITÉS ET PRINCIPES DES TRAITEMENTS D'URGENCE

Priorités

Les soins aux patients en situation d'urgence exigent la prise de nombreuses décisions critiques. Ces décisions exigent un jugement solide, fondé sur une excellente compréhension de l'origine et des effets du problème.

Les principaux objectifs des soins médicaux d'urgence sont 1) de préserver la vie, 2) de prévenir la détérioration de l'état du patient en attendant de pouvoir assurer un traitement définitif, 3) de permettre au patient de retrouver une vie normale.

Quand le patient arrive à la salle d'urgence, on cherche à déterminer la gravité de la blessure ou de la maladie et à établir des priorités, en fonction de la menace pour le pronostic vital. Ainsi, on traite en premier lieu les blessures ou les affections qui entravent les fonctions physiologiques vitales (obstruction des voies respiratoires, hémorragie massive). En général, on accorde la priorité aux blessures du visage, du cou et de la poitrine qui entravent la respiration. Les membres de l'équipe des urgences travaillent de concert pour offrir à chaque patient des soins complets et personnalisés.

Principes

Les traitements d'urgence reposent sur les principes suivants:

1. Maintenir les voies respiratoires libres et fournir une ventilation efficace, en employant au besoin des manœuvres de réanimation; recueillir des données sur les blessures à la poitrine pouvant causer l'obstruction des voies respiratoires.
2. Arrêter l'hémorragie et en réduire les conséquences.
3. Évaluer et rétablir le débit cardiaque.
4. Prévenir ou traiter l'état de choc; maintenir ou rétablir une circulation efficace.
5. Effectuer un premier examen physique rapide, puis refaire souvent cet examen; en cas de blessure ou de maladie graves, le tableau clinique se modifie rapidement.
6. Déterminer si le patient est capable d'obéir aux ordres; évaluer le diamètre et la rapidité de réaction des pupilles, de même que les réponses motrices.
7. Mettre en place, au besoin, le monitorage cardiaque.
8. Immobiliser les fractures, y compris les fractures de la colonne cervicale chez les blessés de la tête.
9. Protéger les plaies par des pansements stériles.
10. Vérifier si le patient porte un bracelet «Medic-Alert», ou une carte donnant des renseignements sur ses allergies ou ses problèmes de santé.
11. Inscrire sur une feuille de surveillance les renseignements qui faciliteront les décisions: signes vitaux, pression artérielle, état neurologique.

Renseignements provenant du patient

L'infirmière essaie d'obtenir du patient, ou de la personne qui l'accompagne, un bref compte rendu de l'accident ou de la maladie. Elle note les réponses aux questions suivantes:

1. Quels étaient les circonstances ou les facteurs déclenchants, le lieu et l'heure de la blessure ou de l'apparition de la maladie?
2. À quel moment les symptômes sont-ils apparus?
3. Le patient a-t-il perdu conscience après l'accident?
4. Comment s'est-il rendu au centre hospitalier?
5. Quel était son état de santé avant l'accident ou la maladie?
6. Quels sont ses antécédents médicaux? A-t-il déjà été hospitalisé?
7. Prend-il des médicaments, en particulier des stéroïdes, de l'insuline, de la digitaline ou des anticoagulants?
8. A-t-il des allergies?
9. Est-il sujet aux hémorragies?

10. Quand a-t-il pris son dernier repas? (Ce renseignement sera important si on décide de l'anesthésier.)
11. Est-il traité par un médecin? Si oui, quel est le nom de ce médecin?
12. Quelle est la date de sa dernière immunisation contre le tétanos?

Dossier du patient

Le consentement du patient aux examens et aux traitements doit figurer à son dossier en salle des urgences. Le patient doit consentir de façon explicite aux interventions effractives (angiographie, ponction lombaire, etc.). Si le patient est inconscient et qu'il n'est accompagné d'aucun parent ou ami, ce fait doit être noté au dossier. Il faut aussi noter les mesures de surveillance de l'état du patient et toutes les modalités du traitement. Avant que le patient ne quitte la salle d'urgence, on note son état au dossier. Si celui-ci reçoit son congé, il faut inscrire les directives qui lui ont été données.

MANŒUVRES DE RÉANIMATION D'URGENCE

En situation d'urgence, le maintien de l'intégrité des voies respiratoires constitue le tout premier objectif, car l'obstruction des voies respiratoires cause une hypoxie qui entraîne des lésions cérébrales irréversibles. La mort survient en trois à cinq minutes, selon l'âge du patient.

- *L'obstruction complète des voies respiratoires* est facile à reconnaître. Le patient cesse tout à coup de respirer et devient cyanosé et inconscient sans raison apparente.
- *L'obstruction partielle des voies respiratoires*, qui entrave le passage de l'air, se manifeste par un regard craintif, une inspiration et une expiration stridoreuses, une utilisation laborieuse des muscles accessoires (tirage sus-sternal et intercostal), le battement des ailes du nez, ainsi que de l'anxiété, de l'agitation et une confusion progressives. La cyanose du lobe de l'oreille et du lit des ongles constitue parfois un signe tardif. L'obstruction partielle des voies respiratoires peut entraîner progressivement une hypoxie et une hypercarbie et mener à l'arrêt respiratoire et cardiaque.

TRAITEMENT D'URGENCE: OBSTRUCTION DES VOIES RESPIRATOIRES

1. Secouer doucement la victime et lui demander d'une voix forte: «Est-ce que ça va?» Il faut déterminer si la victime est réellement inconsciente, car si elle ne l'est pas, la réanimation peut causer des lésions.
2. Placer la victime en décubitus dorsal sur une surface dure et plane. Si elle est couchée le visage contre le sol, la retourner de sorte que la tête, les épaules et le tronc suivent un même mouvement.
3. Méthodes d'ouverture des voies respiratoires:
   a) Bascule de la tête et élévation du menton
      (1) Placer la main sur le front de la victime et exercer avec la paume une pression ferme, vers l'arrière, afin de renverser la tête.

(2) Placer les doigts de l'autre main sous l'os de la mâchoire, près du menton, et soulever le menton en le poussant vers l'avant de sorte que les dents soient presque en occlusion ; la mâchoire est ainsi bien soutenue et la tête est inclinée vers l'arrière.

b) Subluxation de la mâchoire

Des deux mains, saisir les angles de la mâchoire inférieure avec le bout des doigts de chaque main et lever la mâchoire vers l'avant en renversant la tête vers l'arrière. (On doit procéder selon cette méthode s'il existe une possibilité de lésion cervicale, car elle permet habituellement d'éviter le mouvement d'extension du cou.)

4. Retirer tout corps étranger qui obstrue les voies respiratoires.

5. Pour assurer un apport en oxygène au cerveau, au cœur et aux autres organes vitaux, entreprendre immédiatement la réanimation cardiorespiratoire (décrite au chapitre 14), en attendant qu'un traitement médical définitif puisse rétablir l'action normale du cœur et des poumons. (La réanimation cardiorespiratoire comprend le maintien de l'intégrité des voies respiratoires, la ventilation artificielle et le massage cardiaque externe.)

On trouvera au chapitre 3 des précisions sur le traitement des voies respiratoires.

OBSTRUCTION DES VOIES RESPIRATOIRES PAR UN CORPS ÉTRANGER

L'obstruction des voies respiratoires supérieures par un aliment peut entraîner une perte de conscience et un arrêt cardiaque. Elle peut être partielle ou totale. Chez les adultes, c'est le plus souvent un morceau de viande qui en est la cause. Les gros morceaux de nourriture mal mastiqués, la consommation d'alcool et la présence de prothèses dentaires sont des facteurs associés à l'asphyxie par la nourriture.

La victime d'une obstruction est incapable de parler, de respirer ou de tousser. Selon un geste caractéristique, elle se tient la gorge (signe universel de détresse). On doit réagir en demandant immédiatement à la personne si elle étouffe.

Traitement d'urgence

Quand il y a obstruction partielle, la victime respire et est capable de tousser spontanément. On applique dans ce cas les mesures suivantes :

1. Encourager la victime à tousser fortement. Entre les accès de toux, la respiration sera parfois sifflante.

2. Tant que l'échange d'air se fait bien, encourager la victime à persister dans ses efforts spontanés pour tousser et respirer.

3. Si la toux est faible et inefficace, et qu'on observe un bruit aigu à l'inspiration, des difficultés respiratoires de plus en plus marquées et une cyanose, on doit agir comme si l'obstruction était totale.

On trouvera à l'encadré 54-1 la conduite à suivre dans les cas d'obstruction totale des voies respiratoires par un corps étranger.

Gérontologie

Dans les établissements de soins prolongés, certains facteurs augmentent les risques d'asphyxie par la nourriture : prise de sédatifs et de somnifères, maladies affectant la coordination motrice (maladie de Parkinson) et les fonctions mentales (sénilité). L'infirmière qui soigne des personnes âgées doit avoir une bonne connaissance des symptômes de l'obstruction des voies respiratoires supérieures, et une excellente maîtrise de la manœuvre de Heimlich.

MÉTHODES POUR RÉTABLIR LA PERMÉABILITÉ DES VOIES RESPIRATOIRES SUPÉRIEURES

Introduction d'une canule oropharyngée

La canule oropharyngée est utilisée quand le patient est inconscient, mais qu'il respire de façon spontanée ; elle empêche la langue de descendre vers la partie postérieure du pharynx, et elle permet l'aspiration des sécrétions. Il s'agit d'un dispositif semi-circulaire, fait de plastique ou de caoutchouc, que l'on introduit dans la partie postéro-inférieure du pharynx, à l'arrière de la langue.

Étapes de l'insertion d'une canule oropharyngée

1. Mettre la tête du patient en extension en plaçant une main sous la nuque, près de l'occiput, et en soulevant doucement la nuque ; en même temps, faire basculer la tête vers l'arrière en appuyant l'autre main sur le front.

2. Ouvrir la bouche du patient.

3. Introduire la canule dans la bouche, la partie concave vers le palais, et lui faire franchir la luette ; la tourner ensuite de 180° pour que la partie concave soit tournée vers le pharynx (figure 54-1).

4. L'extrémité distale de la canule se trouve maintenant dans l'oropharynx, et le rebord à peu près au niveau des lèvres. S'assurer que la langue n'obstrue pas les voies respiratoires.

Interventions endotrachéales d'urgence

Intubation endotrachéale. L'intubation endotrachéale a pour but d'assurer ou de préserver la perméabilité des voies respiratoires chez les patients qui souffrent d'insuffisance respiratoire ou d'hypoxie. Elle est indiquée pour les motifs suivants : 1) rétablir la perméabilité des voies respiratoires quand la canule oropharyngée ne suffit pas à assurer la ventilation ; 2) contourner une obstruction des voies respiratoires supérieures ; 3) empêcher l'aspiration ; 4) permettre le raccordement avec un sac de réanimation ou un respirateur mécanique ; 5) faciliter l'évacuation des sécrétions trachéobronchiques.

L'intubation endotrachéale est une intervention qui exige une certaine habileté et qui ne doit être effectuée que par des personnes ayant reçu une formation à cet égard, comprenant l'entraînement sur un mannequin. La supervision d'un spécialiste clinique est également requise.

On trouvera à l'encadré 54-2, et à la figure 54-2, des précisions sur l'intubation endotrachéale.

Cricothyroïdotomie (ponction de la membrane cricothyroïdienne)

La cricothyroïdotomie est la ponction ou l'incision du ligament cricothyroïdien. Elle a pour but de permettre le passage de l'air dans les voies respiratoires. On a parfois recours à cette méthode, en situation d'urgence, quand l'intubation

Encadré 54-1
Conduite à tenir dans les cas d'obstruction des voies respiratoires par un corps étranger

Action

Signes d'obstruction des voies respiratoires

Signe caractéristique: la victime se tient la gorge.
Toux faible et inefficace; bruits aigus à l'inspiration
Détresse respiratoire de plus en plus marquée
Incapacité de parler, de respirer ou de tousser
Collapsus

Commentaires/Justification

En cas d'*obstruction complète des voies respiratoires*, il n'y a aucun échange d'air; les poumons en sont donc entièrement privés, et la saturation du sang en oxygène décroît rapidement. Le cerveau ne reçoit plus d'oxygène, ce qui entraîne une perte de conscience et, à courte échéance, la mort.

Manoeuvre de Heimlich (poussées abdominales sous-diaphragmatiques)

Patient conscient, assis ou debout

1. Se placer debout, derrière le patient, et lui entourer la taille.
2. Former un poing et placer ce poing, pouce vers l'intérieur, contre l'abdomen de la victime, au-dessus du nombril et bien en deçà de la pointe du sternum. Prendre le poing de l'autre main.
3. Donner des poussées rapides vers le haut sur l'abdomen de la victime.

Le terme *manoeuvre de Heimlich* est utilisé par souci d'uniformisation. Les termes *poussées abdominales sous-diaphragmatiques* et *poussées thoraciques* sont utilisés selon les circonstances.

En faisant monter le diaphragme, la poussée peut chasser l'air des poumons, ce qui déclenche une toux artificielle qui évacue le corps étranger.

Patient inconscient, couché

1. Placer la victime en décubitus dorsal.
2. Se placer à califourchon sur les cuisses de la victime.
3. Placer la paume de la main sur l'abdomen de la victime au-dessus du nombril et bien en deçà du rebord du sternum; placer l'autre main sur la première.
4. Donner des poussées rapides vers le haut.

Balayage avec les doigts

1. Ouvrir la bouche du patient en saisissant la langue et la mâchoire entre le pouce et les doigts et soulever la mâchoire.
2. Introduire l'index de l'autre main dans la bouche, le faire glisser le long de la joue, et l'enfoncer jusqu'à la base de la langue.
3. Avec le doigt fléchi en crochet, déloger le corps étranger et le ramener dans la bouche afin de pouvoir le retirer.

Cette technique est employée *uniquement si le patient est inconscient*. Elle vise à écarter la langue de l'arrière-gorge et du corps étranger.

Prendre garde de ne pas enfoncer plus avant le corps étranger.

Poussées thoraciques (victime consciente, assise ou debout)

1. Se tenir debout, derrière la victime, et encercler son thorax en passant les bras sous ses aisselles.
2. Former un poing et le placer, le pouce vers l'intérieur, au milieu du sternum, en veillant à éviter l'appendice xiphoïde et les bords de la cage thoracique.
3. Poser l'autre main sur le poing et faire des poussées, jusqu'à ce que le corps étranger soit délogé ou que le patient perde conscience.

Cette technique est utilisée *uniquement* pour les femmes enceintes dont la grossesse est avancée ou les personnes très obèses.

Chaque poussée doit avoir pour but de dégager les voies respiratoires.

Poussées thoraciques (patient inconscient et allongé)

1. Placer le patient en décubitus dorsal et s'agenouiller à côté de lui.
2. Placer la paume de la main sur la partie inférieure du sternum.
3. Essayer d'évacuer le corps étranger par des poussées lentes et distinctes.

Cette technique est employée *uniquement* pour les femmes enceintes dont la grossesse est avancée, ou les personnes très obèses, qui sont inconscientes, quand il est impossible d'utiliser de façon efficace la manoeuvre de Heimlich ordinaire.

(Source: *Healthcare Provider's Manual for Basic Life Support*, Dallas, American Heart Association, 1988)

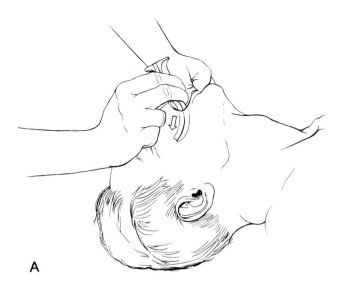

A

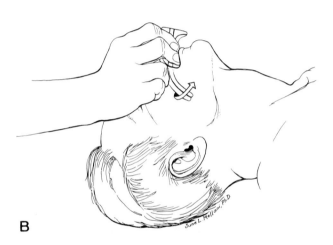

B

Figure 54-1. Insertion d'une canule oropharyngée. (**A**) Placer la canule dans la bouche du patient inconscient, la partie concave orientée vers le haut. (**B**) Imprimer à la canule un mouvement de rotation de 180°, de façon à orienter la partie concave vers le bas (vers le pharynx). La langue se trouve ainsi refoulée vers l'arrière; le patient respire à la fois à travers la canule et autour d'elle.

endotrachéale et la trachéotomie sont impossibles ou contre-indiquées, à cause d'une obstruction des voies respiratoires due à un important traumatisme maxillofacial, d'une lésion de la colonne cervicale, d'un laryngospasme, d'un œdème laryngé (à la suite d'une réaction allergique), d'une hémorragie dans les tissus du cou ou d'une obstruction du larynx.

Soins médicaux d'urgence

1. Le patient étant couché sur le dos, mettre le cou en extension de façon à pouvoir palper le ligament cricothyroïdien. Placer une serviette roulée sous les épaules du patient.

2. Repérer la proéminence correspondant au cartilage thyroïde (pomme d'Adam; voir la figure 54-3), et faire descendre le doigt sur la ligne médiane jusqu'au creux entre le bord inférieur du cartilage thyroïde et le bord supérieur du cartilage cricoïde. Ce creux correspond au ligament cricothyroïdien.

3. Insérer une aiguille ou un instrument pointu sur la ligne médiane, juste au-dessus du bord supérieur du cartilage cricoïde; l'enfoncer en direction caudale, à un angle de 10 à 20°.
   a) Écouter pour déterminer si l'air passe dans l'aiguille en synchronie avec la respiration du patient.
   b) Diriger l'aiguille vers le bas et vers l'arrière.
   c) Fixer l'aiguille avec un ruban adhésif.

4. Quand l'état du patient se sera stabilisé, on aura recours à une autre mesure d'assistance: sonde endotrachéale ou trachéotomie. Il faut donc se préparer en conséquence.

5. Surveiller l'état du patient pour déceler les complications: blessure des cordes vocales, emphysème sous-cutané, hémorragie, aspiration.

CAS PARTICULIER: LA RÉANIMATION DANS LES CAS DE QUASI-NOYADE

Le terme «quasi-noyade» est utilisé dans les cas où une victime survit, au moins pendant quelque temps, à la suffocation causée par la submersion dans l'eau.

La noyade est l'une des trois premières causes de mort accidentelle. Les facteurs associés à la noyade et à la quasi-noyade sont la consommation d'alcool, le fait de ne pas savoir nager, les blessures subies en plongeant, l'hypothermie et l'épuisement. Il ne faut pas renoncer trop vite aux efforts de réanimation, car des personnes qui ont fait un long séjour dans l'eau froide ont pu être réanimées et n'ont pas eu de séquelles neurologiques.

Une fois la victime ranimée, les principales complications qui la guettent sont l'hypoxie et l'acidose. Ces complications exigent des soins immédiats au service des urgences. Les modifications physiopathologiques et les lésions pulmonaires sont déterminées par la nature de l'eau (eau douce ou eau salée) et la quantité aspirée. S'il y a eu aspiration d'eau, on peut prévoir une altération de la fonction pulmonaire. Après avoir survécu à l'immersion, la victime peut présenter un syndrome de détresse respiratoire aiguë avec hypoxie, hypercarbie, et acidose métabolique ou respiratoire.

Traitement au service des urgences. Le traitement vise à prévenir toute nouvelle atteinte aux organes vitaux par le maintien de l'irrigation sanguine du cerveau et d'une oxygénation suffisante.

1. Assurer l'efficacité des voies respiratoires, de la respiration et de l'irrigation périphérique.
   a) Utiliser un thermomètre rectal pour établir le degré d'hypothermie.
   b) Pendant la réanimation, entreprendre les mesures de réchauffement prescrites (réchauffement extracorporel, dialyse péritonéale avec des liquides réchauffés, inhalation d'oxygène réchauffé, réchauffement externe). Les mesures choisies dépendent de la gravité de l'hypothermie, de sa durée, et des ressources dont on dispose.

Encadré 54-2
Rôle de l'infirmière lors d'une intubation endotrachéale d'urgence

Indications cliniques de l'intervention

1. Arrêt respiratoire
2. Insuffisance respiratoire: effort marqué à la respiration, tirage sous-sternal, battement des ailes du nez, augmentation ou diminution de la fréquence du pouls, augmentation ou diminution de la fréquence respiratoire, changement de couleur (*la cyanose est un signe tardif*)
3. Obstruction des voies respiratoires (asphyxie)

Matériel

1. Laryngoscope (à lames droite et courbe) muni d'une ampoule (vérifier régulièrement les piles et l'ampoule)
2. Sondes endotrachéales munies de ballonnets à basse pression (pour fermer les voies respiratoires) et de raccords s'adaptant à la source d'oxygène (ventilateur ou ballon)
3. Stylet servant de guide à la sonde endotrachéale
4. Canules oropharyngées (de tailles variées), ou abaisse-langue, pour empêcher le patient d'obstruer la sonde en la mordant
5. Ruban adhésif ou dispositif pour fixer la sonde
6. Gel lubrifiant (hydrosoluble) anesthésique stérile
7. Seringue
8. Appareil d'aspiration
9. Ballon de ventilation et masque raccordés à la source d'oxygène
10. Anesthésique en aérosol
11. Serviette stérile
12. Gants
13. Lunettes ou autre forme de protection pour les yeux

Action

1. Retirer les prothèses dentaires totales ou partielles.

2. Retirer la tête du lit (facultatif).
3. Préparer le matériel.
   a) Vérifier le fonctionnement du ballon de ventilation, du masque et de l'appareil d'aspiration.

   b) Assembler le laryngoscope; s'assurer que l'ampoule est bien vissée et qu'elle s'allume.
   c) Choisir une sonde endotrachéale du diamètre qui convient (6 à 9 mm pour l'adulte ordinaire).
   d) Placer la sonde sur une serviette stérile.

   e) Gonfler le ballonnet pour en vérifier la symétrie et l'étanchéité, puis le dégonfler entièrement.
   f) Enduire généreusement de lubrifiant l'extrémité distale de la sonde.
   g) Si l'on prévoit effectuer l'intubation par la bouche, insérer le stylet dans la sonde. (En cas d'intubation par le nez, le stylet n'est pas nécessaire.)
4. Aider le médecin à effectuer les actions décrites ci-dessous.
   a) En cas d'intubation par la bouche chez un patient qui ne souffre pas d'une blessure de la colonne cervicale, faire une flexion à la jonction du cou et du thorax et une extension à la jonction de la colonne vertébrale et du crâne.

Commentaires/Justification

1. Les prothèses peuvent gêner l'introduction de la sonde; une fois l'intubation terminée, on ne pourra plus les retirer.
2. On facilite ainsi l'accès à la tête du patient.

3. a) Le patient peut avoir besoin d'assistance ventilatoire avant ou pendant l'intervention; l'aspiration sera nécessaire s'il y a stimulation vagale ou vomissements pendant l'intervention.

   d) La sonde doit passer à travers le nez ou la bouche (qui sont contaminés), mais les voies respiratoires au-delà des cordes vocales sont stériles. Il faut donc empêcher la contamination de l'extrémité distale de la sonde et du ballonnet. Par contre, on peut toucher l'extrémité proximale de la sonde, qui reste dans les voies respiratoires supérieures.
   e) Si le ballonnet est défectueux, on devra le changer *avant* de mettre la sonde en place.
   f) On facilite ainsi l'introduction de la sonde.

   g) Le stylet raffermit la sonde, ce qui permet de la diriger plus facilement dans la trachée.

4. a) Cette position dégage au maximum les voies respiratoires supérieures, en ouvrant la bouche du patient inconscient.

Encadré 54-2 (suite)

Action

b) Si la situation le permet, anesthésier l'arrière-gorge avec l'anesthésique en aérosol.
c) Avant l'intubation, assurer la ventilation du patient au moyen du ballon et du masque.
d) Tenir le manche du laryngoscope dans la main gauche; de la main droite, ouvrir la bouche du patient et placer les doigts croisés sur ses dents.
e) Insérer la lame courbe du laryngoscope dans la bouche à droite de la langue, en refoulant celle-ci vers la gauche; écarter la lèvre inférieure des dents avec le pouce et l'index de la main droite.
f) Exercer un mouvement de traction vers le haut avec le manche du laryngoscope afin d'exposer l'épiglotte.
g) Élever le laryngoscope vers l'avant à un angle de 45° afin d'exposer la glotte et les cordes vocales.
h) À mesure que l'épiglotte s'élève, on voit apparaître l'orifice vertical du larynx entre les cordes vocales.
i) Quand les cordes vocales sont visibles, insérer la sonde dans le coin droit de la bouche et la faire descendre jusqu'à l'orifice glottique. Le mouvement est guidé par la lame, mais il faut garder l'œil sur les cordes vocales.
j) Glisser doucement la sonde dans l'espace triangulaire délimité par les cordes vocales et le fond de la trachée.
k) Dès que le ballonnet de la sonde a disparu au-delà des cordes vocales, cesser de faire descendre la sonde.

l) En maintenant la sonde en place, retirer le laryngoscope. Détacher le masque du ballon et assurer la ventilation.
m) Gonfler le ballonnet pour assurer l'occlusion de la trachée, en employant la plus petite quantité d'air possible.

n) Introduire, au besoin, la canule oropharyngée ou l'abaisse-langue.
o) Par l'observation et l'auscultation des bruits respiratoires, vérifier si les deux côtés de la poitrine se soulèvent.
p) Au moyen d'un crayon feutre ou d'un bout de ruban adhésif, marquer l'extrémité proximale de la sonde à l'endroit où elle touche la commissure des lèvres.
q) Pour fixer la sonde au visage, employer du ruban adhésif, ou un dispositif commercial de fixation.
r) Obtenir une radiographie du thorax.
s) Employer un manomètre pour mesurer la pression dans le ballonnet; la modifier au besoin. D'après les résultats de la radiographie du thorax, modifier la position de la sonde.
t) Noter le type et le diamètre de la sonde, la pression dans le ballonnet et les réactions du patient à l'intervention. À intervalles d'une heure ou deux, ou dès l'apparition de signes ou de symptômes de détresse respiratoire, ausculter les bruits respiratoires. À la demande du médecin, obtenir la mesure des gaz artériels.

Commentaires/Justification

b) On diminue ainsi les nausées.

c) On diminue ainsi les risques d'arythmies cardiaques ou de détresse respiratoire causées par l'hypoxémie.
d) La pression exercée par les doigts permet d'ouvrir la bouche (technique des doigts croisés).

e) La lèvre pourrait être meurtrie si elle était prise entre les dents et la lame.

f) Il faut éviter de prendre appui sur les dents, car on pourrait les endommager.
g) On étire ainsi le ligament à la base de l'épiglotte; l'épiglotte se replie vers le haut, exposant la glotte et les cordes vocales.
h) Soulever l'épiglotte par un mouvement de l'épaule et du bras, plutôt que du poignet.
i) Prendre garde de ne pas introduire la sonde dans l'œsophage. La muqueuse de l'œsophage est rose, et l'orifice est horizontal plutôt que vertical.

j) Si les cordes vocales sont contractées, attendre quelques instants avant de faire pénétrer la sonde.
k) En enfonçant plus loin la sonde, on risque de la faire pénétrer dans une bronche et de causer le collapsus du poumon non ventilé.
l) On assure ainsi la reprise de l'oxygénation du patient.

m) La quantité d'air injectée dans le ballonnet varie selon sa taille et le diamètre de la trachée. Il y a occlusion quand on ne peut plus sentir ou entendre le passage de l'air dans la bouche ou le nez du patient.
n) On empêche ainsi le patient d'obstruer la sonde en la mordant.
o) L'observation et l'auscultation permettent de déterminer si la sonde est restée en place ou si elle a glissé dans une bronche.
p) On pourra ainsi déterminer, par la suite, si la sonde s'est déplacée.

q) On fixe la sonde pour prévenir son expulsion; le ballonnet étant gonflé, l'expulsion pourrait abîmer les cordes vocales.
r) La radiographie permet de vérifier si la sonde est bien placée.
s) En se fondant sur la radiographie, on peut faire monter ou descendre la sonde de plusieurs centimètres afin de la placer à l'endroit voulu.
t) La mesure des gaz artériels permet de vérifier l'efficacité de la ventilation et de la respiration. Le mouvement de la sonde vers l'extérieur peut entraîner l'extubation (remontée du ballonnet au-delà des cordes vocales). En se déplaçant vers l'avant, la sonde peut toucher la carène (provoquant des quintes de toux) ou pénétrer dans une bronche (entraînant le collapsus du poumon non ventilé).

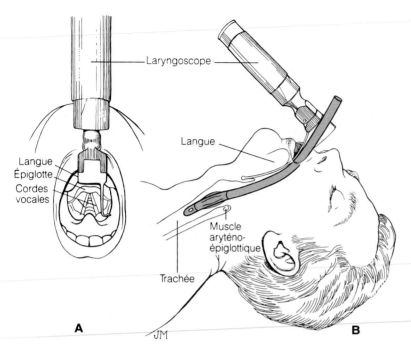

Figure 54-2. Intubation endotrachéale. **(A)** Principaux repères glottiques tels qu'ils apparaissent quand on introduit correctement le laryngoscope. **(B)** Mise en place de la sonde endotrachéale.

(Source: D. S. Suddarth, *The Lippincott Manual of Nursing Practice*, 5ᵉ éd., Philadelphia, J. B. Lippincott)

2. Prélever des échantillons de sang artériel pour la mesure de la pression partielle de l'oxygène et du gaz carbonique, du pH, et de la concentration du bicarbonate; ces paramètres détermineront le type d'assistance ventilatoire et la quantité de bicarbonate de sodium à administrer.

   • L'hypotension et la diminution de l'irrigation tissulaire sont traitées par l'administration de solutions de remplissage vasculaire et des médicaments à action inotrope.

3. Améliorer la ventilation et l'oxygénation. Collaborer à l'installation d'une sonde endotrachéale avec ventilation mécanique

(pression positive en fin d'expiration). Cette mesure a pour but d'améliorer l'oxygénation, de prévenir l'aspiration et de combattre le syndrome de détresse respiratoire aiguë et les troubles de la relation ventilation-irrigation (causées par l'aspiration d'eau). Continuer de fournir un supplément d'oxygène au moyen d'un masque (si le patient respire spontanément), ou de la sonde endotrachéale (dans le cas contraire).

   • Le traitement de l'acidose respiratoire vise à améliorer la ventilation.

4. Mettre en place un moniteur cardiaque, car les arythmies sont fréquentes.

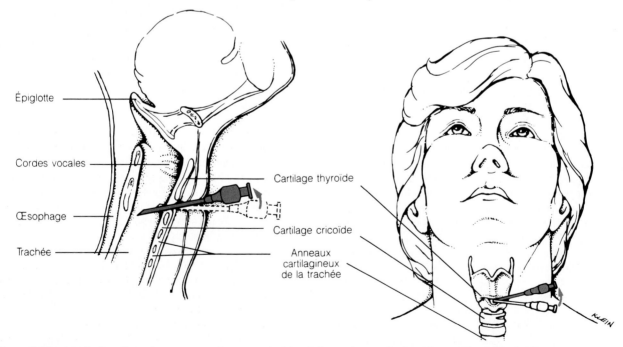

Figure 54-3. La cricothyroïdotomie est une ponction ou une incision de la membrane cricothyroïdienne. Elle vise à rétablir, en situation d'urgence, la perméabilité des voies respiratoires. On insère l'aiguille juste au-dessus du cartilage cricoïde sur la ligne médiane, à un angle de 10 à 30° en direction caudale. Cette intervention ouvre très rapidement les voies respiratoires; en général, on ne l'emploie que dans les cas où il est impossible d'effectuer sans danger une intubation endotrachéale.

5. Collaborer à la mise en place d'une sonde nasogastrique pour vider l'estomac, ce qui a pour but d'éviter les régurgitations.

6. Assurer une surveillance constante (signes vitaux, dosages répétés des gaz du sang artériel, mesure du pH, ECG, pression intracrânienne, dosage des électrolytes sériques, radiographies répétées).

7. Insérer une sonde à demeure pour mesurer le débit urinaire, car l'acidose métabolique peut compromettre la fonction rénale.

8. Le patient doit reposer aux soins intensifs, quelle que soit son apparence. Celle-ci peut être trompeuse, et la quasi-noyade peut entraîner des complications mortelles:
   a) lésions cérébrales hypoxiques ou ischémiques;
   b) syndrome de détresse respiratoire aiguë et lésions pulmonaires causées par l'aspiration;
   c) arrêt cardiaque.

HÉMORRAGIE CAUSÉE PAR UN TRAUMATISME

La réduction du volume sanguin circulant est l'une des premières causes de choc. La maîtrise de l'hémorragie est prioritaire, sauf s'il y a obstruction des voies respiratoires ou plaie thoracique pénétrante. Dans une situation d'urgence, il faut arrêter l'effusion du sang si l'on veut que la victime survive. Les hémorragies mineures sont habituellement veineuses et s'arrêtent d'elles-mêmes, à moins que le patient ne souffre de troubles de coagulation.

On doit surveiller l'apparition de signes, comme une peau froide et moite (à cause d'une mauvaise irrigation périphérique), une chute de la pression sanguine, une augmentation de la fréquence cardiaque et une diminution du débit urinaire. Les diagnostics infirmiers sont, notamment: déficit de volume liquidien, diminution du débit cardiaque et diminution de l'irrigation tissulaire. Les soins d'urgence visent à arrêter l'hémorragie, à maintenir le volume sanguin circulant de façon à assurer l'oxygénation des tissus, et à empêcher le choc. Les interventions infirmières se font en collaboration avec les autres membres de l'équipe soignante.

Traitement d'urgence

1. Couper et enlever rapidement les vêtements du patient afin de voir la source de l'hémorragie, et effectuer rapidement un examen physique.

2. S'il n'est pas jugulé, l'écoulement du sang artériel entraîne la mort.
   Comprimer directement et fermement la région de l'hémorragie ou l'artère concernée (figure 54-4). Presque toujours, l'hémorragie peut être réprimée par une pression directe, à moins qu'elle ne provienne de la rupture d'une grande artère. Une hémorragie artérielle passée inaperçue peut entraîner la mort.

3. Appliquer un pansement compressif ferme; élever le membre blessé pour empêcher l'hémorragie veineuse et capillaire; immobiliser le membre blessé pour réduire les pertes de sang.

4. Insérer une aiguille ou un cathéter IV de gros calibre qui permettra de remplacer les liquides et le sang perdus.
   a) Prélever du sang pour la détermination du groupe sanguin et l'épreuve de compatibilité.

b) Administrer les liquides prescrits: solutions isotoniques d'électrolytes, plasma, albumine ou autres dérivés du sang (selon l'estimation clinique du type et de la quantité des pertes liquidiennes).
   (1) Une perte de sang massive est traitée idéalement par transfusion de sang total frais.
   (2) Le sang transfusé étant pauvre en facteurs de coagulation, le patient qui reçoit de grandes quantités de sang doit aussi recevoir des plaquettes et des facteurs de coagulation.
   (3) Le sang peut être réchauffé au moyen d'un appareil commercial ou d'un bassin d'eau chaude. (Un important apport de sang froid provoque un refroidissement qui peut causer un arrêt cardiaque.)
   (4) Le débit de la transfusion dépend de la gravité de l'hémorragie et des signes cliniques d'hypovolémie.

5. Les hémorragies internes exigent les mesures suivantes.
   a) Soupçonner une hémorragie interne quand un patient, en l'absence d'une hémorragie externe, présente des symptômes de choc hypovolémique: tachycardie, augmentation de la fréquence du pouls, chute de la pression sanguine, soif, appréhension, peau moite et froide.
   b) Administrer du sang entier ou des solutés macromoléculaires en fonction du débit de l'hémorragie.
   c) Utiliser, si on en a la possibilité, un pantalon pneumatique antichoc (MAST, abréviation anglaise de *médical antishock trouser*) pour réprimer l'hémorragie interne et faciliter l'afflux du sang vers les organes vitaux (figure 54-5). (Ce pantalon a pour fonction première de traiter le choc hypovolémique provoqué par une hémorragie dans les membres inférieurs.) Attendre d'avoir assuré un remplissage vasculaire suffisant avant de dégonfler le pantalon à la salle d'urgence.
   d) Préparer le patient pour une intervention chirurgicale immédiate.
   e) Surveiller les réponses hémodynamiques du patient.
   f) Prélever du sang pour la mesure des gaz artériels; surveiller la pression veineuse centrale, qui est un indice de la quantité de liquide que le patient peut tolérer.
   g) Garder le patient en décubitus dorsal jusqu'à ce qu'il y ait amélioration des paramètres hémodynamiques ou circulatoires.

6. *En dernier recours*, quand il n'existe aucun autre moyen de réprimer l'hémorragie, appliquer un garrot sur le membre atteint. On notera que l'emploi d'un garrot peut entraîner la perte du membre.
   a) Appliquer le garrot à proximité de la plaie; le serrer suffisamment pour arrêter l'hémorragie artérielle.
   b) Faire une marque sur le front du patient, avec un crayon feutre ou un ruban adhésif; inscrire l'emplacement du garrot et l'heure exacte de la pose.
   c) À la salle d'urgence, desserrer le garrot (en suivant les directives du médecin) pour prévenir des lésions neurologiques ou vasculaires irréversibles. S'il n'y a pas d'hémorragie artérielle, retirer le garrot et tenter de nouveau l'application d'un pansement compressif.
   d) Dans le cas d'une amputation traumatique, laisser le garrot en place jusqu'à ce que le patient soit dans la salle d'opération.

7. Se rappeler qu'un arrêt cardiaque peut survenir à cause de l'hypovolémie et de l'anoxie découlant de l'hémorragie.

8. Voir au chapitre 34 pour d'autres renseignements sur l'hémorragie.

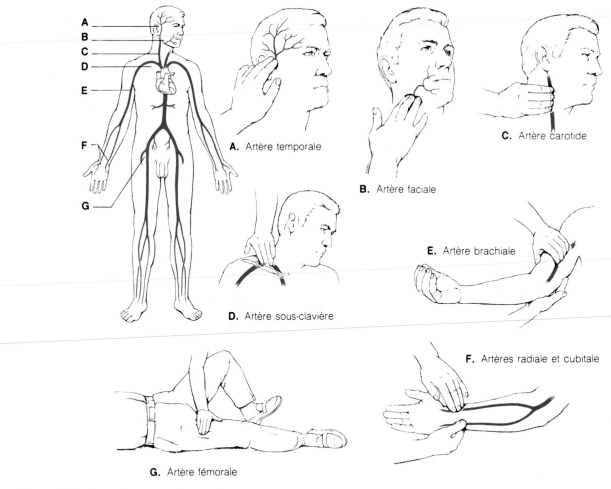

A. Artère temporale

B. Artère faciale

C. Artère carotide

D. Artère sous-clavière

E. Artère brachiale

F. Artères radiale et cubitale

G. Artère fémorale

Figure 54-4. Points de compression pour l'arrêt d'une hémorragie.

CHOC HYPOVOLÉMIQUE

La réduction du volume sanguin circulant est l'une des principales causes du choc. Les organes et les tissus sont mal irrigués, ce qui entraîne à la longue des troubles du métabolisme cellulaire. Dans les situations d'urgence, il faut prévoir la possibilité d'un choc. Toute victime de blessures doit être examinée sans délai pour déterminer si elle souffre de choc. Si oui, il faut en établir le type selon la cause sous-jacente (choc hypovolémique, cardiogénique, neurogénique ou septique). L'hypovolémie est la cause la plus fréquente (voir à ce sujet le chapitre 34.

Il faut rechercher les signes et symptômes suivants, dont la présence, dans une variété de combinaisons, témoigne d'un degré quelconque de choc hypovolémique : diminution de la pression artérielle, augmentation de la fréquence du pouls, peau moite et froide, pâleur, soif, diaphorèse, troubles de la conscience, oligurie, acidose métabolique, hyperpnée. Le critère le plus fiable est celui de la pression artérielle.

Les diagnostics infirmiers sont, notamment : diminution de l'irrigation tissulaire reliée à l'insuffisance de la circulation ; perturbation des échanges gazeux reliée au trouble de la relation ventilation-perfusion ; altération de l'élimination urinaire (oligurie ou anurie) reliée à la diminution de l'irrigation rénale ; diminution du débit cardiaque reliée à la diminution du volume sanguin circulant.

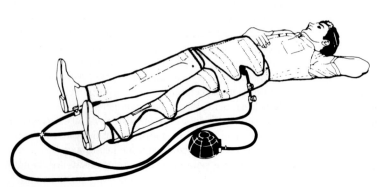

Figure 54-5. Le pantalon pneumatique antichoc a pour fonction de neutraliser l'hémorragie interne et l'hypovolémie ; il exerce sur les jambes et l'abdomen une contre-pression établissant une résistance périphérique artificielle, ce qui favorise l'irrigation des coronaires. Il faut mettre le pantalon en place dans les plus brefs délais, de préférence avant le transport du blessé.
(Source: David Clark Co., Inc., Worcester, MA)

Le traitement a pour objectif de rétablir et de maintenir l'irrigation tissulaire et de corriger les anomalies physiologiques.

Soins d'urgence

1. Établir l'intégrité des voies respiratoires et maintenir la respiration et la circulation. Fournir au besoin une assistance ventilatoire.
2. Restaurer le volume sanguin circulant par l'apport rapide de liquides et de sang, afin d'optimiser la précharge, de corriger l'hypotension et de maintenir l'irrigation des tissus.
   a) On introduit dans l'oreillette droite, ou à proximité de celle-ci, un cathéter de pression veineuse centrale. La pression veineuse centrale servira de guide au remplacement des pertes de liquides. Les lectures continues de la pression veineuse centrale permettent de suivre l'orientation et le degré des changements par rapport aux relevés initiaux. Le cathéter peut aussi servir à l'administration urgente de liquides.
   b) Des aiguilles ou des cathéters IV de gros calibre sont insérés dans les veines périphériques. Il faut parfois deux cathéters, ou plus, pour restaurer rapidement le volume sanguin et pour corriger l'instabilité hémodynamique; l'accent est mis sur le rétablissement volumique.
      (1) S'il y a lieu de soupçonner que l'un des grands vaisseaux du thorax ou de l'abdomen est rompu, insérer des cathéters intraveineux dans les bras et les jambes.
      (2) Prélever des échantillons de sang pour la mesure des gaz artériels, les analyses biochimiques, la détermination du groupe sanguin et l'épreuve de compatibilité, et la mesure de l'hématocrite.
3. Commencer une perfusion IV à fort débit, jusqu'à ce que la pression veineuse centrale ait suffisamment augmenté, ou que l'on constate une amélioration de l'état clinique du patient.
   a) Au début, le lactate Ringer est utile, car sa teneur en électrolytes et son osmolalité se rapprochent de celles du plasma. Son administration accorde le délai requis pour la détermination du groupe sanguin et l'épreuve de compatibilité. Elle rétablit la circulation et sert d'additif aux dérivés du sang.
   b) Commencer, selon l'ordonnance, la transfusion de sang, notamment en cas de graves pertes sanguines ou d'hémorragie non réprimée.
   c) Arrêter l'hémorragie, qui accentue l'état de choc. Si l'on croit que l'hémorragie persiste, obtenir des mesures répétées de l'hématocrite.
   d) Maintenir la pression artérielle systolique à un niveau suffisant en administrant les liquides et le sang prescrits.
4. Insérer une sonde urinaire à demeure; noter le débit urinaire toutes les 15 à 30 minutes. Le volume des urines traduit l'efficacité de l'irrigation rénale.
5. Effectuer rapidement un examen physique pour déterminer la cause du choc.
6. Assurer une surveillance constante du patient en vérifiant la pression sanguine, les fréquences cardiaque et respiratoire, l'ECG, la température et la couleur de la peau, la pression veineuse centrale, le débit urinaire et les valeurs des gaz artériels, de l'hématocrite, de l'hémoglobine, des épreuves de coagulation et des électrolytes, afin d'évaluer sa réaction au traitement. Inscrire tous les paramètres sur une feuille d'observation; l'évolution des données traduit l'amélioration ou la détérioration de l'état du patient.
7. Élever légèrement les pieds pour améliorer la circulation cérébrale et favoriser le retour du sang veineux vers le cœur. (*Cette position est contre-indiquée s'il y a blessure à la tête.*) Éviter tout mouvement inutile.
8. Administrer les agents pharmacologiques prescrits (par exemple, les médicaments à action inotrope comme la dopamine) pour améliorer le rendement cardiovasculaire.
9. Soutenir les mécanismes de défense de l'organisme.
   a) Rassurer et consoler le patient; la sédation est parfois nécessaire pour réduire son inquiétude.
   b) Soulager la douleur par l'emploi *prudent* d'analgésiques ou de narcotiques.
   c) Maintenir la température corporelle.
      (1) Un excès de chaleur mène à la vasodilatation, qui neutralise l'un des moyens de défense de l'organisme, la vasoconstriction, et augmente les pertes liquidiennes causées par la transpiration.
      (2) Le maintien d'une basse température est important pour le patient qui souffre de choc septique, car la fièvre augmente les effets du choc sur le métabolisme cellulaire.

Plaies

Les plaies (lésions tissulaires) se présentent sous toutes les formes, depuis les petites lacérations jusqu'aux graves blessures par écrasement. Avant de traiter une plaie, on s'occupe des problèmes qui menacent le pronostic vital: obstruction des voies respiratoires, hémorragie et choc.

Évaluation

1. Demander au blessé quand et comment l'accident s'est produit: un délai de plus de trois heures avant le traitement augmente les risques d'infection.
2. Examiner la plaie, en respectant les règles de l'asepsie, pour déterminer l'étendue des lésions aux structures sous-jacentes.
3. Déterminer si le blessé souffre de complications sensorielles, motrices ou vasculaires.

Les diagnostics infirmiers sont, notamment: atteinte à l'intégrité de la peau (plaie par arme blanche, lacération) reliée à la blessure, et risque élevé d'infection.

Les objectifs de soins sont de rétablir l'intégrité physique et la fonction du tissu atteint, en évitant l'infection et en limitant la formation du tissu cicatriciel.

Soins d'urgence

1. Seulement si indiqué, couper les poils ou raser la peau autour de la plaie (ne jamais toucher aux sourcils). On prend cette mesure quand on prévoit que les poils entraveront la fermeture de la plaie.
2. Nettoyer la peau au pourtour de la plaie avec le nettoyant prescrit. La solution ne doit pas pénétrer dans la plaie; elle pourrait endommager les tissus exposés.
3. Un anesthésique local est infiltré par voie intradermique en bordure de la plaie. On peut aussi procéder à une anesthésie régionale. (Quand les tissus mous sont lésés, le patient souffre généralement d'une douleur localisée au siège de la blessure.)

4. Collaborer au nettoyage et au débridement de la plaie.
   a) On irrigue doucement et copieusement la plaie, avec du soluté physiologique stérile, pour enlever les poussières à la surface.
   b) Enlever les tissus nécrosés et les corps étrangers, qui diminuent la capacité de résistance à l'infection.
   c) Clamper et attacher les petits vaisseaux hémorragiques, ou établir l'hémostase par la cautérisation.
5. Suturer la plaie (fait généralement par le médecin) s'il est nécessaire de la refermer. (La décision touchant la fermeture de la plaie dépend de la nature de la plaie, du temps écoulé depuis la blessure, du degré de contamination, et de la vascularité des tissus.)
   a) Rapprocher les tissus adipeux sous-cutanés et les réunir par quelques points de suture, sans trop les serrer, pour fermer l'espace libre.
   b) Fermer ensuite la couche intradermique.
   c) Fermer l'épiderme; les points de suture sont placés près des bords de la plaie, qui sont soigneusement remis en contact pour promouvoir la guérison.
   d) Les plaies superficielles propres peuvent être fermées avec des steristrips (bandes microporeuses renforcées).
6. Poser un pansement non adhésif pour protéger la plaie. (Le pansement joue le rôle d'une attelle et rappelle au patient qu'il est blessé.)
7. Quand la fermeture est différée, on applique les mesures suivantes:
   a) On peut couvrir la plaie d'une mince couche de gaze (pour assurer le drainage et empêcher une stagnation de l'exsudat), puis d'un pansement compressif. On peut également avoir recours à des xénogreffes provenant de tissu humain ou porcin afin de stimuler la réépithélisation.
   b) Immobiliser la plaie au moyen d'une attelle.
   c) La fermeture de la plaie se fera sous anesthésie locale quand il n'y aura plus de signes de suppuration.
8. Administrer les antibiotiques prescrits. (L'emploi des antibiotiques est fonction des circonstances de la blessure, du délai écoulé avant le traitement et du risque d'infection dû à la présence de souillures.)
9. Si la plaie est contaminée, immobiliser la partie atteinte; l'élever pour réduire l'accumulation de liquide dans les espaces interstitiels.
10. Administrer le vaccin antitétanique si l'état de la plaie l'exige et que le dossier d'immunisation du patient l'indique.
11. Recommander au patient de communiquer avec le médecin ou la clinique en cas de douleur soudaine ou persistante, de fièvre ou de frissons, d'hémorragie, de tuméfaction rapide, d'odeur nauséabonde, d'écoulement ou de rougeur autour de la plaie.

Résumé: Le patient dont la vie est menacée obtient la priorité en situation d'urgence. L'infirmière qui travaille dans une salle d'urgence doit avoir une excellente capacité d'observation et d'analyse, car elle doit repérer une large gamme de signes et de symptômes. Une salle d'urgence est un milieu de travail où règnent la pression et la nécessité d'agir rapidement. La démarche de soins infirmiers est un cadre logique permettant à l'infirmière de résoudre les problèmes.

Les principaux objectifs des soins d'urgence sont 1) de préserver la vie, 2) d'empêcher l'état du patient de se détériorer avant que l'on puisse assurer un traitement définitif, 3) de permettre au patient de retrouver une vie normale. À cette fin, les membres de l'équipe soignante agissent selon des règles précises. Le dégagement des voies respiratoires obtient la priorité absolue; le choix du moyen dépend de l'état du patient.

Tout en dégageant les voies respiratoires, on s'emploie à recueillir des données touchant les perturbations hémodynamiques. C'est la perte de sang (interne ou externe) qui représente la plus grande menace à la stabilité hémodynamique. L'équipe soignante applique une variété de directives touchant le remplacement des pertes de sang.

Beaucoup de visites au service des urgences sont motivées par des plaies qui vont des lacérations mineures jusqu'aux graves blessures par écrasement. Les protocoles établis par les médecins et les infirmières spécialisés en soins d'urgence précisent les étapes du traitement des plaies.

LÉSIONS TRAUMATIQUES

Les lésions traumatiques représentent aujourd'hui la troisième cause de décès en Amérique du Nord, après l'athérosclérose et le cancer; chez les enfants, et les adultes âgés de moins de 44 ans, elles se situent au premier rang. Il a été établi que la consommation abusive d'alcool et de drogues est un facteur associé aux lésions traumatiques fermées ou pénétrantes, notamment parce qu'elle favorise les accidents et la violence.

BLESSURES ABDOMINALES

Plaies abdominales pénétrantes

Les plaies abdominales pénétrantes (plaies par balle ou arme blanche) sont graves et relèvent habituellement de la chirurgie. Le facteur le plus important est la vitesse de pénétration de l'objet. Les balles, dont la vélocité est très grande, infligent des dommages étendus aux tissus qu'elles traversent: presque toujours, les plaies qu'elles provoquent doivent faire l'objet d'une exploration chirurgicale. Les plaies par arme blanche peuvent toutefois relever d'un traitement moins mutilant.

Évaluation des plaies abdominales

- Se renseigner sur le mécanisme de la blessure: force pénétrante (arme à feu, arme blanche), ou contondante (coup).
- Par l'auscultation, déterminer s'il y a présence de bruits intestinaux; noter les données, qui serviront de points de repère pour évaluer les changements. (L'absence de bruits intestinaux est l'un des premiers signes d'atteinte péritonéale; les signes d'irritation péritonéale justifient habituellement l'exploration immédiate par laparotomie.)
- Déterminer s'il y a distension de plus en plus marquée de l'abdomen, défense musculaire involontaire, sensibilité, douleur, raideur musculaire ou douleur à la palpation, diminution des bruits intestinaux, hypotension ou choc.
- Examiner la poitrine, car les blessures abdominales sont souvent accompagnées de blessures au thorax; déterminer s'il y a d'autres blessures.
- Noter, au fur et à mesure, tous les signes physiques révélés par l'examen.

Les diagnostics infirmiers sont, notamment: atteinte à l'intégrité de la peau reliée aux plaies pénétrantes, et risque élevé d'infection relié à la rupture de l'épiderme. Les principaux objectifs de soins sont : arrêter l'hémorragie, maintenir le volume sanguin et prévenir l'infection des plaies.

Soins d'urgence

1. Entreprendre les manœuvres de réanimation indiquées (rétablissement de l'intégrité des voies respiratoires, respiration, circulation).
2. Laisser le patient sur la civière ou sur la planche dorsale, car les déplacements peuvent entraîner une hémorragie massive par la formation d'un caillot obstruant un gros vaisseau.
   a) Assurer la perméabilité des voies respiratoires et la stabilité des systèmes respiratoire, circulatoire et nerveux.
   b) Si le patient est dans le coma, exercer une légère pression sur le cou jusqu'à ce que l'on puisse faire des radiographies de la région cervicale.
   c) Couper et retirer les vêtements autour des plaies.
   d) Compter les plaies.
   e) Repérer les blessures correspondant à l'entrée et à la sortie du projectile.
3. Rechercher les signes et les symptômes d'hémorragie. *L'hémorragie accompagne souvent les blessures abdominales*, particulièrement s'il y a eu atteinte du foie ou de la rate.
4. Réprimer l'hémorragie et assurer le maintien du volume sanguin jusqu'au moment de l'intervention chirurgicale.
   a) Assurer la compression des plaies à l'origine d'une hémorragie externe et l'occlusion des plaies thoraciques.
   b) Insérer un cathéter IV de fort calibre pour assurer un remplacement liquidien rapide dans le but de restaurer la dynamique circulatoire.
   c) Après une transfusion, observer attentivement le patient; une réaction favorable initiale peut céder la place au choc, qui est souvent le premier signe d'une hémorragie interne.
   d) Le médecin procède parfois à une paracentèse pour rechercher l'origine de l'hémorragie.
5. Aspirer le contenu de l'estomac au moyen d'une sonde nasogastrique. Cette intervention permet également de détecter les lésions de l'estomac, de réduire la contamination de la cavité péritonéale et de prévenir les complications pulmonaires liées à l'aspiration.
6. En cas d'éviscération, placer des pansements stériles imbibés d'une solution salée stérile sur les tissus saillants pour les empêcher de se dessécher.
7. Insérer une sonde urétrovésicale à demeure afin de surveiller la présence d'hématurie et le débit urinaire.
8. Inscrire sur une feuille de surveillance toutes les données relevées : signes vitaux, débit urinaire, pression veineuse centrale (s'il y a lieu), valeurs de l'hématocrite et état neurologique.
9. Si on soupçonne une hémorragie intrapéritonéale, faire les préparatifs nécessaires pour un lavage péritonéal (encadré 54-3) ou une paracentèse.
10. S'il s'agit d'une plaie par arme blanche, préparer le patient pour une radiographie qui déterminera s'il y a pénétration dans la cavité péritonéale.
    a) On fait une suture en bourse autour de la plaie.
    b) On insère une petite sonde dans la plaie.
    c) On injecte une substance de contraste dans la sonde et on fait les radiographies.
11. Administrer la prophylaxie antitétanique prescrite.
12. Administrer un antibiotique à large spectre, selon l'ordonnance, pour prévenir l'infection, car le patient traumatisé y

est prédisposé (Les facteurs qui favorisent l'infection sont l'atteinte à l'intégrité des barrières corporelles, les bactéries exogènes présentes dans le milieu ambiant au moment de l'accident, de même que les mesures diagnostiques et thérapeutiques. Dans ce dernier cas, on parle d'infection nosocomiale.)
13. Préparer le patient à la chirurgie s'il continue de manifester des signes de choc, de perte sanguine, d'épanchement gazeux sous le diaphragme, d'éviscération ou d'hématurie.

LÉSIONS ABDOMINALES FERMÉES

Les lésions abdominales fermées, ou contusions abdominales, sont causées notamment par les accidents d'automobiles, les chutes et les coups à l'abdomen. Elles représentent un défi redoutable pour le personnel soignant, car elle sont souvent très difficiles à déceler. Plus que les plaies pénétrantes, les lésions fermées sont associées à des complications différées, surtout si elles touchent le foie, les reins, la rate ou les vaisseaux sanguins, car elles peuvent alors entraîner un important épanchement de sang dans la cavité péritonéale. Souvent, les lésions abdominales s'accompagnent de lésions de la poitrine, de la tête ou des membres, qui peuvent avoir préséance sur les premières.

Évaluation

1. Obtenir un récit détaillé de l'accident. (Cela est souvent impossible, et les renseignements fournis peuvent être trompeurs.) Chercher à se renseigner le mieux possible sur les points suivants :
   a) mécanisme de la blessure;
   b) moment de l'apparition des symptômes;
   c) siège occupé dans la voiture, s'il s'agit d'un accident d'automobile (le conducteur souffre souvent d'une rupture du foie ou de la rate); port de la ceinture de sécurité et type de ceinture;
   d) moment de la dernière consommation de nourriture et de liquides;
   e) tendances aux saignements;
   f) maladies et médicaments concomitants;
   g) immunisations antérieures, particulièrement contre le tétanos;
   h) allergies.
2. Faire rapidement un examen complet afin de déceler tout problème menaçant le pronostic vital.

Sur le plan clinique, les lésions fermées de l'abdomen peuvent se manifester par une douleur (associée notamment au mouvement), une douleur provoquée à la détente brusque de la paroi abdominale après la palpation (indiquant parfois une irritation péritonéale causée par le sang ou le liquide gastro-intestinal), une défense musculaire, de même qu'une diminution ou une absence de bruits intestinaux.

Soins d'urgence

1. Entreprendre simultanément les manœuvres de réanimation et l'évaluation du patient.
2. Procéder à l'examen physique : inspection, palpation, auscultation et percussion de l'abdomen. Les changements apparaissant aux examens ultérieurs peuvent révéler une blessure abdominale non décelée lors de l'examen initial.
   a) Ne pas déplacer le patient avant d'avoir terminé l'examen initial. Tout mouvement peut entraîner une hémorragie massive par la fragmentation d'un caillot obstruant un gros vaisseau.

Encadré 54-3
Lavage péritonéal

Le lavage péritonéal consiste à irriguer le péritoine et à examiner le liquide d'irrigation, pour évaluer les conséquences des lésions abdominales.

Objectifs

1. Déceler une hémorragie abdominale.
2. Confirmer les résultats équivoques.
3. Éviter une chirurgie inutile, notamment quand l'état de conscience est perturbé à cause d'un traumatisme crânien ou de la consommation de drogues ou d'alcool ou quand l'examen physique ne fournit pas de réponses fiables (lésions de la moelle épinière).

Matériel

Plateau de dialyse péritonéale
Solution stérile (lactate de Ringer ou soluté physiologique)
Tubulure de perfusion et potence
Cathéter de dialyse péritonéale (à plusieurs voies)
Anesthésique local cutané et gants stériles

Méthode

Action	Commentaires/Justification
Préparation	
1. Expliquer l'intervention au patient et s'assurer qu'il a signé la formule de consentement.	1. Les explications rassurent le patient et lui fournissent les renseignements dont il a besoin pour accorder un consentement éclairé.
2. Évacuer la vessie (employer une sonde au besoin).	2. On prévient ainsi la perforation de la vessie.
3. Insérer une sonde nasogastrique, selon les directives du médecin.	3. On décomprime ainsi l'estomac.
4. Préparer l'abdomen comme pour une intervention chirurgicale.	4. En éliminant les bactéries superficielles, on diminue les risques d'infection de la plaie par contamination.
5. En respectant les règles de l'asepsie, remplir de solution la tubulure de perfusion.	
Exécution (par le médecin)	
1. L'anesthésique local est infiltré dans la peau, sur la ligne médiane, 2 à 3 cm sous le nombril.	1. La région de la ligne médiane est relativement peu vascularisée. On peut ajouter de l'épinéphrine à l'anesthésique pour favoriser la constriction capillaire.
2. On pratique une incision verticale jusqu'à la ligne blanche.	
3. Une pression locale est exercée pour arrêter l'écoulement capillaire; les vaisseaux hémorragiques sont soigneusement ligaturés.	3. On ligature les vaisseaux pour éviter que l'intervention ne donne des résultats faussement positifs.
4. On dégage à vue le péritoine, et on insère la sonde de dialyse péritonéale dans la cavité.	
5. On attache une seringue à la sonde et on procède à l'aspiration.	5. La présence visible de sang, de bile ou du contenu des intestins est un résultat positif, et on prépare immédiatement le patient pour une laparotomie.
6. S'il n'y a pas de sang dans le liquide aspiré, on attache la sonde à la tubulure de perfusion, et on injecte entre 500 et 1000 mL de solution dans la cavité péritonéale.	6. Si l'état du patient l'autorise, on peut le tourner d'un côté, puis de l'autre pour mélanger la solution et le contenu du péritoine.
7. Une fois la perfusion terminée, on retire le sac de perfusion de la potence et on le place sous le niveau de l'abdomen, près du sol.	7. En abaissant le sac, on produit un effet de siphon qui fera s'écouler le liquide en excès. Il faut aspirer de cette façon le maximum de liquide.
8. On retire la sonde et on ferme la plaie (à moins qu'une laparotomie ne soit nécessaire).	
9. Après un examen visuel du liquide extrait de la cavité péritonéale, on le fait parvenir au laboratoire pour une numération cellulaire et un examen microscopique du sédiment.	

Encadré 54-3 (suite)

Action

Examens du liquide de lavage

1. *Examen macroscopique (à l'œil nu)*: La présence visible de sang justifie une laparotomie.
2. *Études de laboratoire (résultats positifs)*: Liquide sanguinolent
   Numération érythrocytaire supérieure à $0,1 \times 10^{12}/L$
   Numération leucocytaire supérieure à $0,5 \times 10^{6}/L$
   Présence de bactéries
   Présence de bile

Interventions infirmières après le lavage péritonéal

1. Observer le patient à la recherche de complications.

2. Surveiller de près le patient pour déceler tout changement.

Commentaires/Justification

1. Si les résultats sont positifs, on fait habituellement une laparotomie; s'ils sont négatifs, on retire la sonde et on ferme la plaie.
2. Si les résultats sont douteux, on peut laisser la sonde en place et refaire le lavage; s'ils sont positifs, mais de façon peu concluante, et si l'état du patient est stable, on peut effectuer une échographie et une artériographie.

1. Les principales complications sont un hématome de la plaie, la perforation de l'intestin ou de la vessie, la lacération d'un gros vaisseau et l'infection.
2. Quand une blessure abdominale est soupçonnée, il faut répéter souvent l'examen physique de l'abdomen.

---

b) Être attentif à une large gamme de signes et de symptômes traduisant une perte sanguine, des ecchymoses ou une déchirure des viscères pleins, ou encore un épanchement de sécrétions provenant des viscères creux.

c) Déterminer si le patient présente des blessures au thorax, notamment des fractures des côtes inférieures.

d) Examiner le devant du corps, les flancs et le dos pour déceler les taches bleuâtres, les asymétries, les abrasions et les contusions.

e) Rechercher les signes et les symptômes d'hémorragie; celle-ci accompagne souvent les blessures abdominales, notamment s'il y a atteinte du foie ou de la rate. L'hémorragie intrapéritonéale massive est associée au choc.

f) Noter toute manifestation de sensibilité, de douleur à la palpation, de défense musculaire, de raideur et de spasme. La douleur à la palpation est décelée de la façon suivante:
   (1) Demander au patient d'indiquer la région la plus sensible; appuyer sur cette région.
   (2) Retirer brusquement les doigts; une douleur indique une irritation péritonéale.

g) Déterminer s'il y a distension de plus en plus marquée de l'abdomen. À l'arrivée du patient, mesurer son tour de taille à la hauteur du nombril; cette valeur initiale permettra de repérer tout changement subséquent.

h) Demander au patient si la douleur irradie. (Il s'agit d'un indice de lésions intrapéritonéales. L'hémorragie causée par la rupture de la rate peut causer une douleur qui irradie vers l'épaule gauche; la lacération du foie provoque parfois une douleur dans l'épaule droite.)

i) Ausculter les bruits intestinaux. (L'irritation du péritoine se traduit par l'absence de bruits intestinaux.)

j) L'absence de matité au-dessus des viscères pleins (foie ou rate) témoigne de la présence d'air libre. (Au niveau des régions qui contiennent normalement des gaz, la matité indique la présence de sang.)

3. Collaborer à l'examen rectal ou vaginal destiné à établir s'il y a blessure au bassin, à la vessie ou à la paroi de l'intestin.

4. Ne pas administrer de narcotiques pendant la période d'observation, ceux-ci pouvant fausser le tableau clinique.

5. Vérifier fréquemment, et avec le plus grand soin, les signes vitaux, qui sont parfois le seul indice d'une hémorragie abdominale.

6. Préparer le patient aux examens diagnostiques.
   a) Épreuves de laboratoire
      (1) Recherche de sang dans les urines pour dépister une atteinte des voies urinaires
      (2) Mesures répétées de l'hématocrite pour dépister la présence d'une hémorragie
      (3) Numération leucocytaire, une augmentation étant un signe général de traumatisme
      (4) Mesure du taux d'analyse sérique, une augmentation indiquant une atteinte du pancréas ou des perforations du tube digestif
   b) Radiographies
      (1) Tomodensitométrie, pour obtenir un bilan précis du contenu de l'abdomen et un examen rétropéritonéal
      (2) Radiographies de l'abdomen et du thorax, pour dépister la présence d'air libre sous le diaphragme, ce qui témoigne de la rupture d'un viscère creux

7. Procéder aux préparatifs en vue d'un lavage péritonéal visant à déceler une hémorragie abdominale (encadré 54-3). L'examen macroscopique et microscopique du liquide obtenu par le lavage permet de diagnostiquer une lacération ou une hémorragie.

8. Collaborer à l'introduction d'une sonde nasogastrique pour empêcher les vomissements et une aspiration subséquente. Cette mesure favorise aussi la décompression du tube digestif (évacuation de l'air et du liquide).

9. Complications:
   a) Les complications immédiates sont l'hémorragie, le choc et les blessures associées.
   b) Les complications tardives sont les infections.

BLESSURES PAR ÉCRASEMENT

On peut subir une blessure par écrasement quand on est enseveli sous des décombres, écrasé sous les roues d'une voiture ou broyé par une machine.

Évaluation. Déceler les troubles suivants :

- Choc hypovolémique, causé par l'extravasation de sang et de plasma dans les tissus lésés, une fois la compression relâchée
- Paralysie d'un membre
- Erythème et vésication de la peau
- Œdème, tension et durcissement de la région atteinte (il s'agit souvent d'un membre)
- Atteinte rénale (L'hypotension prolongée peut léser les reins et provoquer une insuffisance aiguë; la myoglobinurie consécutive au traumatisme des muscles peut également causer une insuffisance rénale aiguë.)

Soins d'urgence

1. Combattre le choc.
2. Observer attentivement le patient pour déceler les signes d'insuffisance rénale aiguë. Les blessures au dos peuvent entraîner de graves dommages aux reins.
3. Pour enrayer l'hémorragie et soulager la douleur, agir rapidement pour comprimer les blessures importantes des tissus mous.
4. Élever le membre. Pour soulager la pression causée par l'épanchement, le médecin doit parfois pratiquer une aponévrectomie.
5. Administrer les médicaments prescrits pour soulager la douleur et l'anxiété.

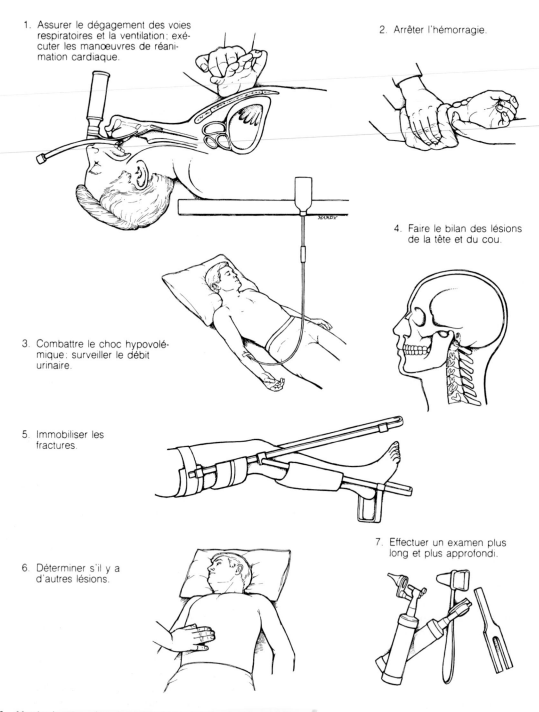

Figure 63-6. Marche à suivre dans le cas de lésions traumatiques multiples.

POLYTRAUMAS

Le patient souffrant de lésions traumatiques multiples doit être pris en charge par une équipe dont un membre assure la coordination. Les polytraumas peuvent affecter l'ensemble des systèmes et des appareils de l'organisme.

Évaluation. Une lésion importante, produisant peu ou pas de signes visibles, peut échapper à l'examen; de même, la lésion qui paraît la plus anodine peut être la plus meurtrière. Le polytraumatisé peut souffrir d'une dépression générale des fonctions organiques provoquant diverses complications: chute de la pression sanguine, manque d'oxygène dans le sang et les principaux organes, arythmies, arrêt respiratoire et cardiaque. On pense que les mécanismes de défense de l'organisme sont également déprimés, ce qui contribue à l'insuffisance organique globale. La mortalité chez les polytraumatisés est liée à la gravité des traumatismes et au nombre d'organes et de systèmes atteints.

Soins d'urgence. Le traitement vise à déterminer l'étendue des lésions et à établir les priorités de traitement. Toute blessure qui entrave une fonction physiologique vitale (échanges d'air, respiration, circulation) obtient la priorité absolue du fait qu'elle menace le pronostic vital. *Les mesures d'extrême urgence destinée à sauver la vie du patient sont exécutées simultanément par les différents membres de l'équipe de soins d'urgence.* Quand le patient est ranimé, on coupe et on enlève ses vêtements et on procède rapidement à un premier bilan physique. Le blessé dont l'état est critique doit rester sur la civière ou la planche dorsale jusqu'à ce que son état soit stable. Les blessés qui présentent de graves traumatismes doivent être soignés dans un centre de traumatologie. Les priorités de traitement sont les suivantes (figure 54-6):

1. Effectuer *rapidement* un examen physique pour déterminer si le patient respire, s'il y a hémorragie et s'il est en état de choc. Vérifier sa réactivité; dépister les lésions graves et les déformations témoignant de fractures*.
2. Entreprendre les manoeuvres de réanimation (dégagement des voies respiratoires, respiration, circulation), pendant qu'un autre membre de l'équipe fait un bilan physique*.
    a) Observer les caractéristiques et la symétrie du mouvement de la paroi thoracique, ainsi que le cycle de la respiration. Ausculter la poitrine.
    b) Si le patient est conscient, lui demander s'il a de la difficulté à respirer et s'il a mal à la poitrine.
    c) Procéder à une aspiration pour dégager la trachée et l'arbre bronchique.
    d) Insérer une canule oropharyngée pour empêcher la langue d'obstruer les voies respiratoires.
    e) Ventiler le patient (ensemble masque et ballon) pour soulager l'hypoxie.
    f) Se préparer à une intubation endotrachéale si l'on ne parvient pas à assurer l'intégrité des voies respiratoires.
    g) Soupçonner la présence de graves blessures thoraciques si la détresse respiratoire se maintient après que l'on ait assuré le dégagement des voies respiratoires. (Le traitement des blessures thoraciques est décrit au chapitre 4).

---

* *Ces interventions d'extrême urgence, nécessaires pour sauver la vie du patient, sont exécutées simultanément par les différents membres de l'équipe de soins d'urgence.*

3. Évaluer la fonction cardiaque: l'hypoxie, l'acidose métabolique et les lésions thoraciques peuvent provoquer un arrêt cardiaque. S'il y a arrêt cardiaque, le traiter*.
    a) Pour traiter l'arrêt cardiaque, on administre un massage cardiaque et une assistance ventilatoire (voir le chapitre 14).
    b) Si la cage thoracique est instable (volet thoracique), il faut parfois pratiquer d'urgence une thoracotomie et un massage manuel.
    c) Administrer du bicarbonate de sodium par voie intraveineuse, selon l'ordonnance, pour combattre l'acidose métabolique. On observe toujours un certain degré d'acidose métabolique chez les patients gravement traumatisés qui présentent des difficultés respiratoires et circulatoires.
4. Arrêter l'hémorragie*.
    a) En cas d'hémorragie externe, exercer une pression sur les points de saignement.
    b) Prévoir une perte sanguine importante chez les patients atteints d'une fracture du corps du fémur, de fractures multiples, ou de graves lésions du bassin.
    c) En présence d'une hémorragie artérielle massive qu'on ne parvient pas à arrêter par compression, poser un garrot sur le membre atteint.
    d) En cas d'hémorragie interne, préparer le patient pour une intervention chirurgicale d'urgence.
5. Prévenir et traiter le choc hypovolémique.
    a) Selon l'ordonnance, mettre en place des lignes de perfusion intraveineuse (entre deux et quatre). Une dissection veineuse s'impose parfois.
    b) Selon les directives du médecin, prélever les échantillons de sang requis pour les épreuves de laboratoire (détermination du groupe sanguin et épreuve de compatibilité, hémogramme de base, électrolytes, azote uréique, glucose, temps de prothrombine).
    c) Le médecin peut insérer un cathéter veineux central (de préférence à plusieurs voies) pour administrer des liquides, surveiller la réaction du patient à l'administration des liquides et prévenir une surcharge liquidienne.
    d) Commencer les perfusions intraveineuses.
        (1) Le lactate Ringer est indiqué pour assurer le remplissage vasculaire jusqu'à ce que le sang soit prêt.
        (2) Le débit de perfusion doit être suffisant pour maintenir la pression veineuse centrale entre 5 et 15 cm H_2O; il faut surveiller la vitesse et l'orientation des variations.
    e) Administrer les dérivés du sang prescrits. Il faut parfois réchauffer le sang, car les transfusions massives ont un effet de refroidissement qui peut provoquer une irritabilité et un arrêt cardiaques.
    f) Insérer un cathéter urétrovésical et surveiller le débit urinaire, afin de faciliter le diagnostic du choc et de vérifier l'efficacité du traitement et l'intégrité de la fonction rénale. Ne pas forcer l'insertion du cathéter: une résistance témoigne peut-être d'une rupture de l'urètre.
    g) Surveiller l'électrocardiogramme pour déceler tout changement.
    h) Procéder à une collecte continue des données cliniques afin d'établir s'il y a amélioration ou détérioration. La régression de l'état de choc se traduit notamment par une amélioration de la réactivité, un réchauffement de la peau et une augmentation de la vitesse de remplissage.
    i) Si le patient ne réagit pas à la perfusion de liquides ou de sang, se préparer pour une intervention chirurgicale immédiate. L'échec des mesures visant à rétablir la pression

sanguine et le volume circulatoire témoigne habituellement d'une importante hémorragie interne.

6. Faire le bilan des lésions de la tête et du cou.
   a) Évaluer l'état neurologique du patient: réactivité, diamètre et rapidité de réaction des pupilles, force motrice, réflexes.
   b) S'il y a lieu, obtenir des radiographies du cou (et de la poitrine); mettre un collet cervical rigide et ne le retirer que si les radiographies indiquent l'absence de lésions de la colonne cervicale.
   c) Dans certains cas, on établit un monitorage de la pression intracrânienne.
7. Selon l'ordonnance du médecin, administrer de la dexaméthasone (Decadron). Les corticostéroïdes semblent protéger la fonction pulmonaire chez les polytraumatisés et combattre l'insuffisance pulmonaire post-traumatique; il faut savoir, toutefois, que ce traitement fait l'objet de controverses.
8. Immobiliser les fractures afin de prévenir de nouvelles lésions aux tissus mous et aux vaisseaux sanguins, et de soulager la douleur; noter la présence ou l'absence de pouls dans les membres fracturés.
9. Faire le bilan des lésions gastro-intestinales.
   a) Répéter souvent l'examen visant à déceler la douleur abdominale, la raideur musculaire, la sensibilité, la douleur à la palpation, la diminution des bruits intestinaux, l'hypotension et le choc.
   b) Faire les préparatifs nécessaires pour un lavage péritonéal qui permettra de déceler une hémorragie intrapéritonéale.
   c) Quand on soupçonne la présence d'une hémorragie digestive haute, ou que l'on constate l'apparition d'une distension gazeuse de l'estomac, collaborer à l'insertion d'une sonde nasogastrique; la sonde réduit les risques de vomissements et d'aspiration.
   d) Faire les préparatifs nécessaires à une laparotomie si le patient continue de présenter des signes d'hémorragie et une détérioration de son état.
10. Vérifier toutes les heures le débit urinaire, qui reflète le débit cardiaque et l'irrigation des viscères.
    a) Déterminer s'il y a hématurie ou oligurie.
    b) Inscrire les valeurs sur une feuille de surveillance.
11. Faire le bilan de toutes les autres lésions et entreprendre les mesures de traitement nécessaires, notamment l'immunisation contre le tétanos.
12. Une fois le patient ranimé et les soins prioritaires assurés, faire un examen physique plus complet.

Résumé: Le terme «lésions traumatiques» désigne les plaies perforantes et les lésions fermées de l'abdomen, les lésions multiples et les blessures par écrasement. Elles sont aujourd'hui de plus en plus fréquentes. Les plaies perforantes de l'abdomen sont causées, notamment, par un couteau ou une balle; la vélocité de la pénétration est un facteur important, car plus elle est grande, plus les dommages aux tissus sont étendus. Quant aux lésions fermées de l'abdomen, elles ne sont révélées dans certains cas par aucun signe extérieur avant l'apparition de graves complications: ainsi, la rupture de la rate peut provoquer une hémorragie dans la cavité péritonéale, qui se manifestera ensuite par un état de choc.

Un ensevelissement sous des décombres ou une compression par une machine sont des causes de blessures par écrasement. En présence de telles blessures, l'une des priorités du traitement est de combattre le choc.

Les polytraumatisés doivent être pris en charge par une équipe, car ils présentent habituellement plusieurs problèmes graves exigeant d'être traités simultanément. En général, l'action de cette équipe est coordonnée par un médecin qui se fonde sur des protocoles précis pour diriger les soins.

L'infirmière qui soigne des victimes de lésions traumatiques doit être capable d'évaluer rapidement la situation, et doit maîtriser parfaitement un certain nombre de techniques.

FRACTURES

Le traitement immédiat d'une fracture peut faire la différence entre une guérison ou une incapacité permanente. Au moment de l'examen, on doit toucher doucement le membre affecté, et le manipuler le moins possible; pour diminuer le traumatisme, on coupe et on retire les vêtements recouvrant la partie atteinte. On doit noter la présence d'une douleur au-dessus ou près d'un os, d'oedème (infiltration des tissus par le sang, la lymphe et l'exsudat), et de perturbation de la circulation de même que d'ecchymoses, de sensibilité et de crépitation. *Il ne faut pas oublier que le patient peut souffrir de multiples fractures en même temps que de graves blessures à la tête, au thorax ou ailleurs.*

Soins d'urgence

1. Accorder une attention immédiate à l'état général du patient. S'il existe une possibilité de blessures multiples, il faut le dévêtir entièrement, le couvrir, et le surveiller de façon continuelle.
   a) Évaluer les difficultés respiratoires causées par l'oedème, découlant notamment de blessures au visage et au cou et de l'accumulation des sécrétions dans les voies respiratoires.
      (1) Examiner la poitrine pour dépister les plaies thoraciques pénétrantes, le pneumothorax, le volet thoracique, ou autres.
      (2) Selon les indications, faire les préparatifs nécessaires à l'intubation endotrachéale ou la trachéotomie d'urgence.
   b) Arrêter l'hémorragie.
      (1) Réprimer l'hémorragie veineuse par une compression directe de la plaie, et en exerçant une pression digitale sur l'artère la plus proche de la plaie.
      (2) Soupçonner une hémorragie interne (plèvre, péricarde ou abdomen) en cas de choc persistant et de blessures au thorax et à l'abdomen.
   c) Traiter le choc qui résulte habituellement des pertes de sang.
      (1) Observer s'il y a chute de la pression sanguine, peau froide et moite, pouls rapide et filant.
      (2) Ne pas oublier que les fractures du fémur et du bassin peuvent entraîner une importante perte sanguine.
      (3) Maintenir la pression sanguine par des perfusions intraveineuses et l'administration de plasma ou de succédanés du plasma, selon l'ordonnance du médecin.
      (4) Administrer le sang ou les dérivés du sang prescrits dès qu'on peut les obtenir.
      (5) Administrer de l'oxygène: les difficultés cardiorespiratoires diminuent l'apport en oxygène aux tissus et peuvent entraîner un collapsus cardiovasculaire.
      (6) Administrer les analgésiques prescrits pour soulager la douleur. (Pour traiter le choc qui accompagne les fractures, il est indispensable d'immobiliser le membre atteint et de soulager la douleur.)

7) Déterminer si le patient souffre d'autres blessures à la tête, au thorax ou ailleurs.

2. Examiner les fractures.

a) Procéder à un examen complet et systématique de la tête aux pieds; établir le bilan des lacérations, des tuméfactions et des déformations.

b) Noter les *angulations*, les *raccourcissements* et les *rotations*.

c) Palper le pouls distal à l'extrémité fracturée, ainsi que tous les pouls périphériques.

d) Déterminer s'il y a froideur, pâleur, diminution des fonctions sensorielle et motrice, et diminution ou absence de pouls: ces données indiquent des lésions nerveuses ou une diminution de l'irrigation sanguine.

e) Toucher doucement le membre atteint; le manipuler le moins possible.

3. Poser des attelles avant de transporter le blessé. Les attelles calment la douleur, améliorent la circulation, préviennent de nouvelles lésions aux tissus mous et empêchent la transformation d'une fracture fermée en fracture ouverte.

a) Immobiliser les articulations au-dessus et au-dessous de la fracture. Placer une main en aval de la fracture et exercer une traction; l'autre main est placée sous la fracture pour assurer le soutien.

b) Prolonger l'attelle bien au-delà des articulations voisines de la fracture.

c) Après la pose de l'attelle, vérifier l'état vasculaire de l'extrémité: couleur, température, pouls, pâleur du lit unguéal.

d) Déterminer si la fracture a entraîné une atteinte neurologique.

e) S'il s'agit d'une fracture ouverte, appliquer un pansement stérile.

4. Chercher la cause de toute douleur ou pression dont le patient se plaint.

5. Faire preuve de douceur et d'attention en transportant le blessé.

6. On trouvera au chapitre 62 des explications complètes sur le traitement des fractures selon leur siège.

Urgences thermiques

Coup de chaleur

Le coup de chaleur, qui est causé par la défaillance des mécanismes de thermorégulation, est une urgence médicale extrême. Son apparition est favorisée par la canicule, particulièrement si le taux d'humidité est très élevé. Il touche principalement les personnes qui ne sont pas acclimatées aux grandes chaleurs, les personnes âgées, les personnes non autonomes ou qui souffrent de maladies chroniques et débilitantes, ou encore qui prennent certains médicaments (neuroleptiques, anticholinergiques, diurétiques, bêta-bloquants). Une forme particulière du coup de chaleur, *l'hyperthermie maligne d'effort*, survient à l'exercice physique intense par temps chaud et humide, et peut être fatale; elle atteint des personnes en santé qui se livrent à un sport ou à un travail physique, et chez qui la déperdition de chaleur ne suffit pas à empêcher l'hyperthermie.

Gérontologie. Ce sont surtout les personnes âgées qui meurent des effets de la chaleur, car leur appareil circulatoire n'est pas capable de compenser le stress imposé par une élévation de température.

Évaluation. Le coup de chaleur entraîne des lésions thermiques cellulaires, d'où des dommages étendus intéressant le cœur, le foie, les reins et les mécanismes de la coagulation. Le bilan révèle une exposition à des températures ambiantes élevées ou une dépense physique excessive. La collecte des données porte sur les points suivants: atteinte neurologique profonde (qui se traduit par la confusion, le délire, des comportements aberrants et le coma), une température corporelle élevée (40,6 °C ou plus), une peau chaude et sèche (un symptôme fréquent), l'anidrose (absence de transpiration) et la tachypnée.

Le diagnostic infirmier est: thermorégulation inefficace reliée à l'incapacité des mécanismes d'homéostase de maintenir la température normale du corps. L'objectif de soins est d'abaisser le plus rapidement possible la température, car la mortalité est directement associée à la durée de l'hyperthermie.

Soins d'urgence

1. Retirer les vêtements du patient.

2. Le plus rapidement possible, faire baisser la température profonde à 39 °C. Selon les directives du médecin, employer les mesures nécessaires parmi les mesures suivantes:

a) Recouvrir le patient de serviettes ou de draps frais, ou l'éponger continuellement avec de l'eau fraîche.

b) Appliquer de la glace sur la peau tout en l'aspergeant d'eau tiède.

c) Employer des couvertures de refroidissement.

d) Si la température ne diminue pas, le médecin peut prescrire un lavage de l'estomac ou du côlon avec du soluté physiologique glacé.

3. Pendant les interventions visant à refroidir le patient, entreprendre un massage pour favoriser la circulation et maintenir la vasodilatation cutanée.

4. Disposer un ventilateur électrique de façon à ce qu'un courant d'air enveloppe le patient, pour augmenter la dissipation de la chaleur par convection et évaporation.

5. Surveiller constamment la température du patient au moyen d'un thermomètre électronique inséré dans le rectum ou l'œsophage. Il faut prendre garde à l'hypothermie, ainsi qu'au retour spontané de l'hyperthermie après trois ou quatre heures.

6. Surveiller attentivement le patient. Les signes vitaux, l'ECG, la PVC et la réactivité se modifient quand la température corporelle change rapidement; le patient peut être atteint de convulsions qui seront suivies d'une récurrence de l'hyperthermie.

7. Administrer de l'oxygène pour répondre aux besoins des tissus, augmentés par l'accélération du métabolisme. Assister le médecin dans la mise en place d'une sonde endotrachéale à ballonnet; au besoin, associer la sonde à un ventilateur pour assister l'appareil cardiorespiratoire défaillant.

8. Commencer la perfusion intraveineuse, selon l'ordonnance du médecin, pour remplacer les pertes de liquides et maintenir le volume circulatoire. Le débit de perfusion doit être lent, car la température élevée du corps et le mauvais fonctionnement des reins font courir le risque de lésions du myocarde.

9. Mesurer le débit urinaire; le coup de chaleur peut se compliquer d'une néphrite interstitielle aiguë.

10. Assurer le maintien des fonctions vitales par les mesures prescrites:

a) diurétiques (mannitol), pour favoriser la diurèse (contrôler avec soin la pression sanguine, car ces médicaments peuvent précipiter l'hypotension);

b) dialyse, s'il y a insuffisance rénale ;

c) anticonvulsivants ;

d) potassium pour corriger l'hypokaliémie et bicarbonate de sodium pour corriger l'acidose métabolique (selon les résultats des analyses de laboratoire).

11. Surveiller la courbe de l'ECG pour détecter la présence éventuelle d'une ischémie myocardique, d'un infarctus du myocarde ou d'arythmies.

12. Effectuer des épreuves de coagulation pour déceler la coagulation intravasculaire disséminée, et des mesures des enzymes sériques pour vérifier s'il y a lésions thermiques hypoxiques des tissus hépatiques et musculaires.

13. Faire admettre le patient à l'unité des soins intensifs ; le coup de chaleur peut causer des dommages permanents au foie, au cœur et au système nerveux central.

Enseignement au patient

1. Recommander au patient de ne pas s'exposer à des températures élevées, car pendant une période assez longue, il va présenter une hypersensibilité à la chaleur.

2. Insister sur la nécessité de boire en quantité suffisante, de porter des vêtements amples, et de ne pas être trop actif par temps chaud.

3. Conseiller aux athlètes de surveiller et de compenser leurs pertes liquidiennes et d'augmenter graduellement l'intensité de l'effort physique, en prenant le temps qu'il faut pour l'acclimatation.

4. Recommander aux patients âgés et vulnérables vivant en milieu urbain où la chaleur est parfois intense, de fréquenter des lieux où ils bénéficieront d'air frais (centres commerciaux, bibliothèques, églises).

BLESSURES PAR LE FROID

Gelures

Les gelures sont des lésions causées par l'exposition à un froid intense. De petits cristaux de glace se forment dans les liquides interstitiels des cellules et des espaces intracellulaires, entraînant des dommages vasculaires ; le plus souvent, ce sont les pieds, les mains, le nez et les oreilles qui sont atteints. L'extrémité gelée est dure, froide, insensible au toucher, blanche, ou parfois livide avec des taches blanc-bleu. L'étendue des lésions causées par le froid n'apparaît pas toujours au premier examen.

Les diagnostics infirmiers sont, notamment : hypothermie, risque élevé d'infection, diminution de l'irrigation tissulaire, et altération de la perception sensorielle tactile.

Soins d'urgence. L'objectif de soins consiste à rétablir la température normale.

1. Si les membres inférieurs sont atteints, le patient ne doit pas marcher.

2. Enlever les bagues, la montre, et les vêtements serrés qui risquent d'entraver la circulation.

3. Réchauffer rapidement le membre. On emploie habituellement un bain tourbillon dont la température est réglée entre 37 et 40 °C ; il faut attendre de 30 à 45 minutes pour voir rougir le bout de la partie atteinte, ce qui traduit le retour de la circulation. La rapidité de l'intervention paraît diminuer l'étendue des pertes tissulaires.

a) Administrer l'analgésique prescrit pour soulager la douleur ; le réchauffement peut être très douloureux.

b) Manier doucement la partie atteinte pour éviter de causer des lésions mécaniques. *Ne jamais la masser.*

c) Protéger la partie réchauffée ; ne pas percer les phlyctènes qui apparaissent après un délai variable (de une heure à quelques jours).

d) Prévenir la macération en introduisant un morceau de gaze ou de coton stérile entre les doigts ou les orteils atteints.

e) Élever le membre atteint pour diminuer l'œdème.

f) Si les pieds sont atteints, installer un cerceau de lit pour éviter que la literie ne les touche.

4. Faire un examen physique pour déceler les problèmes concomitants (lésions des tissus mous, déshydratation, coma alcoolique, embolie graisseuse).

5. Rétablir l'équilibre électrolytique ; les victimes de gelures souffrent fréquemment de déshydratation et d'hypovolémie.

6. Maintenir une asepsie rigoureuse lors des changements de pansements, car les gelures augmentent la vulnérabilité à l'infection.

7. En présence de lésions associées, administrer la prophylaxie antitétanique prescrite.

8. On peut aussi avoir recours aux mesures suivantes :

a) L'immersion de la partie atteinte dans un bain tourbillon pour favoriser la circulation, assurer le débridement des tissus nécrosés et aider à prévenir l'infection.

b) L'incision de décharge (escarrotomie) pour prévenir de nouveaux dommages aux tissus et faciliter le rétablissement de la circulation normale et le mouvement des articulations.

c) L'aponévrotomie (excision des aponévroses pour diminuer la pression sur les muscles, les nerfs et les vaisseaux sanguins). On utilise cette mesure pour traiter le syndrome de compartiment.

9. Recommander au patient de mouvoir énergiquement les doigts et les orteils affectés toutes les heures, pour qu'ils retrouvent entièrement leur fonction et pour empêcher les contractures.

10. Recommander au patient d'éviter le tabac. La nicotine, par ses effets vasoconstricteurs, diminue l'irrigation sanguine déjà insuffisante des tissus abîmés.

Hypothermie accidentelle

On parle d'hypothermie accidentelle quand la température centrale du corps (température interne) descend à 35 °C, ou en deçà, par suite d'une exposition au froid. *L'hypothermie en milieu urbain* est associée à un taux de mortalité élevé. Elle touche surtout les personnes âgées, les nourrissons, les personnes souffrant de maladies concomitantes et les sans-abri. La susceptibilité augmente après la consommation d'alcool.

En évaluant l'état du patient, on doit tenir compte de certains faits. L'hypothermie apporte des modifications physiologiques à tous les systèmes et appareils. La détérioration est progressive et se traduit par une apathie, une altération du jugement, une ataxie, une dysarthrie, une somnolence et enfin un coma. Les frissons disparaissent parfois quand la température tombe en deçà de 32,2 °C, car les mécanismes de production de la chaleur sont devenus inefficaces. Les battements cardiaques et la pression artérielle sont parfois si faibles que les pouls périphériques sont imperceptibles. On peut également observer des irrégularités du rythme cardiaque. Les autres anomalies physiologiques sont l'hypoxémie et l'acidose.

Soins d'urgence. Le traitement comprend une observation constante, le réchauffement et le maintien des fonctions vitales.

1. Vérifier régulièrement les signes vitaux, la pression veineuse centrale, le débit urinaire, les valeurs des gaz artériels et des analyses biochimiques (azote uréique, créatinine, glucose, électrolytes) et les radiographies pulmonaires.
   a) Surveiller la température corporelle au moyen d'un thermomètre électronique introduit dans le rectum ou l'œsophage.
   b) Assurer un monitorage cardiaque continu; l'irritabilité myocardique due au froid peut provoquer des troubles de conduction, dont une fibrillation ventriculaire.
   c) Maintenir en place une voie d'accès artériel pour la mesure de la pression artérielle et le prélèvement de sang.
2. Réchauffer le patient. Les méthodes possibles comprennent le réchauffement actif interne ou externe et le réchauffement passif ou spontané; on ne sait pas encore laquelle de ces méthodes est la meilleure.
3. Pour assurer le maintien des fonctions vitales pendant le réchauffement, on emploie, selon les directives du médecin, les mesures suivantes:
   a) le massage cardiaque externe;
   b) la défibrillation électrique synchronisée;
   c) la ventilation mécanique avec pression positive en fin d'expiration et l'administration d'oxygène chaud et humide, pour assurer l'oxygénation des tissus;
   d) la perfusion de liquides réchauffés pour corriger l'hypotension et maintenir le débit urinaire;
   e) l'administration de bicarbonate de sodium pour corriger l'acidose métabolique;
   f) l'administration de médicaments pour combattre l'arythmie cardiaque;
   g) la pose d'une sonde vésicale à demeure pour surveiller l'équilibre hydrique;
   h) l'antibiothérapie préventive (beaucoup de patients hypothermiques souffrent d'infections graves).

CHOC ANAPHYLACTIQUE

Le choc anaphylactique est une réaction d'hypersensibilité aiguë et généralisée (réaction allergique) qui se manifeste quelques secondes, ou quelques minutes, après l'exposition à une substance étrangère, qui peut être un médicament (pénicilline, produits de contraste iodés), ou le venin d'un insecte (famille des hyménoptères: abeilles, guêpes et guêpes jaunes, frelons). L'administration répétée de médicaments par voie parentérale ou orale peut déclencher une réaction anaphylactique.

La réaction anaphylactique provient d'une interaction antigène-anticorps chez une personne sensibilisée. Suite à une exposition antérieure à une substance étrangère (l'antigène), la personne sensibilisée a développé un anticorps (immunoglobuline) spécifique de cet antigène. Les immunoglobulines E (IgE) sont responsables de la grande majorité des allergies humaines; on devient donc sensible à un antigène particulier, une fois qu'on a fabriqué l'IgE correspondant à cet antigène.

Évaluation. La réaction anaphylactique provoque une large gamme de manifestations cliniques:

- Manifestations *respiratoires*: 1) congestion nasale, prurit, éternuements et toux; 2) plus tard, une détresse respiratoire qui évolue rapidement et qui est due à un bronchospasme ou à un œdème du larynx; 3) oppression thoracique; 4) autres difficultés respiratoires dont une respiration bruyante, une dyspnée et une cyanose
- Manifestations *cutanées*: rougeur associée à une sensation de chaleur et à un érythème diffus. *Un prurit généralisé traduit le développement d'une réaction généralisé.* Il y a parfois urticaire; un angio-œdème massif du visage peut provoquer un œdème obstructif des voies respiratoires.
- Manifestations *cardiovasculaires*: tachycardie ou bradycardie; collapsus vasculaire périphérique se traduisant par de la pâleur, un pouls imperceptible, une chute de la pression artérielle, et une insuffisance circulatoire aboutissant au coma et à la mort
- Manifestations *digestives*: nausées, vomissements, douleurs abdominales à type de colique et diarrhée

Les diagnostics infirmiers sont, notamment: diminution du débit cardiaque, perturbation des échanges gazeux, risque de déficit de volume liquidien et anxiété.

Soins d'urgence

1. Assurer le dégagement des voies respiratoires. (Un membre de l'équipe de soins se charge de cette tâche pendant qu'un autre administre de l'épinéphrine.)
   a) Tourner le visage du patient d'un côté; soutenir les angles de la mâchoire.
   b) Insérer une sonde oropharyngée ou endotrachéale; effectuer une aspiration oropharyngée pour évacuer l'excès de sécrétions.
   c) Entreprendre les manœuvres de réanimation (particulièrement en cas de stridor et d'œdème pulmonaire progressif).
   d) En présence d'un œdème de la glotte, on peut assurer la perméabilité des voies respiratoires par l'incision de la membrane cricothyroïdienne.
   e) Assurer une oxygénothérapie à pression positive au masque et au ballon à compression.
   f) On effectue, au besoin, un massage cardiaque externe.
2. Administrer de l'épinéphrine en solution aqueuse, selon l'ordonnance, pour calmer rapidement la réaction d'hypersensibilité. (Il faut que deux membres de l'équipe agissent simultanément, l'un pour administrer l'épinéphrine, l'autre pour dégager les voies respiratoires.) Selon les instructions du médecin et les besoins du patient, on peut répéter plusieurs fois la dose d'épinéphrine. On décide, selon le cas, de la meilleure voie d'administration:
   a) injection sous-cutanée pour les symptômes bénins généralisés;
   b) injection intramusculaire pour une réaction plus grave, d'évolution rapide, et quand il y a lieu de craindre un collapsus vasculaire qui empêchera l'absorption;
   c) voie intraveineuse (*lente administration* d'épinéphrine diluée dans du soluté physiologique), dans les rares cas où l'on constate une perte de conscience totale et un grave collapsus cardiovasculaire. Cette mesure peut déclencher des arythmies cardiaques; *il faut surveiller l'ECG et s'assurer de la disponibilité d'un défibrillateur.*
3. Si la réaction anaphylactique fait suite à l'injection d'un médicament ou à la piqûre d'un insecte, tenter de retarder l'absorption des antigènes par la pose d'un garrot au-dessous du point d'injection.
   a) Selon l'ordonnance du médecin, infiltrer de l'épinéphrine au point d'injection.
   b) Desserrer régulièrement le garrot pour assurer une circulation suffisante dans le membre atteint.

4. Entreprendre une perfusion intraveineuse de soluté physiologique pour assurer l'accès immédiat à une veine en cas d'urgence, et pour combattre l'hypotension.

Autres mesures parfois indiquées

1. Administrer les antihistaminiques prescrits (exemple: chlorhydrate de diphénhydramine [Benadryl] par voie IM), pour bloquer la fixation de l'histamine sur les cellules cibles.
2. Quand le patient souffre d'un grave bronchospasme et d'une respiration sifflante réfractaires aux autres traitements, administrer *lentement* de l'aminophylline, selon l'ordonnance, par voie parentérale; surveiller les signes vitaux.
3. Traiter l'hypotension prolongée, selon l'ordonnance, par des cristalloïdes, des colloïdes, ou, peut-être, par des vasopresseurs; surveiller la pression sanguine. Le patient qui présente une diminution du débit cardiaque réagit parfois à une perfusion d'isoprénaline ou de dopamine.
4. En présence d'un important déficit respiratoire ou cardiovasculaire, administrer de l'oxygène.
5. Surveiller l'apparition d'arythmies et d'un arrêt cardiorespiratoire.
6. Si le patient est atteint de convulsions, administrer, selon l'ordonnance, un barbiturique à action brève ou du diazépam IV.
7. En cas de réaction prolongée avec hypotension ou bronchospasme, administrer des corticostéroïdes selon l'ordonnance.
8. En général, le patient doit être hospitalisé après la crise.

Prophylaxie et enseignement au patient

1. Expliquer au patient qu'il y a danger de choc anaphylactique et lui en donner les premiers signes.
2. Demander au patient s'il est allergique à certains médicaments.
3. Avant d'administrer un sérum étranger, ou tout autre type d'agent antigénique, interroger le patient pour déterminer s'il y a déjà été exposé.
4. Demander au patient s'il a déjà présenté des réactions allergiques aux aliments ou au pollen.
5. À moins de nécessité absolue, ne pas administrer de médicaments aux patients souffrant de rhume des foins, d'asthme ou d'autres troubles allergiques.
6. À moins de nécessité absolue, éviter l'administration de médicaments par voie parentérale, ce qui favorise l'apparition d'une réaction anaphylactique.

7. Avant d'administrer une substance pouvant déclencher une réaction anaphylactique (le sérum de cheval, par exemple), effectuer des tests cutanés. Il ne faut pas oublier toutefois qu'un test cutané peut suffire à déclencher la réaction chez une personne très sensible.
   a) Un test cutané négatif ne signifie pas qu'il y a absence de danger.
   b) À titre de précaution, s'assurer que l'on a à portée de la main de l'épinéphrine et le matériel requis pour la perfusion IV, l'intubation et la trachéotomie.
8. Si l'injection est faite en consultation externe, demander au patient de rester sur les lieux pendant au moins 30 minutes après l'injection; lui recommander de revenir s'il a des symptômes.
9. Si le patient est sensible aux piqûres d'insectes, lui recommander de se munir d'une trousse d'urgence contenant de l'épinéphrine et un garrot; lui apprendre, ainsi qu'à ses proches, à utiliser ce matériel.
10. Recommander au patient de porter un bracelet ou un médaillon «Medic Alert».

INTOXICATIONS

Un poison est une substance toxique dont l'ingestion, l'inhalation, l'absorption, l'application sur la peau ou la production dans l'organisme, en quantités relativement faibles, exerce une action destructrice. L'intoxication par inhalation et ingestion de substances toxiques, qu'elle soit accidentelle ou volontaire, constitue un important problème de santé. Il ne faut pas sous-estimer la portée du phénomène, qui est la cause directe de quelque 7 % des visites dans les salles d'urgence.

INGESTION

Les objectifs des soins d'urgence sont: 1) d'éliminer ou d'inactiver le poison avant qu'il ne soit absorbé; 2) de maintenir les fonctions vitales; 3) de neutraliser le poison par un antidote spécifique; 4) d'accélérer son élimination.

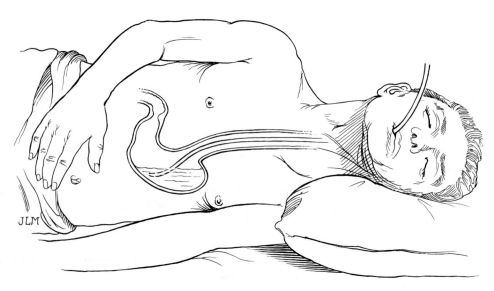

Figure 54-7. Lavage gastrique. Le patient repose en décubitus latéral gauche, ce qui favorise l'accumulation du contenu gastrique, et la diminution du passage du liquide gastrique dans le duodénum au cours du lavage.

Traitement général*

1. Assurer l'intégrité des voies respiratoires, de la ventilation et de l'oxygénation; en l'absence de lésions cérébrales ou rénales, le pronostic dépend largement du succès du rétablissement des fonctions respiratoire et circulatoire.
   a) Évaluer l'efficacité de la ventilation par l'observation de l'effort ventilatoire, l'analyse des gaz artériels, ou la spirométrie.
   b) Évaluer la fonction cardiovasculaire en mesurant le pouls, la pression sanguine, la pression veineuse centrale et la température (profonde et périphérique).
   c) S'il y a dépression respiratoire, se préparer à la ventilation assistée; la pression positive en fin d'expiration (masque et ballon) peut assurer le gonflement des alvéoles.
   d) S'il y a dépression respiratoire, perte de conscience, cyanose et état de choc, administrer de l'oxygène.
   e) Prévenir l'aspiration du contenu gastrique en changeant la position du patient (décubitus latéral, tête vers le bas), en insérant une canule oropharyngée, et en effectuant une aspiration.
   f) Stabiliser la fonction cardiovasculaire et surveiller l'ECG.
   g) Introduire une sonde vésicale à demeure pour contrôler la fonction rénale.
   h) Faire une prise de sang pour la mesure de la concentration sanguine du médicament ou du produit toxique.
   i) Vérifier l'état neurologique, y compris la fonction cognitive; surveiller, de façon continue, les signes vitaux et l'état neurologique.
   j) Effectuer rapidement un examen physique.
2. Tenter de savoir la nature et la quantité du produit ingéré, le délai écoulé depuis l'ingestion, les symptômes, l'âge et le poids du patient, et ses antécédents médicaux. En présence d'une intoxication par un produit inconnu, ou pour connaître l'antidote d'un poison dont on connaît la nature, communiquer avec le centre antipoison.
3. Traiter le choc; plusieurs facteurs peuvent en être la cause: dépression de la fonction cardiaque provoquée par la substance ingérée, stase veineuse dans les membres inférieurs, réduction du volume sanguin circulant provoquée par la perméabilité accrue des capillaires.
4. Éliminer le poison, ou en réduire l'absorption, par une vidange de l'estomac. On choisira l'une des mesures suivantes:
   a) Si le patient est conscient: induction de vomissements par du sirop d'ipéca.
      • Ne jamais provoquer des vomissements après l'ingestion d'une substance caustique ou d'un dérivé du pétrole.
   b) Si le patient est somnolent: lavage d'estomac (figure 54-7 et encadré 54-4). Garder un échantillon du contenu de l'estomac pour analyse toxicologique.
   c) Administration de charbon de bois activé, si le charbon est capable d'absorber le poison.
   d) Administration d'un cathartique selon l'ordonnance.
5. Administrer le plus tôt possible un antagoniste chimique ou physiologique du poison.
6. Soutenir le patient atteint de convulsions. Celles-ci sont causées par l'excitation du système nerveux central ou le manque d'oxygène.

7. Si les mesures décrites ci-dessous sont inefficaces, collaborer aux interventions visant à éliminer le poison:
   a) stimulation de l'excrétion urinaire pour les substances éliminées par le rein;
   b) dialyse;
   c) hémoperfusion (diffusion du sang, par circulation extra-corporelle en circuit fermé, dans une cartouche de charbon activé ou de résine qui adsorbe le poison);
   d) doses multiples de charbon de bois activé.
8. Surveiller la pression veineuse centrale selon les directives du médecin.
9. Être à l'affût des signes de déséquilibre hydroélectrolytique.
10. Faire baisser la température corporelle si elle est élevée.
11. Administrer de façon prudente les analgésiques prescrits; une douleur violente peut provoquer un collapsus vasomoteur et l'inhibition réflexe des fonctions physiologiques normales.
12. Collaborer au prélèvement des échantillons de sang, d'urines, de contenu gastrique et de vomissements.
13. Si le patient est comateux, lui accorder une surveillance et une attention constantes. Le coma dû à une intoxication résulte d'une interférence avec la fonction cellulaire cérébrale ou le métabolisme.
14. Être à l'affût des signes de complications (hypotension, arythmies cardiaques, convulsions, etc.), et instaurer le traitement requis.
15. Si le patient reçoit son congé, lui remettre, par écrit, les renseignements sur les signes et les symptômes de complications et sur les visites de suivi, s'il y a lieu.
    a) Si l'intoxication était une tentative de suicide, obtenir l'intervention d'un psychiatre.
    b) S'il s'agissait d'un accident, offrir au patient ou à sa famille des conseils touchant la prévention des intoxications, en leur expliquant notamment comment assurer la sécurité du foyer à cet égard.

Caustiques

Les caustiques sont des substances qui détruisent les tissus quand ils viennent en contact avec les muqueuses. Cette catégorie comprend une variété de produits acides et alcalins.

- *Produits alcalins*: lessive, nettoyeurs de tuyauterie, détergents pour cuvettes des toilettes, eau de Javel, détergents sans phosphates, nettoie-fours, petites piles (pour les montres, les calculatrices, les appareils photo), comprimés réactifs «Clinitest»
- *Produits acides*: détergents pour cuvettes des toilettes, produits de nettoyage des piscines, nettoyeurs pour métaux, produits antirouille, acide des batteries

Collecte des données

1. Se renseigner sur la nature du produit toxique en cause et sur la quantité ingérée.
2. Déterminer s'il y a douleur intense et sensation de brûlure dans la bouche et la gorge, dysphagie, incapacité d'avaler, vomissements, hypersalivation, hématurie.

Les diagnostics infirmiers sont, notamment: atteinte à l'intégrité de la muqueuse buccale reliée à l'ingestion d'un caustique, et risque de violence envers soi.

Soins d'urgence

1. Favoriser la dilution du poison en faisant boire à la victime de l'eau (ou du lait).

---

* *Bon nombre des mesures exécutées sont accomplies simultanément par différents membres de l'équipe des soins d'urgence.*

Encadré 54-4
Rôle de l'infirmière lors d'un lavage gastrique

Le lavage gastrique consiste à aspirer le contenu gastrique et à nettoyer l'estomac au moyen d'une sonde. Il est contre-indiqué en cas de convulsions et chez les personnes qui ont ingéré un produit acide ou alcalin, des hydrocarbures, ou un dérivé du pétrole; il est particulièrement dangereux dans les cas d'ingestion de caustiques.

Objectifs

1. Éliminer d'urgence le poison ingéré afin d'en diminuer l'absorption.
2. Nettoyer et vider l'estomac avant une observation endoscopique.
3. Vérifier s'il y a présence d'une hémorragie gastrique et l'enrayer.

Matériel

Tube de Levin ou tube Ewald, à large diamètre
Seringue d'irrigation de 50 mL avec adaptateur
Grand entonnoir de plastique avec adaptateur permettant de le fixer au tube
Lubrifiant hydrosoluble
Eau du robinet ou antidote approprié (lait, solution salée, solution de bicarbonate de sodium, jus de fruit, charbon activé)
Récipient pour recueillir le liquide gastrique
Abaisse-langue et sondes nasotrachéales ou endotrachéales avec ballonnet
Récipients pour les échantillons

Méthode

Action

1. Enlever les prothèses et examiner la cavité buccale pour voir s'il y a des dents mobiles.
2. Mesurer la distance entre l'arête du nez et l'appendice xiphoïde; marquer cette distance sur la sonde gastrique à l'encre indélébile ou au ruban adhésif.
3. Enduire le tube gastrique de lubrifiant.
4. Si le patient est comateux, on l'intube avec une sonde endotrachéale ou nasotrachéale muni d'un ballonnet.
5. Placer le patient dans la position de Trendelenberg.

6. Introduire le tube gastrique dans la bouche tout en maintenant la tête en position neutre; le pousser jusqu'à la marque, ou à environ 50 cm. Dès que le tube est inséré, on abaisse la tête de la civière. S'assurer d'avoir du matériel d'aspiration à portée de la main.
7. Pour confirmer la présence du tube dans l'estomac, ausculter l'estomac tout en injectant de l'air avec une seringue.
8. Avant d'instiller l'eau ou l'antidote, il faut aspirer le contenu de l'estomac au moyen de la seringue fixée au tube; le conserver pour analyse.
9. Retirer la seringue; relier ensuite l'entonnoir au tube de Levin ou introduire la solution dans le tube au moyen d'une seringue de 50 mL. L'estomac ne doit recevoir qu'une petite quantité de liquide.
10. Élever l'entonnoir au-dessus de la tête du patient et y verser environ 150 à 200 mL de solution.
11. Le liquide doit s'écouler librement; il doit être évacué par la pesanteur.
12. Répéter l'intervention; garder des échantillons des deux premiers lavages.
13. Répéter l'intervention jusqu'à ce que le liquide de retour soit clair et exempt de particules.

Commentaires/Justification

1. On empêche ainsi que les dents soient avalées accidentellement.
2. C'est une mesure approximative de la distance que doit parcourir le tube pour atteindre l'estomac; si on l'enfonçait davantage, il s'enroulerait sur lui-même dans l'estomac.
3. Le tube lubrifié s'insère plus facilement.
4. On prévient ainsi l'aspiration du contenu gastrique.
5. Cette position empêche le contenu gastrique de passer dans le duodénum au cours du lavage, et réduit au maximum les risques d'aspiration dans les poumons.
6. La profondeur d'insertion du tube varie selon la taille du patient. Par ailleurs, si le tube pénètre dans la trachée plutôt que dans l'œsophage, le patient présente une toux, une dyspnée, un stridor et une cyanose.
7. L'auscultation est un moyen de détecter un tube mal placé; on peut confirmer qu'il se trouve au bon endroit par une radiographie.
8. L'aspiration vise à évacuer le contenu gastrique.

9. Un excès de liquide dans l'estomac peut causer une régurgitation et une aspiration, ou forcer le passage du contenu gastrique vers le pylore.

11. Abaisser l'entonnoir et recueillir le contenu gastrique dans le récipient prévu à cet effet, par siphonnage.
12. On conserve à part l'échantillon provenant du premier lavage pour analyse toxicologique.
13. Au total, l'intervention exige au moins 2 L de liquide; d'après certains cliniciens, il faut employer de 5 à 20 L.

Encadré 54-4 (suite)

Méthode

Action

14. Une fois le lavage terminé, on peut choisir:
    a) de garder l'estomac vide;
    b) d'instiller dans le tube un adsorbant qui restera dans l'estomac: poudre de charbon de bois activé, mélangée à de l'eau pour former une bouillie de la consistance d'une soupe épaisse;
    c) d'instiller dans le tube un cathartique.
15. Pincer le tube pour le retirer, ou maintenir la succion.

16. Si l'on a administré du charbon, prévenir le patient que ses selles seront noires.

Commentaires/Justification

14. b) Le charbon activé a la faculté d'adsorber une large gamme de substances, c'est-à-dire de les fixer à sa surface; il diminue donc la toxicité du poison en le retirant de la circulation.
    c) Le purgatif accélère l'évacuation du résidu toxique.
15. On prévient ainsi l'aspiration et le déclenchement du réflexe nauséeux. On peut également combattre ce réflexe en gardant la tête du patient plus basse que le reste du corps.

---

a) *Éviter toute tentative de dilution* s'il y a présence d'un œdème marqué ou d'une obstruction des voies respiratoires, ou si des données cliniques témoignent d'une perforation de l'œsophage, de l'estomac ou de l'intestin.

b) *Il ne faut jamais provoquer le vomissement si le patient a avalé un caustique (produit acide ou alcalin ou autre substance corrosive).*

2. En général, le patient est hospitalisé pour observation. On peut pratiquer une endoscopie pour déceler les brûlures ou les ulcérations profondes.
3. S'il s'agissait d'une tentative de suicide, il faut diriger le patient vers un psychiatre.

INHALATION

Traitement général

1. Transporter immédiatement le patient à l'air libre; ouvrir toutes les portes et fenêtres.
2. Desserrer ses vêtements.
3. Entreprendre au besoin une réanimation cardiorespiratoire.
4. Empêcher les frissons en enveloppant le patient de couvertures.
5. Garder le patient dans le plus grand calme possible.
6. N'administrer aucune forme d'alcool.

Intoxication par le monoxyde de carbone

L'intoxication par le monoxyde de carbone peut résulter d'un accident au travail ou à domicile. Il peut aussi s'agir d'une tentative de suicide. Ce gaz cause davantage de décès que tout autre agent toxique, l'alcool mis à part. La toxicité du monoxyde de carbone découle de ses effets sur le sang, car il a pour l'hémoglobine une affinité de plus de 200 fois supérieure à celle de l'oxygène. Quand il se fixe à l'hémoglobine, celle-ci perd sa capacité de transporter l'oxygène. On appelle carboxyhémoglobine l'hémoglobine liée au monoxyde de carbone.

Manifestations cliniques et collecte des données. Le système nerveux central de la victime est avide d'oxygène et donne des signes d'intoxication. Les autres signes et symptômes sont une céphalée, une faiblesse musculaire, des palpitations, un étourdissement et une confusion mentale, évoluant rapidement vers le coma. On ne peut pas se fier à la couleur de la peau, car celle-ci peut être rose ou rouge cerise, ou pâle et cyanosée. Le fait que la personne ait été exposée au monoxyde de carbone suffit à justifier un traitement immédiat.

Les diagnostics infirmiers sont, notamment: perturbation des échanges gazeux et risque élevé de violence envers soi.

Soins d'urgence. Les objectifs du traitement sont de renverser l'hypoxie du myocarde et du cerveau et d'accélérer l'élimination du monoxyde de carbone.

1. Administrer de l'oxygène à 100 %, à la pression atmosphérique ou hyperbare.
2. Prélever du sang pour déterminer la concentration de carboxyhémoglobine; poursuivre l'oxygénothérapie jusqu'à ce que la proportion de carboxyhémoglobine soit tombée à moins de 5 %.
3. Observer continuellement le patient. Une psychose, une paralysie spastique, une ataxie, des troubles visuels et une détérioration de la personnalité peuvent persister après la réanimation, témoignant dans certains cas de lésions permanentes des centres nerveux.
4. Si l'intoxication était involontaire, il faut communiquer avec le service de santé publique pour obtenir une inspection des lieux de travail ou de la maison.
5. S'il s'agissait d'une tentative de suicide, il faut obtenir l'intervention d'un psychiatre.

CONTAMINATION DE LA PEAU (BRÛLURES CHIMIQUES)

Les lésions causées par l'exposition aux produits chimiques sont difficiles à traiter, en raison de la multiplicité des agents toxiques et de la diversité de leurs effets métaboliques et autres. La gravité d'une brûlure chimique dépend du mécanisme d'action du poison, de sa force de pénétration, de sa concentration, et enfin de la surface et de la durée de l'exposition.

Soins d'urgence

1. Rincer abondamment la peau à l'eau courante au moyen d'une douche, d'un boyau d'arrosage ou d'un robinet.
2. Tout en continuant de rincer la peau, dévêtir le patient. Si la brûlure est étendue, ou s'il s'agit d'un produit très toxique, le personnel soignant doit bénéficier d'une protection cutanée.

3. Effectuer un rinçage prolongé en employant des quantités abondantes d'eau tiède.

4. Pour déterminer le traitement ultérieur, chercher à établir la nature et les caractéristiques du produit chimique.

5. Prodiguer le traitement habituel pour les brûlures (traitement antimicrobien, prophylaxie antitétanique, selon l'ordonnance), en tenant compte de la taille et du siège de la lésion.

6. Expliquer au patient qu'il devra faire réexaminer la lésion après 24 heures, 72 heures et 7 jours; on sous-estime souvent les conséquences de ce type de lésions.

PIQÛRES D'INSECTES

Certaines personnes sont hypersensibles au venin des hyménoptères (abeilles, frelons, guêpes et guêpes jaunes); la piqûre de l'insecte déclenche une réaction allergique qui est une urgence médicale. On pense qu'il s'agirait d'une réaction au venin dont le médiateur serait une IgE. Toute piqûre peut déclencher un choc anaphylactique, mais celles à la tête ou au cou sont particulièrement graves.

Les manifestations cliniques sont très variables. Les plus bénignes sont l'urticaire généralisée, les démangeaisons, le malaise et l'anxiété; à l'autre extrême sont un œdème laryngé, un grave bronchospasme, un choc et la mort. En général, plus le délai est court entre la piqûre et l'apparition de graves symptômes, plus le pronostic est sombre.

Soins d'urgence et autres mesures

1. Selon l'ordonnance du médecin, administrer de l'épinéphrine en solution aqueuse; masser le point d'injection pour accélérer l'absorption. Si la piqûre se trouve sur un membre, poser un garrot suffisamment serré pour entraver la circulation veineuse et lymphatique.

2. Voir à la page 1737 le traitement du choc anaphylactique.

3. Recommander aux personnes sensibles au venin des hyménoptères de se munir d'une trousse, que l'on peut obtenir dans le commerce, pour assurer les autosoins. La trousse, vendue sur ordonnance, contient un garrot, de l'épinéphrine sous forme injectable et pour inhalation, un antihistaminique oral et des instructions écrites. Expliquer les mesures à prendre en cas de piqûre:
   a) Se faire immédiatement une injection d'épinéphrine.
   b) D'un mouvement rapide de l'ongle, extraire le dard. Ne pas presser le sac à venin; on risquerait ainsi d'augmenter la quantité de venin injectée.
   c) Laver la région à l'eau savonneuse et y appliquer de la glace.
   d) Poser un garrot près de la piqûre.
   e) Se présenter à l'établissement de santé le plus proche pour subir un examen.

4. Toute personne allergique devrait porter un bracelet «Medic Alert».

5. Une personne qui a déjà présenté une réaction généralisée ou une importante réaction localisée devrait se soumettre à une immunothérapie antivenimeuse.

Enseignement au patient. Recommander au patient et à ses proches de restreindre l'exposition aux hyménoptères par les mesures suivantes:

- Éviter les lieux, comme les terrains de camping ou de pique-nique, où les hyménoptères sont nombreux.

- Éviter les lieux où ces insectes se nourrissent (parterres fleuris, vergers de fruits mûrs, lieux de dépôt des ordures, champs de trèfle).

- Éviter de se promener pieds nus dehors (les guêpes jaunes font parfois leur nid au sol).

- Éviter les parfums, les savons parfumés et les couleurs vives, qui attirent les abeilles.

- En voiture, garder les fenêtres fermées.

- Vaporiser les poubelles avec un insecticide à action rapide.

- Faire appel à un exterminateur professionnel pour éliminer les nids de guêpes, de frelons ou d'abeilles à proximité du domicile.

- Quand on entend un insecte bourdonner autour de soi, rester immobile. (Le mouvement, et surtout la course, augmentent la probabilité d'une piqûre.)

- Apprendre à se faire une injection d'épinéphrine.

MORSURES DE SERPENTS

Il n'existe pas au Canada et au Québec de serpents venimeux. Par contre, aux États-Unis, on compte chaque année 45 000 morsures de serpents, dont quelque 8000 par des serpents venimeux. Le nombre de décès par année se situe entre 9 et 15. Les enfants de un à neuf ans courent le risque le plus élevé; la plupart des morsures ont lieu l'été, à la lumière du jour. La morsure d'un serpent est une urgence médicale.

On trouve des serpents venimeux partout aux États-Unis, mais les espèces varient selon la région. Pour être en mesure d'assurer les soins d'urgence, l'infirmière doit connaître les espèces présentes dans sa région.

Le venin du serpent, essentiellement constitué de protéines, provoque une large gamme d'effets physiologiques et peut affecter de multiples appareils et systèmes, notamment le système neurologique et les appareils cardiovasculaire et respiratoire.

Sur les lieux, les premiers soins consistent à garder la victime calme, à la tenir au chaud, à retirer les objets, comme les bagues, qui peuvent entraver la circulation, à nettoyer la plaie et à la couvrir d'un léger pansement stérile, et à immobiliser le membre atteint en l'abaissant sous le niveau du cœur. La glace et la pose d'un garrot sont *à éviter*.

Au service des urgences, on fait rapidement un premier bilan qui doit porter sur les points suivants:

- Caractère venimeux ou non du serpent
- Moment, lieu et circonstances de la morsure
- Séquence des événements et de l'apparition des signes et des symptômes
- Gravité de l'envenimation (toxicité de la morsure)
- Surveillance des signes vitaux
- Mesure en plusieurs endroits de la circonférence de la partie atteinte
- Données de laboratoire pertinentes: hémogramme, analyse d'urines, épreuves de coagulation

L'évolution et le pronostic varient selon le type et la quantité de venin injecté, le siège de la morsure, et l'état de santé, l'âge et la taille du patient. Il n'existe pas de protocole uniformisé pour les morsures de serpent, mais on peut toutefois appliquer certaines directives générales:

1. Obtenir des données de laboratoire initiales.

2. *Pendant la période aiguë de l'intoxication, éviter l'emploi de glace, d'un garrot, d'héparine ou de corticostéroïdes. Les corticostéroïdes sont contre-indiqués dans les six à huit heures qui suivent la morsure parce qu'ils risquent de faire baisser la production d'anticorps et d'inhiber l'action de l'antitoxine (sérum antivenimeux).*

3. L'hypotension peut être traitée par l'administration de liquides par voie parentérale. S'il faut recourir aux vasopresseurs, leur emploi doit être de courte durée.

4. L'exploration chirurgicale de la morsure est rarement indiquée.

5. Il faut surveiller le patient de près pendant au moins six heures, et *ne jamais le laisser seul.*

Administration du sérum antivenimeux.

Pour atteindre un maximum d'efficacité, le sérum antivenimeux doit être administré dans les 12 heures qui suivent la morsure. La dose dépend du type de serpent et de la gravité estimée de la morsure. Dans certains cas, les enfants ont besoin de doses plus fortes que les adultes, parce que leur corps plus petit ressent davantage les effets toxiques du venin. Avant la première dose, on doit faire un test cutané.

Avant d'administrer le sérum, et à intervalles de 15 minutes par la suite, il faut mesurer la circonférence du membre atteint près de la morsure. La perfusion goutte-à-goutte est recommandée, mais on peut également administrer le sérum par la voie intramusculaire. Selon la gravité de la morsure, le sérum est dilué dans 500 ou 1000 mL de soluté physiologique; le volume peut être moindre pour un enfant. La perfusion doit commencer lentement; s'il n'y a pas de réaction après 10 minutes, on augmente le débit. La dose totale doit être administrée dans les quatre à six heures qui suivent la morsure et elle est répétée jusqu'à ce que les symptômes s'atténuent. Une fois les symptômes atténués, on mesure la circonférence du membre atteint, à intervalles de 30 ou de 60 minutes, pendant 48 heures.

Une perfusion trop rapide est la cause la plus fréquente d'une réaction au sérum antivenimeux; toutefois, 3 % des patients dont les tests cutanés sont négatifs présentent des réactions qui ne sont pas liées au débit de perfusion. Cette réaction peut se manifester par une sensation de plénitude du visage, de l'urticaire, un prurit, un malaise et de l'appréhension; on observe ensuite une tachycardie, un essoufflement, une hypotension et un choc. S'il y a réaction, il faut immédiatement arrêter la perfusion et administrer de la diphénhydramine par voie intraveineuse; en cas de choc, on a recours aux vasopresseurs. Pendant la perfusion de sérum antivenimeux, du matériel de réanimation d'urgence doit être à la portée de la main.

INTOXICATIONS ALIMENTAIRES

L'intoxication alimentaire est une affection soudaine qui apparaît après l'ingestion d'un aliment ou d'une boisson contaminés. Le botulisme, forme grave d'intoxication alimentaire, est abordé ailleurs (page 1700); il exige un traitement particulier comprenant notamment une surveillance de tous les instants.

Soins d'urgence

1. Déterminer la source et le type de l'intoxication alimentaire.

   a) Demander à la famille d'apporter l'aliment suspect à l'établissement de santé.

   b) Dresser le bilan.

      1) Quel a été le délai entre l'ingestion de l'aliment et l'apparition des symptômes? (Une apparition immédiate évoque une intoxication chimique, végétale ou animale.)

      2) De quoi était composé le dernier repas du patient? La nourriture avait-elle une odeur ou un goût bizarre? (Cela est rare en cas d'intoxication bactérienne.)

      3) Ces aliments ont-ils provoqué des réactions chez d'autres personnes?

      4) Le patient a-t-il vomi? Quelle était l'apparence des vomissements?

      5) Le patient a-t-il présenté de la diarrhée? (Celle-ci est rare dans les cas de botulisme ou d'intoxication causée par un poisson ou un crustacé.)

      6) Y a-t-il des symptômes neurologiques? (Le botulisme et les intoxications d'origine chimique, végétale et animale sont associés à de tels symptômes.)

      7) Le patient est-il fiévreux? (La fièvre est présente dans les cas de salmonellose, de favisme [intoxication causée par les fèves] et d'intoxication par certains poissons.)

      8) Quelle est l'apparence du patient?

2. Recueillir pour analyse des échantillons de nourriture, du contenu gastrique, des vomissements, de sang et de selles.

3. Prendre régulièrement les signes vitaux.

   a) Évaluer la respiration, la pression sanguine, le niveau de conscience, la PVC (au besoin) et l'activité musculaire.

   b) Peser le patient pour comparaisons ultérieures.

4. Assister l'appareil respiratoire. Le botulisme, les intoxications causées par les poissons, et d'autres formes d'intoxication alimentaire peuvent entraîner le décès par paralysie respiratoire.

5. Maintenir l'équilibre hydroélectrolytique. Des vomissements et une diarrhée importantes provoquent, respectivement, une alcalose et une acidose; ils entraînent des pertes d'eau et d'électrolytes considérables.

   a) Être à l'affût des signes de choc hypovolémique découlant de graves pertes de liquides et d'électrolytes.

   b) Déterminer s'il y a léthargie, pouls rapide, fièvre, oligurie, anurie, hypotension ou délire.

   c) Obtenir la mesure des électrolytes sériques.

6. Traiter l'hypoglycémie.

7. Traiter les nausées.

   a) Administrer l'antiémétique prescrit, par voie parentérale si le patient ne tolère pas l'administration orale de liquides ou de médicaments.

   b) Quand les nausées sont légères, faire boire des gorgées de thé faible, de boissons gazeuses ou d'eau du robinet.

   c) Mettre le patient à une diète hydrique pendant les 12 à 24 heures suivant la disparition des nausées et des vomissements.

   d) Passer graduellement à un régime de consistance molle, pauvre en résidus.

Résumé: L'infirmière de la salle d'urgence doit connaître les soins immédiats à dispenser pour de nombreux problèmes de santé: fractures, lésions causées par le chaud ou le froid, choc anaphylactique et bien d'autres encore. Dans tous les cas, les priorités du traitement sont définies par des protocoles précis qui assurent la qualité des soins.

TABLEAU 54-1.   *Soins d'urgence en cas d'abus de drogues*

Drogue	Manifestations cliniques	Traitement
NARCOTIQUES		

Cocaïne
  Inhalation par le nez: la poudre est aspirée dans les narines au moyen d'une paille.
  Inhalation par une pipe: le crack, un alcaloïde de la coca épuré (chlorhydrate de cocaïne dissous dans l'éther) est fumé dans une petite pipe; les poumons reçoivent une quantité importante de cocaïne.
  Voie intraveineuse
	La cocaïne est un stimulant du SNC qui peut augmenter la fréquence cardiaque et la pression sanguine, et provoquer une hyperthermie, des convulsions et des arythmies ventriculaires. Elle produit une euphorie intense, puis une anxiété, de la tristesse, de l'insomnie et une indifférence sexuelle, une hallucinose cocaïnique avec délire, une psychose paranoïaque aiguë avec délire de persécution et une hyper-vigilance. Les symptômes psychotiques peuvent être chroniques.	1. Assurer le dégagement des voies respiratoires et la ventilation.
		2. Arrêter les convulsions.
		3. Surveiller les effets cardiovasculaires; s'assurer d'avoir à portée de la main de la lidocaïne et un défibrillateur.
		4. Traiter l'hyperthermie.
		5. Obtenir une évaluation psychiatrique et un traitement en milieu hospitalier, dans un lieu où le patient ne pourra se procurer la drogue.

Héroïne Opium ou élixir parégorique Morphine, codéine, dérivés synthétiques (méthadone, mépéridine) Fentanyl (Sublimaze)	Intoxication aiguë (dose excessive) Myosis extrême (à moins qu'une grave hypoxie ne dilate les pupilles); diminution de la pression sanguine Dépression respiratoire marquée Stupeur menant au coma Marques récentes de ponction, par une aiguille, de toute veine superficielle; abcès cutané	1. Assister les fonctions respiratoire et cardio-vasculaire. 2. Mettre en place une ligne de perfusion intraveineuse; prélever du sang pour analyses biochimiques et toxicologiques. On peut administrer un bolus de glucose pour éviter une hypoglycémie. 3. Administrer l'antagoniste narcotique prescrit (chlorhydrate de naloxone [Narcan]) pour réprimer une grave dépression respiratoire et le coma. 4. Continuer de surveiller la réactivité, la respiration, le pouls et la pression sanguine. Il faut parfois répéter les doses de naloxone, car celle-ci a une durée d'action plus courte que l'héroïne. 5. Faire parvenir un échantillon d'urines au laboratoire pour recherche d'opiacés. 6. Obtenir un électrocardiogramme. 7. Ne pas laisser le patient seul. Le tableau clinique peut se modifier d'un instant à l'autre; à tout moment, il peut sombrer dans le coma. L'hémodialyse est indiquée s'il y a intoxication aiguë. 8. Surveiller l'apparition d'un œdème pulmonaire, fréquent dans les cas d'accoutumance aux narcotiques ou de dose excessive. 9. Diriger le patient vers un psychiatre avant qu'il ne quitte le centre hospitalier.
BARBITURIQUES		

Pentobarbital (Nembutal)
Sécobarbital (Seconal)
Amobarbital (Amytal)
	Intoxication aiguë (imitant parfois l'intoxication alcoolique):
	  dépression respiratoire
	  rougeur du visage
	  diminution de la fréquence du pouls et de la pression sanguine
	  nystagmus de plus en plus accentué
	  diminution des réflexes tendineux
	  diminution de la capacité de vigilance mentale
	  troubles d'élocution
	  troubles de la coordination motrice
	  coma, mort
		1. Maintenir la perméabilité des voies respiratoires; assister la respiration.
		2. Envisager l'intubation endotrachéale ou la trachéotomie si l'échange d'air semble insuffisant.
		  a) Vérifier souvent la perméabilité des voies respiratoires.
		  b) Effectuer une aspiration au besoin.
		3. Assister les fonctions cardiovasculaire et respiratoire; la plupart des décès sont causés par une dépression respiratoire ou un choc.
		4. Entreprendre une perfusion I.V. au moyen d'une aiguille ou d'un cathéter de gros calibre.

TABLEAU 54-1. (suite)

Drogue	Manifestations cliniques	Traitement
		Il faut combattre l'hypotension, qui entraîne le coma et la déshydratation; la perfusion de liquides fait monter la pression sanguine. On prescrit parfois du bicarbonate de sodium pour alcaliniser les urines et favoriser ainsi l'excrétion des barbituriques. 5. Effectuer la vidange ou le lavage gastrique dans les plus brefs délais pour freiner l'absorption; on administre parfois plusieurs doses de charbon de bois activé. 6. En cas de surdose très grave, aider à la mise en place de l'hémodialyse. 7. Tenir à jour sur une feuille de surveillance des signes neurologiques et vitaux. 8. Au réveil, le patient qui a pris une dose excessive peut manifester de l'hostilité, ce qui déclenche parfois une réaction de colère automatique chez le personnel soignant. 9. Diriger le patient vers un psychiatre qui évaluera les risques de suicide et la toxicomanie.

AMPHÉTAMINES ET DROGUES DE MÊME TYPE («PEP PILLS», «UPPERS», «SPEED», «CRYSTAL», «METH», «GLACE»)

Drogue	Manifestations cliniques	Traitement
Amphétamine (Benzédrine) Dexamphétamine (Dexedrine) Métamphétamine (Désoxyn) MDMA («Ecstasy», «Adam») MDEA («Eve») MDA	Nausées, vomissements, anorexie, palpitations, tachycardie, augmentation de la pression artérielle, tachypnée, anxiété, nervosité, diaphorèse, mydriase Conduites répétitives ou stéréotypées Irritabilité, insomnie, agitation Troubles de perception visuelle, hallucinations auditives Anxiété et dépression craintive, hostilité froide et distante, paranoïa Hyperactivité, élocution rapide, euphorie Convulsions, coma, hyperthermie, collapsus cardiovasculaire	1. Assurer le dégagement des voies respiratoires, la ventilation, le monitorage cardiaque; installer une perfusion intraveineuse. 2. En cas de dose excessive par voie orale, employer des mesures de décontamination de l'estomac: lavage, charbon de bois activé. 3. Garder le patient dans une ambiance calme. Une température élevée augmente la toxicité des amphétamines. 4. Traiter l'hyperactivité des muscles et du système nerveux central en administrant par voie parentérale de petites doses de diazépam, selon l'ordonnance. 5. Administrer les médicaments prescrits pour une grave hypertension et les arythmies ventriculaires. 6. En présence de délire ou d'hallucinations, essayer de communiquer avec le patient. 7. Placer le patient dans un lieu protégé afin de prévenir les tentatives de suicide; on choisira, de préférence, une chambre de psychiatrie avec caméra vidéo. 8. Obtenir une évaluation psychiatrique.

HALLUCINOGÈNES OU DROGUES DE TYPE PSYCHÉDÉLIQUE

Drogue	Manifestations cliniques	Traitement
Diéthylamide de l'acide lysergique (LSD) Phencyclidine (PCP, «angel dust») Mescaline, psilocybine	Nystagmus, légère hypertension Confusion marquée voisine de la panique Incohérence, hyperactivité Conduites dangereuses: délire, manie, automutilation Hallucinations, déformations de l'image corporelle Hypertension, hyperthermie, insuffisance rénale	*Soins d'urgence* 1. Après évaluation, assurer le dégagement des voies respiratoires, la respiration et la circulation. 2. Déterminer si le patient a pris un hallucinogène, ou s'il souffre de psychose toxique. 3. Tenter de communiquer avec le patient; le rassurer.

TABLEAU 54-1. (suite)

Drogue	Manifestations cliniques	Traitement
	Retour des hallucinations: sans avoir repris de la drogue, le sujet en éprouve de nouveau les effets psychotropes; le phénomène peut se manifester plusieurs semaines, ou plusieurs mois, après la dernière dose. Convulsions, coma, collapsus cardiovasculaire, mort	a) Parler calmement avec le patient et lui montrer qu'on le comprend; cela l'aide à apaiser ses craintes au moment où il reprend contact avec la réalité. b) Faire comprendre au patient que la peur est courante avec ce type de problème. c) Rassurer le patient en lui disant qu'il n'a pas perdu la raison, mais qu'il subit, de façon temporaire, les effets de la drogue. d) Recommander au patient de garder les yeux ouverts, ce qui diminue l'intensité de la réaction. e) Atténuer les stimuli sensoriels (bruits, lumière, mouvements, excitations tactiles). f) Ne jamais laisser le patient seul. 4. Si l'on ne parvient pas à calmer l'hyperactivité, administrer les sédatifs prescrits (diazépam ou barbiturique). 5. Rechercher les traces de blessures; les hallucinations provoquées par les drogues psychédéliques inspirent souvent un passage à l'acte. 6. Traiter les convulsions. 7. Surveiller le patient de près, car il peut présenter un comportement dangereux. 8. En présence d'une psychose prolongée causée par la drogue, surveiller l'apparition d'une crise hypertensive. 9. Pour empêcher le patient de s'infliger des blessures, le placer dans un lieu protégé et assurer la surveillance médicale qui convient. *Traitement en cas d'abus de la phencyclidine* 1. S'assurer que le patient est dans un endroit calme, rassurant, et offrant un minimum de stimuli; l'empêcher de se blesser. 2. Éviter de lui «parler calmement». 3. Assurer une surveillance constante, et traiter les symptômes à mesure qu'ils se manifestent. a) La drogue a des effets imprévisibles et prolongés. b) Les symptômes ont tendance à s'exacerber; le patient perd toute maîtrise de lui-même. 4. Diriger le patient vers un psychiatre.

DROGUES PROVOQUANT LA SÉDATION, L'INTOXICATION OU LA DÉPENDANCE PSYCHOLOGIQUE OU PHYSIQUE (CALMANTS AUTRES QUE LES BARBITURIQUES)

Drogue	Manifestations cliniques	Traitement
Diazépam (Valium) Chlordiazépoxide (Librium) Oxazépam (Serax) Lorazépam (Ativan)	Intoxication aiguë: dépression respiratoire vigilance mentale diminuée confusion troubles de l'élocution, diminution de la pression artérielle ataxie œdème pulmonaire coma, mort	*Traitement* 1. À titre de précaution, installer une sonde endotrachéale; combattre la dépression respiratoire, et stabiliser la respiration par la ventilation spontanée assistée. Surveiller l'apparition soudaine d'une apnée ou d'un laryngospasme (notamment chez les patients ayant une dépendance envers le glutéthimide [Doridène]).

TABLEAU 54-1. (suite)

Drogue	Manifestations cliniques	Traitement
		2. Déterminer s'il y a hypotension. a) En présence de coma, introduire une sonde à demeure; une diminution du débit urinaire traduit une altération de la fonction rénale causée par une baisse du volume intravasculaire ou un collapsus vasculaire. b) Augmenter le volume vasculaire par l'administration de soluté physiologique ou de dextrose, selon l'ordonnance. 3. Vider l'estomac en provoquant des vomissements ou par un lavage, ou encore par l'administration de charbon de bois activé ou d'un cathartique. 4. Entreprendre un monitorage cardiaque; surveiller l'apparition d'arythmies.
INTOXICATION PAR LES SALICYLÉS		
Aspirine (présente dans les analgésiques composés)	Agitation, bourdonnement des oreilles, surdité, vision brouillée Hyperpnée, hyperthermie, transpiration Douleur épigastrique, vomissements, déshydratation Acidose respiratoire et métabolique Désorientation, coma, collapsus cardio-vasculaire	1. Traiter la dépression respiratoire. 2. Assurer la vidange gastrique en provoquant des vomissements ou par un lavage. 3. Administrer du charbon de bois activé pour adsorber l'aspirine; on peut y associer un laxatif pour nettoyer l'intestin. 4. Soutenir le patient par des perfusions intra-veineuses, selon l'ordonnance, pour assurer l'hydratation et rétablir l'équilibre hydro-électrolytique. 5. Selon l'ordonnance du médecin, accélérer l'évacuation des salicylés par une diurèse forcée, l'alcalinisation de l'urine ou la dialyse péritonéale, ou encore l'hémodialyse; la mesure choisie dépend de la gravité de l'intoxication. 6. Déterminer l'efficacité du traitement en obtenant des mesures de la concentration sérique des salicylés. 7. Administrer les médicaments prescrits pour traiter l'hémorragie et tout autre problème.

ABUS DE DROGUES ET D'ALCOOL

Il y a abus de drogues ou d'alcool quand ces substances sont employées pour modifier l'humeur ou le comportement.

DROGUES

L'emploi de drogues à des fins autres que les soins médicaux légitimes représente un abus. Les manifestations cliniques d'un tel abus varient selon la drogue utilisée, mais les principes qui sous-tendent le traitement sont essentiellement les mêmes dans tous les cas. Voir le tableau 54-1 pour les drogues les plus souvent employées de façon illicite, les manifestations cliniques qu'elles entraînent et le traitement correspondant.

Les polyintoxications sont fréquentes. Il s'agit de la consommation simultanée d'une variété de substances (alcool, barbituriques, narcotiques, tranquillisants) dont certaines provoquent une accoutumance. La voie d'utilisation parentérale expose l'usager à des infections par le VIH (le virus de l'immunodéficience humaine) et le virus de l'hépatite B; de plus, en Amérique du Nord, les toxicomanes par voie parentérale sont les principales victimes du tétanos.

En cas de dose excessive de drogue, les objectifs de soins consistent à maintenir les fonctions respiratoire et cardio-vasculaire et à favoriser l'excrétion du produit consommé.

Traitement d'urgence d'une réaction aiguë à la drogue

1. Évaluer l'intégrité de la respiration; assurer l'intégrité des voies respiratoires, de la ventilation et de l'oxygénation.
   a) Quand le patient présente une grave dépression respiratoire et une absence des réflexes nauséeux ou tussigènes, insérer un tube endotrachéal à ballonnet et assurer une ventilation spontanée assistée.

b) Obtenir la mesure des gaz artériels afin d'évaluer l'hypoxie causée par l'hypoventilation et le déséquilibre acidobasique.

c) Administrer de l'oxygène.

2. Stabiliser l'appareil cardiovasculaire (ces mesures doivent être accomplies en même temps que celles touchant les voies respiratoires).

a) En cas d'arrêt cardiaque, entreprendre une ventilation assistée et un massage cardiaque externe.

b) Entreprendre un monitorage cardiaque.

c) Faire des prises de sang pour la mesure du glucose, des électrolytes, de l'azote uréique et de la créatinine, et pour les analyses toxicologiques.

d) Entreprendre l'administration de liquides par voie intraveineuse.

3. Si l'on connaît la drogue ingérée par le patient, administrer l'antagoniste prescrit ; on emploie souvent le chlorhydrate de naloxone (Narcan). De même, l'hypoglycémie est traitée par l'administration d'une solution de dextrose à 50 %.

4. Prendre des mesures pour éliminer rapidement la drogue de l'estomac.

a) Si le délai depuis l'ingestion de la drogue est court, provoquer des vomissements ; conserver les vomissements pour analyse toxicologique.

b) Si le patient est inconscient, ou s'il n'existe aucun moyen de déterminer à quel moment la drogue a été ingérée, effectuer un lavage gastrique.

• En l'absence de réflexes tussigènes ou nauséeux, il faut installer une sonde endotrachéale à ballonnet, *avant le lavage de l'estomac,* pour prévenir l'aspiration du contenu gastrique.

c) L'administration de charbon de bois activé peut être utilisée comme traitement d'appoint, à la suite des vomissements provoqués ou du lavage d'estomac.

d) Conserver le contenu aspiré de l'estomac pour analyse toxicologique.

5. Prodiguer des soins de soutien.

a) Mesurer la température rectale ; les problèmes de thermorégulation (hyperthermie et hypothermie) doivent être dépistés et traités.

b) Traiter les convulsions selon les directives du médecin ; prendre des mesures pour éviter les convulsions.

c) Quand l'intoxication pourrait être mortelle, prévoir une hémodialyse ou une dialyse péritonéale.

d) Installer une sonde urinaire à demeure pour assurer l'écoulement libre de l'urine ; la drogue et les métabolites sont excrétées par cette voie.

6. Effectuer un examen physique complet pour exclure les autres causes possibles de l'état du patient : coma hypoglycémique, méningite, hématome sous-dural, accident vasculaire cérébral, etc.

a) Rechercher les marques de piqûre d'aiguille et les signes de lésions externes.

b) Effectuer rapidement une évaluation neurologique : réactivité, diamètre et réactions pupillaires, réflexes, recherche des foyers neurologiques déficients.

c) Se rappeler qu'il y a possibilité de polyintoxication.

d) Se rappeler que les infections par le VIH et par le virus de l'hépatite B sont fréquentes parmi les toxicomanes par voie parentérale ; elles sont causées par le partage des aiguilles et des seringues.

e) Déterminer si l'haleine du patient a une odeur caractéristique : alcool, acétone, etc.

7. Chercher à obtenir, du patient ou de la personne qui l'accompagne, les antécédents de consommation de drogue.

a) Établir avec le patient une relation de confiance et de soutien.

b) Ne pas laisser le patient seul ; il existe un danger qu'il se blesse ou qu'il blesse le personnel du service d'urgence.

8. Si le patient est inconscient, le faire entrer à l'unité de soins intensifs. S'il a pris volontairement une dose excessive, on doit obtenir l'intervention d'un psychiatre.

9. Favoriser par tous les moyens, la participation du patient à un programme de traitement de la toxicomanie (désintoxication et rééducation) qui lui permettra de modifier un régime de vie favorisant la pharmacodépendance.

ALCOOL

Intoxications aiguës

L'alcool est un psychotrope agissant sur l'humeur, le jugement, le comportement, la concentration et la conscience. Parmi les buveurs invétérés, on retrouve des personnes de plus de 60 ans et un nombre important de jeunes adultes. L'alcoolisme est courant chez les patients qui se présentent dans les salles d'urgence ; certains alcooliques sont de véritables habitués des lieux, provoquant de ce fait l'exaspération du personnel soignant. Pour soigner ces patients, il faut donc faire preuve de patience.

Collecte des données. *L'alcool éthylique* ou *éthanol* est une toxine qui affecte directement plusieurs appareils et systèmes et qui a un effet dépresseur sur le système nerveux central. Cet effet se manifeste par de la somnolence, un manque de coordination, des troubles de l'élocution, une instabilité d'humeur, de l'agressivité, des attitudes belliqueuses, des idées de grandeur, et l'abolition des inhibitions. L'alcool peut aussi causer une stupeur, un coma, et parfois même la mort si la dose est importante.

Il faut déterminer si le patient souffre d'une blessure à la tête, d'hypoglycémie (celle-ci peut simuler l'ébriété), ou d'autres problèmes de santé. Les diagnostics infirmiers pouvant s'appliquer à ces patients sont : mode de respiration inefficace relié à la dépression du système nerveux central, et risque de violence envers soi ou envers les autres relié à une intoxication alcoolique aiguë.

Soins d'urgence de la personne souffrant d'une intoxication alcoolique aiguë. Le traitement se fait en trois temps : 1) désintoxication ; 2) sevrage ; 3) rééducation.

1. Éviter de juger ou de blâmer le patient.

a) Prévoir que le patient aura probablement une attitude de dénégation et de défense.

b) Adopter une attitude ferme, constante, tolérante et raisonnable.

c) Parler lentement et calmement ; l'alcool altère le processus de la pensée.

d) Si le patient paraît intoxiqué, il a probablement consommé de l'alcool, même s'il dit le contraire.

2. Selon l'ordonnance du médecin, faire une prise de sang pour la mesure de l'alcoolémie.

3. Laisser le patient somnolent passer son état d'intoxication alcoolique.

a) Rechercher les symptômes de dépression du système nerveux central ; garder le patient en observation.

b) Maintenir la perméabilité des voies respiratoires.

c) Dévêtir le patient et le couvrir d'une couverture.

4. Si le patient est bruyant et agressif, assurer une sédation selon les directives du médecin.

a) *Surveiller attentivement le patient à la recherche de signes d'hypotension et de diminution du niveau de conscience.*

b) Mesurer régulièrement la fréquence cardiaque, la fréquence respiratoire et la pression artérielle.

5. Examiner le patient pour détecter les blessures et les maladies organiques, qui sont facilement cachées par l'ébriété. (Les blessures sont plus fréquentes chez les alcooliques que dans la population en général; d'autre part, l'intoxication aiguë est souvent la cause de blessures chez le patient qui n'est pas un buveur invétéré.)

a) Évaluer l'état neurologique; rechercher les symptômes de traumatisme crânien.

b) *Déterminer s'il y a un coma alcoolique: celui-ci est une urgence médicale.*

c) Anticiper des convulsions; surveiller le patient.

d) Déterminer s'il existe une infection pulmonaire.

   (1) Les alcooliques souffrent souvent d'infections pulmonaires causées par une dépression respiratoire, un affaiblissement du système immunitaire et une tendance à aspirer le contenu de l'estomac.

   (2) Une infection est parfois présente sans qu'il y ait augmentation importante de la température corporelle ou du nombre des globules blancs.

e) Déterminer s'il y a hypoglycémie.

6. Hospitaliser le patient si nécessaire ou le faire admettre dans un centre de désintoxication; il faut s'efforcer de traiter les problèmes qui provoquent l'abus d'alcool.

DÉLIRE DE SEVRAGE ALCOOLIQUE (DELIRIUM TREMENS)

Le délire de sevrage alcoolique est un état toxique aigu déterminé par une consommation d'alcool régulière et prolongée ou une diminution abrupte de l'apport en alcool. Il peut être déclenché par une blessure ou une maladie aiguës (pneumonie, pancréatite, hépatite).

Manifestations cliniques et collecte des données. Le délire alcoolique se manifeste par de l'anxiété, une peur insurmontable, des tremblements, de l'irritabilité, de l'agitation, de l'insomnie et une incontinence. Le patient est loquace; il est préoccupé et connaît souvent de terrifiantes hallucinations visuelles, tactiles, olfactives ou auditives. La suractivité du système nerveux autonome se traduit par de la tachycardie, une dilatation des pupilles, et une abondante transpiration. En général, tous les signes vitaux sont élevés. Le délire de sevrage alcoolique a souvent des conséquences fatales.

Soins d'urgence. L'objectif est d'assurer la sédation et le soutien nécessaire pour que le patient puisse se reposer et se rétablir, en évitant les blessures et le collapsus vasculaire périphérique.

1. Prendre la pression artérielle; les relevés pourront déterminer la prescription de médicaments par la suite.

2. Effectuer un examen physique pour déceler les maladies ou blessures préexistantes ou contributives (traumatisme crânien, pneumonie, etc.).

3. Obtenir les antécédents de consommation de drogue et d'alcool; ces renseignements peuvent modifier la posologie des calmants.

4. Administrer les calmants prescrits. La dose doit être suffisante pour assurer la sédation; il faut apaiser l'agitation, empêcher l'épuisement, et permettre le sommeil.

a) On emploie une variété de médicaments (seuls ou combinés), dont le chlordiazépoxide, le diazépam et le paraldéhyde. En cas de delirium grave, on a recours à l'halopéridol.

b) La posologie est modifiée selon les symptômes du patient (agitation, anxiété) et les effets du médicament sur la pression artérielle.

5. Le patient doit reposer dans une chambre privée où on pourra l'observer étroitement.

a) Éclairer la pièce pour empêcher les hallucinations.

b) Fermer les portes de la salle de toilette et de la garde-robe, pour éliminer les ombres.

c) Garder l'environnement calme et non menaçant.

d) Surveiller le patient de près, car les hallucinations peuvent provoquer des gestes meurtriers ou suicidaires.

e) Dans la mesure du possible, assurer la présence de quelqu'un au chevet du patient; cela le rassure, l'apaise et l'aide à garder le contact avec la réalité.

f) Renforcer le contact avec la réalité en expliquant le caractère illusoire des hallucinations visuelles.

g) Donner des explications détaillées pour chaque intervention.

h) Éliminer les sons trop forts.

i) Appeler le patient par son nom.

j) Au besoin, et si le médecin le prescrit, employer des moyens de contention.

   • Mise en garde: La contention vise à empêcher le patient de se blesser et de blesser les autres; il faut choisir le moyen le moins brutal qui réponde à cette exigence. On a soin de fixer correctement les attaches en évitant à tout prix de gêner la circulation ou la respiration. La surveillance physique (intégrité de la peau, état de la circulation, état de la respiration, etc.) doit être constante. Les réactions du patient doivent être inscrites à son dossier.

6. Maintenir l'équilibre électrolytique et l'hydratation par voie orale ou parentérale, selon l'ordonnance. Les pertes liquidiennes peuvent être associées à des troubles digestifs (diarrhée), à la sudation et à une hyperventilation. À l'inverse, l'action de l'alcool sur l'hormone antidiurétique peut causer une hyperhydratation.

7. Relever souvent (à intervalles d'une demi-heure en cas de delirium grave) les données touchant la température, le pouls, la respiration et la pression artérielle. Il s'agit de prévoir les deux complications les plus meurtrières, le collapsus de la circulation périphérique et l'hyperthermie.

8. Administrer l'anticonvulsivant prescrit, par exemple de la phénytoïne (Dilantin), pour prévenir les convulsions récurrentes qui sont associées au sevrage, ou les traiter.

9. Évaluer les fonctions respiratoire, hépatique et cardiovasculaire; les complications possibles sont l'infection (pneumonie), les blessures, l'insuffisance hépatique, l'hypoglycémie et les troubles cardiovasculaires.

a) L'hypoglycémie s'explique par le fait que l'alcool épuise les réserves du foie en glycogène et nuit à la glyconéogenèse. De plus, l'alcoolique souffre souvent de malnutrition.

b) Si les réserves du foie en glycogène sont épuisées, administrer le dextrose prescrit par voie parentérale. Administrer des glucides (par exemple, jus d'orange, Gatorade) pour stabiliser la glycémie et neutraliser les tremblements.

10. Selon l'ordonnance, assurer une vitaminothérapie et un régime riche en protéines. Les alcooliques souffrent souvent de carences vitaminiques.
11. Diriger le patient vers un centre de traitement de l'alcoolisme qui assure un suivi et une rééducation.

URGENCES PSYCHIATRIQUES

Il y a urgence psychiatrique quand une grave perturbation du comportement, de l'affect ou de la pensée empêche un sujet de surmonter les difficultés courantes de la vie quotidienne et entrave ses rapports avec autrui. L'urgence psychiatrique peut se traduire: 1) par une suractivité et de la violence, 2) par une léthargie et une dépression, 3) par une volonté suicidaire.

Le personnel soignant doit déterminer, en premier lieu, si le patient risque d'être violent envers les autres. Il doit viser essentiellement à préserver la vie du patient et son estime de soi. Il faut demander au patient s'il reçoit actuellement des soins psychiatriques.

Suractivité

Les patients suractifs sont perturbés, indociles et paranoïdes; ils expriment des sentiments d'anxiété parfois voisins de la panique. Ils peuvent être sujets à des impulsions violentes et destructrices et présenter un comportement antisocial. Nervosité très marquée, dépression et larmes sont parfois présentes. L'intoxication par l'alcool ou la drogue peut accentuer un comportement perturbé et bruyant.

Soins d'urgence

1. Obtenir de la famille, ou d'une autre source fiable, le détail des circonstances qui ont abouti à la crise. Se renseigner sur les maladies mentales, les séjours au centre hospitalier, les blessures et les maladies antérieures; demander si le patient consomme de l'alcool ou de la drogue, et s'il a connu de graves difficultés sociales ou des conflits intrapsychiques.
   a) Se rappeler que les pensées et les comportements anormaux peuvent témoigner d'une perturbation physique sous-jacente: hypoglycémie, accident vasculaire cérébral, épilepsie, effets toxiques de la drogue ou de l'alcool.
   b) Effectuer un examen physique quand cela est possible.
2. Essayer de maîtriser la situation.
   a) Aborder le patient de façon calme, confiante et ferme: cette attitude est thérapeutique et aidera à le calmer.
   b) Se nommer.
   c) Dire au patient: «Je suis là pour vous aider».
   d) Répéter de temps à autre le nom du patient.
   e) S'exprimer clairement, en énonçant une idée à la fois; faire preuve de cohérence.
   f) Ne pas brusquer le patient; lui donner le temps dont il a besoin pour se calmer et devenir coopératif.
   g) Témoigner de l'intérêt pour le patient; l'écouter; l'encourager à communiquer ses sentiments et ses idées.
   h) Offrir des explications pertinentes; dire la vérité.
3. Administrer le psychotrope prescrit pour assurer le traitement d'urgence de la psychose fonctionnelle. La chlorpromazine (Largactil) et l'halopéridol (Haldol) agissent spécifiquement contre la fragmentation de la pensée et les aberrations de la perception et du comportement.

   a) La dose initiale est déterminée en fonction du poids du patient et de la gravité des symptômes.
   b) Après la première dose, surveiller le patient pendant une heure pour évaluer les effets du médicament sur les comportements psychotiques.
   c) Les doses suivantes dépendent de la réaction du patient.
   d) Les psychotropes (médicaments agissant sur le système nerveux central et le psychisme) sont exclus si la conduite du patient est provoquée par une drogue hallucinogène (par exemple le LSD).
   e) Les moyens de contention ne sont employés qu'en dernier recours et sur ordonnance.
   f) Le patient fait un séjour au service psychiatrique, ou l'on prend des dispositions pour assurer des soins psychiatriques en consultation externe.

Violence

Les conduites violentes ou agressives sont habituellement épisodiques, et constituent l'expression de la colère, de la crainte ou du désespoir. D'habitude, le patient a des antécédents d'excès de rage, d'emportements ou, plus généralement, de conduite impulsive. La personne encline à la violence perd souvent la maîtrise d'elle-même sous l'influence de l'alcool ou de la drogue; en général, elle s'en prend aux membres de sa famille. L'intoxication ou le sevrage associés à la drogue ou à l'alcool, les formes aiguës de la psychose hallucinatoire chronique ou du syndrome cérébral organique, la psychose aiguë, la paranoïa, la marginalité, et la personnalité psychopathique sont associés à un penchant pour la violence.

L'entrevue avec un tel patient doit avoir lieu dans une pièce spécialement aménagée et comportant au moins deux issues. Aucun objet pouvant servir d'arme ne doit être visible. Si la personne qui mène l'entrevue ressent une inquiétude, elle demande à quelqu'un (membre du personnel de la sécurité, de la famille ou du personnel soignant) de rester dans le corridor, près de la porte, pour intervenir au besoin.

Le principal diagnostic infirmier s'appliquant à ces patients est: risque de violence (envers soi ou envers les autres) relié à une psychose hallucinatoire chronique dans sa forme aiguë. L'objectif de soins consiste à maîtriser les tendances violentes.

Soins d'urgence

1. Laisser la porte ouverte et rester dans le champ de vision des autres membres du personnel. Se placer entre le patient et la porte, mais sans bloquer le passage; il ne faut pas que le patient se sente pris au piège.
2. Aider le patient à maîtriser sa violence.
   a) Donner de l'espace au patient; éviter les mouvements brusques.
   b) S'il est muni d'une arme, lui demander de la rendre.
   c) S'il refuse de rendre son arme, faire appel au personnel de la sécurité, qui peut demander l'aide de la police locale.
3. Ne pas laisser le patient seul. Il peut interpréter ce geste comme un rejet; la violence envers lui-même est à craindre.
4. Rester calme, éviter de porter des jugements et garder la maîtrise de la situation. Une ambiance calme peut aider le patient à se contrôler.
5. Parler au patient et l'écouter attentivement.
   a) L'intervention la plus efficace en situation de crise consiste à montrer au patient qu'on se soucie de son bien-être et qu'on est en accord avec lui, tout en restant ferme.

b) Reconnaître l'état d'agitation dans lequel se trouve le patient en lui disant par exemple: «Je veux travailler avec vous pour soulager votre détresse».

c) Offrir au patient la possibilité de verbaliser sa colère; éviter de remettre en question ses idées délirantes.

d) Écouter ce qu'il dit.

e) Lui faire comprendre qu'il peut obtenir l'aide dont il a besoin pour retrouver un comportement approprié.

   (1) Dire au patient que sa conduite effraie les personnes qui l'entourent et que la violence est inacceptable.

   (2) Lui indiquer les formes d'aide disponibles au moment d'une crise: cliniques, services d'urgence, service de santé mentale.

6. Si le patient ne retrouve pas son calme, permettre l'intervention du personnel de la sécurité ou des policiers.

a) Offrir la protection de l'hospitalisation; souvent, le patient réagit favorablement à cette offre, car il a peur de perdre la maîtrise de lui-même et de se blesser, ou de blesser quelqu'un d'autre.

b) Si le patient demeure crispé, administrer le médicament prescrit. L'halopéridol, le diazépam et la chlorpromazine agissent rapidement pour tranquilliser le patient en diminuant la tension, l'anxiété et la suractivité.

c) Utiliser les moyens de contention nécessaires. Obtenir l'ordonnance d'un médecin; employer un minimum de force physique.

   (1) La contention est associée à une intervention verbale destinée à calmer le patient et à obtenir sa coopération.

   (2) Au moment de mettre en place les moyens de contention, obtenir la présence du personnel requis.

     • Mise en garde: La contention vise à empêcher le patient de se blesser et de blesser autrui; il faut choisir le moyen le moins brutal qui réponde à cette exigence. On aura soin de fixer correctement les attaches en évitant à tout prix de gêner la circulation ou la respiration. La surveillance physique (intégrité de la peau, état de la circulation, état de la respiration, etc.) doit être constante. Il faut noter au dossier les réactions du patient.

7. Lorsque la combativité, l'agitation et l'effroi ont diminué, recommander des soins psychiatriques.

Dépression

Les salles d'urgence accueillent à la fois des patients qui se disent déprimés, et d'autres chez qui la dépression est masquée par l'anxiété et des symptômes somatiques.

La personne déprimée souffre d'une perturbation de son humeur. En établissant son profil, on cherche à déceler la tristesse, l'apathie, les sentiments de dévalorisation et de culpabilité, les idées suicidaires, le désir d'évasion, la tendance à écarter les problèmes les plus simples, l'anorexie et la perte de poids, la diminution de l'intérêt sexuel, l'insomnie, et l'augmentation ou la baisse de l'activité.

La personne déprimée est parfois nerveuse; elle présente une agitation motrice et une grande anxiété.

Soins d'urgence

1. Écouter le patient; demeurer calme et éviter de le brusquer.
   a) Le patient est soulagé de pouvoir exprimer ses sentiments.
   b) Offrir au patient l'occasion de parler de ses problèmes.

c) Se rappeler qu'il peut avoir des idées suicidaires.

d) Chercher à savoir si le patient a envisagé ou tenté de se suicider; lui demander, par exemple: «Avez-vous déjà pensé au suicide?» Souvent, le patient est soulagé de pouvoir aborder le sujet.

e) Déterminer si le patient souffre, ou croit souffrir, d'une maladie.

f) Déterminer s'il y a eu exacerbation soudaine de la dépression.

g) En présence d'une grave dépression, avertir la famille. Ne pas laisser le patient seul; les tentatives de suicide se font dans la solitude.

2. Administrer les médicaments prescrits pour combattre l'anxiété ou la dépression.

3. Insister sur le fait qu'il est possible de soigner la dépression.

4. Connaître les services communautaires auxquels le patient peut faire appel au moment d'une crise, ou pour obtenir de l'aide: établissements de santé mentale, services d'écoute et d'orientation téléphonique, centres de prévention du suicide, thérapie de groupe, counseling conjugal et familial, programmes d'entraide.

5. Diriger le patient vers un psychiatre ou un service psychiatrique.

Tentative de suicide

Les gestes suicidaires découlent d'un état de dépression dont les causes sont variées: perte d'un être cher, perte de la santé ou de l'intégrité corporelle, mauvaise image de soi. Souvent, les tentatives de suicide sont un appel au secours. Elle sont plus fréquentes chez les personnes âgées, les hommes, les jeunes adultes, les personnes qui subissent des pertes ou un stress exceptionnels, les chômeurs, les personnes divorcées, veuves, ou vivant seules, les personnes souffrant d'une dépression marquée (caractérisée par une perte pondérale, des troubles du sommeil, des plaintes somatiques et des idées suicidaires), celles qui ont déjà tenté de se suicider, celles dont un membre de la famille s'est suicidé, et celles qui souffrent d'une maladie mentale.

Prévention

1. Connaître les facteurs de risque.

2. Déterminer si la personne a manifesté une intention suicidaire en se montrant préoccupée par la mort, en parlant du suicide de quelqu'un d'autre ou en faisant des remarques du genre:
   «J'en ai assez de la vie.»
   «J'ai mis de l'ordre dans mes affaires.»
   «Je serais mieux si j'étais mort.»
   «Je suis un fardeau pour ma famille.»

3. Déterminer si la personne a déjà tenté de se suicider; dans ce cas, le risque augmente considérablement.

4. Demander s'il y a des antécédents familiaux de suicide.

5. Demander si le patient a perdu un de ses parents quand il était enfant.

6. Déterminer si le patient a élaboré un plan de suicide et s'il dispose des moyens pour le réaliser.

Soins d'urgence

1. S'occuper des conséquences du suicide raté (blessure par balle, effets de la surdose de médicaments, etc.).

2. Empêcher toute nouvelle conduite suicidaire ; un patient qui a tenté de se supprimer peut recommencer.
3. Utiliser un mode d'intervention en situation de crise (une forme de brève psychothérapie) pour évaluer les risques de suicide, pour repérer la dépression et les conflits, pour se renseigner sur le réseau de soutien du patient, et pour évaluer la nécessité d'une hospitalisation ou d'une intervention psychiatrique.
4. Selon l'état du patient et l'évaluation des risques de suicide, le faire entrer à l'unité des soins intensifs ou dans le service de psychiatrie, ou prendre des dispositions pour assurer le suivi.

AGRESSIONS SEXUELLES

Le viol est un acte de violence selon lequel une personne non consentante est contrainte à des relations sexuelles. Parmi les crimes violents, il est de ceux qui augmentent le plus rapidement. Le mouvement féministe a mis l'accent sur les droits des victimes de viol et les soins dont elles ont besoin, avec pour résultat que la justice est aujourd'hui plus sensible envers les victimes, et moins clémente envers les agresseurs. Les hommes (et particulièrement les hommes jeunes) sont parfois victimes de viol. Les centres d'aide aux victimes de viol peuvent être d'un grand secours, en offrant notamment un appui au moment de la comparution devant le tribunal.

L'accueil de la patiente au service d'urgence, et les soins qu'elle y reçoit, ont un effet important sur son bien-être psychologique par la suite. L'intervention de crise doit commencer dès son arrivée à l'établissement de santé ; la patiente doit être vue immédiatement. La plupart des centres hospitaliers se sont dotés d'un protocole écrit pour répondre à la fois aux besoins physiques et affectifs de la victime, et aux exigences des poursuites judiciaires ultérieures.

La réaction au viol est appelée *syndrome du traumatisme de viol*. Il s'agit d'une réaction de stress aigu causé par la présence d'un danger mortel. L'infirmière chargée de l'évaluation doit savoir que les réactions psychologiques de la patiente passent par plusieurs phases :

1. La phase de désorganisation, qui peut s'exprimer de deux façons.
   - Le mode expressif : la victime laisse apparaître le choc, l'incrédulité, la peur, la culpabilité, l'humiliation, la colère, etc.
   - Le mode silencieux : la victime cache ses sentiments et semble calme.
2. La phase du déni, au cours de laquelle la victime ne veut pas parler du viol. Celle-ci connaît ensuite une augmentation de l'anxiété et de l'effroi ; elle revit le viol, son sommeil est perturbé, elle présente une hypervigilance et des réactions psychosomatiques.
3. La phase de réorganisation, au cours de laquelle la victime parvient à situer le viol dans une nouvelle perspective. Certaines personnes ne se remettent jamais de l'agression, connaissant des phobies et des dérèglements chroniques.

Le principal diagnostic infirmier s'appliquant aux victimes de viol est : syndrome du traumatisme de viol relié à une situation mettant la vie en danger. La patiente a pour objectif de reprendre sa vie en main.

Soins d'urgence. Les objectifs du traitement consistent à accorder soutien et sympathie, à réduire le traumatisme émotionnel dont souffre la victime, et à recueillir des preuves qui serviront plus tard lors des poursuites judiciaires.

1. Respecter l'intimité et la sensibilité de la victime ; avoir une attitude bienveillante et réconfortante.
   a) Rassurer la patiente en lui disant que l'anxiété est normale et qu'il existe des professionnels et des organismes communautaires capables de l'aider, comme le Mouvement contre le viol. (Voir à la fin de la bibliographie pour le numéro de téléphone de cet organisme).
   b) Accepter les réactions de la patiente : hystérie, stoïcisme, désarroi, etc.
2. Collaborer à l'examen physique.
   a) Obtenir par écrit, et devant témoins, le consentement de la patiente (ou, si elle est mineure, du parent ou du tuteur) à l'examen, à la prise de photos, si elle est nécessaire, et à la communication des résultats à la police.
   b) Demander le détail des circonstances du viol, mais seulement si la patiente ne s'est pas encore entretenue avec un policier, un travailleur social, ou un intervenant en situation de crise : il ne faut pas lui demander de faire deux fois ce récit. Noter toutes les circonstances du viol dans les mots employés par la patiente.
   c) Demander à la patiente si elle a pris, depuis l'agression, un bain, une douche ou une douche vaginale, si elle s'est brossé les dents, si elle a changé de vêtements, uriné ou été à la selle ; ces actions peuvent modifier l'interprétation des constatations.
   d) Noter par écrit l'heure de l'arrivée, l'heure de l'examen, la date et l'heure du viol présumé et l'apparence générale de la patiente.
      (1) Noter tout signe de traumatisme : ecchymoses, meurtrissures, lacérations, sécrétions, vêtements déchirés ou tachés de sang.
      (2) Noter les données témoignant de l'état émotionnel.
   e) Aider la patiente à se déshabiller ; la couvrir.
      (1) Demander à la patiente de placer chaque vêtement dans un sac de papier distinct. (Les sacs en plastique retiennent l'humidité, ce qui favorise la formation de moisissures et de mildiou pouvant détruire des éléments de preuve.)
      (2) Étiqueter les sacs et les remettre aux autorités judiciaires compétentes.
   f) Examiner la patiente de la tête aux pieds en recherchant les lésions, notamment à la tête, au cou, aux seins, aux cuisses, au dos et aux fesses.
      (1) Chercher les signes externes de traumatisme (ecchymoses, contusions, lacérations, plaies par arme blanche).
      (2) Chercher, sur les vêtements et le corps de la victime, les taches de sperme séché (elles se présentent comme des plaques croûteuses et friables).
      (3) Inspecter les doigts pour repérer les ongles cassés et la présence de matières étrangères ou de tissus sous les ongles.
      (4) Collaborer à l'examen de la bouche. Prélever un échantillon de salive ; prélever les cultures prescrites des gencives et des dents.
      (5) Documenter, par des diagrammes du corps et des photos, les signes de traumatisme.
3. Collaborer aux examens du bassin et du rectum.
   a) Expliquer la nature et les raisons de chaque intervention.
      (1) Examiner le périnée, et le corps en général, avec une lampe à rayons ultraviolets filtrés ou une lampe de Woods. L'apparition de zones fluorescentes peut traduire la présence de taches de sperme.
      (2) Noter la couleur et la consistance des écoulements.

(3) Examiner le vagin au moyen d'un spéculum lubrifié à l'eau seulement; les autres lubrifiants contiennent des produits chimiques qui pourraient nuire, par la suite, à l'analyse médicolégale des prélèvements et au dosage des phosphatases acides.

b) Collaborer au prélèvement des échantillons destinés au laboratoire.

(1) Recueillir par aspiration des sécrétions vaginales; on les examinera pour y déceler la présence de spermatozoïdes mobiles ou non.

(2) Au moyen d'un écouvillon stérile, prélever des sécrétions de la muqueuse vaginale en vue de l'analyse des phosphatases acides, de la recherche des antigènes des groupes sanguins du sperme et des tests de précipitine contre le sperme et le sang humains.

(3) Obtenir des frottis distincts des régions buccale, vaginale et anale.

(4) Prélever des cultures des orifices corporels afin de dépister la gonorrhée.

(5) Prélever du sang pour le dépistage de la syphilis; on peut congeler le sérum pour analyse ultérieure.

(6) Faire un test de grossesse, si les circonstances l'indiquent.

(7) Recueillir les matières étrangères (feuilles, brindilles, terre) et les déposer dans une enveloppe propre.

(8) Peigner les poils du pubis au moyen d'un peigne préemballé. Couper les poils pubiens des régions où l'on soupçonne la présence de sperme. Prélever quelques poils pubiens avec leur follicule; les placer dans des récipients distincts et les étiqueter.

(9) Examiner le rectum pour y déceler les lésions et les taches de sang ou de sperme.

(10) Étiqueter chaque échantillon en indiquant le nom de la patiente, la date et l'heure du prélèvement, la provenance de l'échantillon et le nom des membres du personnel qui ont effectué le prélèvement, afin d'établir la continuité de possession. Remettre les échantillons à la personne autorisée (représentant du laboratoire de médecine légale, par exemple), et obtenir un reçu détaillé.

(11) Les photos sont prises par la personne désignée.

4. Traiter les blessures selon les indications; offrir à la patiente la possibilité de mesures de prévention des maladies transmissibles sexuellement.

a) On prescrit parfois du ceftriaxone (Rocephin) par voie intramusculaire avec de la lidocaïne à 1 %, pour prévenir la gonorrhée.

b) Pour prévenir la syphilis et l'infection par *chlamydia,* on peut prescrire l'administration de doxycycline (Vibramycine) pendant 10 jours.

5. Si la patiente est en âge de procréer, n'emploie pas de contraceptifs, et a atteint la période de l'ovulation dans son cycle menstruel, on peut envisager des mesures pour empêcher la grossesse.

a) Après le test de grossesse, on peut administrer un contraceptif postcoïtal, Ovral, qui contient de l'œstrogène (éthinylestradiol) et de la progestérone (norgestrel).

b) Pour assurer l'efficacité du contraceptif, on l'administre de préférence dans les 12 à 24 heures qui suivent le rapport sexuel, et au plus tard dans les 72 heures; on choisit l'emballage de 21 comprimés, pour éviter que la patiente ne prenne par erreur les comprimés inertes compris dans l'emballage de 28.

c) On administre l'antiémétique prescrit pour diminuer les effets désagréables du contraceptif.

6. Offrir une douche vaginale, un rince-bouche et des vêtements propres.

7. Assurer le suivi.

a) Fixer les rendez-vous nécessaires pour déterminer si la patiente est enceinte, si elle a contracté une maladie transmise sexuellement et si elle a été infectée par le VIH.

b) Renseigner la patiente sur les services de counseling permettant d'éviter, à long terme, des répercussions néfastes sur le plan psychologique. Les services de counseling doivent être offerts à la patiente et aussi à sa famille. On dirige la patiente vers un organisme local d'aide aux victimes du viol, s'il y en a un.

c) Encourager la patiente à reprendre, dès qu'elle le peut, toutes ses activités normales.

d) En quittant l'établissement de santé, la patiente doit être accompagnée par l'un de ses proches.

Le patient qui se présente au service d'urgence à cause d'une réaction aiguë à la drogue ou d'un grave trouble psychiatrique, ou parce qu'il a subi une agression sexuelle, a besoin de soins complexes qui sont dispensés par une équipe multidisciplinaire. Les besoins physiologiques et psychologiques du patient, et son état affectif, exigent une attention et un traitement constants. Certaines précautions sont prises pour assurer à la fois la protection du patient et celle du personnel soignant. Des protocoles précis régissent le traitement des victimes d'agression sexuelle; il faut en même temps assurer l'intervention en situation de crise et répondre aux exigences de poursuites judiciaires ultérieures. Après avoir répondu aux besoins critiques du patient, on prend les mesures nécessaires pour assurer le traitement à long terme.

Bibliographie

Ouvrages

American Academy of Orthopedic Surgeons. Emergency Care and Transportation of the Sick and Injured, 4th ed. Park Ridge, IL, American Academy of Orthopedic Surgeons, 1987.

American Association of Critical Care Nurses. Outcome Standards for Nursing Care of the Critically Ill. Laguna Niguel, CA, American Association of Critical Care Nurses, 1990.

American Heart Association. Textbook of Cardiac Life Support, 2nd ed. Dallas, American Heart Association, 1987.

Biros MH and Sterner S (eds). Handbook of Urgent Care Medicine. Rockville, MD, Aspen Publishers, 1990.

Cardiopulmonary Emergencies. Springhouse, PA, Springhouse Corporation, 1990.

Cardona VD et al (eds). Trauma Nursing: From Resuscitation Through Rehabilitation. Philadelphia, WB Saunders, 1988.

Galli RL, Spaite DW, and Simon RR. Emergency Orthopedics: The Spine. Norwalk, CT, Appleton & Lange, 1989.

Harwood-Nuss A et al. The Clinical Practice of Emergency Medicine. Philadelphia, JB Lippincott, 1990.

Ho MT and Saunders CE (eds). Current Emergency Diagnosis and Treatment, 3rd ed. Norwalk, CT, Appleton & Lange, 1990.

Holloway NM. Nursing the Critically Ill Adult. Menlo Park, CA, Addison-Wesley, 1988.

Kitt S and Kaiser J (eds). Emergency Nursing: A Physiologic and Clinical Perspective. Philadelphia, WB Saunders, 1990.

Lanros NE. Assessment and Intervention in Emergency Nursing, 3rd ed. Norwalk, CT, Appleton & Lange, 1988.

Mallon B et al. Orthopaedics for the House Officer. Baltimore, Williams & Wilkins, 1990.

Mlynczak-Callahan B (ed). Case Studies in Emergency Nursing. Baltimore, Williams & Wilkins, 1990.

Moore S. Ready Reference for Emergency Nursing. Baltimore, Williams & Wilkins, 1990.

Moore S and Charlson DA. Clinical Guidelines for Emergency Nursing: Standardized Care Plans. Rockville, MD, Aspen Publishers, 1987.

Mowad L and Ruhle DC (eds). Handbook of Emergency Nursing: The Nursing Process Approach. Norwalk, CT, Appleton & Lange, 1988.

Richardson JD and Polk HC. Trauma: Clinical Care and Pathophysiology. Chicago, Year Book Medical Publishers, 1987.

Rogers JH et al. Emergency Nursing: A Practice Guide. Baltimore, Williams & Wilkins, 1989.

Rosen P et al (eds). Emergency Medicine: Concepts and Clinical Practice, 2nd ed. St Louis, CV Mosby, 1988.

Schwartz GR et al. Principles and Practice of Emergency Medicine: The Essential Update. Philadelphia, WB Saunders, 1989.

Sheehy SB et al. Manual of Clinical Trauma Care: The First Hour. St Louis, CV Mosby, 1989.

Skeet M (ed). Emergency Procedures and First Aid for Nurses. Chicago, Year Book Medical Publishers, 1988.

Stine RJ and Marcus RH (eds). A Practical Approach to Emergency Medicine. Boston, Little, Brown, 1987.

Strange JM (ed). Shock Trauma Care Plans. Springhouse, PA, Springhouse Corporation, 1987.

Vincent J (ed). Update in Intensive Care and Emergency Medicine. New York, Springer-Verlag, 1989.

Welton RH and Shane KA (eds). Case Studies in Trauma Nursing. Baltimore, Williams & Wilkins, 1989.

Wilkins E et al (eds). MGH Textbook of Emergency Medicine: Scientific Foundations and Current Practice: Emergency Care as Practiced at the Massachusetts General Hospital. Baltimore, Williams & Wilkins, 1989.

Yvorra JG (ed). Mosby's Emergency Dictionary: Quick Reference for Emergency Responders. St Louis, CV Mosby, 1989.

Revues

Lutte contre les infections

Dickerson M. Protecting yourself from AIDS: Infection control measures. Crit Care Nurse 1989 Nov/Dec; 9(10):26–28.

Halpern J. Precautions to prevent transmission of human immunodeficiency virus infections in emergency settings. J Emerg Nurs 1987 Sep/Oct; 13(5):298–300.

Jordan KS. Assessment of the person with acquired immunodeficiency syndrome in the emergency department. J Emerg Nurs 1987 Nov/Dec; 13(6):342–345.

Recommendations for prevention of HIV transmission in health care settings. JAMA 1987 Sep; 258(10):1293–1305.

Gériatrie

Anderson G. Would you know what caused these geriatric emergencies? RN 1988 Aug; 52(8):26–32.

Brenner ZR. Nursing elderly cardiac clients. Crit Care Nurse 1987 Mar/Apr; 7(2):78–87.

Greenstien RA and Hess DE. Psychiatric emergencies in the elderly. Emerg Med Clin North Am 1990 May; 8(2):429–441.

Martin RE and Tiberian G. Multiple trauma and the elderly patient. Emerg Med Clin North Am 1990 May; 8(2):411–420.

Miller MD. Orthopedic trauma in the elderly. Emerg Med Clin North Am 1990 May; 8(2):325–339.

Réanimation

Bartz C. Pharmacologic augmentation of cardiac output following cardiac arrest. Crit Care Nurs Q 1988 Mar; 10(4):43–49.

Cheney R. Defibrillation. Crit Care Nurs Q 1988 Mar; 10(4):9–15.

Cuzzel JZ and Rodriquez LA. How to use a bag-valve-mask device for artificial ventilation. Am J Nurs 1989 Jul; 89(7):932–933.

DeAngelis R and Lessig NL. Physical augmentation of cardiac output. Crit Care Nurs Q 1988 Mar; 10(4):33–42.

Jost P. The role of antidysrhythmics in cardiac arrest. Crit Care Nurs Q 1988 Mar; 10(4):63–67.

Middaugh RE, Middaugh DJ, and Menk EJ. Current considerations in respiratory and acid-base management during cardiopulmonary resuscitation. Crit Care Nurs Q 1988 Mar; 10(4):25–33.

Sarsany S. Are you ready for this bedside emergency? Sudden loss of consciousness. RN 1988 Nov; 51(11):47–48.

Sheehy SB. A quick overview of the new standards and guidelines for cardiopulmonary resuscitation and emergency cardiac care. J Emerg Nurs 1987 Jan/Feb; 13(1):47–49.

Skootsky SA and Abraham E. Continuous oxygen consumption during initial emergency department resuscitation of critically ill patients. Crit Care Med 1988 Jul; 16(7):706–709.

Hémorragies dues à un traumatisme

Halfman-Franey M. Current trends in hemodynamic monitoring of patients in shock. Crit Care Nurs Q 1988 Jun; 11(1):9–18.

Perry A. Shock complications. Crit Care Nurs Q 1988 Jun; 11(1):1–8.

Sarsany S. Are you ready for this bedside emergency? Massive bleeding. RN 1988 Feb; 51(2):36–38.

Choc

Burnett DA and Rikkers LF. Nonoperative emergency treatment of variceal hemorrhage. Surg Clin North Am 1990 Apr; 70(2):291–306.

Hancock BG and Eberhard NK. The pharmacologic management of shock. Crit Care Nurs Q 1988 Jun; 11(1):19–29.

Meyers KA and Hickey MK. Nursing management of hypovolemic shock. Crit Care Q 1988 Jun; 11(1):57–67.

Rice V. Shock, a clinical syndrome: An update. Part 1. Crit Care Nurse 1991 Apr; 11(4):20–27.

Rice V. Shock, a clinical syndrome: An update. Part 2. Crit Care Nurse 1991 May; 11(5):74–82.

Rice V. Shock, a clinical syndrome: An update. Part 3. Crit Care Nurse 1991 Jun; 11(6):34–39.

Rice V. Shock, a clinical syndrome: An update. Part 4. Crit Care Nurse 1991 July; 11(7):28–40.

Traumatisme

Alexander MH. Mechanism and pattern of injury associated with use of seat belts. J Emerg Nurs 1988 Jul/Aug; 14(4):214–216.

Amidei CS. What to do until the neurosurgeon arrives . . . J Emerg Nurs 1988 Sep/Oct; 14(5):296–301.

Ammons AA. Cerebral injuries and intracranial hemorrhages as a result of trauma. Nurs Clin North Am 1990 Mar; 25(1):23–33.

Andrews J. Difficult diagnoses in blunt thoraco-abdominal trauma. J Emerg Nurs 1989 Sep/Oct; 15(5):399–404.

Asensio JA et al. Trauma: A systematic approach to management. Am Fam Physician 1988 Sep; 38(3):97–112.

Atkins J, Piazza D, and Pierce J. Overlooked gunshot wound in a motor vehicle accident victim: Clinical and legal risks. J Emerg Nurs 1988 May/Jun; 14(3):142–144.

Beaver BM. Care of the multiple trauma victim: The first hour. Nurs Clin North Am 1990 Mar; 25(1):11–21.

Bryson BL et al. Trauma to the aging cervical spine. J Emerg Nurs 1987 Nov/Dec; 13(6):334–341.

Cunningham JL. Assessment and care of the patient with myocardial contusion. Crit Care Nurse 1987 Mar/Apr; 7(2):68–75.

Fontaine DK. Physical, personal, and cognitive responses to trauma. Crit Care Nurs Clin North Am 1989 Mar; 1(1):11–22.

Gough JE, Allison EJ, and Raju VP. Flail chest: Management implications for emergency nurses. J Emerg Nurs 1987 Nov/Dec; 13(6):330–333.

Halpern JS. Mechanisms and patterns of trauma. J Emerg Nurs 1989 Sep/Oct; 15(5):380–388.

Hammond SG. Chest injuries in the trauma patient. Nurs Clin North Am 1990 Mar; 25(1):35–43.

Herron DG and Nance J. Emergency department nursing management of patients with orthopedic fractures resulting from motor vehicle accidents. Nurs Clin North Am 1990 Mar; 25(1):71–83.

Huggins B. Trauma physiology. Nurs Clin North Am 1990 Mar; 25(1):1-10.

Kite JH. Cardiac and great vessel trauma: Assessment, pathophysiology, and intervention. J Emerg Nurs 1987 Nov/Dec; 13(6):346-351.

Kleeman KM. Families in crisis due to multiple trauma. Crit Care Nurs Clin North Am 1989 Mar; 1(1):23-31.

Lindenbaum GA et al. Patterns of alcohol and drug abuse in an urban trauma center: The increasing role of cocaine use. J Trauma 1989 Dec; 29(12):1654-1658.

Loomis J. Traumatic amputation and successful replantation of the left hand after an industrial accident. J Emerg Nurs 1987 Sep/Oct; 13(6):269-271.

McGonigal MD, Lucas CE, and Legerwood AM. The effects of treatment of renal trauma on renal function. J Trauma 1987 May; 27(5):471-475.

Merlotti GJ et al. Peritoneal lavage in penetrating thoraco-abdominal trauma. J Trauma 1988 Jan; 28(1):17-23.

Michal DM. Nursing management of hypothermia in the multiple trauma patient. J Emerg Nurs 1989 Sep/Oct; 15(5):116-121.

Neff JA. Blunt abdominal trauma. J Emerg Nurs 1987 Mar/Apr; 13(2):114-117.

Oakely L and Johnson J. Traumatic injury during pregnancy. Crit Care Nurse 1991 Jun; 11(6):64-71.

O'Hara MM. Emergency care of the patient with a traumatic amputation. J Emerg Nurs 1987 Sep/Oct; 13(6):272-277.

Ordog GJ, Wasserberger J, and Balasubramaniam S. Shotgun wound ballistics. J Trauma 1988 May; 28(5):624-631.

Pearce WH and Whitehill TA. Carotid and vertebral arterial injuries. Surg Clin North Am 1988 Aug; 68(4):705-723.

Proehl JA. Compartment syndrome. J Emerg Nurs 1988 Sep/Oct; 14(5):283-291.

Richmond TS. Spinal cord injury. Nurs Clin North Am 1990 Mar; 25(1):57-69.

Romeo JH. The critical minutes after spinal cord injury. RN 1988 Apr; 51(4):61-67.

Sedlack SK and Mace D. Hidden problems with bleeding in trauma patients. J Emerg Nurs 1989 Sep/Oct; 15(5):422-426.

Smeltzer SC. Research in trauma nursing: State of the art and future directions. J Emerg Nurs 1988 May/Jun; 14(3):145-153.

Smith LG and Glowac BS. New frontiers in the management of the multiple injured patient. Crit Care Nurs Clin North Am 1989 Mar; 1(1):1-9.

Soderstrom CA and Cowley RA. A national alcohol and trauma center survey. Missed opportunities, failures of responsibility. Arch Surg 1987 Sep; 122(12):1067-1071.

Sommers MS. Blunt renal trauma. Crit Care Nurse 1990 Mar; 10(3):38-48.

Stewart PB. Maxillofacial trauma: Implications for critical care. Crit Care Nurse 1989 Jun; 9(6):44-57.

Turner JT. Cardiovascular trauma. Nurs Clin North Am 1990 Mar; 25(1):119-130.

Wagner MM. The patient with abdominal injuries. Nurs Clin North Am 1990 Mar; 25(1):45-55.

Weiskittel P and Sommers MS. The patient with lower urinary tract trauma. Crit Care Nurse 1989 Jan; 9(1):53-64.

White KM. Injuring mechanisms of gunshot wounds. Nurs Clin North Am 1989 Mar; 1(1):97-103.

Urgences thermiques

Iced peritoneal lavage for heat stroke. Emerg Med 1990 May 30; 22(10):83-84.

Michal DM. Nursing management of hypothermia in the multiple-trauma patient. J Emerg Nurs 1989 Sep/Oct; 15(5):416-421.

Neff J. Standard of care for the adult patient with thermal injury. J Emerg Nurs 1987 Jan/Feb; 13(1):60-63.

Sahdev P et al. Hypothermia in the prehospital environment. Emerg Care Q 1990 Feb; 5(4):61-71.

Intoxication

Dailey MA. Carbon monoxide poisoning. J Emerg Nurs 1989 Mar/Apr; 15(2):120-123.

Joubert DW. Use of emetic, adsorbent, and cathartic agents in acute drug overdose. J Emerg Nurs 1987 Jan/Feb; 13(1):49-51.

Martindale LG. Carbon monoxide poisoning: The rest of the story. J Emerg Nurs 1989 Mar/Apr; 15(2):101-104.

Meyer D. Ethylene glycol poisoning. Focus Crit Care 1988 Dec; 15(6):54-57.

Newton M et al. Descriptive outline of major poisoning treatment modes. J Emerg Nurs 1987 Mar/Apr; 13(2):102-106.

Newton M et al. General treatments of household poisonings. J Emerg Nurs 1987 Jan/Feb; 13(1):12-15.

Newton M et al. Specific treatments of poisoning by household products and medications. J Emerg Nurs 1987 Jan/Feb; 13(1):16-26.

O'Neal L. Acute methyl bromide toxicity. J Emerg Nurs 1987 Mar/Apr; 13(2):96-98.

Robinson D. Ethylene glycol toxicity. Crit Care Nurse 1989 Jun; 9(6):70-74.

Scherb BJ. Carbon monoxide poisoning: Hyperbaric oxygenation preparations. Dimens Crit Care Nurs 1990 May/Jun; 9(3):143-149.

Turnbull TL et al. Emergency department screening for unsuspected carbon monoxide exposure. Ann Emerg Med 1988 May; 17(5):478-483.

Toxicomanie

Kellerman AL et al. Utilization and yield of drug screening in the emergency department. Am J Emerg Med 1988 Jan; 6(1):14-20.

Lowery DW and Galli RL. Street drugs: Recognition and management of the acutely intoxicated patient. Emerg Care Q 1990 Oct; 6(3):45-53.

Merigian KS et al. Use of abbreviated mental status examination in the initial assessment of overdose patients. Arch Emerg Med 1988 Sep; 5(3):139-145.

Povenmire KI and House MA. Acute crack cocaine intoxication: A case study. Focus Crit Care 1989 Apr; 16(2):112-119.

Rich J. Action stat! Acute alcohol intoxication. Nursing 1989 Sep; 19(9):33.

Stewart W. Can we keep Jane alive until an antidote arrives? RN 1988 Jan; 51(1):32-34.

Weaver DA. Cocaine-induced chest pain and myocardial ischemia. J Emerg Nurs 1988 Jul/Aug; 14(4):203-205.

Urgences psychiatriques

Dreyfus JK. Nursing assessment of the ED patient with psychiatric symptoms: A quick reference. J Emerg Nurs 1987 Sep/Oct; 13(5):278-282.

Kurlowicz LH. Violence in the emergency department. Am J Nurs 1990 Sep; 90(9):34-40.

Sarsany S. Are you ready for this bedside emergency? Violent behavior. RN 1988 Sep; 51(9):64-68.

Divers

Adams G. The forgotten victims of a medical crisis. RN 1988 Apr; 51(4):30-33.

Adamski DB. Assessment and treatment of allergic response to stinging insects. J Emerg Nurs 1990 Mar/Apr; 16(2):77-80.

Bell NK. Ethical dilemmas in trauma nursing. Nurs Clin North Am 1990 Mar; 25(1):143-154.

Dickerson M. Anaphylaxis and anaphylactic shock. Crit Care Nurs Q 1988 Jun; 11(1):68-74.

Dyer C and Roberts D. Thermal trauma. Nurs Clin North Am 1990 Mar; 25(1):85-117.

Golden H. Near-drowning. Nursing 1988 Jul; 18(7):33.

Hicks DJ. The patient who's been raped. Emerg Med 1988 Nov; 20(20):106-112.

McKinley MG. Near drowning: A nursing challenge. Crit Care Nurse 1989 Nov/Dec; 9(10):52-60.

Minton SA. Present tests for detection of snake venom: Clinical applications. Ann Emerg Med 1987 Sep; 16(9):932-937.

Pennell TC, Babu SS, and Meredith JW. The management of snake and spider bites in the southeastern United States. Am Surg 1987 Apr; 53(4):198-204.

Solursh DS. The family of the trauma victim. Nurs Clin North Am 1990 Mar; 25(1):155-162.

Wasserman GS. Wound care of spider and snake envenomations. Ann
     Emerg Med 1988 Dec; 17(12):1331–1335.
When a snake strikes. Emerg Med 1990 Jun; 22(12):21–43.

Information/Ressources
Organismes

Mouvement contre le viol, 276-9383 (heures de bureau ou message sur
     répondeur) 934-4504 (urgences)

APPENDICE
ANALYSES DE LABORATOIRE: INTERVALLES DE RÉFÉRENCE* ET INTERPRÉTATION DES RÉSULTATS

SYMBOLES

ANCIENNES UNITÉS

kg = kilogramme
g = gramme
mg = milligramme
μg = microgramme
μμg = micromicrogramme
ng = nanogramme
pg = picogramme
mL = millilitre
mm³ = millimètre cube
fL = femtolitre

mmol = millimole
nmol = nanomole
mOsm = milliosmole
mm = millimètre
μm = micron ou micromètre
mm Hg = millimètre de mercure
U = unité
mU = milliunité
μU = micro-unité
mEq = milliéquivalent
IU = unité internationale
mIu = milliunité internationale

UNITÉS SI

g = gramme
L = litre
mol = mole
mmol = millimole
μmol = micromole
nmol = nanomole
pmol = picomole
d = jour

---

* Les valeurs varient selon la méthode d'analyse utilisée.

Hématologie

Composant	Intervalles de référence		Interprétation clinique
	Anciennes unités	Unités SI	
HÉMOSTASE			
Consommation de prothrombine	>20 s		Altérée dans les déficiences en facteurs VIII, IX et X
Facteur V (proaccélérine)	60 à 140 %		
Facteur VIII (facteur antihémophilique)	50 à 200 %		Déficient dans l'hémophilie A
Facteur IX (composant de thrombo-plastine plasmatique)	75 à 125 %		Déficient dans l'hémophilie B
Facteur X (facteur Stuart)	60 à 140 %		
Fibrinogène	200 à 400 mg/100 mL	2 à 4 g/L	Élevé dans la grossesse, les infections avec leucocytose et le syndrome néphrotique Abaissé dans les maladies du foie grave et dans le décollement placentaire
Produits de dégradation de la fibrine	<10 mg/L	<10 mg/L	Élevés dans la coagulation intravasculaire disséminée
Stabilité du caillot de fibrine	Absence de lyse après 24 heures d'incubation		Présence de lyse dans les hémorragies massives, certaines interventions chirurgicales majeures et les réactions transfusionnelles
Temps de céphaline activée	20 à 45 s		Allongé dans les déficiences en fibrinogène et en facteurs II, V, VIII, IX, X, XI et XII; allongé dans le traitement à l'héparine
Temps de prothrombine	9 à 12 s		Allongé dans les déficiences en facteurs I, II, V, VII et X, dans les troubles de l'absorption des lipides, dans les maladies du foie graves et dans le traitement aux coumarines
Temps de saignement	2 à 8 min	2 à 8 min	Allongé dans les thrombopénies et les anomalies de la fonction plaquettaire; allongé par la prise d'aspirine
HÉMATOLOGIE GÉNÉRALE			
Fragilité globulaire	Augmentée quand on observe une hémolyse dans le NaCl à plus de 0,5 % Diminuée quand l'hémolyse est incomplète dans le NaCl à 0,3 %		Augmentée dans la sphérocytose congénitale, dans les anémies hémolytiques idiopathiques acquises, dans l'anémie hémolytique iso-immune et dans l'incompatibilité ABO chez le nouveau-né Diminuée dans la drépanocytose et dans la thalassémie
Hématocrite	Hommes: 42 à 50 % Femmes: 40 à 48 %	0,42 à 0,50 0,40 à 0,48	Abaissé dans les anémies graves, l'anémie de la grossesse et les pertes de sang massives Élevé dans les polyglobulies et dans la déshydratation ou l'hémoconcentration associée au choc

Hématologie (suite)

Composant	Intervalles de référence		Interprétation clinique
	Anciennes unités	*Unités SI*	
Hémoglobine	Hommes: 13 à 18 g/100 mL Femmes: 12 à 16 g/100 mL	130 à 180 g/L 120 à 160 g/L	Abaissée dans les anémies, dans la grossesse, dans les hémorragies graves et dans les excès de volume liquidien Élevée dans les polyglobulies, les broncho-pneumopathies chroniques obstructives, dans l'hypoxie due à l'insuffisance cardiaque et chez les personnes qui vivent en haute altitude
Hémoglobine A_2	1,5 à 3,5 % de l'hémoglobine totale	0,015 à 0,035	Élevée dans certains types de thalassémie
Hémoglobine F	<2 % de l'hémoglobine totale	<0,02	Élevée chez les bébés et les enfants atteints de thalassémie et dans plusieurs anémies
Indices globulaires:			
volume globulaire moyen (VGM)	80 à 94 (μm^3)	80 à 94 fl	Élevé dans les anémies macrocytaires; abaissé dans les anémies microcytaires
teneur globulaire moyenne en hémoglobine (TGMH)	27 à 32 $\mu\mu$g/globule	27 à 32 pg	Élevé dans l'anémie macrocytaire; abaissé dans l'anémie microcytaire
concentration globulaire moyenne en hémoglobine (CGMH)	33 à 38 %	0,33 à 0,38	Abaissée dans l'anémie hypochrome grave
Numération des érythrocytes	Hommes: 4 600 000 à 6 200 000/mm³ Femmes: 4 200 000 à 5 400 000/mm³	4,6 à 6,2 × 10^{12}/L 4,2 à 5,4 × 10^{12}/L	Élevée dans la diarrhée grave avec déshydratation, dans la polyglobulie, dans les intoxications aiguës et dans la fibrose pulmonaire Abaissée dans les anémies, dans les leucémies et dans les hémorragies
Numération leucocytaire neutrophiles éosinophiles basophiles lymphocytes monocytes	5000 à 10 000/mm³ 60 à 70 % 1 à 4 % 0 à 1 % 20 à 30 % 2 à 6 %	5 à 10 × 10^9/L 0,6 à 0,7 0,01 à 0,04 0 à 0,01 0,2 à 0,3 0,02 à 0,06	Élevée dans les infections aiguës (la proportion des neutrophiles est augmentée dans les infections bactériennes et celle des lymphocytes dans les infections virales) Élevée dans les leucémies aiguës, après la menstruation et après une intervention chirurgicale ou un traumatisme Abaissée dans l'anémie aplasique, dans l'agranulocytose et par certains agents toxiques, comme les antinéoplasiques La proportion des éosinophiles est augmentée dans les atteintes diffuses du collagène, dans les allergies et dans les parasitoses intestinales
Numération plaquettaire	100 000 à 400 000/mm³	100 à 400 × 10^9/L	Élevée dans certains cancers, dans les affections myéloprolifératives, dans la polyarthrite rhumatoïde et dans la période postopératoire; on diagnostique un cancer chez environ 50 % des personnes qui présentent une élévation non expliquée du nombre des plaquettes Abaissée dans le purpura thrombopénique, dans les leucémies aiguës, dans l'anémie aplasique, dans les infections, dans les réactions médicamenteuses et au cours de la chimiothérapie

Hématologie (suite)

Composant	Intervalles de référence		Interprétation clinique
	Anciennes unités	Unités SI	
Phosphatase alcaline leucocytaire	Score de 40 à 140		Élevée dans la polyglobulie essentielle, dans la myélofibrose et dans les infections Abaissée dans la leucémie granulocytaire chronique, dans l'hémoglobinurie paroxystique nocturne, dans l'aplasie médullaire et dans certaines infections virales, dont la mononucléose infectieuse
Réticulocytes	0,5 à 1,5 %	0,005 à 0,015	Élevés dans les troubles qui stimulent l'activité médullaire (infections, pertes de sang, etc.), après un traitement au fer dans l'anémie ferriprive et dans la polyglobulie essentielle Abaissés dans les troubles qui inhibent l'activité médullaire, dans la leucémie aiguë et dans les anémies graves au stade avancé
Taux de sédimentation (méthode par centrifugation)	41 à 54 %	0,41 à 0,54 %	Même interprétation que pour la vitesse de sédimentation
Vitesse de sédimentation (méthode Westergreen)	Hommes de moins de 50 ans: <15 mm/h Hommes de plus de 50 ans: <20 mm/h Femmes de moins de 50 ans: 20 mm/h Femmes de plus de 50 ans: <30 mm/h	<15 mm/h <20 mm/h <20 mm/h <30 mm/h	Élevée quand il y a destruction des tissus d'origine inflammatoire ou dégénérative; élevée pendant la menstruation et la grossesse et dans les affections fébriles aiguës

Biochimie (sang)

Composant ou épreuve	Intervalles de référence (adultes)		Interprétation clinique	
	Anciennes unités	Unités SI	Élevé	Abaissé
Acétoacétate	0,2 à 1,0 mg/100 mL	19,6 à 98 μmol/L	Acidose diabétique Jeûne	
Acétone	0,3 à 2,0 mg/100 mL	51,6 à 344,0 μmol/L	Toxémie gravidique Régime pauvre en glucides Régime riche en lipides	
Acide ascorbique (vitamine C)	0,4 à 1,5 mg/100 mL	23 à 85 μmol/L	Larges doses d'acide ascorbique	
Acide folique	4 à 16 ng/mL	9,1 à 36,3 nmol/L	Anémie mégaloblastique de la petite enfance et de la grossesse Carence en acide folique Maladies du foie Malabsorption Anémie hémolytique grave	

Biochimie (sang) (suite)

Composant ou épreuve	Intervalles de référence (adultes)		Interprétation clinique	
	Anciennes unités	Unités SI	Élevé	Abaissé
Acide lactique	Sang veineux: 5 à 20 mg/100 mL Sang artériel 3 à 7 mg/100 mL	0,6 à 2,2 mmol/L 0,3 à 0,8 mmol/l	Augmentation de l'activité musculaire Insuffisance cardiaque Hémorragie Choc Certaines acidoses métaboliques Certaines infections fébriles Maladie du foie grave	
Acide pyruvique	0,3 à 0,7 mg/100 mL	34 à 80 μmol/L	Diabète Carence en thiamine Infection en phase aiguë (probablement à cause d'une augmentation de la glycogénolyse et de la glycolyse)	
Acide urique	2,5 à 8 mg/100 mL	120 à 420 μmol/L	Goutte Leucémies aiguës Lymphomes traités par chimiothérapie Toxémie gravidique	Xanthinurie Défaut de réabsorption tubulaire
Adrénocorticotrophine (ACTH)	20 à 100 pg/mL	4 à 22 pmol/mL	Syndrome de Cushing dépendant de l'ACTH Syndrome d'ACTH ectopique Insuffisance surrénalienne (primaire)	Tumeur corticosurrénalienne Insuffisance surrénalienne secondaire d'un hypopituitarisme
Alanine aminotransférase (ALT)	10 à 40 U/mL	5 à 20 U/L	Même que pour l'AST, mais augmentation plus marquée dans les maladies du foie	
Aldolase	0 à 6 U/L à 37 °C (unités Sibley-Lehninger	0 à 6 U/L	Nécrose hépatique Leucémie granulocytaire Infarctus du myocarde Maladies des muscles squelettiques	
Aldostérone	Couché: 3 à 10 ng/100 mL Debout: 5 à 30 ng/100 mL Veine surrénale: 200 à 400 ng/100 mL	0,08 à 0,30 nmol/L 0,14 à 0,90 nmol/L 5,5 à 22,2 nmol/L	Hyperaldostéronisme primaire et secondaire	Maladie d'Addison
Alpha-1-antitrypsine	200 à 400 mg/100 mL	2 à 4 g/L		Certaines formes de maladies chroniques des poumons et du foie chez les jeunes adultes
Alpha-1-fétoprotéine	0 à 20 ng/mL	0 à 20 μg/L	Hépatocarcinome Cancer métastatique du foie Cancer des testicules et des ovaires à cellules germinales Anomalie de la moelle épinière par défaut de soudure chez le fœtus — valeurs élevées chez la mère	

Biochimie (sang) (suite)

Composant ou épreuve	Intervalles de référence (adultes)		Interprétation clinique	
	Anciennes unités	Unités SI	Élevé	Abaissé
Alpha-hydroxybutyrique déshydrogénase	<140 U/mL	<140 U/L	Infarctus du myocarde Leucémie granulocytaire Anémies hémolytiques Dystrophie musculaire	
Ammoniac	40 à 80 µg/100 mL (varie considérablement selon la méthode de dosage utilisée)	22,2 à 44,3 µmol/L	Maladies du foie graves Décompensation hépatique	
Amylase	60 à 160 U/100 mL (unités Somogyi)	111 à 296 U/L	Pancréatite aiguë Oreillons Ulcère duodénal Cancer de la tête du pancréas Pseudokyste pancréatique (élévation prolongée) Prise de médicaments qui contractent les sphincters des canaux pancréatiques: morphine, codéine, cholinergiques	Pancréatite chronique Fibrose et atrophie du pancréas Cirrhose Grossesse (2e et 3e trimestres)
Antigène carcino-embryonnaire	0 à 2,5 ng/mL	0 à 2,5 µg/L	La présence de cet antigène est fréquente chez les personnes atteintes de cancers du côlon, du rectum, du pancréas et de l'estomac, ce qui porte à croire que son dosage pourrait être utile pour suivre l'évolution de ces cancers.	
Arsenic	6 à 20 µg/100 mL	0,78 à 2,6 µmol/L	Intoxication accidentelle ou intentionnelle Exposition dans le milieu de travail	
Aspartate aminotransférase (AST)	7 à 40 U/mL	4 à 20 U/L	Infarctus du myocarde Maladies des muscles squelettiques Maladies du foie	

Bilirubine	Totale:
	  0,1 à 1,2 mg/100 mL
	Directe:
	  0,1 à 0,2 mg/100 mL
	Indirecte:
	  0,1 à 1,0 mg/100 mL
		1,7 à 20,5 µmol/L
		
		1,7 à 3,4 µmol/L
		
		1,7 à 17,1 µmol/L
			Anémie hémolytique (indirecte)
			Obstruction et maladies des voies biliaires
			Hépatite
			Anémie pernicieuse
			Maladie hémolytique du nouveau-né	

Calcitonine	Non mesurable (pg/mL)	Non mesurable (ng/L)	Cancer médullaire de la thyroïde Certaines tumeurs non thyroïdiennes Syndrome de Zollinger-Ellison	

Biochimie (sang) (suite)

Composant ou épreuve	Intervalles de référence (adultes)		Interprétation clinique	
	Anciennes unités	Unités SI	Élevé	Abaissé
Calcium	8,5 à 10,5 mg/100 mL	2,2 à 2,56 mmol/L	Tumeur ou hyperplasie des parathyroïdes Hypervitaminose D Myélome multiple Néphrite avec urémie Tumeurs malignes Sarcoïdose Hyperthyroïdie Immobilisation des os Apport excessif de calcium (syndrome du lait et des alcalins)	Hypoparathyroïdie Diarrhée Maladie cœliaque Carence en vitamine D Pancréatite aiguë Néphrose Après une parathyroï-dectomie
Catécholamines	Adrénaline: <90 pg/mL Noradrénaline: 100 à 550 pg/mL Dopamine: <130 pg/mL	<490 pmol/L 590 à 3240 pmol/L <850 pmol/L	Phéochromocytome	
Céruloplasmine	30 à 80 mg/100 mL	300 à 800 mg/L		Maladie de Wilson (dégénérescence hépatolenticulaire)
Chlorure	95 à 105 mEq/L	95 à 105 mmol/L	Néphrose Néphrite Obstruction urinaire Décompensation cardiaque Anémie	Diabète Diarrhée Vomissements Pneumonie Intoxication par un métal lourd Syndrome de Cushing Brûlures Obstruction intestinale Fièvre
Cholestérol	150 à 200 mg/100 mL	3,9 à 5,2 mmol/L	Hyperlipidémie Ictère obstructif Diabète Hypothyroïdie	Anémie pernicieuse Anémie hémolytique Hyperthyroïdie Infection grave Maladies débilitantes au stade terminal
Cholestérol, esters	60 à 70 % du cholestérol total	En fraction du cholestérol total: 0,6 à 0,7		Maladies du foie

Cholestérol LDL

Âge	mg/100 mL	mmol/L	Les personnes qui ont un taux élevé de cholestérol LDL présentent un risque élevé de maladie cardiaque.
1 à 19	50 à 170	1,30 à 4,40	
20 à 29	60 à 170	1,55 à 4,40	
30 à 39	70 à 190	1,8 à 4,9	
40 à 49	80 à 190	2,1 à 4,9	
50 à 59	20 à 210	2,1 à 5,4	

Cholestérol HDL

Âge (ans)	Hommes (mg/100 mL)	Femmes (mg/100 mL)	Hommes (mmol/L)	Femmes (mmol/L)	
0 à 19	30 à 65	30 à 70	0,78 à 1,68	0,78 à 1,81	Les personnes ayant un taux abaissé de cholestérol HDL présentent un risque élevé de maladie cardiaque.
20 à 29	35 à 70	35 à 75	0,91 à 1,81	0,91 à 1,94	
30 à 39	30 à 65	35 à 80	0,78 à 1,68	0,91 à 2,07	
40 à 49	30 à 65	40 à 85	0,78 à 1,68	1,04 à 2,2	
50 à 59	30 à 65	35 à 85	0,78 à 1,68	0,91 à 2,2	
60 à 69	30 à 65	35 à 85	0,78 à 1,68	0,91 à 2,2	

Biochimie (sang)   (suite)

Composant ou épreuve	Intervalles de référence (adultes)		Interprétation clinique	
	Anciennes unités	Unités SI	Élevé	Abaissé
Cholinestérase	620 à 1370 U/L à 25 °C	620 à 1370 U/L	Néphrose Exercice	Intoxication par un gaz neuroplégique Intoxication par les organophosphates
Clairance de la créatinine	100 à 150 mL/min	1,7 à 2,5 mL/s		
Complément, C_3	70 à 160 mg/100 mL	0,7 à 1,6 g/L	Certaines maladies inflammatoires	Glomérulonéphrite aiguë Lupus érythémateux disséminé avec atteinte rénale
Complément, C_4	20 à 40 mg/100 mL	0,2 à 0,4 g/L	Certaines maladies inflammatoires	Souvent dans les maladies immunitaires, surtout le lupus érythémateux disséminé Œdème de Quincke familial
Cortisol	8 h: 4 à 19 µg/100 mL 16 h: 2 à 15 µg/100 mL	110 à 520 nmol/L 50 à 410 nmol/L	Stress dû à une maladie infectieuse, à des brûlures, etc. Grossesse Syndrome de Cushing Pancréatite Toxémie gravidique	Maladie d'Addison Hypoactivité de l'hypophyse antérieure
CO_2 (sang veineux)	Adultes: 24 à 32 mEq/L Bébés: 18 à 24 mEq/L	24 à 32 mmol/L 18 à 24 mmol/L	Tétanie Maladies respiratoires Obstructions intestinales Vomissements	Acidose Néphrite Toxémie gravidique Diarrhée Anesthésie
Créatine	Hommes: 0,17 à 0,50 mg/100 mL Femmes: 0,35 à 0,93 mg/100 mL	10 à 40 µmol/L 30 à 70 µmol/L	Grossesse Nécrose ou atrophie des muscles squelettiques	État d'inanition Hyperthyroïdie
Créatine phosphokinase	Hommes: 50 à 325 mU/mL Femmes: 50 à 250 mU/mL	50 à 325 U/L 50 à 250 U/L	Infarctus du myocarde Myopathies Injections intramusculaires Syndrome d'écrasement Hypothyroïdie Délirium tremens Myopathie alcoolique Accident vasculaire cérébral	
Créatine phosphokinase, iso-enzymes	Présence de la fraction MM (muscles squelettiques) Absence de la fraction MB (muscle cardiaque)		Présence de la fraction MB dans l'infarctus du myocarde et l'ischémie	
Créatinine	0,7 à 1,4 mg/100 mL	62 à 124 µmol/L	Néphrite Insuffisance rénale chronique	Maladies rénales
Cryoglobulines	Négatif		Myélome multiple Leucémie lymphoïde chronique Lymphosarcome Lupus érythémateux disséminé Polyarthrite rhumatoïde Endocardite infectieuse subaiguë Certains cancers Sclérodermie	
Cuivre	70 à 165 µg/100 mL	11,0 à 26 µmol/L	Cirrhose Grossesse	Maladie de Wilson

Biochimie (sang) (suite)

Composant ou épreuve	Intervalles de référence (adultes)		Interprétation clinique	
	Anciennes unités	Unités SI	Élevé	Abaissé
11-Désoxycortisol	0 à 2 µg/100 mL	0 à 60 nmol/L	Forme hypertensive de l'hyperplasie surrénalienne virilisante due à un déficit en 11-B-hydroxylase)	
Dibucaïne number (pourcentage d'inhibition par la dibucaïne de la pseudocholinestérase)	Normale: 70 à 85 % d'inhibition Hétérozygotes: 50 à 65 % d'inhibition Homozygotes: 16 à 25 % d'inhibition			Traduit une activité anormale de la pseudocholinestérase pouvant provoquer une apnée prolongée à la succinyldicholine, un myorelaxant administré pendant l'anesthésie
Dihydrotestostérone	Hommes: 50 à 210 ng/100 mL Femmes: non mesurable	1,72 à 7,22 nmol/L		Syndrome de féminisation testiculaire
Épreuve d'absorption du D-xylose	30 à 50 mg/100 mL (après 2 heures)	2 à 3,5 mmol/L		Syndrome de malabsorption
Électrophorèse des protéines (acétate de cellulose) Albumine	3,5 à 5,0 g/100 mL	35 à 50 g/L		
Globulines: Alpha 1	0,2 à 0,4 g/100 mL	2 à 4 g/L		
Alpha 2	0,6 à 1,0 g/100 mL	6 à 10 g/L		
Bêta	0,6 à 1,2 g/100 mL	6 à 12 g/L		
Gamma	0,7 à 1,5 g/100 mL	7 à 15 g/L		
Estradiol	Femmes: Phase folliculaire: 10 à 90 pg/mL Milieu du cycle: 100 à 550 pg/mL Phase lutéale: 50 à 240 pg/mL Hommes: 15 à 40 pg/mL	37 à 370 pmol/L 367 à 1835 pmol/L 184 à 881 pmol/L 55 à 150 pmol/L	Grossesse	Insuffisance ovarienne
Estriol	Femmes non enceintes: <0,5 ng/mL	<1,75 nmol/L	Grossesse	Insuffisance ovarienne
Estrogènes	Femmes: Jours du cycle: 1 à 10: 61 à 394 pg/mL 11 à 20: 122 à 437 pg/mL 21 à 30: 156 à 350 pg/mL Hommes: 40 à 115 pg/mL	 61 à 394 ng/L 122 à 437 ng/L 156 à 350 ng/L 40 à 115 ng/L	Grossesse	Détresse fœtale Insuffisance ovarienne
Estrone	Femmes: Jours du cycle: 1 à 10: 4,3 à 18 ng/100 mL 11 à 20: 7,5 à 19,6 ng/100 mL 21 à 30: 13 à 20 ng/100 mL Hommes: 2,5 à 7,5 ng/100 mL	 15,9 à 66,6 pmol/L 27,8 à 72,5 pmol/L 48,1 à 74,0 pmol/L 9,3 à 27,8 pmol/L	Grossesse	Insuffisance ovarienne

Biochimie (sang) (suite)

Composant ou épreuve	Intervalles de référence (adultes)		Interprétation clinique	
	Anciennes unités	Unités SI	Élevé	Abaissé
Fer	65 à 170 μg/100 mL	11 à 30 μmol/L	Anémie pernicieuse Anémie aplasique Anémie hémolytique Hépatite Hémochromatose	Anémie ferriprive
Fer, capacité de fixation	250 à 420 μg/100 mL	45 à 82 μmol/L	Anémie ferriprive Hémorragie aiguë ou chronique Hépatite	Infections chroniques Cirrhose
Ferritine	Hommes: 10 à 270 ng/mL Femmes: 5 à 100 ng/mL	10 à 270 μg/L 5 à 100 μg/L	Néphrite Hémochromatose Certains cancers Leucémie myéloblastique aiguë Myélome multiple	Carence en fer
Galactose	<5 mg/100 mL	<0,3 mmol/L		Galactosémie
Gamma-glutamyl-transpeptidase	0 à 30 U/L à 30 °C	0 à 30 U/L	Maladies hépatobiliaires Alcoolisme anictérique Lésions dues à des médicaments Infarctus du myocarde Infarctus rénal	
Gastrine	À jeun: 50 à 155 pg/mL Postprandial: 80 à 170 pg/mL	50 à 155 ng/L 80 à 170 ng/L	Syndrome de Zollinger-Ellison Ulcère duodénal Anémie pernicieuse	
Gaz carbonique: pression partielle (PaCO$_2$)	35 à 45 mm Hg	4,7 à 6,0 kPa	Acidose respiratoire Alcalose métabolique	Alcalose respiratoire Acidose métabolique
Gaz du sang artériel: Oxygène Pression partielle (PaO$_2$) Saturation (SaO$_2$)	95 à 100 mm Hg 94 à 100 %	12,6 à 13,3 kPa 0,94 à 1,0	Polyglobulie Anhydrémie	Anémie Décompensation cardiaque Bronchopneumopathies chroniques obstructives
Globuline de liaison de la thyroxine (TBG)	10 à 26 μg/100 mL	100 à 260 μg/L	Hypothyroïdie Grossesse Œstrogénothérapie Prise de contraceptifs oraux	Prise d'androgènes et de stéroïdes anabolisants Syndrome néphrotique Hypoprotéinémie grave Maladies hépatiques
Glucose	À jeun: 60 à 110 mg/100 mL Postprandial: 65 à 140 mg/100 mL	3,3 à 6,0 mmol/L 3,6 à 7,7 mmol/L	Diabète Néphrite Hyperthyroïdie Hyperpituitarisme au premier stade Lésions cérébrales Infections Grossesse Urémie	Hyperinsulinisme Hypothyroïdie Hyperpituitarisme au stade avancé Vomissements graves Maladie d'Addison Atteinte hépatique grave
Glucose-6-phosphate déshydrogénase (globules rouges)	1,86 à 2,5 IU/mL de GR	1860 à 2500 U/L		Anémie hémolytique médicamenteuse Maladie hémolytique du nouveau-né

Biochimie (sang) (suite)

Composant ou épreuve	Intervalles de référence (adultes)		Interprétation clinique	
	Anciennes unités	Unités SI	Élevé	Abaissé
Glycoprotéines(alpha-1-acide)	40 à 110 mg/100 mL	400 à 1100 mg/L	Cancer Tuberculose Diabète compliqué d'une maladie vasculaire dégénérative Grossesse Polyarthrite rhumatoïde Rhumatisme articulaire aigu Hépatite Lupus érythémateux	
Gonadotrophine chorionique (B-HCG)	0 à 5 IU/L	0 à 5 IU/L	Grossesse Mole hydatiforme Choriocarcinome	
Haptoglobine	50 à 250 mg/100 mL	0,5 à 2,5 g/L	Grossesse Œstrogénothérapie Infections chroniques Différents troubles inflammatoires	Anémie hémolytique Réaction transfusionnelle hémolytique
Hémoglobine A1 (hémoglobine glycosylée)	4,4 à 8,2 %		Diabète mal équilibré	
Hémoglobine plasmatique	0,5 à 5,0 mg/100 mL	5 à 50 mg/L	Réactions transfusionnelles Hémoglobinurie paroxystique nocturne Hémolyse intravasculaire	
Hexosaminidase A	Normale: 49 à 68 % Maladie de Tay-Sachs: Hétérozygotes: 26 à 45 % Homozygotes: 0 à 4 % Diabète: 39 à 59 %	0,49 à 0,68 0,26 à 0,45 0 à 0,04 0,39 à 0,59		Maladie de Tay-Sachs
Hexosaminidase totale	Normale: 333 à 375 nmol/mL/h Maladie de Tay-Sachs: Hétérozygotes: 288 à 644 nmol/mL/h Homozygotes: 284 à 1232 nmol/mL/h Diabète: 567 à 3560 nmol/mL/h	333 à 375 μmol/L/h 288 à 644 μmol/L/h 284 à 1232 μmol/L/h 567 à 3560 μmol/L/h	Diabète Maladie de Tay-Sachs	
Hormone de croissance	<10 ng/mL	<10 mg/L	Acromégalie	Nanisme
Hormone folliculostimulante (FSH)	Phase folliculaire: 5 à 20 mIu/L Milieu du cycle: 12 à 30 mIu/L Phase lutéale: 5 à 15 mIu/L Après la ménopause: 40 à 200 mIu/L	5 à 20 IU/L 12 à 30 IU/L 5 à 15 IU/L 40 à 200 IU/L	Ménopause Insuffisance ovarienne primaire	Insuffisance hypophysaire

Biochimie (sang)   (suite)

Composant ou épreuve	Intervalles de référence (adultes)		Interprétation clinique	
	Anciennes unités	Unités SI	Élevé	Abaissé

Hormone lutéinisante	Hommes:
	  3 à 25 mIu/mL
	Femmes:
	  2 à 20 mIu/mL
	Pic de production:
	  30 à 140 mIu/mL
		3 à 25 IU/L
		
		2 à 20 IU/L
		
		30 à 140 IU/L
			Tumeur hypophysaire
			Insuffisance ovarienne
				Insuffisance
				  hypophysaire

Hormone parathyroïdienne	160 à 350 pg/mL	160 à 350 ng/L	Hyperparathyroïdie	

17-hydroxyprogestérone	Hommes:
	  0,4 à 4 ng/mL
	Femmes:
	  0,1 à 3,3 ng/mL
	Enfants:
	  0,1 à 0,5 ng/mL
		1,2 à 12 nmol/L
		
		0,3 à 10 nmol/L
		
		0,3 à 1,5 nmol/L
			Hyperplasie congénitale des
			  surrénales
			Grossesse
			Certains cas d'adénome
			  surrénalien ou ovarien	

Hyperglycémie provoquée	Limite supérieure de la
	  normale:
	À jeun:
	  125 mg/100 mL
	1 heure:
	  190 mg/100 mL
	2 heures:
	  140 mg/100 mL
	3 heures:
	  125 mg/100 mL
		
		6,9 mmol/L
		
		10,5 mmol/L
		
		7,7 mmol/L
		
		6,9 mmol/L
			(Courbe plate ou inversée)
			Hyperinsulinisme
			Insuffisance surrénalienne
			  (maladie d'Addison)
			Hypoactivité de l'hypophyse
			  antérieure
			Hypothyroïdie
			Maladie cœliaque
				(Courbe élevée)
				Diabète
				Hyperthyroïdie
				Tumeur ou hyperplasie
				  des surrénales
				Anémie grave
				Certaines maladies du
				  système nerveux
				  central

Immunoglobuline A	50 à 300 mg/100 mL	0,5 à 3 g/L	Myélome à IgA
			Syndrome de Wiskott-Aldrich
			Maladies auto-immunitaires
			Cirrhose
				Ataxie-télangiectasies
				Agammaglobulinémie
				Hypogammaglobuli-
				  némie transitoire
				Dysgammaglobulinémie
				Entéropathies avec
				  pertes de protéines

Immunoglobuline D	0 à 30 mg/100 mL	0 à 300 mg/L	Myélome à IgD Certaines infections chroniques	
Immunoglobuline E	20 à 740 ng/mL	20 à 740 μg/L	Allergies et infections parasitaires	

Immunoglobuline G	635 à 1400 mg/100 mL	6,35 à 14 g/L	Myélome à IgG
			Après une hyperimmunisation
			Maladies auto-immunitaires
			Infections chroniques
				Hypogammaglobuliné-
				  mies congénitales et
				  acquises
				Myélome à IgA
				Macroglobulinémie de
				  Waldenström
				Certains syndromes de
				  malabsorption
				Grave perte de protéines

Immunoglobuline M	40 à 280 mg/100 mL	0,4 à 2,8 g/L	Macroglobulinémie de
			  Waldenström
			Infections parasitaires
			Hépatite
				Agammaglobulinémie
				Certains myélomes à
				  IgG et à IgA
				Leucémie lymphoïde
				  chronique

Insuline	5 à 25 μU/mL	35 à 145 pmol/L	Insulinome Acromégalie	Diabète
Isocitrate-déshydrogénase	50 à 180 U	0,83 à 3 U/L	Hépatite et cirrhose Ictère obstructif Cancer métastatique du foie Anémie mégaloblastique	
Lactate-déshydrogénase (LDH)	100 à 225 mU/L	100 à 225 U/L	Anémie pernicieuse non traitée Infarctus du myocarde Infarctus pulmonaire Maladies du foie	

Biochimie (sang) (suite)

Composant ou épreuve	Intervalles de référence (adultes)		Interprétation clinique	
	Anciennes unités	Unités SI	Élevé	Abaissé
Lactate-déshydrogénase, iso-enzymes			LDH-1 et LDH-2:	
LDH-1	20 à 35 %	0,2 à 0,35	Infarctus du myocarde Anémie mégaloblastique	
LDH-2	25 à 40 %	0,25 à 0,4	Anémie hémolytique LDH-4 et LDH-5:	
LDH-3	20 à 30 %	0,2 à 0,3	Infarctus pulmonaire Insuffisance cardiaque	
LDH-4	0 à 20 %	0 à 0,2	Maladies du foie	
LDH-5	0 à 25 %	0 à 0,25		
Leucine aminopeptidase	80 à 200 U/L	19,2 à 48 U/L	Maladies du foie et des voies biliaires Maladies du pancréas Cancers métastatiques du foie et du pancréas Obstruction des voies biliaires	
Lipase	0,2 à 1,5 U/mL	55 à 417 U/L	Pancréatite aiguë et chronique Obstruction des voies biliaires Cirrhose Hépatite Ulcère gastroduodénal	
Lipides totaux	400 à 1000 mg/100 mL	4 à 10 g/L	Hypothyroïdie Diabète Néphrose Glomérulonéphrite Hyperlipoprotéinémies	Hyperthyroïdie

Caractéristiques des différents types d'hyperlipoprotéinémies

Type	Fréquence	Aspect du sérum	Triglycérides	Cholestérol	Électrophorèse des lipoprotéines				Causes
					Bêta	Pré-bêta	Alpha	Chylomicrons	
I	Très rare	Lactescent	Très élevés	Normal à modérément élevé	Faible	Faible	Faible	Très forte	Dysglobulinémie
II	Fréquent	Limpide	Normaux à légèrement élevés	Légèrement élevé à très élevé	Forte	Absente à forte	Modérée	Faible	Hypothyroïdie, myélomes, syndrome hépatique et apport alimentaire élevé en cholestérol
III	Rare	Limpide ou lactescent	Élevés	Élevé	Large bande, forte	Chevauche la bande bêta	Modérée	Faible	
IV	Très fréquent	Limpide ou lactescent	Légèrement élevés ou très élevés	Normal à légèrement élevé	Faible à modérée	Modérée à forte	Faible à modérée	Faible	Hypothyroïdie, diabète, pancréatite, glycogénoses, syndrome néphrotique myélomes, grossesse et prise de contraceptifs oraux
V	Rare	Limpide ou lactescent	Très élevés	Élevé	Faible	Modérée	Faible	Forte	Diabète, pancréatite, alcoolisme

Les types I et II sont provoqués par les lipides, les types III et IV par les glucides et le type V par les lipides et les glucides.

Biochimie (sang) (suite)

	Intervalles de référence (adultes)		Interprétation clinique	
Composant ou épreuve	Anciennes unités	Unités SI	Élevé	Abaissé
Lithium	0,5 à 1,5 mEq/L	0,5 à 1,5 mmol/L		
Lysozyme (muramidase)	2,8 à 8 μg/mL	2,8 à 8 mg/L	Leucémie monocytaire aiguë Inflammations et infections	Leucémie lymphoïde aiguë
Magnésium	1,3 à 2,4 mEq/L	0,7 à 1,2 mmol/L	Consommation exagérée d'antiacides contenant du magnésium	Alcoolisme chronique Maladie rénale grave Diarrhée Retard de croissance
Manganèse	0,04 à 1,4 μg/100 mL	73 à 255 nmol/L		
Mercure	<10 μg/100 mL	<50 nmol/L	Intoxication au mercure	
Myoglobine	<85 ng/mL	<85 μg/L	Infarctus du myocarde Nécrose musculaire	
5'nucléotidase	3,2 à 11,6 IU/L	3,2 à 11,6 IU/L	Maladies hépatobiliaires	
Osmolalité	280 à 300 mOsm/kg	280 à 300 mmol/L	Déséquilibre hydro-électrolytique	Sécrétion inadéquate d'hormone antidiu-rétique
Peptide C	1,5 à 10 ng/mL	1,5 à 10 μg/L	Insulinome	Diabète
pH	7,35 à 7,45	7,35 à 7,45	Vomissements Hyperhypnée Fièvre Obstruction intestinale	Urémie Acidose diabétique Hémorragie Néphrite
Phénylalanine	Première semaine de vie: 1,2 à 3,5 mg/100 mL Après: 0,7 à 3,5 mg/100 mL	0,07 à 0,21 mmol/L 0,04 à 0,21 mmol/L	Phénylcétonurie	
Phosphatase acide prostatique	0 à 3 U	0 à 5,5 U/L	Cancer de la prostate	
Phosphatase acide totale	0 à 11 U/L	0 à 11 U/L	Cancer de la prostate Maladie de Paget au stade avancé Hyperparathyroïdie Maladie de Gaucher	
Phosphatase alcaline	30 à 120 U/L	30 à 120 U/L	Augmentation de l'activité ostéoblastique Rachitisme Hyperparathyroïdie Maladies du foie	
Phosphohexose isomérase	20 à 90 IU/L	20 à 90 IU/L	Cancers Maladies du cœur, du foie et des muscles squelettiques	
Phospholipides	125 à 300 mg/100 mL	1,25 à 3,0 g/L	Diabète Néphrite	
Phosphore inorganique	2,5 à 4,5 mg/100 mL	0,8 à 1,45 mmol/L	Néphrite chronique Hypoparathyroïdie	Hyperparathyroïdie Carence en vitamine D
Plomb	<40 μg/100 mL	<2 μmol/L	Intoxication au plomb	
Potassium	3,8 à 5,0 mEq/L	3,8 à 5,0 mmol/L	Maladie d'Addison Oligurie Anurie Hémolyse, nécrose tissulaire	Acidose diabétique Diarrhée Vomissements

Biochimie (sang) (suite)

Composant ou épreuve	Intervalles de référence (adultes)		Interprétation clinique	
	Anciennes unités	Unités SI	Élevé	Abaissé
Progestérone	Phase folliculaire: <2 ng/mL Phase lutéale: 2 à 20 ng/mL Fin du cycle <1 ng/mL Grossesse 20e semaine: jusqu'à 50 ng/mL	<6 nmol/L 6 à 64 nmol/L <3 nmol/L jusqu'à 160 nmol/L	Utile dans l'évaluation des troubles menstruels et de l'infertilité, de même que de la fonction placentaire dans les grossesses avec complications (toxémie gravidique, diabète, menace d'avortement)	
Prolactine	0 à 20 ng/mL	0 à 20 ug/L	Grossesse Troubles fonctionnels ou structurels de l'hypothalamus Section de la tige pituitaire Tumeurs hypophysaires	

Protéines:
  Totales
  Albumine
  Globulines
	
	6 à 8 g/100 mL
	3,5 à 5 g/100 mL
	1,5 à 3 g/100 mL
		
		60 à 80 g/L
		35 à 50 g/L
		15 à 30 g/L
			Hémoconcentration
			Choc
			Myélome multiple (fraction globulines)
			Infections chroniques (fraction globulines)
			Maladies du foie (fraction globulines)
				
				Malnutrition
				Hémorragie
				Brûlures
				Protéinurie

Protoporphyrine	15 à 100 µg/100 mL	0,27 à 1,8 µmol/L	Intoxication au plomb Protoporphyrie érythro-poïétique	
Pyridoxine	3,6 à 18 ng/mL			Dépression Neuropathies périphériques Anémie Convulsions néonatales Réaction à certains médicaments
Régime normal en sodium Régime réduit en sodium Rénine	1,1 à 4,1 ng/mL/h 6,2 à 12,4 ng/mL/h	0,3 à 1,14 ng•L^{-1}•s^{-1} 1,72 à 3,44 ng•L^{-1}•s^{-1}	Hypertension rénovasculaire Hypertension maligne Maladie d'Addison non traitée Néphropathie avec perte de sel Régime pauvre en sel Traitement aux diurétiques Hémorragie	Aldostéronisme primaire Augmentation de l'apport en sel Corticothérapie avec rétention de sel Traitement à l'hormone antidiurétique Transfusion sanguine
Sodium	135 à 145 mEq/L	135 à 145 mmol/L	Hémoconcentration Néphrite Obstruction du pylore	Hémodilution Maladie d'Addison Myxœdème
Sulfate inorganique	0,5 à 1,5 mg/100 mL	0,05 à 0,15 mmol/L	Néphrite Rétention d'azote	
Testostérone	Femmes: 25 à 100 ng/100 mL Hommes: 300 à 800 ng/100 mL	 0,9 à 3,5 nmol/L 10,5 à 28 nmol/L	Femmes: Poiykystose ovarienne Tumeurs virilisantes	Hommes: Orchidectomie Œstrogénothérapie Syndrome de Klinefelter Hypopituitarisme Hypogonadisme Cirrhose

Biochimie (sang) (suite)

Composant ou épreuve	Intervalles de référence (adultes)		Interprétation clinique	
	Anciennes unités	Unités SI	Élevé	Abaissé
Thyrotrophine (TSH)		2 à 11 mU/L	Hypothyroïdie	Hyperthyroïdie
Thyroxine libre	1,0 à 2,2 ng/100 mL	13 à 30 pmol/L		
Thyroxine (T₄)	4,5 à 11,5 µg/100 mL	58 à 150 nmol/L	Hyperthyroïdie	Hypothyroïdie
			Thyroïdite	Prise d'androgènes et de stéroïdes anabolisants (à cause de la baisse du taux des protéines de liaison de la thyroxine)
			Prise de contraceptifs oraux (à cause de l'augmentation du taux des protéines de liaison de la thyroxine)	
			Grossesse	Hypoprotéinémie
				Syndrome néphrotique
Transferrine	230 à 320 mg/100 mL	2,3 à 3,2 g/L	Grossesse	Anémie pernicieuse en rémission
			Anémie ferriprive due à une hémorragie	Thalassémie et drépanocytose
			Hépatite aiguë	Chromatose
			Polyglobulie	Cancer et autres maladies du foie
			Prise de contraceptifs oraux	
Triglycérides	10 à 150 mg/100 mL	0,10 1,65 mmol/L	Voir le tableau des hyperlipoprotéinémies	
Triiodothyronine (T₃), captation	25 à 35 %	0,25 à 0,35	Hyperthyroïdie	Hypothyroïdie
			Déficit en TBG	Grossesse
			Prise d'androgènes et de stéroïdes anabolisants	Excès de TBG
				Prise d'œstrogènes
Triiodothyronine totale	75 à 220 ng/100 mL	1,15 à 3,1 nmol/L	Grossesse	Hypothyroïdie
			Hyperthyroïdie	
Tryptophane	1,4 à 3,0 mg/100 mL	68 à 147 nmol/L		Malabsorption du tryptophane
Tyrosine	0,5 à 4 mg/100 mL	28 à 220 mmol/L	Tyrosinose	
Urée, azote	10 à 20 mg/100 mL	3,6 à 7,2 mmol/L	Glomérulonéphrite aiguë	Insuffisance hépatique grave
			Obstruction urinaire	Grossesse
			Intoxication au mercure	
			Syndrome néphrotique	
Vitamine A	50 à 220 µg/100 mL	1,75 à 7,7 µmol/L	Hypervitaminose A	Carence en vitamine A
				Maladie cœliaque
				Ictère obstructif
				Giardiase
Vitamine B₁ (thiamine)	1,6 à 4,0 µg/100 mL	47 à 135 nmol/L		Anorexie
				Béribéri
				Polyneuropathies
				Myocardiopathies
Vitamine B₆ (pyridoxal)	3,6 à 18 ng/mL	14,6 à 72,8 nmol/L		Alcoolisme chronique
				Malnutrition
				Urémie
				Convulsions néonatales
				Malabsorption

Biochimie (sang) (suite)

Composant ou épreuve	Intervalles de référence (adultes)		Interprétation clinique	
	Anciennes unités	Unités SI	Élevé	Abaissé
Vitamine B$_{12}$	130 à 785 pg/mL	100 à 580 pmol/L	Lésions des cellules hépatiques Maladies myéloprolifératives (les taux les plus élevés s'observent dans la leucémie myéloïde)	Végétarisme strict Alcoolisme Anémie pernicieuse Gastrectomie totale ou partielle Résection de l'iléon Maladie cœliaque Infection par le Diphyllobothrium latum
Vitamine E	0,5 à 2 mg/100 mL	11,6 à 46,4 µmol/L		Carence en vitamine E
Zinc	55 à 150 µg/100 mL	7,6 à 23 µmol/L		

Biochimie (urines)

Composant ou épreuve	Intervalles de référence (adultes)		Interprétation clinique	
	Anciennes unités	Unités SI	Élevé	Abaissé
Acétone et acétoacétate	Négatif		Diabète mal équilibré État d'inanition	
Acide delta aminolévulinique	0 à 0,54 mg/100 mL	0 à 40 µmol/L	Intoxication au plomb Porphyrie hépatique Hépatite Cancer du foie	
Acide homogentisique	0		Alcaptonurie Ochronose	
Acide homovanillique	<15 mg/24 h	<82 µmol/d	Neuroblastome	
Acide 5-hydroxyindole-acétique	0		Carcinomes	
Acide phénylpyruvique	0		Phénylcétonurie	
Acide urique	250 à 750 mg/24 h	1,48 à 4,43 mmol/d	Goutte	Néphrite
Acide vanillylmandélique	<6,8 mg/24 h	<35 µmol/d	Phéochromocytome Neuroblastome Certains aliments (café, thé, bananes) et certains médicaments dont l'aspirine	
Acidité titrable	20 à 40 mEq/24 h	20 à 40 mmol/d	Acidose métabolique	Alcalose métabolique
Aldostérone	Régime normal en sel: 4 à 20 µg/24 h	11,1 à 55,5 nmol/d	Aldostéronisme secondaire Déficit en sel Surcharge en potassium Administration d'ACTH à fortes doses Insuffisance cardiaque Cirrhose avec ascite Néphrose Grossesse	

Biochimie (urines)

Composant ou épreuve	Intervalles de référence (adultes)		Interprétation clinique	
	Anciennes unités	Unités SI	Élevé	Abaissé
Amylase	35 à 260 unités excrétées à l'heure	6,5 à 48,1 U/h	Pancréatite aiguë	
Arylsulfatase A	>2,4 U/mL			Leucodystrophie métachromatique
Azote d'aminoacide	50 à 200 mg/24 h	3,6 à 14,3 mmol/d	Leucémies Diabète Phénylcétonurie et autres maladies métaboliques	
Calcium	<150 mg/24 h	<3,75 mmol/d	Hyperparathyroïdie Intoxication à la vitamine D Syndrome de Fanconi	Hypoparathyroïdie Carence en vitamine D
Catécholamines	Totales: 0 à 275 µg/24 h Épinéphrine: 10 à 40 % Norépinéprhine: 60 à 90 %	0 à 1625 nmol/d 0,1 à 0,4 0,6 à 0,9	Phéochromocytome Neuroblastome	
17-cétostéroïdes	Hommes: 10 à 22 mg/24 h Femmes: 6 à 16 mg/24 h	35 à 76 µmol/d 21 à 55 µmol/d	Carcinome des testicules à cellules interstitielles Hirsutisme (occasionnellement) Hyperplasie surrénalienne Syndrome de Cushing Cancer virilisant des surrénales Arrhénoblastome	Thyrotoxicose Hypogonadisme chez la femme Diabète Hypertension Maladies débilitantes Eunochoïdisme Maladie d'Addison Panhypopituitarisme Myxœdème Néphrose
Clairance de la créatinine	100 à 150 mL/min	1,7 à 2,5 mL/s		Maladies rénales
Cortisol, libre	20 à 90 µg/24 h	55 à 248 nmol/d	Syndrome de Cushing	
Créatine	Hommes: 0 à 40 mg/24 h Femmes: 0 à 80 mg/24 h	0 à 300 µmol/d 0 à 600 µmol/d	Dystrophie musculaire Fièvre Cancer du foie Grossesse Hyperthyroïdie Myosite	
Créatinine	0,8 à 2 g/24 h	7 à 17,6 mmol/d	Fièvre typhoïde Salmonellose Tétanos	Atrophie musculaire Anémie Insuffisance rénale avancée Leucémie
Cuivre	20 à 70 µg/24 h	0,32 à 1,12 µmol/d	Maladie de Wilson Cirrhose Néphrose	
Cystine et cystéine	10 à 100 mg/24 h	40 à 420 µmol/d	Cystinurie	
11-désoxycortisol	20 à 100 µg/24 h	0,6 à 2,9 µmol/d	Forme hypertensive de l'hyperplasie surrénalienne virilisante due à un déficit en 11-bêta-hyroxylase	
Épreuve d'absorption du D-Xylose	16 à 33 % du D-xylose ingéré	0,16 à 0,33		Syndrome de malabsorption

Biochimie (urines) (suite)

Composant ou épreuve	Intervalles de référence (adultes)		Interprétation clinique	
	Anciennes unités	Unités SI	Élevé	Abaissé
Estriol (placentaire)	Semaines de grossesse	µg/24 h	nmol/d	Détresse fœtale Prééclampsie Insuffisance placentaire Diabète mal équilibré
	12	<1	<3,5	
	16	2 à 7	7 à 24,5	
	20	4 à 9	14 à 32	
	24	6 à 13	21 à 45,5	
	28	8 à 22	28 à 77	
	32	12 à 43	42 à 150	
	36	14 à 45	49 à 158	
	40	19 à 46	66,5 à 160	
Estriol (femmes non enceintes)	Femmes: Début de la menstruation: 4 à 25 µg/24 h	15 à 85 nmol/d	Hypersécrétion d'œstrogènes due à un cancer des gonades ou des surrénales	Aménorrhée primaire ou secondaire
	Pic ovulation 28 à 99 µg/24 h	95 à 345 nmol/d		
	Pic lutéal 22 à 105 µg/24 h	75 à 365 nmol/d		
	Après la ménopause: 1,4 à 19,6 µg/24 h	5 à 70 nmol/d		
	Hommes: 5 à 18 µg/24 h	15 à 60 nmol/d		
Étiocholanolone	Hommes: 1,9 à 6 mg/24 h	6,5 à 20,6 µmol/d	Syndrome génitosurrénal Hirsutisme idiopathique	
	Femmes: 0,5 à 4 mg/24 h	1,7 à 13,8 µmol/d		
17-hydroxycorticostéroïdes	2 à 10 mg/24 h	5,5 à 27,5 µmol/d	Maladie de Cushing	Maladie d'Addison Hypofonctionnement de l'hypophyse antérieure
Glucose	Négatif		Diabète Troubles hypophysaires Hypertension intracrânienne Lésion du 4e ventricule	
Gonadotrophine chorionique	Négatif en l'absence de grossesse		Grossesse Chorioépithéliome Môle hydatiforme	
Hémoglobine et myoglobine	Négatif		Brûlures étendues Transfusion de sang incompatible Graves blessures par écrasement (myoglobine)	
Hormone folliculostimulante (FSH)	Femmes: Phase folliculaire: 5 à 20 IU/24 h	5 à 20 IU/d	Ménopause et insuffisance ovarienne primaire	Insuffisance hypophysaire
	Phase lutéale: 5 à 15 IU/24 h	5 à 15 IU/d		
	Milieu du cycle: 15 à 60 IU/24 h	15 à 60 IU/d		
	Après la ménopause: 50 à 100 IU/24 h	50 à 100 IU/d		
	Hommes: 5 à 25 IU/24 h	5 à 25 IU/d		

Biochimie (urines) (suite)

Composant ou épreuve	Intervalles de référence (adultes)		Interprétation clinique	
	Anciennes unités	Unités SI	Élevé	Abaissé
Hormone lutéinisante	Hommes:		Tumeur hypophysaire	Insuffisance
	5 à 18 IU/24 h	5 à 18 IU/d	Insuffisance ovarienne	hypophysaire
	Femmes:			
	Phase folliculaire:			
	2 à 25 IU/24 h	2 à 25 IU/d		
	Pic ovulation:			
	30 à 95 IU/24 h	30 à 95 IU/d		
	Phase lutéale:			
	2 à 20 IU/24 h	2 à 20 IU/d		
	Après la ménopause:			
	40 à 110 IU/24 h	40 à 110 IU/d		
Hydroxyproline	15 à 43 mg/24 h	0,11 à 0,33 μmol/d	Maladie de Paget	
			Dysplasie fibreuse	
			Ostéomalacie	
			Cancer des os	
			Hyperparathyroïdie	
Métanéphrines	0 à 2 mg/24 h	0 à 11,0 μmol/d	Phéochromocytome; dans quelques cas de phéochromocytome, les métanéprhines sont élevées, mais les catécholamines et l'acide vanillylmandélique sont normaux.	
Mucopolysaccharides	0		Maladie de Hurler	
			Syndrome de Marfan	
			Maladie de Morquio	
Osmolalité	Hommes:		Utile dans l'étude de l'équilibre hydroélectrolytique	
	390 à 1090 mOsm/kg	390 à 1090 mmol/kg		
	Femmes:			
	300 à 1090 mOsm/kg	300 à 1090 mmol/kg		
Oxalate	<40 mg/24 h	<450 μmol/d	Oxalose	
Phosphore inorganique	0,8 à 1,3 g/24 h	26 à 42 mmol/d	Hyperparathyroïdie	Hypoparathyroïdie
			Intoxication à la vitamine D	Carence en vitamine D
			Maladie de Paget	
			Cancer métastatique des os	
Plomb	<150 μg/24 h	<0,6 μmol/d	Intoxication au plomb	
Porphobilinogène	0 à 2,0 mg/24 h	0 à 8,8 μmol/d	Intoxication au plomb chronique	
			Porphyrie aiguë	
			Maladie du foie	
Porphyrines	Coproporphyrine:		Porphyrie hépatique	
	45 à 180 μg/24 h	68 à 276 nmol/d	Porphyrie érythropoïétique	
	Uroporphyrine:		Porphyrie cutanée tardive	
	5 à 20 μg/24 h	6 à 24 nmol/d	Intoxication au plomb (coproporphyrine seulement)	
Potassium	40 à 65 mEq/24 h	40 à 65 mmol/d	Hémolyse	

Biochimie (urines)   (suite)

Composant ou épreuve	Intervalles de référence (adultes)		Interprétation clinique	
	Anciennes unités	*Unités SI*	*Élevé*	*Abaissé*
Prégnandiol	Femmes: Phase proliférative: 0,5 à 1,5 mg/24 h Phase lutéale: 2 à 7 mg/24 h Après la ménopause: 0,2 à 1 mg/24 h Grossesse:	 1,6 à 4,8 μmol/d 6 à 22 μmol/d 0,6 à 3,1 μmol/d	Kystes du corps jaune Rétention placentaire Certaines tumeurs corticosur- rénaliennes	Insuffisance placentaire Menace d'avortement Mort intra-utérine

Semaines de gestation	*mg/24 h*	*μmol/d*
10 à 12	5 à 15	15,6 à 47,0
12 à 18	5 à 25	15,6 à 78,0
18 à 24	15 à 33	47,0 à 103,0
24 à 28	20 à 42	62,4 à 131,0
28 à 32	27 à 47	84,2 à 146,6

Composant ou épreuve	Anciennes unités	Unités SI	Élevé	Abaissé
	Hommes: 0,1 à 2 mg/24 h	0,3 à 6,2 μmol/d		
Prégnantriol	0,4 à 2,4 mg/24 h	1,2 à 7,1 μmol/d	Hyperplasie surrénalienne congénitale androgénique	
Protéines	<100 mg/24 h	<0,10 g/d	Néphrite Insuffisance cardiaque Intoxication au mercure Fièvre Hématurie	
Protéines de Bence-Jones	Absence		Myélome multiple	
Sodium	130 à 200 mEq/24 h	130 à 200 mmol/d	Utile dans l'étude de l'équi- libre hydroélectrolytique	
Urée	12 à 20 g/24 h	450 à 700 mmol/d	Augmentation du catabolisme des protéines	Altération de la fonc- tion rénale
Urobilinogène	0 à 4 mg/24 h	0 à 6,8 μmol/d	Maladies du foie et des voies biliaires Anémies hémolytiques	Obstruction des voies biliaires Diarrhée Insuffisance rénale
Zinc	0,15 à 1,2 mg/24 h	2,3 à 18,4 μmol/d		

Liquide céphalorachidien

Composant ou épreuve	Intervalles de référence (adultes)		Interprétation clinique	
	Anciennes unités	*Unités SI*	*Élevé*	*Abaissé*
Acide lactique	<24 mg/100 mL	<2,7 mmol/L	Méningite bactérienne Hypocapnie Hydrocéphalie Abcès cervical Ischémie cérébrale	
Albumine	15 à 30 mg/100 mL	150 à 300 g/L	Certains troubles neurolo- giques Lésion du plexus choroïde ou obstruction de l'écoulement du liquide céphalorachidien Altération de la barrière hémato-encéphalique	

Liquide céphalorachidien

Composant ou épreuve	Intervalles de référence (adultes)		Interprétation clinique	
	Anciennes unités	Unités SI	Élevé	Abaissé
Chlorure	100 à 130 mEq/L	100 à 130 mmol/L	Urémie	Méningite aiguë géné-ralisée Méningite tuberculeuse
Électrophorèse des protéines (acétate de cellulose)			Augmentation de la fraction albumine seulement: lésion du plexus choroïde ou obstruction de l'écoule-ment du liquide céphalora-chidien. Augmentation de la fraction gamma-globuline avec fraction albumine normale: sclérose en plaques, neurosyphilis, panencéphalite sclérosante subaiguë et infections chroniques du SNC. Fraction gamma-globuline élevée avec fraction albumine élevée: altération grave de la barrière hémato-encéphalique.	
Préalbumine	3 à 7%	0,03 à 0,07		
Albumine	56 à 74%	0,56 à 0,74		
Globulines:				
$Alpha_1$	2 à 6,5%	0,02 à 0,065		
$Alpha^2$	3 à 12%	0,03 à 0,12		
Bêta	8 à 18,5%	0,08 à 0,18		
Gamma	4 à 14%	0,04 à 0,14		
Glucose	50 à 75 mg/100 mL	2,7 à 4,1 mmol/L	Diabète Coma diabétique Encéphalite épidémique Urémie	Méningite aiguë Méningite tuberculeuse Choc insulinique
Glutamine	6 à 15 mg/100 mL	0,4 à 1,0 mmol/L	Encéphalopathies hépatiques, dont le syndrome de Reye Coma hépatique Cirrhose	
IgG	0 à 6,6 mg/100 mL	0 à 6,6 g/L	Altération de la barrière hémato-encéphalique Sclérose en plaques Neurosyphilis Panencéphalite sclérosante subaiguë Infections chroniques du SNC	
Lactate déshydrogénase	1/10 du taux sérique	0,1	Maladies du SNC	
Numération globulaire	0 à 5/mm³	0 à 5×10^6/L	Méningite bactérienne Méningite virale Neurosyphilis Poliomyélite Encéphalite léthargique	
Protéines				
lombaires	15 à 45 mg/100 mL	15 à 45 g/L	Méningite aiguë	
sous-occipitales	15 à 25 mg/100 mL	15 à 25 g/L	Méningite tuberculeuse	
ventriculaires	5 à 15 mg/100 mL	5 à 15 g/L	Neurosyphilis Poliomyélite Syndrome de Guillain-Barré	

Liquide gastrique

| Composant ou épreuve | Intervalles de référence (adultes) | | Interprétation clinique | |
	Anciennes unités	Unités SI	Élevé	Abaissé
Acidité maximum	5 à 50 mEq/h	5 à 40 mmol/h	Syndrome de Zollinger-Ellison	Gastrite atrophique chronique
Débit acide basal	0 à 6 mEq/h	0 à 6 mmol/h	Ulcère gastroduodénal	Cancer de l'estomac
pH	<2	<2		Anémie pernicieuse

Concentrations thérapeutiques de différents médicaments

Médicament	Anciennes unités	Unités SI
Acétaminophène	10 à 20 µg/mL	10 à 20 mg/L
Aminophylline (théophylline)	10 à 20 µg/mL	10 à 20 mg/L
Bromure	5 à 50 mg/100 mL	50 à 500 mg/L
Chlordiazépoxide	1 à 3 µg/mL	1 à 3 mg/L
Diazépam	0,5 à 2,5 µg/100 mL	5 à 25 µg/L
Digitoxine	5 à 30 ng/mL	5 à 30 µg/L
Digoxine	0,5 à 2 ng/mL	0,5 à 2 µg/L
Gentamicine	4 à 10 µg/mL	4 à 10 mg/L
Phénobarbital	15 à 40 µg/mL	15 à 40 mg/L
Phénytoïne	10 à 20 µg/mL	10 à 20 mg/L
Primidone	5 à 12 µg/mL	5 à 12 mg/L
Quinidine	0,2 à 0,5 mg/100 mL	2 à 5 mg/L
Salicylates	2 à 25 mg/100 mL	20 à 250 mg/L
Sulfamides:		
Sulfadiazine	8 à 15 mg/100 mL	80 à 150 mg/L
Sulfaguanidine	3 à 5 mg/100 mL	30 à 50 mg/L
Sulfamérazine	10 à 15 mg/100 mL	100 à 150 mg/L
Sufanilamide	10 à 15 mg/100 mL	100 à 150 mg/L

Concentrations toxiques de différentes substances

Substance	Anciennes unités	Unités SI

Éthanol	Intoxication marquée:
	  0,3 à 0,4 %
	Stupeur:
	  0,4 à 0,5 %	

Méthanol	Concentration potentiellement fatale: >10 mg/100 mL	>100 mg/L
Monoxyde de carbone	>20 % de saturation	
Salicylates	>30 mg/100 mL	300 mg/L